3D 프린터개발 산업기사 필기

정연택 저

한국산업인력공단 최신 출제기준에 따른

이 책의 특징

- 최신 출제기준과 NCS 국가직무능력표준 기반으로 구성
- 과목별로 체계적인 단원 분류 및 요약·정리
- 단원별로 엄선된 출제 예상문제 및 상세한 해설 수록
- 실전 모의고사, 과년도 문제, 실기시험 공개문제 등 수록

도서출판 건기원

머리말

　3D 프린팅이란 적층가공(AM; Additive Manufacturing)이라고도 불리며, 디지털 디자인 데이터를 이용하여 소재를 적층해 3차원 물체를 제조하는 프로세스로 3차원으로 설계된 데이터를 기반으로 다양한 원료를 사출해 입체적인 형태의 물체를 만들어내는 기술을 말한다.

　3D 프린팅 기술이 주목받는 이유는 이 기술이 제조 분야를 포함해 여러 분야에서 기술 패러다임을 바꿈으로써 혁명에 가까운 산업 혁신을 가져올 것으로 기대되기 때문이다. 4차 산업혁명 시대 제조 산업의 핵심 생산기지로 회자되는 스마트 팩토리와 같이 최근 3D 프린팅 산업의 서비스 사업을 주도하면서 전 세계적으로 빠르게 확산되고 있다. 3D프린터는 물체를 원형에 가깝게 만들어 공유와 수정이 용이하며, 어디서나 원하는 형태의 제품을 빠른 시간에 생산할 수 있는 획기적인 장점으로 인해 국내 제조 업계에도 커다란 변화를 예고하고 있다.

　본서는 수년간의 실무경험과 강의경험을 통해 열악한 환경과 모자라는 시간 속에서 3D프린터개발산업기사 필기시험을 준비하는 수험생들에게 단기간에 가장 효율적인 학습이 되도록 구성하였고 수험자가 반드시 알아야 할 중요한 내용을 요약·정리하였으며, 엄선된 예상문제를 선정 수록하여 자격증시험에 대비할 수 있도록 최선을 다하였다.

[본 교재의 특징]
- 최신 출제기준과 국가직무능력표준 NCS 기반으로 구성하였다.
- 수험자가 단기간에 완성할 수 있도록 한국산업인력공단의 출제기준에 의하여 각 과목별로 체계적인 단원 분류 및 요약·정리하였다.
- 각 단원별 엄선된 출제 예상문제를 수록하고 상세한 해설로 문제 해결을 쉽게 할 수 있도록 하였다.
- 부록으로 실전 모의고사와 과년도 문제, 실기시험 공개문제를 수록하여 학습한 내용을 확인하고 평가할 수 있도록 만전을 기울였다.

　본서는 교재를 충분히 공부하여 3D프린터개발산업기사 자격시험에 합격되시기를 기원하며 차후 변경되는 출제경향 및 과년도 문제 등을 수록하여 계속 보완하도록 하겠습니다. 끝으로 본서를 출간함에 있어 도움을 주시고 지도하여 주신 모든 분들께 감사를 드리며 도서출판 건기원 직원 여러분에게 진심으로 감사를 드린다.

저자 씀

출제기준

자격 종목	3D프린터개발산업기사 필기	적용 기간	2020.09.01.~ 2023.12.31.

○ 직무내용 : 3D프린터 개발을 위한 산업 동향 및 관련 지식을 기반으로 기구, 제어회로, 구동장치, 제어프로그램 등을 설계하고 3D프린터를 테스트 및 안전관리 등의 직무 수행

검정방법	객관식	문제수	80	시험시간	2시간

필기과목명	주요항목	세부항목	세세항목
3D프린터 회로 및 기구	1. 회로개발	1. 설계조건 분석	1. 설계계획 수립 2. 설계조건 분석 3. 기구도면의 이해
		2. 제어회로 설계	1. 설계조건 2. 전자회로 3. 전자부품의 특성, 용량, 규격
		3. 설계신뢰성 확보	1. 검사용 지그의 활용 2. 신뢰성 분석
	2. 기구개발	1. 기구 검토	1. 3D프린터 기구 구조
		2. 기구설계	1. 2D스케치 2. 3D엔지니어링 객체 형성 3. 개체조립
		3. 기구 안정성 확보	1. 안전성 시험항목의 종류 2. 검사 방법의 이해
	3. 소재관리	1. 소재 선정	1. 소재의 규격 및 종류 2. 소재의 사용 적합성 3. 소재의 성능
		2. 소재물성 관리	1. 소재의 기술자료 2. 소재의 재료관리방안 3. 소재의 위험성
		3. 소재물성 테스트	1. 소재의 물성 2. 물성테스트 시험항목의 이해
3D프린터 장치	1. 빌드장치 개발	1. 노즐 설계	1. 3D프린터 노즐의 구조 이해 2. 노즐의 종류 이해 및 선정 3. 노즐 도면의 이해와 설계
		2. 광학모듈 설계	1. 3D프린터 광학모듈의 구조 이해 2. 광학모듈의 종류 이해 및 선정 3. 광학모듈 도면의 이해와 설계
		3. 하이브리드 시스템 설계	1. 하이브리드 구성의 이해 2. 하이브리드형 노즐의 종류 이해 및 선정 3. CNC구조의 이해와 연동 매커니즘 이해 4. 하이브리드형 3D프린터 도면의 이해와 설계
		4. 레이저 장치	1. 레이저 장치와 원리 2. 레이저 장치의 문제점 등
	2. 구동장치 개발	1. 이송장치 개발	1. 이송장치의 이해 2. 구동부품의 종류 및 선정 3. 동작해석 프로그램의 이해
		2. 수평인식장치 개발	1. 자동수평방식의 이해 2. 센서의 종류 및 특성
		3. 소재사용장치 개발	1. 소재 재사용 제어 방식 2. 제어방식 핵심부품의 종류 및 특성

필기과목명	주요항목	세부항목	세세항목	
3D프린터 프로그램	1. 제어 프로그램 개발	1. 제어프로그램 개발 계획 수립	1. 3D프린터 제어 프로세스 2. 3D프린터 하드웨어 3. 마이크로 프로세서 4. 데이터 통신	
		2. 제어프로그램 개발	1. 제어 알고리즘 3. G-코드 개요	2. 시스템 인테그레이션
		3. 제어프로그램 검증	1. G-코드 명령어 3. 프로그램 디버깅	2. G-코드 프로그래밍
	2. 응용 소프트웨어 개발	1. 프로그램 호환성 검토	1. 프로그래밍 언어 및 종류 3. 프로그램의 개요	2. C 언어
		2. 사용자인터페이스 프로그램 개발	1. G-코드와 M-코드 3. 인터페이스 디자인	2. 보조 프로그램 4. 3D 프린터 기술방식
		3. CAM 시뮬레이션 (적층 시뮬레이션)	1. CAM 시뮬레이터 2. CAD/CAM	
3D프린터 교정 및 유지보수	1. 품질보증	1. 성능개선	1. 성능검사항목 선정 2. 성능검사항목의 이해 3. 성능검사항목 선정기준	
		2. 신뢰성 검증	1. 신뢰성시험 항목 2. 신뢰성시험 방법 및 합격기준	
		3. 규격인증 진행	1. 항목별 안전 규격의 이해 2. 항목별 안전 규격의 기준 설정 3. 장비구조별 인증 절차 및 기준 4. 계측장비 활용 및 관리 5. 인증규격을 활용한 제품 설계	
	2. 3D프린팅 안전 관리	1. 안전수칙확인	1. 장비 및 소재의 위해요소	
		2. 예방점검 실시	1. 장비 및 소재의 점검 항목	
		3. 대책수립	1. 위해 및 안전관리 사고 사례 분석 및 예방대책	
		4. 장비유지관리	1. 장비의 유지보수관리	

※ 자세한 출제기준은 한국산업인력공단(http://www.q-net.or.kr/)에서 확인하실 수 있습니다.

차 례

Part 1 3D프린터 회로 및 기구

CHAPTER 01 회로개발

1.1 설계조건 분석 ··· 10
  1. 설계계획 수립 ······································ 10
  2. 설계조건 분석 ······································ 21
  3. 기구도면의 이해 ··································· 37

1.2 제어회로 설계 ··· 60
  1. 설계조건 ·· 60
  2. 전자 회로 ·· 74

1.3 설계 신뢰성 확보 ···································· 82
  1. 검사용 지그의 활용 ······························ 82
  2. 신뢰성 분석 ··· 84

◎ 출제 예상문제 / 86

CHAPTER 02 기구개발

2.1 기구 검토 ·· 112
  1. 3D프린터 기구구조 ······························ 112

2.2 기구설계 ··· 123
  1. 2D 스케치 ··· 123
  2. 3D 엔지니어링 객체 형성 ···················· 136
  3. 객체 조립 ·· 140

2.3 기구 안정성 확보 ···································· 143
  1. 안정성 시험항목의 종류 ······················ 143
  2. 검사 방법의 이해 ································ 149

◎ 출제 예상문제 / 156

CHAPTER 03 소재관리

3.1 소재 선정 ·· 168
  1. 소재의 규격 및 종류 ··························· 168
  2. 소재사용 적합성 ································· 175
  3. 소재의 성능 ·· 177

3.2 소재의 물성 관리 ···································· 178
  1. 소재의 기술자료 ································· 178
  2. 소재의 재료관리 방안 ························· 180
  3. 소재의 위험성 ···································· 183

3.3 소재의 물성 테스트 ································· 188
  1. 소재의 물성 ·· 188
  2. 물성 테스트 시험항목의 이해 ············· 191

◎ 출제 예상문제 / 200

Part 2 3D프린터 장치

CHAPTER 01 빌드 장치 개발

1.1 노즐 설계 ·· 212
  1. 3D프린터 노즐의 구조 이해 ················ 212
  2. 노즐의 종류 이해 및 선정 ··················· 213
  3. 노즐 도면의 이해와 설계 ···················· 221

1.2 광학모듈 설계 ··· 230
  1. 3D프린터 광학모듈의 구조 이해 ········· 230
  2. 광학모듈의 종류 이해 및 선정 ············ 232
  3. 광학모듈 도면의 이해와 설계 ············· 239

1.3 하이브리드 시스템 설계 ·························· 245
  1. 하이브리드 구성의 이해 ······················ 245
  2. 하이브리드형 노즐의 종류 이해 및 선정 ········· 247
  3. CNC 구조의 이해와 연동 메케니즘 이해 ········ 248
  4. 하이브리드형 3D프린터 도면의 이해와 설계 ····· 254

1.4 레이저 장치 ··· 256
  1. 레이저 장치와 원리 ···························· 256
  2. 레이저 장치의 문제점 ························· 262

◎ 출제 예상문제 / 264

CHAPTER 02 구동 장치 개발

- 2.1 이송 장치 개발 ·········· 282
  - 1. 이송 장치 이해 ·········· 282
  - 2. 구동 부품의 종류 및 선정 ·········· 282
  - 3. 동작해석 프로그램의 이해 ·········· 295
- 2.2 수평인식장치 개발 ·········· 295
  - 1. 자동수평방식의 이해 ·········· 295
  - 2. 센서의 종류 및 특성 ·········· 305
- 2.3 소재 사용 장치 개발 ·········· 309
  - 1. 소재 재사용 제어 방식 ·········· 309
  - 2. 제어 방식 핵심부품의 종류 및 특성 ·········· 313
- ✪ 출제 예상문제 / 319

CHAPTER 02 응용 소프트웨어 개발

- 2.1 프로그램 호환성 검토 ·········· 400
  - 1. 프로그램 언어 및 종류 ·········· 400
  - 2. C 언어 ·········· 410
  - 3. 프로그램의 개요 ·········· 413
- 2.2 사용자인터페이스 프로그램 개발 ·········· 429
  - 1. G코드와 M코드 ·········· 429
  - 2. 보조 프로그램 ·········· 431
  - 3. 인터페이스 디자인 ·········· 433
  - 4. 3D프린터 기술방식 ·········· 463
- 2.3 CAM 시뮬레이션(적층 시뮬레이션) ·········· 466
  - 1. CAM 시뮬레이터 ·········· 466
  - 2. CAD/CAM ·········· 467
- ✪ 출제 예상문제 / 470

Part 3 3D프린터 프로그램

CHAPTER 01 제어 프로그램 개발

- 1.1 제어 프로그램 개발계획 수립 ·········· 332
  - 1. 3D프린터 제어 프로세스 ·········· 332
  - 2. 3D프린터 하드웨어 ·········· 335
  - 3. 마이크로프로세서 ·········· 341
  - 4. 데이터 통신 ·········· 345
- 1.2 제어 프로그램 개발 ·········· 350
  - 1. 제어 알고리즘 ·········· 350
  - 2. 시스템 인테그레이션 ·········· 358
  - 3. G코드 개요 ·········· 361
- 1.3 제어 프로그램 검증 ·········· 362
  - 1. G코드 명령어 ·········· 362
  - 2. G코드 프로그래밍 ·········· 364
  - 3. 프로그램 디버깅 ·········· 374
- ✪ 출제 예상문제 / 379

Part 4 3D프린터 교정 및 유지보수

CHAPTER 01 품질보증

- 1.1 성능 개선 ·········· 484
  - 1. 성능 검사항목 선정 ·········· 484
  - 2. 성능 검사항목의 이해 ·········· 492
  - 3. 성능 검사항목 선정기준 ·········· 494
- 1.2 신뢰성 검증 ·········· 500
  - 1. 신뢰성 시험 항목 ·········· 500
  - 2. 신뢰성 시험 방법 및 합격 기준 ·········· 504
- 1.3 규격인증 진행 ·········· 512
  - 1. 항목별 안전 규격의 이해 ·········· 512
  - 2. 항목별 안전 규격의 기준 설정 ·········· 516
  - 3. 장비구조별 인증 절차 및 기준 ·········· 521
  - 4. 계측 장비 활용 및 관리 ·········· 524
  - 5. 인증규격을 활용한 제품 설계 ·········· 527
- ✪ 출제 예상문제 / 530

차 례

CHAPTER 02 3D 프린팅 안전관리

2.1 안전수칙확인 ………………………… 550
  1. 장비 및 소재의 위해요소 …………… 550

2.2 예방점검실시 ………………………… 554
  1. 장비 및 소재의 점검 항목 ………… 554

2.3 대책수립 …………………………… 556
  1. 위해 및 안전관리 사고 사례 분석 및 예방대책 …… 556

2.4 장비유지관리 ………………………… 569
  1. 장비의 유지보수관리 ……………… 569

✪ 출제 예상문제 / 581

Part 5 부록

✎ 제1회 실전 모의고사 ………………… 590
✎ 제2회 실전 모의고사 ………………… 614
✎ 2018년 기출문제 ……………………… 638
✎ 2019년 기출문제 ……………………… 664
✎ 3D프린터개발산업기사
  실기시험 안내(공개문제) …………… 686

Part 1

3D프린터 회로 및 기구

CHAPTER 01. 회로개발
CHAPTER 02. 기구개발
CHAPTER 03. 소재관리

CHAPTER 01 회로개발

1.1 설계조건 분석

1 설계계획 수립

1. 3D프린터 방식 검토

미국 재료시험학회(www.astm.org)에서 정의한 규정인 ASTM F2792-12a 기준으로 3D 프린팅 기술의 특징 및 장·단점을 살펴보면 다음과 같다.

1) 수조 광경화(Vat photopolymerization) 방식

용기 안에 담긴 액체 상태의 광경화성 수지(Photopolymer)에 빛을 주사하여 선택적으로 경화시키는 것으로 엘리베이터 플랫폼이 광경화성 액체 수지가 담긴 수조(Vat)에 담겨져 있고, 레이저를 투사, 경화하여 적층해 나가는 방식으로 중간 정도의 조형속도로 가장 널리 쓰이는 기술로 특징은 다음과 같다.

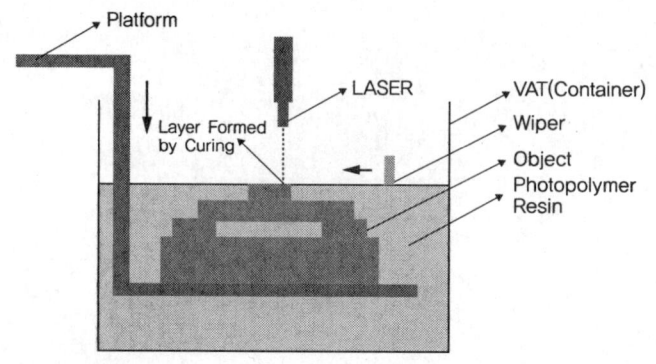

[그림 1-1] 수조 광경화 방식의 개념도

(1) 장점
    ① 광학적으로 해상도 및 정밀도가 매우 높은 빛을 만들 수 있어서 정밀도와 표면 조도가 비교적 우수하다.
    ② 일반적인 수조 광경화 공정에서는 자외선 레이저 또는 자외선램프 등 파장이 짧은 자외선 빛이 성형되는 제품의 해상도를 높일 수 있다.

(2) 단점
    ① 출력속도가 상대적으로 느리고, 장치가 복잡해 제작비용과 가격이 비싸다.
    ② 성형이 끝난 제품의 표면에 남아 있는 액체 상태의 광경화성 수지를 제거하고 표면에 남은 광경화성 수지를 세척해 주어야 한다.
    ③ 정교한 조형물일수록 지지대 제거에 많은 시간이 소요된다.
    ④ 사용 가능한 원료나 색상이 제한적이다.

2) 재료 분사(Material jetting) 방식

광경화성 수지나 왁스 등의 액체 서포트 재료를 미세한 방울(Droplet)로 만들고 이를 선택하여 도포하는 것으로서 액체 상태로 분사할 수 있는 재료는 재료 분사 방식으로 성형이 가능하지만, 현재 상용화된 3D프린터의 경우에는 액체 상태의 광경화성 수지를 재료로 이용한다.

잉크젯 프린터와 재료 분사 방식을 선택하여 도포하는 방식으로서 잉크젯 프린팅 기술과 광경화성 수지 기술결합방식이다.

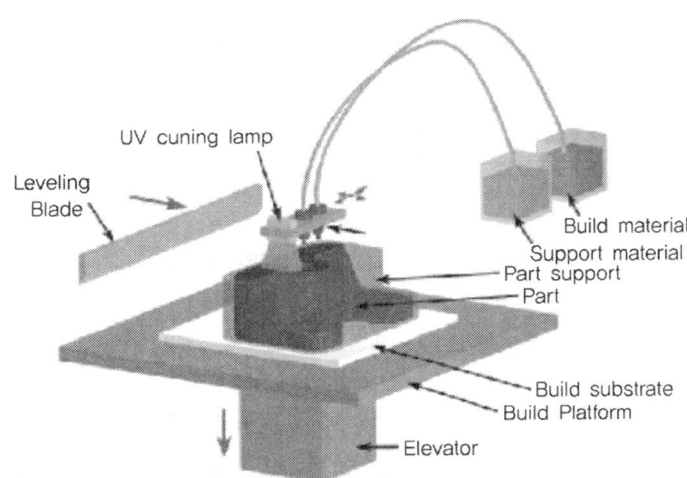

[그림 1-2] 재료 분사 방식의 개념도

(1) 장점
　① 서포트 제거가 쉬우며, 복잡한 내부 형상을 갖는 제품의 제작이 가능하다.
　② 수조 광경화 방식과 비교해 볼 때 별도의 수조가 필요하지 않다.
　③ 평탄화 문제가 발생하지 않기 때문에 스위퍼(Sweeper)가 필요하지 않다.
　④ 매우 높은 해상도의 3차원 형상의 제작이 가능하다.
　⑤ 대부분의 동작이 자동으로 이루어지므로 조작이 쉽고, 정밀도가 매우 높다.

(2) 단점
　① 재료가 수백 개의 노즐을 통해서 분사되며, 헤드와 플랫폼의 위치가 매우 정밀해야 하기 때문에 하드웨어 시스템의 제어가 복잡해진다.

3) 재료 압출(Material extrusion) 방식

고체 상태의 열가소성 수지를 필라멘트 모양으로 만들고 이를 용융 압출 헤드에서 녹이면서 노즐을 통해 압출시켜 모델을 적층 조형하는 FDM(Fused Deposition Modeling) 기술방식으로 압출 후 노즐 출구의 단면 형상과 유사하게 형상을 유지할 수 있는 재료에는 대부분 적용 가능하다.

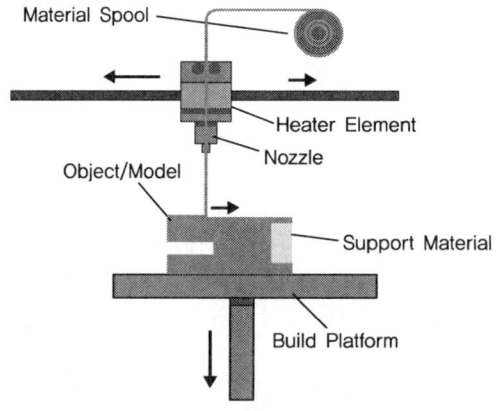

[그림 1-3] 재료 압출 방식의 개념도

(1) 장점
　① 단순한 시스템으로 낮은 정밀도를 갖는 형상의 제작이 가능하다.
　② 열가소성 플라스틱 재료는 매우 쉽게 필라멘트 형태로 만들 수 있어서 재료비가 저렴하고, 인체에 해가 거의 없는 재료의 사용도 가능하다.

③ 상대적으로 크기가 큰 중·대형의 제품을 쉽게 제작할 수도 있으며, 다양한 색상의 재료 사용이 가능하다.
④ 사용되는 플라스틱 재료에 따라서 기계적 강도가 높고 내습성이 뛰어난 제품의 제작도 가능하다.

(2) 단점
① FDM 기술은 플라스틱 재료를 녹이고 이를 노즐을 통해 압출하기 때문에 조형 공정 특성상 열가소성(Thermoplastic) 재료만을 사용해야 한다.
② 수조 광경화 방식과 비교해서 제작된 제품의 표면 조도나 치수 정밀도가 낮다.

4) 분말 융접(Powder bed fusion) 방식

분말 융접은 평평하게 놓인 분말 위에 열에너지를 선택적으로 가해서 분말을 국부적으로 용융시켜 접합하는 것으로 분말 재료를 Vat 안에 보관한 뒤 X-Y축의 CO_2 레이저의 이송과 소결을 통해 제품을 제작하는 방식이다. 주 소재로는 나일론, 금속을 사용하며 온도가 높은 것이 특징이다.

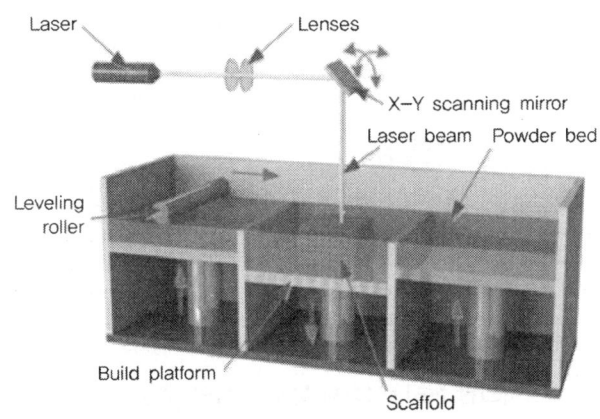

[그림 1-4] 분말 융접 방식의 개념도

(1) 장점
① 플라스틱, 금속, 세라믹 등 분말 형태로 만들 수 있는 다양한 재료의 사용이 가능하다.
② 별도의 지지대가 필요하지 않다.
③ 제작 속도가 빠르고 대량생산이 가능하다.

(2) 단점
　① 재료가 분말이므로 출력물의 표면 거칠기가 좋지 않다.
　② 분말 재료를 다루기 쉽지 않은 경우가 많다.
　③ 특히 금속 분말은 취급에 각별히 신경을 써야 한다.
　④ 냉각 과정을 거쳐야 한다.

5) 접착제 분사(Binder jetting) 방식

베드 위에 놓인 분말을 이용한다는 점에서는 분말 융접 기술과 매우 유사하나 접착제 분사에서는 열에너지 대신에 접착제를 분말에 선택적으로 분사하여 분말들을 결합시켜 단면을 성형하고 이를 반복하여 3차원 형상을 만든다. Powder Bed Fusion과 비슷한 기구구조를 가지고 있으며, 베드 위에 놓인 분말을 이용하는 것은 분말 융접 기술과 매우 유사하다. 1990년대 초반 미국 MIT에서 개발하였다.

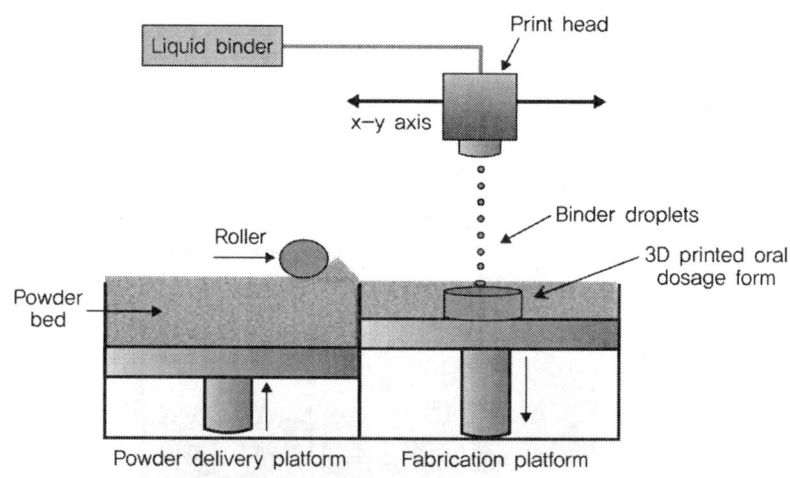

[그림 1-5] 접착제 분사 방식의 개념도

(1) 장점
　① 장치의 기본적인 형태가 분말 융접과 비슷하므로 별도의 지지대를 필요로 하지 않는다.
　② 노즐을 이용해서 재료를 분사시키는 데는 높은 에너지를 필요로 하지 않는다.
　③ 노즐의 개수를 증가시키면 같은 시간에 보다 많은 패턴을 만드는 것이 가능하기 때문에 상대적으로 낮은 비용으로 높은 출력속도가 가능하다.

(2) 단점
① 분말 융접과 마찬가지로 재료가 분말이므로 출력물의 표면 거칠기가 좋지 않다.
② 분말 재료를 다루기 쉽지 않은 경우가 많다.

6) 방향성 에너지 침착(Directed energy deposition) 방식

레이저, 일렉트론 빔 또는 플라즈마 아크 등의 열에너지를 국부적으로 가해서 재료를 녹여 침착시키는 것으로서 현재 가장 많이 사용되는 재료는 금속 분말 방식으로 금속 침착(Metal deposition)으로도 불린다.

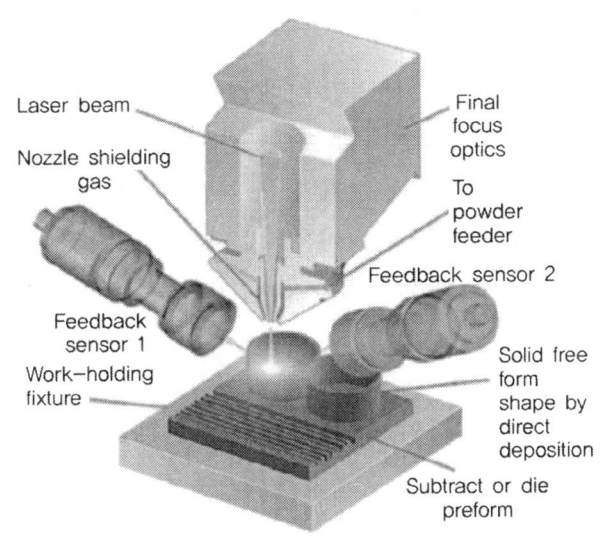

[그림 1-6] 방향성 에너지 침착 방식의 개념도

(1) 장점
① 금속 분말 용접과 다르게 재료가 담긴 베드가 필요하지 않고, 성형하고자 하는 위치에 재료를 직접 분사하기 때문에 임의의 형상 기저판 위에서도 3차원 형상의 제작이 가능하다.
② 금형이나 기계 부품의 수리나 유지보수에도 사용된다.

(2) 단점
① 출력물의 표면 거칠기가 좋지 않다.

7) 판재 적층(Sheet lamination) 방식

얇은 판 형태의 재료를 단면 형상으로 자른 후 이를 서로 층층이 붙여 형상을 만드는 방식으로서 레이저 절단 구조 방식의 비 접촉식과 커터 절단 방식이 있으며, 판재를 절단하는 공구에 따라 제품의 구조가 달라진다.

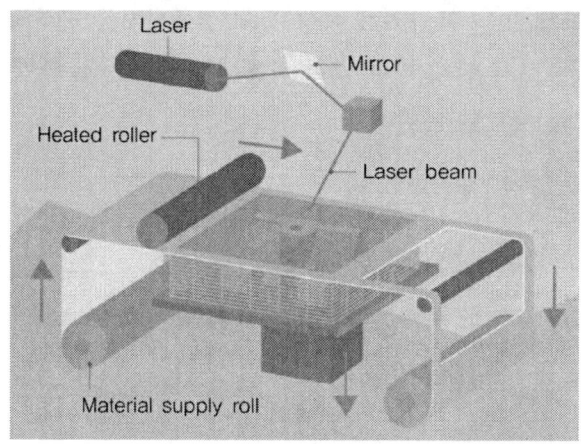

[그림 1-7] 판재 적층 방식의 개념도

(1) 장점
  ① 다른 3D 프린팅 기술들에 비해서 제품의 제작 속도가 매우 빠르다.
  ② 화학 반응을 수반하지 않은 공정이기 때문에 비교적 용이하게 대형 제품의 제작이 가능하다.
  ③ 저렴한 가격의 재료를 사용하기 때문에 3차원 형상을 경제적으로 제작이 가능하다.

(2) 단점
  ① 판재 적층 기술이 적용되어 만들어진 제품은 형상 정밀도가 다른 3D 프린팅 기술로 제작된 제품들에 비해서 상대적으로 낮다.
  ② 사용 가능한 재료가 한정적이다.

2. 3D 프린팅 기술의 공정별 특징에 따른 성능 비교

3D 프린팅 방식을 대표하는 제품들 중 비교적 높은 성능의 제품들의 성능을 비교하면 〈표 1-1〉과 같다.

〈표 1-1〉 3D 프린팅 기술의 공정별 특징에 따른 성능 비교

프린팅 방식	상용장비명(제작사)	최고해상도	최대제작 크기(mm)	비 고
수조 광경화	ProX 950 (3D Systems)	1.27 μm	1500×750×550	• SLA 방식 • CNC나 사출성형 부품 정도의 정밀도를 갖는 제품의 제작이 가능하다
수조 광경화	Perfactory4DSP (EnvisionTec)	25~150 μm	160×100×230	• DLP 방식
재료 분사	Objet 260 Connex (Stratasys)	600DPI(X, Y축) 1600DPI(X축)	255×252×200	• Polyjet 방식 • 50mm 이하의 크기에서는 20~85 μm의 정밀도를 갖는 제품의 제작이 가능하다.
재료 압출	Fortus900mc (Stratasys)	178 μm(최소 층 두께)	914×610×914	• FDM 방식 • 직접 제품 생산이 가능하다
재료 압출	Cubicon Single (TPC Mechatronics)	100 μm(최소 층 두께)	240×190×200	• FDM 방식 • 저가형으로 개인용·취미용에 적합하다.
분말 융접	EOSINT M400 (EOS)	90 μm(레이저 초점 지름)	400×400×400	• SLM 방식 • 금속 제품 제작용
분말 융접	sPro 230 (3D Systems)	80 μm(최소 층 두께)	550×550×750	• SLS 방식 • 비금속 제품 제작용
접착제 분사	Projet 4500 (3D Systems)	100 μm	203×254×203	• CJP 방식 • 컬러 제품 생산이 가능
접착제 분사	VX4000 (VoxelJet)	600DPI(X, Y축) 120 μm(최소 층 두께)	4000×2000×1000	• 대형 제품의 제작이 가능
방향성 에너지 침착	LENS MR-7 (Optomec)	N.A.	300×300×300	• 고출력 레이저를 이용해서 금속 분말을 침착시킨다.
판재 적층	SD300 Pro (Solido)	100 μm(X, Y축) 168 μm(최소 층 두께)	160×210×135	• 플라스틱 판재가 재료로 사용된다.

(1) 수조 광경화나 재료 분사 방식의 3D 프린팅 방식의 경우에는 매우 높은 해상도를 갖는 제품의 출력이 가능하지만 사용되는 재료가 광경화성 수지로 제한적이다.

(2) 재료 압출 방식의 3D 프린팅 기술은 다른 3D 프린팅 방식들에 비해서 최소 적층 두께가 상대적으로 크다. 이 경우는 제품의 출력속도를 높일 수 있으나 출력되는 제품의 해상도가 그만큼 낮아지게 된다. 하지만 재료 압출 방식에서 해상도를 높이기 위해서 매우 작은 지름을 갖는 압출 노즐을 사용하거나, 층 두께를 너무 작게 하면 재료가 원활하게 압출되지 못하는 문제점이 발생할 수도 있다.

(3) 분말 융접이나 접착제 분사 방식의 3D 프린팅 기술들은 사용되는 재료가 분말이기 때문에 만들어지는 출력물의 해상도는 사용되는 분말의 크기에 의존하게 된다. 하지만 분

말의 크기를 너무 작게 만들면 분말의 제작에 높은 비용이 요구되기 때문에 경제적이지 않다. 분말 융접에서 분말들을 결합시키기 위해서 사용되는 레이저 등의 열원을 광학계를 이용해서 매우 작게 만드는 것도 비용이나 기술적인 한계를 가지고 있다.
(4) 접착제 분사에서 분사되는 접착제를 매우 미세하게 만들기 위해 노즐을 너무 작게 만드는 것 또한 비용이나 기술적인 문제점을 일으키게 된다.
(5) 방향성 에너지 침착은 에너지를 침착시키는 방향에 따라서 재료가 적층되기 때문에 다른 3D 프린팅 공정들에 비해서 보다 더 자유로운 형상의 제품 제작이 가능하다.
  ① 재료를 침착시키기 위해서 고출력의 열원인 레이저나 전자빔 등을 사용해야 한다.
  ② 일반적으로 고출력의 레이저나 전자빔은 장치비가 매우 고가이며 다루기가 어렵다.
  ③ 판재 적층은 사용되는 판재 재료의 면적이 넓으면 큰 크기의 구조물 제작이 쉽다.
  ④ 절단 공정에서 정밀도나 해상도의 한계가 있다.
  ⑤ 단면 형상을 잘라 낸 판재를 적층하기 위해서는 접착제를 사용해야 하며, 이때에도 정밀도의 문제가 발생할 수 있다.

3. 설계계획 수립

1) 수집된 내용을 파악

(1) 3D프린터에 대하여 분석
  ① 어떤 출력물을 얻기 위한 것인가? 개발하고자 하는 3D프린터로 제작할 수 있는 대상은 어떤 것인가를 분석한다.
  ② 수집된 자료에는 명시되어 있지 않지만 추가적인 희망 사항이나 기대 사항이 있는가?
  ③ 검토의 대상이 되는 자료에는 명시되어 있지 않지만 작성자가 추가적으로 검토하여야 할 사항이 있는지 생각해 본다.
  ④ 설정되어 있는 제약 조건이 실제로 존재하는가? 3D프린터를 개발하는 데 문제가 될 것으로 파악되는 제약 조건이나 제한 사항들이 실제로 문제가 될 수 있는지 파악해 본다.
  ⑤ 개발을 위해서는 어떤 방법이 있는가? 개발 대상이 되는 3D프린터를 개발하기 위해서 적용할 수 있는 방법들에 대해서 파악해 본다.

(2) 요구되는 설계의 예상 결과를 파악
  개발의 대상이 되는 3D프린터를 개발하기 위해서 요구되는 설계가 구현하여야 할 사항들에 대해서 파악한다.
① 어떤 목적의 달성이 기대되는가? 개발되는 3D프린터는 어떤 목적을 달성하기 위한 것인가에 대해서 파악한다.
② 어떤 특징을 가져야 하는가? 개발되는 3D프린터는 어떤 특징을 가져야만 요구되는 사항들을 충족할 수 있는지를 파악한다.
③ 어떤 특성을 가지면 안 되는가? 수집된 자료들을 바탕으로 제품 개발의 제한 사항을 검토하고, 이에 따라서 개발되는 3D프린터가 갖지 않아도 될 특성을 파악하여 정리한다.

(3) 대상 3D프린터의 구체적인 요구 사항에 대해서 파악
① 새로 개발하는 이유는 무엇인가?
③ 새로운 기술이 이용되고 있는가?
④ 타 회사의 경합 제품과 비교하여 특징을 가지고 있고, 경쟁력이 있는가?
⑤ 과거의 제품에 비하여 진보된 제품이고, 가격은 어느 정도가 적당한가?
⑥ 과거 당사 제품의 제조 및 사용상의 문제에 대한 대책은 반영되어 있는가?
⑦ 본 제품에 관한 특허나 실용신안 등을 파악하였는가?
⑧ 시작품에 대한 확인 사항, 해석 및 시험의 내용과 그 결과를 본 설계에 피드백하고 있는 상황은 어떠한가?
⑨ 제조상의 문제점은 없는가?
⑩ 판매 시기는 언제로 할 것인가? 이에 대한 일정은 어떠한가?
⑪ 제조 물량은 어느 정도인가? 이에 따른 합당한 생산 계획인가?
⑫ 예상되는 제품의 무게는 적당한가?
⑬ 예상 판매 가격은 적당한가?

2) 파악된 사항들을 정리

(1) 파악한 자료들을 정리하여 표로 작성
파악한 자료들 중 표로 정리할 수 있는 내용들을 보기 쉽게 표로 작성한다.

(2) 자료를 인용하거나 활용할 시 저작권 및 출처를 표기
타인의 저작물을 무단으로 사용하면 법적 책임을 질 수도 있으므로 주의하여야 한다.

(3) 차트로 정리하기 적당한 자료는 차트로 작성
① 차트 종류를 확인한다. 세로 막대형 차트, 원형 차트, 꺾은선형 차트, 가로 막대형 차트 등으로 분류된다.

② 분류한 자료에 적합한 차트에 선정한다. 자료마다 이를 표현하기에 적합한 차트가 다르다. 따라서 수집한 자료에 맞는 적절한 차트를 선정한다.
③ 적절한 차트를 선정한 후 차트를 작성한다.

3) 검토 결과 보고서를 작성

(1) 검토 결과 보고서에는 다음 항목들을 기록한다.
① 작성된 내용을 가장 잘 나타내는 제목을 선정하여 기입한다.
② 검토 시작일과 완료일을 기입한다.
③ 검토자 성명을 기입한다.
④ 보고서를 작성하기 위해서 검토한 자료들의 목록을 기입한다. 이때 각종 보고서를 검토한 경우에는 보고서의 제목, 작성자, 작성 일자도 함께 기록한다.
⑤ 정리된 자료를 먼저 기입한 후 정리한 자료를 바탕으로 비교 분석한 후 자료 밑에 작성하도록 한다. 내용에는 다음의 항목들이 들어가야 하며, 필요시 항목을 추가해서 작성하도록 한다.

㉠ 시장 조사 보고서

기업에서 상품이나 서비스를 판매하기 전에 해당 상품이나 서비스가 판매될 시장에 대한자료를 수집하고 분석하여 정리 및 기록하는 것을 시장 조사 보고서라고 할 수 있다.

- 시장 조사 보고서를 통해서 정리된 사항은 적절한 시장 조사 보고서 양식 등에 요약해서 기록된다. 즉 시장 조사 보고서는 상품이나 서비스의 마케팅 등의 목적에 따라 조사한 내용과 결과를 정리하여 보고하는 문서이다.
- 시장 조사 보고서는 향후 개발되는 제품이나 서비스의 판매에 큰 영향을 미칠 수 있으므로 사전에 기획된 조사 방법에 따라 조사한 내용을 객관적으로 작성하여야 한다. 또한 조사 결과에 대한 종합적인 의견 또한 기록하는 것이 좋다.

㉡ 법규 검토 보고서

제품이나 서비스를 개발하기 위해서 그 제품이나 서비스와 관련한 특허·실용실안·의장등록 등의 지식 재산권에 대한 자료를 수집한다. 또한, 정부 부처나 유관 기관을 통하여 3D프린터에 대한 관련법, 시행령, 시행 규칙 등의 법령 자료를 수집하고 수집된 자료를 운용 지침, 가이드라인, 시험 항목으로 분류할 수 있다. 이러한 사항들을 정리하고 분석하여 보고서 형식으로 작성한 것을 법규 검토 보고서라고 한다.

ⓒ 기술 검토 보고서

제품의 기술 동향을 고려하여 기술방식을 선정하기 위해서 작성되는 것이 기술 검토 보고서이다.

⑥ 검토 결과 요약은 작성된 내용을 기초로 해서 최종 검토 내용을 요약하여 작성한다. 개발하고자 하는 3D프린터의 방식에 대한 제안을 그 이유와 함께 기입한다.

2 설계조건 분석

1. 목표 규격과 성능인자 검토

1) 3D프린터 사양의 검토 사항

① 3D프린터의 방식이 결정되면 상세 사양인 목표 규격과 성능 인자를 검토하고 결정해야 한다.

② 목표 규격은 3D프린터 출력물의 크기, 3D프린터의 정밀도, 출력물의 품질 등이 있고, 성능 인자로는 출력물의 정밀도, 출력속도, 출력물의 빌드 크기 등이 있다. 목표 규격과 성능 인자의 검토 결과는 사양서를 작성하여 기록한다.

2) 사양서의 작성 방법

(1) 요구 사항과 희망 사항의 구분

요구 사항은 구현되어야 할 기능이나 성능이며, 희망은 비용 등의 제약 조건 내에서 가능하다면 추가적으로 구현하여도 좋은 기능이나 성능을 의미한다.

(2) 정량적 및 정성적 서술의 구분

가급적 정량(수치)적인 값들을 넣어야 한다. 이후 설계가 점차 구체화될 때 정량적인 수치를 결정할 수 없는 경우도 있으며, 이때는 우선 정성(상황 묘사)적인 서술로 정리하고 이후 정량적인 값을 결정할 수 있을 때 구체적으로 결정하기도 한다.

① 정량적 사양 : 제품의 최대 중량, 출력속도, 출력물의 빌드 크기, 정밀도 등을 정확한 수치로 나타낸다.

② 정성적 사양 : 제품의 방수 성능, 방진 성능, 내충격성 등 수치로 표현할 수 없는 제품의 특징이나 성질 등을 자세히 서술하는 방법이다.

(3) 정량적 서술의 방법

정량적인 사양은 구체적으로 서술하여야 한다. 최대 제작 가능 크기 246×152×155mm, 사용 가능 재료 ABS 및 PLA, 최소 층 두께 150 μm 등과 같이 서술한다.

(4) 출처의 기록

사양 중 일부의 항목이 명확하지 않을 때에는 요구 사항이나 희망 사항의 출처를 기록한다. 이렇게 하면 추후 문제가 발생할 때 출처가 명확하기 때문에 문제 해결이 수월하다.

(5) 유의 사항의 정리

특정 부품 혹은 전체 제품설계 내용을 선정한 이유, 설계순서, 주의할 점 등과 같이 제품 설계 시 특별히 반영되어야 하는 사항이 있으면 별도로 모아서 정리한다.

(6) 추가 사항 기록

사양 결정 과정에서 도출된 다른 의견이나 수정 사항을 추가로 검토하고 필요하다면 그 과정을 사양서에 기록한다.

2. 사양서의 형식

1) 일련번호와 날짜

사양 결정을 위한 논의나 회의 결과 사양서를 수정하거나 추가할 내용이 있을 때는 이를 사양서에 기록한다. 이때 작성되는 사양서에 일련번호와 날짜를 기입한다.

2) 담당 부서의 기록

대형 시스템을 개발할 경우 등과 같이 여러 부서가 함께 개발을 하는 경우에는 하위 시스템마다 담당 부서가 다를 수 있다. 이 경우에는 담당 부서를 사양서에 기록해야 하며 3D프린터 헤드, 재료, 구동 부품, 제어부, 소프트웨어 등과 같이 나눌 수 있다.

3) 사양서 작성 책임자

대부분의 경우 사양서의 작성 책임자는 프로젝트 리더이다.

4) 사양서의 배포

사양서 작성이 진행되면서 가장 최근에 작성되는 사양서를 회사 내의 관련된 부서에 배포해야 하며 관련된 부서는 관리부, 영업부, 원가계산, 연구개발 등이 있을 수 있다.

5) 프로세스의 기록

3D프린터 개발 프로젝트가 진행됨에 따라서 초기에 결정된 사양에서 점차 진행된 구체적인 사양이나 이에 따른 설계 내용의 변경 등이 기록되어야 하며, 사양서에는 개발이 진행된 사항이 반영되게 된다.

3. 요건의 작성 방법

1) 물리적인 성질과 관련한 요소

① 형상, 치수 : 기하학적 크기(폭, 높이, 길이 등), 제품의 설치 등에 요구되는 공간의 크기, 수량, 제품의 배치, 연결, 거리, 면적, 부피 등
② 운동과 관련한 값들 : 제품이 동작하기 위한 운동의 종류, 동작 시 발생하는 속도, 가속도 및 지속 시간은 직접적으로 운동을 표현
③ 물리량과 관련한 값들 : 질량, 밀도, 농도, 압력, 점도, 유량, 입도 등
④ 힘과 관련한 값들 : 힘의 크기, 방향, 힘의 주파수, 하중, 변형, 변형률, 강성, 탄성, 관성력, 공간, 힘의 지속 시간 등
⑤ 에너지와 관련한 값들 : 출력, 효율, 손실, 마찰, 압력, 온도, 열 전달, 환기, 냉각, 공급, 저장, 용량 등
⑥ 광학과 관련한 값들 : 광도, 광량, 휘도, 조도, 파장, 굴절률, 투명도 등
⑦ 음향학과 관련한 값들 : 주기, 주파수, 파장, 음압, 음향 출력, SN비 등
⑧ 화학과 관련한 값들 : 부식에 대한 저항, 불연성, 폭발에 대한 저항 등
⑨ 전기와 관련한 값들 : 전류, 전압, 전기 저항, 전력, 전하량, 절연성, 전도성, 유전성 등
⑩ 자기와 관련한 값들 : 자력, 자화, 자속, 기전력 등
⑪ 물질과 관련한 값들 : 물질(소재 등)의 흐름과 이송, 초기 제품과 최종 제품의 물리적·화학적 성질, 보조 재료 등
⑫ 신호와 관련한 값들 : 입력과 출력, 신호의 형태, 표시 방법이나 내용, 제어 방법, 정보의 크기, 정확성 등

2) 기능적 요소

① 효율 : 에너지 효율, 취급의 용이성, 자동화 등
② 안전성 : 사용하기 용이한 설계, 직접적 보호 시스템, 조작상의 안전, 인체 및 환경에 대한 안전성 등
③ 기능의 다양화 : 단순한 기능, 다양한 기능, 여러 기능의 조합에 의한 다양화, 추가 기능 부착의 용이성 등
④ 휴대의 용이성 : 이동성, 고정성 등
⑤ 사용 대상자 : 일반인용, 전문가용 등

3) 인간적 요소

① 이미지 : 고급성, 지명도 등
② 희소성 : 특별 주문품, 수입품, 천연 제품 등
③ 습관 : 전통이나 관습, 신제품 등
④ 관능적 품질 : 마감성, 접촉성 등
⑤ 충실감 : 지적 충실감, 정서적 충실감 등

4) 시간적 요소

① 내환경성 : 낮은 온도에 견디는 특성, 습도 변화에 견디는 특성, 분진에 저항하는 특성 등
② 시간적 효과 : 효과의 지속성, 빠르게 효과를 내는 성질 등
③ 내구성/보존성 : 내구 연수, 고장률, 수리의 용이성 등
④ 폐기/재활용 용이성 : 쉬운 폐기를 위해서 필요한 사항으로서 재활용이 용이한 구조, 적절한 재료의 선택 등

5) 경제적 요소

① 비용 : 최대로 허용 가능한 제조비용, 공구 등에 소요되는 비용, 제품 개발에 필요한 투자 및 감가상각 등 비용

6) 생산적 요소

① 작업성 · 생산성 : 제품 제작에 소요되는 공정의 수, 제품의 수리에 요구되는 공정, 제

작에 필요한 특수한 기능, 제작에 필요한 작업 표준, 공장의 제약, 최대 가능한 크기, 우선적으로 적용해야하는 생산 방법이나 수단, 달성 가능한 품질이나 공차, 폐기물에 대한 배려 등
② 인간 공학적 배려 : 기계-인간 사이의 관계, 조작의 종류, 조작 위치의 높이, 배치의 정렬, 앉기 편리함, 조명, 형상 적응성 등
③ 원재료 : 품질의 탄력성, 재고의 확보가 용이, 재료의 검사가 용이, 공정 능력에 적합한 재료 등
④ 조립 : 특정한 규제 사항, 설치 공간, 설비, 입지, 기초 공사의 필요 여부 등
⑤ 수송 : 중량물의 이동을 위한 리프트 장치 등의 필요 여부, 빈 공간, 수송 수단에 따른 크기나 무게의 제한 등
⑥ 조작 환경 : 정숙한 조작 환경, 특수한 복장의 필요성, 조작 장소의 주변 환경 등
⑦ 보전 : 서비스의 시간 간격, 점검 방법, 교환과 수리, 페인트 등의 도장 필요 여부, 청소 방법 등
⑧ 수율 : 수율의 크기, 수리가 용이, 타 품종으로의 전환 여부 등
⑨ 일정 : 개발에 필요한 최종 기간, 프로젝트의 기획과 관리 기간 등

7) 시장적 요소

① 적시성 : 유행이나 계절 등
② 종류의 다양성 : 다양한 제품의 선택 가능 여부
③ 구입 동기 : 각자의 판단 기준, 오피니언 리더의 의견, 제3자에 의한 결정 등
④ 제품 수명 주기 : 제품 수명 주기에 따른 소비자의 구매 의욕 등

4. 3D프린터의 주요 사양들

3D프린터의 사양은 목표 규격과 성능 인자가 있으며, 목표 규격은 3D프린터 출력물의 크기, 3D프린터의 정밀도, 출력물의 품질 등이 있고, 성능 인자로는 출력물의 정밀도, 출력속도, 빌드 크기(출력물의 크기) 등이 있다.

1) 목표규격

(1) 3D프린터 출력물의 크기
출력물의 크기는 3D프린터가 출력할 수 있는 최대 출력물의 크기를 가로×세로×높

이를 의미하며, 많은 경우 3D프린터 출력물의 최대 크기는 3D프린터 이송 기구의 이송 거리와 같다.

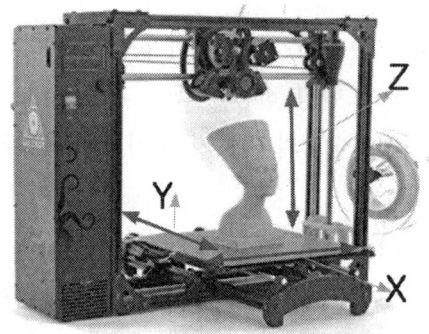

[그림 1-8] 3D프린터 출력물 최대 크기

(2) 3D프린터의 정밀도

3D프린터의 정밀도에 영향을 미치는 인자는 적용하는 3D 프린팅 방식에 따라서 달라지며, 해상도는 출력되는 제품이 표현할 수 있는 세밀함의 정도이며, 정밀도는 출력된 제품의 길이나 크기 등이 원래 의도한 길이나 크기와 얼마나 일치하는가의 정도를 의미한다.

(3) 3D 프린팅 방식의 종류

3D 프린팅 방식과 이를 구현하기 위한 구동부의 사양은 3D프린터의 정밀도에 큰 영향을 주며, 모든 3D 프린팅 방식에서 층 두께는 높이 방향의 해상도에 큰 영향을 준다. 특히 재료 압출 방식에서 사용되는 필라멘트 재료의 지름은 압출 노즐의 내경에 관련이 있으며, 이 또한 정밀도와 해상도에 영향을 주게 된다.

① 수조 광경화 방식 : 레이저를 광원 수조 광경화 방식에서는 x-y 평면은 평면 해상도, 높이, 방향이며, z-축 방향은 층 두께로 표현하는 경우가 있다.

② 재료 분사 방식 : 노즐의 크기와 단위 면적당 노즐의 개수가 정밀도와 해상도에 영향을 크게 준다.

③ 재료 압출 방식 : 재료 압출 방식은 압출 노즐을 통해서 토출되는 재료가 압착되면서 단면이 만들어지게 되며, 만들어지는 출력물의 평면 해상도는 높지 않은 경우가 많다. 높이 방향의 경우에는 층 두께가 큰 영향을 준다.

④ 접착제 분사 방식 : 접착제 분사 방식은 재료 분사 방식과 유사하다.

⑤ 방향성 에너지 침착 방식 : 출력된 제품의 표면 정밀도가 상대적으로 낮으며, 기계

가공 등의 후 처리를 통해서 정밀도를 높여 주는 경우가 많다.
ⓒ 분말 융접 방식 : 레이저 빛의 지름에 의해서 출력물의 정밀도나 해상도가 영향을 받는다.
ⓖ 판재 적층 방식 : 판재를 자르는 칼날의 위치 정밀도 그리고 판재의 두께와 접착제의 두께가 정밀도와 해상도에 영향을 준다.

(4) 출력물의 품질
품질이란 제품이나 서비스가 사용 목적 혹은 사용자의 요구를 만족시키고 있는지 어떤지를 결정하는 경우에 평가의 대상이 되는 고유의 성질 및 성능을 말하며, 3D프린터의 경우의 품질은 시장 조사 보고서, 법규 검토 보고서 및 기술 비교 검토 보고서에 의해서 검토된 3D프린터의 방식을 기초로 해야 한다.

2) 성능 인자

(1) 출력물의 정밀도
출력물의 정밀도는 그 출력물을 제작하는 3D프린터의 정밀도에 크게 의존하며, 제품을 출력 후 의도한대로 출력되었는지 치수 등을 검토하고, 이것이 3D프린터의 정밀도와 비교하였을 때 합리적인지를 검토해야 한다. 출력물의 정밀도에 영향을 미치는 인자는 하드웨어적인 것과 소프트웨어적인 것이 있다.

① 하드웨어
㉠ 출력물의 정밀도는 3D 프린팅 방식과 이를 구현하기 위한 성형 방법 및 구동 기구인 하드웨어의 구성에 따라서 달라질 수 있다. 각 3D 프린팅 방식은 구현할 수 있는 출력물의 정밀도에 한계를 가지고 있다.
㉡ 구동 기구의 성능에 따라서도 출력물의 정밀도는 달라진다.

② 소프트웨어
㉠ 3D프린터에 일반적으로 사용되는 데이터 파일은 STL 형식이다.
㉡ STL 형식의 파일은 모든 3차원 형상을 삼각형 면과 그 면의 법선 벡터로 표현한다.
㉢ 곡면의 단면 형상을 가지는 출력물의 경우에도 곡면을 모두 직선으로 근사화시켜 만든다.
㉣ 면을 구성하는 삼각형을 작게 만들수록 곡면 형상을 묘사하기에 유리하지만, 이렇게 하면 STL 데이터의 용량이 커지게 되기 때문에 적절한 설정이 필요하다.

(2) 출력속도
① 출력물의 출력속도는 3D 프린팅 방식(수조 광경화, 재료 분사, 재료 압출 등)과 3D프린터를 구성하는 이송 기구의 속도 등에 의해서 달라진다.
② 3D 프린팅 방식에 따라서 출력속도를 나타내는 척도가 달라질 수 있다.
③ 재료 압출 방식이나 수조 광경화 방식 중 SLA 방식 등과 같이 출력물의 단면을 만들 때 선을 중첩하여 단면을 만드는 3D 프린팅 방식의 경우에는 각 단면에서 선이 만들어지는 속도가 출력속도에 크게 영향을 준다.
④ 단면의 면적이 넓으면 하나의 단면을 만드는 데 시간이 상대적으로 많이 필요하기 때문에 전체 형상을 출력하는 데 필요한 시간도 많아지게 된다.
⑤ 수조 광경화 방식 중 DLP 방식과 같이 하나의 단면을 한 번에 만드는 3D 프린팅 방식은 단면의 크기와 상관없이 하나의 단면을 만드는 데 동일한 시간이 소요된다.

(3) 빌드 크기
① 출력물의 빌드 크기는 3D프린터를 이용해서 만들 수 있는 출력물의 최대 크기를 의미한다.
② 대부분 3D프린터 이송 기구의 최대 이송 거리와 유사하다.

5. 제품 개발에서 고려해야 할 사항

신제품을 개발하고자 할 때 발생할 수 있는 오류를 방지하기 위해서 다음 사항들에 대하여 사전에 검토를 하는 것이 좋다. 각 항목들은 대부분 인력, 설비, 자금, 시간 등에 대한 고려 사항들이다. 제품 개발에서 특히 인력 구성은 매우 중요하다. 따라서 다음 항목들 중 준비가 충분하지 않은 사항이 있을 경우에는 우선적으로 인력 구성을 검토하는 것이 좋다.

① 요구되는 제품을 개발하는 데 필요한 충분한 시간이 있는가?
② 제품 개발에 요구되는 정보를 모두 파악 및 분석하였는가?
③ 제품 개발 계획을 실행할 능력이 있는가?
④ 제품 개발에 필요한 경험을 보유하고 있는가?
⑤ 성공적인 제품 개발을 위해서 필요한 경험이 있는가?
⑥ 제품 개발에서 발생할 수 있는 문제점을 예상할 수 있는가?
⑦ 경쟁기업의 현황을 파악하고 있는가?
⑧ 개발 조직은 다른 업무에 영향을 받지 않고 독립된 업무를 수행할 수 있는가?

⑨ 자유로운 환경에서 개발을 진행할 수 있는가?
⑩ 제품을 제조하기 위해 필요한 공장이나 설비가 있는가?

6. 제품의 기능별 블록도 구성

1) 블록도(Block diagram)

① 블록도(Block diagram)는 수치 혹은 물리적인 자료와 그 흐름을 보다 명료하게 이해하기 위해 매 과정을 체계적으로 구역을 나눈 후, 이를 그림으로 나타낸 것을 뜻한다.
② 주로 데이터의 흐름 및 구조를 분석하고 개선하는 데 많이 쓰이는 방식이다.
③ 회로에서 예를 들자면 부하와 저항이 블록이 되겠고, 프로그램에서 예를 든다면 정보에 해당하는 부분으로 각각의 변수와 데이터의 변환 후 새로 생성된 정보 등이 모두 블록이라고 할 수 있다.
④ 정보의 연산 및 분석, 입출력 과정이 모두 블록을 잇는 선이 될 수 있다.
⑤ 다른 분야의 블록 다이어그램과 마찬가지로 입력에서부터 출력까지의 전 과정이 이어지게 되므로 전체적인 프로그램이나 회로의 구조를 간단하게 정리하는 방법으로 널리 쓰이고 있다.

2) 3D프린터의 구성 요소의 기능

(1) 소프트웨어

① CAD
CAD 소프트웨어는 3D프린터로 출력하기 위한 3차원 형상을 만들거나 수정하는 데 사용된다. CAD 파일은 각 CAD 소프트웨어에 따른 형식으로 만들어지게 된다. 각각 다른 CAD 소프트웨어로 만들어진 파일들은 서로 호환이 되지 않는 경우가 많다. 하지만 다른 CAD 소프트웨어들 사이에서 호환되는 파일의 형식인 STEP나 IGES도 있다. 3D 프린팅에서 각 CAD 소프트웨어들 사이의 데이터 호환을 위해서는 STL 형식의 파일이 가장 널리 사용된다.

② CAM
CAM 소프트웨어는 CAD 파일을 기계를 동작시킬 수 있는 형식으로 변환하는 데 사용된다.

㉠ 단면 제작 소프트웨어(Slicing software)

STL 형식의 파일을 이용해서 하드웨어를 동작시키기 위해서는 G코드로 변환이 필요하다. 즉, 단면 제작 소프트웨어는 STL 파일로 되어있는 3차원 형상 데이터를 각 단면으로 나누고 이에 대한 정보를 G코드로 만들어 준다. 이때 변환된 G코드는 3차원 형상을 단면으로 나눈 각 단면의 성형을 위한 하드웨어의 동작에 사용된다.

㉡ G코드 변환기(G-code interpreter)

G코드가 만들어지면 G코드 변환기는 G코드의 각 행을 읽어 들여 각 하드웨어의 동작에 필요한 전기적 신호로 각각 변환시킨다. 특히 각 모터가 어떻게 동작해야 하는지에 대한 전기적 신호들이 주로 만들어지게 된다. 일반적으로 마이크로컨트롤러의 펌웨어에서 그 역할을 수행한다.

㉢ G코드 전송기(G-code sender)

마이크로컨트롤러의 G코드 변환기에 G코드를 전송해 주는 역할을 한다. 이는 SD 카드나 USB 메모리 등에 저장하여 마이크로컨트롤러에 전송하기도 하고, 혹은 RS-232와 같은 직렬연결 포트나 USB 직접 연결 등을 통해서 전송하기도 한다.

③ 펌웨어

하드웨어의 제어를 위해서는 적절한 CPU(마이크로컨트롤러)를 사용한다. 이들 CPU를 구동하기 위해서는 적절한 소프트웨어가 필요하며 이를 펌웨어라고 한다.

㉠ G코드 변환기(G-code interpreter)

마이크로 컨트롤러에 펌웨어가 탑재되면 G코드를 받아들일 준비가 된 상태가 된다.

㉡ 소프트웨어

펌웨어를 컴파일하고 마이크로컨트롤러에 업로드하기 위해서 적절한 소프트웨어가 필요하다.

④ RepRap에서 많이 사용되는 소프트웨어

CAD 소프트웨어를 제외하고 RepRap에서 많이 사용되는 소프트웨어들은 다음과 같다.

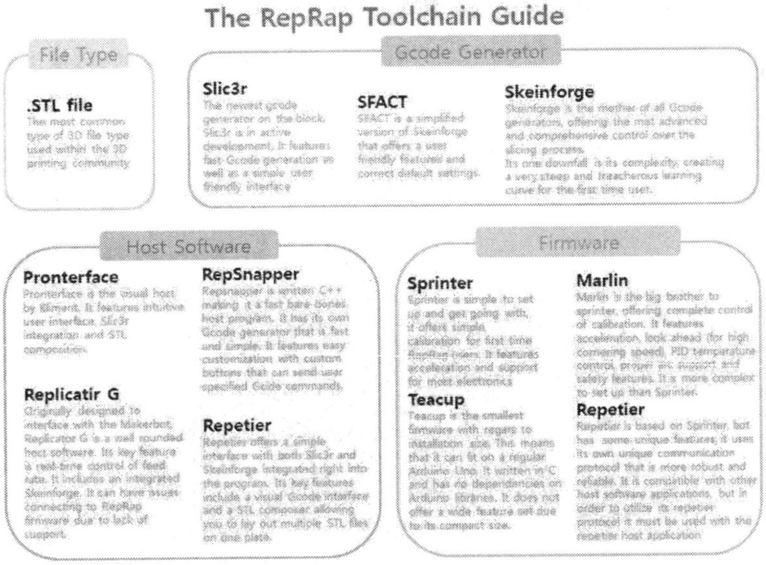

CHAPTER 01 회로개발

[그림 1-9] RepRap 기반의 3D프린터 구성요소

(2) 전자 부품(Electronics)

크게 다섯 가지로 전자 부품을 구분할 수 있다.

① 제어기(Controller)

3D프린터의 두뇌에 해당한다. RepRap의 경우 아두이노(Arduino) 마이크로컨트롤러가 많이 사용된다.

㉠ 아두이노 메가(Arduino Mega) 2560

54개의 아날로그 칩과 16개의 디지털 핀으로 구성되어 있고, 어느 곳이나 원 보드(One-Board)로 사용할 수 있는 가장 뛰어난 보드이다. 현재 3D프린터 개발에 활용되는 기구부 조립과 전기제어 컨트롤 부분에 가장 적합하다.

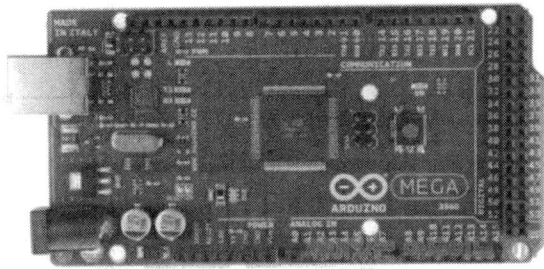

[그림 1-10] 아두이노 메가 보드

31

ⓒ RAMPS(RepRap Ardoino Mega Pololu Shield) 1.4

아두이노 메가 2560과 결합되어 3D프린터의 전원에 X, Y, Z축 스텝 모터, Extruder 압출부, 히팅베드, 히터 온도조절 및 온도 모니터링 센서 등 구성부품을 연결하여 제어해주는 역할을 하는 보드이다. RAMPS 1.4 보드로 스텝 모터 제어 시 모터의 분주율에 맞게 보드의 점퍼를 연결 후 배선하여 모터를 연결한다.

[그림 1-11] RAMPS

ⓒ 초음파 센서

초음파 센서란 초음파를 이용해 앞에 있는 사물 간의 거리를 인식하는 센서로 가까운 거리에 있는 물체 혹은 사람의 유·무, 거리측정, 속도 측정 등에 사용된다. 세라믹 초음파 소자는 고유 진동에 상당하는 교류 전압을 가하면 압전 효과에 의해서 효율이 좋게 진동해서 초음파를 발생시킨다. 초음파 구성은 Trig, Echo로 나뉜다. Trig는 초음파를 보내는 부분이고, Echo는 Trig에서 나온 초음파를 사물에 부딪쳐 돌아오는 시간을 읽음으로써 거리를 측정하는 원리이다. 초음파의 특징은 초음파의 파장이 짧고, 매질이 다양하며 사용이 용이하며 주파수가 높고 강도가 보통 음파보다 현저히 크며, 파장이 짧아 방향성이 있는 음속을 얻을 수 있고, 펄스 기술을 이용해 음속이나 흡수의 정확한 측정이 가능하다.

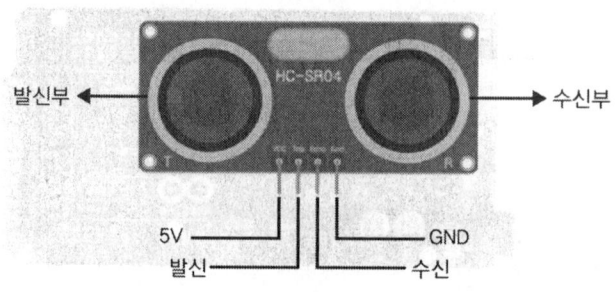

[그림 1-12] 아두이노에 사용되는 초음파 센서

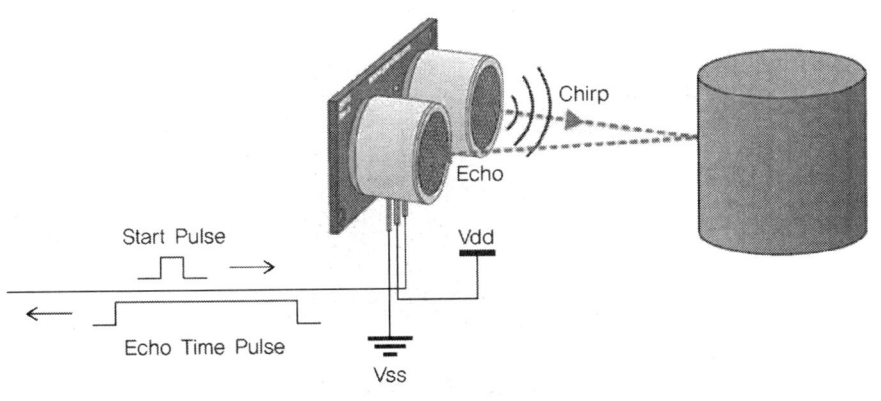

[그림 1-13] 초음파 센서 작동원리

② 스테핑 모터(Stepping Motor · Stepper Motor)

스테핑 모터는 컨트롤러에 의해서 회전이 제어된다. 대부분의 재료 압출 방식 3D 프린터에서는 4~5개의 스테핑 모터가 사용된다. 그중 3개는 X, Y, Z 각 축의 구동에 사용되고, 하나는 압출기의 동작에 사용된다. 어떤 경우에는 Z 축의 구동에 2개의 모터가 사용되는 경우도 있다.

[그림 1-14] 스테핑 모터

③ 모터 드라이버(Motor Driver · Stepper Driver)

모터 드라이버는 컨트롤러와 스테핑 모터 사이에서 사용된다. 모터 드라이버는 스테핑 모터가 동작하기 위해서 필요한 신호를 만들어 준다. 어떤 경우에는 모터 드라이버가 별도의 회로로 구성되기도 하며, 어떤 경우에는 컨트롤러 회로에 내장되기도 한다. 각 모터마다 하나씩의 모터 드라이버가 필요하다.

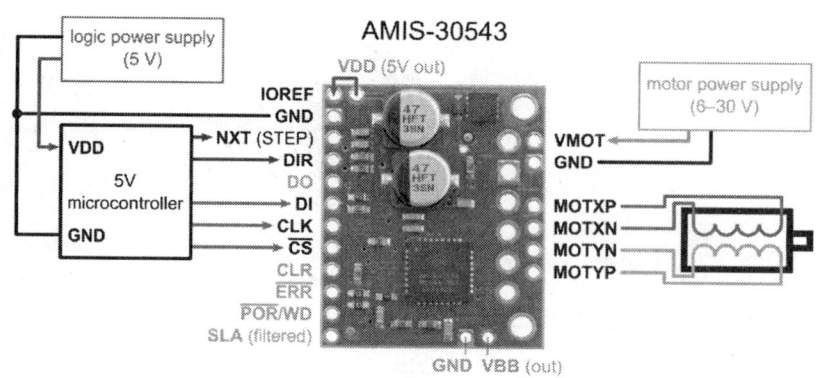

[그림 1-15] 모터 드라이버

④ 엔드 스탑(End Stop)

대부분 스위치와 회로 보드로 구성되어 있다. 엔드 스탑은 구동 기구가 한 방향으로 너무 멀리 이송되지 않도록 해 주기 위해 사용된다. 즉, 정해진 위치 이상으로 이송되어 스위치에 접촉되면 회로가 동작되어 신호를 발생시킨다. 일반적으로 각 축에 2개씩의 엔드 스탑이 필요하다.

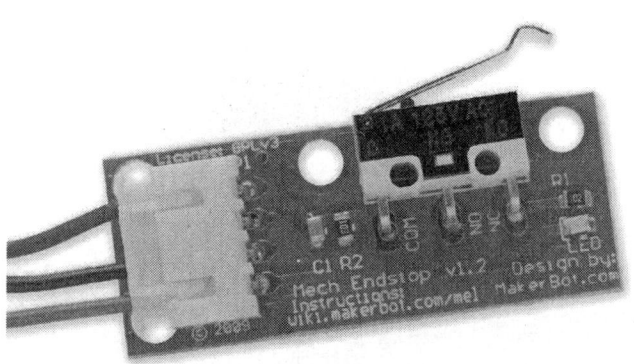

[그림 1-16] 엔드 스탑

⑤ 히팅 패드(Heating Pad · Heated bed)

히팅 패드는 재료 압출 방식 3D프린터의 압출기로부터 압출되는 용융된 플라스틱 재료가 빨리 굳어지지 않고 플랫폼에 잘 부착되게 해 주기 위해서 사용된다. 히팅 패드에서 발생하는 열은 전기적인 저항에 의해서 만들어진다.

[그림 1-17] 히팅 패드

(3) 기계 부품(Mechanics)

X, Y, Z축 방향의 움직임을 담당하는 기계 부품은 크게 두 가지로 구분할 수 있다.

① 벨트와 풀리(Belts and Pulleys)

벨트와 풀리의 조합은 3D프린터의 정밀도에 매우 중요한 역할을 한다. 주로 타이밍 벨트와 타이밍 풀리로 구성된다.

[그림 1-18] 타이밍 벨트와 타이밍 풀리

② 볼 스크루(Ball Screw · Threaded Rod)

헤드가 X, Y 평면에서 움직이고, 플랫폼이 Z축 방향인 위아래로 움직이는 시스템인 경우 Z축은 빠르게 이송될 필요가 없기 때문에 이송이 볼 스크루에 의해서 이루어진다. 이는 볼 스크루가 정밀도가 높고 더 큰 하중을 견디기 때문이다. 볼 스크루(Ball Screw)는 서보모터에 연결되어 있어 서보모터의 회전 운동을 직선운동으로 바꾸어 주는 장치이다.

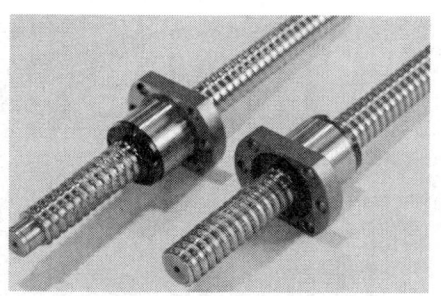

[그림 1-19] 볼 스크루

(4) 압출기(Extruder)

재료 압출 방식의 3D 프린팅에서 사용되는 압출기는 공급된 필라멘트 재료를 녹여서 노즐을 통해서 압출하는 역할을 한다. 압출기는 재료 공급 부분(Cold end)과 재료 용융 부분(Hot end)으로 구성된다.

① 재료 공급 부분

재료 공급 부분은 필라멘트 재료를 재료 용융 부분으로 공급하는 기계 장치이다. 재료 공급 부분은 재료 용융 부분과 함께 하나의 헤드로 구성될 수도 있고, 별도의 시스템으로 구성될 수도 있다.

[그림 1-20] 압출기의 재료 공급 부분

② 재료 용융 부분

재료 용융 부분은 필라멘트 재료를 용융시키고 노즐을 통해서 압출시키는 역할을 한다. 일반적으로 전기적인 저항에 의한 열원에 의해 플라스틱 필라멘트를 녹이는 부분과 온도를 측정하는 부분으로 구성된다.

[그림 1-21] 압출기의 재료 용융 부분

③ 필라멘트

재료 압출 방식의 3D프린터에서 가장 많이 사용되는 필라멘트 재료는 ABS와 PLA이다. 일반적으로 필라멘트는 스풀에 감겨서 공급된다.

[그림 1-22] 필라멘트

3 기구도면의 이해

1. 도면의 해독

1) 도면의 정의

그림으로 표시된 국제 표준어로 도면은 언제, 어디서, 누구에게나 같은 지식을 전달할 수 있어야 하며, 제품이나 구조물을 일정한 표준 규격에 따라 물건의 모양, 크기, 구조 및 재료와 가공방법 등을 간결, 정확, 명료하게 문서로 표시한 것으로 제품 제작에 필요한 모든 정보를 포함하고 있다.

도면은 점, 선, 문자, 기호 등으로 구성되며 최적의 구조를 얻기 위하여 크기, 강도, 기구, 재료 기타 제작에 필요한 일체의 것을 계획 결정하는 일련의 과정이다.

2) 제도의 기능

① 정보의 전달 : 설계자의 의도를 도면을 통하여 제작자에게 전달
② 정보의 보존 : 정보를 보존 하여 필요한 경우 이를 이용 또는 수정하여 사용할 수 있도록 도면, 마이크로 필름 또는 컴퓨터 등으로 보존
③ 정보의 작성 : 설계자의 의도를 도면화하여 새로운 아이디어 창출

3) 선의 종류에 의한 사용용도

〈표 1-2〉 선의 용도

구 분			용도에 따른 이름	용 도
종 류		모 양		
실선	굵은 실선	———	외형선	물체의 보이는 부분의 모양을 나타내는 데 사용
	가는 실선	———	치수선	치수를 기입하는 데 사용
			치수 보조선	치수를 나타내기 위해 도형에서 끌어내는 데 사용
			지시선	가공법, 기호 등을 표시하기 위해 끌어내는 데 사용
		/////	해 칭	물체의 절단면을 표시하는 데 사용
		∼∼	파단선	부분 생략 또는 부분 단면의 경계를 표시하는 데 사용
파선	굵은 파선 가는 파선	- - - - -	숨은선	물체의 보이지 않는 부분의 모양을 표시하는 데 사용
1점 쇄선	가는 1점 쇄선	—·—·—	중심선	도형의 중심을 표시하는 데 사용
2점 쇄선	가는 2점 쇄선	—··—··—	가상선	움직인 물체의 상태를 가상하여 나타내는 데 사용

4) 선의 중복 시 그리는 우선순위

도면에서 2종류 이상의 선이 중복될 경우 다음과 같은 순위에 따라 우선되는 종류의 선을 그린다.
※ 외형선 > 숨은선 > 절단선 > 중심선 > 무게중심 > 치수 보조선의 순서이다.

5) 제도규격

설계자와 작업자 간의 완전한 의사전달을 위해서는 일정한 규정에 따라 도면이 작성되어야 하므로 대부분의 국가에서 각각의 제도 표준규격을 제정하고 있다.
각국의 산업규격은 다음과 같다.

〈표 1-3〉 각국의 산업규격

국 가	표준화 기구	약호
한 국	KS(Korean Industrial Standards)	KS
	① 1966년 KS A0005로 제도통칙을 제정	
	② 1969년에 국제표준규격과 일치되게 개정(기계제도통칙 : KSB 0001)	
미 국	ANSI(American National Standards Institute)	ANSI
영 국	BS(British Standards)	BS
독 일	DIN(Deutsche Industrie Normen)	DIN
프랑스	NF(Norme Francaise)	NF
스위스	SNV(Schweitzerish Normen des Vereinigung)	SNV
중 국	CSBTS(China State Bureau of Quality and Technical supervision)	CSBTS
일 본	JIS(Japanese Industrial Standards)	JIS
국제표준기구	ISO(International Organization for Standardization)	ISO

〈표 1-4〉 KS의 분류기호

분류 기호	KS A	KS B	KS C	KS D	KS E	KS F	KS G	KS H	KS K	KS L	KS M	KS P	KS R	KS V	KS W
부문	기본	기계	전기	금속	광산	토건	일용품	식료품	섬유	요업	화학	의료	수송기계	조선	항공

2. 투상법

투상법의 종류는 다음과 같다.

투상법의 종류	사용하는 그림의 종류	특 징
정투상	정투상도	모양을 엄밀, 정확하게 표시할 수 있다.
등각 투상	등각 투상도	하나의 그림으로 육면체의 세 면을 같은 정도로 표시할 수 있다.
사투상	사투상도	하나의 그림으로 육면체의 세 면 중의 한 면만을 중점적으로 엄밀, 정확하게 표시할 수 있다.

1) 정투상법

(1) 정투상법

물체를 네모진 유리상자 안에 넣고 바깥쪽에서 들여다 보면 물체를 유리판에 투상하여 보고 있는 것 같다. 투상선이 투상면에 대하여 수직으로 되어있는 것 즉, 시점이 물체로부터 무한대의 거리에 있는 것으로 생각한 투상법이다.

(2) 제3각법

① 물체를 투상면의 뒤쪽에 놓고 투상(투상면을 물체의 앞에 둠)
② 투상 순서는 눈 → 투상면 → 물체
③ 좌측면도는 정면도의 좌측에 위치
④ 평면도는 정면도의 위에 위치
⑤ 우측면도는 정면도의 우측에 위치
⑥ 저면도는 정면도의 아래에 위치
⑦

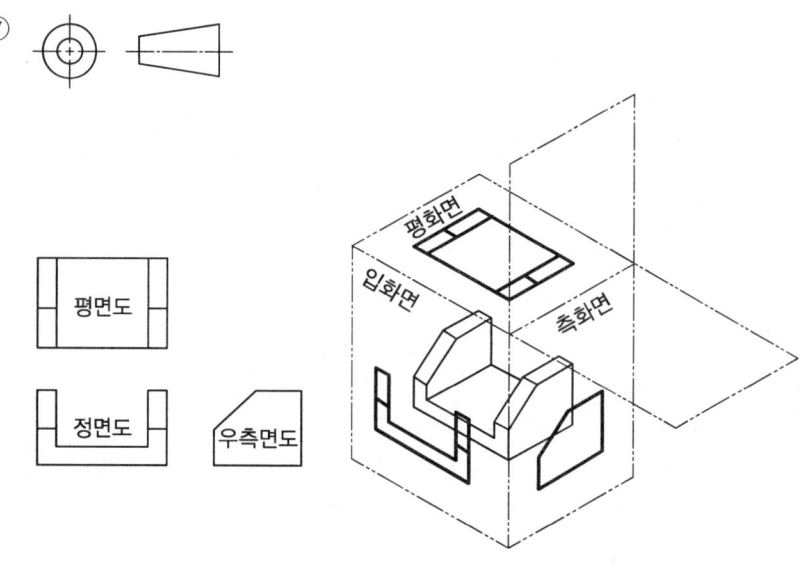

[그림 1-23] 3각법

(3) 제3각법의 장점

① 전개도와 같으므로 도면 표현이 합리적
② 비교 대조가 용이하므로 치수 기입이 합리적
③ 경사 부분에 있어 보조 투영이 가능

(4) 제1각법

① 물체를 투상면의 앞쪽에 놓고 투상(투사면을 물체의 뒤에 둠)

② 투상 순서는 눈 → 물체 → 투상면
③ 평면도는 정면도의 아래에 위치
④ 좌측면도는 정면도의 우측에 위치
⑤ 우측면도는 정면도의 좌측에 위치
⑥ 저면도는 정면도의 위에 위치
⑦

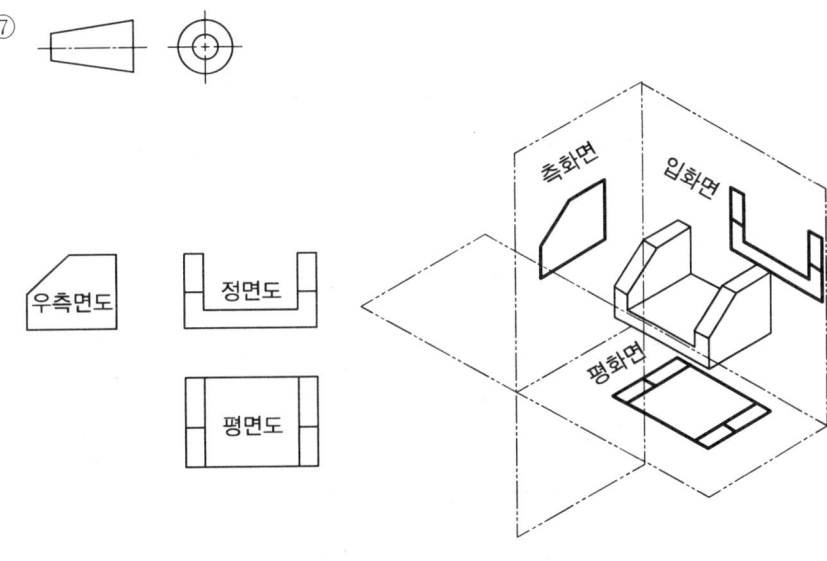

[그림 1-24] 1각법

(5) 3면도

① 정면도 : 물체를 정면에서 투상하여 그린 그림
② 평면도 : 물체를 위에서 투상하여 그린 그림
③ 우측면도 : 물체를 오른쪽 옆에서 투상하여 그린 그림

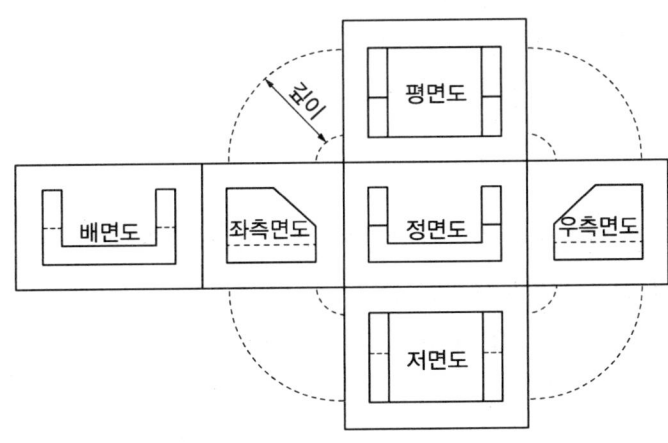

[그림 1-25] 3면도

2) 입체 투상도

(1) 투시 투상법

투시 투상법은 투상면에서 어떤 거리에 있는 시점과 물체의 각 점을 연결한 투상선이 투상면을 지날 때 나타나는 모양을 그리는 투상법으로서 물체의 원근감을 나타낼 때 사용하며 건축, 토목조감도 등에 사용한다.

(2) 사투상법

투상선이 투상면에 사선으로 지나는 평행 투상으로 정육면체의 세 면 중의 한 면만을 중점적으로 엄밀·정확하게 표현하는 것으로서 일반적으로 투상선이 하나로 종류는 캐비넷도, 사투상도, 카발리에도가 있다.

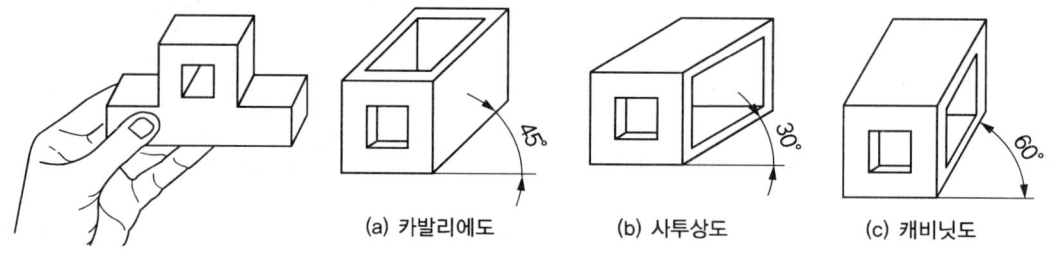

[그림 1-26] 사투상도 종류

3) 도형의 표시 방법

① 물체의 특징이 가장 잘 나타나는 쪽을 정면도로 잡는다.
② 물체의 정면을 앞쪽으로 회전시켜 평면도로 잡는다.
③ 물체의 정면을 왼쪽으로 회전시켜 우측면도로 잡는다.
④ 평면형, 원통형 등의 간단한 물체는 정면도와 평면도, 또는 정면도와 우측면도만으로도 나타낼 수 있는데, 이를 2면도라 한다.

4) 보조 투상도

물체의 경사면을 실형으로 그려서 바꾸기 할 필요가 있을 경우에는 그 경사면과 위치에 필요 부분만을 보조 투상도로 표시한다. ISO에서는 보조 투상도를 그릴 때에는 반드시 투상 방향을 기입하지만, KS에서는 그렇게 할 필요는 없다.

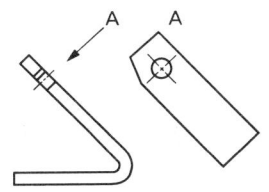 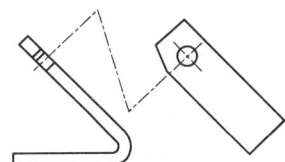 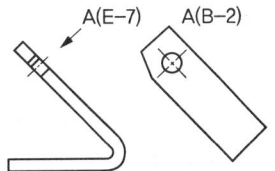

(a) 화살표와 영자 대문자　　(b) 구부린 중심선 연결　　(c) 도면 구역의 구분 기호

[그림 1-27] 보조 투상도

5) 회전 투상도

투상면이 어느 각도를 가지고 있어서 그 물체의 실제 모형을 표시하지 못할 때에는 그 부분을 회전해서 물체의 실제 모형을 도시할 수 있다.

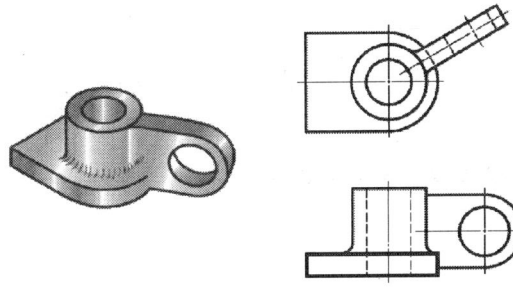 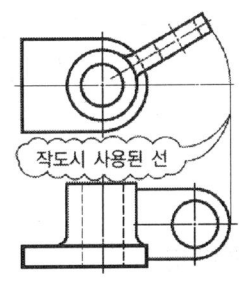

(a) 사용한 선 없음　　(b) 사용한 선 표시

[그림 1-28] 회전 투상도

6) 부분 투상도

 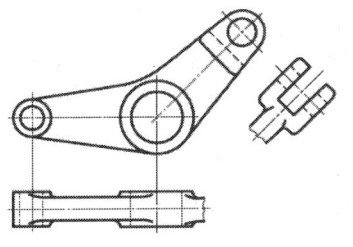

그림의 일부를 도시하는 것으로 충분한 경우에는 필요한 부분만 투상도로서 나타낸다. 이러한 경우 생략한 부분과 경계를 파단선으로 나타낸다. 명확한 경우에는 파단선을 생략한다.

[그림 1-29] 부분 투상도

7) 국부 투상도

물체의 구멍이나 홈 등의 한 국부만의 모양을 도시하는 것으로 충분한 경우에는 필요한 부분을 국부 투상도로 나타낸다. 투상 관계를 나타내기위해서는 원칙적으로 주된 그림에 중심선, 기준선, 치수 보조선 등을 연결한다.

스퍼기어(Spur gear)를 제도할 때에는 키 홈 하나를 나타내기 위하여 좌측면도를 모두 그리지 않고 국부 투상도로 나타낸다.

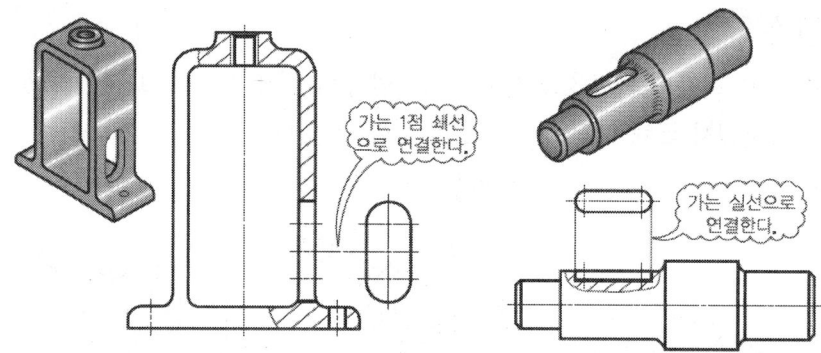

[그림 1-30] 국부 투상도

8) 부분 확대도

부분 확대도(Partial magnifying view)는 도형의 일부분이 너무 작아서 알아보기 어렵거나 치수 기입을 하기 곤란한 경우에 그 부분만을 확대해서 그리는 것이다.

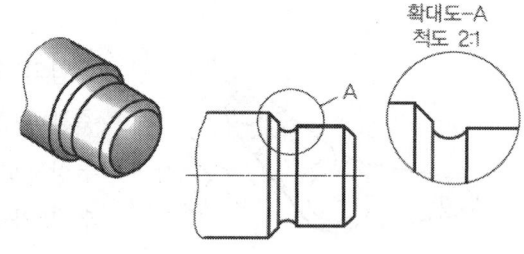

[그림 1-31] 부분 확대도

9) 요점 투상도

보조적인 투상도에 보이는 부분을 모두 표시하면 도면이 복잡해져서 오히려 알아보기가 어려운 경우에는 요점 부분만 투상도로 표시한다.

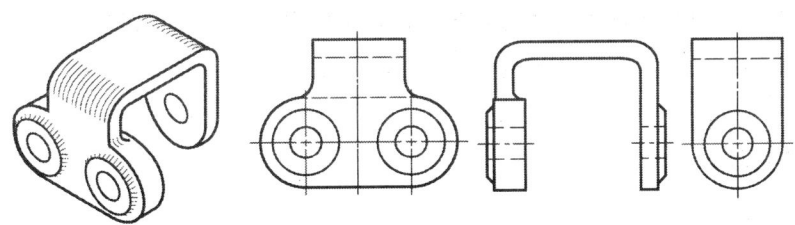

[그림 1-32] 요점 투상도

3. 단면도

1) 단면도

물체 내부의 보이지 않는 부분은 숨은선으로 표시하여도 좋으나, 구조가 복잡한 경우와 조립도 등에서는 많은 숨은선으로 인하여 오히려 도면의 이해가 어려워진다. 이와 같은 경우, 필요한 부분을 절단한 것으로 가상하여 그 단면 모양을 외형선으로 표시하면 물체의 형상을 뚜렷이 나타낼 수 있는데, 이렇게 그려진 도면을 단면도라 한다.

(1) 단면 표시법

① 단면은 원칙적으로 기본 중심선에서 절단한 면으로 나타낸다. 이 경우에 절단선은 기입하지 않는다.

② 기본 중심선이 아닌 곳에서 절단한 면으로 나타낼 수 있으며, 반드시 절단선에 의하여 절단된 위치를 표시해야 한다.

③ 절단선의 양 끝부분에는 투상 방향을 표시하는 화살표를 붙이고, 절단한 곳을 영문자의 대문자로 표시한다.

④ 표시 문자는 단면도의 방향에 관계없이 모두 위쪽으로 하고, 단면도의 위쪽 또는 아래쪽의 어느 한쪽으로 통일하여 단면부임을 기입한다.

(2) 단면도의 해칭

단면임을 나타내기 위하여 단면 부분에 해칭(Hatching) 또는 스머징(Smudging)을 한다.

① 해칭선은 주된 중심선에 대하여 45°로 경사지게 가는 실선으로 등간격으로 긋는 것이 좋다.

② 인접한 단면의 해칭은 선의 방향 또는 각도를 변경하거나 해칭 간격을 달리하여 구분한다.

③ 해칭선의 간격은 가는 실선으로 2~3mm의 간격이 적당하나 절단 자리의 크기에 따라 간격은 조절할 수 있다.

④ 경사진 단면의 해칭선은 경사진 면에 수평이나 수직으로 그리지 않고 기본 중심선에 대하여 45° 경사진 각도로 그린다.

2) 단면도의 종류

(1) 온단면도(Full section view)

물체의 기본적인 모양을 가장 잘 나타낼 수 있도록 물체의 중심에서 반으로 절단하여 나타낸 것을 온단면도 혹은 전단면도라고 한다.

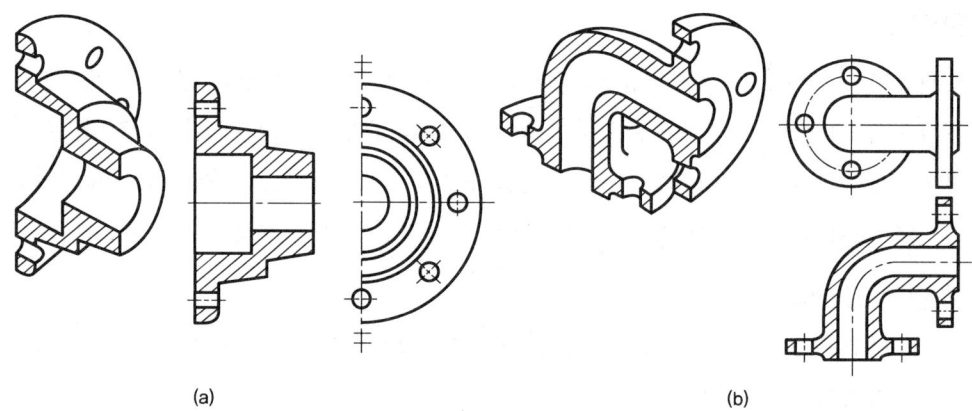

(a) (b)

[그림 1-33] 온단면도

(2) 한쪽 단면도(Half sectional view)

상하 또는 좌우 대칭형의 물체는 기본 중심선을 경계로 1/2은 외형도로, 나머지 1/2은 단면도로 동시에 나타낸다. 대칭 중심선의 우측 또는 위쪽을 단면으로 한다.

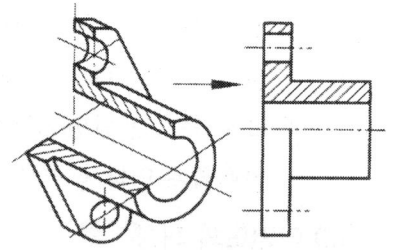

[그림 1-34] 한쪽 단면도

(3) 부분 단면도(Local sectional view)

외형도에서 필요로 하는 일부분만을 부분 단면도로 도시할 수 있다. 파단선(가는 실선)으로 단면의 경계를 표시하고, 프리핸드로 외형선의 1/2 굵기로 그린다.

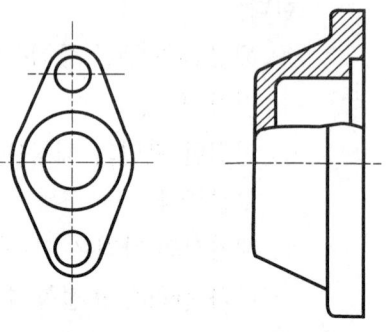

[그림 1-35] 부분 단면도

(4) 회전 도시 단면도(Revolved sectional view)

핸들이나 바퀴 등의 암이나 리브, 훅, 축, 구조물의 부재 등의 절단면은 90° 회전하여 도시하거나 절단할 곳의 전후를 끊어서 그 사이에 그린다.

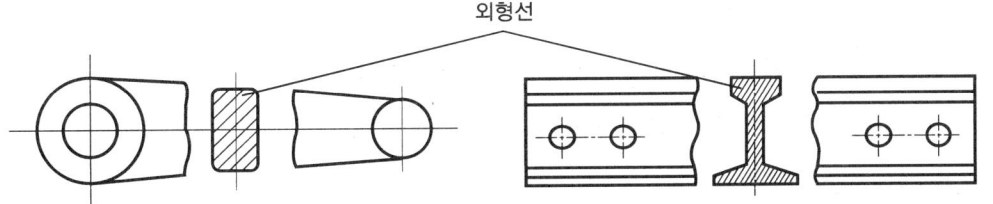

[그림 1-36] 회전 단면도

(5) 인출 회전 단면도

단면의 모양이 여러 개로 표시되어 도면 내에 회전 단면을 그릴 여유가 없는 경우에 절단선과 연장선상이나 임의의 위치에 단면을 빼내어 그린다.

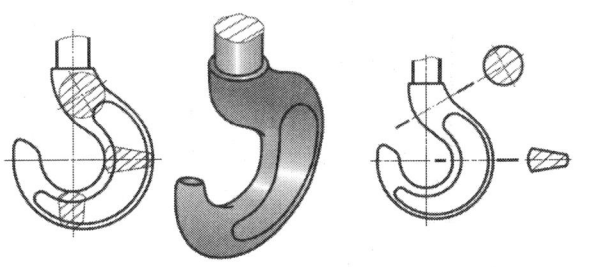

[그림 1-37] 인출 회전 단면도

4. 치수 기입법

제품을 가공하고 조립하는 제작자는 도면에 표시된 치수대로 제품을 제작하게 된다. 따라서 도면에 기입한 치수는 정확하게 정의해야 하며 알기 쉽고 간단명료해야 한다.

1) 치수의 단위

① 길이 : 단위에는 mm를 사용하나 단위 기호 mm는 기입하지 않는다.
② 각도 : 각도의 단위는 도(°)를 사용하며 필요에 따라 분('), 초(")의 단위도 함께 사용한다. (예 90°, 22.5°, 3'21", 0°15', 6°21'5")

③ 치수 정밀도가 높을 때는 소숫점 2자리 또는 3자리까지 표시한다.
(예 30mm ⇨ 30.000mm)

2) 치수선 및 치수 보조선

(1) 치수선
치수를 기입하며 치수선은 0.25mm 이하의 가는 실선을 치수 보조선과 직각으로 그어 외형선과 구별하고 양 끝에는 화살표를 붙인다.

(2) 치수 보조선
치수 보조선은 지시하는 치수선의 끝에 해당하는 도형상의 점 또는 선의 중심을 지나 치수선에 직각으로 긋고, 치수선 위치에서 2~3mm 정도 넘도록 연장한다.

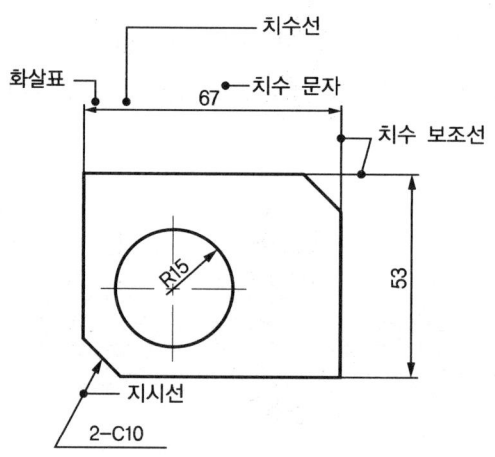

[그림 1-38] 치수선의 용도

3) 치수 기입의 원칙

① 부품의 기능상 또는 제작, 조립 등에 있어서 꼭 필요하다고 생각되는 치수만 명확하게 기입한다.
② 치수는 되도록 계산해서 구할 필요가 없도록 기입한다.
③ 중복 치수는 피한다.
④ 가능하면 정면도에 집중하여 기입한다.
⑤ 반드시 전체 길이, 전체 높이, 전체 폭에 관한 치수는 기입한다.
⑥ 필요에 따라 기준으로 하는 점과 선 또는 가공면을 기준으로 기입한다.

⑦ 관련된 치수는 가능하면 모아서 보기 쉽게 기입한다.
⑧ 참고 치수에 대해서는 치수 문자에 괄호를 붙인다.

4) 치수 보조 기호와 여러 가지 치수 기입

치수를 나타내는 수치에 부가하여 그 치수의 의미를 명확히 하기 위하여 사용하는 기호를 의미한다.

〈표 1-5〉 치수 보조 기호

구 분	기 호	사용 예
지름	Ø	Ø60
반지름	R	R20
구의 지름	SØ	SØ40
구의 반지름	SR	SR30
정사각형의 변	□	□12
관의 두께	t	t5
45°의 모따기	C	C3
원호의 길이	⌒	⌒40
참고 치수	( )	(50)
이론적으로 정확한 치수	□	□40□

(1) 지름의 치수 기입

치수를 기입할 곳이 원형일 경우 지름기호를 이용하여 치수 기입한다. 치수 문자 앞에 지름을 뜻하는 "Ø"를 붙여 사용한다. 이때 우측면의 투상을 생략해도 된다.

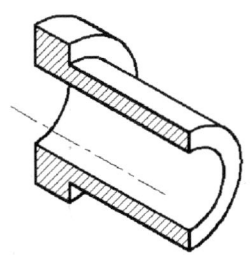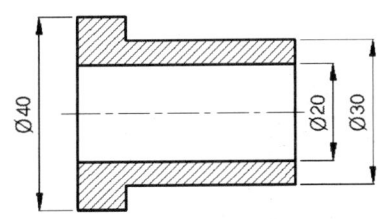

[그림 1-39] 지름의 치수 기입

(2) 반지름의 치수 기입

반지름의 치수 기입을 할 때는 치수 문자 앞에 반지름(R)을 붙인다. 큰 원호의 경우 Z자형으로 구부려 치수를 기입한다.

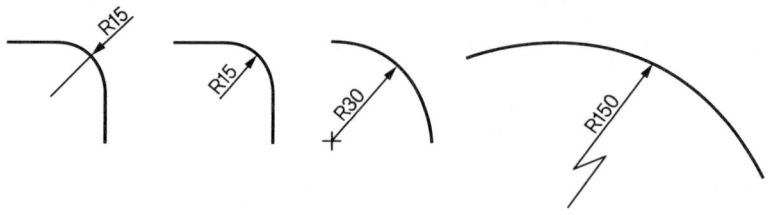

[그림 1-40] 반지름의 치수 기입

(3) 현, 원호의 치수 기입

① 현의 길이 표시 방법 : 현에 직각하는 치수 보조선을 긋고 현에 평행한 치수선을 사용하여 나타낸다.

② 호의 길이 표시 방법 : 치수 보조선을 긋고, 그 원호와 같은 중심의 원호를 치수선으로 하고, 치수 수치의 위에 원호를 표시하는 기호(⌒)를 붙인다.

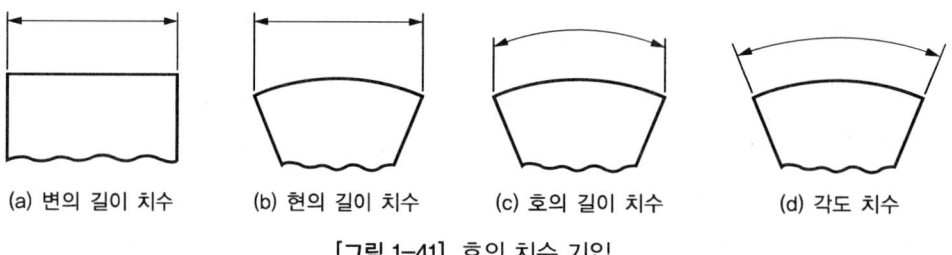

(a) 변의 길이 치수   (b) 현의 길이 치수   (c) 호의 길이 치수   (d) 각도 치수

[그림 1-41] 호의 치수 기입

(4) 각도 기입 방법

각도를 기입하는 치수선은 그 각을 구성하는 두 변 또는 연장선 사이에 원호로 나타낸다.

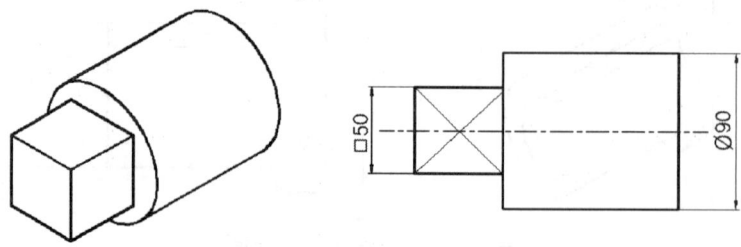

[그림 1-42] 사각 평면의 치수 기입

(5) 사각 평면의 표시 방법

평면을 둥근 면과 구별하기 위해 도면에 가는 실선의 대각선 표시로 한다.

(6) 구의 지름과 구의 반지름

구(Sphere)의 지름 또는 반지름을 나타내는 치수를 기입할 때 치수 문자 앞에 SØ 또는 SR을 붙여 사용한다.

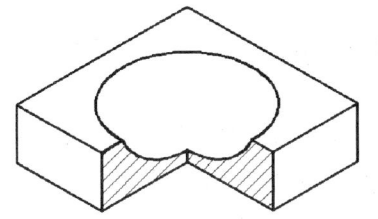 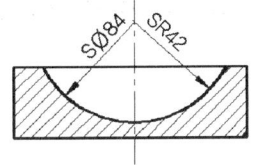

[그림 1-43] 구의 치수 기입

5. 표면 거칠기의 지시와 다듬질 기호

1) 표면 거칠기

표면 거칠기는 작은 간격으로 나타나는 기계 부품 표면의 요철(凹凸) 부분의 기복의 차이를 나타낸 것이다. 표면 거칠기의 표시 방법으로는 중심선 평균 거칠기(Ra), 최대 높이(Ry) 및 10점 평균 거칠기(Rz)의 세 가지 표시법이 KS B 0161에 규정되어 있으며, 측정값을 μm 단위로 표시한다.

2) 대상면을 지시하는 기호

① 절삭 등 제거가공의 필요 여부를 문제 삼지 않는 경우에는 면에 지시 기호를 붙여서 사용한다. [그림 1-44 (a)]
② 제거가공을 필요로 한다는 것을 지시할 때에는 면의 지시 기호의 짧은 쪽의 다리 끝에 가로선을 부가한다. [그림 1-44 (b)]
③ 제거가공해서는 안 된다는 것을 지시할 때에는 면의 지시 기호에 내접하는 원을 그린다. [그림 1-44 (c)]

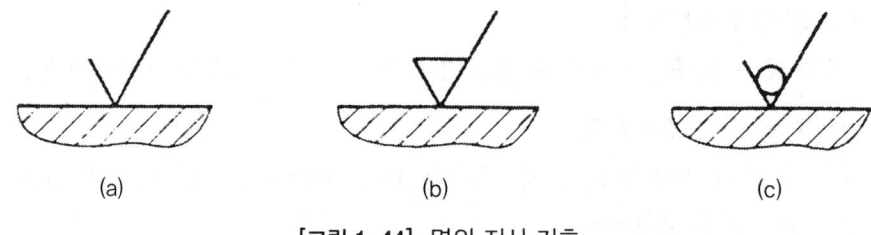

[그림 1-44] 면의 지시 기호

6. 다듬질 기호 및 표면 거칠기의 표준값

다듬질 기호를 사용하여 면의 결을 지시할 때에는, 삼각 기호에 표면 거칠기의 표준값, 컷 오프값, 기준 길이, 가공 방법, 줄무늬 방향의 기호 및 다듬질 여유값을 부기할 수 있다. 이 때, 중심선 평균 거칠기는 a, 최고 높이는 S, 10점 평균 거칠기는 z의 기호를 표면 거칠기 의 표준값 다음에 기입한다.

다듬질 기호		정 도(精度)	사용 보기	분 류	Ry	Rz	Ra
∨	▨▨▨	일체의 가공이 없는 자연면	압력에 견뎌야 하는 곳	자연면	특히 규정 않음		
	⌒	고운 자연면을 그대로 두고 아주 거친 곳만 조금 가공	스패너자루, 핸들, 휠의 바퀴	주조면, 단조면			
W∨	▽	가공 흔적이 남을 정도의 막 다듬질	드릴가공면, 샤프트의 끝면	거친 다듬면	100S	100z	25a
X∨	▽▽	가공 흔적이 거의 없는 중다듬질	기어와 크랭크의 측면	보통(중간) 다듬면	25S	25z	6.3a
Y∨	▽▽▽	가공 흔적이 전혀 없는 상다듬질	게이지의 측정면, 공작기계의 미끄럼면	고운 다듬면	6.3S	6.3z	1.6a
Z∨	▽▽▽▽	광택이 나는 고급 다듬질	래핑, 버핑에 의한 특수용도의 고급 플랜지면	정밀 다듬면	0.8S	0.8z	0.2a

7. 치수 공차 기입하기

1) 치수 공차

(1) 일반 사항

설계 도면을 작성할 때에는 그 부품의 생산 방법이나 생산 공정 등을 신중히 고려하여 필요한 내용을 빠짐없이 기입하도록 해야 하며, 호환성을 유지하기 위하여 부품의 조립과 기능 및 용도에 필요한 가공 정밀도를 제시해야 한다.

(2) 치수 공차의 용어

① 실 치수 : 두 점 사이의 거리를 실제로 측정한 치수이다.
② 허용 한계 치수 : 실 치수가 그 사이에 들어가도록 정한 허용할 수 있는 대, 소의 치수로서 최대 허용 치수와 최소 허용 치수로 나눈다.
③ 기준 치수 : 치수 허용 한계의 기준이 되는 치수이다.
④ 기준선 : 허용 한계 치수와 끼워 맞춤을 도시할 때 치수 허용차의 기준이 되는 선으로서 기준선은 치수 허용차가 "0"인 직선으로 기준 치수를 나타낼 때에 사용한다.
⑤ 치수 허용차 : 허용 한계 치수에서 그 기준 치수를 뺀 값으로서 위 치수 허용차와 아래 치수 허용차가 있다.

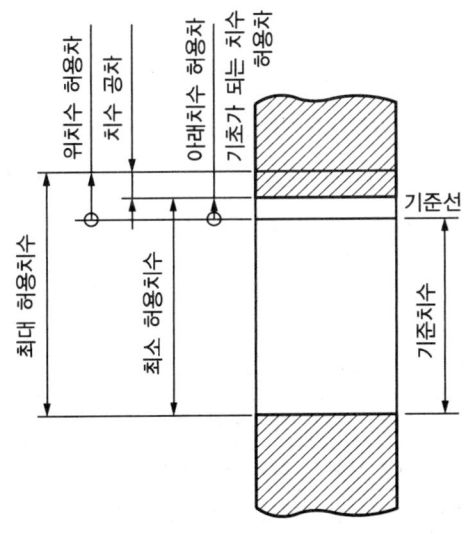 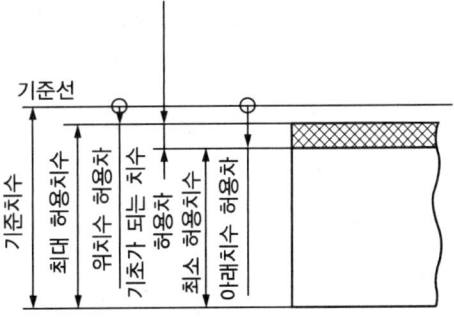

[그림 1-45] 치수 공차의 용어

⑥ 기초가 되는 치수 허용차 : 허용 한계 치수와 기준 치수와의 관계를 결정하는 기초가 되는 치수의 차이며 구멍과 축의 종류에 따라 위 치수 허용차 또는 아래 치수 허용차가 결정된다.
⑦ 치수 공차 : 최대 허용 한계 치수와 최소 허용 한계 치수와의 차이이다. 즉 위 치수 허용차와 아래 치수 허용차와의 차를 의미하며, 간단히 공차라고도 한다.

(3) 기본 공차
① IT 기본 공차 : 치수 공차와 끼워 맞춤에 있어서 정해진 모든 치수 공차를 의미하는 것으로 국제 표준화 기구(ISO) 공차 방식에 따라 분류하며, IT 01부터 IT 18까지 20등급으로 구분하여 KS B 0401에 규정하고 있다. IT 01과 IT 0에 대한 값은 사용 빈도가 적으므로 별도로 정하고 있다.
② IT 공차의 수치 : 기준 치수가 500 이하인 경우와 500을 초과하여 3150까지 공차 등급 IT 1부터 IT 18에 대한 기본 공차의 수치를 나타낸다.

〈표 1-6〉 기본 공차의 적용

용 도	게이지 제작 공차	끼워맞춤 공차	끼워맞춤 이외 공차
구 멍	IT 1 ~ IT 5	IT 6 ~ IT 10	IT 11 ~ IT 18
축	IT 1 ~ IT 4	IT 5 ~ IT 9	IT 10 ~ IT 18

2) 끼워 맞춤

기계 부품을 조립할 때 구멍과 축이 미끄럼 운동이나 회전 운동이 이루어질 수 있는 경우와 상호 운동 없이 동력을 전달해야 하는 경우가 있다. 이와 같이 구멍과 축이 조립되는 관계를 끼워 맞춤이라 하고, 구멍의 지름이 축의 지름보다 큰 경우 두 지름의 차를 틈새, 축의 지름이 구멍의 지름보다 큰 경우 두 지름의 차를 죔쇠라고 한다.

〈표 1-7〉 틈새와 죔새

구 분	용 어	해 설
틈새	최소 틈새	구멍의 최소 허용 치수 ~ 축의 최대 허용 치수
	최대 틈새	구멍의 최대 허용 치수 ~ 축의 최소 허용 치수
죔새	최소 죔새	구멍의 최대 허용 치수 ~ 축의 최소 허용 치수
	최대 죔새	구멍의 최소 허용 치수 ~ 축의 최대 허용 치수

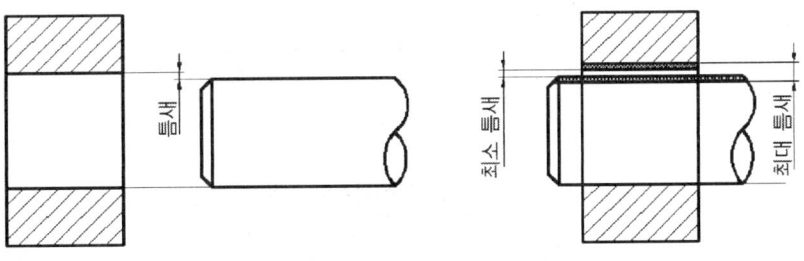

[그림 1-46] 축의 지름이 구멍의 지름보다 작은 경우(틈새)

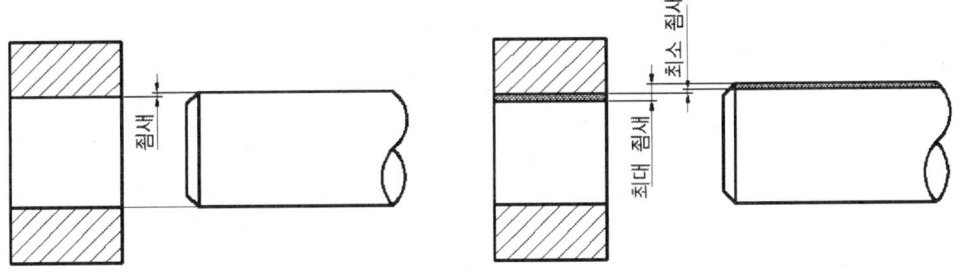

[그림 1-47] 축의 지름이 구멍의 지름보다 큰 경우(죔새)

(1) 끼워 맞춤의 종류

끼워 맞춤 부분을 가공할 때 부품 소재의 상태나 가공의 난이 정도에 따라 구멍을 기준으로 할 것인지 또는 축 기준으로 할 것인지에 따라 구멍 기준식과 축 기준식으로 나눈다.

① 구멍 기준식 끼워 맞춤 : 아래 치수 허용차가 0인 H 기호 구멍을 기준 구멍으로 하고, 이에 적당한 축을 선정하여 필요한 죔쇠나 틈새를 얻는 끼워 맞춤으로 H6~H10의 다섯 가지 구멍을 기준 구멍으로 사용한다.

② 축 기준식 끼워 맞춤 : 위 치수 허용차가 0인 h 기호 축을 기준으로 하고, 이에 적당한 구멍을 선정하여 필요한 죔쇠나 틈새를 얻는 끼워 맞춤으로 h5~h9의 5가지 축을 기준으로 사용한다.

구멍 기호	⇐ 지름이 커짐							지름이 작아짐 ⇒							
	최소허용치수와 기준치수 일치														
	A	B	C	D	E	F	G	H	Js	K	M	N	P	R	S T U X
축 기호	⇐ 지름이 작아짐							지름이 커짐 ⇒							
	최대허용치수와 기준치수 일치														
	a	b	c	d	e	f	g	h	js	k	m	n	p	r	s t u x

〈표 1-8〉 구멍과 축의 기호 및 상호관계

기준축	구멍 공차역 클래스														
	헐거운 끼워 맞춤						중간 끼워 맞춤			억지 끼워 맞춤					
H6						g5	h5	js5	k5	m5					
					f6	g6	h6	js6	k6	m6	n6	p6			
H7					f6	g6	h6	js6	k6	m6	n6	p6	r6	s6	t6 u6 x6
				e7	f7		h7	js7							
H8					f7		h7								
				e8	f8		h8								
			d9	e9											
H9			d8	e8			h8								
		c9	d9	e9			h9								
H10	b9	c9	d9												

〈표 1-9〉 상용하는 구멍 기준 끼워 맞춤

기준축	구멍 공차역 클래스														
	헐거운 끼워 맞춤						중간 끼워 맞춤			억지 끼워 맞춤					
h5							H6	JS6	K6	M6	N6	P6			
					F6	G6	H6	JS6	K6	M6	N6	P6			
h6					F7	G7	H7	H7	K7	M7	N7	P7	R7	S7	T7 U7 X7
				E7	F7										
					F8		H8								
h7			D8	E8	F8		H8								
			D9	E9			H9								
h8			D8	E8			H8								
		C9	D9	E9			H9								
h9	B10	C10	D10												

(2) 끼워 맞춤 상태에 따른 분류

① 헐거운 끼워 맞춤 : 구멍의 최소 치수가 축의 최대 치수보다 큰 경우이며, 항상 틈새가 생기는 끼워 맞춤으로 미끄럼 운동이나 회전 운동이 필요한 기계 부품 조립에 적용한다.

예제	구멍	축
최대허용치수	A = 50.025mm	a = 49.975mm
최소허용치수	B = 50.000mm	b = 49.950mm
최대틈새	A – b = 0.075mm	
최소틈새	B – a = 0.025mm	

② 억지 끼워 맞춤 : 구멍의 최대 치수가 축의 최소 치수보다 작은 경우이며, 항상 죔쇠가 생기는 끼워 맞춤으로 동력 전달을 하기 위한 기계 조립이나 분해 조립이 불필요한 영구 조립 부품에 적용한다.

예제	구멍	축
최대허용치수	A = 50.025mm	a = 50.050mm
최소허용치수	B = 50.000mm	b = 50.034mm
최대죔새	a – B = 0.050mm	
최소죔새	b – A = 0.009mm	

③ 중간 끼워 맞춤 : 축, 구멍의 치수에 따라 틈새 또는 죔쇠가 생기는 끼워 맞춤으로, 헐거운 끼워 맞춤이나 억지 끼워 맞춤으로 얻을 수 없는 더욱 작은 틈새나 죔쇠를 얻는 데 적용하며, 베어링 조립은 중간 끼워 맞춤의 대표적인 보기이다.

예제	구멍	축
최대허용치수	A = 50.025mm	a = 50.011mm
최소허용치수	B = 50.000mm	b = 49.995mm
최대죔새	a – B = 0.011mm	
최대틈새	A – b = 0.030mm	

구멍	축	상호관계
⌀60H7	⌀60g6	구멍 기준식 헐거운 끼워 맞춤
⌀40H7	⌀40p7	구멍식 억지 끼워 맞춤
⌀30G6	⌀30h7	축 기준식 헐거운 끼워 맞춤
⌀50P6	⌀50h7	축기준식 억지 끼워 맞춤

8. 기하 공차의 종류와 기호

기하 공차는 기계 부품의 치수 공차에 형상 및 위치 공차를 주어 제품을 정밀하고 효율적으로 생산하여 경제성이 있도록 하는데 있다. 기하 공차 표시법에서는 도면에 말을 쓰지 않고 숫자, 문자 및 기호를 사용해야 하며, 기호의 사용법은 국제적으로 통일되어 있으며, KS B 0608에서 규정되어 있다.

〈표 1-10〉 기하 공차의 종류와 기호

적용하는 형체	구분	기호	공차의 종류	
단독 형체	모양 공차	─	진직도 공차	
		▱	평면도 공차	
		○	진원도 공차	
		⌀	원통도 공차	
단독 형체 또는 관련 형체		⌒	선의 윤곽도 공차	
		⌒	면의 윤곽도 공차	
관련 형체	자세 공차	∥	평행도 공차	최대실체공차 적용 (MMC)
		⊥	직각도 공차	
		∠	경사도 공차	
	위치 공차	⊕	위치도 공차	최대실체공차 적용 (MMC)
		◎	동축도 공차 또는 동심도 공차	
		≡	대칭도 공차	
	흔들림 공차	↗	원주 흔들림 공차	
		↗↗	온 흔들림 공차	

1) 기하 공차의 부가기호

〈표 1-11〉 기하 공차의 부가기호

표시하는 내용		기 호
공차붙이 형체	직접 표시하는 경우	![]
	문자기호에 의하여 표시하는 경우	![]
데이텀	직접 표시하는 경우	![]
	문자기호에 의하여 표시하는 경우	![]
데이텀 표적(target) 기입틀		Ø2/A1
이론적으로 정확한 치수	직각 테두리로 표시	50
돌출 공차역	돌출된 부분까지 포함하는 공차 표시	Ⓟ
최대 실체 공차 방식	최대질량의 실체를 갖는 조건	Ⓜ
형체 치수 무관계	규제기호로 표시되지 않음	Ⓢ

2) 기하 공차의 기입방법

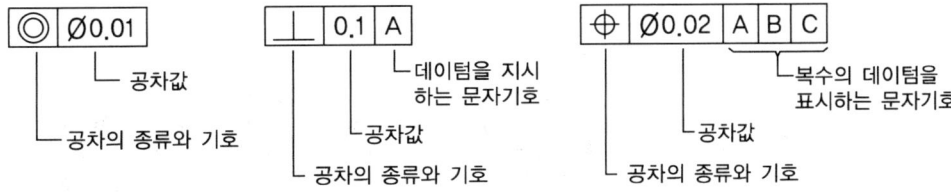

1.2 제어회로 설계

1 설계조건

1. 3D프린터의 기구 검토

3D프린터는 재료의 상태를 변화시켜 모델링으로 결정된 공간상의 특정 지점에서 정한 지점에 정확히 재료를 적층하고 상변화로 고체화시켜 정형화시키는 일련의 과정이며, 전자 회로는 이러한 프린팅 과정을 프로그래밍하고 제어를 하게 된다. 따라서 3D프린터 기구의 구조와 크기 및 특징들을 정확히 분석하고 이해할 수 있어야 요구하는 성능을 만족하는 전자 회로를 설계할 수 있게 된다. 이 모듈에서는 3D프린터의 회로 설계를 결정하는 기구부를 검토하고 그에 종속되는 구동 기구구조를 이해하여야 한다.

1) 3D프린터 구동 기구구조

3D프린터는 3차원 공간에서 한 층씩 재료를 쌓아 올려서 모델링된 데이터를 실물로 복제하는 과정이다.

모델링 파일에서 지정한 지점으로 재료를 분사하는 노즐을 이동하거나 혹은 반대로 노즐이 있는 지점으로 프린트되어야 할 부분이 옮겨지도록 하여야 한다.

3D프린터 개발 단계에서 이러한 공간 이동에 대한 이송 방식 기구가 결정이 되면 설계된 기구를 정확하게 구동할 수 있는 회로 설계조건을 결정하게 된다.

(1) 3차원 구동 구조

[그림 1-48]은 3D프린터에서 적용되고 있는 대표적인 3차원 구동 기구를 보여 주고 있다. 3차원 모션, 즉 공간 이동을 위해서 최소 3개 이상의 구동축이 필요하며 통상

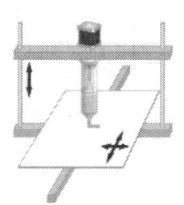 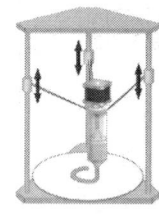 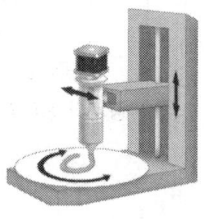 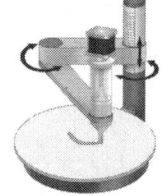

(a) Cartesian 방식　(b) Delta 방식　(c) Polar 방식　(d) Scara 방식

[그림 1-48] 3D프린터 구동 구조

제어를 간단히 하기 위해 각 축을 X, Y, Z로 하나씩 일대일 매칭을 시키는 방식을 채택하고 있다.

(2) 구동 메커니즘

3D CAD 모델 이미지를 3D 실물로 변환하는 과정에서 프린터는 모델을 슬라이싱 과정을 통해 일정한 두께의 얇은 층으로 나누고, 이들 각 층의 형상을 2차원 평면 운동을 하는 기구 구동부에 재료 분사 노즐을 장착하여 재료를 분사하면서 3차원 프린팅을 수행하게 된다.

구동부는 층마다 높이 조절을 위해 이송하게 되는 z축 방향 직선 이송과 2차원 평면 운동을 하는 x, y축(r, θ축도 가능하나 일반적으로 3D 모델이 카테시안 좌표를 기준으로 모델링되어 있어 슬라이싱과 툴 패스 생성 시 카테시안 좌푯값으로 변환되는 경우가 많음) 구동 구조를 하고 있다.

① 벨트 구동 구조

Y축은 이송 중량의 부하가 가장 적은 X축의 이송엔 당연히 스테핑 모터와 타이밍 벨트를 결합되어 있고, 중력에 대항해야 하는 Z축엔 당연히 스크루 방식을 많이 사용하며 반대쪽에는 텐셔너가 위치해 있다. 벨트는 이들을 한 바퀴 감싼 다음 로워 플레이트 벨트 고정부에 연결하며 로워 플레이트는 체결된 리니어 베어링은 LM 가이드 또는 연마봉 위를 움직이게 된다.

벨트 구동방식은 크게 풀리가 고정되고 벨트 측이 움직이는 방식과 벨트가 고정되고 풀리 측이 움직이는 방식으로 벨트의 양끝을 고정하고 풀리가 벨트를 물고 다니며 움직이는 방식을 사용한다. 이 방법은 벨트의 변형에 의한 오차를 줄일 수 있으나 벨트를 풀리에 안정적으로 접하도록 하기 위한 아이들러가 필요하고, 벨트의 장력을 이기려면 풀리와 아이들러의 축을 모두 양쪽에서 지지하도록 하는 구조와 벨트를 양쪽에서 강력하게 잡아주는 구조이다. X축은 프린터헤드가 결합되어 있고 스크루에 의해 Z축 방향으로 움직인다.

[그림 1-49] 벨트 구동 구조

② 볼 스크루 구동 구조

볼 스크루 드라이브는 회전 운동을 직선 운동으로 변환시키며 3D프린터 등 정밀 설비에 사용하여 높은 위치결정 정도와 고효율 및 작은 회전력으로 큰 추진력을 얻을 수 있으며, 구름 요소가 있는 볼 스크루 드라이브는 마찰 계수가 매우 낮고 일반적으로 효율이 90% 이상이며 전달된 작용력은 여러 개의 볼 베어링 전체에 분산되어 볼 당 상대 부하가 비교적 낮다.

Z축은 중력이라는 외력이 아래쪽으로 항상 작용하는 Z축은 모터에도 무리가 가지 않고 모터 파워가 꺼졌을 때도 위치를 유지할 수 있기 위해 스크루 이송방식이 일반적이며, 스크루의 양끝은 베어링으로 고정되는데 고정 측과 지지 측 부품이 있다. 고정 측은 축 방향으로는 움직이지 않도록 잡아주면서 회전만 할 수 있도록 해주는 역할을 하고 있는데, 2개의 각기 다른 방향을 향하는 베어링이 한 조가 되어 스크루의 한쪽 끝에 고정되도록 되어 있어서 축 방향으로는 어느 쪽으로도 움직이지 않으면서 원활한 회전을 할 수 있도록 구성되어 있다.

모터와 스크루는 플렉시블 커플링을 이용하여 연결되어 있으며, 모터의 축과 스크루가 완전한 일직선상에서 고정되기가 어렵기 때문에 스크루가 모터 축과 약간의 각을 가지고 만난다거나 축이 약간 어긋나 있어도 원활한 회전을 할 수 있도록 해주는 부품이다.

[그림 1-50] 볼 스크루 구동 구조

③ 리니어 모터

리니어 모터(Linear Motor)는 직접적인 직선형 구동을 얻기 위해 회전형 구조를 직선형 펼친 구조로서 전기에너지를 직선 운동에너지로 변환하는 장치로 보조적인 에너지 변환장치가 전혀 필요치 않아 구조가 복잡하지 않고 에너지 손실이나 소음을 발생하지 않으며, 운전 속도에도 제한을 받지 않는 등의 특유한 이점이 있다.
리니어 모션을 담당하는 구조로는 모터가 적용된 전동 벨트 구조를 이용하게 되는데, 백래쉬(Backlash)로 인한 반복 정밀도나 정확도의 문제가 발생하여 보다 정밀한 3D 모형의 제작에 적합하지 않은 문제점이 있다. 이와 같은 문제점을 해결하기 위하여 안출된 것으로서, 반복 정밀도와 정확도를 보장하여 정밀한 3D 모형의 제작이 가능한 샤프트 리니어 모터를 이용한다.

기존의 회전식 모터는 방열판이나 팬을 이용하여 냉각함으로써 발생하는 냉각 효과의 저하에 따른 문제점을 해소하여, 작업의 안정성과 작업의 정밀도를 높임과 동시에 제품 수명을 연장시킬 수 있는 샤프트 리니어 모터를 이용한다.

[그림 1-51] 리니어 모터

④ 병렬(델타) 로봇

병렬로봇 구조는 X, Y, Z축의 카르테시안(직교) 방식에 비하여 다소 직관적이지 않고 복잡한 구조로 3개의 수직 방향 구동축이 있으며, 구동축에 따라 운동하는 슬라이드 블록(Slide block) 또는 캐리지(Carriage)의 범위에 따라 좌표가 정해진다. 캐리지는 프로파일 또는 연마봉으로 된 Z축 이송대로 연결하며 스테핑 모터와 타이밍 벨트로 연결되어 동력을 전달한다. 3개의 캐리지는 다시 대각선 방향의 축으로 헤드와 연결되고 구동축 3개와 하나의 대각 축에 2개의 로드를 사용하므로 총 6개의 로드가 캐리지와 헤드 사이로 연결한다. 로드의 양끝에는 2차원적으로 회전할 수 있는 로드 엔드 베어링이 부착되어 있으며 로드의 반대쪽 끝에는 이펙터(Effector)가 연결된다. 이펙터는 프린터 헤드가 장착되는 부분이다.
따라서 스테핑 모터의 동력을 전달 받은 캐리지의 움직임에 따라 프린터 헤드가 3차원으로 움직이면서 적층가공을 하게 된다.

[그림 1-52] 병렬(델타) 로봇

2. 설계 검토 사양 결정

3D프린터의 기구구조를 움직이도록 하기 위해서는 모터와 같이 전기 에너지를 기계적인 에너지로 변환하는 엑추에이터(Acutator)가 필요하며, 특히 3D프린터에서는 정해진 위치로의 정확한 이송을 위해 위치 제어 기능을 필요로 한다. 구동 제어 방식 종류와 특징에 대한 이해를 통해 검토된 기구를 충분히 동작할 수 있을지 파악할 수 있어야 한다. 설계자는 물리적 한계나 구동 시 발생할 수 있는 문제점이 없는지를 확인할 수 있어야 하며, 설계와 제작이 시작되기 이전 시점에서 기구구조를 꼼꼼히 점검하여 차후 수정이나 다시 제작해야 하는 경우가 없도록 하여야 한다.

1) 구동부 제어 방식

(1) 서보모터 시스템(closed-loop control)

서보모터 시스템이란, 모터만 의미하는 것이 아니라 지령을 받고 이를 수행하는 시스템을 서보모터 시스템이라 칭한다. 서보모터(Servo Motor)는 펄스에 의한 각각 지령에 의하여 대응하는 회전 운동을 하며 서보기구(Servo Unit)는 펄스화된 정보는 서보기구에 전달되어 정밀도와 아주 관계가 깊은 X, Y, Z 등 각 축을 제어한다.

① 하드웨어 구성
　서보모터 시스템은 지령을 받아 동작하는 부위와 이를 자체적으로 감지하여 피드백 제어 시스템까지 포함하고 있다.
　㉠ 기본 구성
　　모터 – 드라이브 – 위치 센서
　㉡ 모터의 종류
　　- 서보모터의 서보모터는 다른 일반 모터보다 빠른 응답과 넓은 속도제어의 범위를 가진 제어용 전동기로 종류로는 DC 서보모터, AC 서보모터가 있다.
　　- DC 서보모터는 가격이 싸고 제어 회로가 간단하여 소형화가 용이하지만 고속 회전이 어렵고 유지보수가 필요(브러시 마모)한 단점이 있다.
　　- AC 서보모터는 구조가 견고하고 고속 회전이 용이하지만 제어 회로가 복잡하고 가격이 비싸다는 단점이 있다.
　㉢ 드라이브 역할
　　- 서보모터 시스템 내에서의 드라이브란, 제어하는 시스템으로서, 부여된 목표 입력에 대한 빠른 추종 응답 특성을 갖는다.
　　- 정밀한 움직임이 가능하도록 모터에 공급되는 전력을 서보모터에 적합한 형태로 변환시켜 공급하는 역할을 한다.
　㉣ 위치 센서
　　- 위치 센서에는 광학식 엔코더, 자기식 엔코더, 리졸버 등이 있다.
　　- 광학식은 광원을 이용하여 위치 정보를 검출한다.
　　- 슬릿이 있는 회전 디스크와 투광용 광원, 수광 소자로 구성된다.
　　- 자기식은 자기 드럼을 이용하여 위치 정보를 검출하며, 자기 드럼과 자기 저항 소자로 구성되어 있다.
　　- 리졸버는 회전자 각도에 대응하는 전압이 권선에 발생하도록 되어 있는 위상 변압기로서 스테이터, 로터, 회전 트랜스로 구성되어 있다.
　　- 리졸버(Resolver)는 기계의 움직임을 전기적인 신호로 표시하는 장치이다.
　　- 엔코더(Encoder)는 서보모터 회전 운동의 위치검출 및 이송속도를 검출하는 장치이고 서보모터 뒤쪽에 부착되어 있다.

(2) 오픈루프 제어 방식(Open-loop control)
　개루프 제어 방식이라고도 하며, 시스템의 출력을 입력에 피드백하지 않고 기준 입력만으로 제어 신호를 만들어서 출력을 제어하는 방식이다.

① 하드웨어 구성
　㉠ 기본 구성
　　- 입력값이 들어가는 제어기와 제어 대상이 되는 플랜트로 구성된다.
　㉡ 스테퍼 모터
　　- 구동축이 회전하면서 구동축과 로터가 함께 회전한다. 로터의 원주에는 일정한 간격으로 영구 자석이 이처럼 배열되어 있다. 회전 제어가 약 1.5°까지 정밀제어가 가능하다.

2) 구동 방식

① 영구 자석이 구동축을 중심으로 배치되어 있는데 외부 제어 회로로부터 전류를 받아 영구 자석이 작동하면 기어의 톱니가 일직선으로 맞춰진다.
② 영구 자석의 전류가 회전 방향으로 반복적으로 받게 되면 전류를 따라 기어의 톱니가 돌게 되는 방식으로 모터의 회전을 이끌어 낸다.

참고 스테퍼(스테핑) 모터 기초 계산법

개념 1mm 이동 시 펄스 값

- 회전각도[°] = 스텝 각[°] × 펄스 수
  회전속도[rpm] = 펄스 속도[Hz] × 60[sec]
- 1펄스 당 1.8° 회전이므로 360° 한 바퀴 돌리면 360/1.8 = 200펄스이다.
- 200펄스에 360° 1mm 움직이는 값을 계산하면 된다.
- 단, 마이크로스텝은 설정으로 움직이므로 이에 관련된 값을 계산에 보정한다.
- 즉, 지름이 5mm 모터 축 16비트 1회전 시 비트 값은

$$\frac{200 \times 16}{5 \times \pi} = 203.718499231$$

X, Y축의 Pully 이동 Step 계산

- Pulley Pitch 및 Pulley 이빨 수 확인

$$\frac{200}{피치 \times 이빨 수} = \text{Step 수}$$

드라이브에 설정된 Step을 곱한 값 Z축 이동 Step 계산

- 전산 볼트, 전조 볼트, 볼 스크루 등의 Pitch 확인
- $\dfrac{200}{Z축 피치} \times 드라이브\ 스텝\ 수$

n Extruder step 계산

- 피딩 기어 직경 확인
- $\dfrac{200}{피딩\ 기어\ 직경 \times \pi} \times 드라이브\ 스텝\ 수$

스테핑 모터의 특징

① 펄스 수와 회전 각도가 정확하게 비례하므로 속도제어를 편리하게 할 수 있다.
② 1스텝당 각도의 오차가 적고, 고토크, 고응답성 모터이다.
③ 고분해능, 고정도 위치 제어가 가능합니다.
④ 자체 유지력(브레이크)이 있다.
⑤ 정지 시 Settling time이 짧고, 헌팅 현상이 없다.
⑥ 디지털 신호로 출력 펄스 제어로 직접 개방 루프 제어가 가능하다.

모터 선정 시 계산 예제

볼-스크루 구동의 경우

전체이송거리가 100mm, 볼 스크루 피치가 10mm일 때 반송물을 5상 스테핑 모터(0.72/스텝)를 사용하여 1초 동안 반송하고자 할 때 1회전 시 이송거리 1펄스당 회전각은 얼마인가? 또한, 가·감속 시간을 위치결정시간의 25%로 설정하고 기동 펄스 속도를 500Hz로 할 때 운전 펄스 속도는 얼마인가?

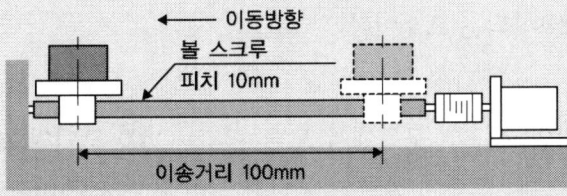

해설 펄스 수 = 원하는 이송거리 × 1회전(360°)

$$1\text{회전 시 이송거리 1펄스당 회전각} = \frac{\text{원하는 이송거리}}{1\text{회전시 이송거리}} \times \frac{1\text{회전}(360°)}{1\text{펄스당 회전각}}$$

$$= \frac{100}{10} \times \frac{360°}{0.72°} = 5,000[\text{Pulse}]$$

$$\text{운전 펄스 속도}[\text{Hz}] = \frac{5000[\text{Pulse}] - 500[\text{Hz}] \times 0.25[\text{sec}]}{1[\text{sec}] - 0.25[\text{sec}]} = 6.5[\text{kHz}]$$

타이밍 벨트 구동의 경우

이송거리가 1,100mm일 때 반송물을 5상 스테핑 모터(0.72°/스텝)를 사용하여 1초 동안 반송하고자 하고, 모터 1회전 당 이동거리는 풀리의 원주이므로 $2\pi r$로 계산하면 약 50mm이다. 모터의 필요 펄스 수와 운전 펄스 속도는 얼마인가?

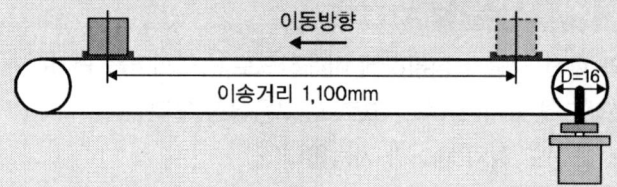

해설 필요 펄스 수 $= \frac{1,100}{50} \times \frac{360°}{0.72°} = 11,000[\text{Pulse}]$

$$\text{운전 펄스 속도} = \frac{11,000[\text{Pulse}] - 500[\text{Hz}] \times 0.25[\text{sec}]}{1[\text{sec}] - 0.25[\text{sec}]} = 14.5[\text{kHz}]$$

3. 회로 부품 적합성 분석

1) 3D프린터 구동 모터 개요

3D프린터의 회로 설계 시 설계 사양에서부품의 적합성에 가장 민감한 부분은 프린터 동작부인 모션 파트이며, 특히 실제 전기적 신호를 기계적 힘으로 변환하는 주체인 구동 모터 부분이 핵심이 되는 요소이다.

(1) 스테핑 모터

① 3D프린터의 기구부 구동에서 모터는 3D CAD 모델의 형상에 따라 정확한 위치 제어로 노즐과 프린터 물을 이송시켜 형상을 적층 제조하게 된다.
② 모터의 구동 모드 중 특히 위치 제어 기능이 중요시된다.

③ 고전적인 모터인 AC 혹은 DC 모터의 경우, 회전자의 관성 특성 때문에 단순한 전원 스위치만으로는 정확한 위치 제어가 힘들다.
④ 로터리 엔코더와 같은 별도의 센서를 장착하여 피드백 제어로 위치 제어를 할 수 있게 된다.
⑤ 이러한 부가 시스템과 별도의 제어 회로 구성 때문에 상대적으로 센서가 없이도 입력 펄스만으로 정해진 각도를 손쉽게 동작할 수 있는 스테핑 모터가 3D프린터에서 대세적으로 사용되고 있다.
⑥ 큰 토크가 요구되거나 정밀한 제어가 요구되는 산업용이나 대용량의 3D프린터에서는 DC 모터가 사용되기도 한다.

[그림 1-53] 서보 드라이브

[그림 1-54] 서보모터

(2) 스테핑 모터 구성

모터의 구동 전류 전압과 회로의 신호 전류 및 전압이 다르기 때문에 일반적으로 모터를 사용할 때 전압과 전류를 증폭해 주는 드라이버를 중간에 매개체로 사용한다.

① 스테핑 모터

제어를 위한 회로 설계 구성이 비교적 간단하여 프린터에 주로 사용되며, 3D프린터 헤드를 움직이기 위한 작동기이다.

② 드라이버

스테핑 모터를 구동시키기 위한 부품이며, 정·역회전, 회전 수 변화를 만들기 위해 전기적 신호를 발생시키는 역할을 한다.

[그림 1-55] 스테핑 모터　　　　　　　[그림 1-56] 스테핑 모터 드라이버

(3) 스테핑 모터 사양

① 홀딩 토크

모터가 여자 상태에서 정지해 있을 때 출력 샤프트에 가해지는 외부 토크에 반하여 발생되는 최대 토크이다.

② 디텐트 토크

모터가 무여자 상태에서 정지해 있을 때 출력 샤프트에 가해지는 외부 토크에 반하여 발생되는 최대 토크이다.

③ 풀인 특성

입력 주파수와 그 주파수에서 모터 구동을 시작할 수 있는 최대 토크 사이의 관계이다.

④ 풀아웃 특성

입력 주파수와 모터 구동 시작 후 풀인 특성 영역으로부터 서서히 증가되는 입력 주파수와 모터 회전을 동기시킴으로써 얻어지는 최대 토크 사이의 관계이다.

⑤ 최대 자기동 주파수

무부하 상태에서 모터가 입력 신호에 동기 되어 움직이고 멈출 때의 최대 주파수이다.

⑥ 스텝 각도 정도

이론 스텝 각도와 실제 측정 각도와의 차이이다.

⑦ 최대 응답(연속) 주파수

무부하 상태에서 최대값이 서서히 가까워지고 있는 자기동 주파수와 동기되어 회전할 때의 최대 주파수이다.

⑧ 회전 속도

스텝 모터의 회전 속도는 일반적으로 pps로 나타낸다.

2) 스테핑 모터 구동

스테핑 모터의 구동 방식에는 모터 내부의 상에 여자하는 방식에 따라 여러 가지로 분류가 된다.

(1) 유니폴라(Unipolar)

각 스테핑 모터 상(phase)의 권선에 인가한 입력 전원이 항상 같은 극성을 갖게 구동시키는 방식으로 전류를 흘리는데 한쪽 방향으로 흘리는 방식이다. 일반적으로 가격이 저렴하고, 간단한 프로젝트 구현에 사용하며 권선에 센터 탭이 설치되어있는 스테핑 모터에 사용된다.

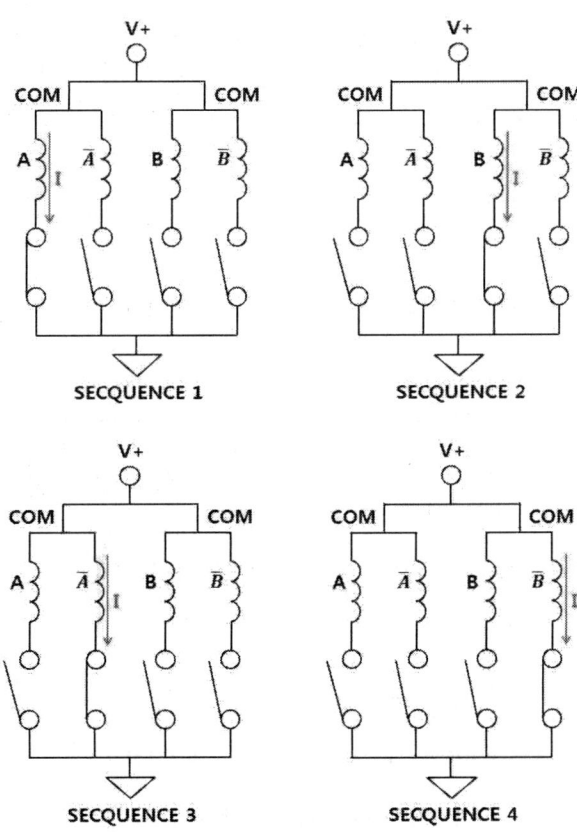

[그림 1-57] 유니폴라 전류 순서

(2) 바이폴라(Bipolar)

스테핑 모터의 동일권에 입력 펄스의 극성을 바꿔 주는 방식이다. 2개의 극성을 동시에 여자시킴으로써 자력의 강도가 높아져 저속에서는 높은 토크를 얻을 수 있는 장점이 있다.

권선으로 흐르는 전류를 교대로 바꾸어주는 방식으로 유니폴라 구동과 비교해서 각도의 정밀도가 좋고, 저속에서 토크가 좋으며 모터의 구동 중 코일에 저장된 에너지가 플라이 휘일 다이오드에 의해 다시 전원으로 돌아가게 되므로 에너지 효율도 유니폴라 방법보다 좋게 된다. 반면 회로가 복잡하고 고속에서 토크가 떨어지는 결점이 있다.

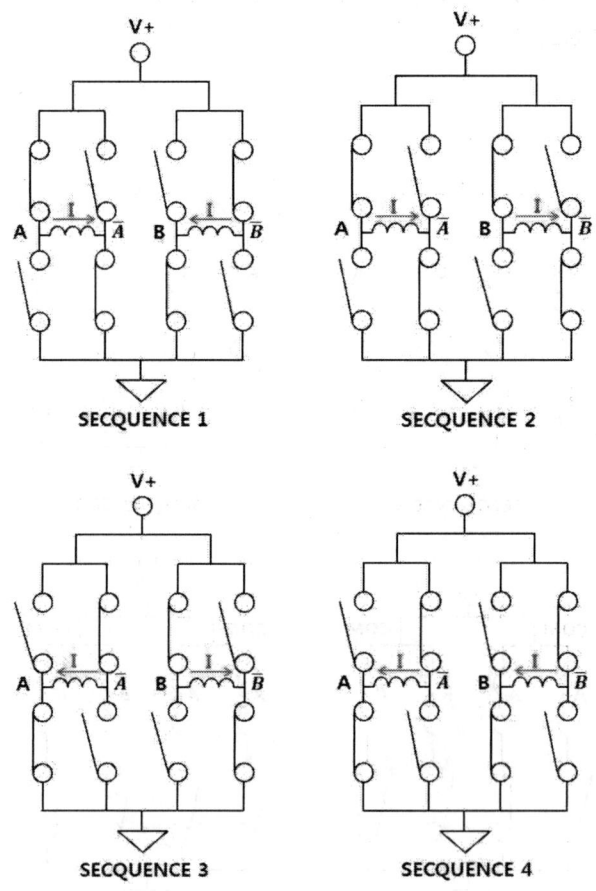

[그림 1-58] 바이폴라 전류 순서

(3) 2상 여자 방식(Full step)

스테핑 모터 4상 중 2개 상이 함께 입력 전원을 받아들이는 방식이다.

(4) 1-2상 여자 방식(Half step)

순차적으로 1상과 2상을 반복해서 펄스를 인가하는 방식이다.

(5) 4상 여자 방식(4 Phases on)

8선 스테핑 모터 사용 시 4상 펄스를 이용하여 구동하는 방식이다.

(6) 3-4상 여자 방식(3-4 Phases on)

1-2상 여자 방식과 같이 3상과 4상을 교대로 입력하는 방식이며, 보다 높은 분해능을 얻을 수 있고 진동이 작은 장점 등이 있다.

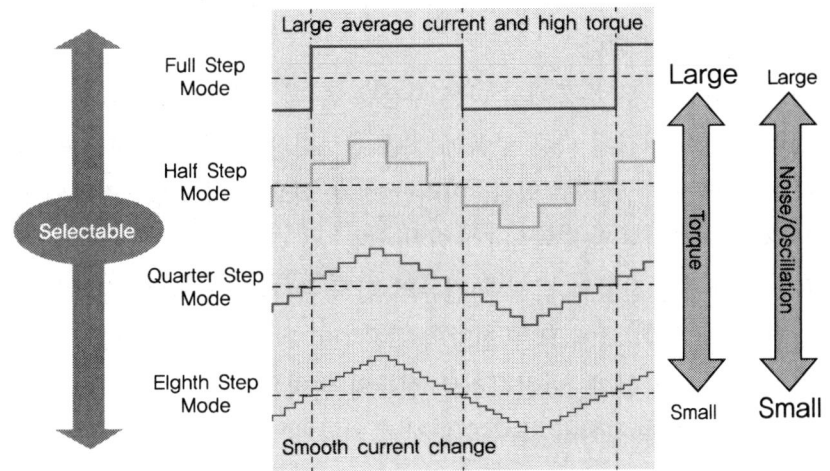

[그림 1-59] 상 여자 방식 펄스 특성

2 전자 회로

1. 전자 회로 설계 기초

1) 전자 회로 기초

(1) 키르히호프(Kirchoff) 법칙

① 전기는 전기장이 형성된 도체를 전자가 이동하면서 생기는 흐름이며, 이때 전기장의 세기가 전압, 전하의 이동량이 전류, 이들의 흐름을 방해하는 힘을 저항이라고 한다.

② 도체 분파되거나 여러 저항을 거치게 되면 이들 물리량이 달라진다. 전자 회로와 같이 일정 공간에 여러 가지 부품들을 조합할 경우, 각각의 소자에 다다르는 전압과 이들 소자들이 동작 시 발생하는 저항과 흐르는 전류는 소자의 동작과 관련하여 중요한 값이 된다.

③ 병렬로 연결된 두 부품에서 다른 부품을 좀 더 높은 저항을 띠는 부품으로 교체할 경우 병렬로 연결된 다른 부품에는 좀 전보다 높은 전류가 흐르게 되어 자칫 과열 등의 문제가 발생할 수 있다. 이러한 전자 회로 내의 전압, 전류의 변화를 설명하는 것이 키르히호프(Kirchoff) 법칙이다.

④ Kirchoff에는 전압의 법칙과 전류의 법칙 두 가지가 있다. 전압의 법칙은 하나의 닫힌 회로(폐 회로)에 모든 전압의 합은 0이 된다. 이때 계산을 할 때 전압의 방향을 고려하여야 한다. 마찬가지로 전류의 법칙은 우선 노드에 대해 정의하면 노드는 하나의 지점에 여러 갈래의 도선이 지나가는 지점을 뜻하며, 이들 노드에 들어오거나 나가는 전류의 값을 모두 더하면 0이 되는 것이며 하나의 폐 회로를 따라 모든 전압강하의 합은 전체 전원전압의 합과 같다.

⑤ 전류의 방향성을 고려하여 합산하도록 한다. 이들 법칙을 적용하면 복잡한 회로 내의 특정 부품에 걸리거나 유도되는 전압, 전류 값 등을 파악할 수 있어서 회로 설계 및 부품 교체 시 부품들의 허용 동작 용량의 범위 안에 선택 제작하도록 할 수 있다.

⑥ 키르히호프의 제1법칙은 회로 내의 임의의 접속점에서 들어가는 전류와 나오는 전류의 대수합은 0이다.

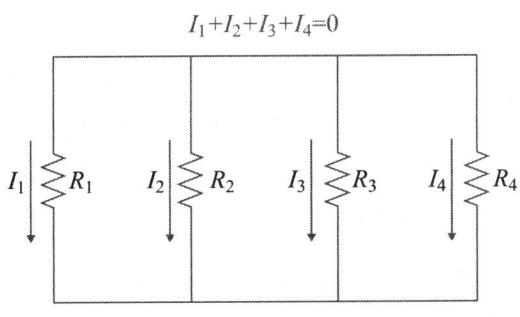

[그림 1-60] Kirchoff 의 전류의 제1법칙
– 한 노드에 흐르는 모든 전류의 합은 0이다.

㉧ 키르히호프의 제2법칙은 회로 내의 임의의 폐 회로에서 한쪽 방향으로 일주하면서 취할 때 공급된 기전력의 대수합은 각 지로에서 발생한 전압강하의 대수합은 같다.

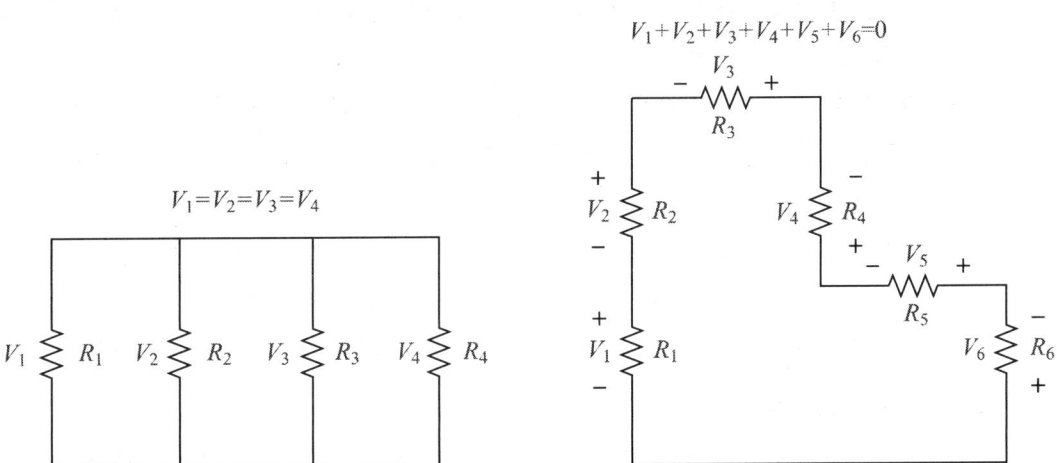

[그림 1-61] Kirchoff 의 전압의 제2법칙
– 한 루프의 전압의 합은 0이다.

2) 트랜지스터(Transistor)

증폭 작용과 스위칭 역할을 하는 반도체 소자로서 증폭기로 사용할 때의 동작 영역은 활성 영역이다. 트랜지스터 그 자체가 소형이어서 이를 사용하는 기기(機器)는 소형이며, 가볍고 소비전력이 적어 진공관을 대체하여 대부분의 전자 회로에 사용한다.

(1) 작동 원리

베이스와 이미터 사이에 순방향 전압을 가하고, 베이스와 컬렉터 사이에 역방향 전압을 가했을 때 트랜지스터는 정상 동작(통전 상태)을 하고, 베이스와 이미터 사이에 역방향 전압을 가해주면 트랜지스터는 차단 상태가 되며, 스위치로 사용할 때는 포화 영역과 차단 영역을 사용한다.

(2) 바이폴라 접합 트랜지스터(Bipolar-Junction Transistor)

① 이미터(E), 컬렉터(C), 베이스(B)로 구성된 핀 3개로 이루어져 있다.
② 트랜지스터에서 전류는 컬렉터로 들어와서 이미터로 빠져나가며 흐른다.
③ 베이스 핀을 변조시키면 전류가 트랜지스터를 통과할 것인지 제어(결과적으로 모터를 구동시킬 것인지)할 수 있다.
④ 아두이노의 PWM 신호 출력 기능을 이용하여 트랜지스터를 빠르게 켜고 꺼서 모터 속도를 조절할 수 있다.
⑤ E(Emitter)로 표시되는 이미터는 총전류가 흐르고, 얇은 막으로 된 베이스(B: Base)가 전류 흐름을 제어하며, 베이스에 입력된 증폭된 신호가 컬렉터(C: Collector)로 흐르게 된다.
⑥ 컬렉터에 음(-)의 전압을 걸어 사용하는 PNP형과 양(+) 전압을 걸어 사용하는 NPN형 차이는 스위치가 (+)쪽에 있으면 PNP형, 스위치가 (-)쪽에 있으면 NPN형이다.
⑦ NPN형인 경우 전류는 이미터 쪽으로 흐르고, PNP형인 경우 이미터에서 나가는 방향으로 전류가 흐른다. 이를 전자 회로의 기호 표기에서 전류 방향을 화살표로 나타낸다. 속도가 빠르므로 NPN 타입의 트랜지스터가 더 많이 사용된다.

(3) 트랜지스터의 종류

쌍극성 접합 트랜지스터(BJT)와 전계 효과 트랜지스터(FET)가 있다. BJT는 2개의 p-n 접합으로 이루어져 있는데, 전자와 양공이 전도 과정에 관여한다는 점에서 쌍극성이며 입력 전류에 따라서 출력 전압이 쉽게 변화된다. 이러한 유형의 트랜지스터는 증폭기로 널리 사용되며 발진기, 고속 집적회로, 스위칭 회로에서 핵심 부품이다. FET는 BJT보다 열 영향이 적고 잡음에 강하다.

(4) 서미스터(Thermistor)

온도가 오르면 전기저항이 감소되는 반도체 회로 소자(素子)로서 서미스터는 저항기와 직렬로 연결되어 트랜지스터로 들어가는 전압분배기에 입력이 된다.

① 서미스터가 차가울 때 : 저항값이 높아 전압이 나뉘어져 트랜지스터의 베이스에 걸리는 전압이 매우 작으므로 이것은 꺼져 있게 된다.

② 서미스터가 뜨거울 때 : 서미스터의 저항값이 아주 낮은 값으로 떨어져 전압이 큰 값으로 나뉘어지기 때문에 더 큰 전압이 베이스에 걸려 트랜지스터가 전기를 통하면 LED가 켜진다.

2. 회로 제작

1) 전자 회로 제작 과정

회로도 설계(OrCAD 등) → IC 소자별 Footprint matching → DRC 체크 → 넷리스트 생성 → PCB 레이아웃(아트웍) → PCB 제작 순서이다.

① 전자 회로는 인쇄회로기판(PCB) 제조 공정 이전까지 몇 단계의 제작 공정이 필요하다. 우선 요구 사항에 기반하여 전자 회로를 Orcad와 같은 디자인 툴을 사용하여 회로도를 작성하면 풋프린트 매칭 과정으로 넘어간다. 풋프린트(Footprint)란 회로도의 소자와 아트웍에서 다루는 PADS의 부품 라이브러리와 서로 매칭시켜 주는 과정으로 쉽게 표현하면 도면상의 부품을 실제 사용되는 부품 값으로 정확히 지정하는 과정이다.

② 이 과정이 끝나면 회로 연결과 부품의 동작 시뮬레이션으로 연결성을 자동으로 체크하도록 하는데 DRC(Design rule check) 기능을 사용하여 검증을 한다. 이후 설계와 검증이 끝난 회로는 Netlist 파일로 저장하여 Artwork을 하는 PADS와 같은 프로그램으로 전달된다.

③ Artwork이란 실제 PCB에 부품의 위치와 각 도선을 어떻게 연결하고 배치할 것인지를 설계하는 과정이다.

④ PADS와 같은 소프트웨어 툴을 사용하여 제작하고자 하는 회로의 크기를 정하고, 부품을 배치하며, 배선을 연결하는 과정으로 진행한다. PCB는 부도체인 수지 위에 동판의 전도체를 접합시키고 동판 Pad 위에 전자 부품을 실장한다. 그리고 각 Pad들은 평면상에 Wire링이 되거나 혹은 배선이 복잡해지면 단층이 아닌 PCB 보드에 여러 Layer를 거쳐서 연결이 되도록 한다. 이때 층과 층 사이의 연결은 보드에 드릴로 홀을 뚫고 홀의 벽면에 도체를 입혀서 이를 통해 연결이 되도록 한다.

2) 부품 실장

① PCB 기판에 부품을 접합하는 방법은 전통적으로 납땜을 통해 기판의 동판과 부품의 리드 선을 경화 고정을 시킨다. 납땜의 기판 종류는 단면, 양면, PCB가 있고 납땜하는 부분이 동, 은, 금 등으로 되어 있는 기판이 있다.

② 동, 은, 금으로 갈수록 비싸며, 단면, 양면, PCB로 갈수록 비싸다. 동기판의 경우 인두기를 오래 대고 있으면 동 부분이 금방 떨어지고 납도 잘 붙지 않기 때문에 사용하기 힘들다. 은기판과 금기판은 납이 잘 붙고 동기판에 비해 잘 떨어지지 않는다. 또한 은, 금으로 갈수록 전기 전도율이 높아 손실률이 적어진다.

③ 단면 기판은 한쪽엔 소자를 놓고 한쪽은 납땜을 하는 부분으로 구성되어 있으며 가장 많이 사용한다. 양면 기판은 앞뒤가 다 납땜이 가능하도록 구성되어 있으며 앞뒤로 납땜할 경우 사용한다.

④ PCB 기판은 소자끼리 연결하는 부분 모두가 기판에 새겨져 단면, 양면 기판을 납땜할 때처럼 와이어나 연납을 이용해 이을 필요가 없고 소자 부분만 납땜을 한다.

(1) 납의 종류

납의 종류는 다양하며 온도에 따라 녹는점이 다른 납들이 있고, 무연납, 유연납이 있다. 무연납의 경우 녹는점이 높아 전용 인두기를 사용하지 않으면 납땜이 쉽지 않고 납땜하고 난 뒤에도 깨끗하지 못하므로 초보자가 사용하기엔 적합하지 않다.

(2) 납땜하는 방법

① 납땜을 하려는 기판에 소자가 떨어지지 않게 소자 다리를 휘어 고정을 한다.

② 납과 인두기 끝을 소자 다리와 기판이 만나는 부분에 갖다 대어 납이 충분히 녹을 때까지 기다린 후 납과 함께 인두기를 소자 다리에서 뗀다.

③ 납땜이 되었으면 소자의 다리를 잘라 낸다. 우측의 사진이 납땜이 완료되었을 때의 모습이다. 납땜은 이것으로 끝이 아니다. 소자와 소자, IC 칩과 소자 등을 연결할 때 사용하는데, 연결하기 위해서는 와이어를 사용하여 납땜을 한다.

④ 납땜이 완료된 곳에 인두기와 와이어를 갖다 대고 납이 녹으면 와이어를 납으로 밀어 넣고 인두기는 뗀다. 그럼 인두기에 의해 가열되었던 납이 식으면서 자동적으로 와이어는 납땜한 곳에 고정이 된다.

⑤ 와이어 반대쪽을 이어야 하는 소자에 갖다 대고 인두기로 이어야 하는 소자 다리의 납을 녹인다. 납이 녹으면 와이어를 위의 4번과 마찬가지로 납에 밀어 넣고, 인두기를 떼어 납을 식힌다.

⑥ 와이어를 잘라 낸다.

(3) 올바른 납땜과 잘못된 납땜

기판과 소자 사이의 공간이 보일 것이다. 이렇게 납땜을 하면 잘못된 납땜이다. 기판에 소자를 납땜하고 테스트 동작을 할 때, 소자에 DMM(Digital Multi Meter)을 이용하여 디버깅을 하면서 소자를 건드리거나 하면 소자의 다리에 힘이 가해져 소자 다리가 휘게 된다. 소자 다리가 휘면 빼곡이 납땜하였을 경우 옆의 다른 소자에 닿아 쇼트를 발생시킬 수도 있고, 소자 다리가 버티는 것에 한계가 발생하여 소자다리가 끊어질 수도 있다.

(4) 소자와 소자 간의 연납

연납한 와이어와 기판 사이에 공간이 발생한 것을 알 수 있다. 이렇게 허공에 뜬 상태로 연납을 하게 되면, 와이어의 내구도는 매우 낮기 때문에 손에 닿다가 와이어에 충격이 가서 와이어가 쉽게 끊어지는 상황이 발생한다. 그렇기 때문에 기판과 와이어 사이에 공간이 없게 납땜을 하여야 한다.

3. 회로 검증

회로 제작 후 부품의 동작 성능과 배선 연결 등을 검증하기 위해 일반적으로 멀티미터를 사용하여 부품 간 혹은 포트 간 연결 및 신호 체크를 수행하게 된다.

1) 멀티미터

① 멀티미터(멀티테스터, 볼트·옴 미터 혹은 VOM)는 여러 가지의 측정 기능을 결합한 전자계측기이다. 전형적인 멀티미터는 전압, 전류, 전기 저항을 측정하는 능력을 기본적으로 가지는 기능이며, 장치에 따라 기타 측정 기능이 추가되기도 한다. 아날로그 멀티미터와 디지털 멀티미터의 두 분류가 있다.

② 멀티미터는 휴대 장치로서 측정 대상의 기본적인 결점을 찾기 위한 벤치 기구로 유용하게 사용할 수 있는 계측기가 될 수 있다. 따라서 실무 작업에서 유용하고 매우 높은 정확도로 측정할 수 있다. 멀티미터는 전지, 모터 컨트롤, 전기 제품, 파워 서플라이, 전신 체계와 같은 산업과 가구용 장치의 넓은 범위에 있어 전기적인 문제들을 점검하기 위하여 사용할 수 있다.

(1) 저항 측정
 ① 저항 측정은 멀티미터 내부의 전지를 이용하여 외부의 프로브에 연결된 저항에 전압을 인가하여 전류을 측정한다. 저항을 측정할 때는 회로에서 분리하여 저항 단독으로 연결해야 한다. 회로에서 연결된 상태로 저항에 전압이 걸려 전류가 흐르고 있을 때, 멀티미터의 프로브를 연결하면 멀티미터의 전압 인가와 외부 회로 전압 인가가 중복되어 정확한 측정이 불가능하다.
 ② 회로에 연결된 저항은 전원이 없어 동작하지 않더라도 다른 부품이 저항치(다른 저항과 병렬 동작)를 갖기 때문에 회로에 연결된 상태로 저항을 측정하면 정확하지 않다.

(2) 전압 측정
 ① 프로브를 통해 외부에서 인가된 전압은 아날로그 방식 : 멀티미터 내부의 저항(고 임피던스)을 거쳐 전압을 내리고 이것을 무빙 코일과 연결하여 전류가 흘러 측정된다.
 ② 디지털 방식는 멀티미터 내부의 저항(고 임피던스)을 거쳐 전압을 내리고 내부 저항에 걸린 전압을 ADC를 통해 수치화한다.
 ③ 전압 측정을 위해서는 대상과 병렬로 측정기(프로브)를 연결한다.

(3) 전류 측정
 ① 대상의 위치에 대상과 직렬로 측정기(프로브)를 연결한다. 예를 들어 특정 노드에 연결된 전선에 전류를 측정하려면 해당 전선을 절단하고 두 프로브를 삽입해야 전류가 측정된다.
 ② 전선에 흐르는 전류를 측정하기 위해 전선에 프로브를 대면 저항이 0(이론적으로 0, 실제로 전선도 저항이 존재하나 너무 낮음)인 두 지점에 연결한 결과가 되어 전압이 나타나지 않기 때문에 측정이 불가능하다.
 ③ 전류 측정 시, 측정 위치에 삽입된 측정기는 매우 낮은 임피던스 값을 가져야 대상 회로에 영향이 적다. 따라서 전류 측정 모드에 위치시키면 저항이 매우 낮다.
 ④ 측정 대상에 병렬로 잘못 프로브를 사용하면 저항이 거의 없어지는 쇼트 현상이 발생할 수 있다. 따라서 과전류를 방지하기 위해 내부에 휴즈를 사용하여 보호한다.

(4) 멀티미터 탐침 연결법

저항, 전류, 전압 각각의 측정을 위한 탐침법은 그림 [1-62]에서 설명하고 있다.

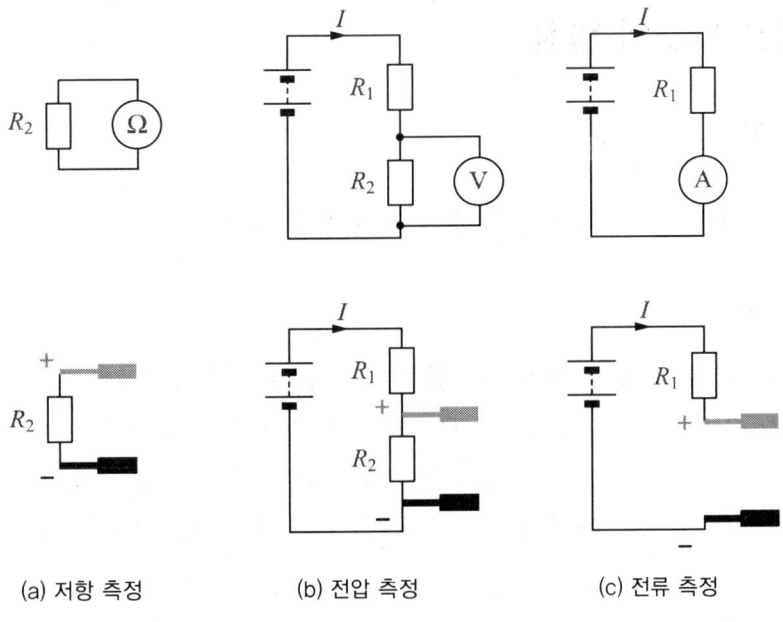

(a) 저항 측정   (b) 전압 측정   (c) 전류 측정

[그림 1-62] 멀티미터 탐침 연결법

(5) H브릿지 회로

회로도상 4개의 스위칭 소자로 구성, 외형상 2개의 스위칭 소자가 붙어있는 모습이 알파벳 'H'와 유사하다. 작은 전압으로 큰 전압이나 전류로 증폭하거나, 전류 방향의 전환이 가능하다. 이를 DC 모터나 Stepper 모터 등 모터의 드라이버로 활용한다.

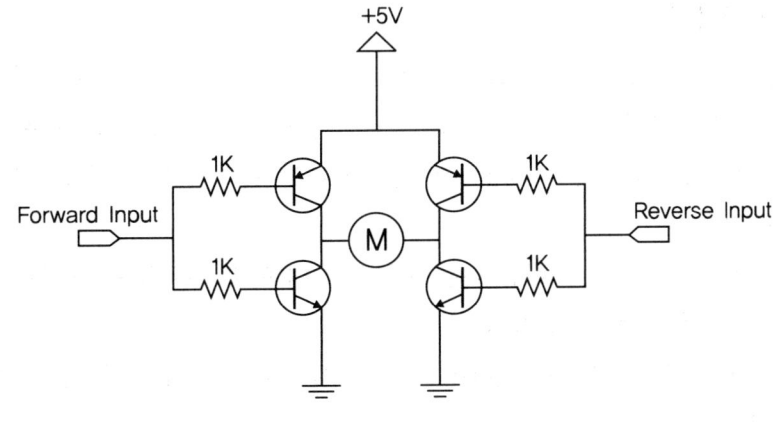

[그림 1-63] H브릿지 회로

1.3 설계 신뢰성 확보

1 검사용 지그의 활용

1. 지그 설계

검사용 지그 필요성, 설계 요건, 제작 실례, 활용 방법 설명

1) 검사용 지그
① 검사용 지그는 전자, 전기 PCB 제품 및 부품 등의 조정 및 검사를 하기 위해 제작한다.
② 검사용 지그는 PCB 회로의 검사를 사람의 손으로 하기에는 힘든 점이 있다.
③ PCB의 전기회로의 전기 전도 포인트 및 부품의 기능 여부를 확인해야 PCB 개발 및 제작이 정상적으로 수행되었는지 확인하는 작업에 검사용 지그가 필요하다.

2) 검사용 설계 요건
① 검사용 지그는 설계 요건에 따라 다르게 개발되고 제작되어야 한다.
② 지그의 설계는 PCB의 핀 수와 핀의 형상에 따라 설계 요건이 달라져야 한다.
③ 검사용 지그는 검사 방법에 따라 핸드프레스 지그, 에어프레스 지그로 나누어진다.
④ 핸드 프레스 지그는 비교적 간단한 회로나 500핀 이하의 회로 검사에서 사용되고, 에어프레스 지그는 비교적 복잡한 회로나 500~800핀의 회로 검사에서 사용된다.

3) 검사용 지그 설계
① 검사용 지그의 구조는 크게 고정부, 바디부, 핀 보드, 누름 판으로 구성되어 있다.
② 검사용 지그는 누름 판을 눌러서 회로를 검사할 때에 회로를 고정하는 고정부와 고정부를 지탱하는 바디부, 그리고 회로를 검사하는 지그 핀이 들어있는 누름 판으로 구성되어 있다.
③ 검사용 지그의 부품은 대부분 니켈 도금을 하며 이송 부위와 구동 부위에는 베어링을 사용하여 이송이 용이하도록 한다.
④ 각 부품 및 볼트·너트는 스테인리스 및 니켈 도금 처리하여 부식을 최소화하여 설계해야 한다.

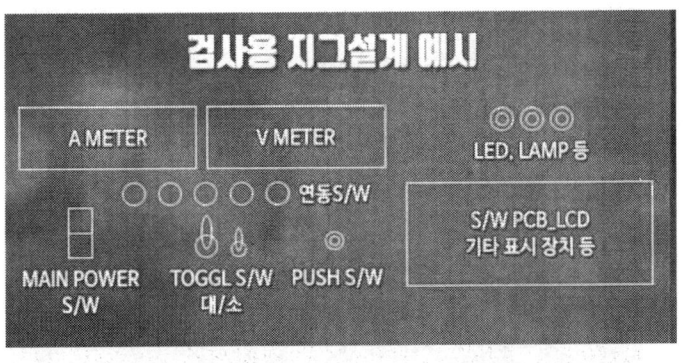

[그림 1-64] 검사용 지그 설계 예시

2. 지그 제작

검사용 지그를 제작하기 위해서는 먼저 PCB에 따른 지그의 기본 구상도 표준안을 작성하고, 이 표준안을 기준으로 검사용 지그를 제작해야 한다. 그림에 보이는 바와 같이 검사할 PCB를 확인하기 위해 스위치, 검사 핀, 확인 LED와 같이 여러 가지 부품을 기본 구상도 표준안을 기준으로 작성하여 지그를 제작해야 한다.
다음과 같이 검사용 지그 제작 순서를 정할 수 있다.

① 검사용 PCB 검토 및 필요 부품을 작성할 수 있다.
② 공 PCB 에 PIN 포인트를 마킹하고, PCB가 지그에 고정되어 있는 방향을 표시할 수 있다.
③ 내장품 및 외장품의 부품을 선정할 수 있다.
④ 지그 검사를 위한 핀을 채택할 수 있다.
⑤ 선정된 제품과 핀을 이용하여 지그를 제작할 수 있다.
⑥ 모터와 드라이버는 고전압, 고전류에 노출되므로 주의해야 한다.

3. 지그 제작 부품 목록 작성

지그를 제작하기 위해서는 PCB에 따라 PCB기본 구상도 표준안을 기준으로 지그 제작 부품 목록을 작성해야 한다. 검사 팁, 각종 포스트, 육각 포스트, 각종 스위치, 표시 LED 등 각종 전자 부품을 사용하여 지그를 제작한다.

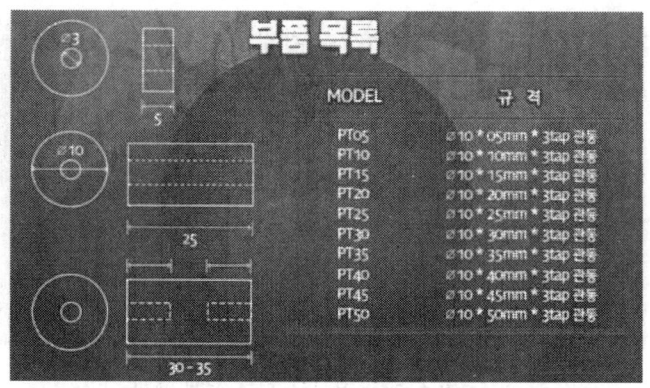

[그림 1-65] 검사용 지그 설계 부품 목록 예시

2 신뢰성 분석

동작검사 결과를 바탕으로 문제점을 파악하고 설계를 개선함으로써 제어 회로 설계에 대한 신뢰성을 확보할 수 있다.

1. 전기 계측

측정이나 계측은 실험이나 테스트를 통하여 수량적으로 표시된 것이다. 일반적으로 측정장치의 파라미터에 의해 측정 수치를 결정할 경우가 많다. 수치를 알고 있는 단계를 측정이라고 하며, 데이터나 제어계 등의 시스템에서 측정을 계측이라고 구별한다.

1) 전기 계측의 역사

전기 계측의 학문 체계가 정립된 기간은 길지가 않다. 전기 계측 분야가 확립된 것은 1920년경이다. 무선 기술의 발달로 인하여 무선 통신 기술의 전기 전자 기술이 발달하였고, 전기 전자 기술을 측정하기 위한 전자관의 계측에 이용되었다. 전자 계측은 전자적 방법인 고 임피던스, 한 방향의 증폭, 정류 작용 방식으로 하였다.

2) 아날로그 측정과 디지털 측정

바늘로 표시된 값을 읽어서 측정하는 것이 아날로그 측정, 숫자로 측정 결과를 나타내는 것이 디지털 측정이다.

3) 수동 측정과 능동 측정

측정에 필요한 에너지가 측정 대상에서 측정기로 공급되는 측정을 수동 측정이라 하고, 계측기에서 피측정 에너지가 공급되는 측정을 능동 측정이라 한다.

2. 전자 회로 성능 분석

① 지그를 활용하여 제작된 회로의 검증을 하려면 회로에 맞는 지그를 제작해야 하며, 지그는 방식과 크기에 따라 분류된다.
② 핀의 크기 및 검사할 회로의 구성도를 잘 이해하고 지그를 이용하여 성능 분석을 실시해야 한다.
③ 지그는 여러 종류의 지그가 있으며 PCB 검사용 지그, 완제품 검사용 지그, 작업, 웨이브 솔더링 지그, 신뢰성 전용 작업 지그 등이 있다.
④ 여러 종류의 지그 중 용도에 맞는 지그를 선택하여 전자 회로 성능 분석을 실시해야 한다.

출제 예상문제

01. 용기 안에 담긴 액체 상태의 광경화성 수지(Photopolymer)에 빛을 주사하여 선택적으로 경화시키는 방식의 3D프린터는?

① Vat photopolymerization
② Material jetting
③ Material extrusion
④ Powder bed fusion

해설 수조 광경화(Vat photopolymerization)
용기에 담긴 액체 상태의 광경화성 수지(Photopolymer)에 빛을 주사하여 선택적으로 경화시키는 것으로 엘리베이터 플랫폼이 광경화성 액체 수지가 담긴 수조(Vat)에 담겨져 있고, 레이저를 투사, 경화하여 적층해 나가는 방식으로 중간 정도의 조형속도로 가장 널리 쓰이고 있다.

02. 수조 광경화(Vat photopolymerization) 방식의 3D프린터의 장점이 아닌 것은?

① 광학적으로 해상도 및 정밀도가 매우 높은 빛을 만들 수 있다.
② 정밀도와 표면 조도가 비교적 우수하다.
③ 자외선 레이저 또는 자외선램프 등 파장이 짧은 자외선 빛이 성형되는 제품의 해상도를 높일 수 있다.
④ 출력속도가 빠르고, 장치가 간단하여 제작비용과 가격이 싸다.

해설 출력속도가 상대적으로 느리고, 장치가 복잡해 제작비용과 가격이 비싸다.

03. 잉크젯 프린터와 재료 분사 방식을 선택하여 도포하는 방식으로서 잉크젯 프린팅 기술과 광경화성 수지 기술결합방식의 3D프린터는?

① Vat photopolymerization
② Material jetting
③ Material extrusion
④ Powder bed fusion

해설 재료 분사(Material jetting)
광경화성 수지나 왁스 등의 액체 서포트 재료를 미세한 방울(Droplet)로 만들고 이를 선택하여 도포하는 것으로서 액체 상태로 분사할 수 있는 재료는 재료 분사 방식으로 성형이 가능하지만, 현재 상용화된 3D프린터의 경우에는 액체 상태의 광경화성 수지를 재료로 이용한다.
잉크젯 프린터와 재료 분사 방식을 선택하여 도포하는 방식으로서 잉크젯 프린팅 기술과 광경화성 수지 기술결합방식이다.

04. 재료 분사(Material jetting) 방식의 3D프린터의 장점이 아닌 것은?

① 헤드와 플랫폼의 위치가 매우 정밀하고 하드웨어 시스템의 제어가 간단하다.
② 수조 광경화 방식과 비교해 볼 때 별도의 수조가 필요하지 않다.
③ 평탄화 문제가 발생하지 않기 때문에 스위퍼(Sweeper)가 필요하지 않다.
④ 매우 높은 해상도의 3차원 형상의 제작이 가능하다.

해설 재료 분사 방식의 특징
재료가 수백 개의 노즐을 통해서 분사되며, 헤드와 플랫폼의 위치가 매우 정밀해야 하기 때문에 하드웨어 시스템의 제어가 복잡해진다.

정답 ▶ 01. ① 02. ④ 03. ② 04. ①

05. 고체 상태의 열가소성 수지를 필라멘트 모양으로 만들고 이를 용융 압출 헤드에서 녹이면서 노즐을 통해 압출시켜 모델을 적층 조형하는 FDM(Fused Deposition Modeling) 기술방식의 3D프린터는?

① Vat photopolymerization
② Material jetting
③ Material extrusion
④ Powder bed fusion

> **해설** 재료 압출(Material extrusion)
> 고체 상태의 열가소성 수지를 필라멘트 모양으로 만들고 이를 용융 압출 헤드에서 녹이면서 노즐을 통해 압출시켜 모델을 적층 조형하는 FDM(Fused Deposition Modeling) 기술방식으로 압출 후 노즐 출구의 단면 형상과 유사하게 형상을 유지할 수 있는 재료에는 대부분 적용가능하다.

06. 재료 압출(Material extrusion) 방식의 3D 프린터의 장점이 아닌 것은?

① 수조 광경화 방식과 비교해서 제작된 제품의 표면 조도나 치수 정밀도가 높다.
② 열가소성 플라스틱 재료는 매우 쉽게 필라멘트 형태로 만들 수 있어서 재료비가 저렴하고, 인체에 해가 거의 없는 재료의 사용도 가능하다.
③ 상대적으로 크기가 큰 중·대형의 제품을 쉽게 제작할 수도 있으며, 다양한 색상의 재료 사용이 가능하다.
④ 사용되는 플라스틱 재료에 따라서 기계적 강도가 높고 내습성이 뛰어난 제품의 제작도 가능하다.

> **해설** ① 단순한 시스템으로 낮은 정밀도를 갖는 형상의 제작이 가능하다.
> ② FDM 기술은 플라스틱 재료를 녹이고 이를 노즐을 통해 압출하기 때문에 조형 공정 특성상 열가소성(Thermoplastic) 재료만을 사용해야 한다.
> ③ 수조 광경화 방식과 비교해서 제작된 제품의 표면 조도나 치수 정밀도가 낮다.

07. 분말 융접은 평평하게 놓인 분말 위에 열 에너지를 선택적으로 가해서 분말을 국부적으로 용융시켜 접합하는 것으로서 분말 재료를 Vat 안에 보관한 뒤 X-Y축의 CO_2 레이저의 이송과 소결을 통해 제품을 제작하는 방식은?

① Vat photopolymerization
② Material jetting
③ Material extrusion
④ Powder bed fusion

> **해설** 분말 융접(Powder bed fusion)
> 분말 융접은 평평하게 놓인 분말 위에 열에너지를 선택적으로 가해서 분말을 국부적으로 용융시켜 접합하는 것으로서 분말 재료를 Vat 안에 보관한 뒤 X-Y축의 CO_2 레이저의 이송과 소결을 통해 제품을 제작하는 방식이다. 주 소재로는 나일론, 금속을 사용하며, 온도가 높은 것이 특징이다.

08. 분말 융접(Powder bed fusion) 방식의 3D프린터의 단점이 아닌 것은?

① 재료가 분말이므로 출력물의 표면 거칠기가 좋지 않다.
② 분말 재료를 다루기 쉽지 않은 경우가 많다.
③ 제작 속도가 느리고 대량생산 불가능하다.
④ 냉각 과정을 거쳐야 한다.

> **해설** 분말 융접(Powder bed fusion) 방식의 특징
> ① 제작 속도가 빠르고 대량생산이 가능하다.
> ② 특히 금속 분말은 취급에 각별히 신경을 써야 한다.

정답 ▶ 05. ③ 06. ① 07. ④ 08. ③

③ 플라스틱, 금속, 세라믹 등 분말 형태로 만들 수 있는 다양한 재료의 사용이 가능하다.
④ 별도의 지지대가 필요하지 않다.

09. 베드 위에 놓인 분말을 이용한다는 점에서는 분말 융접 기술과 매우 유사하나 접착제 분사에서는 열에너지 대신에 접착제를 분말에 선택적으로 분사하여 분말들을 결합시켜 단면을 성형하고 이를 반복하여 3차원 형상을 만드는 방식은?
① Binder jetting
② Directed energy deposition
③ Sheet lamination
④ Powder bed fusion

해설 접착제 분사(Binder jetting)
Powder bed fusion과 비슷한 기구구조를 가지고 있으며, 베드 위에 놓인 분말을 이용하는 것은 분말 융접 기술과 매우 유사하다. 1990년대 초반 미국 MIT에서 개발하였다.

10. 접착제 분사(Binder jetting) 방식의 3D프린터의 장점이 아닌 것은?
① 장치의 기본적인 형태가 분말 융접과 비슷하므로 별도의 지지대를 필요로 하지 않는다.
② 노즐을 이용해서 재료를 분사시키는 데는 높은 에너지를 필요로 하지 않는다.
③ 노즐의 개수를 증가시키면 같은 시간에 보다 많은 패턴을 만드는 것이 가능하기 때문에 상대적으로 낮은 비용으로 높은 출력속도가 가능하다.
④ 분말 융접과 마찬가지로 재료가 분말이므로 출력물의 표면 거칠기가 좋다.

해설 3D프린터의 단점
① 분말 융접과 마찬가지로 재료가 분말이므로 출력물의 표면 거칠기가 좋지 않다.
② 분말 재료를 다루기 쉽지 않은 경우가 많다.

11. 레이저, 일렉트론 빔 또는 플라즈마 아크 등의 열에너지를 국부적으로 가해서 재료를 녹여 침착시키는 것으로서 현재 가장 많이 사용되는 재료는 금속 분말 방식은?
① Binder jetting
② Directed energy deposition
③ Sheet lamination
④ Powder bed fusion

해설 방향성 에너지 침착(Directed energy deposition) : 레이저, 일렉트론 빔 또는 플라즈마 아크 등의 열에너지를 국부적으로 가해서 재료를 녹여 침착시키는 것으로 현재 가장 많이 사용되는 재료는 금속 분말 방식으로 금속 침착(Metal deposition)으로도 불린다.

12. 방향성 에너지 침착(Directed energy deposition) 방식의 3D프린터의 장점이 아닌 것은?
① 금속 분말 용접과 다르게 재료가 담긴 베드가 필요하지 않다.
② 성형하고자 하는 위치에 재료를 직접 분사하기 때문에 임의의 형상 기저판 위에서도 3차원 형상의 제작이 가능하다.
③ 금형이나 기계 부품의 수리나 유지보수에도 사용된다.
④ 출력물의 표면 거칠기가 좋지 않다.

해설 방향성 에너지 침착(Directed energy deposition) 방식의 단점 : 출력물의 표면 거칠기가 좋지 않다.

정답 ▶ 09. ① 10. ④ 11. ② 12. ④

13. 레이저 절단 구조 방식의 비 접촉식과 커터 절단 방식이 있으며, 판재를 절단하는 공구에 따라 제품의 구조가 달라지는 방식은?
① Binder jetting
② Directed energy deposition
③ Sheet lamination
④ Powder bed fusion

14. 판재 적층(Sheet lamination) 방식의 3D 프린터의 장점이 아닌 것은?
① 제품의 제작 속도가 매우 빠르다.
② 화학 반응을 수반하지 않은 공정이기 때문에 상대적으로 용이하게 대형 제품의 제작이 가능하다
③ 저렴한 가격의 재료를 사용하기 때문에 경제적으로 3차원 형상의 제작이 가능하다.
④ 판재 적층 기술이 적용되어 만들어진 제품은 형상 정밀도가 다른 3D 프린팅 기술로 제작된 제품들에 비해서 상대적으로 높다.

해설 판재 적층(Sheet lamination) 방식의 단점
판재 적층 기술이 적용되어 만들어진 제품은 형상 정밀도가 다른 3D 프린팅 기술로 제작된 제품들에 비해서 상대적으로 낮다.

15. 3D 프린팅 기술의 공정별 특징에 따른 성능 비교에 대한 설명으로 틀린 내용은?
① 수조 광경화나 재료 분사 방식의 3D 프린팅 방식의 경우에는 매우 높은 해상도를 갖는 제품의 출력이 가능하지만 사용되는 재료가 광경화성 수지로 제한적이다.
② 재료 압출 방식의 3D 프린팅 기술은 다른 3D 프린팅 방식들에 비해서 최소 적층 두께가 상대적으로 작다.
③ 분말 융접이나 접착제 분사 방식의 3D 프린팅 기술들은 사용되는 재료가 분말이기 때문에 만들어지는 출력물의 해상도는 사용되는 분말의 크기에 의존하게 된다.
④ 접착제 분사에서 분사되는 접착제를 매우 미세하게 만들기 위해 노즐을 너무 작게 만드는 것 또한 비용이나 기술적인 문제점을 일으키게 된다.

해설 재료 압출 방식의 3D 프린팅 기술은 다른 3D 프린팅 방식들에 비해서 최소 적층 두께가 상대적으로 크다. 이 경우는 제품의 출력속도를 높일 수 있으나 출력되는 제품의 해상도가 그만큼 낮아지게 된다. 하지만 재료 압출 방식에서 해상도를 높이기 위해서 매우 작은 지름을 갖는 압출 노즐을 사용하거나, 층 두께를 너무 작게 하면 재료가 원활하게 압출되지 못하는 문제점이 발생할 수도 있다.

16. 방향성 에너지 침착은 에너지를 침착시키는 방향에 따라서 재료가 적층되기 때문에 다른 3D 프린팅 공정들에 비해서 보다 더 자유로운 형상의 제품 제작이 가능하다. 다음 설명으로 틀린 것은?
① 재료를 침착시키기 위해서 고출력의 열원인 레이저나 전자빔 등을 사용해야 한다.
② 일반적으로 고출력의 레이저나 전자빔은 장치비가 매우 고가이지만 다루기가 쉽다.
③ 판재 적층은 사용되는 판재 재료의 면적이 넓으면 큰 크기의 구조물 제작이 쉽다.

정답 ▶ 13. ③ 14. ④ 15. ② 16. ②

④ 절단 공정에서 정밀도나 해상도의 한계가 있다.

해설 일반적으로 고출력의 레이저나 전자빔은 장치비가 매우 고가이며 다루기가 어렵다.

17. 설계계획 수립에서 수집된 내용을 파악하고 3D프린터에 대하여 분석한 내용으로 아닌 것은?
① 어떤 출력물을 얻기 위한 것인가?
② 수집된 자료에는 명시되어 있지 않지만 추가적인 희망 사항이나 기대 사항이 있는가?
③ 검토의 대상이 되는 자료에는 명시되어 있지 않지만 작성자가 추가적으로 검토하여야 할 사항이 있는지 생각해 본다.
④ 개발을 위해서는 어떤 회사의 기계를 모방할 것인가?

해설 개발을 위해서는 어떤 방법이 있는가? 개발 대상이 되는 3D프린터를 개발하기 위해서 적용할 수 있는 방법들에 대해서 파악해 본다.

18. 설계계획 수립에서 개발의 대상이 되는 3D프린터를 개발하기 위해서 요구되는 설계가 구현하여야 할 사항들의 파악 내용으로 아닌 것은?
① 어떤 목적의 달성이 기대되는가?
② 어떤 특징을 가져야 하는가?
③ 어떤 특성을 가지면 안 되는가?
④ 어떤 방법으로 제조할 것인가?

19. 설계계획 수립에서 대상 3D프린터의 구체적인 요구 사항에 대해서 파악 내용으로 아닌 것은?

① 새로 개발하는 이유는 무엇인가?
② 새로운 기술이 이용되고 있는가?
③ 타 회사의 경합 제품과 유사한가?
④ 과거의 제품에 비하여 진보된 제품인가?

해설 타 회사의 경합 제품과 비교하여 특징을 가지고 있고, 경쟁력이 있는가?

20. 설계계획 수립에서 대상 3D프린터의 구체적인 요구 사항에 대해서 파악 내용으로 아닌 것은?
① 과거 당사 제품과 성능이 비슷한가?
② 본 제품에 관한 특허나 실용신안 등을 파악하였는가?
③ 시작품에 대한 확인 사항, 해석 및 시험의 내용과 그 결과를 본 설계에 피드백하고 있는 상황은 어떠한가?
④ 제조상의 문제점은 없는가?

해설 과거 당사 제품의 제조 및 사용상의 문제에 대한 대책은 반영되어 있는가?

21. 설계조건 분석에서 3D프린터 방식의 상세 사양인 목표 규격의 검토 사항이 아닌 것은?
① 3D프린터 출력물의 크기
② 3D프린터의 정밀도
③ 출력물의 품질
④ 출력속도

해설 3D프린터 방식이 결정되면 상세 사양인 목표 규격과 성능 인자를 검토 후 결정한다. 출력 속도는 성능 인자에 속한다.

정답 ▶ 17. ④ 18. ④ 19. ③ 20. ① 21. ④

22. 설계조건 분석에서 3D프린터 방식의 상세 사양인 성능 인자의 검토 사항이 아닌 것은?
① 출력속도
② 빌드 크기
③ 출력물의 품질
④ 출력물의 정밀도

해설 성능 인자로는 출력물의 정밀도, 출력속도, 빌드 크기 등이 있다.

23. 설계조건 분석에서 3D프린터 사양서의 작성 방법에서 정량적 사양이 아닌 것은?
① 제품의 최대 중량
② 출력속도
③ 정밀도
④ 내충격성

해설 정량적 사양 : 제품의 최대 중량, 출력속도, 출력물의 빌드 크기, 정밀도 등은 정확한 수치로 나타낸다.

24. 설계조건 분석에서 3D프린터 사양서의 작성 방법에서 정성적 사양이 아닌 것은?
① 방수 성능
② 방진 성능
③ 정밀도
④ 내충격성

해설 정성적 사양 : 제품의 방수 성능, 방진 성능, 내충격성 등 수치로 표현할 수 없는 제품의 특징이나 성질 등을 자세히 서술하는 방법이다.

25. 설계조건 분석에서 기능적 요소가 아닌 것은?
① 효율   ② 안전성
③ 휴대의 용이성   ④ 내구성

해설 시간적 요소
① 내환경성 : 낮은 온도에 견디는 특성, 습도 변화에 견디는 특성, 분진에 저항하는 특성 등
② 시간적 효과 : 효과의 지속성, 빠르게 효과를 내는 성질 등
③ 내구성·보존성 : 내구 연수, 고장률, 수리의 용이성
④ 폐기·재활용 용이성 : 쉬운 폐기를 위해서 필요한 사항, 재활용이 용이한 구조, 적절한 재료의 선택 등

26. 다음은 3D프린터의 정밀도의 내용이다. 어느 방식인가?

> 압출 노즐을 통해서 토출되는 재료가 압착되면서 단면이 만들어지게 되며, 만들어지는 출력물의 평면 해상도는 높지 않은 경우가 많다. 높이 방향의 경우에는 층 두께가 큰 영향을 준다.

① 재료 분사 방식
② 재료 압출 방식
③ 접착제 분사 방식
④ 방향성 에너지 침착

해설 3D프린터의 정밀도
① 재료 분사 방식 : 노즐의 크기와 단위 면적당 노즐의 개수가 정밀도와 해상도에 영향을 크게 준다.
② 재료 압출 방식 : 재료 압출 방식은 압출 노즐을 통해서 토출되는 재료가 압착되면서 단면이 만들어지게 되며 만들어지는 출력물의 평면 해상도는 높지 않은 경우가 많다. 높이 방향의 경우에는 층 두께가 큰 영향을 준다.
③ 접착제 분사 방식 : 접착제 분사 방식은 재료 분사 방식과 유사하다.
④ 방향성 에너지 침착 방식 : 출력된 제품의 표면 정밀도가 상대적으로 낮으며, 기계가공 등의 후 처리를 통해서 정밀도를 높여 주는 경우가 많다.

정답 ▶ 22. ③ 23. ④ 24. ③ 25. ④ 26. ②

Part 1 3D프린터 회로 및 기구

27. 다음은 3D프린터의 정밀도의 내용이다. 어느 방식인가?

> 레이저 빛의 지름에 의해서 출력물의 정밀도나 해상도가 영향을 받는다.

① 수조 광경화 방식
② 분말 융접 방식
③ 판재 적층 방식
④ 방향성 에너지 침착 방식

해설 3D프린터의 정밀도
① 수조 광경화 방식 : 레이저를 광원 수조 광경화 방식에서는 x-y 평면은 평면해상도, 높이 방향이며 z-축 방향은 층 두께로 표현하는 경우가 있다.
② 분말 융접 방식 : 레이저 빛의 지름에 의해서 출력물의 정밀도나 해상도가 영향을 받는다.
③ 판재 적층 방식 : 판재를 자르는 칼날의 위치 정밀도 그리고 판재의 두께와 접착제의 두께가 정밀도와 해상도에 영향을 준다.

28. 출력물의 정밀도에 영향을 미치는 인자는 하드웨어적인 것과 소프트웨어적인 것이 있다. 다음 중 소프트웨어적인 내용으로 볼 수 없는 것은?

① 3D프린터에 일반적으로 사용되는 데이터 파일은 STL 형식이다.
② STL 형식의 파일은 모든 3차원 형상을 삼각형 면과 그 면의 법선 벡터로 표현한다.
③ 곡면의 단면 형상을 가지는 출력물의 경우에도 곡면을 모두 직선으로 근사화시켜 만든다.
④ 구동 기구의 성능에 따라서도 출력물의 정밀도는 달라진다.

해설 소프트웨어 내용
① 3D프린터에 일반적으로 사용되는 데이터 파일은 STL 형식이다.
② STL 형식의 파일은 모든 3차원 형상을 삼각형 면과 그 면의 법선 벡터로 표현한다.
③ 곡면의 단면 형상을 가지는 출력물의 경우에도 곡면을 모두 직선으로 근사화시켜 만든다.
④ 면을 구성하는 삼각형을 작게 만들수록 곡면 형상을 묘사하기에 유리하지만, 이렇게 하면 STL 데이터의 용량이 커지게 되기 때문에 적절한 설정이 필요하다.

29. 출력물의 품질의 성능 인자에서 출력속도에 대한 내용으로 틀린 것은?

① 출력물의 출력속도는 3D 프린팅 방식(수조 광경화, 재료 분사, 재료 압출 등)과 3D프린터를 구성하는 이송 기구의 속도 등에 의해서 달라진다.
② 3D 프린팅 방식에 따라서 출력속도를 나타내는 척도가 달라질 수 있다.
③ 재료 압출 방식이나 수조 광경화 방식 중 SLA 방식 등과 같이 출력물의 단면을 만들 때 선을 중첩하여 단면을 만드는 3D 프린팅 방식의 경우에는 각 단면에서 선이 만들어지는 속도가 출력속도에 크게 영향을 준다.
④ 단면의 면적이 넓으면 하나의 단면을 만드는 데 시간이 상대적으로 많이 필요하지만 전체 형상을 출력하는 데 필요한 시간은 비교적 빠르다.

해설 단면의 면적이 넓으면 하나의 단면을 만드는 데 시간이 상대적으로 많이 필요하기 때문에 전체 형상을 출력하는 데 필요한 시간도 많아지게 된다.

정답 ▶ 27. ② 28. ④ 29. ④

30. 블록도(Block diagram)에 대한 설명으로 틀린 것은?
① 수치 혹은 물리적인 자료와 그 흐름을 보다 명료하게 이해하기 위해 매 과정을 체계적으로 구역을 나눈 후, 이를 자세하게 서술한 내용이다.
② 주로 데이터의 흐름 및 구조를 분석하고 개선하는 데 많이 쓰이는 방식이다.
③ 회로에서 예를 들자면 부하와 저항이 블록이 되겠고, 프로그램에서 예를 든다면 정보에 해당하는 부분으로 각각의 변수와 데이터의 변환 후 새로 생성된 정보 등이 모두 블록이라고 할 수 있다.
④ 정보의 연산 및 분석, 입출력 과정이 모두 블록을 잇는 선이 될 수 있다.

해설 블록도(Block diagram)는 수치 혹은 물리적인 자료와 그 흐름을 보다 명료하게 이해하기 위해 매 과정을 체계적으로 구역을 나눈 후, 이를 그림으로 나타낸 것을 뜻한다.

31. 3D 프린팅에서 각 CAD 소프트웨어들 사이의 데이터 호환을 위해서 가장 널리 사용되는 형식의 파일은?
① STEP
② IGES
③ DWG
④ STL

해설 다른 CAD 소프트웨어들 사이에서 호환되는 파일의 형식인 STEP나 IGES도 있고, 3D 프린팅에서 각 CAD 소프트웨어들 사이의 데이터 호환을 위해서는 STL 형식의 파일이 가장 널리 사용된다.

32. 모터 등 하드웨어의 동작에 필요한 전기적 신호들이 주로 만들어지는 것은?
① 슬라이싱(slicing)
② G코드 변환기
③ G코드 전송기
④ 마이크로컨트롤러

33. STL 파일로 되어있는 3차원 형상데이터를 각 단면으로 나누고 이에 대한 정보를 G코드로 만들어 주는 것은?
① 슬라이싱(Slicing)
② G코드 변환기
③ G코드 전송기
④ 마이크로컨트롤러

34. SD 카드나 USB 메모리 등에 저장하여 마이크로컨트롤러에 전송하기도 하고, RS-232와 같은 직렬연결 포트나 USB 직접 연결 등을 통해서 전송하기도 하는 것은?
① 슬라이싱(slicing)
② G코드 변환기
③ G코드 전송기
④ 마이크로컨트롤러

35. 3D프린터의 전원에 X, Y, Z축 스텝 모터, Extruder 압출부, 히팅베드, 히터 온도조절 및 온도 모니터링 센서 등 구성부품을 연결하여 제어해주는 역할을 하는 보드는?
① Arduino Mega
② RAMPS
③ 스테핑 모터
④ 엔드 스탑

정답 ▶ 30. ① 31. ④ 32. ② 33. ① 34. ③ 35. ②

36. 구동 기구가 한 방향으로 너무 멀리 이송되지 않도록 해 주기 위해 사용되는 것은?
① Arduino Mega ② RAMPS
③ 스테핑 모터   ④ 엔드 스탑

37. 3D프린터 하드웨어 구성에서 Electronics Part에 속하지 않는 것은?
① Controller   ② End Stops
③ Firmware   ④ Heated Sensor

> 해설 Firmware는 소프트웨어이다.

38. 재료 압출 방식 중 3D프린터의 압출기로부터 압출되는 용융된 플라스틱 재료가 빨리 굳어지지 않고 플랫폼에 잘 부착되게 해 주기 위해서 사용되는 것은?
① 히팅 패드   ② RAMPS
③ 스테핑 모터   ④ 엔드 스탑

39. 3D프린터의 정밀도에 매우 중요한 역할을 하며, 축 방향의 움직임을 담당하는 기계 부품에 사용되는 벨트의 형태는?
① 평 벨트   ② V-벨트
③ 타이밍 벨트   ④ 강철 벨트

40. 도면의 정의로 볼 수 없는 것은?
① 그림으로 표시된 국제 표준어이다.
② 도면은 언제, 어디서, 누구에게나, 같은 지식을 전달할 수 있어야 한다.
③ 제품이나 구조물을 일정한 표준 규격에 따라 물건의 모양, 크기, 구조 및 재료와 가공방법 등을 간결, 정확, 명료하게 문서로 표시한 것이다.
④ 제품 제작에 필요한 모든 정보를 포함하지 않는다.

> 해설 제품 제작에 필요한 모든 정보를 포함하고 있다.

41. 제도용지의 세로와 가로의 길이 비는 얼마인가?
① $1 : \sqrt{2}$ ② $\sqrt{2} : 1$
③ $1 : 2$ ④ $2 : 1$

> 해설 제도용지의 세로와 가로의 길이 비는 $1 : \sqrt{2}$ 이다. (A0면적≒$1m^2$)
> ① 도면의 크기는 A열(A0~A4) 사이즈를 사용한다.
> ② 도면은 긴 쪽을 좌우방향으로 놓고서 사용한다. (단, A4는 짧은 쪽을 좌우 방향으로 놓고서 사용하여도 좋다.)
> ③ 도면을 접을 때는 그 크기는 원칙적으로 A4 (210×297)로 하며 표제란이 보이도록 접는다.
> ④ 도면에는 반드시 중심마크를 설치한다.
> ⑤ 원도는 접지 않는 것이 보통이다. 원도를 말아서 보관하는 경우에는 그 안지름은 40mm 이상으로 하는 것이 좋다.

42. KS 기계제도 도면 규격 A4의 치수는?
① 148×210   ② 210×297
③ 420×594   ④ 297×420

> 해설
> • A0 : 841×1189
> • A1 : 594×841
> • A2 : 420×594
> • A3 : 297×420
> • A4 : 210×297

43. 일반적인 경우 도면에서 표제란의 위치로 가장 적합한 곳은?
① 오른쪽 아래   ② 왼쪽 아래
③ 아래 중앙부   ④ 오른쪽 옆

정답 ▶ 36. ④ 37. ③ 38. ① 39. ③ 40. ④ 41. ① 42. ② 43. ①

해설 표제란 : 도면의 오른쪽 아래 구석에 표제란을 그리고 원칙적으로 도면 번호, 도명, 기업(단체)명, 책임자 서명(도장), 도면작성 년 월 일, 척도 및 투상법을 기입한다.

44. 다음 중 가는 실선으로 그리지 않는 것은?
① 치수면
② 해칭선
③ 치수 보조선
④ 외형선

해설 외형선은 굵은 실선이다.

45. 도면에서 2종류 이상의 선이 같은 장소에 겹치게 될 경우 선의 우선순위로 맞는 것은?
① 외형선 〉숨은선 〉절단선 〉중심선 〉무게중심선 〉치수 보조선
② 외형선 〉절단선 〉숨은선 〉중심선 〉무게중심선 〉치수 보조선
③ 외형선 〉숨은선 〉중심선 〉절단선 〉무게중심선 〉치수 보조선
④ 외형선 〉숨은선 〉절단선 〉무게중심선 〉중심선 〉치수 보조선

해설 겹치는 선의 우선순위
① 외형선 ② 숨은선 ③ 절단선 ④ 중심선 ⑤ 무게중심선 ⑥ 치수 보조선

46. 정투상법에서 물체의 모양, 기능, 특징 등이 가장 잘 나타나는 쪽을 어떤 면도로 잡는 것이 좋은가?
① 정면도
② 평면도
③ 측면도
④ 배면도

47. 다음 중 제3각법의 특징으로 틀린 것은?
① 도면과 물체의 관련도를 대조하는데 편리하다.
② 투상도 간의 치수 비교에 편리하다.
③ 투상 순서는 눈 → 물체 → 투상면이다.
④ 보조투상도를 이용하여 물체 모양을 정확히 표현 가능하다.

해설 제3각법의 특징
① 투상 순서는 눈 → 투상 → 물체이다.
② 좌측면도는 정면도의 좌측에 위치한다.
③ 평면도는 정면도의 위에 위치한다.
④ 우측면도는 정면도의 우측에 위치한다.
⑤ 저면도는 정면도의 아래에 위치한다.
⑥ 전개도와 같으므로 도면 표현이 합리적
⑦ 비교 대조가 용이하므로 치수 기입이 합리적
⑧ 경사 부분에 있어 보조 투영이 가능하다.

48. 제1각법의 설명으로 틀린 것은?
① 제1각법은 투상면의 앞쪽에 물체를 놓고 투상한다.
② 투상 순서는 눈 → 물체 → 투상면이다.
③ 평면도는 정면도의 위에 위치한다.
④ 좌측면도는 정면도의 우측에 위치한다.

해설 제1각법
① 물체를 투상면의 앞쪽에 놓고 투상(투사면을 물체의 뒤에 둠)
② 투상 순서는 눈 → 물체 → 투상면이다.
③ 평면도는 정면도의 아래에 위치한다.
④ 좌측면도는 정면도의 우측에 위치한다.
⑤ 우측면도는 정면도의 좌측에 위치한다.
⑥ 저면도는 정면도의 위에 위치한다.
⑦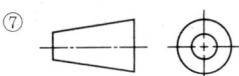

정답 ▶ 44. ④ 45. ① 46. ① 47. ③ 48. ③

49. 아래 그림은 몇 각법인가?

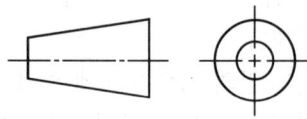

① 제1각법　　② 제2각법
③ 제3각법　　④ 제4각법

해설　제3각법

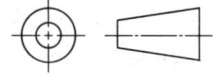

50. 정면도의 정의로 가장 옳은 것은?
① 물체의 각 면 중 가장 그리기 쉬운 면을 그린 그림
② 물체의 뒷면을 그린 그림
③ 물체를 위에서 보고 그린 그림
④ 물체 형태의 특징을 가장 뚜렷하게 나타내는 그림

51. 특정 부분의 도형이 작아서 상세한 도시나 치수기입을 할 수 없을 때 사용하는 것은?
① 보조 투상도　　② 부분 투상도
③ 국부 투상도　　④ 부분 확대도

52. 다음 그림과 같은 투상도는 어떤 투상도인가?

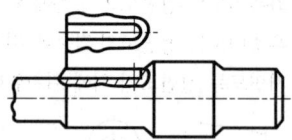

① 부분 투상도　　② 부분 확대도
③ 국부 투상도　　④ 보조 투상도

해설　국부 투상도 : 물체 전체를 그리지 않고 특수한 부위만 도시하는 방법(예 : 키 홈)

53. 아래 그림과 같은 투상도는 어떤 투상도인가?

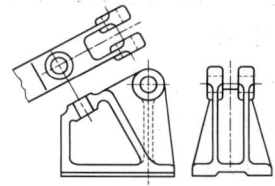

① 보조 투상도　　② 부분 투상도
③ 국부 투상도　　④ 회전 투상도

54. 다음 그림과 같은 투상도를 무슨 투상도라 하는가?

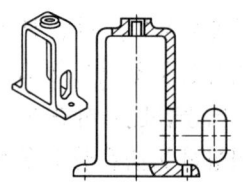

① 회전 투상도　　② 국부 투상도
③ 부분 투상도　　④ 보조 투상도

55. 다음 그림과 같은 암이나 리브를 기분 중심선으로 옮겨 도시한 투상도의 명칭은 무엇인가?

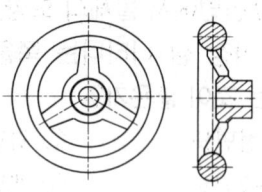

① 부분 투상도　　② 회전 투상도
③ 부분 확대도　　④ 국부 투상도

정답 ▶ 49. ①　50. ④　51. ④　52. ③　53. ①　54. ②　55. ②

해설 회전 투상도
① 물체의 단면 모양을 표현하기 위하여 사용
② 물체를 90° 회전하여 도시
③ 도형 안에 도시할 때 가는 실선 사용
④ 도형 밖에 도시할 때 굵은 실선 사용

56. 그림과 같이 부품의 일부를 도시하는 것으로 충분한 경우에는 그 필요 부분만을 표시할 수 있는 투상도는?

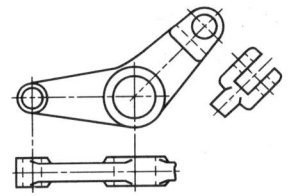

① 회전 투상도 ② 부분 투상도
③ 국부 투상도 ④ 요점 투상도

57. 하나의 그림으로 정육면체의 세 면을 같은 정도로 표시할 수 있는 투상도 명칭은?
① 등각 투상도 ② 사투상도
③ 투시도 ④ 보조 투상도

58. 주투상도의 방법에 관한 설명 중 틀린 것은?
① 특별한 이유가 없는 경우 대상물을 가로 길이로 놓은 상태
② 조립도 등 주로 기능을 표시하는 도면에서 대상물을 사용하는 상태
③ 가공하기 위한 도면에서 가장 많이 이용하는 공정에서 대상물을 놓은 상태
④ 부품도의 경우는 그 부품이 최초로 가공해야 하는 공정에서 부품이 놓이는 상태

59. 단면도에서 해칭에 관한 설명 중 틀린 것은?
① 해칭은 주된 중심선에 대하여 45°로 가는 실선을 사용하여 등간격으로 표시한다.
② 2개 이상의 부품이 인접한 경우 단면의 해칭은 방향이나 간격을 다르게 한다.
③ 해칭하는 부분 안에 글자나 기호를 기입하기 위해서는 해칭을 중단할 수 있다.
④ 해칭은 굵은 실선으로 하는 것을 원칙으로 하되 혼동의 우려가 없을 경우는 생략한다.

60. 다음은 단면 표시법이다. 틀린 것은?
① 단면은 원칙적으로 기본 중심선에서 절단한 면으로 표시한다. 이때 절단선은 반드시 기입하여 준다.
② 단면은 필요한 경우에는 기본 중심선이 아닌 곳에서 절단한 면으로 표시해도 좋다. 단, 이때에는 절단 위치를 표시해 놓아야 한다.
③ 숨은선은 단면에 되도록 기입하지 않는다.
④ 관련도는 단면을 그리기 위하여 제거했다고 가정한 부분도 그린다.

해설 단면은 원칙적으로 기본 중심선에서 절단한 면으로 나타낸다. 이 경우에 절단선은 기입하지 않는다.

61. 다음 중 단면 도시방법에 대한 설명이 틀린 것은?
① 단면 부분을 확실하게 표시하기 위하여 보통 해칭(hatching)을 한다.

정답 ▶ 56. ② 57. ① 58. ④ 59. ④ 60. ① 61. ③

② 해칭을 하지 않아도 단면이라는 것을 알 수 있을 때에는 해칭을 생략해도 된다.
③ 같은 절단면 위에 나타나는 같은 부품의 단면은 해칭선의 간격을 달리한다.
④ 단면은 필요로 하는 부분만을 파단하여 표시할 수 있다.

[해설] 단면 도시방법
① 보통 사용하는 해칭은 주된 중심선에 대하여 45°로 가는 실선을 등간격으로 표시한다.
② 동일 부품의 단면은 떨어져 있어도 해칭의 방향과 간격 등을 같게 한다.
③ 서로 인접하는 단면의 해칭은 선의 방향 또는 각도(30°, 45°, 60° 임의의 각도) 및 그 간격을 바꾸어서 구별한다.
④ 경사진 단면의 해칭선은 경사진 면에 수평이나 수직으로 그리지 않고 재질에 관계없이 기본 중심에 대하여 45° 경사진 각도로 그린다.

62. 회전 단면도를 설명한 것으로 가장 올바른 것은?
① 도형 내의 절단한 곳에 겹쳐서 90° 회전시켜 도시한다.
② 물체의 1/4을 절단하여 1/2은 단면, 1/2은 외형을 동시에 도시한다.
③ 물체의 반을 절단하여 투상면 전체를 단면으로 도시한다.
④ 외형도에서 필요한 일부분만 단면으로 도시한다.

63. 치수는 물체의 모양을 잘 알아 볼 수 있는 곳에 기입하고 그곳에 나타낼 수 없는 것만 다른 투상도에 기입하여야 하는데 주로 치수를 기입하여야 하는 치수 기입 장소는?

① 우측면도 ② 평면도
③ 좌측면도 ④ 정면도

64. 다음은 어느 단면도에 대한 설명인가?

> 상하 또는 좌우 대칭인 물체는 1/4을 떼어낸 것으로 보고, 기본 중심선을 경계로 하여 1/2은 외형, 1/2은 단면으로 동시에 나타낸다. 이때, 대칭 중심선의 오른쪽 또는 위쪽을 단면으로 하는 것이 좋다.

① 한쪽 단면도
② 부분 단면도
③ 회전도시 단면도
④ 온단면도

65. 다음 그림이 나타내는 것은 어느 단면도에 해당하는가?

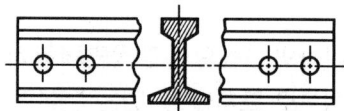

① 부분 단면도 ② 온단면도
③ 예각 단면도 ④ 회전 단면도

66. 오른쪽 그림과 같은 투상도에서 단면도 표시 방법이 옳은 것은?

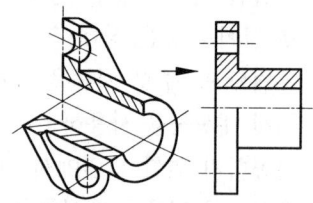

① 온단면도   ② 한쪽 단면도
③ 회전 단면도 ④ 부분 단면도

정답 ▶ 62. ① 63. ④ 64. ① 65. ④ 66. ②

67. 그림과 같이 표현한 단면도를 무슨 단면도라 하는가?
① 온단면도
② 한쪽 단면도
③ 부분 단면도
④ 회전도시 단면도

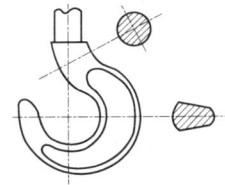

68. 둥근(원형)면에서 어느 부분 면이 평면인 것을 나타낼 필요가 있을 경우에 대각선을 그려 사용하는데 이때 사용되는 선으로 옳은 것은?
① 굵은 실선
② 가는 실선
③ 굵은 1점 쇄선
④ 가는 1점 쇄선

69. 치수 기입법으로 옳은 것은?
① mm 단위를 기입한다.
② 수치가 길 경우 3자리마다 컴마를 찍는다.
③ 소숫점을 중간에 찍지 않는다.
④ 단위는 mm 외에는 사용치 않는다.

> **해설** 치수의 단위
> ① 길이 : 단위에는 mm를 사용하나 단위 기호 mm는 기입하지 않는다.
> ② 각도 : 각도의 단위는 도(°)를 사용하며 필요에 따라 분(′), 초(″)의 단위도 함께 사용한다.
> (예: 90°, 22.5°, 3′21″, 0°15′, 6°21′5″)
> ③ 치수 정밀도가 높을 때에는 소숫점 2자리 또는 3자리까지 표시한다.

70. 다음 치수 기입에서 정정치수 표시법은 어느 것인가?
① 35̲
② 35
③ (35)
④ 35̄(박스)

> **해설**
> ① 35̲ : 비례 치수가 아님 표시
> ③ (35): 참고 치수 표시
> ④ 35̄ : 이론적으로 중요 치수

71. 치수 보조 기호에 대한 설명 중 옳은 것은?
① □ : 정사각형의 한 변의 치수를 표시하는 기호
② SR : 원의 반지름 치수를 표시하는 기호
③ C : 모서리의 라운딩 치수를 표시하는 기호
④ SØ : 구의 지름 치수를 표시하는 기호

> **해설**
>
> | | | |
> |---|---|---|
> | 반지름 | R | R20 |
> | 구의 지름 | SØ | SØ40 |
> | 구의 반지름 | SR | SR30 |
> | 정사각형의 변 | □ | □12 |
> | 관의 두께 | t | t5 |
> | 45°의 모따기 | C | C3 |

72. 다음 공차에 관한 용어 설명 중 옳은 것은?
① 치수허용차란 최대 허용 치수에서 기준 치수를 뺀 값이다.
② 위 치수허용차란 최대 허용 치수에서 기준 치수를 뺀 값이다.
③ 아래 치수허용차란 기준 치수에서 최소 허용 치수를 뺀 값이다.
④ 최대 허용치수란 기준 치수에서 최소 허용 치수를 더한 값이다.

> **해설**
> • 치수허용차=허용 한계 치수−기준 치수
> • 위 치수허용차=최대 허용 치수−기준 치수
> • 아래 치수허용차=최소 허용 치수−기준 치수

정답 ▶ 67.④ 68.② 69.① 70.② 71.④ 72.②

73. IT 공차에 관한 것 중 틀린 것은?
① IT 01~IT 04 : 주로 게이지류에
② IT 05~IT 10 : 주로 끼워 맞추는 부분
③ IT 11~IT 16 : 끼워 맞춤이 필요 없는 부분
④ 1T는 IT 01~IT 16까지 16등분한다.

해설
- IT 기본 공차는 치수의 구분에 따라 IT 01~IT 18까지 20등급으로 나뉜다.
- IT 01, IT 00은 사용빈도가 적다.

74. 억지 끼워맞춤에서 축의 최소 허용 치수에서 구멍의 최대 허용 치수를 뺀 값은?
① 최대 틈새
② 최소 틈새
③ 최대 죔새
④ 최소 죔새

해설
- 최소 죔새=축의 최소 – 구멍의 최대
- 최대 죔새=축의 최대 – 구멍의 최소
- 최소 틈새=구멍의 최소 허용 치수 – 축의 최대 허용 치수
- 최대 틈새=구멍의 최대 허용 치수 – 축의 최소 허용 치수

75. 축과 구멍의 끼워 맞춤에서 H7g6은 다음에서 무엇을 뜻하는가?
① 축 기준식 억지 끼워 맞춤
② 축 기준식 헐거운 끼워 맞춤
③ 구멍 기준식 억지 끼워 맞춤
④ 구멍 기준식 헐거운 끼워 맞춤

해설
① φ50H₇g6 : 구멍기준식 헐거운 끼워 맞춤
② φ40H₇p5 : 구멍기준식 억지 끼워 맞춤
③ φ30G₇h5 : 축 기준식 헐거운 끼워 맞춤

76. 다음 중 단독 형상에 관한 평면도를 표시하는 기호은?
① ▱ ② ○
③ — ④ ⌭

해설

적용하는 형체	공차의 종류		기 호
단독 형체	모양 공차	진직도	—
		평면도	▱
		진원도	○
		원통도	⌭
단독 형체 또는 관련 형체		선의 윤곽도	⌒
		면의 윤곽도	⌓
관련 형체	자세 공차	평행도	//
		직각도	⊥
		경사도	∠
	위치 공차	위치도	⌖
		동축도 또는 동심도	◎
		대칭도	⩵
	흔들림 공차	원주흔들림	↗
		온 흔들림	↗↗

77. 다음 도면에서 A의 치수는 얼마인가?

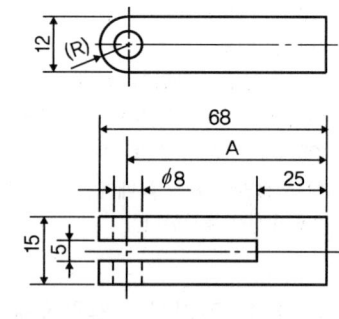

① 56 ② 60
③ 62 ④ 64

해설 12−R=6
68−6=62

78. 다음 그림에서 D의 치수는 얼마인가?

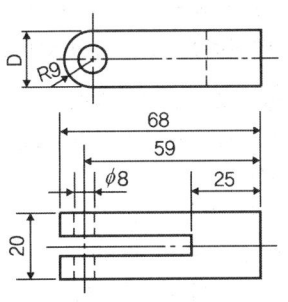

① 16 ② 20
③ 9   ④ 18

해설 반지름이 R9mm이므로 D 치수는 18mm 이다.

79. 다음 투상도를 보고 평면도로 알맞은 것은?

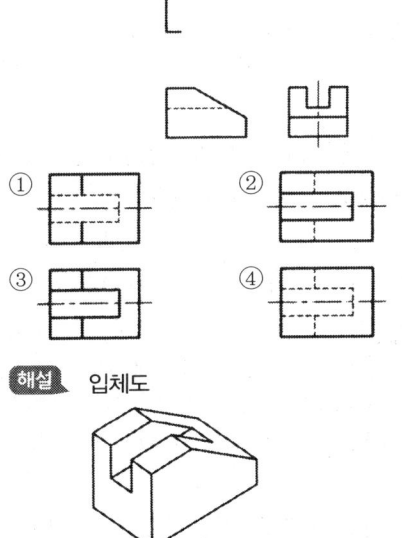

해설 입체도

80. 3D프린터 구동 기구구조에 대한 설명으로 틀린 내용은?
① 3D프린터는 3차원 공간에서 절삭 가공을 하면서 모델링된 데이터를 실물로 복제하는 과정이다.
② 모델링 파일에서 지정한 지점으로 재료를 분사하는 노즐을 이동하거나 혹은 반대로 노즐이 있는 지점으로 프린트되어야 할 부분이 옮겨지도록 하여야 한다.
③ 3D프린터 개발 단계에서 이러한 공간 이동에 대한 이송 방식 기구가 결정이 되면 CAD S/W로 설계된다.
④ 요구하는 성능을 만족하는 기구를 정확하게 구동할 수 있는 전자 회로 설계 조건을 결정하게 된다.

해설 3D프린터는 3차원 공간에서 한 층씩 재료를 쌓아 올려서 모델링된 데이터를 실물로 복제하는 과정이다.

81. 3D프린터에서 적용되고 있는 대표적인 3차원 구동 기구가 아닌 것은?
① Cartesian 방식 ② Delta 방식
③ Polar 방식   ④ Terning 방식

해설 3차원 구동 기구

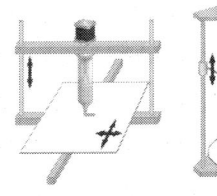

(a) Cartesian 방식   (b) Delta 방식

(c) Polar 방식   (d) Scara 방식

정답 ▶ 78. ④ 79. ③ 80. ① 81. ④

82. 3D프린터의 검출장치 중에서 광원, 감광판, 유리판 등을 사용하고 있는 것은?
① 인덕토신(inductosyn)
② 엔코더(encoder)
③ 리졸버(resolver)
④ 타코미터(tachometer)

> **해설**
> - 엔코더(encoder) : 3D프린터의 검출장치 중에서 광원, 감광판, 유리판 등을 사용
> - 리졸버(resolver) : 3D프린터의 움직임을 전기적 신호로 표시하는 일종의 피드백(feed back) 장치이다.

83. 서보모터의 회전운동을 직선운동으로 바꾸어 주는 3D프린터 구동부 부품은?
① 레이저
② 익스트루더
③ 볼 스크루
④ 마이크로프로세서

> **해설** 볼 스크루 : 서보모터의 회전운동을 직선운동으로 바꾸어 준다.

84. 서보모터 시스템의 제어 방식은?
① 아날로그 제어(Analog control)
② 시퀀스 제어(Sequence control)
③ 개루프 제어(Open-loop control)
④ 폐루프 제어(Closed control)

> **해설** 서보모터는 폐루프 제어(closed loop control) 방식으로 위치 피드백을 통하여 정밀한 위치, 속도, 가속도 제어가 가능하다.

85. 회전운동을 직선운동으로 바꿀 때 사용되는 볼 스크루의 장점이 아닌 것은?
① 백래시를 줄일 수 있다.
② 마찰계수가 적다.
③ 높은 정밀도를 유지한다.
④ 면접촉으로 동력전달이 효과적이다.

> **해설** 볼 스크루의 장점
> ① 백래시를 줄이고 회전운동을 직선운동으로 바꾼다.
> ② 마찰계수가 적다.
> ③ 높은 정밀도를 유지한다.
> ④ 3D프린터의 이송 정밀도를 높이기 위해 사용한다.

86. 반폐쇄 회로에서 가장 많이 사용되고 있는 위치검출기는?
① 엔코더
② 타코제네레이터
③ 회전자
④ 센서

> **해설** ① 엔코더는 위치검출기이다.
> ② 타코제네레이터는 속도검출기이다.

87. 3D프린터에서 이송 정밀도를 높이기 위하여 사용하는 나사는?
① 삼각 나사   ② 사각 나사
③ 애크미 나사 ④ 볼 나사

> **해설** 볼 나사는 서보모터로부터 전달된 회전운동을 직선운동으로 바꿀 때 사용하며, 3D프린터의 이송정밀도를 높이기 위하여 사용한다. 특히, 백래시 오차를 줄이기 위해 사용한다.

88. 스태핑 모터의 특징과 상관이 없는 것은?
① 구동회로에 주어지는 입력펄스 1개에 대해 소정의 각도만큼 회전시키고 그 이상 입력이 없는 경우는 정지위치 유지한다.

정답 ▶ 82. ② 83. ③ 84. ④ 85. ④ 86. ① 87. ④ 88. ②

② 회전 각도는 입력펄스의 수에 반비례한다.
③ 회전 속도는 입력펄스의 주파수에 비례한다.
④ 펄스를 부여하는 방식에 따라 급속하고 빈번하게 기동, 정지가 가능하다.

해설 펄스 수와 회전 각도가 정확하게 비례하므로 속도 제어를 편리하게 할 수 있다.

89. 일반적으로 DC 모터의 특성이 아닌 것은?
① 넓은 속도 범위에서 안정한 속도제어가 이루어 져야 한다.
② 진동이 적고 대형이며 견고하여야 한다.
③ 연속 운전 이외에 빈번한 가감속을 할 수 있어야 한다.
④ 가감속 특성 및 응답성이 우수하여야 한다.

해설 DC 서보모터는 가격이 싸고 제어 회로가 간단하여 소형화가 용이하지만 고속 회전이 어렵고 유지보수가 필요(브러시 마모)한 단점이 있다.

90. 3D프린터에서 사람의 손과 발에 해당하는 부분은?
① 컨트롤러
② 볼 스크루(ball-screw)
③ 리졸버
④ 서보기구

해설 ① 서보기구 : 사람의 손과 발
② 정보처리회로 : 사람의 두뇌
③ 리졸버 : 3D프린터의 움직임을 전기적 신호로 표시하는 일종의 피드백 장치
④ 볼 스크루(Ball Screw) : 서보모터에 연결되어 있어 서보모터의 회전운동을 직선운동으로 바꾸어 주는 장치

91. 초음파 센서에서 초음파의 특징으로 적합하지 않은 것은?
① 초음파의 속도는 전파보다 빠르다.
② 초음파의 파장이 짧다.
③ 매질이 다양하다.
④ 사용이 용이하다.

해설 초음파의 특징은 초음파의 파장이 짧고, 매질이 다양하며 사용이 용이하며 주파수가 높고 강도가 보통 음파보다 현저히 크며, 파장이 짧아 방향성이 있는 음속을 얻을 수 있고, 펄스 기술을 이용해 음속이나 흡수의 정확한 측정이 가능하다.

92. 스테핑 모터 시스템의 제어 방식은?
① 아날로그 제어(Analog control)
② 시퀀스 제어(Sequence control)
③ 개루프 제어(Open-loop control)
④ 폐루프 제어(Closed control)

해설 개루프 제어 방식은 시스템의 출력을 입력에 피드백하지 않고 기준 입력만으로 제어 신호를 만들어서 출력을 제어하는 방식이다.

93. 스테핑 모터의 특징으로 틀린 것은?
① 펄스 수와 회전 각도가 정확하게 비례하므로 속도제어를 편리하게 할 수 있다.
② 1스텝당 각도의 오차가 적고, 고토크, 고응답성 모터이다.
③ 정지 시 Settling time이 짧고, 헌팅 현상이 있다.
④ 자체 유지력(브레이크)이 있다.

해설 ① 정지 시 Settling time이 짧고, 헌팅 현상이 없다.
② 디지털신호로 출력 펄스 제어로 직접 개방 루프 제어가 가능하다.

정답 ▶ 89. ② 90. ④ 91. ① 92. ③ 93. ③

94. 스테핑 모터의 구동성능이 100pusle/1reverse이며, 구동 측 Z의 Pitch가 2mm일 경우 구동정밀도는?

① 0.01mm/pulse
② 0.02mm/pulse
③ 0.1mm/pulse
④ 0.2mm/pulse

해설 1펄스에 대한 이동거리는
$\dfrac{2}{100} = 0.02\text{mm/pulse}$

95. 이송거리가 1,100mm일 때 반송물을 5상 스테핑 모터(0.72°/스텝)를 사용하여 1초 동안 반송하고자 할 때 필요 펄스 수는 얼마인가? (단, 모터의 1회전 당 이동거리가 50mm로 한다.)

① 7,000 ② 8,000
③ 10,000 ④ 11,000

해설 필요 펄스 수는
$\dfrac{1,100}{50} \times \dfrac{360°}{0.72°} = 11,000(\text{Pulse})$

96. 스테핑 모터에 대한 설명으로 틀린 것은?
① 3D프린터의 기구부 구동에서 모터는 3D CAD 모델의 형상에 따라 정확한 위치 제어로 노즐과 프린터 물을 이송시켜 형상을 적층 제조하게 된다.
② 모터의 구동 모드 중 특히 위치 제어 기능이 중요시된다.
③ 고전적인 모터인 AC 혹은 DC 모터의 경우, 회전자의 관성 특성 때문에 단순한 전원 스위치만으로는 정확한 위치 제어가 힘들다.
④ 부가 시스템과 별도의 제어 회로 구성 때문에 상대적으로 센서에 의해 정해진 각도를 손쉽게 동작할 수 있는 스테핑 모터가 3D프린터에서 대세적으로 사용되고 있다.

해설 스테핑 모터
① 로터리 엔코더와 같은 별도의 센서를 장착하여 피드백 제어로 위치 제어를 할 수 있게 된다.
② 이러한 부가 시스템과 별도의 제어 회로 구성 때문에 상대적으로 센서가 없이도 입력 펄스만으로 정해진 각도를 손쉽게 동작할 수 있는 스테핑 모터가 3D프린터에서 대세적으로 사용되고 있다.
③ 큰 토크가 요구되거나 정밀한 제어가 요구되는 산업용이나 대용량의 3D프린터에서는 DC 모터가 사용되기도 한다.

97. 다음은 스테핑 모터 사양 내용으로 맞는 것은?

모터가 무여자 상태에서 정지해 있을 때 출력 샤프트에 가해지는 외부 토크에 반하여 발생되는 최대 토크이다.

① 홀딩 토크 ② 디텐트 토크
③ 풀인 특성 ④ 풀아웃 특성

해설
① 홀딩 토크 : 모터가 여자 상태에서 정지해 있을 때 출력 샤프트에 가해지는 외부 토크에 반하여 발생되는 최대 토크이다.
② 디텐트 토크 : 모터가 무여자 상태에서 정지해 있을 때 출력 샤프트에 가해지는 외부 토크에 반하여 발생되는 최대 토크이다.
③ 풀인 특성 : 입력 주파수와 그 주파수에서 모터 구동을 시작할 수 있는 최대 토크 사이의 관계이다.
④ 풀아웃 특성 : 입력 주파수와 모터 구동 시작 후 풀인 특성 영역으로부터 서서히 증가되는 입력주파수와 모터

정답 ▶ 94. ② 95. ④ 96. ④ 97. ②

회전을 동기시킴으로써 얻어지는 최대 토크 사이의 관계이다.

98. 다음은 스테핑 모터 사양 내용으로 맞는 것은?

> 무부하 상태에서 모터가 입력 신호에 동기되어 움직이고 멈출 때의 최대 주파수이다.

① 최대 자기동 주파수
② 스텝 각도 정도
③ 최대 응답(연속) 주파수
④ 회전 속도

해설 ① 최대 자기동 주파수 : 무부하 상태에서 모터가 입력 신호에 동기되어 움직이고 멈출 때의 최대 주파수이다.
② 스텝 각도 정도 : 이론 스텝 각도와 실제 측정 각도와의 차이이다.
③ 최대 응답(연속) 주파수 : 무부하 상태에서 최대값이 서서히 가까워지고 있는 자기동 주파수와 동기되어 회전할 때의 최대 주파수이다.
④ 회전 속도 : 스템 모터의 회전 속도는 일반적으로 pps로 나타낸다.

99. 스테핑 모터 구동에서 유니폴라(Unipolar) 방식의 내용으로 틀린 것은?
① 전류를 흘리는 데 한쪽 방향이다.
② 일반적으로 가격이 저렴하다.
③ 권선에 센터 탭이 설치되어있다.
④ 각도의 정밀도가 좋다.

해설 전류를 흘리는데 한쪽 방향으로 흘리는 방식으로 일반적으로 가격이 저렴하고, 간단한 프로젝트 구현에 사용하며 권선에 센터 탭이 설치되어있는 스테핑 모터에 사용된다.

100. 스테핑 모터 구동에서 바이폴라(Bipolar) 방식의 내용으로 틀린 것은?
① 입력 펄스의 극성을 바꿔 주는 방식이다.
② 2개의 극성을 동시에 여자시킴으로써 자력의 강도가 높다.
③ 저속에서는 높은 토크를 얻을 수 있다.
④ 각도의 정밀도가 나쁘다.

해설 동일 권에 입력 펄스의 극성을 바꿔 주는 방식. 2개의 극성을 동시에 여자시킴으로써 자력의 강도가 높아져 저속에서는 높은 토크를 얻을 수 있으며 각도의 정밀도가 좋고, 저속에서 토크가 좋으며 모터의 구동 중 코일에 저장된 에너지가 플라이 휘일 다이오드에 의해 다시 전원으로 돌아가게 되므로 에너지 효율도 좋게 된다. 반면 회로가 복잡하고 고속에서 토크가 떨어지는 결점이 있다.

101. 스테핑 모터 구동에서 보다 높은 분해능을 얻을 수 있고 진동이 적은 장점이 있는 여자 방식은?
① 2상 여자 방식(full step)
② 1-2상 여자 방식(half step)
③ 3-4상 여자 방식(3-4phases on)
④ 4상 여자 방식(4phases on)

해설 ① 2상 여자 방식(full step) : 4상 중 2개 상이 함께 입력 전원을 받아들이는 방식
② 1-2상 여자 방식(half step) : 순차적으로 1상과 2상을 반복해서 펄스를 인가하는 방식
③ 3-4상 여자 방식(3-4phases on) : 보다 높은 분해능을 얻을 수 있고 진동이 적은 장점
④ 4상 여자 방식(4phases on) : 8선 스테핑 모터 사용 시 4상 펄스를 이용하여 구동하는 방식

정답 ▶ 98. ① 99. ④ 100. ④ 101. ③

102. 스테핑 모터의 회전속도를 나타내는 단위는?
① pps   ② lps
③ cpm   ④ spm

해설 스테핑 모터 회전속도는 pps(pulse per second) 초당 펄스의 수로 나타낸다.

103. 직렬연결된 두 저항에 직류 전원이 가해진 다음 회로에서 전류가 $I=100\text{mA}$일 때 저항 R의 전력규격으로 적절한 것은?

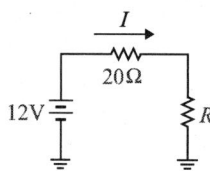

① $\dfrac{1}{8}W$ ② $\dfrac{1}{4}W$
③ $\dfrac{1}{2}W$ ④ $1W$

해설 직렬회로 전류가 $I=100\text{mA}=0.1\text{A}$이다.
20Ω 저항에 걸리는 전압=전류×저항이므로 $0.1\times20=2\text{V}$이다.
저항 R에는 $12\text{V}-2\text{V}=10\text{V}$이다.
R의 전력은(W)=전류×전압
$=0.1\times10=1\text{W}$

104. 그림과 같은 회로에서 a, b 양단의 전압 V_{ab}는 몇 V인가?

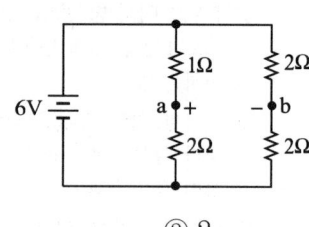

① 1   ② 2
③ 3   ④ 6

해설 병렬회로에 전압이 6V이다.
a쪽으로 흐르는 전류
$I=\dfrac{V}{R}=\dfrac{6}{1+2}=2\text{A}$
b쪽으로 흐르는 전류
$I=\dfrac{V}{R}=\dfrac{6}{2+2}=1.5\text{A}$
따라서, $V_{ab}=V_{2\Omega}-V_{1\Omega}$
$=2\times1.5-1\times2=1$

105. 다음 그림에서 $V_1=24\text{V}$일 때 $V_0[V]$의 값은?

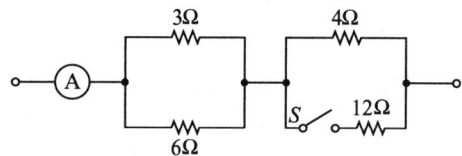

① 8   ② 12
③ 16   ④ 24

해설 ① 스위치 S를 열었을 때 전체 전압을 구하면
• 전체 저항 $R_T=\dfrac{3\times6}{3+6}+4=6\Omega$
• 전체 전압 $V-IR=10\times6=60\text{V}$
② 스위치 S를 닫으면
• 전체 저항 $R_T=\dfrac{3\times6}{3+6}+\dfrac{4\times12}{4+12}=5\Omega$
• 전체 회로에 흐르는 전류
$I=\dfrac{E}{R}=\dfrac{60}{5}=12\text{V}$

106. 다음 그림에서 $V_1=24[V]$일 때 $V_0[V]$의 값은?
① 3
② 6
③ 12
④ 24

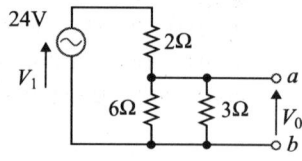

정답 ▶ 102. ① 103. ④ 104. ① 105. ② 106. ③

해설 병렬 부분의 저항
$R = \dfrac{6 \times 3}{6+3} = 2\Omega$
따라서 직렬회로의 전압은 저항에 비례하므로 $V_0 = 24 \times \dfrac{1}{2} = 12V$

107. 그림과 같은 회로에서 R의 값은?

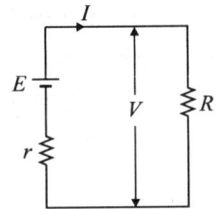

① $\dfrac{E}{E-V} \times r$ ② $\dfrac{V}{E-V} \times r$

③ $\dfrac{E-V}{E} \times r$ ④ $\dfrac{E-V}{V} \times r$

해설 $E = V + I \times r$이며
$V = IR$에서 부하에 흐르는
전류 $I = \dfrac{V}{R}$이므로
따라서 $E - V = \dfrac{V}{R^r}$
부하저항은 $R = \dfrac{V}{E-V} \times r$

108. 키르히호프의 법칙에 대한 설명으로 틀린 것은?
① 하나의 폐회로를 따라 모든 전압을 대수적으로 합하면 0이다.
② 노드(Node)에 들어오는 전류는 나가는 전류의 2배가 된다.
③ 노드(Node)에 들어오고 나가는 모든 전류의 대수적인 합은 0이다.
④ 하나의 폐회로를 따라 모든 전압강하의 합은 전체 전원전압의 합과 같다.

해설 노드는 하나의 지점에 여러 갈래의 도선이 지나가는 지점을 뜻하며, 이들 노드에 들어오거나 나가는 전류의 값을 모두 더하면 0이 되는 것이다.

109. 다음 달링턴(Darlington) 회로에서 전류 I_C의 값은?

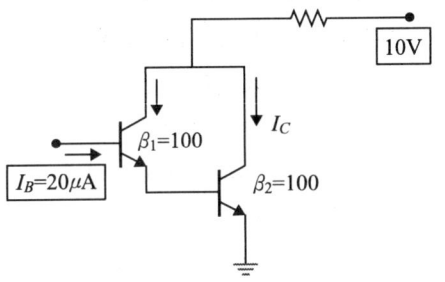

① 10mA ② 20mA
③ 100mA ④ 200mA

해설 증폭률은 $\dfrac{Ic}{Ib} = 100$이므로
총 증폭율은 $100 \times 100 = 10,000$이다.
$Ib = 20\mu A = 0.00002A$이므로
$Ic = 10,000 \times 0.00002 = 0.2A = 200mA$

110. 트랜지스터의 설명으로 틀린 것은?
① 바이폴라 트랜지스터(BJT)는 NPN형만 존재한다.
② 트랜지스터를 증폭기로 사용할 때의 동작 영역은 활성 영역이다.
③ 전계효과 트랜지스터(FET)는 BJT보다 열 영향이 적고 잡음에 강하다.
④ 트랜지스터를 스위치로 사용할 때는 포화 영역과 차단 영역을 사용한다.

해설 트랜지스터의 종류에는 쌍극성 접합 트랜지스터(BJT)와 전계 효과 트랜지스터(FET)가 있다. BJT는 2개의 p-n 접합으로 이루어져 있는데 전자와 양공이 전도과정에 관여한다는 점에서 쌍

정답 ▶ 107. ② 108. ② 109. ④ 110. ①

극성이며 입력전류에 따라서 출력전압이 쉽게 변화된다. 이러한 유형의 트랜지스터는 증폭기로 널리 사용되며 발진기, 고속 집적회로, 스위칭 회로에서 핵심 부품이다. FET는 BJT보다 열 영향이 적고 잡음에 강하다.

④ 버렉터(Varactor) 다이오드 : 가변용량 다이오드(Variable Capa- ctitance Diode, Varactor) PN 접합 공핍영역 폭이 바이어스 조건에 따라 달라지는 특성을 이용한 다이오드이다.

111. 온도가 증가하면 저항이 감소하는 음(-)의 온도계수를 갖고 있어 온도 감지 센서로 응용할 수 있는 부품은?
① 광전도 셀(CdS Cell)
② 서미스터(Thermistor)
③ 광 다이오드(Photodiode)
④ 버렉터(Varactor) 다이오드

[해설] ① 광전도 셀(CdS Cell) : 광전도소자라고도 한다. 빛의 변화를 전기의 변화로 변환(광전변환)하는 데 사용되며, 이 재료(광전도 재료)로 만들어진 저항체에 정전압의 전원으로부터 전류를 흐르게 해 두고, 이 저항체에 빛을 비추면 저항이 감소되어 전류가 증가하며, 광량(光量)을 전기량으로 바꿀 수가 있다.

② 서미스터(Thermistor) : 서미스터(또는 열 가변 저항기)는 온도에 따라 저항이 민감하게 바뀌기 때문에, 온도 측정장치로 사용되거나 전기 회로에서 다른 소자들의 온도 변화를 상쇄하는 데 이용된다. 무선주파수의 강도를 측정하거나 적외선·가시광선 등 복사파의 강도를 측정할 때도 이용된다.

③ 광 다이오드(Photodiode) : 광전 효과를 이용한 것으로, 띠틈보다 큰 에너지를 갖는 광자가 광다이오드에 입사되면 접합면에서 양공과 전자쌍이 생성된다.

※ 띠틈(Band gap) : 반도체, 절연체의 띠 구조에서 전자에 점유된 가장 높은 에너지 띠의 맨 위부터 가장 낮은 공간 띠의 바닥까지 사이의 에너지 준위나 그 에너지 차이

112. 전자 회로 제작 과정에서 용어에 대한 설명으로 틀린 것은?
① 풋프린트(Footprint)란 회로도의 소자와 아트웍에서 다루는 PADS의 부품 라이브러리와 서로 매칭시켜 주는 과정
② DRC(Design Rule Check)란 회로 연결과 부품의 동작 시뮬레이션으로 연결성을 자동으로 체크하도록 한다.
③ Or cad이란 실제 PCB에 부품의 위치와 각 도선을 어떻게 연결하고 배치할 것인지를 설계하는 과정이다.
④ PADS 소프트웨어 툴을 사용하여 제작하고자 하는 회로의 크기를 정하고, 부품을 배치하며, 배선을 연결하는 과정으로 진행한다.

[해설] Artwork이란 실제 PCB에 부품의 위치와 각 도선을 어떻게 연결하고 배치할 것인지를 설계하는 과정이다.

113. 회로 제작에서 부품 실장에 대한 설명으로 틀린 것은?
① PCB 기판에 부품을 접합하는 방법은 전통적으로 납땜을 통해 기판의 동판과 부품의 리드 선을 경화 고정을 시킨다.
② 은기판의 경우 인두기를 오래 대고 있으면 동 부분이 금방 떨어지고 납도 잘 붙지 않기 때문에 사용하기 힘들다.
③ 단면 기판은 한쪽엔 소자를 놓고 한쪽은 납땜을 하는 부분으로 구성되어 있

▶ 111. ② 112. ③ 113. ②

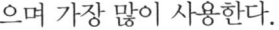

으며 가장 많이 사용한다.
④ PCB 기판은 와이어나 연납을 이용해 이을 필요가 없고 소자부분만 납땜을 한다.

해설 동기판의 경우 인두기를 오래 대고 있으면 동 부분이 금방 떨어지고 납도 잘 붙지 않기 때문에 사용하기 힘들다. 은기판과 금기판은 납이 잘 붙고 동기판에 비해 잘 떨어지지 않는다. 또한은, 금으로 갈수록 전기 전도율이 높아 손실률이 적어진다.

114. 부품을 실장하기 위해 사용하는 납땜에 대한 설명으로 틀린 것은?
① 기판과 와이어 사이에 공간이 없게 납땜한다.
② 기판과 소자 사이의 공간이 최소화되게 납땜한다.
③ 동기판에 비해 은기판과 금기판이 전기전도율이 높다.
④ 무연납의 경우 녹는점이 낮아서 초보자가 사용하기 쉽다.

해설 무연납의 경우 녹는점이 높아서 인두기를 사용해야 하며, 납땜을 한 후에 깨끗하지 않아서 초보자가 사용하기 어렵다.

115. 소자의 연결에 대한 설명으로 옳은 것은?
① 2개의 저항을 직렬연결하면 전체 저항은 감소한다.
② 2개의 저항을 직렬연결하면 각 저항의 전압은 같다.
③ 2개의 커패시터를 직렬연결하면 전체 용량은 감소한다.
④ 2개의 인덕터를 직렬연결하면 전체 인덕턴스는 감소한다.

해설
• 2개의 커패시터를 직렬연결하면 전체 용량은 감소한다.
• 커패시터를 GND에 연결시켜주면 노이즈 성분인 AC가 GND를 통해 빠져나간다.

116. 멀티미터의 사용법에 대한 설명으로 틀린 것은?
① 전압 측정을 위해서는 대상과 병렬로 프로브를 연결한다.
② 전류 측정을 위해서는 대상과 직렬로 프로브를 연결한다.
③ 전류 측정 시 프로브를 병렬로 연결하면 쇼트 현상이 발생할 수 있다.
④ 저항 측정을 위해서는 회로에 연결된 상태에서 측정한다.

해설 회로에 연결된 저항은 전원이 없어 동작하지 않더라도 다른 부품이 저항치(다른 저항과 병렬 동작)를 갖기 때문에 회로에 연결된 상태로 저항을 측정하면 정확하지 않다.

117. 멀티미터에 대한 설명으로 틀린 것은?
① 여러 가지의 측정 기능을 결합한 정밀 기계 측정기이다.
② 전형적인 멀티미터는 전압, 전류, 전기 저항을 측정하는 능력을 기본적으로 가진다.
③ 휴대 장치로 측정 대상의 기본적인 결점을 찾기 위한 벤치 기구로 유용하게 사용할 수 있다.
④ 실무 작업에서 유용하고 매우 높은 정확도로 측정할 수 있다.

해설 여러 가지의 측정 기능을 결합한 전자계 측정기이다.

정답 ▶ 114. ④ 115. ③ 116. ④ 117. ④

118. 그림에서 어떤 측정의 멀티미터 탐침 연결법인가?

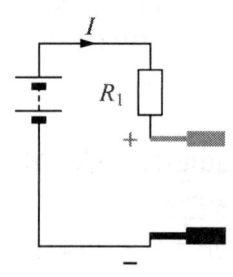

① 저항 측정 ② 전압 측정
③ 전류 측정 ④ 전력 측정

119. 제어 신호의 흐름에서 신호처리 과정을 순서대로 바르게 나타낸 것은?
① 입력부 → 제어 신호 변환기 → 제어부 → 출력부
② 입력부 → 제어부 → 제어 신호 변환기 → 출력부
③ 제어부 → 입력부 → 출력부 → 제어 신호 변환기
④ 제어부 → 입력부 → 제어 신호 변환기 → 출력부

해설 제어 신호의 흐름에서 신호처리 과정
입력부 → 제어 신호 변환기 → 제어부 → 출력부

120. 다음 회로에 대한 설명으로 틀린 것은?

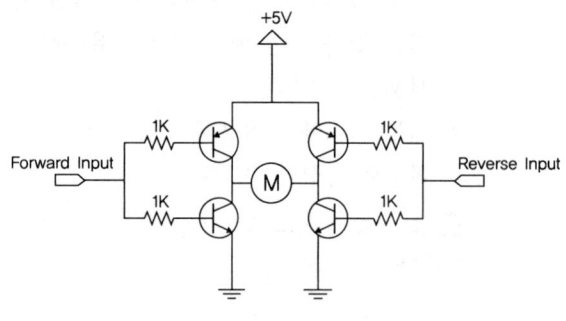

① B-bridge 회로이다.
② DC 모터와 스테핑 모터 모두 사용할 수 있다.
③ 정회전, 역회전, 정지 기능을 수행할 수 있다.
④ 작은 전압으로 트랜지스터를 스위칭 할 수 있다.

해설 H브릿지 회로
회로도상 4개의 스위칭 소자로 구성, 외형상 2개의 스위칭 소자가 붙어있는 모습이 알파벳'H'와 유사하다. 작은 전압으로 큰 전압이나 전류로 증폭하거나, 전류 방향을 전환이 가능하다. 이를 DC 모터나 Stepper 모터 등 모터의 드라이버로 활용한다.

121. 회로에 사용되는 정현파의 주기가 10ms 일 때 주파수는 얼마인가?
① 1Hz   ② 10Hz
③ 100Hz ④ 1kHz

해설 $f = \dfrac{1}{T} = \dfrac{1}{10 \times 10^{-3}} = 0.1\text{kHz} = 100\text{Hz}$

122. 검사용 지그 제작 시 유의 사항으로 옳은 것은?
① 모터와 드라이버는 고전압, 고전류에 노출되므로 주의해야 한다.
② 센서는 외부 노이즈에 강하므로 극성만 주의하여 연결한다.
③ 결손의 오류는 전원을 인가하여 동작 상태를 확인한 후 수정하면 된다.
④ 온도 센서는 모터의 과열을 측정하기 위해 사용하므로 모터에 부착하여 결선한다.

123. 검사용 지그에 대한 설명으로 틀린 것은?
① 전자, 전기 PCB 제품 및 부품 등의 조정 및 검사를 하기 위해 제작한다.
② PCB 회로의 검사를 사람의 손으로 작업이 이루어지므로 지그로 제작한다.
③ PCB의 전기 회로의 전기 전도 포인트 및 부품의 기능 여부를 확인해야 한다.
④ PCB 개발 및 제작이 정상적으로 수행되었는지 확인하는 작업에 지그가 필요하다.

해설 검사용 지그는 PCB 회로의 검사를 사람의 손으로 하기에는 힘든 점이 있다.

124. 검사용 지그 설계 요건으로 틀린 것은?
① 검사용 지그는 설계 요건에 따라 다르게 개발되고 제작되어야 한다.
② 지그의 설계는 PCB의 핀 수와 핀의 형상에 따라 설계 요건이 달라져야 한다.
③ 검사용 지그는 검사 방법에 따라 핸드 프레스 지그, 에어프레스 지그로 나누어진다.
④ 핸드 프레스 지그는 비교적 간단한 회로나 500~800핀 이하의 회로 검사에서 사용된다.

해설 핸드 프레스 지그는 비교적 간단한 회로나 500핀 이하의 회로 검사에서 사용되고, 에어프레스 지그는 비교적 복잡한 회로나 500~800핀의 회로 검사에서 사용된다.

정답 ▶ 123. ② 124. ④

CHAPTER 02 기구개발

2.1 기구 검토

1 3D프린터 기구구조

1. 조형 방식에 따른 기구구조

1) 재료 분사(Material jetting) 방식

① 광경화성 수지나 왁스 등의 서포트 재료를 잉크젯 프린트와 재료 분사 방식으로 선택적으로 도포하는 것으로 잉크젯 프린팅 기술과 광경화성 수지 기술이 결합하여 탄생한 방식이다.
② Material jetting 방식의 기구구조는 X 방향의 구동축이 있고 Z축의 엘리베이터 축으로 움직인다.
③ X 방향의 구동축에 Jetting 헤드부와 광학부가 부착되어 Jetting된 광경화성 수지 및 왁스의 재료를 광 에너지를 이용하여 경화하여 구조물을 제작하게 된다.
④ 매우 높은 해상도를 가진 3차원 형상의 제작이 가능하다.
⑤ 대부분의 동작이 자동으로 이루어지기에 조작이 쉬우며 정밀도가 매우 높다.
⑥ 광경화성 수지를 수 마이크로 단위로 분사하고 경화하기 때문에 정밀도가 우수하다.
⑦ 기존의 잉크젯 프린터 기술에 광경화 방식의 3D 프린팅 기술을 융합한 하이브리드 방식의 3D 프린팅 방식이다.

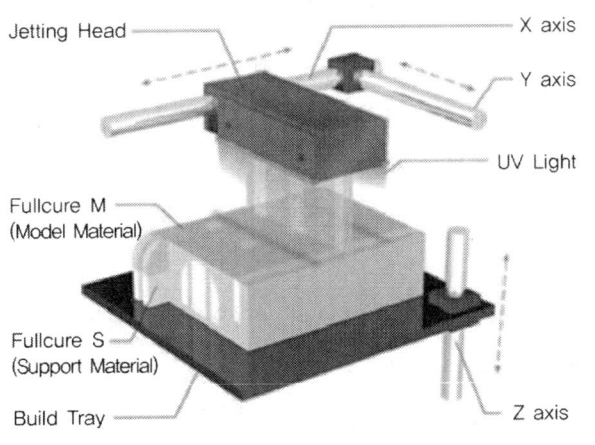

[그림 1-66] Material jetting 방식의 원리

2) 수조 광경화(Vat photopolymerization) 방식

① 광경화성 액체 수지가 담긴 수조에 레이저를 투사하여 경화시키는 방법으로 적층해 나가는 방식이다.
② Vat photopolymerization의 기구구조는 Vat 안에 광경화성 재료가 담겨져 있고 엘리베이터의 플랫폼이 Vat에 담겨져 구조물을 제작하는 방식이다.
③ 출력물의 정밀도가 높으며 표면 조도가 우수하다.
④ 중간 정도의 조형속도로 가장 널리 쓰이는 기술이다.
⑤ 가격이 비싸며 광경화성 수지를 사용하기 때문에 출력 후 세척 과정이 필요하다.
⑥ 정교한 조형물일수록 지지대 제거에 많은 시간이 소요되며, 사용 가능한 원료나 색상이 제한적이다.

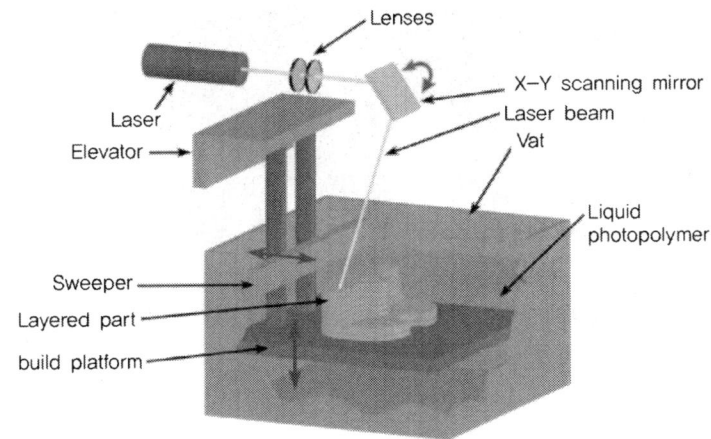

[그림 1-67] Vat photopolymerization 방식의 원리

3) 분말 융접(Powder bed fusion) 방식

① 분말 재료를 사용하여 CO_2 Laser를 주사하여 제품을 제작하는 방식으로 Powder bed fusion 방식의 기구는 분말 재료를 Vat 안에 보관한 뒤 X-Y 축의 레이저의 이송과 소결을 통해 구조물을 제작하는 방식이다.
② Powder bed fusion의 기구부는 X-Y 이송 축과 재료를 평탄하게 하는 평탄화 구동축으로 이루어져 있다.
③ 소재는 나일론, 금속 등 다양한 재료의 사용이 가능하며 온도가 높다.
④ 제작 속도가 빠르고 대량생산이 가능하다.
⑤ SLS 방식의 경우 재료 자체가 지지대 역할을 하므로 특별한 경우를 제외하고는 별도의 지지대가 필요하지 않는다.
⑥ 냉각 과정을 거쳐야 한다.
⑦ 재료가 분말이므로 출력물의 표면 거칠기가 좋지 않다.
⑧ 재료 분말을 다루기가 어려우며 금속 분말은 취급에 주의를 요한다.

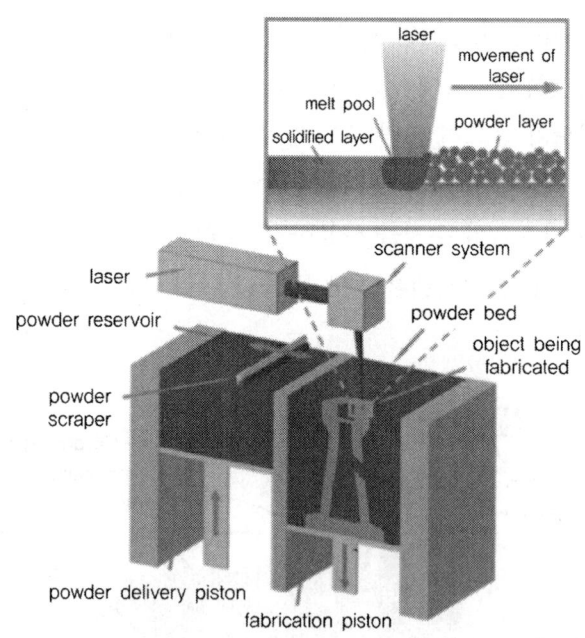

[그림 1-68] Powder bed fusion 방식의 원리

4) 접착제 분사(Binder jetting) 방식

① 1990년대 초반에 미국 MIT에서 개발된 기술로서, 사용 가능한 재료는 폴리머, 금속, 세라믹 등이지만 이 중 일부만이 상용화된 장비에서 사용이 가능하다.

② Binder jetting 방식의 기구구조는 Powder bed fusion과 비슷한 기구구조를 가지고 있다.

③ Binder jetting 방식의 기구구조는 Binder를 Jetting 방식으로 분사하여 파우더를 접착시켜 구조물을 제작하는 방식이다.

④ 베드 위에 놓인 분말을 이용하는 것은 분말 융접 기술과 매우 유사하다.

⑤ 분말 융접 기술에서는 분말을 결합하여 단면을 만들기 위해서 레이저 등의 열에너지를 사용하여 분말을 소결시키거나 녹이는 반면에, 접착제 분사에서는 접착제를 분말에 선택적으로 분사하여 분말들을 결합시켜 단면을 성형하고 이를 반복하여 3차원 형상을 만든다.

⑥ Jetting 라인을 한 축으로 이동시켜 Binder를 분사하여 구조물 층을 제작하고 재료 이송 장치를 이용하여 재료를 넣어 주어 구조물을 제작하는 방식이다. Binder jetting 방식의 기구구조는 재료 이송 장치, 바인더 이송 장치, 구조물 제작 플랫폼 이송 장치 등을 잘 고려하여 설계해야 한다.

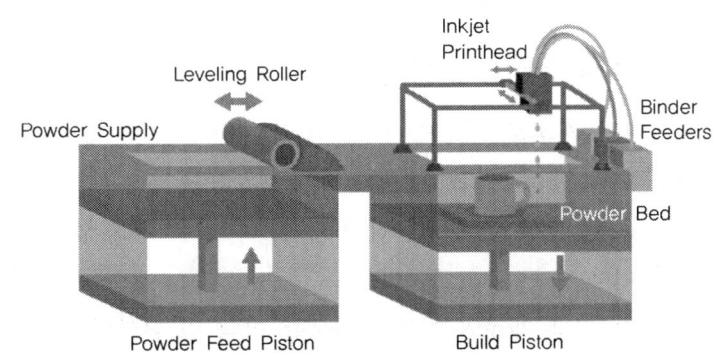

[그림 1-69] Binder jetting 방식의 원리

5) 방향성 에너지 침착(Directed Energy Deposition) 방식

① 구조는 고에너지 레이저와 일렉트론 빔 또는 플라즈마 아크를 사용하기 때문에 안전에 따른 기구구조를 검토해야 하며 이송 장치 및 재료 공급 장치 등을 잘 고려하여 구조를 파악해야 한다.

② 레이저, 일렉트론 빔 또는 플라즈마 아크 등의 열에너지를 국부적으로 가해서 재료를 녹여 침착시키는 것이다.
③ 상용화된 장비에서는 재료를 분말이나 와이어 형태로 공급하며, 에너지원으로는 레이저나 전자빔이 사용된다.
④ 폴리머, 세라믹, 금속 매트릭스 복합물 등 다양한 재료에 적용이 가능하고 현재 가장 많이 사용되는 재료는 금속 분말로 금속 분말을 이용해서 3차원 구조물을 성형하는 데 가장 많이 이용되며, 종종 금속 침착(Metal deposition)으로 불리기도 한다.

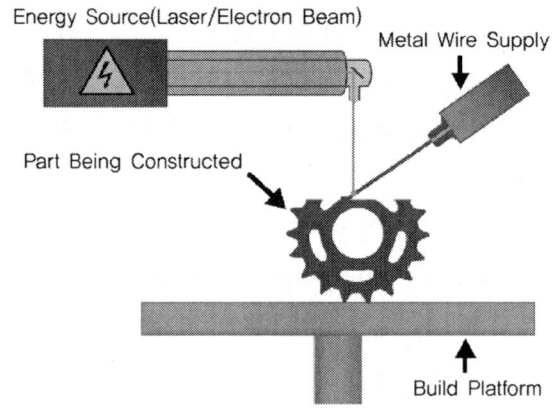

[그림 1-70] 방향성 에너지 침착 방식의 원리

6) 판재 적층(Sheet Lamination) 방식

① 판재 적층 기술이 최초로 적용된 것은 1991년 미국 Helisys사에 의해서 개발된 Laminated Object Manufacturing(LOM) 기술이다.
② 판재 적층은 얇은 판 형태의 재료를 단면 형상으로 자른 후 이를 서로 층층이 붙여 형상을 만드는 것이다.
③ 판재 적층 기술은 판재 재료와 이를 잘라내는 방식 및 잘라낸 판재들을 서로 부착하는 방법에 따라 다양하게 개발되고 있다.
④ 판재 적층 기술은 다른 3D 프린팅 기술들에 비해서 제품의 제작 속도가 매우 빠르다.
⑤ 판재 적층 시스템은 판재를 절단하는 공구에 따라 제품의 구조가 달라질 수 있다.
⑥ 판재 적층 시스템은 일반적으로 레이저를 사용하여 판재를 절단하는 구조를 가진다.
⑦ 레이저 절단 구조 방식은 비접촉식이라 제품의 표면이 매끄럽고 정밀도가 좋은 장점이 있다.

⑧ 커터 절단 방식은 종이의 제질 및 종류에 따라 제품의 표면 정밀도가 달라지고 우수하지 못하다.

⑨ 커터 절단 방식은 저가의 예산으로 3D프린터를 제작할 수 있는 장점이 있지만, 주기적으로 커터를 교체해 주어야 하기 때문에 유지 관리 비용이 많이 들어간다.

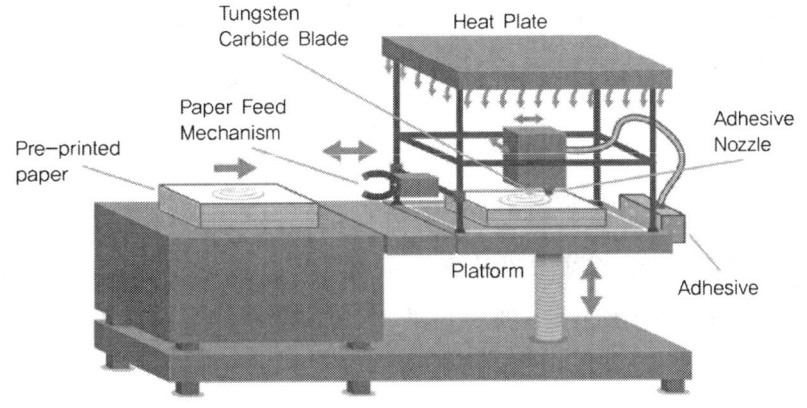

[그림 1-71] Sheet Lamination 방식의 원리

7) 재료 압출(Material Extrusion) 방식

① 노즐을 통해서 압출되며, 압출 후 노즐 출구의 단면 형상과 유사하게 형상을 유지할 수 있는 재료에는 대부분 적용이 가능하다.

② 압출 노즐에서 토출되는 재료는 압출 헤드와 성형판 사이의 상대 운동에 의해서 각 단면 형상이 만들어지며, 이를 모든 층에 대해서 반복 적층되어 3차원 형상이 성형된다.

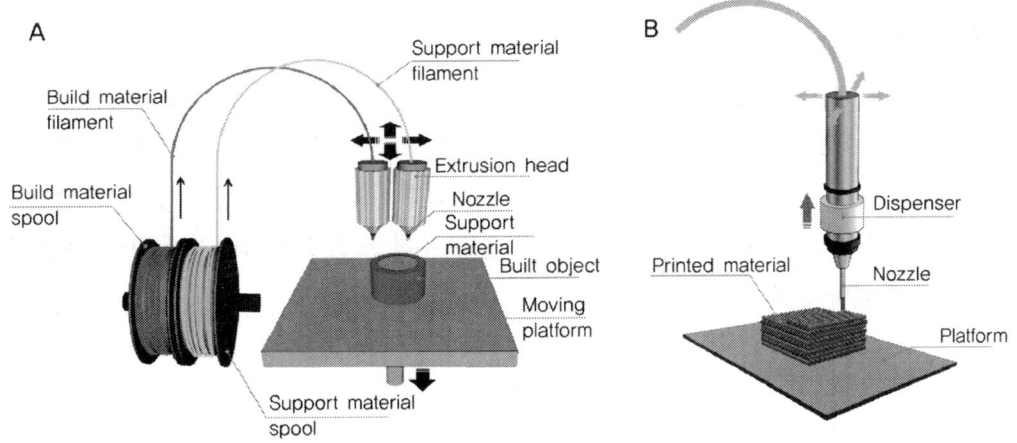

[그림 1-72] Material Extrusion 방식의 원리

2. 3D프린터 부품 선정

3D프린터의 기구부를 개발할 때에 기구부의 설계를 기반으로 부품을 선정해야 한다. 부품은 표준 부품과 신규 개발 부품이 있다. 3D프린터의 기구부를 제작하기 위해서는 형상과 기술방식에 따라 표준 부품과 신규 개발 부품을 써서 개발해야 한다. 표준 부품과 신규 개발 부품을 사용하느냐에 따라 3D프린터의 신뢰성 및 품질에 영향을 준다. 그리고 부품의 가격도 다르기 때문에 3D프린터의 가격에 직접적인 영향을 준다.

1) 표준 부품

표준 부품이란 국가가 정해 놓은 KS 수준 이상의 부품을 안정적, 지속적으로 생산 및 제공할 수 있도록 인증 절차를 거쳐 표준 규격에 맞춘 부품이다. 표준 부품은 신뢰성 및 품질 검증이 되어야만 KS나 국제 표준과 같은 인증 절차를 거쳐 KS 규격에 만족할 수 있다.

(1) 표준 부품 검색

3D프린터를 제작하기 위해 표준 부품을 선정하려면 어떤 표준 부품을 사용할지 검색해야 한다. 표준 부품 검색은 e나라 표준 인증 사이트를 통해 부품을 검색한다.

(2) 표준 부품 규격 제도 성격

KS 인증 제도는 임의의 인증으로 신청자의 신청에 의하여 이루어지고 있으나, KS 인증제품을 우선적으로 구매하는 등 강력한 보급, 확산 노력에 근거하여 사실상 사용의 강제 형태로 유지되는 경우가 많다.

2) 기술 기준

"정부나 단체에 의해 채택되었거나 계약에 의해 채택되어 법적 구속력을 갖는 표준"(KSA 0014) 또는 "적용 가능한 행정 규정을 포함하여 상품의 특성 또는 관련 공정 및 생산방법이 규정되어 있으며, 그 준수가 강제적인 문서로서 상품, 공정 및 생산 방법에 적용되는 용어, 기호, 포장, 표시 또는 상품 부착 요건을 포함하거나 다룰 수 있다"고 정의하고 있다(WTO/TBT).

3) 기술 규제 영향 평가

① "기술 규제"라 함은 정부가 국민 안전, 환경 보호, 보건, 소비자 보호 등의 행정 목적을 실현하기 위하여 어떤 제품, 서비스, 시스템 등에 특정 요건을 법령 등(고시, 공고, 훈령 포함)에 규정하여 법적 구속력을 갖는 것으로서 직·간접적으로 국민의 권리를 제한하거나 의무를 부과하는 기술 기준(기술 규정)이나 적합성 평가(시험·검사·인증 등) 등을 말한다.

② "기술 규제 영향 평가"는 각 부처의 기술 규제 도입으로 인해 기업의 경영이 위축되지 않도록 규제의 비용, 편익, 파급 효과, 규제의 적합성 등을 고려하여 최선의 규제 대안을 제시하기 위한 것으로서, 각 부처 기술 기준(기술 규정)이나 시험·검사·인증 등과 관련된 법령 등의 제·개정 시에 기존의 유사 제도와의 중복성 여부 및 국가 표준(KS, KCS 등), 국제 기준과의 조화 여부 등을 파악하여 규제의 타당성을 평가하는 것을 말한다.

4) 한국 산업 표준 분류(KS)

한국 산업 표준(korean Industeal Standards)은 산업표준화법에 의거하여 산업표준심의회의 심의를 거쳐 기술표준원장이 고시함으로써 확정되는 국가 표준으로, 약칭하여 KS로 표시한다.

(1) 제품 표준

제품의 향상, 치수, 품질 등을 규정한 것

(2) 방법 표준

시험, 분석, 검사 및 측정방법, 작업 표준을 규정한 것

(3) 전달 표준

용어, 기술, 단위, 수열 등을 규정한 것

5) 국제 표준(International Standards)

국제적인 인증에 의해 다수의 국가가 표준화된 제품 및 부품을 사용하기 위해 제정한 표준이다. 공업 및 농업은 국제표준화기구(ISO)가 정하는 규격에 제정해야 한다. 그리고 ISO의 표준화 단계는 예비 단계, 제안 단계, 준비 단계, 위원회 단계, 질의 단계, 승인 단계, 발간 단계가 있다.

▶ ISO 표준화 단계

1	PWI	Preliminary Work Item	예비단계
2	NP	NewWork item Proposal	제안단계
3	WD	Working Drafts	준비단계
4	CD	Committee Drafts	위원회 단계
5	DIS	Draft international Standard	질의단계
6	FDIS	Final Draft international Standard	승인단계
7	IS	International Standard	발간단계

▶ 제정표준 종류

1	IS	International Standard	예비단계
2	ISO/TS	ISO Technical Specification	제안단계
3	ISO/PAS	ISO Public Available Specification	준비단계
4	ISO/PAS	ISO Technical Report	위원회 단계

[그림 1-73] 국제 표준 표

6) 신규 개발 부품

① 기존의 표준 부품이 아닌 제품을 제작하기 위해서 개발된 부품이다.

② KS나 국제 IS 인증을 받고 제품을 제작하면 품질 및 신뢰성이 있다.

③ 3D프린터를 제작할 때에 대부분 표준 부품을 사용하지만 구조적, 기술적으로 표준 부품이 아닌 신규 개발 부품을 사용해야 할 상황이 존재한다.

④ 새로운 3D프린터를 제작하면 기존의 기술방식보다 더 나아진 구조 및 형상을 가지게 되는데, 이러한 조건을 만족 하려면 새로운 신규 개발 부품의 사용이 불가피하다.

⑤ 신규 사용 부품은 기존의 표준 부품보다 성능 및 디자인은 우수하지만 품질 및 신뢰성은 검증이 되지 않은 단점이 있다.

⑥ 비용 면에서 표준 부품을 사용하면 많은 이득이 있다. 표준 부품은 기존에 개발하여 대량생산이 된 부품이 대부분이기 때문에 값이 싸다.

⑦ 신규 개발 부품은 개발 과정을 거쳐 대부분 가공을 통해 제작되는 부품이기 때문에 기존의 부품보다 약 5~10배 비싸다.

3. 3D프린터 부품 목록 작성

① 3D프린터를 제작하기 위해서는 구조 설계를 바탕으로 하여 부품 목록을 작성해야 한다.

② 3D프린터의 부품은 나사, 연결부, 기본 프레임은 표준 부품을 사용하지만 토출부의 연

결부 등은 기존의 표준 부품을 사용하지 못하므로 신규 개발 부품을 사용해야 하는 경우가 많다.

③ KS 및 ISO 인증을 받은 부품을 사용하면 가격 경쟁력과 품질 및 신뢰성이 높아지는 장점이 있지만 형상에 제약을 받기 때문에 표준 부품과 신규 개발 부품을 잘 혼합하여 사용해야 한다.

4. 기구 개발 계획 수립

1) 디자인 시안

3D프린터의 기구부의 개발을 위한 계획을 수립할 때, 가장 먼저 디자인 시안을 정해야만 한다. 디자인 시안은 3D프린터의 개발자가 보기 편하게 작성되어야 한다.

2) 조형 방식에 따른 기구 설계 방향

조형 방식에 따른 기구를 설계할 때 구동부, 토출부 및 가공부, 재료 투입부 등을 유의하여 기구 설계 방향을 설정해야 한다.

(1) 구동부

3D프린터에서 구동부는 대부분 3축으로 이루어지며 기구부를 설계할 때 구동부를 어떻게 배치하고 어떤 방식으로 이송부를 구성하느냐에 따라 가격, 품질, 구조 등이 달라진다. 구동부의 이송부는 이송 방식으로 DC 서보 이송, AC 서보 이송 등이 있다.

① DC 서보모터
  ㉠ DC 모터는 직류 전원으로 작동하는 모터로 선풍기나 믹서기 등과 같이 연속적인 회전을 모터가 할 때 사용된다.
  ㉡ DC 모터는 +극과 -극에 전원을 입력하여 사용하고, 극을 반대로 접지시키면 모터가 반대로 작동하며 일반적인 저가형 3D프린터에 많이 사용되고 있다.
  ㉢ 서보모터(Servo Motor)는 PWM 신호를 통해 회전을 제어할 수 있는 모터이다.
  ㉣ DC 모터는 모터와 드라이버로 구성되어 있고 보통 0~180°의 회전각을 가지며, 펄스폭을 통해 비교적 정밀한 위치 제어가 가능하다.
  ㉤ 제어성이 좋기 때문에 일반 사용자가 사용하기 좋으나 서보모터에서 위치에 대한 데이터를 피드백을 하지 못하기 때문에 위치 제어를 할 때 정밀 제어는 힘들다.

ⓑ 브러시 마모의 기계 손실이 큰 편이고 브러시에 대한 주기적인 보수가 필요하다.

② AC 서보모터
ⓐ AC 서보모터는 교류 전원으로 작동하는 모터로 일반적으로 교류 전원 220V를 사용하고 고전압을 모터에 직접 공급한다.
ⓑ AC 서보모터는 일반적으로 고가의 장비에 많이 사용하며 AC 서보모터는 엔코더를 장착해 위치 피드백이 가능하기 때문에 고도의 정밀 이송이 요구되는 장비에 사용된다.
ⓒ AC 서보모터는 브러쉬 및 유지 부품이 없고 고속에 큰 토크를 낼 수 있어 응답 특성이 빠르고 무게당 토크가 크므로 소형 및 경량화할 수 있다.
ⓓ AC 모터는 회전자에 따라 유도 모터, 동기 모터, 정류자 모터로 분류할 수 있다.

(2) 가공부

3D프린터의 가공부는 3D 프린팅 기술방식에 따라 달라진다. 가공부의 가공 방법에 따라 파악한 기구구조에 반영하여 기구를 설계해야 한다.

① Material jetting
ⓐ Material jetting의 가공부는 광경화성 수지를 분사하는 Jetting 노즐과 분사된 재료를 경화하는 광 에너지 투사부가 있다.

② Vat photopolymerization
ⓐ Vat photopolymerization의 가공부는 광 에너지를 투사하는 구조로 광 에너지의 종류에 따라 재료가 달라져야 하며, 가공 방식에 따라 전사 방식과 주사 방식으로 나누어진다.
ⓑ 전사 방식은 한 면을 광경화성 수지에 투사하여 구조물을 제작하는 방식이고, 주사 방식은 한 점의 이송에 의해 구조물을 제작하는 방식이다.

③ Powder bed fusion
ⓐ 가공부는 높은 에너지를 파우더에 주사하여 파우더나 바인더의 용융에 의해 구조물이 제작되는 형식이다.
ⓑ 가공부는 일반적으로 레이저를 사용하여 빛 반사를 모듈을 통해 빛을 이송하거나 구동부를 이송하여 이송한다.

④ Binder jetting
  ㉠ 가공부는 파우더의 재료에 바인더를 Jetting 형태로 분사하는 시스템으로 분사된 바인더는 파우더를 접착시켜 구조물을 제작하는 방식이다.

⑤ Directed energy deposition
  ㉠ 방향성 에너지 침착 가공부는 고에너지의 레이저나 전자빔을 재료에 직접 주사하여 구조물을 제작하는 형태이다.
  ㉡ 방향성 에너지 침착 가공부는 고에너지의 레이저와 전자빔을 사용하기 때문에 안전장치가 필요하다.

⑥ Sheet lamination
  ㉠ 가공부는 투입된 재료를 잘라내는 방식이다. 종이 및 판재 재료를 접촉식 가공부나 비접촉식 가공부를 이용하여 판재를 잘라내는 방식이다.

⑦ Material extrusion
  ㉠ 필라멘트 재료를 용융하여 재료의 압출을 통해 구조물을 제작하는 방식이다.
  ㉡ 가공부의 스텝 모터의 이송을 통해 필라멘트가 노즐로 투입되고 용융되어 노즐로 재료가 압출되는 방식이다.

2.2 기구설계

1 2D 스케치

1. 부품 배치

3D프린터의 디자인 시안을 바탕으로 기구구조를 검토해야 하며 기구구조 검토는 기술방식별로 기구구조를 검토 후 사용되는 부품의 목록을 작성해야 한다. 부품 목록은 사용되는 주요 부품을 먼저 작성하고 세부 부품 목록을 작성한다.

1) 주요 부품

기술 부품의 주요 부품은 구동부, 토출부, 재료 투입부가 있다. 주요 부품 목록을 기술방식에 따라 작성한다.

(1) 구동부 부품

구동부의 부품은 기술방식에 따라 차이가 있다. 대부분의 이송 구동부의 이송 방식은 모터와 이송 스크루 및 벨트를 사용하여 토출부를 이송한다.

토출부의 이송은 3D 프린팅을 하면서 재료를 가공하기 위한 수단이다.

① 모터
　㉠ 대부분의 3D프린터의 이송은 모터에 의해 이송된다.
　㉡ 모터의 종류는 스텝 모터, 리니어 모터, 갈바로 미러 등 기구구조에 맞는 모터를 사용하면 된다.
　㉢ 스텝 모터는 모터의 회전에 의해 벨트나 스크루를 구동시켜 이송시키는 방법이다.
　㉣ 리니어 모터는 자석의 극성을 이용하여 이송하는 방식이다. 갈바노 미러(Galvano Mirror)는 빛의 반사에 의해 빛을 이송시키는 방식이다.

② 이송 방식
　㉠ 3D프린터의 이송 방식은 벨트, 스크루, 자석 극성을 이용한 리니어모터, 빛 이송을 위한 수직 스캔 모터(Galvano Mirror) 등이 있다.
　㉡ 이송 방식은 프린터의 구조를 고려하여 이송 방식을 선택해야 한다.
　㉢ 3D프린터의 이송 방식에 따라 벨트, 스크루, 자석, 거울 등 이송 장치에 대한 지식을 습득한 후 부품 목록을 작성해야 한다.

③ 이송 가이드
　㉠ 3D프린터의 모터 구동을 위해서는 이송 가이드가 있어야 한다.
　㉡ 이송 방식에 따른 모터의 구동에 의해 구동축이 이송되는데, 이송 가이드는 원형 이송 가이드와 LM 이송 가이드가 있다.

(2) 토출부 부품

토출부의 부품은 3D 프린팅의 기술방식별로 차이가 있다. 토출부의 부품을 어떻게 장착하는지에 따라 3D프린터의 기구를 설계할 때 고려해야 할 사항이다.

① Laser
  ㉠ 벡터 기반 광조형 시스템: 토출부에 Laser를 장착하여 재료를 가공하는 시스템이다.
  ㉡ Laser의 이송에는 빛의 반사 및 스테이지 이송의 방법을 사용하여 이송한다.
  ㉢ Laser는 거울에 반사되기 때문에 거울의 조작으로 빛이 이송되어 구조물이 제작된다.
  ㉣ 모터에 의해 레이저가 이송되어 구조물이 제작된다.

② Lamp(LED)
  ㉠ Lamp 및 LED를 이용하여 구조물을 제작할 때에는 빛의 이송 방식에 따라 기구구조가 달라진다.
  ㉡ Lamp 및 LED의 빛을 축소하여 에너지를 한 점으로 집광시켜 구조물을 제작하는 시스템은 점을 이용하여 구조물을 제작하는 방식이다.
  ㉢ 기구구조를 설계할 때 빛의 이송 방법과 구동부의 이송을 고려해야 한다.
  ㉣ Lamp 및 LED의 빛을 원하는 패턴으로 반사시켜 구조물을 제작하는 방식이 있다.
  ㉤ 반사부의 해상도에 따라 구조물의 정밀도가 결정되기 때문에 빛의 세기 및 빛의 평준화, 반사부의 해상도를 잘 고려하여 설계해야 한다.

③ 압출 방식 헤드
  ㉠ 압출 방식의 헤드는 보통 모듈로 구성되어 있다.
  ㉡ 압출 방식의 헤드의 모듈은 재료를 투입하는 구동 모터와 재료를 녹여서 압출할 수 있는 노즐 및 히터부, 그리고 온도를 피드백하는 온도 센싱부가 하나의 압출 방식 헤드의 모듈이 되며 구성된 모듈을 형상에 따라 기구구조를 잘 고려하여 설계해야 한다.

④ Jetting 헤드
  ㉠ Jetting 헤드는 광경화성 수지를 분사하는 장치로서 기존의 잉크젯 프린터의 기술을 응용하여 시스템에 적용한 것이다.
  ㉡ Jetting 헤드 시스템은 재료를 토출하는 노즐부와 토출된 재료를 굳히는 광학부로 구성되어 있다.
  ㉢ Jetting 헤드 시스템을 설계 할 때에는 재료의 토출과 토출된 재료가 굳는 과정에서 베드 부분에 재료가 접착되는 형상을 잘 고려하여 설계를 해야 한다.

2. 소프트웨어 기능 파악

1) 3D 엔지니어링 소프트웨어의 선택

모델링 또는 설계할 대상에 따라 적절한 프로그램을 선택하고 진행해야 시간과 노력을 줄일 수 있으며 현존하는 3D 엔지니어링 프로그램들은 다양한 사용자의 요구를 수용할 수 있는 모든 기능을 제공하지는 못하므로 하나의 소프트웨어로 모든 작업을 수행하기 보다는 각각의 소프트웨어의 장점들을 활용해 목표로 하는 제품을 완성할 수 있어야 한다.

2) 3D 엔지니어링 소프트웨어에 따른 기능

일반적으로 기업체에서 가장 많이 사용되고 있는 3D 엔지니어링 소프트웨어에는 CATiA, UG-NX, Solid Works, Inventor, Solid edge 등이 있으며 기업체에서 요구하는 형상 디자인과 부품 설계, 조립품, 조립 유효성 검사 및 시뮬레이션을 통해 디지털 프로토 타입을 실현과 제품의 오류를 최소화할 수 있는 기능을 갖추고 있다. 각 기능별 템플릿은 [그림 1-74]와 같은 유사한 형식이다.

[그림 1-74] 기본값 템플릿 형식

(1) 파트 작성

3D 엔지니어링 소프트웨어에서 파트는 하나의 부품 형상을 모델링하는 곳으로 3D 엔지니어링 소프트웨어에서 형상을 표현하는 가장 중요한 요소이다.
우리가 보편적으로 3차원 형상 모델링하는 곳이 바로 파트이다.

(2) 조립품 작성

파트 작성을 통해 생성된 부품을 조립하는 곳으로, 3D 엔지니어링 소프트웨어를 통해 부품 간 간섭 및 조립 유효성 검사 및 시뮬레이션 등 의도한 디자인대로 동작하는지 체크할 수 있는 요소이다.

(3) 도면 작성

작성된 부품 또는 조립품을 도면 화시키고, 현장에서 형상을 제작하기 위한 2차원 도면을 작성하는 요소이다.

3) 파트 작성 기능 파악하기

기업체에서 많이 사용되고 있는 3D 엔지니어링 소프트웨어의 파트 작성 기능은 크게 스케치 작성, 솔리드 모델링, 곡면 모델링 기능으로 나눌 수 있다.

(1) 스케치 작성

3D 엔지니어링 소프트웨어에서 가장 먼저 제작할 형상의 가장 기본적인 프로파일(단면)을 생성하기 위해 스케치라는 영역에서 형상의 레이아웃을 작성하는 곳으로 형상의 완성도를 결정하는 중요한 부분이다.

2차원 스케치는 평면을 기준으로, 선, 원, 호 등 작성 명령을 이용하여 형상을 표현하며 3차원 스케치는 3차원 공간에서 직접적으로 선을 작성하는 기능이다. 일반적으로는 2차원 스케치를 통해서 프로파일을 작성한다.

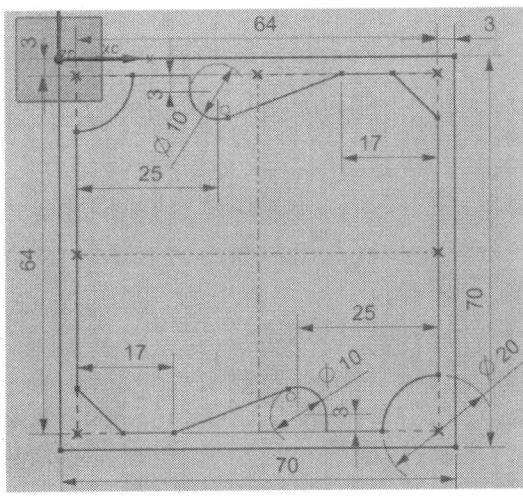

[그림 1-75] 2D 스케치 작성

(2) 솔리드 모델링

솔리드 모델링이란, 3D 엔지니어링 소프트웨어에서 3차원 형상의 표면뿐만 아니라 내부에 질량, 체적, 부피 값 등 여러 가지 정보가 존재할 수 있으며, 점, 선, 면의 집합체로 되어 있으며 솔리드 모델링은 앞서 스케치에서 생성된 프로파일에 각종 모델링 명령(돌출, 회전, 구멍 작성, 스윕, 로프트 등) 등을 이용하여 형상을 표현하는 것으로, 모든 3D 엔지니어링 소프트웨어에서 동일한 조건으로 모델링할 수 있다.

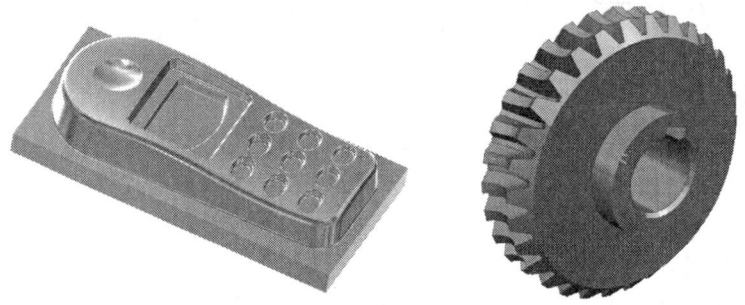

[그림 1-76] 솔리드 모델링으로 완성된 형상

(3) 곡면 모델링

곡면(서피스) 모델링은 3D 엔지니어링 소프트웨어에서 3차원 형상을 표현하는 데 있어서 솔리드 모델링으로 표현하기 힘든 기하 곡면을 처리하는 기법으로 솔리드 모델링과는 다르게 형상의 표면 데이터만 존재하는 모델링 기법이다.

주로 산업 디자인에 많이 사용되고 있으며 곡면 모델링 기법으로 3차원 형상을 표현하며 거의 모든 3D 엔지니어링 소프트웨어에서는 솔리드 모델링과 곡면 모델링을 같이 수행할 수 있는 기능을 제공하고 있으며 하이브리드 모델링이라 칭한다.

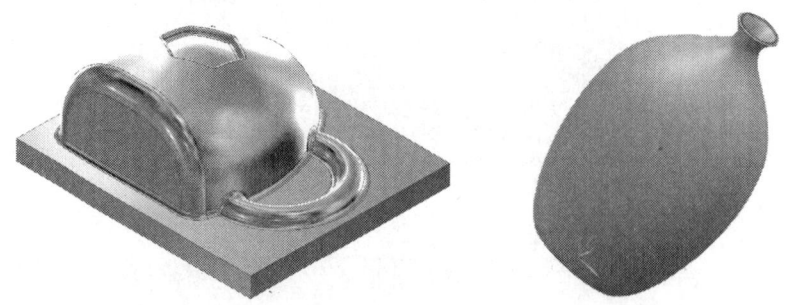

[그림 1-77] 곡면 모델링과 솔리드 모델링으로 완성된 형상

3. 스케치요소 구속조건

3D 엔지니어링 프로그램에서 구속조건이란, 객체들 간의 자세를 흐트러짐 없이 잡아 두고, 차후 디자인 변경이나 수정 시 편리하고 직관적으로 업무를 수행하기 위해서 필요한 가장 중요한 기능을 말한다.

구속조건에는 크게 형상 구속과 치수 구속 두 가지가 있으며, 이 두 구속조건을 모두 충족해야지만 정상적이고 안전한 형상을 모델링할 수 있다.

거의 모든 3D 엔지니어링 프로그램에서 이 구속조건을 사용하고 있으며 동일한 조건과 내용으로 응용할 수 있다.

1) 인벤터 구속조건

① 평행 구속조건(∥) : 선택된 선 또는 타원 축이 서로 평행하게 배치되도록 한다. 3D 스케치에서 평행 구속조건은 선택된 형상에 수동으로 구속하지 않는 한 x, y 또는 z 부품 축에 평행한다.

② 직각 구속조건(∠) : 선택된 선, 곡선 또는 타원 축이 서로 90°가 되도록 한다.

③ 일치 구속조건(ㄴ) : 두 점이 함께 구속되도록 하거나 한 점이 곡선에 놓이며 2개의 원, 호 또는 타원의 중심점에 이 구속조건을 적용하면 동심 구속조건을 적용한 것과 같은 결과를 얻을 수 있다.

④ 수평 구속조건(≡) : 선, 타원 축 또는 점 쌍이 스케치 좌표계의 X축에 평행하게 배치되도록 한다.

⑤ 고정 구속조건(🔒) : 스케치 좌표계에 상대적인 위치에 점과 곡선을 고정시킨다. 스케치 좌표계를 이동하거나 회전하면 고정된 곡선이나 점도 함께 이동한다.

⑥ 동심 구속조건(◎) : 두 호, 원 또는 타원이 동일한 중심점을 갖도록 구속한다. 결과는 곡선의 중심점에 일치 구속조건을 적용한 것과 같다.

⑦ 수직 구속조건(∥) : 선, 타원 축 또는 점 쌍을 좌표계의 Y축과 평행하게 만든다. 중간점을 구속할 때 중간점에 스케치 점이 자동으로 작성된다.

⑧ 대칭 구속조건([]) : 선택한 선이나 곡선이 선택한 선을 중심으로 대칭으로 구속되도록 한다. 구속조건이 적용되면 선택한 형상에 구속된 세그먼트도 방향이 바뀐다.

⑨ 접선 구속조건(⌒) : 스플라인의 끝을 포함하는 곡선이 다른 곡선에 접하도록 한다. 물리적으로 점을 공유하지 않더라도 곡선은 다른 곡선에 접할 수 있다.

⑩ 동일선상 구속조건(✓) : 선택된 선이나 타원 축이 동일선상에 놓이도록 한다.
⑪ 동일 구속조건(=) : 선택된 원과 호가 동일한 반지름을 갖거나 선택된 선이 동일한 길이를 갖도록 한다.

2) NX 구속조건(Constraints)

기호	설명	기호	설명
→	수평 구속	↑	수직 구속
⌐	2개 이상의 점 위치가 동일하게	↑	곡선상의 점
//	평행 구속	⊥	직각으로 구속
○	곡선과 접선한 곡선으로 구속	=	동일 길이로 구속
≋	동일 반지름으로 구속	◎	동심으로 구속
\	동일선상 구속	⊢	중간점에 구속
↔	상수길이를 구속	∠	상수각도로 구속
⊥	객체의 위치를 고정하는 구속	⊥	완전히 고정하는 구속

※ 여러 곡선이 한 점을 공유하는 경우에는 동시 구속조건이 각 곡선에 표시되며 구속조건이 하나의 곡선에 대해 삭제된 경우 그 곡선은 이동 가능하다. 모든 일치 구속조건이 삭제될 때까지 이외의 곡선은 구속된 상태로 남아있다.

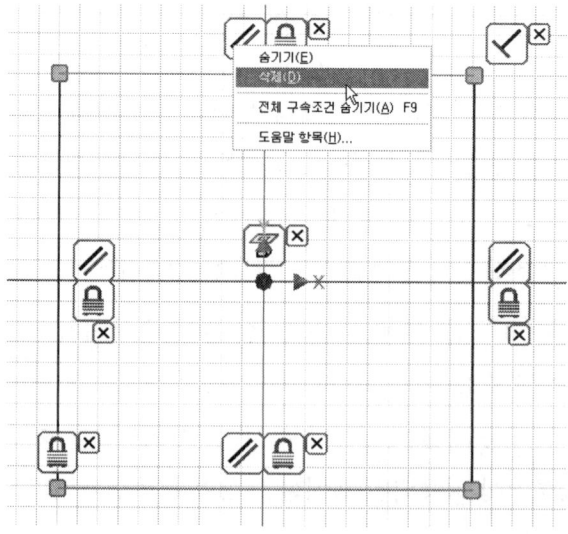

[그림 1-78] 다양한 형태의 형상 구속이 적용된 모습

4. 도면 작성

1) 2D 스케치 명령 구성

(1) 스케치 드로잉 도구

① 선 및 접하거나 수직인 호

스케치 탭의 선 명령을 사용하여 선 세그먼트 및 형상에 접하거나 수직인 호를 작성한다.

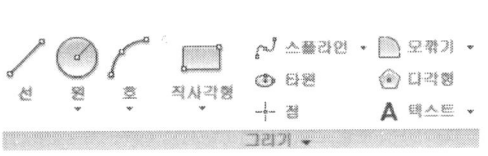 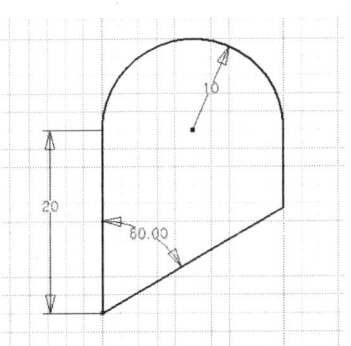

② 2D 스플라인

지정된 점을 통과하도록 스플라인 곡선을 맞춘다. 스플라인을 종료하려면 끝점을 두 번 클릭하거나 마우스 오른쪽 버튼을 클릭한 다음 작성을 선택한다. 마우스 오른쪽 버튼을 클릭하여 종료를 선택하기 전까지는 스플라인을 계속 작성할 수 있다.

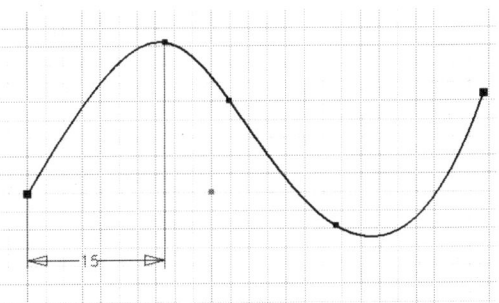

③ 호

호 명령을 사용하여 호의 세 점으로 호를 작성하거나, 중심점과 두 끝점에서 호를 작성하거나, 끝점에서 곡선에 접하도록 호를 작성한다.

세 점 호		호에서 두 끝점과 한 점으로 정의된 호를 작성한다. 첫 번째 클릭은 첫 번째 끝점을 설정하고, 두 번째는 다른 끝점(현의 길이)을 설정하고, 세 번째 점은 호의 방향과 반지름을 설정한다.
중심점 호		중심점과 두 끝점에 의해 정의된 호를 작성한다. 첫 번째 클릭은 중심점을 설정하고, 두 번째는 반지름과 시작점을 지정하고, 세 번째 점은 호를 완성한다.
접하는 호		기존 곡선의 끝점에서 호를 작성한다. 첫 번째 클릭(곡선의 끝점에서)은 접하는 끝점을 설정한다. 두 번째 점은 접선 호의 끝을 설정한다.

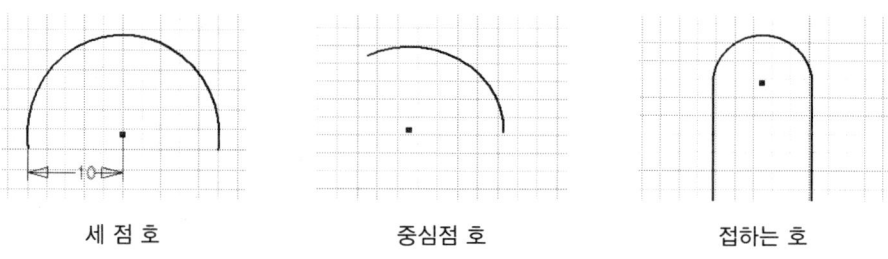

세 점 호   중심점 호   접하는 호

④ 원

원 명령을 사용하여 중심점과 반지름에서 원을 작성하거나 3개의 선에 접하도록 원을 작성한다.

중심점 원		중심점과 반지름 상의 점으로 정의된 원을 작성한다. 첫 번째 클릭으로 중심점이 설정되고, 두 번째 클릭으로 반지름이 지정된다. 두 번째 점이 선, 호, 원 또는 타원인 경우 접선 구속조건이 적용된다.
접하는 원		원주상의 3개의 선에 접하는 원을 작성한다. 첫 번째 클릭으로 원과 첫 번째 선의 접점이 설정된다. 두 번째 클릭으로 원과 두 번째 선의 접점이 설정된다. 세 번째 점으로 원(세 번째 선에 접하는 원)의 지름이 설정된다.

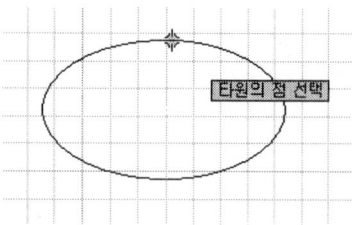   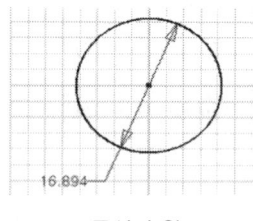   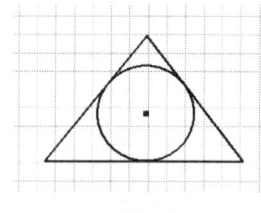

                                           중심점 원   접하는 원

⑤ 타원

타원 명령을 사용하여 타원을 작성한다. 중심점, 장축 및 단축을 정의하여 타원을 구성한다.

⑥ 직사각형

직사각형 명령을 사용하여 대각선 구석 지정 또는 길이와 폭 지정과 같은 두 가지 방법으로 직사각형을 작성한다. 직사각형의 각 면은 선 세그먼트이다.

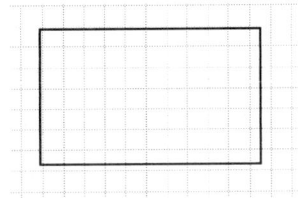
두 점으로 직사각형 작성

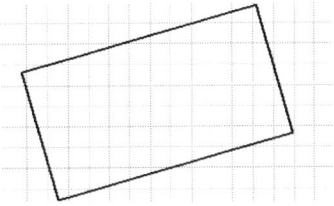
세 점으로 직사각형 작성

⑦ 다각형(폴리곤)

다각형 명령을 사용하여 최대 120개의 면을 갖는 스케치된 다각형을 작성할 수 있다.

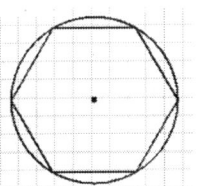
내접에 의한 다각형

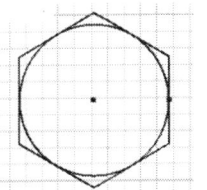
외접에 의한 다각형

⑧ 스케치 모따기

두 선 또는 2개의 평행하지 않은 선의 구석이나 교차점에 스케치의 모따기를 배치한다. 모따기는 동일한 거리, 2개의 동일하지 않은 거리 또는 거리와 각도에 따라 지정된다. 다중 모따기도 단일 명령으로 작성된다. 모따기 형태와 크기는 개별적으로 지정된다.

치수 작성		모따기 크기를 나타낼 정렬된 치수를 배치한다.
매개변수와 동일	=	현재 명령 복재에서 첫 번째 작성된 모따기의 거리와 각도를 설정한다.

형태 및 거리		동일 거리는 선택된 선의 점 또는 교차점으로부터 동일한 간격띄우기 거리로 정의된다.
		동일하지 않은 거리는 선택된 선 각각의 점 또는 교차점으로부터 지정된 거리로 정의된다.
		거리와 각도는 첫 번째 선택된 선으로부터의 각도와 두 번째 선택된 선의 교차점으로부터의 거리 간격띄우기로 정의된다.

⑨ 스케치 모깎기

두 선의 구석이나 교차점에 지정된 반지름의 호를 배치하여 스케치의 구석(꼭지점)을 라운드 처리한다. 모깎기 호는 모깎기에 의해 잘리거나 확장된 곡선에 접하게 된다.

⑩ 점, 중심점

스케치 점 또는 중심점을 작성하려면 2D 또는 3D 스케치부터 작성한다. 빈 파일에는 스케치 평면이 사전 설정되어 있으므로 점 배치를 시작할 수 있다.

⑪ 스케치 대칭

선택한 선을 중심으로 선택한 스케치 형상을 대칭한다.

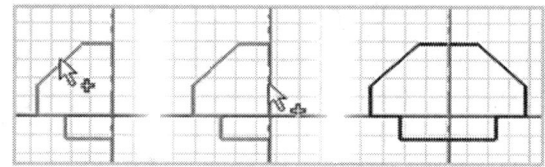

(2) 스케치 편집(수정) 도구

① 스케치 간격띄우기

선택된 형상의 사본을 작석하고 원점에서 지정된 거리에 배치한다.

스케치 탭의 간격띄우기 명령을 사용하여 선택한 스케치 형상을 복제하고 원점으로부터 간격띄우기 거리에 형상을 배치한다. 기본적으로 간격띄우기 형상은 원래 형상에서 등거리로 구속(동일 구속조건)된다.

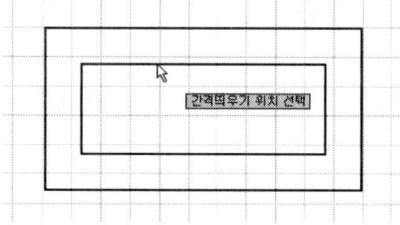 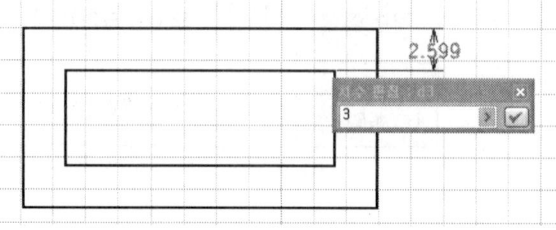

② 스케치 형상 이동

지정된 점에서 선택된 스케치 형상을 이동하거나 형상의 사본을 작성한다. 선택된 형상이 선택되지 않은 형상에 대한 구속조건을 가지면 구속된 형상 또한 이동한다. 스케치 탭의 이동 명령을 사용하여 선택한 스케치 형상을 이동하거나 형상의 사본을 이동하며 선택한 형상과 연관된 구속조건은 이동 작업에 영향을 줄 수 있다.

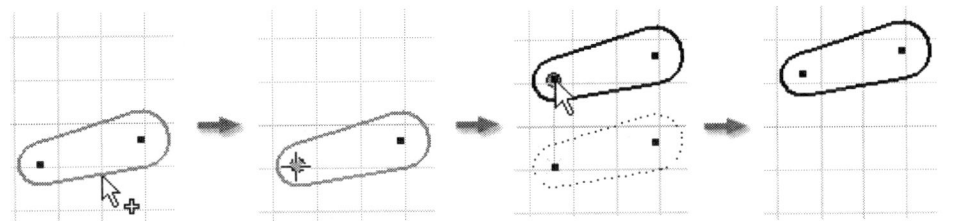

③ 스케치 형상 회전

스케치 도구막대의 회전 버튼을 사용하여 지정된 중심점에 상대적으로 스케치된 형상을 회전하거나 형상의 회전된 사본을 작성한다. 구속조건을 가진 형상이 회전하면 모든 구속된 형상 또한 회전한다.

스케치 탭의 회전 명령을 사용하여 지정된 중심점에 상대적으로 스케치 형상을 회전하거나 형상의 회전된 사본을 작성하며 선택한 형상과 연관된 구속조건은 회전 작업에 영향을 줄 수 있다.

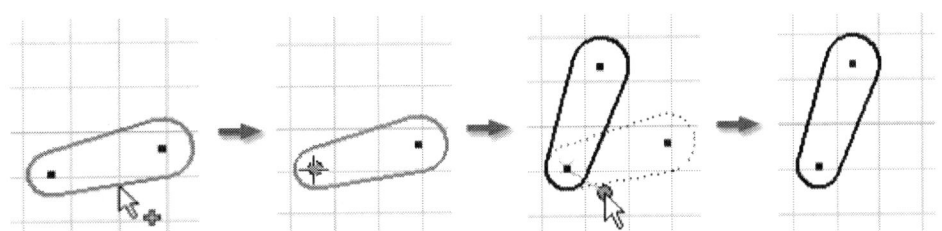

④ 복사

원하는 객체를 복사할 수 있는 메뉴이다. 사용하는 방법은 이동과 똑같으며, 반복해서 복사할 수 있어서 하나의 객체를 여러 개로 복사가 가능하다.

2 3D 엔지니어링 객체 형성

1. 형상 입체화

1) 3차원 형상 기능명령

(1) 돌출(Extrude)

3D 엔지니어링 프로그램에서 가장 많이 사용되는 형상 모델링 명령으로 스케치된 프로파일에 깊이를 추가하여 피쳐 또는 본체를 작성하며, 조립품에서 돌출은 종종 부품을 관통하도록 자르는 데 사용된다. 돌출 범위 및 테이퍼 각도에 따라 제어된다.

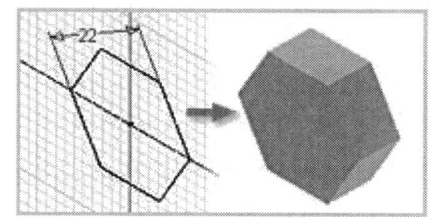

(2) 회전(Revolve)

회전은 돌출 다음으로 많이 사용되는 명령으로, 작성된 2D 스케치의 단면과 작성한 중심축을 기준으로 회전시켜 형상을 완성한다. 보통 축과 같이 전체가 회전 형태를 띠고 있는 객체를 주로 생성한다. 축을 기준으로 하나 이상의 스케치된 프로파일을 회전하여 피쳐 또는 본체를 작성하며 곡면을 제외하고 프로파일은 닫힌 루프여야 한다.

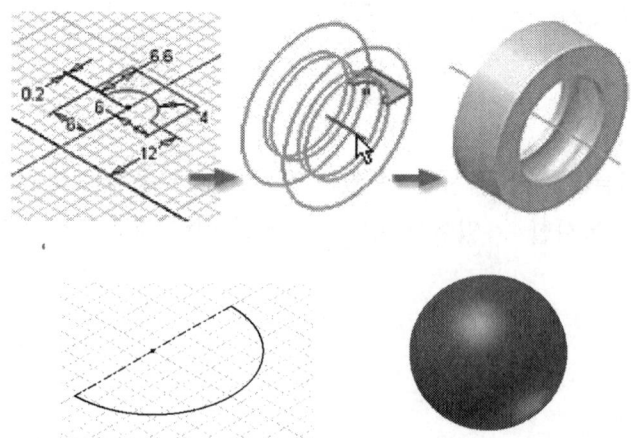

(3) 구멍(Hole)

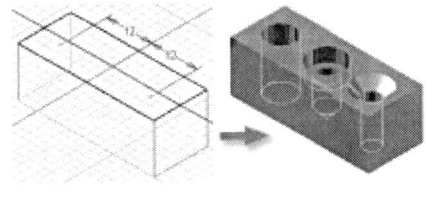

파라메트릭 드릴, 카운터보어, 접촉 공간 또는 카운터싱크 구멍 피쳐를 작성한다. 부품 피쳐의 경우 단일 구멍 피쳐는 동일한 구성(지름과 종료 방법)을 가진 여러 개의 구멍을 나타낼 수 있다. 스케치를 작성하지 않고 생성된 3차원 형상에 직접 작업을 가능하며, 다른 구멍은 동일하고 공유된 구멍 패턴 스케치로부터 작성될 수 있다.

(4) 쉘(Shell)

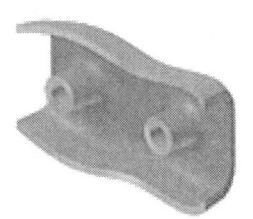

쉘은 생성된 3차원 객체의 면 일부분을 제거한 후, 남아 있는 면에 일정한 두께를 부여하여 속을 만드는 기능으로, 주로 플라스틱 케이스 등 3D프린터를 이용하여 제품 목업을 목적으로 하는 경우 많이 사용될 수 있다. 선택된 면을 제거하여 쉘 개구부를 구성할 수 있다.

(5) 모따기(Fillet)

하나 이상의 부품 모서리에 모따기를 추가한다. 모서리 모양을 지정하고 모서리를 개별적으로 또는 체인의 부품으로 선택하며 단일 작업에서 작성된 모든 모따기는 하나의 피쳐이다. 조립품 환경에서 작성된 모따기에 대해 여러 개의 부품에서 형상을 선택할 수 있다.

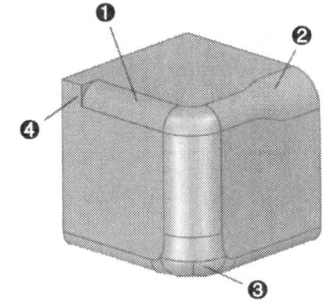

[NX S/W 모서리 블렌드 옵션]
❶ = 일정 반경 블렌드(Constant Radius)
❷ = 가변 반경 점 옵션(Variable Radius)
❸ = 코너 셋백 옵션(Setback)
❹ = 코너에 못 미쳐 정지 옵션(Stop Short)

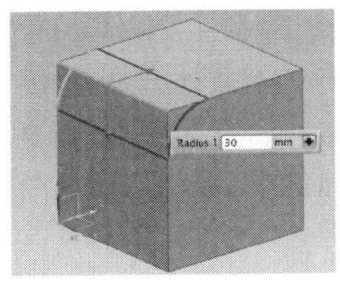 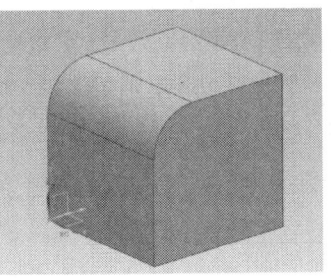 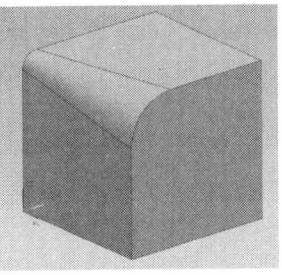

(6) 모깎기(Chanmfer)

2개의 면 세트 사이 또는 3개의 인접 면 세트 사이에서 하나 이상의 부품 모서리에 모깎기 또는 라운드를 추가한다. 모서리 모깎기의 경우 접선 또는 부드러운 연속성을 인접 면에 적용할 수 있다.

(7) 스윕(Sweep)

스윕은 돌출이나 회전으로 작성하기 힘든, 자유 곡선이나 하나 이상의 스케치 경로를 따라가는 형상을 모델링한다. 스윕은 경로 스케치와 별도로 단면 스케치를 각각 작성하여 형상을 완성한다. 다중 프로파일을 사용하는 경우 해당 프로파일이 동일한 스케치에 있어야 하고 경로는 열린 루프 또는 닫힌 루프 모두 가능하지만 프로파일 평면을 관통해야 한다. 스윕 피쳐에는 교차 평면에 최소 2개의 사용되지 않은 스케치, 프로파일 및 경로가 필요하며 추가 곡선 또는 곡면을 안내 레일이나 안내 곡면으로 선택하여 프로파일 축척과 비틀림을 제어할 수 있다.

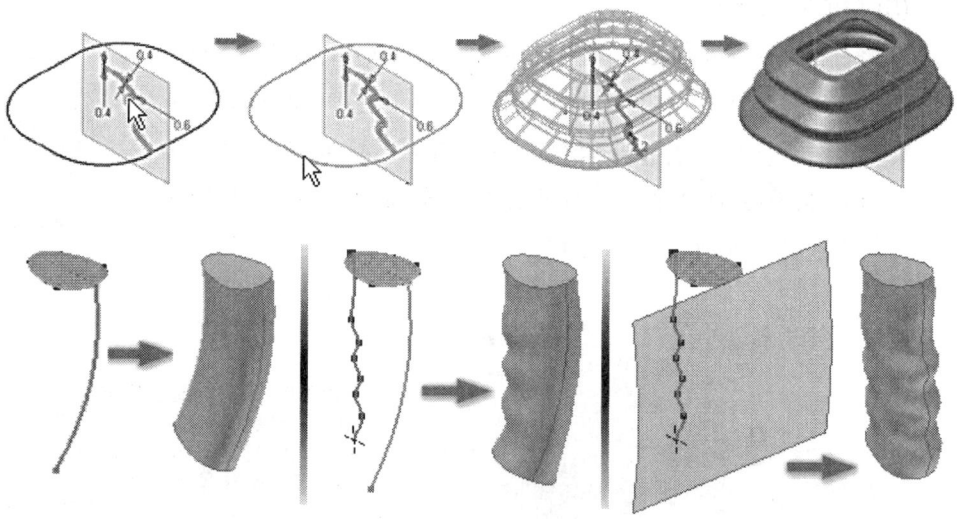

(8) 로프트(Loft)

로프트 피쳐는 여러 프로파일이나 부품 면 사이의 혼합 또는 변이에 의해 작성되며 단면은 2D 또는 3D 스케치의 곡선, 모형 모서리 또는 면 루프일 수 있다. 로프트 쉐이프는 레일이나 중심선 및 점 매핑으로 미세 조정하여 쉐이프를 조정하고 비틀림을 방지할 수 있다. 열린 로프트의 경우 한쪽 또는 양쪽 끝 단면은 뾰족하거나 접하는 점일 수 있다. 로프트는 솔리드 또는 곡면 본체를 작성하는 데 사용될 수 있다.

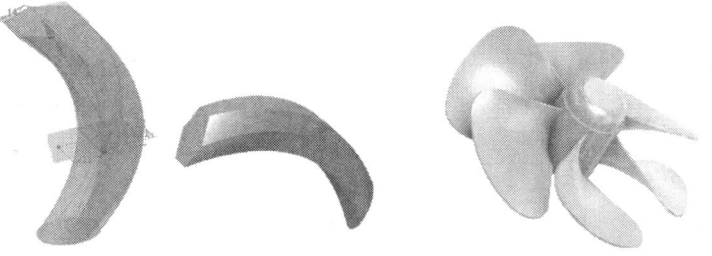

(9) 대칭

작업 평면이나 평면형 면은 선택된 피쳐를 대칭시킬 대칭 평면으로 사용할 수 있으며 대칭된 피쳐는 선택된 피쳐의 반전된 사본이다. 조립품에서는 스케치된 피쳐만 대칭시킬 수 있다.

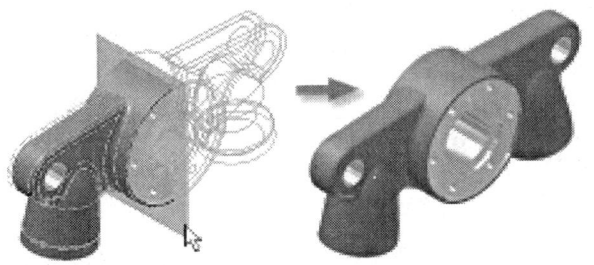

2. 부품 명과 속성 부여

1) 파트 파일 저장

3D 엔지니어링 프로그램에서의 파일은 부품 하나에 하나의 파일로 이루어지고 있으며, 2개 이상의 부품을 하나의 파일로 저장할 수 없으므로 하나의 부품이 완성되면 반드시 3D 엔지니어링 프로그램에서 제공하는 저장 기능을 이용하여 컴퓨터 로컬디스크 또는 이동식 저장 장치에 저장하여야 한다. 모델링을 시작하기 전 로컬디스크나 이동식 저장 장치에 미리 저장될 폴더를 생성해 놓고 작업하는 경우도 있으며, 최소 부품을 모델링 후, 원하는 저장 위치에 직접 폴더를 생성하고 저장해도 무관하다.

2) 저장 명령의 위치

각 3D 엔지니어링 프로그램의 저장 기능은 인터페이스만 조금 다를 뿐, 위치나 사용 방법은 동일하게 적용되며 저장 기능은 상단 메뉴바의 파일에 있으며, 저장, 다른 이름으로 저장, 모두 저장 등 다양한 저장 기능을 제공한다.

(1) 저장

최초 한 번 저장된 상태에서 계속적인 작업 후 현재 작업물을 안전하게 보관할 때 저장 명령을 선택하면, 최초 저장된 파일명으로 저장 장치에 바로 저장되는 기능이다.

(2) 다른 이름으로 저장

현재 작업물을 최초로 저장하거나 이미 저장된 내용이 있는 경우, 현재 파일명이 아닌 다른 파일 명 또는 다른 속성의 파일 포맷으로 저장할 때 사용하며, 3D 프린팅을 목적으로 저장할 경우 다른 이름으로 저장 기능을 이용하여 파일을 저장하여야 한다.

(3) 모두 저장

현재 3D 엔지니어링 프로그램의 작업 창에 열려 있는 모든 부품 및 조립품 작업 도큐먼트를 저장하는 기능으로 거의 모든 프로그램에서 하나 이상의 부품과 조립품 그리고 도면을 작성할 수 있어서 일괄 저장으로 손쉽게 작업 파일을 저장할 수 있다.

3) 3D 프린팅을 위한 부품 파일 저장

일반적으로 3D 엔지니어링 프로그램에서의 저장 기능은 해당 프로그램의 작업 원본 파일을 저장하는 기능으로 3D 프린팅을 위한 슬라이싱 프로그램과는 파일이 호환되지 않으므로 저장된 원본 부품을 3D프린터로 출력하기 위해서는 부품의 파일 형식을 슬라이싱 프로그램에서 받을 수 있도록 변경해 주어야 한다.

(1) *.STL 등 파일로 다른 이름 저장하기

3D 엔지니어링 프로그램에서 제공하는 '다른 이름으로 저장' 기능을 이용하여 슬라이싱 프로그램에서 받을 수 있는 *.STL, *.OBJ, *.AMF 파일 형식으로 변경하고, 사용자가 원하는 파일 이름을 작성하여 저장한다.

3 객체 조립

1. 파트(Part) 배치

1) 조립품 이해

① 모델링한 각각의 부품으로 하나의 조립품을 구성하기 위해 시작의 [기계 디자인]의 [Part Design], [어셈블리 디자인], [도면] 등의 기능을 사용해야 한다.

② 일반적으로 3D 엔지니어링 프로그램에서 조립품을 생성하는 이유
　㉠ 단품으로 모델링된 부품에 대한 설계의 정확도 및 부품 간 문제점을 분석하여 실제 형상을 제작하였을 때 나타날 수 있는 오류들을 최대한 줄이기 위해서이다.
　㉡ 디자인된 형상의 동작 및 해석 시뮬레이션 등 다양한 설계 분석을 목적으로 사용된다.

2) 조립을 위한 부품 배치

조립품은 상향식 방식과 하향식 방식으로 크게 나누어진다. 상향식 방식은 파트를 모델링해 놓은 상태에서 조립품을 구성하는 것을 말하는 것이고, 하향식 방식은 조립품에서 부품을 조립하면서 모델링하는 방식이다.
상향식 방식으로 조립을 하기 위해서는 우선 모델링된 부품을 현재 조립품 상태로 배치를 해야 한다.

3) 어셈블리 방식

(1) Bottom-UP(상향식 설계)

먼저 부품을 하나씩 Modeling하여 Assembly하는 방식이다. 어셈블리를 구성하기 위한 세부 단품들을 먼저 모델링하여 라이브러리로 구축한 이후에 이 단품들을 어셈블리에서 불러들여 조립하는 방식으로 어셈블리 하위 단품 작업들이 선행된다는 점에서 Bottom-UP 방식이라 한다. Assembly 시 일정한 규칙만을 준수하면 누구나 손쉽게 Assembly가 가능하다.

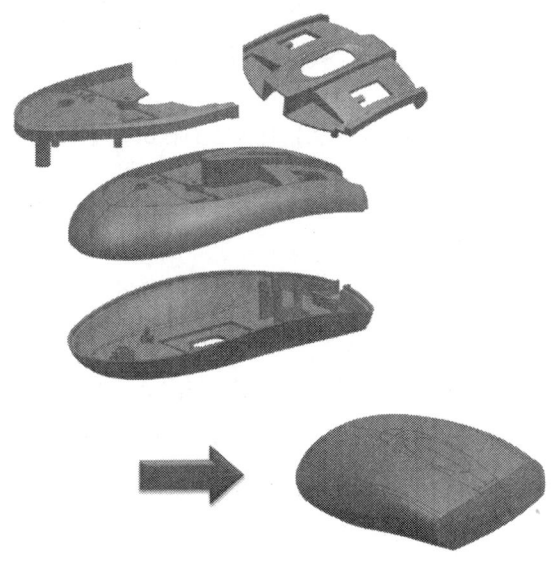

[그림 1-79] Bottom-UP(상향식 설계)

(2) Top-Down(하향식 설계)

한 파트 안에서 Assembly형태로 Modeling하는 방식이다. 상위 Assembly에서부터 새로이 필요한 단품을 생성하는 모델링 방식으로 이미 조립된 다른 단품으로부터 필요한 정보를 추출하여 단품 모델링이 진행되기 때문에 연관 설계 모델링이 상당히 간단하다. 설계 초기에 Lay-Out 이라던가 Concept 설정이 용이하고 어셈블리에 설정한 설계 초기 정보를 모든 단품에 적용이 가능하므로 매우 효과적인 모델링 방식이다. 기존의 단품 및 서브어셈블리를 참고하여야 하므로 연관 설계를 위해 필요한 요소가 어떠한 것들인지 미리 파악할 필요가 있으며 여러 단품으로부터 필요한 요소를 추출하는 경우라면 상당히 복잡하여진다. 많은 경험과 사례를 통해서 직접 체험하여 특성을 이해하여야 하므로 원리 이해를 위해 많은 노력이 필요하다.

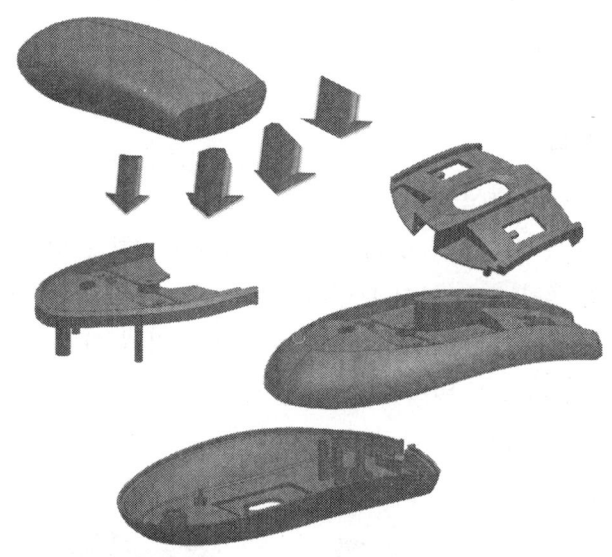

[그림 1-80] Top-Down(하향식 설계)

(3) 혼합 적용 방식

Bottom-UP 방식과 Top-Down 방식을 같이 적용하는 모델링 방법으로서 실제 현장에 맞도록 체제를 잡아놓으면 매우 유용한 어셈블리 작업 방식이 된다. 실무 현장에서는 Bottom-UP 방식과 Top-Down 방식의 한 가지 방식만을 이용하여 모델링을 하지는 않는다. 필요에 따라서 Bottom-UP 방식과 Top-Down 방식을 혼합하여 함께 이용하여 시간과 노력을 절약한다.

2. 파트(Part) 조립

1) 제약 조건

제약 조건은 부품과 부품 간 위치 구속을 목적으로 적용하는 기능으로, 부품 간 정확한 조립과 동작 분석을 위해서 사용한다.

제약 조건 적용은 부품의 면과 면, 선(축)과 선(축), 점과 점, 면과 선(축), 면과 점, 선(축)과 점 등 부품의 다양한 요소를 선택하여 조건에 맞는 제약 조건을 부여할 수 있다.

① 일치 제약 조건 : 일치시키고자 하는 면과 면, 선과 선, 축과 축 등을 선택하면 일치시켜 주는 제약 조건
② 접촉 제약 조건 : 선택한 면과 면, 선과 선을 접촉하도록 하는 제약 조건
③ 오프셋 제약 조건 : 선택한 면과 면, 선과 선 사이에 오프셋으로 거리를 주는 제약 조건
④ 각도 제약 조건 : 면과 면, 선과 선을 선택해 각도로 제약을 주는 조건
⑤ 고정 컴포넌트 : 선택한 파트를 고정시켜 주는 기능

2.3 기구 안정성 확보

1 안정성 시험항목의 종류

1. 안정성 시험

안정성 시험은 한국산업표준에서 KS 표준을 획득할 때 안정성 시험이 진행된다. 새로운 제품이 만들어지면 제품에 대한 안정성이 검증 되야 하기 때문에 새로 만들어진 제품은 한국산업 규격에 맞춰서 안정성 시험을 거쳐야 한다.

1) 안정성 시험 항목

① 안정성 시험은 기구의 넘어짐에 대한 안정성이나 제작한 기구물의 움직임이 정밀한지, 속도는 어느 정도인지 측정하기 위해 제품 개발 후 반드시 거쳐야 할 시험이다.
② 제품의 크기나 움직임을 측정하는 정밀 측정, 부품의 강도나 내부 결함 등을 시험하는 재료 시험, 소재 분석, 환경시험 등 다양한 종류의 제품 안정성 시험들이 있다.

(1) 넘어짐에 대한 안정성 시험
    ① 제품에 대해 수직력과 수평력을 가하여 넘어짐의 힘을 측정하는 시험이다.
    ② 수직력과 수평력을 가하는 장치는 일정한 크기의 힘을 가하거나, 서서히 힘을 가할 수 있는 것으로 한다.
    ③ 수직력과 수평력을 가하여 넘어지는 순간, 즉 힘을 준 반대편 다리가 들리는 순간의 수직력과 수평력의 힘을 측정하여 넘어짐에 대한 힘을 측정하는 시험으로서, 제품에 대한 설계 안정성을 시험하는 방식이다.

(2) 계측에 대한 안정성 시험
    ① 제품에 대한 물리적 상태를 양적으로 측정하기도 하고, 제품을 제어하기 위한 방법이다.
    ② 장치를 측정하는 시험 방식이다.
    ③ 전기적 신호, 토크 측정, 벨트텐션 측정, 코팅 두께 측정 등 여러 종류의 계측이 있는데, 3D프린터 제품에 대한 계측은 수평 확인, 벨트텐션 등 3D프린터에 필요한 계측을 선정하여 시험한다.

(3) 반복 정밀도에 대한 안정성 시험
    ① 동일 측정자가 해당 측정 제품을 동일한 방법과 장치, 장소에서 동작을 하여 측정하였을 때 차이가 나는 정도를 시험하는 방식이다.
    ② 보통, 표준 편차 또는 상대 표준 편차로 나타낸다.

(4) 위치 정밀도에 대한 안정성 시험
    제품에 대한 모터의 위치, 베드의 높이, 나사의 구멍 등 위치 정밀도가 일정한지 측정하는 시험이다.

(5) 재질의 재료에 대한 안정성 시험
    ① 제품 제작에 이용된 재질의 안정성 시험을 실시할 수도 있다.
    ② 재질의 충격 시험 및 비파괴 초음파 탐사 장비 등을 이용하여 제품의 강도나 내부 결함 등을 시험한다.

(6) 사용 환경에 대한 안정성 시험
    ① 사용되는 환경에 대한 시험이다.
    ② 고온·저온에 대한 온도 시험이나 열 충격 등에 대해서 실시되는 안정성 시험이다.

2. 안전성 시험 확보 선정

1) 검사 방법 결정
① 기업이 제품 출시 전이나 성능 평가를 할 때 안정성 시험을 거치게 된다.
② 안정성 시험에는 다양한 검사 방법이 있는데, 해당 제품에 맞는 검사를 실시한다.
③ 3D프린터에 대한 안정성 시험을 실시하게 되므로 그에 맞는 검사 방법을 선정한다.
④ 3D프린터는 3차원으로 출력물을 조형하는 형식이기 때문에 매우 높은 정밀도가 요구된다.
⑤ 3D프린터에 대한 안정성 시험을 실시할 때 정밀도에 대한 검사는 필수적이다.
⑥ 조형 방식에 따라 높은 온도를 이용하여 출력물을 출력하는 3D프린터가 있어서 고온에 대한 온도시험을 실시할 수 있다.
⑦ 제작된 제품에 알맞은 검사 방법을 선택하여 제품에 필요한 검사를 실시하도록 한다.

2) 검사용 장비 확보
안정성 검사를 위해 다양한 검사용 장비들이 있다. 계측에 대한 장비는 여러 종류가 있으며, 레이저 장비, 재료 시험 장비 등이 검사용 장비로 사용된다. 검사용 장비들은 고가의 장비들이 많기 때문에 구입해서 사용하기엔 어려운 실정이므로, 기술 지원을 해 주는 연구원이나 장비 대여 업체를 이용하여 안정성 검사를 위한 장비를 사용하도록 한다.

(1) 계측 장비
제품을 계측하기 위한 여러 장비들이 있다. 가우스미터, 정밀 수준기, 벨트텐션미터, 베어링 진단기, 경도계, 표면 조도 측정기 등이 있다. 제품을 계측하는 종류는 다양하기 때문에 그에 따라 계측 장비는 검사 방법에 따라 종류가 다양하다.

① 정밀 수준기
  ㉠ 제품의 수평을 측정할 때 사용된다.
  ㉡ 주로 건축용에서 사용되지만 정밀 수준기는 수평에 대한 정밀도가 건축용에 비해 더 높으며 기계 설치 및 기계 내부의 평면 상태를 측정할 때 사용된다.

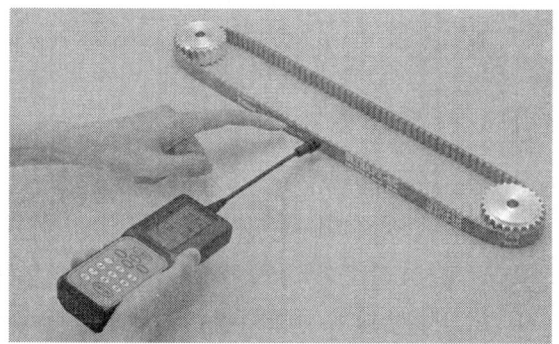

[그림 1-81] 정밀 수준기와 벨트텐션미터

② 벨트텐션미터
  ㉠ 벨트 장력 측정, 자동차, 와이어, 케이블 등 산업에서 텐션 측정이 필요한 곳에 사용된다.
  ㉡ 벨트텐션미터를 이용해 벨트의 텐션, 즉 장력을 측정하여 적절한 장력값인지를 확인할 수 있다.

③ 가우스미터
  ㉠ 자석이나 기계 장치 내부의 자력을 측정하는 장비이다.
  ㉡ 자기력선 속밀도 측정 기구라고도 하며 자기력선 속밀도의 단위가 가우스(G)이기 때문에 가우스미터라고 칭한다.
  ㉢ 보통 2~3만 가우스까지 자기력선 속밀도를 측정할 수 있다.

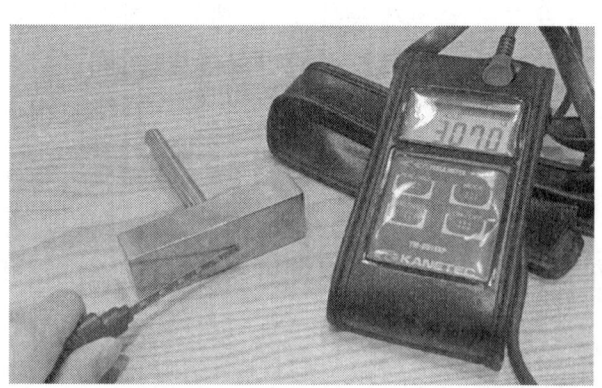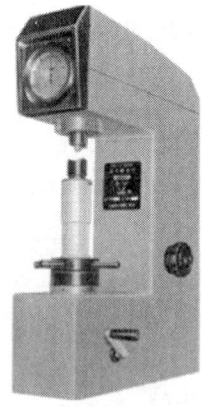

[그림 1-82] 가우스미터와 로크웰 경도기

④ 경도계
  ㉠ 제품의 경도를 측정하는 장비로서, 강하게 눌러 표면의 영구 변형을 확인하거나, 반발력을 측정하는 방법을 이용하여 재료의 기계적 굳기를 측정하는 장비이다.
  ㉡ 경도계의 종류는 로크웰 경도기, 브리넬 경도기, 비커스 경도기, 쇼 경도기 등 다양한 종류를 가지고 있다.
  ㉢ 경도계별로 시험하는 재료의 종류나 시험 방법이 다르므로 시험할 재료와 시험 방법을 확인한 후 적합한 경도계를 선택하여 시험한다.

⑤ 베어링 진단기
  ㉠ 베어링 진단기는 베어링 마모 상태와 같은 작동 상태를 진단하거나 베어링 내부의 윤활유 상태를 진단할 수 있는 장비이다.
  ㉡ 이 장비를 이용하게 되면 베어링의 예방진단이 가능하여 교체 시기를 확인하고 베어링의 유지보수에 도움을 준다.

 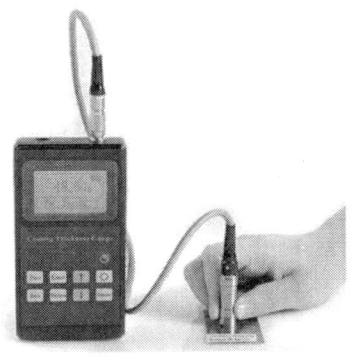

[그림 1-83] 베어링 진단기와 코팅 두께 측정기

⑥ 코팅 두께 측정기
  ㉠ 코팅 두께 측정기는 장비 이름 그대로 제품에 코팅된 코팅의 두께를 측정하는 장비이다.
  ㉡ 도막 두께 측정기라고도 하며 페인트, 에나멜, 구리, 크롬 등의 재질이 코팅된 제품의 코팅 두께를 측정한다.
  ㉢ 미크론(μm) 단위로 측정이 가능하며, 대부분의 측정기가 비파괴 방식으로 두께 측정 검사를 진행한다.

⑦ 토크 미터
　㉠ 동력이 사용되는 제품에 토크를 측정하는 장비이다.
　㉡ 동력이 발생하는 축의 토크를 측정하며 비틀림 동력계라고도 한다.
　㉢ 동력을 부하로 전달하는 축의 회전력에 비례한 비틀림을 측정하여 값을 구한다.
　㉣ 토크를 구하는 방법으로는 기계적으로 측정하는 방법, 광학을 이용한 방법, 전기 저항선 변형 게이지에 의한 방법 등이 있다.

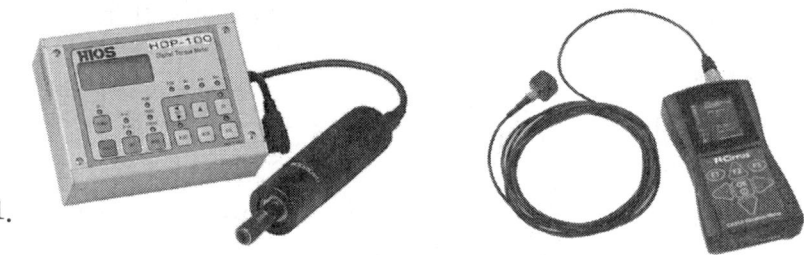

[그림 1-84] 토크 미터와 진동 측정기

⑧ 진동 측정기
　㉠ 검사하는 제품에서 발생하는 진동을 측정하는 장비이다.
　㉡ 제품에서 발생하는 진동의 변위, 속도, 가속도를 측정하는 장비이다.
　㉢ 측정 방법에 따라 기계적, 광학적, 전기적 진동계로 구분된다.

(2) 레이저 장비
① 레이저 장비를 활용하면 정밀한 검사가 가능하다.
② 계측 장비에서도 레이저를 활용한 장비가 많으며, 레이저를 이용하게 되면 정밀한 측정이 가능하기 때문에 레이저를 활용한 검사 장비들이 많다.
③ 검사 장비로 많이 쓰이는 레이저인터페로미터 장비를 활용하게 되면, 반복 정밀도, 위치 정밀도, 이송속도 등 3D프린터의 움직임에 대한 대부분의 검사를 수행할 수 있게 된다.

[그림 1-85] 레이저인터페로미터

(3) 재료 시험 장비를 활용한 검사방법
　① 재료 시험을 하기 위해서는 충격 시험기, 비파괴 초음파 탐사 장비 등 재료의 강도나 인장, 마모, 내부 결함 등을 알아볼 수 있는 장비들이 사용된다.
　② 재료 시험은 3D프린터 외장재 재질에 대한 강도, 내부 결함 등의 시험을 진행한다.

2 검사 방법의 이해

1. 안정성 검사 수행

(1) 안정성 시험은 한국산업표준에서 KS 표준을 획득할 때나 새로운 제품이 만들어지면 제품에 대한 안정성 검증을 위해 실시되고 있다.
(2) 안정성 검사는 여러 방면에서 존재하며 해당 제품에 알맞은 검사를 선택하여 실시할 수 있다.
(3) 안정성 검사는 검사 장비가 있어야 하기 때문에 검사 장비가 있는 기관에 시험을 의뢰하거나 실제 검사 장비를 보유하고 있을 경우엔 직접 실시한다.

1) 정밀 측정 검사
　① 정밀 측정 검사는 제품에 대한 형상과 크기 등을 정밀 측정하는 검사로서 정밀도를 요하는 제품에 정밀도를 검사하고 오차를 확인한다.
　② 사용 장비로는 레이저 스캐너, 레이저인터페로미터, 3차원 측정기 같은 장비들이 있다.
　③ 2차원 · 3차원 치수 측정, 표면 분석, 반복 · 위치 정밀도 측정, 이송속도 측정 등 정밀도에 포함되는 검사들을 시행한다.

2) 오차의 종류
　① 과실오차 : 측정자의 경험 부족이나 조작 오류에 의한 오차
　② 환경오차 : 측정조건에서 발생되는 오차로서, 원인으로는 측정실 온도, 조명의 변화, 측정압, 소음, 진동 등을 들 수 있다.
　③ 기기오차 : 측정기 자체에 의한 오차
　④ 우연오차 : 측정 시의 우연이 일으키는 오차로 측정기에 부착된 먼지가 일으키는 오차 등이 있다.

3) 재료 시험 검사

① 재료 시험 검사는 제품에 사용된 재료에 대해 강도, 인장, 마모 등 재료 성질을 알아보기 위해 인장 시험, 굽힘 시험, 비틀림 시험, 경도 시험, 피로 시험 등을 진행한다.
② 재료 시험은 파괴와 비파괴로 나뉘는데, 파괴 시험은 실제 시험에 사용되는 재료에 흠집을 내거나 힘을 가하여 변하는 정도에 대해 실험하여 재료의 성질을 분석하는 시험 방법이다.
③ 비파괴 시험은 재료에 직접적인 힘을 가하지 않고 초음파 등을 이용하여 재료에 대한 성질을 분석한다. 사용되는 장비로는 충격 시험기, 경도계, 비파괴 초음 탐사 장비 등이 있다.

4) 소재 분석 검사

① 소재 분석 검사는 재료에 대한 미세 조직 분석, 화학 성분 분석, 나노 구조 분석 등을 실시한다.
② 소재 분석 시험을 위해 X선 형광 분석기, 금속 현미경, 주사 전자 현미경 등 재료에 대한 조직 분석이나 화학 성분에 이용되는 장비를 활용하여 검사한다.

5) 환경시험 검사

① 검사할 제품에 대한 내식성, 내구성 등 환경 적응에 대한 검사를 실시한다.
② 제품의 재질이 부식에 약하거나 내구성이 약하다면 사용에 고장을 일으킬 수 있고 제품의 수명도 짧아지기 때문에 환경시험을 실시하여 제품에 대한 성능을 높일 수 있다.
③ 염수 분무 시험기, 복합 환경 시험기 등의 장비를 이용하여 검사한다.

2. 신뢰성

1) 신뢰성 개념

① 신뢰성의 뜻은 제품이 명시된 기간 동안 주어진 환경과 운용 조건에서 요구되는 기능을 수행할 수 있는 능력으로 정의하고 있다.
② 제품에 대한 신뢰성을 향상시키기 위해서는 고장이 일어나는 이유, 고장의 결과 및 고장 회피를 위한 기법을 이해하고 다양한 수단들을 효과적으로 통합하는 방법이 요구된다.

③ 고장은 기대 또는 요구 수준에 미치지 못하거나 모자라는 것을 뜻하는데, 제품의 신뢰성을 높이기 위해서는 고장을 줄이는 것이 가장 중요하다.
④ 고장이 발생하게 되면 제품의 종류에 따라서 사용자가 입는 피해나 문제의 심각도가 다르다.
⑤ 예를 들어, 자동차 내부의 에어컨의 고장은 사용자가 운전하는 데 약간의 불편을 감수하는 정도이지만, 만약 브레이크나 타이어 고장일 경우 사용자 안전에 심각한 문제를 초래하게 된다.
⑥ 제품의 수명에 대한 한계는 존재하지만 고장 발생 빈도를 줄여 신뢰성을 높인다.

2) 신뢰성 시험 목적

① 제품의 신뢰성 보증 : 제품의 확정, 생산 라인의 합격 및 불합격 판정 등
② 신설계, 신부품, 신프로세스, 신재료의 평가 : 안전 여유도, 내환경성, 잠재적 약점 등
③ 시험법의 검토 : 가속 수명 시험의 방법과 그 가속률, 스트레스의 종류와 수준, 샘플 수와 시험 시간, 랜덤 샘플링 시험 방법의 선정 등
④ 안정상 문제점의 발견
    ㉠ 사고 대책 : 사고 재현, 고장 해석, 대책 효과의 확인 등
    ㉡ 고장 분포의 결정 : 신뢰성 예측, 설계, 시험의 기초 자료
    ㉢ 신뢰성 데이터 수정

3) 신뢰성 시험의 분류

(1) 수명 특성에 따른 분류

① 스크리닝 시험(초기 고장 모드) : 초기 고장을 제거하기 위해 실시하는 시험으로 디버깅이라고도 하며 보통 제조 품질의 편차와 설계 미숙에서 비롯되는 고장을 검출하는 시험이 주가 된다.
② 고장률 시험(우발 고장 모드) : 제품의 안전기에 있는 고장률 또는 평균 수명을 구하는 시험이다. 사용 환경 스트레스와 파국 고장을 일으키기 쉬운 요인에 의해 고장 발생을 시험한다.
③ 수명 시험(마모 고장 모드) : 재료의 열화로 인한 제품 고장이 그 대상이다. 내구성 시험이라고도 불리며, 평가결과를 얻는 데 장시간이 소요된다. 부품의 교환 시기 결정과 고장의 증가 경향을 파악하는 것이 중요하다.

(2) 주요 인자에 따른 분류
① 수명 시험 : 어떤 규정 조건하에서 아이템의 수명에 관해 수행되는 시험이다.
② 환경 시험 : 아이템에 대한 환경의 영향을 조사하는 시험이다. 저장, 운송, 사용 중 경험하는 환경 조건에 노출된 후 정상적인 기능을 수행할 수 있는지 평가한다. 환경시험을 실시하는 목적은 다음과 같다.
㉠ 환경 조건 또는 환경 조건에 노출된 후 정상적인 기능을 수행할 수 있는지 평가
㉡ 초기 고장기의 결점을 가능한 한 조기에 제거하고 실사용 기간의 고장률을 저하시킴
㉢ 제품에 대한 약점의 조기 발견

(3) 시험 스트레스 수준에 따른 분류
① 정상 수명 시험 : 기준 또는 사용 조건하에서 시험이 진행된다.
② 가속 시험 : 시험 시간을 단축할 목적으로 기준 조건보다 엄격한 조건에서 실시하는 시험이다.
㉠ 가속 수명 시험 : 높은 신뢰도를 갖는 제품에 대한 신뢰성 평가시, 시험기간이나 비용을 감소시키기 위해 정상 조건보다 더 가속화된 사용 조건에서 시험을 실시하여 정상 조건에서의 신뢰성을 평가하기 위한 수명 시험이다.
㉡ 가속 열화 시험 : 관찰 대상이 고장에 관련된 성능 특성치를 측정하는 시험이다.

(4) 자료의 형태에 따른 분류
시험에 대한 분류는 아니지만, 신뢰성 시험에 있어서 시험 결과에 대한 자료도 자료의 종류에 따라 분류가 가능하다.
① 완전 자료 : 모든 신뢰성 시험 제품에 대해 시험에 사용된 제품 전부가 고장날 때까지 시험을 진행하여 고장 데이터를 얻은 자료이다.
② 중도 절단 자료 : 모든 신뢰성 시험 제품에 대해 고장 시간을 모두 파악하지 않고 고장이 나기 전에 시험을 중도 절단한 자료이다. 보통 시험에서 제외되거나 여러 가지 여건상 충분한 시험 시간을 줄 수 없는 경우이다. 중도 절단 자료도 제1종 중도 절단과 제2종 중도 절단으로 나뉜다.
㉠ 제1종 중도 절단
- 신뢰성 시험을 시작하기 전에 시험 종료 시점을 지정해 놓으면 제1종 중도 절단이다.

- 시험 종료 시점을 미리 정해 놓고 그 시점까지 고장나지 않은 시험 대상에 대해서는, 고장 시간이 종료 시점보다 크다는 사실만 알게 된다.
- 시험 기간이 정해져 있어서 시험 계획 수립에 편리하다는 장점이 있지만, 정해진 시점 동안 몇 개의 시험 대상이 고장이 날지 모르므로 통계적 정확도는 보장되기 어렵다.

ⓒ 제2종 중도 절단
- 시험 대상이 총 N개라면 그보다 적은 R개의 시험 대상이 고장이 나게 되면 시험을 중단하는 경우이다.
- R개의 시험 대상이 고장나면 고장난 시험 대상에 대해선 고장 시간을 확보하여 평균 수명 등을 구해 통계적 정확도를 유지할 수 있게 된다는 장점이 있지만 R개의 시험 대상이 얼마의 시간 소요가 될지 모르기 때문에 시험 계획 수립이 어렵다는 단점이 있다.

4) 가속 수명 시험

① 부품의 불량이 없다면 정상적인 사용 환경에서는 고장 시간 측정이 어렵다.
② 예를 들어, 자동차의 엔진은 정상적인 환경에서는 수천, 수만 km는 고장 없이 거뜬할 것이다. 신뢰성시험을 위해서 자동차 엔진 수명 시험을 매번 수천, 수만 km를 운행하기엔 현실적으로 어려움이 있다.
③ 가속 수명 시험은 정상적인 환경보다 더 가혹한 환경을 조성하여 엔진의 고장 시간을 앞당겨 시험을 하고 고장 시간 통계를 낼 수가 있게 된다.
④ 정상적인 환경보다 가혹한 환경을 조성하여 제품의 고장을 가속하여 시험하는 것이 가속 수명 시험이다.
⑤ 가혹한 환경의 정도를 표현할 때나 가속화의 정도를 나타낼 때 '스트레스(Stress)'라 표현한다.
⑥ 시험 시간을 단축할 목적으로 기준 조건보다 엄격한 조건에서 실시하는 시험이다.

(1) 스트레스(Stress)
가속 수명 시험에서의 스트레스는 제품의 가혹한 환경을 조성할 때 가혹한 환경의 정도나 가속화의 정도를 뜻한다. 강제적으로 제품의 수명을 앞당기기 위해서 적용하는 기계적 부하나 높은 온도나 낮은 온도 등을 '스트레스'라고 한다. 가속 수명 시험 진행 시 스트레스를 부과하는 방법에 따라 스트레스 종류가 나뉜다.

① 일정 스트레스
  ㉠ 가속 수명 시험 시 가장 대표적으로 사용되는 스트레스 방법으로서, 말 그대로 정해 놓은 일정 수준의 스트레스를 지속적으로 부과하는 것이다.
  ㉡ 일정 스트레스를 부과하는 방법은 시험 시 스트레스의 강도 유지가 편리하며, 스트레스 수준 하에서의 가속화 시험 모형은 경험적인 검증도 많이 이루어져 있다.
  ㉢ 가장 대표적으로 사용되기 때문에 신뢰성 추정을 위한 자료 분석법도 컴퓨터화로 개발되어 있다.

② 계단식 스트레스
  ㉠ 일정 스트레스 부과 방법과 달리, 계단식으로 일정 간격을 두어 일정 간격마다 더 높은 스트레스가 부과되는 방식이다.
  ㉡ 일정 시간 내에서는 일정 스트레스를 부과하고, 일정 시간 내에도 고장이 발생하지 않는 표본에는 좀 더 강도가 높은 스트레스를 부과하여 시험을 반복 진행하는 방법이다.
  ㉢ 시간의 흐름에 따라 스트레스 강도가 계단식으로 증가하여 계단 모양을 띠기 때문에 계단식 스트레스라 말한다.
  ㉣ 계단식 스트레스의 장점은 스트레스 강도를 증가시킴으로써 시험 표본의 고장을 쉽게 유발할 수 있다. 하지만 일정한 스트레스 수준이 아니라서 신뢰도 추정이 어렵다는 단점이 있다.

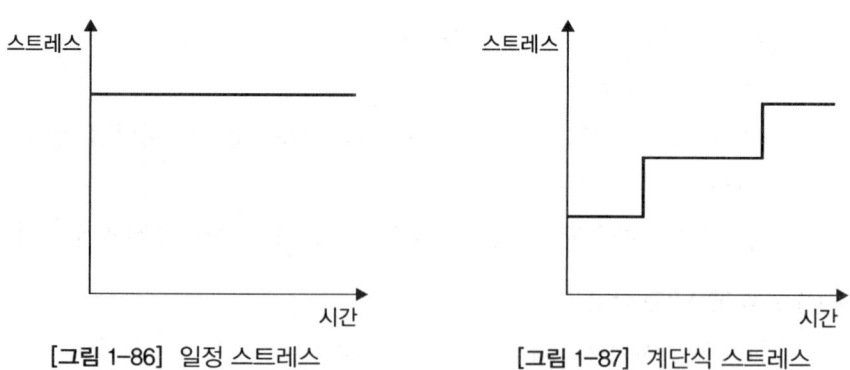

[그림 1-86] 일정 스트레스 　　[그림 1-87] 계단식 스트레스

③ 점진적 스트레스
　㉠ 점진적 스트레스는, 계단식 스트레스처럼 단계적으로 스트레스 강도를 높이는 것이 아닌, 연속적으로 스트레스 강도를 증가시키는 방법이다.
　㉡ 시험에 따라 스트레스 강도를 높이는 비율을 다르게 하여 가파르게 스트레스 강도가 높아지거나 서서히 스트레스 강도가 높아지게 적용할 수 있다.
　㉢ 계단식 스트레스와 마찬가지로 신뢰도 추정이 어렵다는 단점이 있다.

④ 주기적 스트레스
　㉠ 실사용에서 제품이 받는 스트레스가 주기적인 형태를 띠는 경우도 있다.
　㉡ 그에 맞춰서 가속 수명 시험에서 주기적인 스트레스를 부과하는 방법으로 시험을 진행하기도 한다.
　㉢ 주기적인 스트레스는, 스트레스 강도를 시간에 따른 그래프로 나타낼 때 사인(Sine) 곡선 모양으로 나타나게 된다. 보통, 금속 피로 시험에 주기적 스트레스를 부과한다.

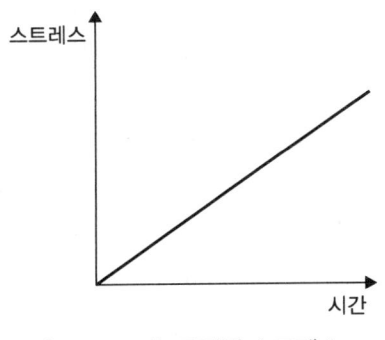
[그림 1-88] 점진적 스트레스

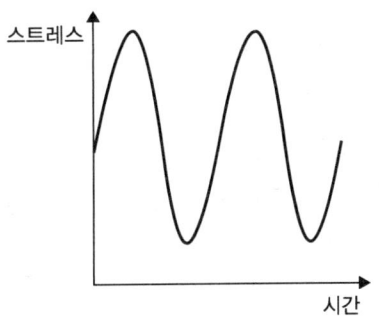
[그림 1-89] 주기적 스트레스

01. 3D프린터 방식 중 Material jetting에 포함되는 적층기술이 아닌 것은?
① Polyjet ② SLS
③ Inkjet ④ Thermojet

해설 SLS 방식은 분말 융접(Powder bed fusion) 방식이다.

02. SLS 방식 3D프린터 가공 시 공기와 반응하여 폭발 가능성이 높아 단일 금속으로 사용하기 어려운 것은?
① 철 ② 구리
③ 백금 ④ 마그네슘

해설 마그네슘
SLS 방식 3D프린터 가공 시 열을 가하면 공기와 반응하여 폭발 가능성이 높아 단일 금속으로 사용하기 어렵다.

03. 바인더 제팅(Binder Jetting) 공정과 유사한 별도의 서포트 재료가 없는 공정은 무엇인가?
① SLA 방식 공정
② FDM 방식 공정
③ SLS 방식 공정
④ 압전 제팅 방식 공정

해설 SLS 방식의 경우 재료 자체가 지지대 역할을 하므로 특별한 경우를 제외하고는 별도의 지지대가 필요하지 않다.

04. 기존의 잉크젯 프린터 기술에 광경화 방식의 3D 프린팅 기술을 융합한 하이브리드 방식의 3D 프린팅 방식은?
① 재료분사(Material jetting) 방식
② 수조 광경화(Vat photopolymerization) 방식
③ 분말 융접(Powder bed fusion) 방식
④ 접착제 분사(Binder jetting) 방식

05. 정교한 조형물일수록 지지대 제거에 많은 시간이 소요되며 사용 가능한 원료나 색상이 제한적이고 출력 후 세척 과정이 필요한 방식은?
① 재료분사(Material jetting) 방식
② 수조 광경화(Vat photopolymerization) 방식
③ 분말 융접(Powder Bed Fusion) 방식
④ 접착제 분사(Binder Jetting) 방식

06. 분말 융접(Powder Bed Fusion) 방식에 대한 설명으로 틀린 것은?
① 소재는 나일론, 금속 등 다양한 재료의 사용이 가능하며 온도가 높다.
② 제작 속도가 빠르고 대량 생산이 가능하다.
③ SLS 방식의 경우 재료 자체가 지지대 역할을 하므로 특별한 경우를 제외하고는 별도의 지지대가 필요하지 않는다.
④ 냉각 과정을 거쳐야 하며 출력물의 표면 거칠기가 좋다.

해설 재료가 분말이므로 출력물의 표면 거칠기가 좋지 않다.

정답 ▶ 01. ② 02. ④ 03. ③ 04. ① 05. ② 06. ④

07. 재료 이송 장치, 바인더 이송 장치, 구조물 제작 플랫폼 이송 장치 등을 잘 고려하여 설계해야 하는 방식은?
① 재료분사(Material jetting) 방식
② 수조 광경화(Vat photopolymerization) 방식
③ 분말 융접(Powder Bed Fusion) 방식
④ 접착제 분사(Binder Jetting) 방식

08. 폴리머, 세라믹, 금속 매트릭스 복합물 등 다양한 재료에 적용이 가능하고 현재 가장 많이 사용되는 재료는 금속 분말로 금속 분말을 이용해서 3차원 구조물을 성형하는 데 가장 많이 이용되는 방식은?
① 방향성 에너지 침착(Directed Energy Deposition) 방식
② 수조 광경화(Vat photopolymerization) 방식
③ 분말 융접(Powder Bed Fusion) 방식
④ 접착제 분사(Binder Jetting) 방식

09. Sheet Lamination 방식에 대한 설명으로 틀린 것은?
① 판재 적층 기술은 다른 3D 프린팅 기술들에 비해서 제품의 제작 속도가 매우 느리다.
② 판재 적층 시스템은 판재를 절단하는 공구에 따라 제품의 구조가 달라질 수 있다.
③ 판재 적층 시스템은 일반적으로 레이저를 사용하여 판재를 절단하는 구조를 가진다.
④ 레이저 절단 구조 방식은 비접촉식이라 제품의 표면이 매끄럽고 정밀도가 좋은 장점이 있다.

해설 판재 적층 기술은 다른 3D 프린팅 기술들에 비해서 제품의 제작 속도가 매우 빠르다.

10. 자석의 극성을 이용하여 이송하는 방식은?
① 스텝 모터　② 서보모터
③ 리니어 모터　④ 수직 스캔 모터

해설 3D프린터의 이송 방식은 벨트, 스크루, 자석 극성을 이용한 리니어 모터, 빛 이송을 위한 수직 스캔 모터(Galvano Mirror) 등이 있다.

11. 빛의 반사에 의해 빛을 이송시키는 방식은?
① 스텝 모터　② 서보모터
③ 리니어 모터　④ 수직 스캔 모터

12. 3D CAD 프로그램에서의 기준 평면은 정면, 윗면, 우측면 3개의 기준 평면을 제공하고 있다. 사용자가 정투상도법에 준하는 평면를 선택하여 2D 스케치를 처음 시작할 때 시작하는 평면 선택은?
① YZ 평면　② XY 평면
③ XZ 평면　④ ZY 평면

13. 일반적으로 기업체에서 가장 많이 사용되고 있는 3D CAD 소프트웨어가 아닌 것은?
① Solid edge　② Solid Works
③ Inventor　④ CURA

정답 ▶ 07. ④　08. ①　09. ①　10. ③　11. ④　12. ②　13. ④

해설 CATiA, UG-NX, Solid Works, Inventor, Solid edge 등이 있으며, CURA는 3D프린터 슬라이서 프로그램이다.

14. 3D CAD 소프트웨어에서 하나의 부품 형상을 모델링하는 곳으로 옳은 것은?
① 파트 ② 조립품
③ 도면 작성 ④ 시뮬레이션

15. 3D CAD 소프트웨어의 파트 작성 기능이 아닌 것은?
① 스케치 작성
② 솔리드 모델링
③ 곡면 모델링
④ 도면 작성

해설 3D 엔지니어링 소프트웨어의 파트 작성 기능은 크게 스케치 작성, 솔리드 모델링, 곡면 모델링 기능으로 나눌 수 있다.

16. 3D프린터 소프트웨어 중 부품준비 소프트웨어(part preparation software)의 기능이 아닌 것은?
① CAD 모델 검증
② 지지구조물의 생성
③ 전체 제작공정 결정
④ 모델의 위치와 방향 결정

해설 3D프린터는 전체 제작공정 결정기능은 없으며 단품제작이 가능하다.

17. 곡면 모델링에 대한 설명으로 틀린 것은?
① 솔리드 모델링으로 표현하기 힘든 기하 곡면을 처리하는 기법이다.
② 형상의 표면 데이터만 존재하는 모델링 기법이다.
③ 솔리드 모델링과 곡면 모델링을 같이 수행할 수 없다.
④ 서피스 모델링이라고도 한다.

해설 곡면 모델링 : 거의 모든 3D CAD 소프트웨어에서는 솔리드 모델링과 곡면 모델링을 같이 수행할 수 있는 기능을 제공하고 있으며, 하이브리드 모델링이라 칭한다.

18. 그래픽 프로그램의 기본적인 좌표계 중에서 물체의 형상은 그 물체에 붙어 있는 좌표계에 관하여 형상은 그 물체에 붙어 있는 좌표계에 관하여 물체의 모든 점이나 몇 개의 특징적인 점의 좌표에 의해서 정의되는 좌표계는?
① 모델 좌표계 ② 세계 좌표계
③ 시각 좌표계 ④ 장치 좌표계

해설 모델 좌표계 : 그래픽 프로그램의 기본적인 좌표계 중에서 물체의 형상은 그 물체에 붙어 있는 좌표계에 관하여 형상은 그 물체에 붙어 있는 좌표계에 관하여 물체의 모든 점이나 몇 개의 특징적인 점의 좌표에 의해서 정의되는 좌표계이다.

19. 스케치 평면에서 호를 작성하고자 할 때 필요한 조건으로 틀린 것은?
① 세 점 호 ② 중심점 호
③ 접하는 호 ④ 두 점호

해설

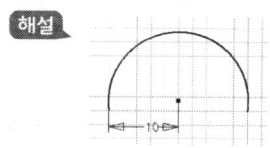

세 점 호

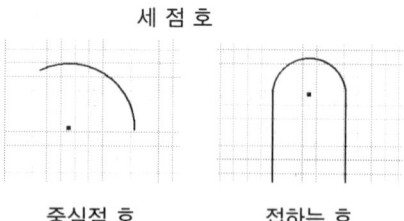

중심점 호   접하는 호

정답 ▶ 14. ① 15. ④ 16. ③ 17. ③ 18. ① 19. ④

20. 스케치 요소 구속조건에 대한 설명으로 틀린 것은?
① 객체들 간의 자세를 흐트러짐 없이 잡아 두는 것이다.
② 디자인 변경이나 수정 시 편리하다.
③ 구속조건에는 치수 구속만 적용되고 있다.
④ 평행 구속조건은 선택된 선 또는 타원 축이 서로 평행하게 배치되도록 한다.

해설) 구속조건에는 크게 형상 구속과 치수 구속 두 가지가 있으며, 이 두 구속조건을 모두 충족해야지만 정상적이고 안전한 형상을 모델링할 수 있다.

21. 스케치 요소에서 선택된 선 또는 타원 축이 서로 평행하게 배치되도록 하는 구속조건은?
① ∥   ② =
③ ⌒   ④ ◎

22. 스케치 요소에서 2개의 원을 적용할 수 없는 구속조건은?
① 평행   ② 동심
③ 동일   ④ 접선

23. 스케치 평면에서 직사각형을 작성하고자 할 때 필요한 조건으로 틀린 것은?
① 2개의 점을 선택하여 생성
② 3개의 모서리 점을 정의하여 생성
③ 중심점을 기준으로 나머지 두 점을 정의하여 생성
④ 2개의 곡선이 만나는 교차점을 선택하여 생성

24. 3D CAD 소프트웨어에서 가장 먼저 제작할 형상의 가장 기본적인 프로파일(단면)을 생성하기 위한 영역은?
① 스케치 작성
② 솔리드 모델링
③ 곡면 모델링
④ 도면 작성

25. 솔리드 모델에서 돌출(Extrude) 명령어에서 돌출형상을 제거하는 명령어는?
① 생성하기(신규생성)
② 합치기(합집합)
③ 교차하기(교집합)
④ 빼기(차집합)

26. 솔리드 모델에서 생성된 3차원 객체의 면 일부분을 제거한 후, 남아 있는 면에 일정한 두께를 부여하여 속을 만드는 기능으로, 주로 플라스틱 케이스 등 3D프린터를 이용하여 제품 목업을 목적으로 하는 경우 많이 사용되는 명령어는?
① 쉘(Shell)   ② 구멍(Hole)
③ 회전(Revolve)   ④ 스윕(Sweep)

27. 그림과 같은 꽃병 형상의 도형을 그리기에 가장 적합한 방법은?
① 오프셋 곡면
② 원추 곡면
③ 회전 곡면
④ 필릿 곡면

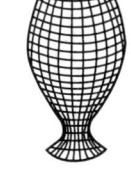

해설) 회전 곡면(surface of revolution) : 곡선 경로와 회전축 지정

정답 ▶ 20.③ 21.① 22.① 23.④ 24.① 25.④ 26.① 27.③

28. 돌출이나 회전으로 작성하기 힘든, 자유 곡선이나 하나 이상의 스케치 경로를 따라가는 형상을 모델링하는 데 사용되는 명령어는?
① 쉘(Shell) ② 스윕(Sweep)
③ 보스(Boss) ④ 포켓(Pocket)

29. 서로 만나는 2개의 평면 혹은 곡면에서 서로 만나는 모서리를 곡면으로 바꾸는 작업을 무엇이라고 하는가?
① Blending ② Sweeping
③ Remeshing ④ Trimming

> 해설 Blending : 서로 만나는 2개의 평면 혹은 곡면에서 서로 만나는 모서리를 곡면으로 바꾸는 작업이다.

30. 3D CAD 용어 중 회전 특징 형상 모양으로 잘려나간 부분에 해당하는 특징 형상을 무엇이라고 하는가?
① 홀(Hole) ② 그루브(Groove)
③ 챔퍼(Chamfer) ④ 라운드(Round)

> 해설 그루브(Groove) : 회전 특징 형상 모양으로 잘려나간 부분에 해당하는 특징 형상이다.

31. 모든 유형의 곡선(직선, 스플라인, 원호 등) 사이를 경사지게 자른 코너를 말하는 것으로 각진 모서리나 꼭지점을 경사 있게 깎아 내리는 작업은?
① Hatch ② Fillet
③ Rounding ④ Chamfer

> 해설 Chamfer : 모든 유형의 곡선(직선, 스플라인, 원호 등) 사이를 경사지게 자른 코너를 말하는 것으로 각진 모서리나 꼭지점을 경사 있게 깎아 내리는 작업이다.

32. CAD 소프트웨어의 가장 기본적인 역할은?
① 기하 형상의 정의
② 해석결과의 가시화
③ 유한요소 모델링
④ 설계물의 최적화

> 해설 CAD(Computer-Aided Design) 소프트웨어의 가장 기본적인 역할은 기하 형상의 정의이다.

33. 곡면 편집 기법 중 인접한 두 면을 둥근 모양으로 부드럽게 연결하도록 처리하는 것은?
① Fillet ② Smooth
③ Mesh ④ Trim

> 해설
> ① Fillet : 두 곡면이 만나는 날카로운 부위를 공이 굴러가는 곡면으로 대치하여 부드럽게 만드는 곡면
> ② Smooth : 표현된 심굴곡면을 평활한 곡면으로 재계산하는 것
> ③ Mesh : 그물처럼 널려 있는 곡선을 가까이 지나는 곡면
> ④ Trim : 객체를 잘라 다른 객체의 모서리와 만나도록 한다.

34. 3D 솔리드모델링 시스템에서 특징 형상 기반 모델링 적용 시 대부분의 시스템에서 지원되는 전형적인 특징 형상으로 볼 수 없는 것은?
① 널링(Knurling)
② 포켓(Pocket)
③ 필렛(Fillet)
④ 모따기(Chamfer)

> 해설 널링(Knurling)은 특징 형상 기반 모델링 적용이 되지 않는다.

정답 ▶ 28. ② 29. ① 30. ② 31. ④ 32. ① 33. ① 34. ①

35. 특징 형상 모델링을 수행하는 경우, 대부분의 솔리드 모델링 시스템에서 제공하는 전형적인 특징 형상이 아닌 것은?
① 구멍(hole)
② 필릿(fillet)
③ 리프팅(lifting)
④ 모따기(chamfer)

[해설] 전형적인 특징 형상으로는 모따기, 구멍, 필렛, 슬롯, 포켓 등이 있다.

36. 3D 엔지니어링 프로그램에서 제공하는 '다른 이름으로 저장' 기능을 이용하여 3D 프린터 슬라이싱 프로그램에서 받을 수 있는 파일 형식이 아닌 것은?
① STL
② OBJ
③ AMF
④ MPEG

[해설] 3D프린터 슬라이싱 프로그램에서 받을 수 있는 STL, OBJ, AMF 파일 형식으로 변경하여 저장한다.

37. 일반적으로 CAD 시스템에서 사용하는 좌표계가 아닌 것은?
① 직교 좌표계
② 극 좌표계
③ 원뿔 좌표계
④ 구면 좌표계

[해설] 좌표계의 종류
① 직교 좌표계(cartesian coordinate system)
② 극 좌표계(polar coordinate system)
③ 원통 좌표계(cylindrical coordinate system)
④ 구면 좌표계(spherical coordinate system)

38. CAD 데이터의 교호나 표준 중 하나로 국제표준화기구(ISO)가 국제표준으로 지정하고 있으며, CAD의 형상 데이터뿐만 아니라 NC 데이터나 부품표, 재료 등도 표준 대상이 되는 규격은?
① IGES
② DXF
③ STEP
④ GKS

[해설] STEP : 국제표준화기구(ISO)가 국제표준으로 지정하고 있으며, CAD의 형상 데이터뿐만 아니라 NC 데이터나 부품표, 재료 등도 표준 대상이 되는 규격이다.

39. 웹에서 사용할 수 있는 데이터 포맷 중 3차원 그래픽 데이터를 위한 것은?
① CGM
② DWF
③ HTML
④ VRML

[해설] VRML : 입체 도형을 3차원 좌푯값이나 기하학적 데이터 등의 문서(text)로 표현하는 모형 작성을 위한 기술 언어로 VRML 파일을 월드 와이드 웹(WWW) 서버에 저장하면 입체적인 이미지를 갖는 3차원의 가상 세계를 인터넷상에 구축할 수 있다. 텍스트 파일 포맷으로 3D 폴리곤의 버텍스와 에지 및 표면 색깔, 텍스쳐 UV 매핑, 반사 및 투명 효과 등을 표현할 수 있다.

40. 화면에 나타난 데이터를 확대하여 데이터의 일부분만을 스크린에 나타낼 때 viewport를 벗어나는 일정한 영역을 잘라버리는 것은?
① 매핑(mapping)
② 패닝(panning)
③ 클리핑(clipping)
④ 윈도잉(windowing)

[해설] 클리핑(clipping) : 화면에 나타난 데이터를 확대하여 데이터의 일부분만을 스크린에 나타낼 때 viewport를 벗어나는 일정한 영역을 잘라버리는 것이다.

정답 ▶ 35. ③ 36. ④ 37. ③ 38. ③ 39. ④ 40. ③

41. 일반적으로 3D 엔지니어링 프로그램에서 조립품을 생성하는 이유가 아닌 것은?
① 단품으로 모델링된 부품에 대한 설계의 정확도를 분석한다.
② 실제 형상을 제작하였을 때 오류들을 최대한 줄이기 위해서이다.
③ 형상의 동작 및 해석, 시뮬레이션 등 다양한 설계 분석을 목적으로 사용된다.
④ 단품 모델링에 남아 있는 레이어를 제거한다.

42. 조립품 방식에서 Bottom-UP(상향식 설계)에 대한 설명으로 틀린 것은?
① 파트를 모델링해 놓은 상태에서 조립품을 구성한다.
② 단품들을 어셈블리에서 불러들여 조립하는 방식이다.
③ 제품의 조립관계를 고려하여 배치 및 조립을 한다.
④ 조립품에서 부품을 조립하면서 모델링하는 방식이다.

해설 Top-Down(하향식 설계) : 조립품에서 부품을 조립하면서 모델링하는 방식이다.

43. 조립품 방식에서 Top-Down(하향식 설계)에 대한 설명으로 틀린 것은?
① 조립품에서 부품을 조립하면서 모델링하는 방식이다.
② 제품의 조립관계를 고려하여 배치 및 조립을 한다.
③ 연관설계모델링이 상당히 간단하다.
④ 많은 경험이 요구되며 원리 이해를 위해 많은 노력이 필요하다.

44. 조립체(assembly) 모델링과 관련이 없는 기능은?
① 부품 간의 만남 조건(mating condition) 부여 기능
② 조립 전개도(exploded view) 생성 기능
③ 부품 간의 구속조건 생성 기능
④ 리프팅(lifting) 기능

해설 리프팅(lifting)은 주어진 물체의 특정면의 전부 또는 일부를 원하는 방향으로 움직여서 물체가 그 방향으로 늘어난 효과를 갖도록 하는 것이다.

45. 파트(Part) 조립에서 일치시키고자 하는 면과 면, 선과 선, 축과 축 등을 선택하면 일치시켜 주는 제약 조건은?
① 일치 제약 조건
② 접촉 제약 조건
③ 오프셋 제약 조건
④ 각도 제약 조건

해설 일치 제약 조건 : 일치시키고자 하는 면과 면, 선과 선, 축과 축 등을 선택하면 일치시켜 주는 제약 조건

46. 파트(Part) 조립에서 선택한 면과 면, 선과 선 사이에 거리를 주는 제약 조건은?
① 일치 제약 조건
② 접촉 제약 조건
③ 오프셋 제약 조건
④ 각도 제약 조건

해설 오프셋 제약 조건
선택한 면과 면, 선과 선 사이에 오프셋으로 거리를 주는 제약 조건

정답 ▶ 41. ④ 42. ④ 43. ② 44. ④ 45. ① 46. ③

47. 파트(Part) 조립에서 부품과 부품 간 위치 구속을 목적으로 적용하는 기능으로서 부품 간 정확한 조립과 동작 분석을 위해서 사용하는 조건은?
① 제약조건
② 구속조건
③ 위치 구속
④ 부품 배치

48. 3D CAD 데이터를 사용하여 레이아웃이나 조립성 등을 평가하기 위하여 컴퓨터상에서 부품을 설계하고 조립체를 생성하는 것은?
① rapid prototyping
② part programming
③ reverse engineering
④ digital mock-up

해설 digital mock-up : 3D CAD 데이터를 사용하여 레이아웃이나 조립성 등을 평가하기 위하여 컴퓨터상에서 부품을 설계하고 조립체를 생성하는 것이다.

49. 조립체 모델링에서 사용되는 만남 조건 (mating condition)이 아닌 것은?
① 공간(space)
② 일치(coincident)
③ 직교(perpendicular)
④ 평행(parallel)

해설 조립체 모델링 만남 조건
① 일치(coincident)
② 직교(perpendicular)
③ 평행(parallel)

50. 다음이 설명하는 것은 어떤 모델링 방식을 말하는가?

> 어떤 축의 지름을 변경하였을 때 이와 조립된 구멍의 지름도 같이 변하게 하는 모델링 방식을 말한다.

① 복셀 모델링
② 비 다양체 모델링
③ B-Rep 모델링
④ 조립체 모델링

해설 조립체 모델링 : 어떤 축의 지름을 변경하였을 때 이와 조립된 구멍의 지름도 같이 변하게 하는 모델링 방식

51. 가상 시작품(virtual prototype)에 대한 설명으로 가장 거리가 먼 것은?
① 설계 시 문제점을 사전에 검증하고 수정하는 데 도움을 준다.
② 가상 시작품을 사용하여 제품의 조립 가능성을 미리 검사해 볼 수 있다.
③ NC 공구 경로를 미리 시뮬레이션 함으로써 가공기계의 문제점을 미리 확인할 수 있다.
④ 각 부품의 형상 모델을 컴퓨터 내에서 가상으로 조립한 시작품 조립체 모델을 말한다.

해설 가상 시작품(virtual prototype)
제품을 개발하는 과정에 있어서 컴퓨터상에서 가상적으로 시작하고 성능을 예측하는 것. 근래는 시작품을 만들지 않고 컴퓨터상으로 성능을 예측하는 수법이 등장하여 개발비가 삭감되도록 하였다. 그러나 가공기계의 문제점을 미리 확인할 수는 없다.

정답 ▶ 47. ① 48. ④ 49. ① 50. ④ 51. ③

52. 출력물 설계수정에 대한 설명으로 틀린 것은?
① 컴퓨터상에서는 부품 간 크기가 맞지 않는다 하더라도 일차적으로는 아무런 문제없이 조립이 이루어진다.
② 3D 엔지니어링 프로그램에서 제공하는 간섭 분석 명령을 이용하여 부품의 잘못된 부분을 확인할 수 있고 수정할 수 있다.
③ 설계상 오류가 발생한 부품은 부품 하나를 직접 프로그램으로 열거나 파트 하나를 지정하여 조립 상태에서도 수정이 가능하다.
④ 상향식 방식으로 작업을 진행하는 경우 정확한 도면과 값이 임의적일 경우 조립품에서 부품을 수정하는 것이 일반적으로 수월하다.

해설 하향식 방식으로 작업을 진행하는 경우 정확한 도면과 값이 임의적일 경우 조립품에서 부품을 수정하는 것이 일반적으로 수월하다.

53. 다음 빈칸 ㉠, ㉡에 들어갈 용어로 맞는 것은?

> 3D프린터 슬라이싱 프로그램에서 불러올 수 있는 파일 형식은 크게 2가지 형식으로 (㉠) 형식과 (㉡) 형식을 사용한다.
> (㉠) 형식은 주로 3D CAD 프로그램에서 제공하며, (㉡) 형식은 3D 그래픽 프로그램에서 많이 사용이 된다.

① ㉠: STL   ㉡: OBJ
② ㉠: STEP ㉡: AMF
③ ㉠: IGES ㉡: OBJ
④ ㉠: DXF   ㉡: AMF

해설 3D프린터 슬라이싱 프로그램에서 불러올 수 있는 파일 형식은 크게 2가지 형식으로 STL 형식과 OBJ 형식을 사용한다.
STL 형식은 주로 3D CAD 프로그램에서 제공하며, OBJ 형식은 3D 그래픽 프로그램에서 많이 사용된다.

54. 동일 측정자가 해당 측정 제품을 동일한 방법과 장치, 장소에서 동작을 하여 측정하였을 때 차이가 나는 정도를 시험하는 것은?
① 반복 정밀도 시험
② 위치 정밀도 시험
③ 넘어짐 안정성 시험
④ 사용 환경 안정성 시험

해설 반복 정밀도 시험 : 동일 측정자가 동일한 측정대상을 동일한 방법, 장치, 장소에서 측정하였을 때 차이 정도. 보통, 표준편차 또는 상대표준편차로 나타낸다.

55. 제품에 대해 수직력과 수평력을 가하여 측정하는 시험은?
① 반복 정밀도 시험
② 위치 정밀도 시험
③ 넘어짐 안정성 시험
④ 사용 환경 안정성 시험

해설 넘어짐에 대한 안정성 시험 : 제품에 대해 수직력과 수평력을 가하여 넘어짐의 힘을 측정하는 시험이다.

56. 제품에 대한 물리적 상태를 양적으로 측정하기도 하고, 제품을 제어하기 위한 방법으로 장치를 측정하는 시험 방식은?
① 반복 정밀도 시험
② 위치 정밀도 시험

정답 ▶ 52. ④ 53. ① 54. ① 55. ③ 56. ③

③ 계측에 대한 안정성 시험
④ 사용 환경 안정성 시험

해설 계측에 대한 안정성 시험 : 제품에 대한 물리적 상태를 양적으로 측정하기도 하고, 제품을 제어하기 위한 방법으로 장치를 측정하는 시험 방식

57. 재질의 충격 시험 및 비파괴 초음파 탐사 장비 등을 이용하여 제품의 강도나 내부 결함 등을 시험방식은?
① 반복 정밀도 시험
② 재질의 재료에 대한 안정성 시험
③ 계측에 대한 안정성 시험
④ 사용 환경 안정성 시험

해설 재질의 재료에 대한 안정성 시험 : 재질의 충격 시험 및 비파괴 초음파 탐사 장비 등을 이용하여 제품의 강도나 내부 결함 등을 시험방식

58. 고온·저온에 대한 온도 시험이나 열 충격 등에 대해서 실시되는 안정성 시험방법은?
① 반복 정밀도 시험
② 재질의 재료에 대한 안정성 시험
③ 계측에 대한 안정성 시험
④ 사용 환경 안정성 시험

해설 사용 환경 안정성 시험 : 고온·저온에 대한 온도 시험이나 열 충격 등에 대해서 실시되는 안정성 시험방법

59. 다음 검사용 장비 중 자석이나 기계장치 내부의 자력을 측정하는 장비는?
① 가우스미터
② 암페어미터
③ 벨트텐션미터
④ 마이크로미터

해설 ① 가우스미터 : 자석이나 기계 장치 내부의 자력을 측정하는 장비이다.
② 암페어미터 : 전류계로 전류의 세기를 측정하는 계기
③ 벨트텐션미터 : 벨트 장력 측정, 자동차, 와이어, 케이블 등 산업에서 텐션 측정이 필요한 곳에 사용된다.
④ 마이크로미터 : 정확한 피치를 가진 나사를 이용한 길이 측정기로 외경 및 내경을 정밀하게 측정한다.

60. 동력을 부하로 전달하는 축의 회전력에 비례한 비틀림을 측정하여 값을 구하는 장비는?
① 토크미터
② 베어링 진단기
③ 벨트텐션미터
④ 가우스미터

해설 토크미터 : 동력을 부하로 전달하는 축의 회전력에 비례한 비틀림을 측정하여 값을 구하는 장비

61. 강하게 눌러 표면의 영구 변형을 확인하거나, 반발력을 측정하는 방법을 이용하여 재료의 기계적 굳기를 측정하는 장비는?
① 만능재료시험기
② 비틀림 시험기
③ 충격시험기
④ 경도시험기

62. 반복 정밀도, 위치 정밀도, 이송속도 등 3D프린터의 움직임에 대한 대부분의 검사를 수행할 수 있는 장비는?
① 레이저인터페로미터
② 가우스미터
③ 3차원 측정기
④ 벨트텐션미터

정답 ▶ 57. ② 58. ④ 59. ① 60. ① 61. ④ 62. ①

63. 정밀 측정 검사장비가 아닌 것은?
① 레이저인터페로미터
② 스캐너
③ 3차원 측정기
④ 암페어미터

64. 다음 중 각각의 용어의 대한 설명으로 틀린 것은?
① 수지는 초기의 고분자 재료가 식물이나 나무에서 추출된 것에 기인한 용어이다.
② 포화 탄화수소는 탄소와 수소가 결합된 형태로 공유결합에 의해 결합되어 있다.
③ 불포화 탄화수소는 포화 탄화수소에서 인접한 수소원자 중 일부가 빠져나가고 대신 탄소 원자 간에 4중 또는 5중 결합을 갖는 경우에 해당된다.
④ 고분자는 일반적으로 분자량이 10000 이상인 큰 분자를 말하며, 분자량이 낮은 단량체가 분자결합으로 수없이 많이 연결되어 이루어진 높은 분자량의 분자를 의미한다.

> **해설** 불포화 탄화수소는 포화 탄화수소에서 인접 수소 원자 중 일부가 빠져나가고 대신 탄소 원자 간에 2중 또는 3중 결합을 갖는 경우에 해당된다.

65. 측정자가 눈금을 잘못 읽었거나 기록자가 잘못 기록하여 일어나는 경우 등 측정자의 부주의에 의해 발생하는 오차는?
① 과실오차   ② 이론오차
③ 기기오차   ④ 우연오차

> **해설**
> ① 과실오차 : 측정자의 경험 부족이나 조작 오류에 의한 오차
> ② 환경오차 : 측정조건에서 발생되는 오차로서 원인으로는 측정실 온도, 조명의 변화, 측정압, 소음, 진동 등을 들 수 있다.
> ③ 기기오차 : 측정기 자체에 의한 오차
> ④ 우연오차 : 측정 시의 우연이 일으키는 오차로 측정기에 부착된 먼지가 일으키는 오차 등이 있다.

66. 제품에 사용된 재료에 대해 강도, 인장, 마모 등 재료 성질을 알아보기 위해 사용되는 재료 시험 검사가 아닌 것은?
① 인장 시험   ② 비틀림 시험
③ 피로 시험   ④ 충격 시험

> **해설**
> ① 재료 시험 검사는 제품에 사용된 재료에 대해 강도, 인장, 마모 등 재료 성질을 알아보기 위해 인장 시험, 굽힘 시험, 비틀림 시험, 경도 시험, 피로 시험 등을 진행한다.
> ② 비파괴 시험은 재료에 직접적인 힘을 가하지 않고 초음파 등을 이용하여 재료에 대한 성질을 분석한다. 사용되는 장비로는 충격 시험기, 경도계, 비파괴 초음 탐사 장비 등이 있다.

67. 검사할 제품에 대한 내식성, 내구성 등 환경 적응에 대한 검사방법은?
① 인장 시험   ② 환경시험
③ 피로 시험   ④ 충격 시험

> **해설** 환경시험 검사
> ① 검사할 제품에 대한 내식성, 내구성 등 환경 적응에 대한 검사를 실시한다.
> ② 제품의 재질이 부식에 약하거나 내구성이 약하다면 사용에 고장을 일으킬 수 있고 제품의 수명도 짧아지기 때문에 환경시험을 실시하여 제품에 대한 성능을 높일 수 있다.

정답 ▶ 63. ④ 64. ③ 65. ① 66. ④ 67. ②

68. 보통 제조 품질의 편차와 설계 미숙에서 비롯되는 고장을 검출하는 시험이 주가 되는 신뢰성 시험은?
① 스크리닝 시험
② 고장률 시험
③ 피로 시험
④ 수명 시험

해설 초기 고장을 제거하기 위해 실시하는 시험으로 디버깅이라고도 한다.

69. 부품의 교환 시기 결정과 고장의 증가 경향을 파악하는 시험은?
① 스크리닝 시험
② 고장률 시험
③ 피로 시험
④ 수명 시험

해설 수명 시험 : 재료의 열화로 인한 제품 고장이 그 대상으로 내구성 시험이라고도 불리며, 평가결과를 얻는 데 장시간이 소요된다.

70. 신뢰성 시험에서 스트레스 강도를 증가시킴으로써 시험 표본의 고장을 쉽게 유발할 수 있다는 장점과 일정한 스트레스 수준이 아니라서 신뢰도 추정이 어렵다는 단점이 있는 스트레스는?
① 일정 스트레스
② 계단식 스트레스
③ 점진적 스트레스
④ 주기적 스트레스

71. 스트레스 강도를 시간에 따른 그래프로 나타낼 때 사인(Sine) 곡선 모양으로 나타나는 스트레스는?
① 일정 스트레스
② 계단식 스트레스
③ 점진적 스트레스
④ 주기적 스트레스

72. 3D프린터의 주요 부품 중 다음 그림에 해당하는 부품은?
① 감속장치
② 익스트루더
③ 스테핑 모터
④ 핫엔드 노즐

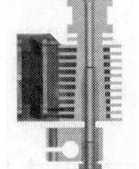

해설 핫엔드(hotend)는 3D프린터에서 원료를 압출해주는 부분을 말하며, 노즐과 가열장치, 공급하는 배럴 등을 통틀어 일컫는다. 3D프린터에 있어 가장 중요한 부분이라 할 수 있다.

73. 3D프린터 구성에서 토출부에 해당하는 부품이 아닌 것은?
① 핫엔드
② 콜드 엔드
③ 제팅 헤드
④ 리밋 스위치

정답 ▶ 68. ① 69. ④ 70. ② 71. ④ 72. ④ 73. ④

CHAPTER 03 소재관리

3.1 소재 선정

1 소재의 규격 및 종류

1. 플라스틱 소재 개요

1) 용어 설명

우리가 흔히 플라스틱(Plastic)이라 부르는 소재는 고분자(Polymer), 수지(Resin) 등의 용어로 사용된다. 각각의 용어에 대한 설명은 다음과 같다.

(1) 플라스틱

플라스틱(Plastic)은 재료에 변형이 영구히 남는 소성변형(Plastic deformation)에서 기반한 용어로서 고분자 재료에 열을 가해 성형하면 변형이 반영구적으로 남는 특성에서 사용되었다. 상업적으로 가장 널리 사용되는 용어이다.

(2) 고분자

고분자(高分子, Polymer)에는 일반적으로 분자량이 10000 이상인 큰 분자를 말하며, 분자량이 낮은 단량체(Monomer)가 분자 결합으로 수없이 많이 연결되어 이루어진 높은 분자량의 분자를 의미한다, '중합체'라고도 불린다. 학술적으로는 가장 널리 사용되는 용어이다.

(3) 수지

수지(樹脂, Resin)는 초기의 고분자 재료가 식물이나 나무에서 추출된 것에 기인한 용어로서 보다 정확하게는 천연수지가 아닌 인공적으로 합성한 고분자를 일컬어 합성수지(合成樹脂)로 명명한다.

2) 고분자의 합성

우리가 흔히 플라스틱(Plastic)이라 부르는 소재는 고분자(Polymer), 수지(Resin) 등의 용어로 사용된다. 각각의 용어에 대한 설명은 다음과 같다.

(1) 포화 탄화수소

포화 탄화수소는 탄소와 수소가 C_nH_{2n+2} 형으로 결합된 형태로 공유 결합에 의해 결합되어 있다. 사슬 중의 탄소 원자는 완전히 충만되어 4개의 인접한 수소 원자에 의해 포위되어 있으며, 이에 기인하여 포화 탄화수소로 명명한다. 이때 n의 개수에 따라 아래 그림과 같이 메탄(CH_4), 에탄(C_2H_6), 프로판(C_3H_8) 등으로 명명된다.

(2) 불포화 탄화수소

불포화 탄화수소는 포화 탄화수소에서 인접한 수소 원자 중 일부가 빠져나가고 대신 탄소 원자 간에 2중 또는 3중 결합을 갖는 경우(C_nH_{2n} 형 혹은 C_nH_n 형)에 해당된다. 이러한 형태를 단량체(Monomer)라고 부르며 고분자를 구성하는 가장 기본적인 분자구조에 해당한다.

(3) 고분자 중합 과정

상기 단량체를 수십~백만 개 정도를 결합하여 고분자를 제조하는 방법을 중합(Polymerization)이라고 한다.

2. 플라스틱의 종류

플라스틱은 열가소성 플라스틱과 열경화성 플라스틱으로 구분된다. 열가소성 플라스틱은 결정 생성 여부에 따라 비결정성 플라스틱과 반결정성 플라스틱으로, 열경화성 플라스틱은 가교결합의 강도에 따라 아래 그림과 같이 구분될 수 있다.

1) 열가소성 플라스틱(Thermoplastic)

① 열을 가하면 유연해지는 성질을 갖는 플라스틱을 말하며 화학적 반응이 없이 재용융시켜 다른 모양으로 만들 수 있다.
② 열가소성 플라스틱은 여러 번 재가열에 의해 성형이 가능한 수지로, 가열 및 냉각에 의해 용융 및 고화가 가역적으로 되풀이되는 물리적 변화를 보인다.
③ 열가소성 플라스틱은 성형성이 우수하며 가공 용이하여 압출 성형, 사출 성형 등의 공정에 주로 사용되며, 재료 압출형 3D프린터용 소재로 사용된다.

④ 재활용이 가능한 장점이 있어 전체 수지 사용량의 약 90%를 차지하나 열 안정성이 떨어져 고온에서는 사용이 제한적이다. 열가소성 플라스틱은 결정 구조에 따라 반결정성(Semi-crystalline) 플라스틱과 비결정성(Amorphous) 플라스틱으로 구분되며 특징은 다음과 같다.

㉠ 사출 성형에 주로 사용된다.
㉡ 전기 및 열의 전연성이 좋다.
㉢ 고온에서 사용할 수 없다.
㉣ 내후성(耐朽性)에 한계가 있다.
㉤ 성형하기가 쉽고, 가공이 용이하다.
㉥ 열팽창계수가 크다.
㉦ 연소성이 있다.
㉧ 적당한 용제를 가하면 녹아버린다.

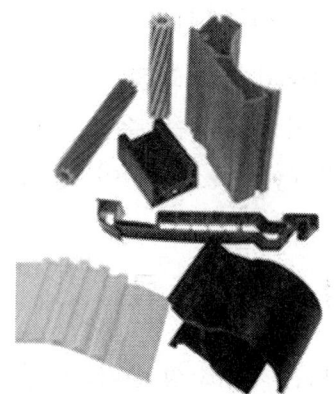

[그림 1-90] 열가소성 플라스틱

(1) 반결정성 플라스틱

결정(Crystalline)이란 공간에서 일정한 규칙으로 분자 혹은 원자들이 배열하는 것을 의미한다. 플라스틱은 100% 결정 구조를 가지지 못하고(통상적으로 50% 이내) 결정과 결정 사이에 비결정 구조가 항상 있기 때문에 반결정성(Semi-crystalline)이라 부른다. 반결정성 플라스틱의 주요 특성은 다음과 같다.

① 용융점이 존재하며 용융점에 이르면 급격한 부피 변화가 나타난다.
② 냉각 시 수축률이 크다.

③ 인장강도는 높고, 충격강도는 낮다.
④ 종류: 나일론(PA), 아세탈(POM), PET, PBT, 폴리에틸렌(PE), 폴리프로필렌(PP), 폴리스티렌(PS), ABS수지, 아크릴 등이 있다.

(2) 비결정성 플라스틱

분자 간의 인장력에 의해 분자배열이 정돈되지 않고 어느 한 방향으로 정돈되어 있으며 비결정성 플라스틱은 결정을 포함하지 않고 일정한 분자 배열을 이루지 않는다. 결정이 없어 투명하게 제작이 가능하며 착색이 용이하다. 비결정성 플라스틱의 주요 특성은 다음과 같다.

① 별도의 용융점이 존재하지 않고 대신 유리 전이 온도(Glass transition termperature; Tg)로 재료의 연화 여부를 결정한다.
② 급격한 부피 변화가 없어 성형 시 수축률이 적어 치수 정밀도를 높일 수 있다.
③ 인장강도는 낮고, 충격강도는 높다.
④ 종류: 폴리스티렌(PS), 아크릴(PMMA), 폴리카보네이트(PC), ABS, PVC, MPPO 등이 있다.

> **참고** 유리 전이 온도(Glass transition termperature; Tg)
>
> 비체적의 변화율이 갑자기 바뀌는 온도이며 비정질폴리머는 유리 전이 온도가 뚜렷하지만 용융 온도는 희미하며 부분 결정성 폴리머는 냉각 시 용융 온도 아래서 급격히 수축한다.
>
> - 비정질(非晶質) 고체가 유리와 같은 상태에서 점성이 있는 무른 상태로 변화하는 온도 영역의 중심, 혹은 비체적(比體積)대 온도 곡선의 구배가 급격히 변화하는 온도를 유리 전이 온도라 한다.
> - 결정성 고분자와 달리 비정질성이 우세한 고분자의 경우 유리 전이 온도를 기준으로 해당 온도 이하에서는 유리와 같이 깨지기 쉬운 유리상(Brittle) 거동을 보이며 해당 온도 이상에서는 고무처럼 고무상(Ductile) 거동을 나타낸다.

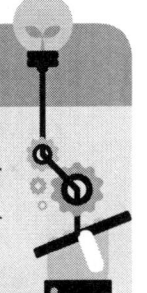

(3) 엘라스토머
① 엘라스토머는 상온에서 높은 탄성을 나타내는 물질로 천연고무를 모사하여 인공적으로 합성한 합성 고무이다.
② 상온에서는 고무와 같은 망 구조이나 고온에서는 열가소성 수지와 유사한 구조를 갖는 Thermoplastic Elastomer(TPE)가 개발되면서 원하는 형태로의 성형도 용이하다.
③ PDMS, 폴리우레탄 등이 이에 해당한다.

2) 열경화성 플라스틱

열경화성 플라스틱은 한 번 열을 가해 성형을 하고 나면 다시는 재가열에 의해 성형을 할 수 없으므로 다른 모양으로 만들 수 없다. 고온에서 강성이 요구되는 곳에 사용되며 수지로 분자 간 화학반응에 의한 가교결합을 형성한다. 따라서 비가역적인 화학적 변화로 간주할 수 있으며, 아래와 같은 특성이 있다.
① 열 안정성이 우수하여 고온에서 강성이 필요한 곳에 많이 사용된다.
② 크리프(Creep) 및 변형에 대한 치수 안정성이 우수하다.
③ 높은 강성을 가지며 경도가 우수하다.
④ 재활용이 어려워 제한적으로 사용된다(고온 강성이 요구되는 제품).
⑤ 종류는 페놀, 멜라민, 에폭시, 불포화 폴리에스테르, 우레아수지, 폴리우레탄 등이 있다.

[그림 1-91] 열경화성 플라스틱

3) 광경화성 플라스틱

광경화성 수지는 액체 상태로 존재하다가 특정 파장의 빛에 노출되면 경화되는 특성을 갖는 플라스틱이다. 주로 아크릴계 고분자에 광 개시제(Photo initiator)를 첨가하여 제조하며 ABS, Epoxy 계열 고분자도 사용된다. 광경화성 플라스틱은 주로 광중합형(Photo-polymerization) 3D프린터의 소재로 사용되는데, 대표적인 공정으로는 수조 광경화 방식, DLP, 재료 분사형 방식 등이 있다.

(1) 수조 광경화(Vat Photopolymerization) 방식
① 액상의 광경화성 수지가 담겨 있는 수조에 레이저가 원하는 단면에 따라 스캐닝을 수행하여 단면을 경화시키고, 이를 반복하여 적층함으로써 3차원 입체 형상을 제작하는 방식의 프린터로서 최초로 개발된 3D프린터 방식이다.
② 수조 광경화 방식 프린터에서는 조사되는 레이저 파장에서 경화되는 광경화성 수지가 사용된다.

(2) DLP(Digital Light Processing)
① 빔 프로젝터와 유사하게 수조 안으로 빛을 조사하여 조사된 부분에 해당하는 광경화성 수지를 면(面) 단위로 경화시키고, 이를 반복하여 적층함으로써 3차원 입체 형상을 제작하는 방식의 프린터이다.
② 프로젝터에는 자외선(UV)을 사용하며, 광경화성 수지 역시 해당UV 파장에서 경화되는 수지가 사용된다.

(3) 재료 분사(Material Jetting) 방식
① 1000개 이상의 미세 노즐을 함유한 헤드가 원하는 단면에 해당되는 노즐에서 광경화성 수지 액적이 토출되며, 토출된 수지 액적은 헤드와 함께 이송하는 자외선 램프에서 조사된 자외선에 의해 경화되어 단면을 제작하는 방식이다.
② 광경화성 수지는 해당 자외선 파장에서 경화되는 수지가 사용된다.

4) 3D 프린팅 소재 선정을 위한 체크리스트

(1) 대상 제품의 기능적 특성을 선정할 수 있다.
3D프린터로 출력하고자 하는 대상 제품을 선정하고, 해당 제품의 기능적 특성(기계적 강도, 내열 온도 등)에 대해 검토한다. 기존에 유사한 제품이 출시되어 있는 경우 해당 제품제작을 위해 사용된 소재가 어떤 종류인지를 확인해 보는 것도 좋은 방법이다.

(2) 체크리스트 항목에 의거하여 항목별 점검을 할 수 있다.
　① 금속 소재의 필요성 여부를 확인한다.
　　대상 제품이 높은 강도(200MPa 이상)나 내열 온도(300℃ 이상)를 요구하는 경우 플라스틱 소재로는 한계가 있으며, 금속 소재를 사용해야 한다. 이 경우 금속 제품을 출력할 수 있는 Metal printing 장비를 사용해야 한다.
　② 출력물의 해상도를 확인한다.
　　대상 제품의 출력 해상도(적층 두께)가 0.05mm 이하일 경우 열가소성 플라스틱을 사용하는 재료 압출형 프린터로는 출력이 불가하며 광경화성 수지를 사용한 수조 광경화(SLA)혹은 DLP 방식의 프린터를 사용해야 한다.
　③ 고강도 필요 여부를 확인한다.
　　대상 제품에 요구되는 강도가 100MPa 이상이거나 내열 온도가 100℃ 이상인 경우 범용플라스틱을 사용하는 개인용 프린터로는 출력이 불가하며, 고강도 플라스틱(PC, PEI 등) 출력을 지원하는 산업용 프린터를 사용해야 한다.
　④ 높은 연성의 필요성을 확인한다.
　　높은 연성을 필요로 하는 경우 Flexible 재료를 사용해야 하며, 현재 TPU 필라멘트가 개인용 프린터로 출력 가능하다.

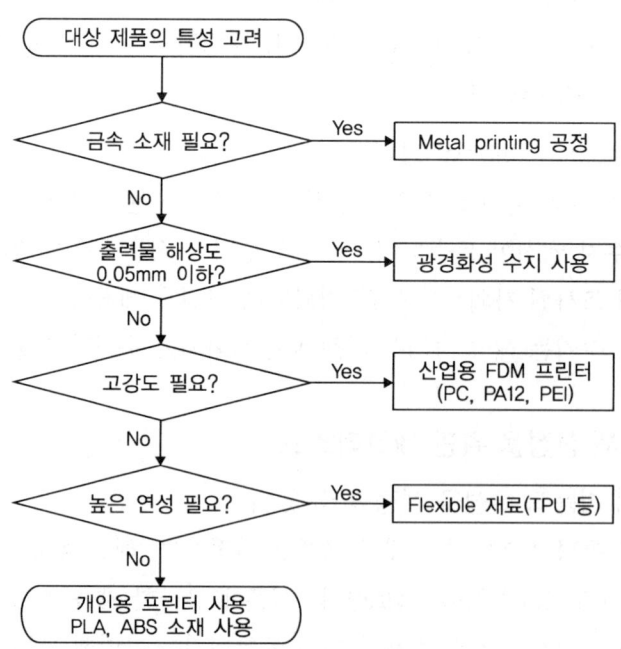

[그림 1-92] 3D 프린팅 소재 선정을 위한 체크리스트 예시(순서도 형태)

2 소재사용 적합성

1. 열가소성 플라스틱 소재의 분류

열가소성 플라스틱은 열변형 온도(Heat Deflection Temperature; HDT)의 범위에 따라 범용(일반) 플라스틱, 기능성 플라스틱, 고기능성 플라스틱으로 구분되며, 반결정성·비결정성 구분에 따라 다음과 같은 피라미드 형태로 표현될 수 있다.

1) 범용 플라스틱

(1) Polyethylene(PE)
  ① 1933년 영국의 ICI 社에 의해 상용화되었다.
  ② 강도, 내수성, 전기 절연성이 우수하고 내충격도 크며 저온 유연성도 좋다.
  ③ 물성에 따라 저밀도 폴리에틸렌(LDPE), 고밀도 폴리에틸렌(HDPE)으로 분류한다.
  ④ 내산, 내알칼리성을 가지고 있으나 석유계의 용제나 톨루엔, 벤젠 등의 탄화수소계의 용제에는 약하다.
  ⑤ 용도는 전선 피복용, 필름재, 쇼핑백, 포장재, 뚜껑류, 가정 용기 등에 사용한다.

(2) Polypropylene(PP)
  ① 1957년에 이탈리아의 Montecatini 社에 의해 상용화되었다.
  ② 가볍고, 가공성이 용이하며 연화점 높다. (순수 PP는 175℃의 융점)
  ③ 폴리에틸렌에 비하여 인장강도, 탄성률 우수하다.
  ④ 분자 구조적으로 열 자외선에 의해 산화가 잘되고 대전되기 쉽다.
  ⑤ 결정성 때문에 사출 성형 시 상처가 생기기 쉽다.
  ⑥ 용도는 식기류, 가정 용기, 필름재(OPP, CPP 필름), 문구용, 비디오케이스 등에 사용한다.

(3) Polystyrene(PS)
  ① 1931년에 독일의 Farben 社에 의해 상용화되었다.
  ② 일반 폴리스티렌(GPPS), 내충격성 폴리스티렌(HIPS), 발포 폴리스티렌(스티로폼)이 있다.
  ③ 무색투명하게 제조 가능하며 선명한 착색이 자유롭다.
  ④ 연화 온도가 낮고(95℃ 부근) 내열성 및 내충격성이 낮다.

⑤ 용도는 투명 용기, 카세트테이프 · CD 케이스, 요구르트병, 전자 제품 하우징 등에 사용한다.

(4) Polyvinyl chloride(PVC)
① 1936년에 미국의 Union Carbide 社에 의해 상용화되었다.
② 기계적 성질이 우수하며 가격 저렴하다.
③ 무색 투명하게 제조 가능하며 선명한 착색이 자유롭다.
④ 내열, 내한성, 강인성 및 전기 절연성이 우수하다.
⑤ 내수성, 난연성이 우수하고 산, 알칼리에 안정하다.
⑥ 용도는 우비 · 우산, 건축 자재용(바닥재, 벽재 등), 파이프(수도관, 전기 배관, 건축 배관 등), 완구, 문구, 장신구, 발포제(인조 가죽, 단열재, 방음재) 등에 사용한다.

(5) Polymethyl mathacrylate(PMMA)
① 1933년에 미국의 Rohm & Hass 社에 의해 상용화되었다.
② 내후성이 우수하며 열 또는 일광에서 변색되거나 퇴색되지 않는다.
③ 무색 투명하게 제조 가능하며 선명한 착색이 자유롭다.
④ 기계 가공성이 우수하며 가격이 저렴하다.
⑤ 범용 플라스틱 중에는 내열성이 우수하다.
⑥ 용도는 광학 렌즈, 안경, 컨택트렌즈, 판유리, 간판, 형광등, 명패, 각종 케이스 등에 사용한다.

2) 기능성 플라스틱(Engineering plastic)

(1) 인장강도 50MPa 이상, 100℃ 이상의 내열성이다.
(2) Base polymer에 강화제, 충진제, 난연제 등의 보강을 통해 특성 개질이다.
(3) 5대 Engineering plastic : 폴리아미드(PA), 폴리아세탈(POM), 폴리카보네이트(PC), 폴리부틸렌테레프탈레이트(PBT), 변성 폴리페닐렌옥사이드(MPPO) 등이 있다.

3) 고기능성 플라스틱(Super-engineering plastic)

(1) 인장강도 100MPa 이상, 150℃ 이상의 내열성이다.
(2) 내열성이나 강도, 내마모성이 뛰어나 기계나 자동차, 항공기, 전자 기기의 부품 등에 쓰이는 공업용 플라스틱으로 금속(경금속) 대체를 목적으로 개발하였다.

(3) 종류는 폴리이미드(PI), 폴리페닐렌설파이드(PPS), 폴리아미드이미드(PAI), 폴리에테르에테르케톤(PEEK), 폴리에테르이미드(PEI), 액정폴리에스테르(LCP) 등이 있다.

3 소재의 성능

1. 3D프린터용 플라스틱 소재(열가소성 필라멘트용)

1) PLA(Polylactic acid)

(1) 옥수수 전분 기반 바이오 플라스틱(생분해성)으로 인체에 무해
(2) 3D프린터 소재 중 융점이 가장 낮음(180~230℃)
(3) 열 수축 현상이 적어 큰 사이즈 출력물에도 적합
(4) 내구성이 떨어지고 표면처리 및 도장 등 후 공정이 어려움

2) ABS(Acrylonitrile Butadiene Styrene)

(1) 융점: 210~260℃
(2) PLA에 비해 강도, 열에 대한 내구성, 가격 경쟁력이 우수
(3) 열 수축 현상이 일어나 정밀한 제품 출력이 어려움(베드 가열 필요)
(4) 제품 출력 후 증착, 착색, 광택 처리, UV코팅, 도금이 가능
(5) 가열 작업 시 냄새가 심해 환기가 필요

3) PA(Polyamide, Nylon)

(1) 융점: 235~270℃
(2) 인장강도, 내마모성, 내열성 우수(Engineering plastic)
(3) 유연성이 좋으며 표면이 깔끔함
(4) 3D 프린팅용 필라멘트에는 저융점 고분자인 PA11, 12가 주로 사용
(5) 필라멘트 전문 생산업체인 미국 Taulman社에서 'Taulman3D618Nylon' 출시

4) PC(Polycarbonate)

(1) 융점 270~300℃, 유리 전이 온도 150℃

(2) 내열성과 내구성 우수(Engineering plastic)
(3) 열 수축 현상이 심해 정밀한 제품 출력이 어려움(가열 챔버 필요)
(4) 개인용 프린터에서는 작업이 불가하여 산업용 프린터에서 사용 가능

5) PC-ABS

(1) 융점 270~300℃, 유리 전이 온도 150℃
(2) PC의 장점인 강도와 내열성, ABS의 장점인 유연성 추구
(3) 충격 강도 우수
(4) 개인용 프린터에서는 작업이 불가하여 산업용 프린터에서 사용 가능

6) PEI(Ultem9085)

(1) 융점 300℃ 이상, 유리 전이 온도 186℃
(2) PC의 장점인 강도와 내열성, ABS의 장점인 유연성 추구
(3) 열 수축 현상이 심해 정밀한 제품 출력이 어려움(가열 챔버 필요)
(4) 개인용 프린터에서는 작업이 불가하여 산업용 프린터에서 사용 가능

7) PVA(Polyvinyl alcohol)

(1) 융점: 200℃ 내외
(2) 물에 용해되는 재료로서 수용성 지지대(Support) 제작 시 활용

3.2 소재의 물성 관리

1 소재의 기술자료

1. 소재의 기본 물성

신뢰성 시험(Reliability test)은 제품이 주어진 조건에서 일정 기간 동안 요구되는 기능을 만족스럽게 수행하는지 여부를 평가하는 시험으로 그 필요성은 다음과 같다.

1) 물리적 성질(Physical properties)

(1) 비중(Specific density)

제품의 경중을 비교하는 물리량으로 4℃의 순수한 물을 기준(1.0)으로 표시한다. 밀도와 유사한 값이나 단위가 없다.

(2) 용융점(Melting point)

고체 상태의 액체를 가열할 경우 액체로 변하기 시작하는 온도이다. 금속의 경우 용융점이 존재하며, 플라스틱의 경우는 반결정성 플라스틱만 용융점이 존재한다.

(3) 수축률(Shrinkage ratio)

플라스틱은 일반적으로 열을 가해 액상으로 성형을 한 후 냉각 과정을 통해 고체 상태로 되돌아가는데, 이때의 치수 변화(수축)를 수치적으로 나타낸 값이다. 일반적으로 %로 표시한다.

(4) 유동 지수(Melt Flow Indexl; MFI, MI)

플라스틱 소재가 용융(혹은 연화)된 상태에서의 흐름성의 척도를 나타내기 위한 값으로서 용기 안에 소재를 넣고 가열한 후 일정 크기의 하중을 가하여 특정 시간에 용기 밖으로 빠져나온 수지의 양을 측정한다. '용융 흐름 지수'로도 표기하며 지수 값이 클수록 흐름성이 좋은 것으로 판단할 수 있다.

2) 열적 성질(Thermal properties)

(1) 비열(Specific heat)

1g의 물질을 1℃ 높이는 데 필요한 열량으로, 비열이 클수록 재료를 가열할 때 더 많은 열을 필요로 함을 의미한다. 단위는 kcal/kg℃ or cal/g℃ 등을 사용한다.

(2) 열팽창 계수(Coefficient of Thermal Expansion; CTE)

재료가 가열되거나 냉각되면 재료 고유의 화학·물리적 구조에 의하여 팽창되거나 수축하게 된다. 열팽창 계수는 재료의 온도에 따른 길이의 변화를 나타내는 물성으로 단위 길이당, 온도 1℃ 변화당 재료의 길이 변화율로 환산하여 나타낸다.

(3) 열전도도(Thermal conductivity)

열전도(Heat conduction)는 물체의 분자로부터 열에너지의 이동(전달)을 의미하며, 두께 1m의 재료 양면에 1℃의 온도 차가 있을 때 재료의 표면적 $1m^2$를 통해 1시간에 한쪽에서 다른 쪽 면으로 전도되는 열량을 의미한다. 단위는 $kcal/m^2 hr℃$ 또는 $cal/cm^2 sec℃$ 등을 사용한다.

3) 기계적 성질(Mechanical property)

(1) 인장 특성

재료의 인장 시 재료가 받는 여러 가지 특성을 측정하는 시험 항목으로서 플라스틱의 기계적 물성 시험 중 가장 일반적인 항목이다. 인장 시험을 통해서는 소재의 탄성계수(Elastic modulus, Young's modulus), 항복강도(Yield strength), 인장강도(Tensile strength), 연신율(tensile elongation) 등을 얻을 수 있다.

(2) 굴곡 특성

굴곡 특성은 재료를 휘게 하는 굽힘 하중을 가했을 때 발생하는 응력의 변화와 관련된 물성을 의미한다. 굽힘 하중을 적용할 때 하중이 더 이상 증가하지 않는 최대값을 굴곡강도(Flexural strength)로 정의하며, 굽힘 변위-하중 그래프에서 초기 직선 구간(탄성영역)의 기울기를 굴곡 탄성률(Flexural modulus)로 정의한다.

(3) 충격 특성

충격 특성은 충격 강도(Impact strength)로 정의하는데, 이는 충격 하중에 의해 재료를 파괴하는 데 필요한 에너지를 재료의 단위 면적당으로 나눈 수치(kJ/m^2)를 말한다. 아이조드 충격 강도(Izod impact strength)는 시편의 중간 부위에 홈집(notch)을 낸 후 수직으로 세워 놓고 윗부분에 충격을 가해 파괴되는 데 소모되는 에너지를 의미한다.

(4) 압축 특성

압축 강도는 원통형의 시편에 압축 하중을 인가하여 파괴될 때까지의 최대 하중을 시험편의 원단 면적으로 나누어 kg/cm^2로 나타낸다. 파괴되지 않은 재료에 있어서는 규정 변형치에 대한 하중을 원단 면적으로 나눈 값으로 나타나는 경우가 있다.

2 소재의 재료관리 방안

1. 플라스틱 소재의 응력과 변형률

1) 응력(Stress)

단위 면적(A)당 부과되는 하중(F)의 크기로 $\sigma = F/A$의 식으로 계산한다. 단위는 $Pa(N/m^2)$, kgf/mm^2 등의 단위로 사용한다.

2) 변형률(Strain)

하중에 의해 발생된 변형(ΔL)의 상대적인 값으로 원래 길이(L)로 나누어 $\varepsilon = \Delta L / L$의 식으로 계산한다. 단위는 무차원이며 %로도 표시한다.

3) 응력-변형률 관계식

탄성영역에서는 응력과 변형률 간에 선형 관계식을 유지하며, $\sigma = E\varepsilon$의 식(Hooke의 법칙)으로 표현된다. 상기 관계식은 인장 시험에 의해 구해질 수 있다.

2. 소재의 변형 거동

1) 탄성변형과 소성변형

(1) 탄성변형(Elastic deformation)

하중을 제거하면 원래 상태로 되돌아오는 변형으로 응력과 변형률은 아래 그림과 같이 선형(비례) 관계를 유지하며, 이때의 기울기를 탄성계수(Elastic modulus)로 정의한다. 아래의 응력-변형률 곡선에서 항복응력(Yield stress, σ_Y)에 도달하기 전까지의 영역이 탄성영역에 해당한다.

(2) 소성변형(Plastic deformation)

하중을 제거해도 원래 상태로 되돌아오지 않고 영구변형이 남는 경우로 응력과 변형률은 비선형적 관계를 유지한다. 아래의 응력-변형률 곡선에서 항복응력(σ_Y) 이후를 소성영역으로 정의하며, 이 소성영역 구간에서는 응력이 서서히 증가하다가 인장강도(Tensile strength, σ_U) 이후 응력이 감소하다가 파단에 이르게 된다.

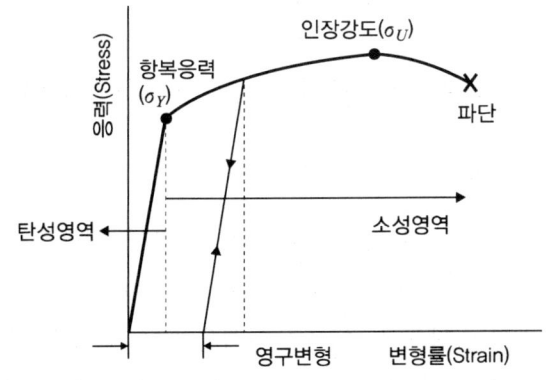

[그림 1-93] 인장 시험을 통해 얻어진 응력-변형률 곡선

2) 플라스틱 소재의 연성재료와 취성재료

(1) 연성재료(Ductile material)

소성변형이 큰 재료로 항복응력(Yield strength) 이후 특정 부위가 얇아지며, 응력이 일시적으로 감소하는 네킹(Necking)이 발생하고, 이후 네킹이 전체적으로 진행되며 변형이 지속되다가 파단이 발생한다. 이때 파단이 발생하는 지점에서의 응력을 인장강도(Tensile strength)로, 변형률을 연신율(Elongation)로 정의한다.

(2) 취성재료(Brittle deformation)

소성변형이 거의 없고 탄성변형을 지속하다 바로 파단이 발생한다. 역시 파단이 발생하는 지점의 응력이 인장강도(파단강도)로는 정의되나, 항복응력이 정의되지 않는다. 하단 그림에 폴리에틸렌(PE, 연성재료)과 폴리스타이렌(PS, 취성재료)의 인장곡선 차이를 도시하였다.

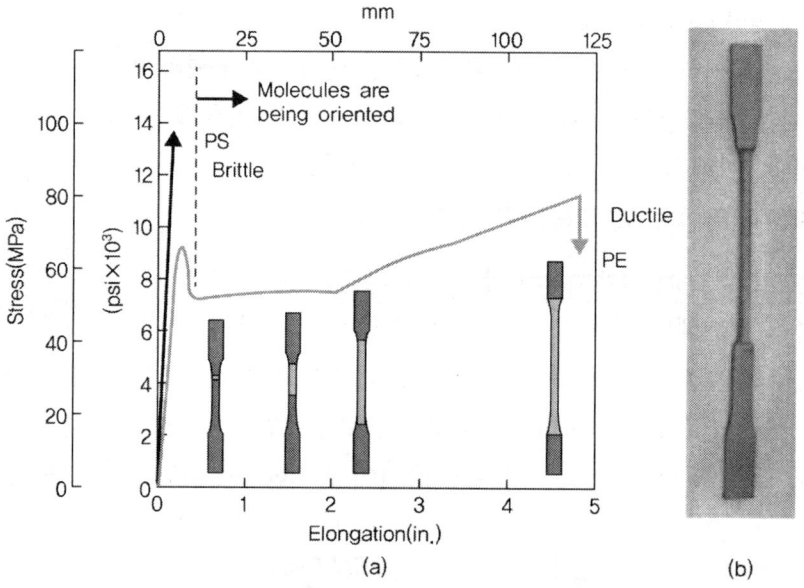

[그림 1-94] 연성 플라스틱(PE)과 취성 플라스틱(PS)의 변형 거동 특성 비교

3) 플라스틱의 점탄성 거동

금속이나 세라믹 등의 소재는 탄성영역에서 Hooke의 법칙으로 표현할 수 있는 완전탄성체(고체)로 정의할 수 있다. 반면 고분자 재료는 고체로서의 탄성체적 성질과 함께 유체로서의 점성체(Newton의 법칙으로 표현)의 성질을 함께 갖고 있는 점탄성(Visco-elastic)적인 특성을 갖고 있어서 보다 복잡한 변형 특성을 보인다. 다만 점탄성 관련 물성은 일반

적으로 제공되는 소재의 물성표에는 제공되지 않으며(물성표에는 일반적으로 탄성체적 물성만 표현), 해당 물성을 얻기 위해서는 별도의 물성 시험을 수행해야 한다.

3 소재의 위험성

우리의 일상생활의 일부가 되어있는 플라스틱 소재 제품은 조용한 암살자라고 불릴 정도로 위험하다. 플라스틱 소재 제품의 사용을 지금 중단하는 것은 매우 어렵지만, 플라스틱 소재의 위험성을 이해하고 현명한 선택을 하는 것이 중요하다. 플라스틱 소재는 일상생활에 필수적이며, 가정에 많은 플라스틱 소재 제품이 존재한다. 플라스틱에도 다양한 종류가 있기 때문에 현재 사용하고 있는 플라스틱이 어떤 종류의 것인지 확인하기 위해 제품의 뒷면에 있는 삼각형과 그 안에 있는 숫자를 확인하여야 한다. 모든 플라스틱이 같은 수준의 유해물질이라는 것은 아니고, 각각의 종류에 따라 달라진다.

1. 3D프린터용 플라스틱 소재

1) ABS(Acrylonitrile Butadiene Styrene)

ABS는 Acrylonitrile, 1,3-Butadiene, Styrene을 중합하여 얻어지는 중합체로 전자제품 및 자동차의 부품 소재로 많이 사용하며, 보급형 3D프린터의 재료 중에서 일반적으로 가장 많이 사용되는 소재이다. 일반 플라스틱과 유사한 강도를 보이지만 성형성, 내구성, 내열성, 전기적 성질 등이 우수한 것으로 평가된다. 내구성은 매우 뛰어나지만 녹은 뒤 굳는 데까지 소요되는 시간이 짧아 완성 후에 갈라지거나 바닥에 달라붙는 현상이 발생할 수도 있다. 일반적으로 약 105℃에서 녹으며 압출을 위해서는 약 210~260℃의 고온을 필요로 한다. 특히, 상태의 열분해 과정에서 ABS를 구성하고 있는 단량체를 포함하여 휘발성 유기화합물(Volatile Organic Compounds, VOCs), 일산화탄소, 시안화수소 등 유해 발암물질을 배출할 수 있기 때문에 밀폐된 공간에서 사용할 때에는 주의가 필요하다.

2) PLA(Polylactide; 폴리 락트산)

ABS가 가공과정에서 발암물질을 포함하는 유해물질이 발생하는 데 반해 PLA는 옥수수 전분에서 추출한 원료로 만든 생분해성(Biodegradable) 수지로서 일반수지가 열을 받았을 때 발생하는 환경호르몬, 중금속물질 등 유해 성분이 검출되지 않아 상대적으로 안전한 재료로 평가된다. 사용 중에는 일반 플라스틱과 동일한 특성을 갖지만 폐기 시 미생물에 의해 생분해되는 장점을 가진다. ABS와 더불어 3D프린터 원료로 가장 많이 사용되는 원료로서 ABS가 가지는 단점을 상당 부분 해소할 수 있는 재료이며, ABS보다 다소 낮은 180~210℃의 온도를 필요로 한다. 프린팅 과정에 있어 시간이 오래 걸리기 때문에 수축이 거의 일어나지 않아 ABS처럼 갈라짐이나 바닥에 붙는 현상이 거의 발생하지 않으나 ABS에 비해 상대적으로 내열성과 강도, 내구성이 떨어진다. 또한 열분해 과정에서 메탄, 메틸 케텐, 알데히드류 등 유해물질이 소량 발생하는 것으로 밝혀졌으나, 다른 소재에 비해 상대적으로 배출 수준이 낮아 현재로서는 사용자노출과 환경영향 측면을 고려했을 때 가장 적합한 것으로 판단된다.

3) PP(Polypropylene; 폴리프로필렌)

PP는 상온에서 지방, 유기용제 등 화학물질 대한 내화학성을 가지며, 일반 생활 제품에서 쉽게 접할 수 있는 플라스틱의 일종이다. 재활용이 가능하여 비용 대비 매우 효율적인 장점이 있어 3D 프린팅의 재료로도 많이 사용되고 있다. 에틸렌과 공중 합화시켜 강도를 높일 수 있어 산업용 재료로도 많이 사용한다. 고온에서 가공될 때 쉽게 변형되는 성질이 있으며, 우수한 전기 절연적 특성이 있어 정전기력에 의해 표면에 먼지를 비롯한 이물질이 붙는 단점이 있다. 가열 온도는 230~260℃이며, 고온에 의해 열분해 될 때 알데하이드류와 유기 화합물, 알켄류 등 유해 물질이 배출될 수 있어 주의가 필요하다.

4) PA(Polyamide, Nylon; 폴리아미드)

나일론은 가볍고 층간 결합이 강하여 강도가 높으며 내구성이 좋은 소재이다. 순수한 열가소성 수지이므로 재활용이 가능하며, 강한 산을 제외한 보통의 유기용제 또는 알칼리에 대한 강한 내화학성을 가진다. ABS와 PLA와 같이 공기 중 습기를 흡수하려는 성질이 가지고 있기 때문에 습도가 높은 환경에서는 인쇄 품질에 상당한 영향을 받을 수 있다. 습도가 높은 조건일 경우 나일론은 눈에 띄는 냄새가 없지만 가스는 녹거나 화상을 일으켜 방출된다. 나일론으로부터 발생 가능한 유해물질은 열분해 과정에서 카프로락탐(Caprolactam) 단량체가 발생할 수 있고, 니트릴, 케톤류 및 방향족 유기화합물, 암모니아, 시안화수소를 배출하는 것으로 알려져 사용 중 노출에 주의가 필요하다.

5) PC(Polycarbonate; 폴리카보네이트)

PC는 충격 강도, 내열성, 투명성, 멸균성, 내연성, 내오염성이 매우 뛰어난 비결정질의 엔지니어링 재질로 가볍고 투명한 형태의 열가소성 수지이다. 고온에서 열 변형이 쉽게 일어나며 유연성이 뛰어나 변형이 생겼을 때 원래 모양으로 돌아가려는 성질을 가지고 있다. PLA와 ABS보다 높은 밀도와 인장강도를 가지고 있어 높은 강도와 유연성을 가진 투명 제품을 가공할 때 이상적인 재료이다. 보통 270~300℃에서 녹으며, 일반적으로 300℃에 가까울수록 인쇄 품질은 높아지나 가격에 따른 제품별 품질 차이도 있다. 단량체는 비스페놀 A와 포스겐으로 구성되어 있어 고온에서 열분해가 이루어질 때 환경호르몬 비스페놀 A를 비롯하여 알데하이드류, 유기화합물, 페놀류 등 화학물질 포스겐 배출될 수 있으므로 주의가 필요하다.

6) ULTEM9085(울템 9085)

ULTEM9085는 난연성 고성능 열가소성 수지로 186℃의 높은 유리 전이 온도로 인해 고온에서 우수한 특성을 가진 부품을 만들 수 있다. PEI는 뛰어난 열 특성, 뛰어난 치수 안정성, 고유한 난연성 및 우수한 내 화학성을 결합한 비정질 고성능 폴리머이다. 자동차, 항공기부품에 사용되며 낮은 연기 발생 및 낮은 연기 독성이 발생하므로 주의가 필요하다.

7) PC·ABS

PC·ABS는 폴리카보네이트와 ABS의 3D 프린팅에서 최고의 재료 두 가지로 구성된 고성능 합금으로 우수한 인쇄 특성을 유지한다. ABS의 높은 가공성과 PC의 뛰어난 기계특성, 내충격성, 내열성 등이 좋다. 난연제(물리·화학적으로 개선해 잘 타지 못하도록 첨가하는 물질)는 독성이 없고 열적으로 안정하나 물과 접촉할 경우 독성이 강하고 밀폐공간에서 폭발위험이 있으며 포스핀 일산화탄소가스를 방출한다. 스타이렌 분자구조 내에 벤젠고리가 존재해서 분해 시 발암물질인 환경호르몬이나 스타이렌이 나올 위험이 있어 작업 중 발열 및 분진발생이 잦은 3D프린터 작업에 마스크 착용 등 주의가 필요하다.

8) HDP 또는 HDPE(High Density Polyethylene; 고밀도 폴리에틸렌)

HDP는 분지가 적고 결정성이 높은 폴리에틸렌 수지로 화학성분 배출이 없고 인체에 무해하기 때문에 사용이 권장되는 성분으로 열에 강해 전자레인지 사용 또한 가능해 일반

식품용기 재료로 널리 쓰이고 있다. HDPE는 식품에 접촉하는 용도로 적합한 무취, 무미, 무독성의 중합체이다. 인장강도, 열 변형 온도, 점도 및 내화학성이 LDPE보다 높지만 충격 강도는 더 낮다. 용융 온도 180℃~280℃이고 60℃가 넘는 온도에서 탄화수소가 용해되지만 이 재질에 대한 저항성은 LDPE에 대한 저항성보다 크다.

9) PVC 또는 V(Poly Vinyl Chloride; 폴리비닐 클로라이드, 폴리염화비닐)

PVC는 다양하게 사용되는 중합체로 사용되는 첨가제의 범위에 따라 물리적 특성이 바뀔 수 있다. 수도관에 사용되는 인성과 강성이 강한 중합체부터 섬유 제품에 사용되는 유연한 재질까지 다양하게 만들 수 있다. PVC의 특징으로는 낮은 가연성과 인성(잘 깨지지 않게 설계됨), 우수한 내후성(색상 및 충격 보존, 강성 손실 없음) 및 뛰어난 치수 안정성이 있으며 산화제와 환원제 및 강산에 대해 매우 높은 내성을 갖고 있다. 그러나 무가소성 PVC는 환경에 좋지 않으며 60℃가 넘는 온도에서 지속적으로 사용하지 않는 것이 좋다. 황산이나 질산과 같은 농축된 산화성 산에는 내성이 없으며 방향성 탄화수소 및 염화탄화수소와는 함께 사용하지 않는 것이 좋다. 용융 온도(160℃~220℃)가 맞지 않을 경우 분해 시 염화수소산이 생성되어 분해를 가속화하여 심각한 문제가 발생할 수 있다. 유연한 플라스틱으로 평소에는 안정적인 물질이나 열에 매우 약해 소각 시 독성가스와 환경호르몬, 다이옥신 등을 대량 방출하므로 주의가 필요하다.

10) LDPE(Low Density Polyethylene; 저밀도 폴리에틸렌)

LPD는 HPD와 반대 성질로 분자구조가 간단해 다양한 용도로 제조 및 이용되고 있는데, 일상생활 사용 시 안전하나 재활용이 불가하다. LDPE(저밀도 폴리에틸렌)은 식품 접촉용으로 적합한 무취, 무미, 무독성의 중합체이다. HDPE보다 충격 강도는 높지만 인장강도, 점도 및 내화학성은 낮다. 용융 온도 180℃~280℃이고 실온에서 여러 솔벤트에 내성을 갖고 있지만 방향족 염화탄화수소로 인해 팽창하며 환경 응력 균열이 발생하기 쉽다.

11) PP(Polypropene; 폴리프로필렌)

PP는 널리 사용되고 반투명한 반결정질의 열가소성 중합체로 여러 화학품에 대한 내화학성이 뛰어나고 용융 온도 220℃~280℃이다. 산, 알칼리, 솔벤트에 대해 우수한 내화학성이 있으나 벤젠 같은 방향족 탄화수소와 사염화탄소 같은 염화탄화수소에는 내성이 없다. 플라스틱 중 질량이 가장 가볍고 질겨 고온에도 변형되거나 호르몬 배출이 없어 이불솜부터 반찬통 등 생활 곳곳의 영역에서 널리 사용 있다.

12) PS(Polystyrene; 폴리스티렌)

PS는 실온에서 고체(유리질) 상태이지만 유리 전이 온도인 약 100℃ 이상으로 가열되면 유동한다. 가격이 저렴하고 단단한 중합체로 투명하고 굴절률이 높아 형상을 만들기 용이한 장점이 있으나 내열성이 약해 가열 시 발암물질이 배출한다. 용융 온도 180℃~280℃로 뛰어난 치수 및 열 안정성, 광학적 투명성을 제공하며 흡습성은 낮다. 유전 특성이 우수하며 내수성이 있고 희석된 무기산으로 농축 황산과 같은 강한 산화성 산은 PS를 손상시키고 일부 유기용제는 PS를 부풀게 한다. 또한 제조 또는 저장에서 가연성 위험을 야기할 수 있으며, 폐기된 폴리스티렌은 수백 년 동안 생분해되지 않으며 광산화에 강하며, 폴리스티렌 폼은 비중이 낮기 때문에 바람에 날려 물에 뜨며 많은 양을 삼키는 조류나 해양 동물의 건강에 심각한 영향을 줄 수 있으며, 스티렌 단량체(폴리스티렌이 제조되는)는 암 의심 물질로 갑상선 호르몬 수치를 증가시킬 수 있다.

2. 유해화학물질

1) 비스페놀 A
① 폴리카보네이트 플라스틱 및 에폭시 수지 생산의 원료로 사용
② 내분비계 교란 가능성이 있는 물질임
③ 특히 태아 및 영유아의 성장과 발달에 유해함

2) 프탈산에스테르(프탈레이트), 디에틸헥실프탈레이트(DEHP), 디부틸프탈레이트(DBP), 디에틸프탈레이트(DEP)
① 가소제 및 연화제로 사용되어 플라스틱, 특히 폴리염화비닐(PVC)을 유연하게 만듦
② 향수와 화장품의 용매 및 향을 지속시키기 위해 사용함
③ 일부 프탈레이트는 생식능력을 저해하며, 과다 섭취 시 간에 지장을 초래

3) 노닐페놀(NP)
① 플라스틱 제조 시 산화방지제, 가소제, 안정제 등으로 사용함

② 공업용 세제로 사용되는 노닐페놀에톡시레이트(NPEs)를 일부 분해해 만들어짐
③ 수중생물에게 극도로 유해함
④ 특히 어류의 내분비계 교란을 일으키며 여성화를 초래함
⑤ 기타 동물 및 인간의 생식과 성장에도 유해할 수 있음

4) 폴리브롬화, 디페닐에테르(PBDEs)

① 플라스틱, 발포 고무, 섬유 등의 발화 지연제로 사용함
② 플라스틱 제품에 첨가제로 사용되거나 환경에 잔류하다가 플라스틱 제품 표면으로 흡착될 수 있음
③ 내분비계 교란 가능 물질로 특히 갑상선 기능에 문제를 유발할 수 있음
④ 신경 발달 및 행동, 면역체계, 간 등에 유해할 수 있음

5) 폴리염화비페닐(PCBs)

① 일부 플라스틱의 난연제, 가소제 및 변압기의 절연체로 사용
② 여러 동물의 면역체계, 생식능력, 신경계에 독성 초래함
③ 간에 손상을 줄 수 있으며 암을 유발할 수 있음

6) 다환방향족 탄화수소(PAHs)

① 화석연료의 불완전연소 시 발생하는 물질. 석유 및 콜타르에도 존재
② 한번 흡수되면 체내에 축적됨
③ 일부는 암과 돌연변이를 유발하고 생식능력을 저해함

3.3 소재의 물성 테스트

1 소재의 물성

1. Material Selection Chart의 개요

최적의 소재를 선정하기 위해서는 다양한 소재의 물성(강성, 강도, 내충격성, 인성, 비중,

단가 등)을 종합적으로 고려해 주어야 한다. 그러나 재료의 모든 특성을 조사하여 종합적으로 고려하기에는 많은 시간과 비용이 소요될 뿐 아니라, 다양한 재료의 물성에 대한 평가 기준의 수립에 많은 어려움이 수반된다. 이러한 공학 문제에서의 재료 선정 과정을 체계화하기 위해 Material Selection Chart를 사용하여 주어진 조건을 만족하는 최적의 재료를 선정하기 위한 방법이 사용되고 있다.

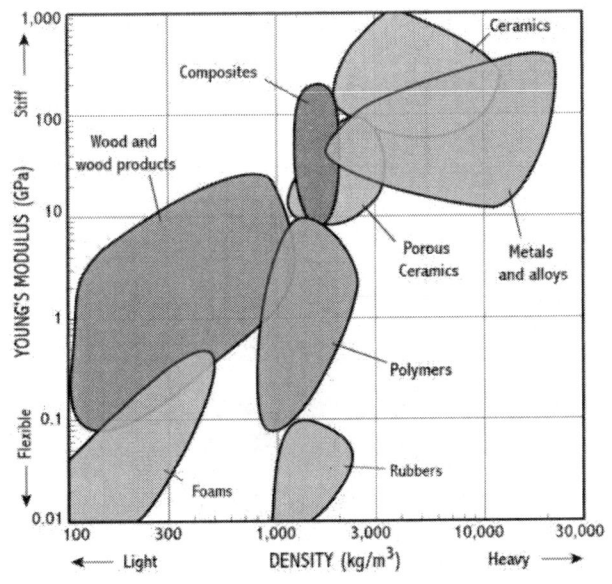

[그림 1-95] Material Selection Chart

1) 밀도(Density) 대비 강성(Stiffness)을 고려한 Selection Chart

재료의 강성(Stiffness)은 재료의 탄성계수(Young's modulus)로 정의되며, 일반적으로 세라믹 > 금속 > 고분자 순서로 높다. 밀도 대비 강성(비강성)은 재료의 밀도(비중)를 고려한 상대적인 값이며, 금속으로 구현할 수 있는 강성을 동일한 질량의 고분자로 구현할 수 있으면 동일한 효과를 얻을 수 있다는 의미이다. 상기 Chart에 도시된 다양한 재료에 대해 밀도 대비 강성을 효과적으로 비교하기 위해서는 대상 제품의 특성을 고려한 Material index의 정의가 필요하다.

2) 밀도(Density) 대비 강도(Strength)를 고려한 Selection Chart

재료의 강도(Stiffness)는 재료의 인장강도(Tensile strength)로 정의되며, 밀도 대비 강도(비강도)는 재료의 밀도(비중)을 고려한 상대적인 값으로, 역시 하단의 Chart에 도시된 다양한 재료에 대해 밀도 대비 강도를 효과적으로 비교하기 위해서는 대상 제품의 특성을 고려한 Material index의 정의가 필요하다.

2. Material Index의 정의 방법

Material Selection Chart를 사용하기 위해서는 Material Index를 정의해야 하며, 이를 기초로 원하는 소재를 선택할 수 있다.

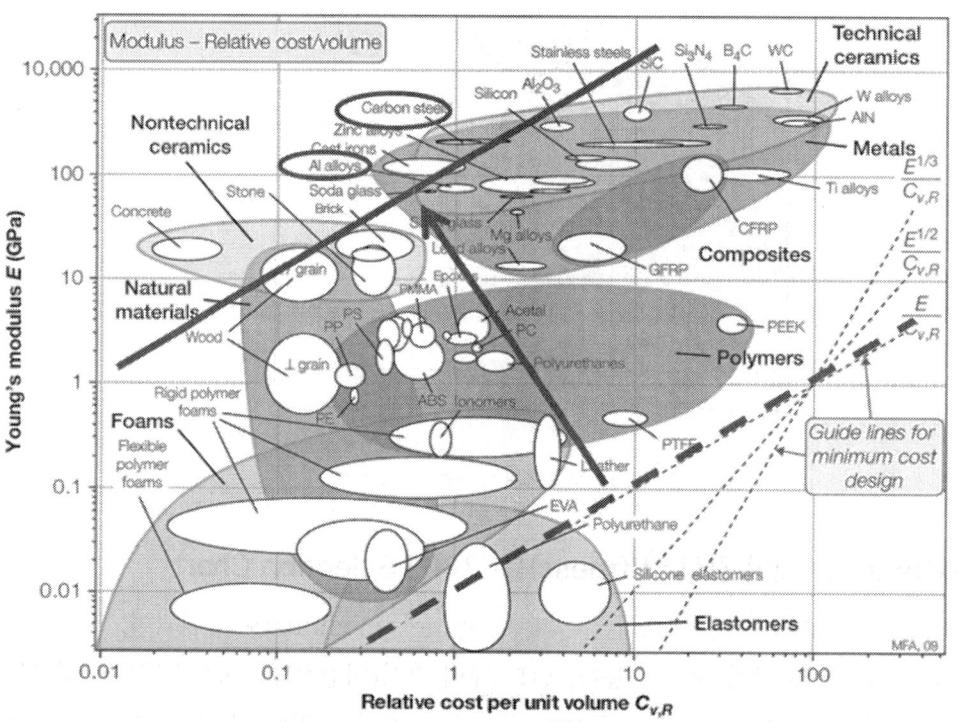

[그림 1-96] Material Selection

굽힘 하중을 받는 양단 지지보의 비강성 계산을 위한 Material Index 양단이 지지되어 있는 사각 단면의 보의 중앙에 집중 하중(F)이 부과되고 있다. 보의 소재 선정에 따른 프린터 개발 방향 적용 선정된 소재의 종류에 따라 그에 상응하는 프린터 개발 방향에 대한 기준을 수립한다. 일례로 소재의 열 변형 온도를 높이기 위한 목적으로 아래와 같이 소재를 선정할 경우 이에 상응하는 프린터의 온도 설정에 대해 아래와 같이 예시하였다.

1) PLA

노즐 온도는 180~230℃로 설정해 주어야 하며, 베드 히팅이 없어도 무방하다. 단, 출력물 크기가 200×200mm 이상인 경우는 베드 히팅 기능을 추가하는 것이 좋다.

2) ABS

노즐 온도는 210~260℃로 설정해 주어야 하며, 베드 히팅이 필수적이다. 베드 히팅은 100℃ 이상 설정해 주어야 한다.

3) PC

노즐 온도는 270~300℃로 설정해 주어야 하며, 베드 히팅이 필수적이다. 베드 히팅은 150℃ 이상 설정해 주어야 하며, 단열 Chamber를 설정하여 Chamber 내 온도를 일정하게 유지해 주는 것이 바람직하다.

2 물성 테스트 시험항목의 이해

1. 고분자(플라스틱) 소재의 기계적 물성 테스트

1) 인장 시험

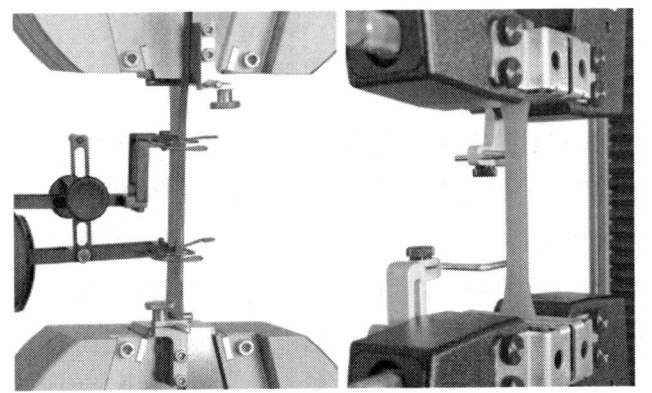

[그림 1-97] 만능재료시험기에서 인장 시험

인장 시험기(Universal Testing Machine; UTM)를 통하여 시험편의 주요 길이 방향 축을 따라 시험편이 파단될 때까지 또는 응력(하중)이나 변형(신장률)이 어떤 예정된 값에 도달할 때까지 일정한 속도로 신장되는 동안 시험편에 의해 지탱되는 하중과 신장률을 측정한다. 시험을 통해 인장강도, 인장 탄성률, 항복강도, 연신율을 측정, 응력-변형률 곡선 작성 등을 얻을 수 있다.

2) 굴곡 시험

플라스틱의 굴곡 강도(Flexural strength)와 굴곡 탄성률(Flexural modulus)을 측정하기 위한 시험으로 직사각형의 단면을 가진 시험편을 두 지지대에 놓고, 두 지지대 사이의 시험편 중앙에 하중을 가하여 구부린다. 시험편이 최대 변형 5%에 도달하거나 외부의 파열이 발생할 때까지 일정한 속도로 하중을 가하면서 시험 동안 시험편에 부하되는 하중을 측정한다.

3) 압축 시험

원통형 시험편이 파괴될 때까지 하중 또는 압축 변형량이 규정한 값에 도달할 때까지 시험편의 주축을 따라 일정한 속도로 압축하며 시험 중에 시험편이 지지하는 하중을 측정한다. 위아래 압축용 지그(Jig) 사이에 측정하고자 하는 시편을 끼운 후 시편에 한 방향(윗 방향)으로부터 힘을 가했을 때, 시편에 걸리는 하중 값이 로드셀(Load cell)에 전달되어 압축 강도로 계산된다.

4) 경도 시험

경도(Hardness)란 물체의 기계적 성질 중에서 단단하고 무름의 정도를 나타내는 수치이다. 경도를 측정하는 방법은 시편이 나타내는 저항의 대소, 저항의 종류, 시편의 재질 등에 따라 여러 가지로 나누어진다. 압연기용 롤러 등에는 쇼어 경도를 사용하고, 회전축수, 절삭 공구, 스프링 판 등에는 로크웰 경도를 사용하며, 침탄, 질화, 탈탄, 도금 등의 표면 변질층 및 정밀 기기의 미소 부품에 대해서는 비커스 경도를 사용한다.

5) 충격 시험

소재의 충격 강도를 평가하기 위한 시험으로 시험편을 수직 상태로 지지시킨 후 진자로 타격하여 파괴시킨다. 진자는 시험편 고정대에서 일정한 거리를 유지하고 노치가 있는 시험편에 대해서는 노치의 중심선에서부터 일정거리의 궤도를 그려야 한다. 충격 시험은 시편에 순간적인 충격력을 작용시켜 파괴하는 데 필요한 에너지를 측정한다. 충격 시험 방법으로는 아이조드(Izod)법, 샤르피(Sharpy)법, 가드너(Gardner)법이 있다.

6) 피로 시험

플라스틱 재료에 반복변형을 부여하면 기계적 강도가 감소하는 성질이 있다. 이 시험은 먼저 규정된 시료를 사용하여 반복굽힘으로 파괴했을 때의 응력과 반복 횟수를 구한다.

피로 시험은 응력진폭 일정형, 변형진폭 일정형 등이 있고 하중의 형식에 따라 굽힘, 인장, 압축, 조합된 응력 시험 등의 종류가 있다.

2. 열적 물성 테스트

1) 유리 전이 온도(Glass Transition Temperature, Tg)

비정질 고분자 또는 준결정 고분자의 비결정 영역에서 점성이 있는 상태 또는 고무(Rubbery)상의 상태에서 딱딱하고 상대적으로 깨지기 쉬운(Glassy) 상태로 바뀌는 가역적 변화 또는 그 반대 방향으로의 변화를 유리 전이라고 하며, 유리 전이가 일어나는 온도 범위의 중간 지점을 유리 전이 온도(Glass Transition Temperature, Tg)라고 한다. 유리 전이 온도의 측정 방법은 KS M ISO 11357-2에 의거한 시차주사열량계(DSC)를 사용하여 측정할 수 있다.

2) 비카트 연화 온도(VST, Vicat Softening Temperature)

① 연화 온도란 재료가 사용될 수 있는 최고 한계 온도를 나타내는 척도로서 일정 하중에서 임의의 양만큼의 변형이 발생하는 온도를 말한다.

② 비카트 연화 온도(VST)는 하중(10N, 50N)과 승온 속도(50℃/시간, 120℃/시간)의 4종류의 시험에서 시편의 표면으로부터 침상 압자가 1mm 침투하였을 때의 온도를 말한다.

③ 4종류의 시험 방법은 A50법(시험 하중10N 및 승온 속도 50℃/h), B50법(시험 하중 50N 및 승온 속도 50℃/h), A120법(시험 하중 10N 및 승온 속도 120℃/h), 그리고 B120법(시험 하중 50N 및 승온 속도120℃/h)이다. 측정 규격은 KS M ISO 306, KS M ISO 2507-1 등이 있다.

3) 열 변형 온도(Heat Deflection Temperature; HDT)

① 고분자 소재가 특정 온도 이상에 도달하면 적은 하중에서도 비정상적으로 큰 변형이 발생되는데, 이때의 온도를 열 변형 온도(Heat Deflection Temperature; HDT)라 정의한다.

② 열 변형 온도 시험은 시료를 Oil에 넣고 지정된 굽힘 응력을 인가한 상태에서 온도를 서서히 상승시켜 가며 시료에 일정 변형이 일어나는 온도를 측정한다.

3. 물질안전 보건자료(MSDS)

물질안전 보건자료(Material Safety Data Sheet; MSDS)는 화학 물질을 안전하게 사용하고 관리하기 위하여 필요한 정보를 기재한 자료로 화학 물질 등 안전 Data sheet라고도 한다. 일반적으로 플라스틱은 화학 물질로 분류되기 때문에 소재 제조 업체에서는 MSDS 자료를 제공하고 있다.

1) MSDS 적용 대상 소재

(1) 물리적 위험 소재 : 폭발성, 산화성, 인화성 · 고인화성, 금수성 소재
(2) 건강 장해 소재 : 독성 · 고독성, 유해, 부식성, 자극성, 과민성, 발암성, 변이원성 소재
(3) 환경 유해 소재 : 생식독성 소재(환경 호르몬 유발)

2) MSDS 작성 항목

(1) 화학 제품과 회사에 관한 정보
(2) 구성 성분의 명칭 및 함유량
(3) 위험성 및 유해성
(4) 응급조치 요령
(5) 폭발 혹은 화재 시 대처 방법
(6) 누출 사고 시 대처 방법
(7) 취급 및 저장 방법
(8) 노출 방지 및 개인 보호구
(9) 물리 화학적 특성
(10) 안정성 및 반응성
(11) 독성에 관한 정보
(12) 환경에 미치는 영향
(13) 폐기 시 주의 사항
(14) 운송에 필요한 정보
(15) 법적 규제 현황
(16) 기타 참고 사항

4. 전기 기구/전자 제품 안전성 테스트(UL)

UL(Underwriter's Laboratory) 테스트는 미국 보험 회사들이 전기 기구나 전자 제품의 안전도를 평가하기 위한 목적으로 시작한 테스트로, 오늘날에는 세계적으로 확장되어 미주 지역은 물론 타 지역에서도 널리 사용되고 있으며 전기 기구나 전자 제품에 사용되는 플라스틱 소재에서는 필수적으로 제공되고 있다. UL 테스트에서 평가하는 주요 항목은 다음과 같다.

1) 난연성 평가(UL94)

세계에서 가장 널리 사용되는 난연성 평가 기준으로 시편을 불꽃(Flame)에 노출하여 타 들어 가는 길이를 평가한다. 시편의 방향에 따라 아래와 같은 2가지 기준이 있다.

(1) Horizontal Burning(HB)

길이 125mm, 폭 13mm, 두께 1.5/3.0/6.0mm인 시편을 수평 방향으로 눕혀 설치한 후 한쪽 끝단에 불을 붙여 1분당 타들어 간 길이로 평가한다. 시편 두께가 3mm 이상인 경우 분당 연소 길이가 35mm를 초과하면 안 되고, 시편 두께가 3mm 이하인 경우에는 분당 연소 길이가 75mm 이내여야 한다.

(2) Vertical Burning(VB)

길이 125mm, 폭 13mm, 두께 0.8/1.57mm인 시편을 수직 방향으로 세워 설치한 후 아래쪽 끝단에 10초간 불을 붙인 후 몇 초 만에 불이 자동 소화되는지 평가하는데, CI(Cotton Ignition: 연소되는 시편에서 떨어진 불똥이 약 30cm 아래 위치한 솜에 발화되는 현상) 결과와 종합하여 아래와 같이 등급을 판정한다(V-0이 최우수 등급).

2) 전기적 특성 평가(UL746A)

UL746A는 플라스틱의 전기적 특성을 평가하는 항목인데, 주로 Ignition과 Tracking에 대한평가로 다음과 같은 평가 항목이 있다.

(1) Hot Wire Ignition(HWI)

저항 Wire로 시편을 감싸고 전류를 흘렸을 때 발화되거나 발화 없이 타는 데 소요되는 평균 시간을 측정하는 평가로, 0등급이 가장 우수하며 5등급이 최하위이다.

(2) High Current Arc Ignition(HAI)

HAI는 시편을 발화시키며, 필요한 파열을 일으키는 데 소요되는 Arc의 평균 수치(Number of Arc; NA)를 측정하는 평가로서 0등급이 가장 우수하며 4등급이 최하위이다.

(3) High Voltage Arc Resistance to Ignition(HVAR)

고압 Arc 환경에서 시편을 발화시키는 데 소요되는 평균 시간을 측정하는 평가로서 0등급이 가장 우수하며 3등급이 최하위이다.

(4) High Voltage Arc Tracking Rate(HVTR)

고압 Arc에 시편이 탄화되는 속도(Tracking rate)를 측정하는 평가로서 0등급이 가장 우수하며 4등급이 최하위이다.

(5) Comparative Tracking Index(CTI)

0.1% 염화암모늄 전해액을 50방울 떨어뜨린 후 시편이 탄화되는 전압을 측정하는 평가로서 0등급이 가장 우수하며 5등급이 최하위이다.

3) 장기적 내열 특성 평가(UL746B)

UL746B RTI(Relative Temperature Index)는 플라스틱의 장기 내열 온도를 평가하는 항목으로서 특정 온도에서 장시간 연속 사용 후의 기계적 강도는 초기 강도의 50% 이상을 유지하는지를 평가하여 다음과 같은 형태로 표기한다.

(1) Elec. 80 : 80℃에서 60000시간을 사용한 후 절연 강도가 초깃값을 50% 이상 유지
(2) Imp. 80 : 80℃에서 60000시간을 사용한 후 충격 강도가 초깃값의 50% 이상 유지
(3) Str. 80 : 80℃에서 60000시간을 사용한 후 인장강도가 초깃값의 50% 이상 유지

5. 온도에 따른 인장 특성 변화

플라스틱 재료는 일반적으로 온도가 높아질수록 연성이 증가하고, 온도가 낮아질수록 취성이 증가한다. [그림 1-98]에 도시한 인장곡선과 같이 온도가 증가하면 항복강도가 낮아지는 대신 연신율이 증가하는 반면, 온도가 감소하면 항복강도는 높아지나 연신율이 감소한다. 특히 영하 25도의 경우는 항복점 없이 바로 파손이 발생하는 저온 취화 현상을 보임을 알 수 있다.

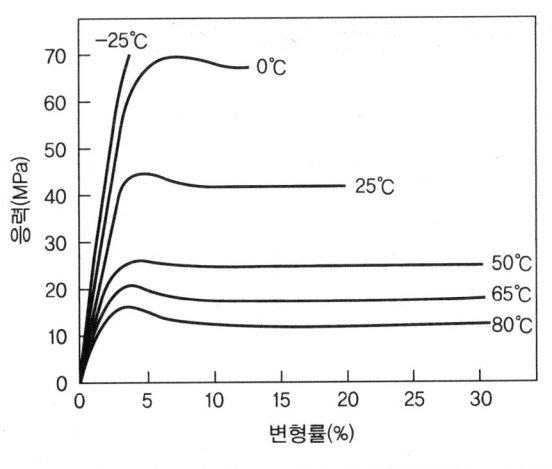

[그림 1-98] 플라스틱 재료의 온도에 따른 인장곡선 변화

6. 온도에 따른 충격 특성 변화

충격 강도는 온도가 감소할 경우 저하되는 특성을 보이며, 특히 상온에서 영하로 떨어지는 경우 강도 저하가 크다. [그림 1-99]에 대표적인 범용 플라스틱의 온도에 따른 충격 강도 변화 그래프를 도시하였는데, 저밀도 폴리에틸렌(LDPE)나 폴리프로필렌(PP)의 경우 온도가 영하로 내려갈 때 충격 강도가 큰 폭으로 감소함을 알 수 있다. 반면 PVC의 경우 영하로 떨어져도 충격 강도의 저하가 상대적으로 적으며, PMMA의 경우는 큰 변화가 없음을 알 수 있다.

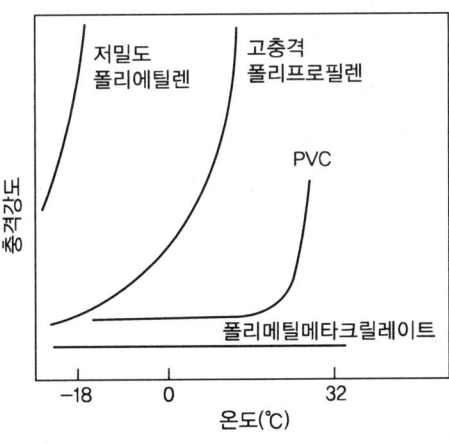

[그림 1-99] 플라스틱 재료의 온도에 따른 충격 강도 변화

7. 온도에 따른 강성(전단 탄성 계수) 변화

플라스틱 소재의 강성을 나타내는 전단 탄성 계수(Shear modulus, G)는 충격 강도와 반대의 특성을 보인다. 즉, 온도가 감소할수록 증가하고 온도가 증가할수록 감소하는데, 이는 전술한 바와 같이 온도가 감소할수록 저온 취화 현상을 나타내기 때문이다. 한편 비결정성 수지 비해 반결정성 수지의 경우 온도저하에 따른 강성 증가율이 크게 나타남을 알 수 있는데, 이는 내부의 결정 유무에 의한 차이로 볼 수 있다.

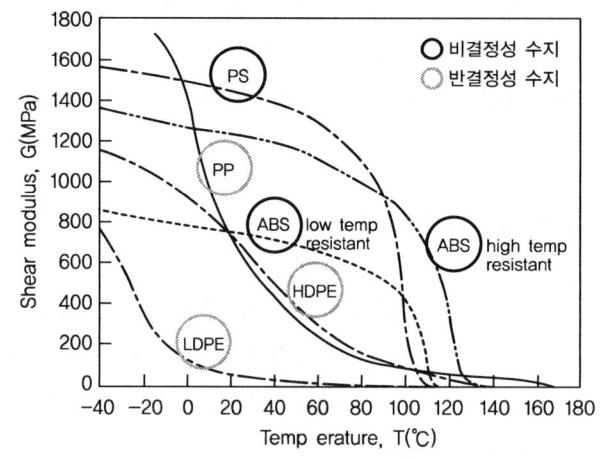

[그림 1-100] 플라스틱 재료의 온도에 따른 전단 탄성 계수 변화

8. 성능 개선 보고서 작성

1) 성능 시험 문제점 현상 기술

성능 시험 결과 발견된 문제점의 현상에 대해 기술하고, 출력물에 불량이 발생한 경우는 불량 발생 부위의 사진을 찍어 보고서에 첨부한다. 문제점이 여러 건 발생된 경우에는 건별로 구분하여 기술하도록 한다.

2) 성능 시험 문제점 원인 분석

성능 시험 결과 발생된 문제점의 원인을 분석한다. 출력물 불량의 원인 분석을 위해서는 관련 부품의 성능 검사(예 노즐부 온도, 베드부 수평도 등)를 실시하여 출력물의 품질에 영향을 미치는 항목을 찾아내야 한다.

3) 성능 시험 문제점 개선 방안 도출 및 검증

문제점의 원인이 도출되면 이를 개선하기 위한 개선 방안을 도출하고, 개선 방안을 적용하여 문제점을 개선한다. 또한 개선된 결과를 기존의 결과와 비교하여 개선된 정도를 비교하고, 문제점이 일부 개선되기는 했으나 완전하지 않은 경우는 상기 과정(문제점 원인 추가 분석, 추가 개선 방안 도출 및 검증)을 반복한다.

4) 개선 결과를 적용 계획 수립

개선 결과를 적용하기 위한 추가적인 제품 개발 계획을 수립한다. 부품의 교체가 필요한 경우는 부품 교체로 인한 추가 설계 변경 계획을 수립해야 하고, 그에 따른 개발 단가 변경에 대해 분석해야 한다. 부품의 교체 없이 단순한 성능 조정만으로 개선이 가능한 경우는 개선 사항이 매뉴얼에 반영될 수 있도록 한다.

출제 예상문제

01. 다음 중 각각의 용어의 대한 설명으로 틀린 것은?
① 수지는 초기의 고분자 재료가 식물이나 나무에서 추출된 것에 기인한 용어이다.
② 포화 탄화수소는 탄소와 수소가 결합된 형태로 공유결합에 의해 결합되어 있다.
③ 불포화 탄화수소는 포화 탄화수소에서 인접한 수소원자 중 일부가 빠져나가고 대신 탄소 원자 간에 4중 또는 5중 결합을 갖는 경우에 해당된다.
④ 고분자는 일반적으로 분자량이 10000 이상인 큰 분자를 말하며, 분자량이 낮은 단량체가 분자결합으로 수없이 많이 연결되어 이루어진 높은 분자량의 분자를 의미한다.

해설 불포화 탄화수소는 포화 탄화수소에서 인접한 수소 원자 중 일부가 빠져나가고 대신 탄소 원자 간에 2중 또는 3중 결합을 갖는 경우에 해당된다.

02. 열가소성 플라스틱(Thermoplastic)에 대한 설명으로 틀린 것은?
① 열을 가하면 유연해지는 성질을 갖는 플라스틱을 말하며 화학적 반응이 없이 재용융시켜 다른 모양으로 만들 수 있다.
② 여러 번 재가열에 의해 성형이 가능한 수지로, 가열 및 냉각에 의해 용융 및 고화가 가역적으로 되풀이되는 물리적 변화를 보인다.
③ 크리프(Creep) 및 변형에 대한 치수 안정성이 우수하다.
④ 재활용이 가능한 장점이 있어 전체 수지 사용량의 약 90%를 차지하나 열 안정성이 떨어져 고온에서는 사용이 제한적이다.

해설 열가소성 플라스틱은 성형성이 우수하며 가공 용이하여 압출 성형, 사출 성형 등의 공정에 주로 사용되며, 재료 압출형 3D프린터용 소재로 사용된다. 열경화성 플라스틱은 크리프(Creep) 및 변형에 대한 치수 안정성이 우수하다.

03. 열경화성 플라스틱에 대한 설명으로 틀린 것은?
① 열 안정성이 우수하여 고온에서 강성이 필요한 곳에 많이 사용된다.
② 크리프(Creep) 및 변형에 대한 치수 안정성이 우수하다.
③ 높은 강성을 가지며 경도가 우수하다.
④ 재활용이 가능한 장점이 있다.

해설 열경화성 플라스틱은 재활용이 어려워 제한적으로 사용된다(고온 강성이 요구되는 제품).

04. 반결정성 플라스틱의 주요 특성이 아닌 것은?
① 용융점이 존재하며 용융점에 이르면 급격한 부피 변화가 나타난다.
② 냉각 시 수축률이 크다.
③ 인장강도는 높고, 충격강도는 낮다.
④ 폴리스티렌(PS), 아크릴(PMMA), 폴리카보네이트(PC), ABS, PVC, MPPO 등이 있다.

정답 ▶ 01. ③ 02. ③ 03. ④ 04. ④

해설 반결정성 플라스틱 종류
나일론(PA), 아세탈(POM), PET, PBT, 폴리에틸렌(PE), 폴리프로필렌(PP), 폴리스티렌(PS), ABS 수지, 아크릴 등이 있다.

05. 비결정성 플라스틱의 주요 특성이 아닌 것은?
① 별도의 용융점이 존재하지 않고 대신 유리 전이 온도(Glass transition termperature ; Tg)로 재료의 연화 여부를 결정한다.
② 급격한 부피 변화가 없어 성형 시 수축률이 적어 치수정밀도를 높일 수 있다.
③ 인장강도는 높고, 충격강도는 낮다.
④ 폴리스티렌(PS), 아크릴(PMMA), 폴리카보네이트(PC), ABS, PVC, MPPO 등이 있다.

해설 인장강도는 낮고, 충격강도는 높다.

06. 엘라스토머 플라스틱에 대한 설명으로 틀린 것은?
① 엘라스토머는 상온에서 높은 탄성을 나타내는 물질로 천연고무를 모사하여 인공적으로 합성한 합성 고무이다.
② 상온에서는 고무와 같은 망 구조이다.
③ 고온에서는 열경화성수지와 유사한 구조를 갖는 TPE가 개발되면서 원하는 형태로의 성형도 용이하다.
④ PDMS, 폴리우레탄 등이 이에 해당한다.

해설 고온에서는 열가소성수지와 유사한 구조를 갖는 TPE가 개발되면서 원하는 형태로의 성형도 용이하다.

07. 광경화성 플라스틱은 주로 광중합형(Photo-polymerization) 3D프린터의 소재로 사용되는데, 대표적인 공정이 아닌 것은?
① 수조 광경화 방식
② DLP 방식
③ 재료 분사형 방식
④ SLS 방식

08. 프로젝터에는 자외선(UV)을 사용하며, 광경화성 수지 역시 해당 UV 파장에서 경화되는 수지가 사용되는 방식은?
① 수조 광경화 방식
② DLP 방식
③ 재료 분사형 방식
④ SLS 방식

09. 1000개 이상의 미세 노즐을 함유한 헤드가 원하는 단면에 해당되는 노즐에서 광경화성 수지 액적이 토출되며, 토출된 수지 액적은 헤드와 함께 이송하는 자외선 램프에서 조사된 자외선에 의해 경화되어 단면을 제작하는 방식은?
① 수조 광경화 방식
② DLP 방식
③ 재료 분사형 방식
④ SLS 방식

정답 ▶ 05. ③ 06. ③ 07. ④ 08. ① 09. ③

10. 3D 프린팅 소재 선정을 위한 체크리스트에 대한 설명으로 틀린 것은?
① 대상 제품이 높은 강도(200MPa 이상)나 내열 온도(300℃ 이상)를 요구하는 경우 Metal printing 장비를 사용해야 한다.
② 대상 제품의 출력 해상도(적층 두께)가 0.05mm 이하일 경우 열가소성 플라스틱을 사용한다.
③ 대상 제품에 요구되는 강도가 100MPa 이상이거나 내열 온도가 100℃ 이상인 경우 고강도 플라스틱(PC, PEI 등) 출력을 지원하는 산업용 프린터를 사용해야 한다.
④ 높은 연성을 필요로 하는 경우 Flexible 재료를 사용해야 하며, 현재 TPU 필라멘트가 개인용 프린터로 출력 가능하다.

> **해설** 대상 제품의 출력 해상도(적층 두께)가 0.05mm 이하일 경우 열가소성 플라스틱을 사용하는 재료압출형 프린터로는 출력이 불가하며 광경화성 수지를 사용한 수조광경화(SLA) 혹은 DLP 방식의 프린터를 사용해야 한다.

11. 강도, 내수성, 전기 절연성이 우수하고 내충격도 크며 저온 유연성도 좋으나 내산, 내알칼리 성을 가지고 있으나 석유계 용제나 톨루엔, 벤젠 등의 탄화수소계의 용제에는 약한 범용플라스틱 소재는?
① PC   ② ABS
③ PVA   ④ PE

12. 가볍고 가공성이 용이하며 연화점 높아 식기류, 가정 용기, 필름재(OPP, CPP 필름), 문구용, 비디오케이스 등에 사용되는 범용플라스틱 소재는?
① PC   ② PP
③ PVA   ④ PE

13. 무색투명하게 제조 가능하며 선명한 착색이 자유로우나 연화 온도가 낮고(95℃ 부근) 내열성 및 내충격성이 낮은 범용플라스틱 소재는?
① PC   ② PP
③ PS   ④ PE

14. 기계적 성질이 우수하며 가격 저렴하고 내열, 내한성, 강인성 및 전기 절연성이 우수한 범용플라스틱 소재는?
① PC   ② PP
③ PS   ④ PVC

15. 내후성이 우수하며 열 또는 일광에서 변색되거나 퇴색되지 않는 범용플라스틱 소재는?
① PMMA   ② PP
③ PS   ④ PVC

16. 3D프린터용 플라스틱 소재 중 PLA(Polylactic acid)에 대한 설명으로 틀린 것은?
① 옥수수 전분을 기반으로 한 바이오 플라스틱(생분해성)으로 인체에 무해하다.
② 3D프린터 소재 중 융점이 가장 낮다.
③ 열 수축 현상이 적어 큰 사이즈 출력물에도 적합하다.
④ 인장강도, 내마모성, 내열성이 우수하다.

> **해설** 인장강도, 내마모성, 내열성이 떨어진다.

정답 ▶ 10. ② 11. ④ 12. ② 13. ③ 14. ④ 15. ① 16. ④

17. 다음 설명에 해당하는 플라스틱 종류는?

- 착색, 광택 처리, UV 코팅 등이 가능
- 열 수축 현상 때문에 정밀한 조형 모델 구현 곤란
- 표면 조도를 개선하려면 후처리가 필요하며, 가열 시 냄새가 남

① PC ② ABS
③ PVA ④ HDPE

해설 ABS(Acrylonitrile Butadiene Styrene)
① 융점 : 210~260℃
② PLA에 비해 강도, 열에 대한 내구성, 가격 경쟁력이 우수
③ 열 수축 현상이 일어나 정밀한 제품 출력이 어려움(베드 가열 필요)
④ 제품 출력 후 증착, 착색, 광택 처리, UV코팅, 도금이 가능
⑤ 가열 작업 시 냄새가 심해 환기가 필요

18. 다음 설명에 해당되는 플라스틱 종류는?

- 내열성과 내구성 우수(Engineering plastic)
- 열 수축 현상이 심해 정밀한 제품 출력이 어려움
- 개인용 프린터에서는 작업이 불가하여 산업용 프린터에서 사용 가능

① PC ② ABS
③ PVA ④ HDPE

해설 PC(Polycarbonate)
① 융점 270~300℃, 유리 전이 온도 150℃
② 내열성과 내구성 우수(Engineering plastic)
③ 열 수축 현상이 심해 정밀한 제품 출력이 어려움(가열 챔버 필요)
④ 개인용 프린터에서는 작업이 불가하여 산업용 프린터에서 사용 가능

19. 다음 설명에 해당되는 플라스틱 종류는?

- 인장강도, 내마모성, 내열성 우수 (Engineering plastic)
- 유연성이 좋으며 표면이 깔끔함
- 3D 프린팅용 필라멘트에는 저융점 고분자인 PA11, 12가 주로 사용

① PA ② ABS
③ PVA ④ HDPE

20. 다음 설명에 해당되는 플라스틱 종류는?

- PC의 장점인 강도와 내열성, ABS의 장점인 유연성 추구
- 충격 강도 우수
- 융점 270~300℃, 유리 전이 온도 150℃

① PA ② PC-ABS
③ PVA ④ HDPE

21. 다음 설명에 해당되는 플라스틱 종류는?

- 융점 300℃ 이상, 유리 전이 온도 186℃
- 열 수축 현상이 심해 정밀한 제품 출력이 어려움
- 개인용 프린터에서는 작업이 불가하여 산업용 프린터에서 사용 가능

① PA ② PEI
③ PVA ④ HDPE

22. 물에 용해되는 재료로서 수용성 지지대(Support) 제작 시 활용되는 소재는?

① PA ② PEI
③ PVA ④ HDPE

정답 ▶ 17. ② 18. ① 19. ① 20. ② 21. ② 22. ③

23. 다음 중 소재의 기본 물성에서 물리적 성질이 아닌 것은?
① 비중 ② 용융점
③ 유동 지수 ④ 비열

해설 ① 비중 : 제품의 경중을 비교하는 물리량으로 4℃의 순수한 물을 기준(1.0)으로 표시한다.
② 용융점 : 고체 상태의 액체를 가열할 경우 액체로 변하기 시작하는 온도이다.
③ 유동 지수 : 플라스틱 소재가 용융(혹은 연화)된 상태에서의 흐름성의 척도를 나타내기 위한 값
④ 비열 : 1g의 물질을 1℃ 높이는 데 필요한 열량으로, 비열이 클수록 재료를 가열할 때 더 많은 열을 필요로 함을 의미한다.

24. 다음 중 소재의 기본 물성에서 열적 성질이 아닌 것은?
① 수축률 ② 열팽창 계수
③ 열전도도 ④ 비열

해설 ① 수축률 : 플라스틱은 일반적으로 열을 가해 액상으로 성형을 한 후 냉각 과정을 통해 고체 상태로 되돌아가는데, 이때의 치수 변화(수축)를 수치적으로 나타낸 값이다.
② 열팽창 계수 : 재료가 가열되거나 냉각되면 재료 고유의 화학·물리적 구조에 의하여 팽창되거나 수축하게 된다.
③ 열전도도 : 열전도(Heat conduction)는 물체의 분자로부터 열에너지의 이동을 의미한다.

25. 플라스틱의 기계적 물성 시험 중 가장 일반적인 항목은?
① 인장 특성 ② 굴곡 특성
③ 충격 특성 ④ 압축 특성

해설 인장 특성
재료의 인장 시 재료가 받는 여러 가지 특성을 측정하는 시험 항목으로서 플라스틱의 기계적 물성 시험 중 가장 일반적인 항목이다.

26. 재료를 휘게 하는 굽힘 하중을 가했을 때 발생하는 응력의 변화와 관련된 물성을 의미하는 기계적 성질은?
① 인장 특성 ② 굴곡 특성
③ 충격 특성 ④ 압축 특성

해설 굴곡 특성은 재료를 휘게 하는 굽힘 하중을 가했을 때 발생하는 응력의 변화와 관련된 물성을 의미한다. 굽힘 하중을 적용할 때 하중이 더 이상 증가하지 않는 최대값을 굴곡강도로 정의한다.

27. 충격 특성의 물성 관리를 위해 손쉽게 측정하는 방법은 무엇인가?
① 아이조드(Izod)
② 샤르피(Charpy)
③ 낙추(Falling weight or dart)
④ 인장(Tensile)

해설 물성 관리를 위해 손쉽게 측정하는 방법은 아이조드 충격강도 방법이 널리 이용된다.

28. 축 방향에 10kN의 압축하중을 받는 정사각형의 주철제 각 봉에 생기는 응력을 4MPa로 하려한다. 정사각형 한 변의 치수를 몇 mm로 하면 되는가?
① 40mm ② 50mm
③ 60mm ④ 65mm

해설 $a = \sqrt{\dfrac{P}{\sigma}} = \sqrt{\dfrac{10000}{4}} = 50\text{mm}$

정답 ▶ 23. ④ 24. ① 25. ① 26. ② 27. ① 28. ②

29. 지름이 5cm인 봉에 800N의 인장력이 작용할 때 응력(MPa)은 약 얼마인가?
① 41　　② 51
③ 80　　④ 120

인장하중 $W = \dfrac{\pi d^2}{4} \sigma_t$ 에서

인장응력 $\sigma_t = \dfrac{4W}{\pi d^2} = \dfrac{4 \times 800}{\pi \times 5^2}$
　　　　　　$= 40.74\,\text{MPa}$

30. 길이가 100mm인 봉의 압축응력을 받았을 때 변형률이 0.005일 때 변형 후의 길이는?
① 98.95mm　　② 98.995mm
③ 99.95mm　　④ 99.995mm

$\epsilon = \dfrac{l - l'}{1} \Rightarrow \dfrac{100 - l}{100} \times 100 = 0.005$
$l' = 100 - 0.005 = 99.995\,\text{mm}$

31. 후크의 법칙이 성립되는 구간은?
① 비례한도　　② 항복점
③ 탄성한도　　④ 최대 강도점

32. 하중을 제거하면 원래 상태로 되돌아오는 변형은?
① 탄성변형　　② 소성변형
③ 연성변형　　④ 전성변형

33. 하중을 제거해도 원래 상태로 되돌아오지 않고 영구변형은?
① 탄성변형　　② 소성변형
③ 연성변형　　④ 전성변형

34. 소성변형이 큰 재료로 항복응력(Yield strength) 이후 특정 부위가 얇아지며 응력이 일시적으로 감소하면서 네킹(Necking)이 발생하는 플라스틱 소재는?
① 전성재료　　② 취성재료
③ 연성재료　　④ 인성재료

35. 소성변형이 거의 없고 탄성변형을 지속하다 바로 파단이 발생한다. 파단이 발생하는 지점의 응력이 인장강도(파단강도)로는 정의되나, 항복응력이 정의되지 않는 플라스틱 소재는?
① 전성재료　　② 취성재료
③ 연성재료　　④ 인성재료

36. 플라스틱 소재의 변형 거동에 관한 설명이 틀린 것은?
① 탄성변형은 하중을 제거하면 원래 상태로 되돌아오는 변형이다.
② 소성변형은 하중을 제거해도 원래 상태로 되돌아오지 않고 영구변형된다.
③ 연성재료는 소성변형이 큰 재료로 항복응력 이후 특정부위가 얇아진다.
④ 취성재료는 탄성변형이 거의 없고 소성변형을 천천히 지속하다 파단이 발생한다.

해설 취성재료(Brittle deformation)
소성변형이 거의 없고 탄성변형을 지속하다 바로 파단이 발생한다.

정답 ▶ 29.① 30.② 31.① 32.① 33.② 34.③ 35.② 36.④

37. 휘발성 유기화합물(VOCs; Volatile Organic Compounds), 일산화탄소, 시안화수소 등 유해 발암물질을 배출할 수 있기 때문에 밀폐된 공간에서 사용할 때에는 주의가 필요한 소재는?
① PA ② PP
③ ABS ④ PLA

38. 열분해 과정에서 메탄, 메틸 케텐, 알데히드류 등 유해물질이 소량 발생하는 것으로 밝혀졌으나, 다른 소재에 비해 상대적으로 배출 수준이 낮아 현재로서는 사용자 노출과 환경영향 측면을 고려했을 때 가장 적합한 것은?
① PA ② PP
③ ABS ④ PLA

39. 스타이렌 분자구조 내에 벤젠고리가 존재해서 분해 시 발암물질인 환경호르몬이나 스타이렌이 나올 위험이 있어 작업 중 발열 및 분진발생이 잦은 3D프린터 작업에 마스크 착용 등 주의가 필요한 소재는?
① PA ② PP
③ ABS ④ PC/ABS

40. 다음 설명에 해당되는 유해화학물질은?

- 폴리카보네이트 플라스틱 및 에폭시 수지 생산의 원료로 사용
- 내분비계 교란 가능성이 있는 물질임
- 특히 태아 및 영유아의 성장과 발달에 유해함

① 폴리브롬화 ② 노닐페놀
③ 프탈레이트 ④ 비스페놀 A

41. 노즐 온도는 180~230℃로 설정해 주어야 하며, 베드 히팅이 없어도 무방하나 출력물 크기가 200×200mm 이상인 경우는 베드 히팅 기능을 추가하는 것이 좋은 소재선정은?
① PA ② PP
③ ABS ④ PLA

42. 노즐 온도는 210~260℃로 설정해 주어야 하며, 베드 히팅이 필수적이다. 베드 히팅은 100℃ 이상 설정해 주어야 하는 소재 선정은?
① PA ② PP
③ ABS ④ PLA

43. 노즐 온도는 270~300℃로 설정해 주어야 하며, 베드 히팅이 필수적이다. 베드 히팅은 150℃ 이상 설정해 주어야 하며, 단열 Chamber를 설정하여 Chamber 내 온도를 일정하게 유지해 주는 것이 바람직한 소재 선정은?
① PA ② PC
③ ABS ④ PLA

44. 시험을 통해 인장강도, 인장 탄성률, 항복강도, 연신율을 측정, 응력-변형률 곡선 작성 등을 얻을 수 있는 시험은?
① 인장 시험 ② 굴곡 시험
③ 경도 시험 ④ 충격 시험

해설 ① 인장 시험 : 시험편이 파단될 때까지 또는 응력(하중)이나 변형(신장률)이 어떤 예정된 값에 도달할 때까지 일정한 속도로 신장되는 동안 시험편에 의해 지탱되는 하중과 신장률을 측정한다.

정답 ▶ 37.③ 38.④ 39.④ 40.④ 41.④ 42.③ 43.② 44.①

② 굴곡 시험 : 플라스틱의 굴곡 강도와 굴곡 탄성률을 측정하기 위한 시험으로 직사각형의 단면을 가진 시험편을 두 지지대에 놓고, 두 지지대 사이의 시험편 중앙에 하중을 가하여 구부린다.
③ 경도 시험 : 압연기용 롤러 등에는 쇼어 경도를 사용하고, 회전 축수, 절삭 공구, 스프링 판 등에는 로크웰 경도를 사용하며, 침탄, 질화, 탈탄, 도금 등의 표면 변질층 및 정밀 기기의 미소 부품에 대해서는 비커스 경도를 사용한다.
④ 충격 시험 : 충격시험은 시편에 순간적인 충격력을 작용시켜 파괴하는 데 필요한 에너지를 측정한다.

45. 시편에 걸리는 하중 값이 로드셀(load cell)에 전달되어 결과치를 계산하는 시험은?
① 인장 시험 ② 굴곡 시험
③ 경도 시험 ④ 압축 시험

46. 유리 전이 온도(Glass Transition Temperature, Tg)에 대한 설명으로 틀린 것은?
① 비정질 고분자의 비결정 영역에서 점성이 있는 상태 또는 고무상의 상태에서 딱딱하고 상대적으로 깨지기 쉬운 상태로 바뀌는 가역적 변화 또는 그 반대 방향으로의 변화를 유리 전이라 한다.
② 유리 전이가 일어나는 온도 범위의 중간 지점을 유리 전이 온도라고 한다.
③ 유리 전이 온도의 측정 방법은 시차주사열량계(DSC)를 사용하여 측정할 수 있다.
④ 비체적의 변화율이 서서히 바뀌는 온도이며, 비정질폴리머는 유리 전이 온도가 뚜렷하지만 용융 온도는 희미하며, 부분결정성 폴리머는 냉각 시 용융 온도 아래서 급격히 수축한다.

> **해설** 비체적의 변화율이 갑자기 바뀌는 온도이며, 비정질폴리머는 유리 전이 온도가 뚜렷하지만 용융 온도는 희미하며, 부분결정성 폴리머는 냉각 시 용융 온도 아래서 급격히 수축한다.

47. 하중(10N, 50N)과 승온 속도(50℃/시간, 120℃/시간)의 4종류의 시험에서 시편의 표면으로부터 침상 압자가 1mm 침투하였을 때의 온도는?
① 비카트 연화 온도
② 유리 전이 온도
③ 열 변형 온도
④ 충격 온도

48. 고분자 소재가 특정 온도 이상에 도달하면 적은 하중에서도 비정상적으로 큰 변형이 발생하는 온도는?
① 비카트 연화 온도
② 유리 전이 온도
③ 열 변형 온도
④ 충격 온도

49. 화학 물질을 안전하게 사용하고 관리하기 위하여 필요한 정보를 기재한 자료로 화학 물질이 뜻하는 것은?
① MSDS   ② UL
③ HB   ④ VB

정답 ▶ 45. ④ 46. ④ 47. ① 48. ③ 49. ①

50. 길이 125mm, 폭 13mm, 두께 1.5/3.0/6.0mm인 시편을 수평 방향으로 눕혀 설치한 후 한쪽 끝단에 불을 붙여 1분당 타 들어 간 길이로 평가하는 안전 난연성 평가는?
① MSDS ② UL
③ HB ④ VB

51. 길이 125mm, 폭 13mm, 두께 0.8/1.57 mm인 시편을 수직 방향으로 세워 설치한 후 아래쪽 끝단에 10초간 불을 붙인 후 몇 초 만에 불이 자동 소화되는지 평가하는 안전 난연성 평가는?
① MSDS ② UL
③ HB ④ VB

52. 저항 Wire로 시편을 감싸고 전류를 흘렸을 때 발화되거나 발화 없이 타는 데 소요되는 평균 시간을 측정하는 전기적 특성 평가는?
① Hot Wire Ignition(HWI)
② High Current Arc Ignition(HAI)
③ High Voltage Arc Resistance to Ignition(HVAR)
④ High Voltage Arc Tracking Rate(HVTR)

해설 전기적 특성 평가
① Hot Wire Ignition(HWI) : 저항 Wire로 시편을 감싸고 전류를 흘렸을 때 발화되거나 발화 없이 타는 데 소요되는 평균 시간을 측정하는 평가
② High Current Arc Ignition(HAI) : 시편을 발화시키며, 필요한 파열을 일으키는 데 소요되는 Arc의 평균 수치(Number of Arc ; NA)를 측정하는 평가
③ High Voltage Arc Resistance to Ignition (HVAR) : 고압 Arc 환경에서 시편을 발화시키는 데 소요되는 평균 시간을 측정하는 평가
④ High Voltage Arc Tracking Rate(HVTR) : 고압 Arc에 시편이 탄화되는 속도(Tracking rate)를 측정하는 평가

53. 플라스틱의 장기 내열 온도를 평가하는 항목으로서 특정 온도에서 장시간 연속 사용 후의 기계적 강도는 초기 강도의 몇% 이상을 유지해야 하는가?
① 50% ② 60%
③ 70% ④ 80%

54. 전기 기구/전자 제품 안정성 테스트(UL 인증기준)에서 플라스틱 소재의 필수적인 평가항목이 아닌 것은?
① 난연성
② 착화온도
③ 전기적 특성
④ 장기적 내열 특성

해설 제품 안정성 테스트(UL인증기준)에서 플라스틱 소재의 필수적인 평가항목은 난연성, 전기적 특성, 장기적 내열 특성 등 3가지이다.

55. 플라스틱 재료의 온도에 따른 인장 특성 변화에 대한 설명으로 틀린 것은?
① 일반적으로 온도가 높아질수록 연성이 감소한다.
② 온도가 낮아질수록 취성이 증가한다.
③ 온도가 증가하면 항복강도가 낮아지는 대신 연신율이 증가한다.
④ 온도가 감소하면 항복강도는 높아지나 연신율이 감소한다.

정답 ▶ 50. ③ 51. ④ 52. ① 53. ① 54. ② 55. ①

> **[해설]** 일반적으로 온도가 높아질수록 연성은 증가한다.

56. 플라스틱 재료의 온도에 따른 충격 특성 변화에 대한 설명으로 틀린 것은?
① 저밀도 폴리에틸렌(LDPE) 경우 온도가 영하로 내려갈 때 충격 강도가 큰 폭으로 감소한다.
② 폴리프로필렌(PP)의 경우 온도가 영하로 내려갈 때 충격 강도가 큰 폭으로 증가한다.
③ PVC의 경우 영하로 떨어져도 충격 강도의 저하가 상대적으로 적다.
④ PMMA의 경우는 큰 변화가 없다.

> **[해설]** 저밀도 폴리에틸렌(LDPE)이나 폴리프로필렌(PP)의 경우 온도가 영하로 내려갈 때 충격 강도가 큰 폭으로 감소한다.

57. 3D프린터로 출력하고자 하는 대상 제품에 따른 소재 선정 시 검토해야 할 항목으로 거리가 먼 것은?
① 출력물의 강도
② 출력물의 연성
③ 출력물의 체결성
④ 출력물의 해상도

> **[해설]** 소재 선정 시 검토해야 할 항목은 출력물의 강도, 출력물의 연성, 출력물의 해상도, 고강도 필요 여부 등이다.

58. 3D 프린팅 소재의 물성시험을 결정하기 위한 주요 표준에 해당하지 않는 것은?
① DIN(독일표준규격)
② ISO(국제표준화협회)
③ IEC(국제전기기술위원회)
④ ASTM(미국재료시험협회)

정답 ▶ 56. ② 57. ③ 58. ③

Part 2

3D프린터 장치

CHAPTER 01. 빌드 장치 개발
CHAPTER 02. 구동 장치 개발

CHAPTER 01 빌드 장치 개발

1.1 노즐 설계

1 3D프린터 노즐의 구조 이해

1. 노즐의 정의 및 구조

 1) 노즐

① 노즐은 그 단면적의 크기가 변화하면서 유체의 유속이 증가하게 하는 장치이며, 흔히 파이프(Pipe) 혹은 튜브(Tube) 형상이다.

② 노즐은 유속뿐만 아니라 유체의 방향을 제어하거나 변경 혹은 유체의 압력을 제어할 때도 사용이 된다.

③ 노즐 출구의 형상을 통해서 유체의 단면 형상을 제어하는 데 사용된다. 이러한 노즐은 제트 엔진(Jet engine) 등에서 연료의 분사, 페인팅 장비에서 스프레이, 공작 기계에서 금속이나 플라스틱의 사출 등 다양한 분야에서 사용이 되는 매우 일반적인 장치이다. [그림 2-1]은 노즐의 개념도를 나타내며 출구 유속(V_{out})이 입구 유속(V_{in})보다 크게 설계를 한다.

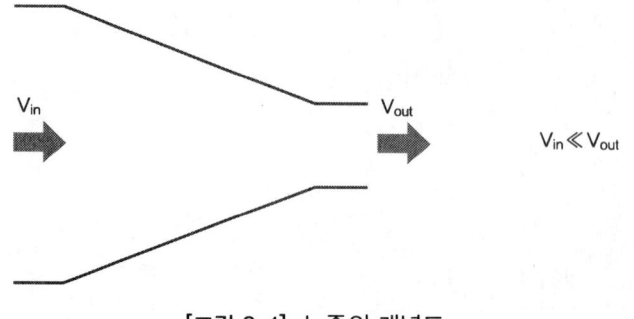

[그림 2-1] 노즐의 개념도

2) 디퓨저(Diffuser)

① 디퓨저(Diffuser)는 유체의 속도가 감소하며 압력이 증가하는 데 사용하는 장치이다.
② 주로 공기 조화 장치(HVAC, Heat, Ventilating, and Air-Conditioning)에서 많이 사용된다.
③ 고속의 유체를 저속으로 바꾸면서 다양한 목적으로 사용이 된다. [그림 2-2]는 디퓨저의 개념도를 나타내고, 출구 유속(V_{out})이 입구 유속(V_{in})보다 작게 설계한다.
④ 노즐 팁의 길이가 길어지면 상대적으로 균일하지 않은 온도분포가 발생해서 온도제어가 쉽지 않다.
⑤ 노즐팁의 직경이 작을수록 정밀한 필라멘트를 토출할 수 있으나, 단위 면적을 가공하는 데 있어서는 상대적으로 성형시간이 길어진다.

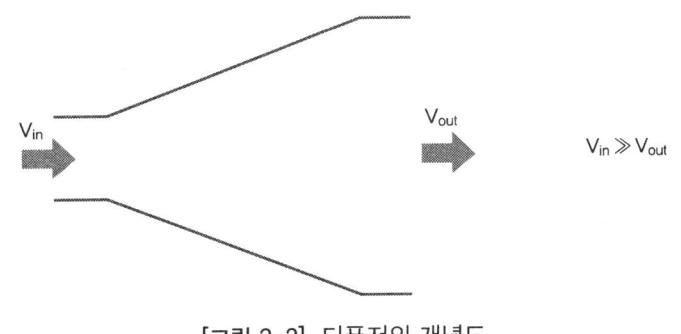

[그림 2-2] 디퓨저의 개념도

2 노즐의 종류 이해 및 선정

(1) 3차원 프린팅 장비에서는 공정에 따라서 노즐의 사용 가능 유무가 갈린다. 또한 사용 가능한 공정이더라도 공정 특성 및 재료 특성에 따라서 각기 다른 노즐이 사용된다.
(2) 노즐을 사용하는 공정과 그렇지 않은 공정은 많은 차이점을 가진다. 그중 가장 큰 차이점은 주로 노즐을 사용하는 공정에서는 최종 성형품의 재료(모델 재료)가 노즐을 통해서 전달이 되어 적층이 이루어지며, 그렇지 않은 공정에서는 재료 컨테이너가 따로 있는 경우이다.
(3) 노즐을 사용하는 대표적인 공정은 제팅 공정, FDM 공정, 그리고 다이렉트 프린팅(Direct-Print) 공정 등이 있다. 예외적인 경우는, 재료 컨테이너의 모델 재료와 노즐을 통한 바인더(Binder) 재료가 동시에 사용되는 공정이 있다.

1. 제팅 방식

1) 노즐 기술

① 제팅 방식은 잉크 분사를 이용하는 종이 인쇄 공정과 매우 유사하다.
② 종이 인쇄 공정에 비해서 잉크의 점도가 상대적으로 높다.
③ 잉크 카트리지의 액추에이터에 의해서 매우 작은 잉크 방울, 즉 액적(Droplet)이 생성이 되고, 이의 연속적인 분사에 의해서 원하는 단면 형상을 제작할 수 있다. 이러한 제팅 방식에는 크게 열팽창 방식(혹은 Bubble-jet)과 압전 방식이 있다.
④ 열팽창 방식(혹은 Bubble-jet)은 히터에 의해서 유체의 부피가 증가하고, 증가한 부피만큼의 유체가 매우 작은 구멍인 오리피스(Orifice)를 통과하여 최종적으로 액적이 생성된다. 이 방식은 열에 의한 방식으로 재료의 열변형이 일어날 가능성이 있다.
⑤ 압전 방식은 압전(Piezoelectricity) 재료로 만들어진 얇은 박막을 이용하여 미세 변형을 일으켜 그 부피 변형량만큼 액적을 발생시키는 압전 방식을 나타낸다. 이 방식은 전기 신호에 의해서 압전 재료의 변형을 일으키는 방식이기 때문에 매우 빠른 속도로 제팅이 가능하여 고속 프린팅에 많이 사용되고 있다.
⑥ 압전 제팅 방식은 열에 의한 재료 변형이 거의 없기 때문에 현재 가장 많이 사용하는 방식으로 점도가 비교적 높은 광경화 재료를 이용하여 재료를 분사하고 난 다음 자외선 광으로 바로 경화한다.
⑦ 주로 모델 재료와 서포트 재료 두 가지가 사용되며, 서포트 재료는 가공이 완료된 후에 고압 워터젯(Waterjet)으로 제거가 된다.

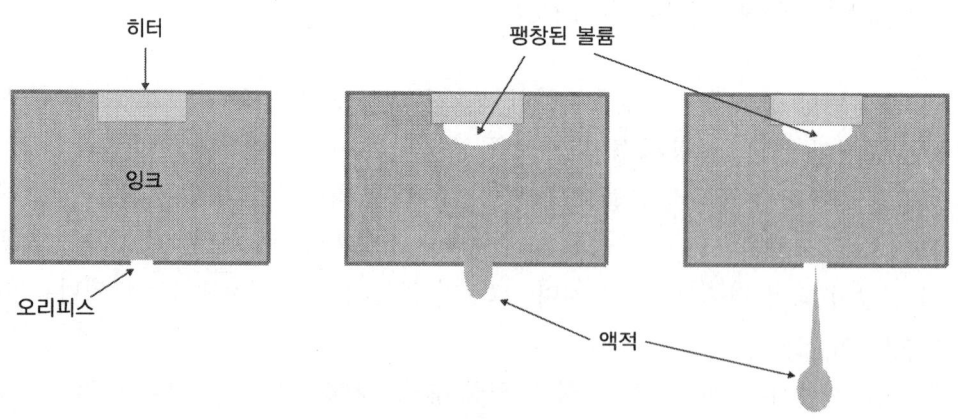

[그림 2-3] 열팽창 제팅 방식

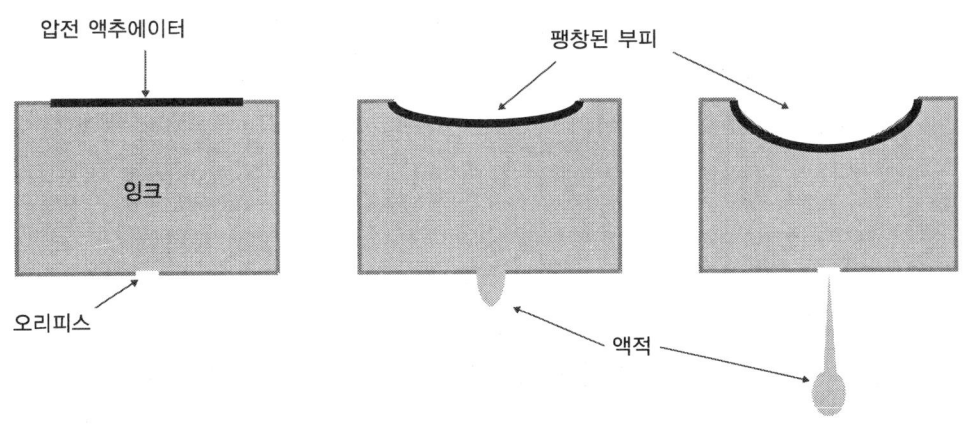

[그림 2-4] 압전 제팅 방식

⑧ 바인더 제팅(Binder jetting) 공정
　㉠ 모델 재료가 직접 사용되지 않는 공정으로 분말이 재료 컨테이너에 위치하고 있으며, 분말을 접착할 수 있는 바인더를 잉크젯 방식으로 뿌려서 원하는 단면을 형성한다.
　㉡ 이 방식은 SLS 공정과 유사하게 별도의 서포트 재료가 없으며, 바인더에 의해서 재료가 바로 굳어지고 바인더가 도달하지 않은 분말 재료들이 서포트 역할을 수행하게 된다.
　㉢ 바인더를 사용하기 때문에 비교적 재료의 강도가 약하다는 단점이 있다.
　㉣ 종이 인쇄 공정과 같이 다양한 색상을 만들어 낼 수 있기 때문에 콘셉트 모델러(Concept modeler) 등에서는 많이 사용된다.
　㉤ 바인더 제팅 재료는 고분자 파우더 혹은 금속 파우더를 사용할 수 있으며, 모델 재료를 잘 결합할 수 있는 재료가 사용이 된다.

2) 노즐 설계 방법

① 제팅 방식에서 사용하는 노즐은 그 크기에 따라서 액적의 크기가 정해진다.
② 액적의 크기는 프린팅 장비의 해상도 및 치수 정밀도에 직접적인 영향을 미친다.
③ 노즐 크기가 중요한 인자 중의 하나이며, 흔히 종이 인쇄에서 일컫는 해상도는 dpi(dot per inch)로 결정된다.
④ 1인치 안에 몇 개의 개별 액적을 분사할 수 있는지를 나타내는 척도인데, 그 수치가 높으면 높을수록 해상도가 높아진다.

⑤ 현재 상용 장비는 보통 XY 평면상에서 600dpi, 적층 방향인 Z축으로 1200dpi 이상의 정밀도를 가지고 있다.
⑦ 가공 속도 또한 중요하며, 이는 액적을 얼마만큼 빨리 생성하는지에 달려 있으며, 노즐의 개수가 많을수록 한꺼번에 넓은 영역을 프린팅 할 수 있어 가공 속도가 상승하게 된다.
⑧ 제팅(Jeting) 방식의 장점
　㉠ 높은 정밀도와 다중 재료의 사용에 있다.
　㉡ 종이 잉크젯 방식과 유사하게 재료를 섞어서 프린팅을 할 수 있다.
　㉢ 유연한 재료와 단단한 재료가 있을 경우, 두 재료의 양을 조절하여 하나의 구조물 안에 따라서 다양한 강도를 가진 성형물을 가공할 수 있다.
　㉣ 제품이 완성된 후 손이나 물로 쉽게 제거할 수 있으며 제품의 표면적이 매끄럽고, 구체적인 부분까지 구현할 수 있다.
⑨ 제팅(Jeting) 방식의 단점
　㉠ 주로 점도가 높은 광경화성 재료가 사용이 되기 때문에 노즐이 막힐 우려가 상대적으로 높다.
　㉡ 정기적인 노즐 클리닝을 통해서 관리하는 것이 필요하다.

2. FDM 방식

1) 노즐 기술

① FDM 방식은 열을 가하면 흐를 수 있는 열가소성 재료로서 이미 제작된 필라멘트를 가열된 노즐에서 녹여서 다시 가는 필라멘트 형태로 토출시켜 단면을 형성시키고 최종적으로 3차원 형상을 제작하는 공정이다.
② 필라멘트 형태의 고체 상태의 열가소성 재료를 준 액상(Semi-liquid)으로 녹일 수 있는 노즐 헤드(핫엔드, Hotend)이며, 재료를 균일하게 공급하는 재료 공급 장치는 준 액상 재료를 다시 토출하여 매우 미세한 선(필라멘트 혹은 비드(Bead))을 형성할 수 있는 노즐 팁(Tip) 등이 필요하다.
③ 노즐 헤드는 온도를 분산할 수 있는 방열 핀 및 프린팅 정밀도를 결정하는 매우 미세한 노즐 팁으로 구성되어 있으며, 재료 공급 장치는 프린팅 속도에 맞춰 재료를 공급하며, 주로 저가형에서는 스테핑 모터로 구동이 된다.
⑤ 다양한 열가소성 재료가 존재하고 각각의 재료는 녹는점이 다르기 때문에 재료의 특

성에 맞춰서 노즐의 온도가 정해져야 하고, 또한 재료 공급 속도도 정해져야 한다.
⑥ 너무 높은 온도에서는 재료가 토출이 되면서 제대로 경화되지 않아 원하는 형상을 얻지 못하며, 너무 낮은 온도에서는 재료 자체가 잘 흐르지 않아서 결과적으로 토출이 이루어지지 않는다.
⑦ 온도 제어가 가장 중요한 부분 중의 하나이다. 또한 모델 재료와 서포트 재료가 고가의 장비에서는 같이 사용되기 때문에 노즐이 보통 2개다. 저가형 장비에서는 1개의 노즐을 사용하며, 모델 재료와 서포트 재료가 동일하다.
⑧ 서포트는 모델 형상보다 상대적으로 작게 제작하여 후처리 과정에서 쉽게 제거할 수 있게 한다. 균일한 필라멘트가 토출이 되게 하기 위해서 노즐의 온도 및 헤드의 이송 속도 제어가 중요하다.

2) 노즐 설계 방법

① FDM 노즐을 설계하기 위해서 첫 번째로 고려해야 할 부분은 노즐 팁의 직경이다.
② 노즐 팁의 직경이 작을수록 정밀한 필라멘트를 토출할 수 있으나, 단위 면적을 가공하는 데 있어서 상대적으로 긴 성형 시간이 걸린다.
③ 저가 및 중고가 장비의 목표 성능에 따라서 팁 사이즈를 결정해야 한다. 중고가의 경우에는 팁을 교체할 수도 있으며, 교체 직후 팁의 높이를 보정해야 한다.
④ 팁 사이즈에 따라서 토출된 필라멘트의 사이즈가 달라지므로 토출된 이웃 필라멘트 사이의 간격이 달라지며, 이를 가공 경로 생성에 반영해야 한다.
⑤ 팁과 조형 받침대 사이의 간격도 토출 필라멘트의 크기에 맞게 보정을 해야 하며 동시에 적층 두께도 조절해야 한다.
⑥ 동일한 팁을 사용하는 경우라도 재료에 따라서 토출된 필라멘트의 사이즈가 달라지기 때문에 이 또한 보정을 해야 한다. 주로 고가용에서는 127~330마이크론 정도의 팁이 사용되며 교체가 가능하다. 저가형 FDM 장비에서는 주로 300~400마이크론 정도의 팁이 사용된다.
⑦ 노즐 팁의 길이가 짧으면 상대적으로 온도 제어하기가 용이하지만, 길이가 길어지면 상대적으로 균일하지 않은 온도 분포가 발생해서 온도 제어가 쉽지 않다.
⑧ 노즐 팁이 길어지면 자유 곡면과 같이 복잡한 곡면 위에도 프린팅하는 것이 가능하나 현재까지 개발된 상용 장비는 없다. 이를 위해서 노즐 팁을 히팅 코일로 감싸 온도를 유지할 수도 있다.
⑨ 이와 함께 고려해야 할 중요한 부분이 노즐 장치의 온도를 고온으로 유지시킬 수 있

는 히터 및 제어기다. 즉, 특정 온도를 작은 오차 범위로 연속적으로 제어하는 것이 중요하다.

[그림 2-5] 다양한 노즐 팁

3) FDM 방식의 장점

① 열가소성 재료를 사용하기 때문에 다른 공정에 비해서 상용 노즐 팁과 이송 장치 등으로 비교적 간단한 장비를 구성할 수 있다.
② 열가소성 재료를 이용하여 프린팅 원재료를 개발하는 것도 상대적으로 용이하다. 실제로 거의 대부분의 저가형 장비는 개발의 용이성으로 인해서 FDM 방식을 취하고 있다.

4) FDM 방식의 단점

① 열가소성 재료 이외의 다른 종류의 재료를 사용할 수 없다. 즉, 액상 혹은 페이스트와 같은 재료는 사용할 수가 없다.
② 최근 들어 고온에서 사용되는 재료를 포함해서 다양한 재료가 개발이 되고 있으나, 재료의 종류 면에서는 다른 공정에 비해서 다양하지 않다.

3. Direct-Print(DP) 방식

1) 노즐 기술

① DP 방식은 Direct-Write(DW)라고도 불리며 FDM 방식과 매우 유사하지만, 액상 혹은 페이스트의 재료를 사용할 수 있다는 차이점이 있다.
② 고체 형태의 재료를 고온으로 녹여서 토출하는 방식이 아니라, 원재료가 유동이 가능

한 액상이나 페이스트이기 때문에 재료가 담겨진 노즐 장치에 압력을 가해서 재료를 토출시킨다.
③ 원재료의 특성이 다른 것을 제외하고는 FDM 방식과 유사하며 토출된 재료의 모양도 필라멘트 형태이고, 재료가 토출되고 난 다음에도 유동이 가능하기 때문에 그 모양을 유지하는 것이 FDM 방식에 비해서 상대적으로 어렵다. 이는 다양한 재료 및 기계적 방법으로 해결이 되고 있다.
④ 노즐 팁의 직경 및 길이는 온도에 영향을 받지 않기 때문에 다양하게 설계할 수 있다.
⑤ 노즐 팁의 직경은 필라멘트의 크기에 영향을 미치며, 이는 직접적으로 성형품의 품질 및 전체 가공 시간에 영향을 미친다.
⑥ 성형품의 적용 분야에 따라 서 중고가 및 저가형으로 구분하여 노즐 팁을 설계해야 한다. 특히 긴 노즐 팁은 자유 곡면 등에 프린팅이 가능하다.
⑦ 다중 재료를 사용하는 데 있어서 매우 용이하다.
⑧ 각 재료를 담고 있는 다른 헤드를 하나의 가공 플랫폼에 한꺼번에 설치하고 이들을 개별 제어함으로써 다중 3차원 프린팅이 가능하다.
⑨ 몇 가지 다른 재료 토출 방식이 존재한다.
⑩ 스크루가 회전을 하면서 재료 사출기와 같이 재료를 밀어서 토출하는 방식이 있으며, 높은 점도의 재료 사용에 용이하다.
⑪ 재료는 공기압에 의해서 헤드 내부로 이송이 되고, 이송된 재료는 모터로 제어되는 스크루에 의해서 노즐 팁 방향으로 이동하게 된다.
⑫ 복잡한 구조로 인해서 비교적 가격이 높다.
⑬ 주사기의 피스톤을 공기압으로 밀어서 재료를 토출하는 방식은 높은 점도의 재료를 사용하는 데에는 한계가 있으나 비교적 가격이 저렴한 장점이 있으며, 외부에서 공급이 되는 공기압을 필터와 제어밸브(Regulator)를 통해서 적정 압력으로 조절하고 이를 이용해서 피스톤을 움직여 재료를 토출한다.

2) 노즐 설계 방법

① DP 방식의 노즐을 설계할 때, 가장 먼저 고려해야 할 부분이 팁의 직경이다.
② FDM 방식과 마찬가지로, 성형품의 품질 및 전체 가공 시간에 영향을 미치는 중요한 인자이다.
③ 노즐 팁의 내경은 필라멘트의 크기를 결정하며, 외경은 토출된 필라멘트와 간섭을 일으켜 형상 변화를 초래하므로 내외경을 고려해서 팁을 설계한다.

④ 사용할 재료의 점도가 높을 경우에는 비교적 큰 노즐을 사용해서 막힘을 방지해야 한다.
⑤ 노즐 팁의 길이는 성형물과의 간섭 정도에 따라서 설계해야 한다.
⑥ 노즐 팁은 금속 혹은 플라스틱으로 되어 있으며 주로 단면이 원형 형상이다.
⑦ DP 방식의 장점
　㉠ 다양한 크기 및 모양의 주사기와 팁이 이미 많이 상용화가 되어 있어서 쉽게 구매해서 조립할 수 있다.
　㉡ 가격이 상대적으로 저렴하며, 다양한 형태의 팁을 주문 제작할 수도 있다.
⑧ DP 방식의 단점
　㉠ 재료의 유동성으로 인해서 필라멘트가 형성된 후에 변형이 일어날 수 있으므로 성형품의 품질이 떨어질 수 있다.
　㉡ 재료가 토출되면 필라멘트의 변형이 일어나기 전에 2차적인 방법으로 재료를 경화시켜야 한다. 이는 재료와 공정의 조합으로 해결할 수 있다.
　㉢ 용매를 사용할 경우 증발한 양만큼 필라멘트가 수축이 발생하며, 열 개시제의 경우 다른 경화 방법에 비해서 상대적으로 오랜 시간이 걸린다.
⑨ 광경화는 다른 경화 반응에 비해서 상대적으로 매우 빠르게 일어나는 장점이 있으나, 노즐 내부의 재료까지도 경화가 되어 노즐 막힘 현상이 발생할 수도 있다. 이를 해결하기 위해서 필라멘트의 형상을 유지할 수 있을 정도의 최소한의 광 에너지로 필라멘트를 가공 중 경화시키고, 가공이 끝난 다음 후 경화를 통해서 완전경화를 시키는 방법이 있다.

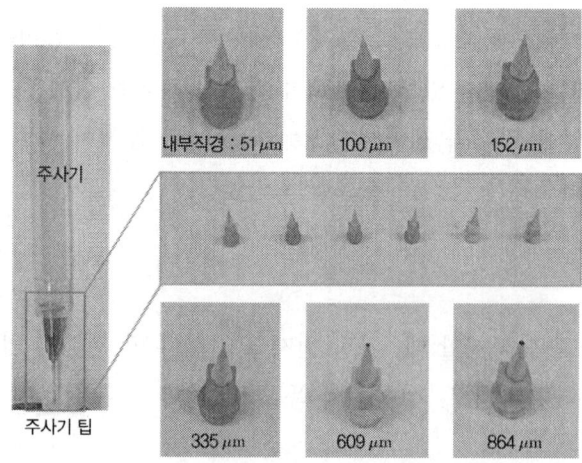

[그림 2-6] 주사기 및 다양한 금속 노즐 팁

3 노즐 도면의 이해와 설계

1. 노즐 설계 규격서

기본적인 제품 설계 규격서는 아래와 같은 항목으로 구성이 되어 있다. 다양한 양식이 존재하며, 노즐을 개발하기 위한 모든 정보들을 포함하고 있어야 한다. 설계 규격서를 토대로 각 부품에 대해서 부품도와 조립도로 이루어진 제작도가 생성되어진다.

1) 성능

노즐의 성능은 최종 성형품의 적용 분야에 따라 다양하게 정의될 수 있다.

(1) 성형물의 품질
① 성형물의 품질이 우선시 되는 경우에는 비교적 작은 직경의 노즐을 사용해야 한다. 이는 노즐로부터 생성된 액적 및 필라멘트가 직접적으로 품질에 영향을 미치기 때문이다.
② 성형물의 최종 외관은 이들 액적 혹은 필라멘트로 만들어진 마지막 층 및 각 층에서의 최외각 윤곽에 의해서 결정이 되며, 액적이나 필라멘트의 사이즈가 작으면 작을수록 표면 거칠기는 나아진다.
③ 제팅 방식의 경우에는 노즐 사이즈의 한계가 있으나, dpi로 그 성능을 확인할 수 있다.
④ FDM 방식에서는 100마이크론 정도가 일반적인 최소 크기이다.
⑤ DP 방식에서는 다양한 노즐이 존재하며 50마이크론 정도까지 일반적으로 사용이 가능하다.

(2) 성형 속도
① 성형물의 가공 속도는 노즐의 사이즈가 작으면 작을수록 더 오래 걸린다. 이는 액적이나 필라멘트가 단면을 형성하는 데 있어서 그 크기가 작으면 작을수록 더 많은 액적 및 필라멘트, 즉 더 많은 가공 경로가 필요하기 때문이다.
② 제팅 방식의 경우에는 노즐헤드의 dpi와 이송 장치의 속도가 전체 성형 속도에 영향을 미치게 된다.
③ DP 혹은 FDM 방식의 경우에는 노즐의 크기 및 이송 장치의 속도가 성형 속도에 영향을 미치는 인자이다.

2) 크기

(1) 노즐 팁의 직경

① 요구되는 성능, 즉 가공 속도 및 품질에 따라서 노즐의 직경이 결정되어진다.
② 경우에 따라서는 노즐의 직경을 외경 및 내경으로 구분할 수도 있는데, 필라멘트 크기를 형성하는 내경 위주로 노즐을 결정하면 된다.
③ 노즐의 치수는 허용 공차를 함께 제공함으로써 치수 정밀도를 확보하게 한다.

(2) 노즐 팁의 길이

① 노즐의 길이는 전체 3차원 프린팅 장치의 구성과 관련이 있다.
② 노즐의 길이가 짧은 FDM 헤드 같은 경우에는 다른 기계 장치나 성형품과의 간섭을 고려해야 한다.
③ DP에서는 다양한 크기의 노즐이 있는데, 그 용도에 맞게 길이를 결정해야 한다.
④ 재료의 점성이 높으면 가능한 한 짧은 노즐이 유리하고, 그렇지 않을 경우에는 긴 노즐도 적용이 가능하다.
⑤ 허용 공차를 함께 제공하여 치수 정밀도를 확보하게 한다.

(3) 노즐 헤드의 크기 및 중량

노즐 헤드는 재료를 토출하기 위해서 다양한 부가 장치가 결합되어지고 제어를 위한 전기선들도 연결이 되어져야 한다. 따라서 이송 장치 설계 시 노즐의 전체 크기 및 중량을 고려해야 한다.

3) 재료 토출 속도

(1) 제팅 속도

제팅 속도는 생산성에 영향을 미치는 것으로 1초당 생성 가능한 최대 액적의 수에 대한 정보를 제공해야 한다. 이는 보통 Hz 단위로 나타낸다.

(2) FDM 토출 속도

FDM 방식의 경우에는 재료 공급 속도에 따라서 재료의 토출 속도가 정해지므로, 최대토출 속도에 대한 정보를 제공해야 한다.

(3) DP 토출 속도

DP 방식에서는 공기압 혹은 스크루의 회전으로 재료가 토출되기 때문에 최대 공기압 및 최대 스크루 회전 속도에 대한 정보를 제공해야 한다.

4) 수량

(1) 일반적으로 동일한 종류의 노즐이 사용된다고 가정을 하고, 중고가의 FDM 장비의 경우에는 모델 재료 및 서포트 재료를 토출할 2개의 노즐이 하나의 노즐 헤드에 장착된다.
(2) 저가형 FDM의 경우에는 보통 1개가 사용되나, 적용 분야에 따라서 2개 이상의 노즐이 사용될 수도 있다.
(3) DP 방식에서는 적용 분야 및 재료의 종류에 따라서 1개 혹은 여러 개의 노즐을 사용할 수 있다.
(4) 제팅 방식은 1개의 노즐 헤드에 보통 여러 개의 오리피스(작은 구멍)가 존재한다.
(5) 다중 재료 제팅 방식에서는 2개 이상의 노즐 헤드가 사용되어 재료가 가공 중 혼합되게 할 수 있다.

5) 비용

비용은 성능과 직접적으로 연관이 있으며, 전체 시스템의 비용에서 헤드의 비용을 별도로 산정할 수 있다.

6) 노즐 가공 재료

(1) 노즐은 금속, 플라스틱, 세라믹 등 다양한 방식으로 제작될 수 있다.
(2) 각 구성품은 각기 다른 종류의 재료로 제작이 가능하다. 따라서 노즐을 가공 시 각 부품에 대한 가공재료를 지정해야 한다.

7) 마감

(1) 작동 환경에 따라서 노즐의 마감에 대한 내용을 지정해야 한다.
(2) 특정 재료에 대해서 부식이 발생함을 방지할 수 있으며, 표면을 매끄럽게 함으로써 재료의 유동을 도울 수도 있다.

8) 사용 가능 재료

(1) 각 방식에 따라서 다양한 재료가 사용이 가능하며 제팅 방식의 경우에는 주로 광경화성 고점도 재료가 사용된다.

(2) 모델 재료와 서포트 재료가 사용되며, 서포트 재료는 물에 의해서 세척이 가능한 재료가 사용된다.
(3) 다중 재료의 사용이 가능하며, 이에 준해서 재료를 명시한다. 모델 및 서프트 재료는 토출이 되고 난 다음에는 자외선으로 경화가 된다.
(4) FDM 방식의 경우, ABS와 같은 열가소성 재료가 사용되며, 노즐 헤드의 온도 동작 범위에 따라서 재료를 구분해야 한다.
(5) DP 방식에서는 흐를 수 있는 재료면 거의 사용이 가능하나, 점도가 높은 재료의 경우에는 공기압 및 스크루의 토크가 매우 중요하다.
(6) 헤드의 성능에 따라서 사용 가능 재료를 지정해야 한다.

9) 유지 관리

각 방식에서의 노즐에 대해서 유지 관리를 명시해야 한다. 노즐을 정기적으로 세척을 해야 할 경우에는 주기, 세척액, 세척 방법에 대해서 명시한다.

10) 수명

(1) 노즐은 소모품이기 때문에 주기적으로 교환해야 한다.
(2) 액적 및 필라멘트의 생성이 원활하지 않을 경우 노즐의 이상에 의심을 해야 하며 주기적으로 점검하고 수명을 고려해서 적시에 교체하도록 한다.
(3) DP 방식의 경우 다양한 노즐 팁이 있으며, 비교적 저가이기 때문에 잦은 교체에 유리하다.

11) 안전 사항

각 방식별로 안전 사항을 명시해야 한다. 제팅 방식의 경우에는 UV에 유의해야 하며, FDM 방식에서는 고온에 유의해야 한다.

12) 운용 환경

(1) 노즐을 운용하기 위한 환경도 명시해야 한다.
(2) 온도, 습도를 포함해서 노즐 구동을 위한 전기 파워, 공압을 위한 압력 등을 명시한다.

(3) 공압에 대해서 습기 및 이물질을 제거할 수 있는 필터의 종류 및 필터 메쉬(Mesh)의 크기를 명시한다.
(4) 광경화성 재료의 경우에는 일반 빛에 의해서도 경화가 가능하기 때문에 빛이 투과되지 않게 보호막을 설치해야 한다.
(5) 자외선 광이 외부로 노출되어 인체에 영향을 미치는 것도 동시에 방지할 수 있다.
(6) 제팅 방식의 경우 액적을 발생시키는 동작 주파수도 명시해야 한다.
(7) FDM 방식의 경우에는 주로 가공 챔버가 히터로 가열이 되는 경우에는 동작온도를 명시하도록 한다.

13) 노즐 온도

FDM 방식의 경우에는 노즐의 온도를 상승시켜 고체 상태의 재료를 녹여서 토출시켜야 한다. 따라서 사용 가능한 재료의 녹는점을 바탕으로 노즐 온도가 정해져야 하며, 오차 범위 내에서 작동을 해야 한다.

2. 노즐 설계 제작도

노즐 설계 제작도는 크게 부품도와 조립도로 나뉜다. 부품도는 부품을 제작하기 위한 형상, 치수, 재료, 마감, 공차, 가공 정보 등의 정보를 포함해야 하고, 조립도는 완성품을 만들기 위한 이들 각각의 부품의 조립에 대한 과정, 동작 범위 등에 대한 정보를 포함해야 한다.

1) 부품도

부품도는 각각의 부품에 대해서 존재해야 하며, 부품 가공을 위한 상세 정보를 포함해야 한다. 이는 부품의 구조, 형상, 재료, 치수, 마감, 공차 등을 반드시 포함해야 한다. 경우에 따라서는 상세도가 필요하다.

2) 조립도

조립도는 완성품을 만들기 위해서 필요한 모든 부품을 포함하며, 조립에 대한 과정 및 동작 범위 등이 포함되어져야 한다. 조립에 대한 각 부품의 이름, 수량, 및 설명이 포함되어 있으며, 경우에 따라서는 상세 조립도를 포함시킬 수 있다. 이송에 대한 정보, 즉 이송 범위, 방향 등에 대해서도 별도의 상세 정보를 포함시킬 수 있다.

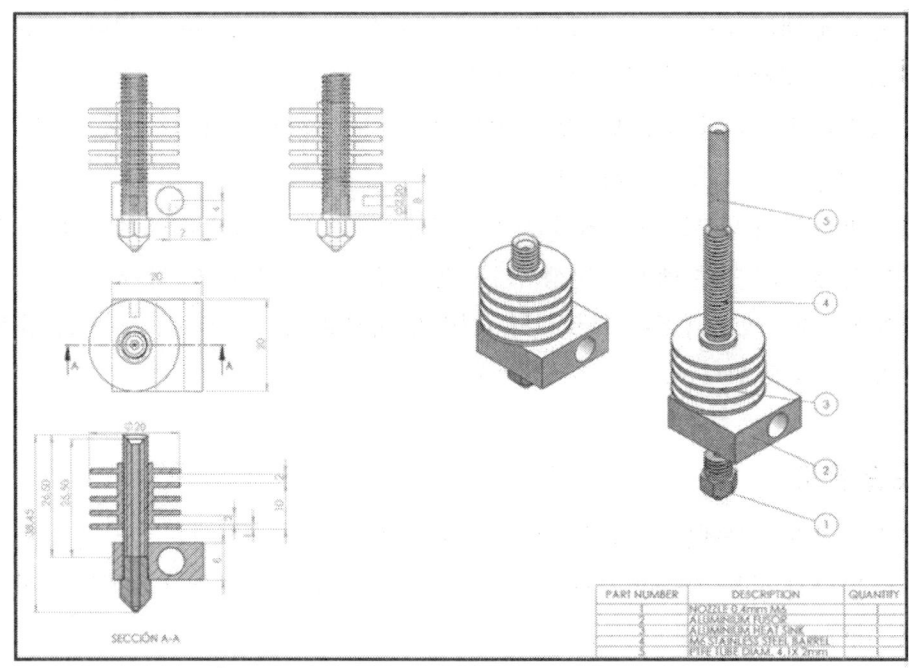

[그림 2-7] Hot-end 부품도 및 조립도 예

[그림 2-8] 익스트루더 모델링 예

3. 노즐 평가 항목

설계도에 따라 제작된 노즐을 평가하기 위해서는 각 방식별로 아래와 같은 항목들을 평가해야 한다.

1) 제팅 방식

(1) 노즐의 치수 검증
① 필요로 하는 성능에 따라 설계된 노즐은 일정한 크기의 액적을 연속적으로 프린팅하기 위해서 치수가 보장되어야 한다.
② 제팅 방식의 경우에는 오리피스의 직경 및 오리피스 사이의 간격이 허용 공차 내에 들어와야 한다.
③ 오리피스는 기본적으로 원형으로 설계되기 때문에 원형도 또한 공차를 만족해야 한다.

(2) 동작 주파수
① 제팅 방식의 경우에는 매우 미세한 액적을 연속적으로 생성시켜야 한다.
② 액적 생성 속도가 떨어지면 그만큼 헤드를 이송하는 속도가 느려지게 된다.
③ 열팽창 방식 및 압전 방식에서 1초당 액적을 만들어 낼 수 있는 속도인 주파수(Hz)가 중요하다.

(3) 그 외의 평가 항목
제팅 방식은 상대적으로 높은 점도의 재료가 사용되기 때문에 막힘(Clogging) 현상이 자주 발생하면 재료가 토출이 되지 않아 결국엔 성형품에 결함이 발생하게 된다.

2) FDM 방식

(1) 노즐의 치수 검증
① 노즐의 내경에 따라서 필라멘트의 크기가 정해지고 이는 곧 장비의 가공 정밀도가 된다.
② 제작된 노즐의 외경 및 내경이 공차를 만족하는지 평가해야 한다.
③ 노즐의 길이는 일정해야 하며, 그렇지 않을 경우에는 팁과 기판 사이의 간격인 갭(Gap)이 달라져서 결과적으로 다른 크기의 필라멘트가 생성이 되거나 필라멘트가 조형판에 부착이 되지 않을 수도 있다.

④ 팁의 끝단은 버(Burr)가 없어야 하며, 이는 일정한 크기 및 원형의 필라멘트를 형성하는 데 영향을 미친다.

(2) 노즐 온도

노즐의 온도는 재료의 녹는점에 따라서 다르게 세팅되어야 하며 설정된 온도는 오차 범위 내에서 지속적으로 제어되어야 한다.

(3) 재료 토출 속도

① 재료의 공급 속도는 모터에 연결된 풀리(Pulley)의 회전 속도로 결정이 되며 재료 공급 속도는 재료 토출 속도를 결정한다.
② 이송 장치의 가감속에 따라서 재료 토출 속도가 조절이 되어 단위 길이당 항상 일정한 양이 토출되도록 해야 하며, 정속 구간에서는 일정한 토출 속도가 유지가 되어야 한다.

(4) 그 외의 평가 항목

FDM 방식은 재료를 녹여서 토출하는 방식으로 사용 후 남은 재료가 팁에 남아 있더라도 다음 사용 시에 노즐의 온도를 상승시켜 잔류 재료를 쉽게 토출시켜 제거할 수 있으며, 이물질이나 변형된 재료가 재료 끝단에서 막힘 현상을 발생시킬 수 있다.

3) DP 방식

(1) 노즐의 치수 검증

① 가공 해상도는 노즐의 내경에 따른 토출 필라멘트의 직경이 되며 제작된 노즐의 외경 및 내경이 공차를 만족하는지 평가해야 한다.
② 노즐의 길이는 일정해야 하며, 그렇지 않을 경우에는 팁과 기판 사이의 간격인 갭이 달라져서 결과적으로 다른 크기의 필라멘트가 생성이 된다.
③ 팁의 끝단은 버(Burr)가 없어야 하며, 이는 일정한 크기 및 모양의 필라멘트를 형성하는 데 영향을 미친다.

(2) 재료 토출 속도

① 재료의 공급 속도는, 스크루 방식의 경우 이의 회전 속도에 비례한다.
② 재료의 점도가 높을 경우 더 높은 회전 속도가 필요하며, 스크루의 일정한 회전 속도가 중요하다.
③ 공압 방식의 경우에는 일정한 공압이 지속적으로 제공되어야 한다.

(3) 그 외의 평가 항목

DP 방식은 유동성이 있는 재료를 사용하기 때문에 사용하고 남은 재료가 팁의 끝단에 남아 경화가 될 수도 있으며, 주로 경화성 재료를 사용하기 때문에 한 번 경화된 재료는 다시 녹지 않아 팁이 영구히 막히게 된다.

4. 노즐 평가 방법

1) 노즐의 치수 평가 방법

노즐의 치수를 평가하는 방법은 직접 노즐의 크기를 측정하는 방법과 필라멘트 혹은 액적을 생성시켜 측정하는 방법이 있다.

(1) 직접식 측정

① FDM 및 DP 방식의 노즐팁의 외경 및 길이를 측정하는 방법은 버니어 캘리퍼스, 마이크로미터 등으로 직접 접촉을 통해서 측정할 수 있다.

② 노즐 팁의 외경의 경우에는 광학식으로 측정할 수 있으며 현미경, 주사현미경(Scanning electron microscopy) 등을 이용하여 수행할 수 있다.

③ 제팅 방식의 오리피스는 접촉을 통한 측정이 힘들기 때문에 광학식으로 측정할 수 있다.

(2) 간접식 측정

① 간접식 측정은 직접 노즐을 측정하는 것이 아니라 액적 혹은 필라멘트를 측정하는 방식이다.

② 특정 재료를 이용해서 재료를 토출시키고 난 다음 그 액적 혹은 필라멘트의 모양을 광학식으로 측정하는 방식으로 재료에 따라서 각기 다른 액적 및 필라멘트가 형성되기 때문에, 재료를 동반할 경우에는 이 방식으로 노즐을 평가한다.

③ 이송속도 및 토출 속도에 따라서 다른 크기의 액적 및 필라멘트가 생성되기 때문에 많은 경우에 있어서 이러한 간접식 측정으로 노즐을 평가하며, 동시에 가공 파라미터, 즉 이송속도, 토출 속도 등을 설정한다.

1.2 광학모듈 설계

1 3D프린터 광학모듈의 구조 이해

1. 광조형 공정에서의 광학 기술

광조형 공정은 광경화성 수지를 컨테이너에 넣고 자외선 혹은 가시광 레이저의 집광된 빔을 재료 표면 위에 주사함으로써 재료를 경화시켜 단면을 생성하고 이를 적층하여 최종적으로 3차원 성형품을 제조한다. 레이어(Layer)를 형성하는 방법에 따라서 주사(Scanning) 방식과 전사(Projection) 방식이 있다. 각 방식에 따라서 광원 및 광학계의 구성이 달라질 수 있으며, 이에 따라서 규격서 및 설계도를 준비해야 한다.

1) 주사 방식

① 주사 방식은 집광된 레이저 빔을 이용해서 수지 표면을 주사(Scanning) 혹은 해칭(Hatching)함으로써 레이저가 닿은 부위의 수지를 광경화시켜 고체 단면을 형성시킨다.
② 광원을 주사할 수 있는 장치가 필요하며, 레이저 빔을 집광할 수 있는 장치 또한 필요하다.

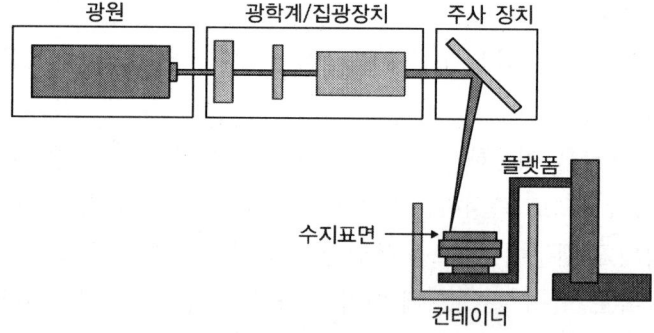

[그림 2-9] 주사 광조형 방식의 개념도 및 광학계

2) 전사 방식

① 전사 방식은 단면을 한꺼번에 경화하는 방식으로 광 패턴을 수지 표면 위에 조사하는 공정으로서 패턴 형성기를 이용하여 단면 형상에 해당하는 광 패턴을 생성시킨 다음 이를 적절한 광학계를 거치면서 수지 표면에 초점이 이루어지게 해서 경화한다.

② 광원, 패턴 형성기, 초점 광학계 등이 필요하다.

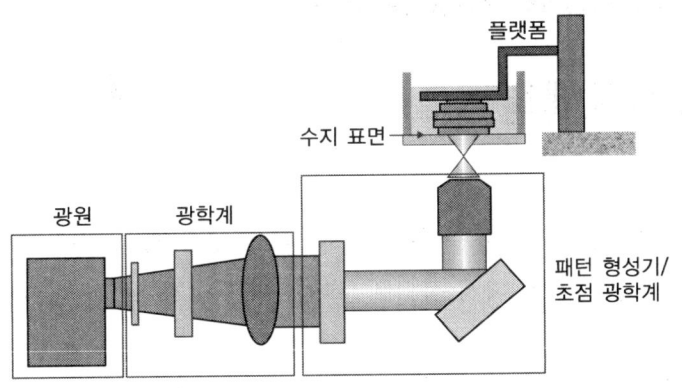

[그림 2-10] 전사 광조형 방식의 개념도 및 광학계

3) 선택적 소결 공정에서의 광학 기술

① 선택적 소결 공정에서는 주로 높은 에너지의 적외선 레이저를 이용하여 재료 챔버에 담겨진 고분자 파우더를 소결 혹은 용융시켜 단면을 형성하고 최종적으로 3차원 성형품을 제작한다.

② 이를 위해서 집광된 레이저 빔은 파우더 표면 위를 스캔하게 되는데 이는 주사방식 광조형과 유사하며 광원, 주사 장치, 집광 장치 등이 필요하게 된다.

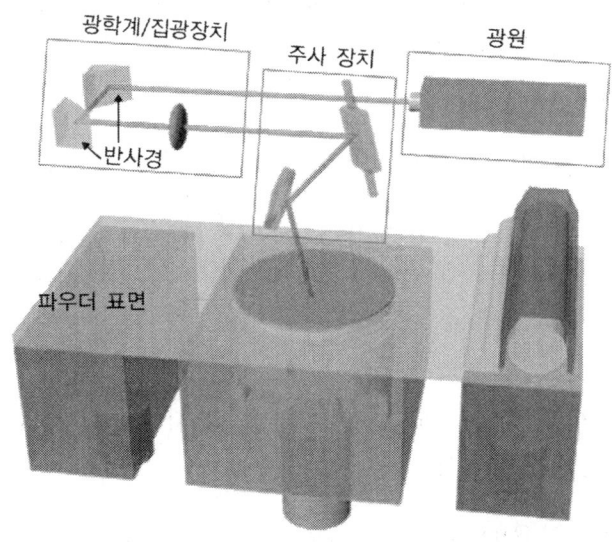

[그림 2-11] 선택적 소결 공정의 개념도 및 광학계

2 광학모듈의 종류 이해 및 선정

1. Lens의 법칙과 배율

1) 상의 원리
필름을 렌즈 빛에 그냥 노출시키면 전체적으로 노랗게 될 뿐이며 영상을 기록하기 위해서는 한 점을 떠난 빛들을 다시 점으로 모아서 필름에 기록해야 한다.

2) 렌즈의 이론

(1) 초점거리

렌즈의 가장 큰 특성은 초점거리이다. 초점거리란 평행 광선이 렌즈를 통과하면 한 점으로 모이는데, 이 점과 렌즈의 거리가 바로 초점거리(Focal length)이다. 보통 카메라 렌즈의 종류를 말할 때 50mm 표준렌즈, 150mm 망원렌즈 혹은 70~210mm 줌 렌즈라고 하는데, 이 값이 바로 렌즈의 초점거리이다.

(2) 상의 원리

카메라에서 렌즈의 역할은 피사체를 떠난 빛을 다시 한 점에 모으는 것이다. 이상적인 렌즈는 물체를 떠나 렌즈로 들어오는 빛을 모두 다시 정확히 한 점으로 모이게 한다. 빛이 다시 한 점에 모이게 되면 물체가 마치 거기 있는 것처럼 보이기 때문에, 그것을 '상(Image)'이라고 한다.

(3) 렌즈의 공식

피사체와 렌즈의 거리를 a, 렌즈와 상의 거리를 b, 렌즈의 초점거리를 f라 하면

$$\frac{1}{a} + \frac{1}{b} = \frac{1}{f} \text{(렌즈의 공식)}, \quad b = \frac{a \times f}{a - f} \text{(렌즈와 필름 사이의 거리)}$$

> **예제**
>
> 광학렌즈의 초점거리가 50mm이고, 렌즈로부터 물체까지의 거리가 10m일 때, 렌즈로부터 이미지가 맺히는 거리는 약 얼마인가?
>
> **해설** $b = \dfrac{af}{(a-f)} = \dfrac{10000 \times 50}{10000 - 50} = 50.3\text{mm}$

2. 주사 방식에서의 광원

1) 광원

광원은 공정별로 사용하는 재료에 적합하게 선정이 되어야 하며, 광조형 공정에서는 주로 자외선 레이저가 사용이 되는데, 이는 광경화성 재료의 반응 파장대가 주로 자외선 영역이기 때문이다. 또한 선택적 소결 방식에서는 열에너지를 이용해서 재료를 소결 혹은 용융시키기 때문에 높은 열에너지를 발생시키는 적외선 레이저를 많이 사용한다.

(1) 광조형 공정

① 광조형 공정에서 사용하는 재료는 주로 자외선 영역에서 반응을 하는 광 개시제를 포함하고 있다.

② 광 개시제는 적합한 파장대의 광에 노출이 되면 매우 불안정한 상태인 라디칼(Radical)들이 생성되고, 이 라디칼들은 단량체(Monomer)의 약한 부분(주로 탄소이중 결합)을 결합을 끊어 스스로가 단량체와 결합을 하게 된다.

③ 결합된 단량체는 또다시 라디칼 상태가 되어서 주변의 단량체들의 이중 결합을 끊으면서 결합을 연속적으로 하게 된다. 최종적으로 더 이상 결합을 할 단량체가 없거나 라디칼들끼리 반응을 함으로써 반응이 종결이 되며, 이러한 연속 반응으로 최종적으로 폴리머가 생성된다.

④ 주로 광 개시제의 파장대는 넓은 영역이며 레이저는 그 특성상 단파장이며 레이저의 파장대가 광 개시제의 파장대 영역에 포함이 되어야 한다. 이를 고려해서 레이저를 선정해야 한다.

⑤ 레이저의 파워가 높을수록 고속 주사가 가능하다.

⑥ 자외선 레이저의 파장대는 가시광보다 짧으며, 적외선 레이저의 파장대는 가시광보다 길다.

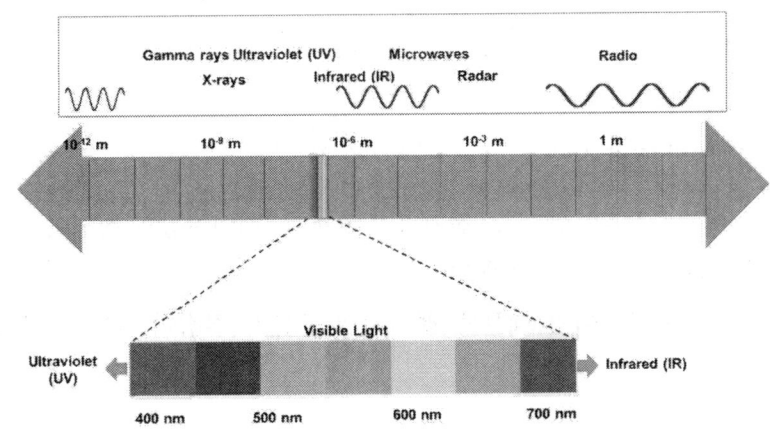

[그림 2-12] 광 스펙트럼

(2) 선택적 소결 공정
① 선택적 소결 공정에서 사용되는 레이저는 적외선 영역의 고에너지를 발산할 수 있는 레이저다.
② 대표적인 것으로는 CO_2 레이저 등이 있다.
③ 적외선 에너지는 고온이며 재료를 소결 혹은 용융시킬 수 있다.
④ 광학계를 설계할 시 레이저의 사양을 고려해야 한다.

2) 광학계

① 주사 방식에서의 광학계는 광원으로부터 생성된 레이저 빔을 최종적으로 재료 표면에 집광하고 또한 주사하는 역할을 수행한다.
② 광학계의 역할은 재료 표면을 광학계의 초점면과 동일하게 하고 동시에 요구되는 빔의 크기를 제어하는 것이다.
③ 빔의 직진 방향에서 초점이 생성되는 구간으로 초점 구간을 벗어나게 되면 레이저빔의 초점이 맺히지 않게 되어 결과적으로 원하는 크기의 빔 및 에너지를 얻을 수 없게 된다. [그림 2-13]과 같이 초점면에서의 레이저 빔의 크기(W)는 레이저의 파장(λ), 광학계로 입사하기 전의 레이저 빔의 직경(D), 그리고 광학계의 초점거리(F)로 아래 [식 1]과 같이 정의된다.

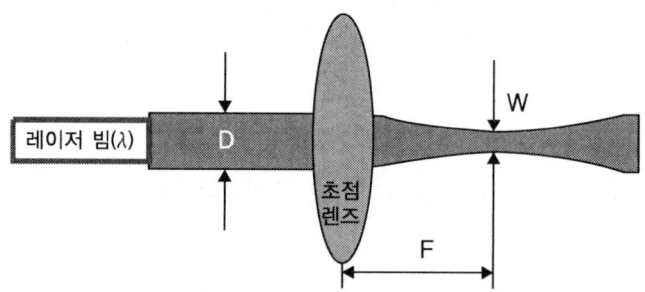

[그림 2-13] 레이저 빔의 크기

[식 1] 빔의 크기 산출식 $W = (\dfrac{4\lambda}{\pi} \times \dfrac{F}{D}) \times \dfrac{1}{2}$

④ 레이저의 파장대가 짧고, 초점거리가 짧으며, 레이저광의 직경이 크면 클수록 집광된 광의 빔의 크기(W)는 작아진다.
⑤ 레이저는 단파장이기 때문에 레이저의 종류가 결정이 되면 파장대는 변화할 수가 없다.

⑥ 레이저 헤드로부터 나오는 빔의 크기는 일정하지만 특정 광학계를 사용하면 그 직경을 크게 할 수 있다.

⑦ 초점거리는 장비의 크기 및 광학계의 위치에 따라서 어느 정도 조절이 가능하다. 따라서 설계 가능한 변수는 광학계의 초점거리(F)와 레이저의 입력 직경(D)이다.

[식 2] 초점거리 산출식 $DOF = (\frac{8\lambda}{\pi} \times \frac{F}{D})^3$

⑧ DOF(Depth Of Focus)는 초점 심도를 나타내며, 이는 빔의 직진 방향에서 초점이 생성되는 구간이다. 즉, 이 초점 구간을 벗어나게 되면 레이저 빔의 초점이 맺히지 않게 되어 결과적으로 원하는 크기의 빔 및 에너지를 얻을 수 없게 된다.

⑨ DOF도 동시에 작아지며 정밀한 초점거리의 제어가 요구된다. 넓은 면적을 주사해야 할 경우에는 가공 영역의 가장자리에서도 초점이 맺힐 수 있게 특수한 광학계(동적 초점 조절기 등)를 사용하여 전 영역에서 초점이 잡히도록 설계해야 한다.

(1) 빔 익스팬더

① 주사 방식의 3차원 프린터를 개발할 때, 가장 기본적으로 고려해야 할 부분은 재료 표면에서 레이저 빔의 직경을 작게 하는 것이다.

② 레이저 빔의 단면이 작으면 작을수록 최소 성형 가능한 크기, 즉 가공 해상도는 높아져서 결과적으로 정밀한 성형품을 제작할 수 있다.

③ 레이저 빔의 단면적을 작게 함으로써 그만큼 단위 면적당 에너지는 상승하여 광경화 혹은 소결 · 용융이 빠른 시간에 이루어지게 된다.

④ 너무 작은 빔 사이즈는 더 많은 주사 경로를 만들어야 하기 때문에 가공 시간이 오래 걸린다. 따라서 해상도와 가공 시간을 고려해서 광학계를 설계해야 한다.

⑤ 빔 익스팬더는 볼록 및 오목 렌즈의 조합으로 구성할 수 있으며, 보통 2개의 렌즈 사이의 거리를 조정함으로써 빔 직경의 크기를 조절할 수 있다. 빔 익스팬더는 빔의 광분포를 균일하게 만드는 역할도 동시에 한다.

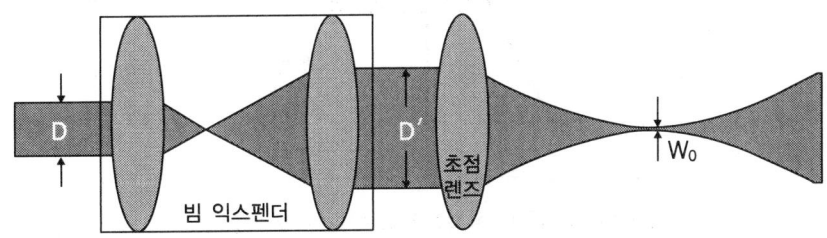

[그림 2-14] 빔 익스펜더를 이용한 레이저 빔의 크기 감소

(2) 반사경
① 반사경은 좁은 영역에서 긴 광경로를 생성할 때 필요하다.
② 광의 방향을 전환하여 렌즈와 렌즈 사이 혹은 다른 광학계로 광이 입사되게 한다.
③ 반사경의 정렬(Alignment)이 틀어지게 되면 결과적으로 재료 표면의 빔의 위치는 매우 큰 오차를 가지게 된다.
④ 반사경을 정렬할 경우에는 가능한 먼 거리의 목표 위치를 설정하고 정렬 과정을 진행한다.
⑤ 반사경은 레이저의 파장대에 따라서 전반사가 일어나게 표면에 특수 코팅을 한다.

(3) 주사 장치
주사 장치는 정렬된 광을 원하는 재료 표면 위에 도달하게 위치 제어를 수행하며 동시에 속도 및 가속도를 제어한다.

(4) 초점 렌즈
① 가공 전체 영역에서 재료 표면이 초점면과 일치되게 하기 위해서 특수 렌즈를 사용한다.
② 주사 미러만을 사용할 경우에는 재료 표면에 초점면이 생기는 것이 아니라 구면에 초점면이 생기게 되는데, 이는 동일한 초점거리를 주사 장치로부터 적용을 하면 원형이 생기기 때문이다.
③ 초점 렌즈를 사용하여 렌즈의 입사각에 따라서 초점 위치를 보정하여 최종적으로 재료 표면에 초점이 맺히게 한다.
④ 초점 렌즈는 빌드 영역의 크기에 따라서 크기 및 초점거리가 선정되어야 한다.

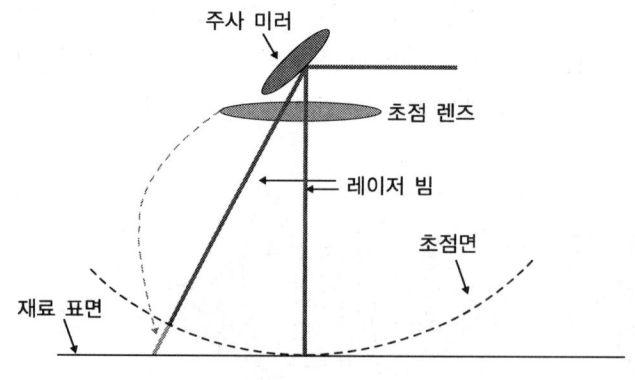

[그림 2-15] 주사 장치에서의 초점면 및 초점 렌즈

3. 빌드 사이즈

빌드 사이즈는 광학계 설계에 직접적인 영향을 미치며, 이는 위의 초점 렌즈의 사용 이유처럼 전 영역에서 레이저의 초점이 형성되게 하기 위함이다.
레이저 빔은 입사각에 따라서 원래의 원형 단면에서 타원형 단면으로 바뀌게 된다. 이 또한 레이저 주사 경로생성 시 고려해야 한다.

1) 초점면(Focal plane)

빌드 사이즈에 따라서 재료 표면에 초점이 생길 수 있도록 초점 렌즈를 설계해야 한다.

2) 레이저 빔의 모양

① 레이저 빔의 모양은 재료 표면에 입사하는 각도에 따라서 변형된다.
② 레이저 빔의 단위 면적당 에너지 및 단면 크기가 변화하기 때문에 이를 고려해서 주사 경로 및 속도를 제어해야 한다.
③ 레이저 빔의 모양 또한 특수 광학계로 어느 정도 일정하게 유지할 수 있다.

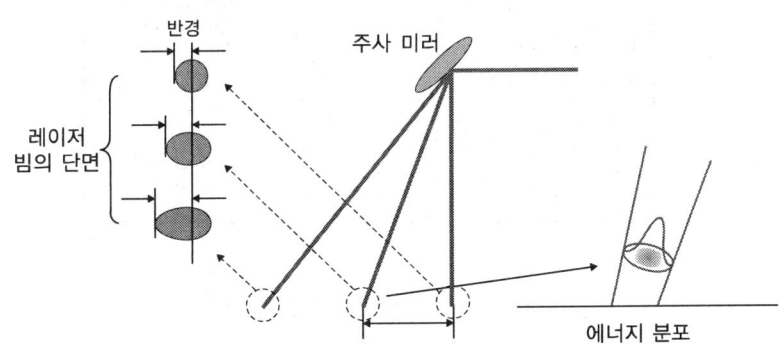

[그림 2-16] 레이저 빔의 단면 변화

4. 전사 방식에서의 광원

전사 방식 광조형 공정에서는 레이어를 형성하기 위해서 광 패턴을 형성하고 이를 광경화성 수지 표면에 초점을 맞춰서 한꺼번에 한 층을 형성한다. 따라서 광원 및 광 패턴을 생성시키고 수지 표면에 조사할 수 있는 광학계가 필요하다.

1) 광원

① 주사 방식 광조형 공정과 마찬가지로 광원의 파장대는 사용한 재료의 광 개시제의 반응 파장대 내에 있어야 한다.
② 광 패턴 형성기에 광을 입사시켜 광 패턴을 만들기 때문에 광 패턴을 만들기에 충분히 큰 광이 입사되어야 하며 일반적으로 램프광을 많이 사용한다.
③ 레이저보다 상대적으로 큰 면적의 광을 만들 수 있기 때문이고, 또한 다양한 에너지 피크가 존재하기 때문이다.
④ 주로 많이 사용하는 광원은 수은(Mercury) 램프이며, 광 스펙트럼(Light spectrum)을 가진다. 광의 파장대가 넓으면 넓을수록 광의 오차, 즉 색수차(Chromatic aberration)가 발생한다.
⑤ 특정 영역의 파장대만 추출하기 위해서 필터(Filter)를 많이 사용한다.

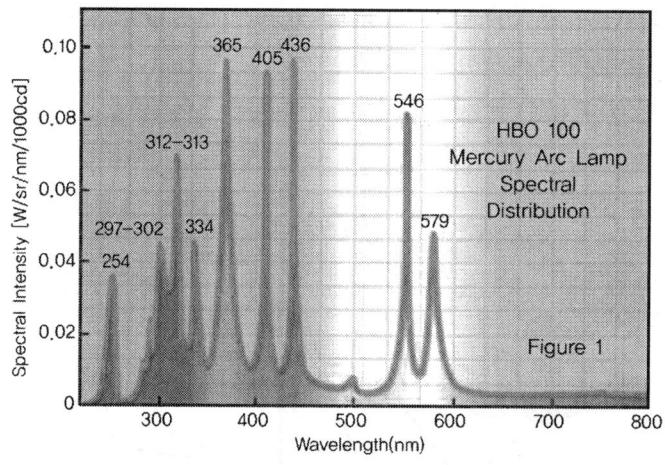

[그림 2-17] 수은 램프의 광 스펙트럼

2) 광학계

① 주사 장치와는 달리 주사를 위한 별도의 구동 장치가 존재하지 않는다.
② 슬라이싱 단면에 해당하는 비트맵 이미지가 패턴 생성기로 전송이 되면 색상에 따라서 패턴 생성기가 광을 투과하거나 반사시켜 특정 형상을 생성하게 된다.
③ 생성된 광 패턴은 릴레이 렌즈, 반사경, 초점 렌즈 등을 거치면서 최종적으로 수지 표면에 이르게 된다.

(1) 패턴 생성기(Pattern generator)
  ① 패턴 생성기는 크게 LCD(Liquid Crystal Display)와 DMD(Digital Micromirror Device)가 있다.
  ② LCD는 액정들의 배치를 제어해서 특정 셀에서 빛을 투과시키거나 막을 수 있으며, 이를 이용해서 광 패턴을 형성할 수 있다.
  ③ DMD에서는 매우 미세한 마이크로 미러(Micro-Mirror)가 특정 방향으로 회전하면서 빛의 반사 경로를 제어할 수 있다. 즉, 입력 데이터인 비트맵 이미지를 바탕으로 백색에 해당하는 마이크러 미러는 +12도 각도로 회전을 하고, 흑색에 해당하는 마이크로 미러는 -12도 회전을 해서 백색과 흑색에 해당하는 광이 각각 다른 쪽으로 반사가 된다.
  ④ 반사된 광이 특정 패턴을 가지게 되며 LCD와 DMD 모두 백색과 흑색으로 이루어진 비트맵 이미지를 패턴 제어기에 보내서 특정 영역의 빛을 투과 혹은 반사함으로써 광 패턴을 생성시킨다.
  ⑤ 최근에는 높은 채움률(Fill factor) 및 효율로 인해서 DMD를 많이 사용하고 있다.
  ⑥ DMD는 광원의 파장대에 따라서 자외선, 적외선 및 가시광선용이 별도로 존재하며, 광원을 바탕으로 선정해야 한다.

3 광학모듈 도면의 이해와 설계

1. 광학계 설계 규격서

광학계의 설계 규격서에 포함되는 항목은 다음과 같으며, 조형 방식 및 재료에 따라서 달리 작성될 수 있다. 설계 규격서는 광원을 포함해서 재료를 경화 혹은 소결·용융할 수 있게 광에너지가 재료 표면에 도달하기까지 필요한 모든 부분이 포함되어야 한다.

1) 성능
  ① 광원 및 광학계의 성능은 최종 성형품의 품질(표면 거칠기 등)과 가공 속도에 따라 달리 적용될 수 있다.
  ② 성형물의 품질은 재료 표면에서의 레이저 빔의 직경이 작을수록 좋아진다.
  ③ 가공 시간은 더 많은 가공 경로로 인해서 더 오래 걸리게 된다.

④ 노즐을 이용하는 공정과는 달리 동일한 광학계에서 다른 크기의 빔 사이즈를 생성시킬 수도 있다.

⑤ 보통은 테두리 가공용의 작은 사이즈의 빔을 사용하고, 내부 영역 가공에는 큰 사이즈의 빔을 사용하며 이는 최종 성형품의 표면 거칠기를 좋게 하면서 동시에 가공 속도를 높이기 위한 것이다. 이를 수행하기 위해서는 빔의 크기를 동적으로 변화시킬 수 있는 특수 렌즈가 포함되어야 한다. 따라서 레이저 빔의 직경에 대한 정보를 규격서에 포함해야 하다.

⑥ 성형물의 가공 속도는 레이저 빔의 사이즈가 작으면 오래 걸리지만, 품질에 직접적인 영향을 미치는 외관 부분을 가공 시 작은 빔으로 하고, 내부는 큰 빔으로 주사함으로써 품질과 가공 속도를 동시에 만족시킬 수 있다.

⑦ 램프를 이용하는 전사 방식에서는 복잡하고 단면적이 큰 경우 주사 방식과 비교해 가공 속도가 현저히 빠르다.

2) 광원

① 광원은 사용 가능 광경화성 수지의 반응 파장대에 맞게 설계되어야 한다.
② 가공속도를 높이기 위해서는 높은 파워의 광원이 사용되어야 한다.

3) 가공 속도

① 주사 방식의 경우에는 주사 미러의 회전 속도 및 가속도가 가공 속도에 직접적인 영향을 미친다.
② 광원의 파워와 재료의 경화 속도는 주사 미러의 최대 주사 속도를 제한한다.
③ 전사 방식의 경우에는 재료의 경화 속도에 따라서 전사 시간이 정해지며, 주사 방식에 비해서 매우 빠른 가공 속도를 가진다.

4) 수량

① 레이저는 보통 1개가 사용이 되며, 빌드 사이즈가 크면 2개 이상을 고려할 수 있다.
② 광학계 또한 레이저와 한 쌍으로 이루어져야 하며, 레이저의 개수만큼 광학계가 설치되어 개별 제어가 이루어져야 한다.

5) 비용

① 주사 방식의 3차원 프린팅에서 광원 및 광학계의 비중이 전체 비용에서 가장 큰 부분을 차지한다.
② 전체 시스템의 가격을 고려해서 광원의 비용을 산정한다.
③ 광원의 경우에는 최대 사용 시간이 정해져 있기 때문에 이에 대한 정보를 제공해야 한다.

6) 광학계 재료

① 광원의 파장대에 따라서 투과율, 반사율 등이 다르며 이에 따라서 광학계 재료를 선정해야 한다.
② 렌즈의 경우에는 AR(Anti Reflection) 코팅이 되어 최대한 많은 양의 에너지가 렌즈를 통과할 수 있도록 해야 하고, 반사경의 경우 전반사가 일어나게 코팅이 되어있어야 한다.

7) 마감

보통 광학계는 매우 높은 정밀도를 요구하기 때문에 광학계에 사용되는 기계 부품의 마감은 높은 수준으로 해야 한다.

8) 사용 가능 재료

광원 대비 사용 가능 재료의 정보를 포함해야 한다. 이는 반대로 사용 가능한 재료를 바탕으로 광원을 설계 및 선정할 수도 있다.

9) 유지 관리

① 광은 작은 이물질에도 난반사가 일어날 수 있기 때문에 정기적으로 광학계를 유지보수해야 한다.
② 정기적으로 세척을 해야 할 경우에는 주기, 세척액, 세척 방법에 대해서 명시한다.
③ 광학계는 보통 먼지 등의 외부 영향을 제거하기 위해 밀폐 공간에 설치가 된다.

10) 수명

① 광원은 그 수명이 있으며 이를 적시해야 한다.

② 광학계는 반영구적이지만 오랜 사용으로 코팅이 벗겨질 수 있으므로 재료 표면에서의 에너지가 원하는 수준에 도달하지 않을 경우에는 광원을 교체하거나 광학계를 수리 혹은 교체해야 하므로 광원의 수명 및 광학계의 코팅 수명에 대해서도 명시해야 한다.

11) 안전 사항

① 보통 높은 에너지의 광원을 사용하기 때문에 직접 광원을 응시하는 것을 피해야 하며 광원이 피부에 직접 닿지 않도록 유의해야 한다.
② 보안경, 장갑, 소매가 긴 옷을 입는 것이 필수적이며, 이를 규격서에 포함해야 한다.
③ 높은 에너지의 레이저가 사용되고 있다는 표식을 해 둬야 한다.

12) 운용 환경

광학계를 운용하기 위한 환경도 명시해야 한다. 이는 온도, 습도를 포함해서 광학계 구동을 위한 전기 파워 등을 명시한다.

2. 광학계 설계 제작도

광학계 설계 제작도는 크게 부품도와 조립도로 나뉜다. 부품도는 부품을 제작하기 위한 형상, 치수, 재료, 마감, 공차, 가공 정보 등의 정보를 포함해야 하고, 조립도는 완성품을 만들기 위한 이들 각각의 부품의 조립에 대한 과정, 동작 범위 등에 대한 정보를 포함해야 한다.

1) 부품도

부품도는 각각의 광학 부품 및 기계 부품에 대해서 존재해야 하며, 부품 가공을 위한 상세 정보를 포함해야 한다. 이는 부품의 구조, 형상, 재료, 치수, 마감, 공차 등을 반드시 포함해야 한다. 경우에 따라서는 상세도가 필요하다.

2) 조립도

조립도는 완성품을 만들기 위해서 필요한 모든 부품을 포함하며 조립에 대한 과정 및 동작 범위 등이 포함되어야 한다.

3. 주사 방식 공정

1) 레이저 빔 초점의 크기
재료 표면에서 레이저 빔의 직경은 광학계 평가 항목 중 제일 중요한 부분이다. 이는 최소 가공 가능 크기 및 최종 성형품의 품질을 가늠할 수 있는 척도이다. 또한 빔 초점의 가공 중 조절할 수 있을 경우 가공 속도를 높일 수 있다.

2) 레이저 빔의 모양
재료 표면에서의 레이저 빔의 모양 역시 평가해야 한다. 전 빌드 영역에서 레이저 모양에 대한 정보를 가지고 있어야 하며, 이는 레이저 빔의 모양 변화에 대한 보정을 수행하기 위한 것이다. 모양뿐만 아니라, 레이저가 재료 표면에 입사하는 각에 따라서 빔 초점의 크기도 변할 수 있다.

3) 레이저 빔의 파워
재료 표면에서 레이저 빔의 파워 역시 평가 항목 중 하나이다. 빌드 전 영역에 대해서 빔의 파워가 어떻게 변하는지 평가해야 하며, 균일한 파워를 가질 수 있게 설계해야 한다.

4) 주사 장치의 정밀도
재료 표면인 XY 평면상 지정된 위치에 레이저 빔이 도달하는지 평가해야 하며, 그 오차 범위 또한 평가해야 한다. 이는 최종 성형품의 치수 정밀도에 직접적인 영향을 미치는 요소이다.

5) 주사 장치의 속도
설계한 속도대로 재료 표면에서 주사가 되는지 평가해야 한다. 레이저 빔의 크기 변화가 가능한 장비일 경우 크기 변화는 에너지 밀도의 변화를 가져온다. 따라서 이에 따른 주사 속도가 조절이 되어 항상 일정한 에너지 혹은 미리 지정된 에너지 값을 가지게 해야 한다.

4. 전사 방식 공정

1) 광 패턴의 정밀도

① 재료 표면에서 광의 패턴이 원하는 모양대로 결상이 되었는지 평가해야 한다.
② 광학계의 수차로 인해서 일부가 왜곡될 수 있으며 광학계의 보완으로 해결이 가능하다.
③ 다파장의 광을 사용할 경우 색수차를 보정하는 렌즈를 사용한다.
④ 패턴의 형상이 상하좌우로 왜곡이 될 경우에도 적절한 렌즈의 조합으로 이를 해결할 수 있다.
⑤ 광 패턴의 정밀도를 허용 공차와 함께 평가해야 한다. 또한 최소 가공 가능한 패턴의 크기도 평가하여야 한다.

2) 광 패턴 파워

재료 표면에서 광 패턴의 파워 역시 평가 항목 중 하나이다. 빌드 전 영역에 대해서 빔의 파워가 일정한지를 평가해야 한다.

5. 광학계 평가 방법

1) 주사 방식 공정

(1) 레이저 빔의 직경, 모양, 파워

빔 프로파일러(Beam profiler) 혹은 빔 이미저(Beam imager) 등으로 레이저 빔 초점의 직경의 크기를 측정할 수 있다. 또한 빔의 모양 및 파워도 측정할 수 있다. 미리 준비한 시편 모델을 직접 가공하고 그 크기를 다양한 측정 방법으로 측정하여 간접적으로 레이저 빔에 대한 크기, 모양, 파워 등도 측정할 수 있다. 보통 이 방법은 아래의 주사장치의 정밀도 평가와 함께 이루어진다.

(2) 주사 장치의 정밀도

빌드 전 영역을 한꺼번에 측정할 수 있는 빔 프로파일러는 존재하지 않기 때문에 빔을 직접 측정하기보다는 표준 시편을 만들어서 측정할 수가 있다. 시편의 크기를 측정함으로써 주사 장치의 정밀도 및 오차 범위를 측정할 수 있다. 이는 또한 반복 실험을 통해서 측정 오차를 줄일 필요성이 있다.

(3) 주사 장치의 속도

주사 장치의 속도를 직접 측정하기는 힘들며, 광원의 파워를 고정시키고 시편을 제작해서 제대로 경화 혹은 소결·용융이 되었는지를 실험함으로써 간접 측정을 할 수 있다. 또한 시편의 두께를 측정함으로써 전달된 에너지 양을 구할 수 있고 이를 통해서 주사 장치의 속도가 적절한지를 평가할 수 있다.

2) 전사 방식 공정

(1) 광 패턴의 정밀도

광 패턴의 정밀도는 전사 방식의 특성상 한꺼번에 전 영역을 측정하는 것이 불가능하며, 표준 시편을 제작해서 그 치수 및 오차를 측정함으로써 광 패턴의 정밀도를 평가할 수 있다. 빔 프로파일러를 이용하여 측정할 경우 광 패턴의 크기를 프로파일러가 측정 가능한 크기로 줄여서 직접 측정이 가능하다. 3차원 및 2차원 프로파일로부터 에너지 분포 및 광 패턴의 모양을 측정할 수 있다.

(2) 광 패턴 파워

빔 프로파일러를 이용해서 특정 위치에서의 광 패턴의 파워 밀도를 측정할 수 있다.

2.3 하이브리드 시스템 설계

1 하이브리드 구성의 이해

1. 하이브리드형 3D프린터

1) 하이브리드 3D프린터의 정의

① 하이브리드(Hybrid)는 이종의 개체에서 새로운 개체가 생성되는 것을 나타내는 용어로 3차원 프린팅에서 이종 기술을 토대로 새로운 기술 혹은 이전에 없던 기능을 가진 공정을 개발하는 것이다.
② 각각의 3차원 프린팅 기술은 고유한 특성이 있으며, 단일 3차원 프린팅 기술은 다른 3차원 프린팅 기술이 가진 특성이 없을 수도 있다.
③ 공정마다 사용할 수 있는 재료는 제한적이면서 서로 다른 공정의 장점이 있다.

④ 새로운 공정을 통해서 기존 차원 프린팅 공정에서는 제작할 수 없는 새로운 성형품을 제작할 수 있다.

2) Hybrid 장비 구조

① 레이저 헤드가 측면에서 오토셔틀가이드를 타고 장비 안으로 들어온다.
② 스핀들은 툴 메거진 박스로 퇴장한다.
③ 레이저 헤드는 HSK-A63 인터페이스에 의해서 스핀들 축에 장착된다.
④ 레이저 헤드가 장착되면 셔틀은 원래의 위치로 돌아간다.
⑤ 밀링 가공 작업 중 레이저 헤드는 장비 밖에서 대기하면서 쿨런트, 칩으로 부터 격리된다.

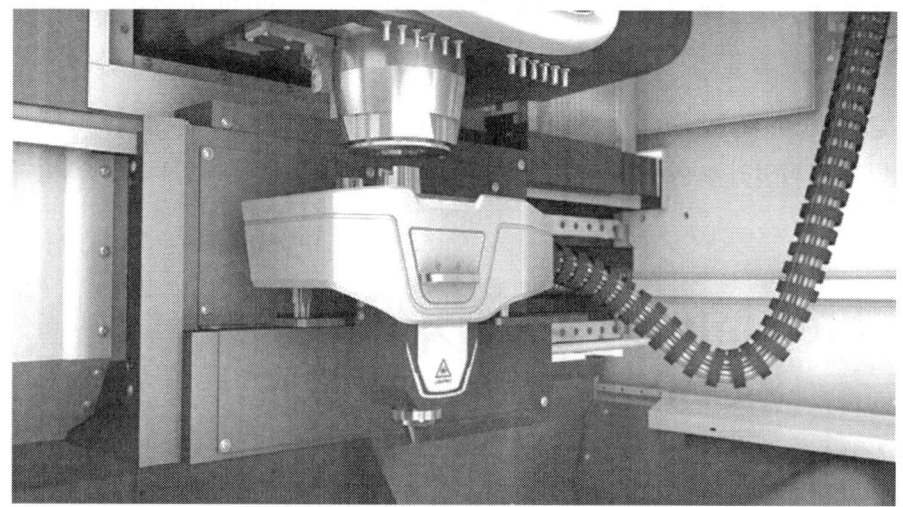

[그림 2-18] Hybrid 장비 구조

[그림 2-19] 3D 제품을 레이저 증착기법으로 제조하면서 밀링가공으로 완성

2. 하이브리드형 노즐의 종류 이해 및 선정

1. 하이브리드형 노즐 타입

1) 하이브리드형 노즐 타입의 작동 원리
① 금속 분말이 가공면 표면에 기포나 크랙이 없이 용융된다.
② 금속 분말이 가공면 표면과 같이 용융되면서 응고하기 때문에 매우 강력하게 접합이 된다.
③ 금속 용융 주변으로 가스가 분사되어서 소재의 산화를 방지한다.
④ 용융, 적층된 금속이 냉각되면 밀링으로 표면 가공을 한다.

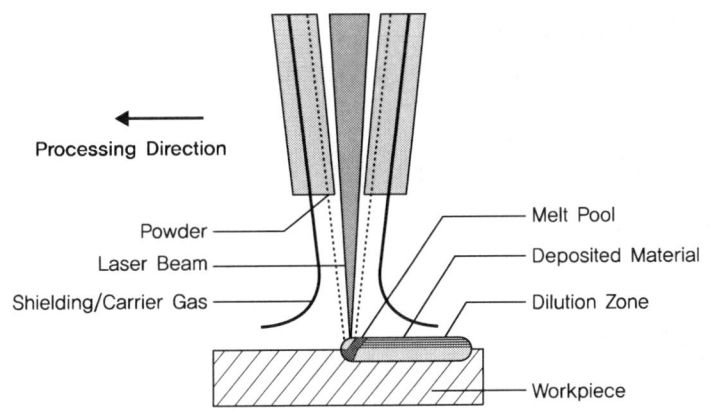

[그림 2-20] 하이브리드형 노즐 타입의 작동 원리

2) 하이브리드 기법의 노즐 타입의 특징
① 파우더 베드 기법 대비 10배 정도로 증착 속도가 빠르다.
② 한 작업 공간에서 모든 공정이 완료된다.
③ 벽두께 0.1mm~5mm 이내 가능하다.
④ 지지대 없이 3D 형상 증착이 가능하다.(예 플랜지, 깔대기 형상)
⑤ 한 장비에서 밀링과 레이저 작업의 용이하게 전환이 가능하다.

3) 하이브리드 기법의 노즐 타입의 장점

① 파우더 베드 타입보다 적층 속도가 10배 빠르다.
② 작업 챔버 없이 증착 가공이 가능하다.
③ 증착 벽두께 1.6mm~3mm로 가능하다.
④ 돌출부를 지지대 없이 3D 표면을 따라 적층이 된다.
⑤ 적층과 밀링을 수시로 번갈아 가공하므로 적층 완료 후 밀링 공구가 접근할 수 없는 내면의 가공도 미리 가공을 하면서 적층을 한다.

2. 하이브리드 베드 타입

1) 하이브리드 기법의 베드 타입의 특징

① 아주 미세한 구조에 유리하다.
② 챔버 내에 가스를 충전하고 적층한다. (알루미늄, 티타늄에 유리)
③ 적층 속도가 매우 느리다.
④ 적층 과정 중 중간에 멈추는 것이 불가하다.
⑤ 돌출부에 지지대 필요하다.
⑥ 기존 제품에 다른 구조물을 추가로 적층하는 것은 불가하다.
⑦ 베드 사이즈에 제한을 받는다.
⑧ 메탈 파우더의 2/3는 버리게 된다. (재사용 불가)
⑨ 메탈 파우더 구매처의 제한이 있다. (장비 공급자 독점)

3 CNC 구조의 이해와 연동 메커니즘 이해

1. 하이브리드 3D프린터의 공정

1) DMLS와 CNC 머시닝을 이용한 하이브리드 공정

① DMLS(Direct Metal Laser Sintering)는 SLS와 동일한 공정이며, 금속 파우더에 더 초점을 두고 있다.

② 금속 파우더를 이용한 공정에서는 표면이 매끄럽지 못하기 때문에 이를 CNC 공정으로 매 층 혹은 수층마다 머시닝을 병행할 수 있다.
③ SLS 공정의 표면 거칠기의 한계와 이를 극복할 수 있는 CNC 장비의 결합에서 탄생한 공정이다.
④ 다양한 레이저 기술을 활용해서 성형 중인 가공품에 대해서 템퍼링, 담금질 등의 열처리를 할 수도 있다.
⑤ 실시간으로 가공 중인 형상을 CCD로 모니터링하고 오차가 발생할 경우 수정도 가능하다.

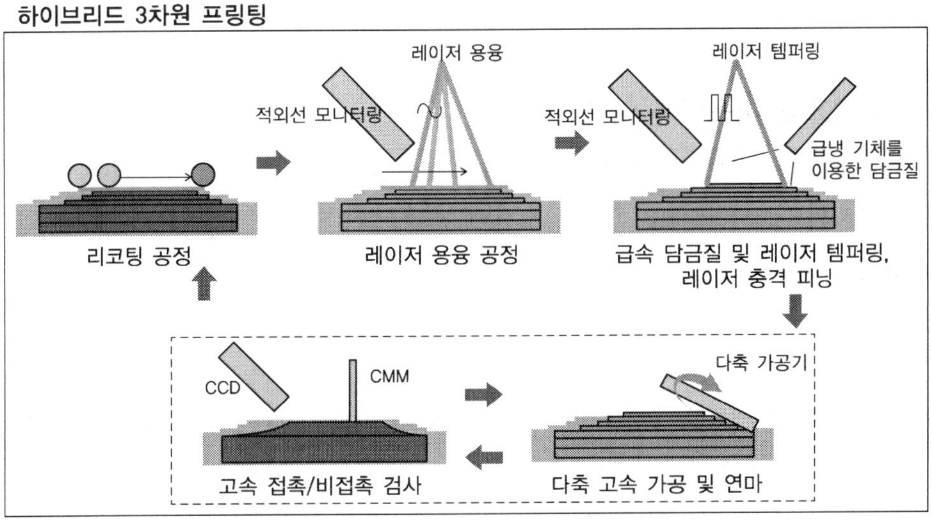

하이브리드 3차원 프링팅

[그림 2-21] DMLS + CNC 하이브리드 가공 개념도

2) DP와 광조형 공정을 이용한 하이브리드

① DP에서는 유동성을 가진 액상 혹은 페이스트 재료를 사용하기 때문에 재료가 토출됨과 동시에 경화시켜야 한다.
② 광경화성 재료를 토출하고 광을 이용해서 곧바로 경화시키는 방법이다.
③ 광은 광학 파이버와 렌즈 등으로 집광을 할 수도 있고, 링 형태의 광학계를 사용해서 특정 영역에 광을 조사할 수도 있다.
④ DP와 광경화 공정에서 주의할 부분은 토출된 재료만 경화시키고 노즐 내부의 재료는 경화되지 않게 하는 것이다.

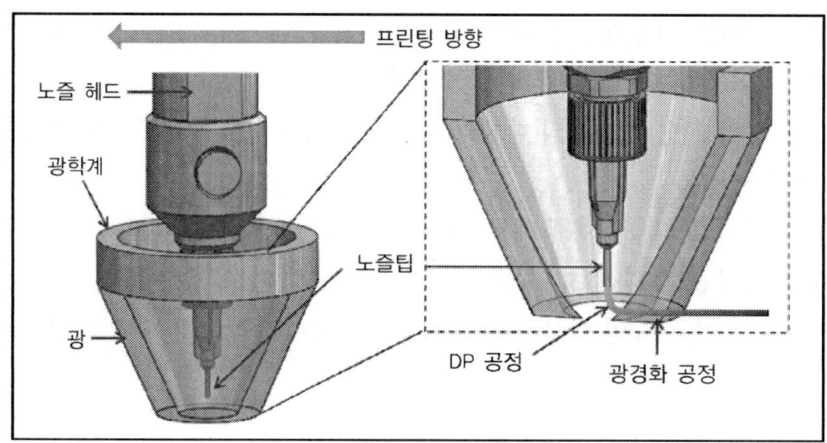

[그림 2-22] DP + 광경화 하이브리드 가공 개념도

3) FDM과 DP를 이용한 하이브리드

① 복합화할 때 각 헤드를 1개 이상씩 다수 설치할 수 있다.
② 복합화된 DP 공정에 바이오 잉크를 사용할 경우 조직공학 등 의료분야에 응용할 수 있다.
③ 복합화된 DP 공정에 전도성 잉크를 사용할 경우 PCB 등의 기판 대용품을 제조할 수 있다.
④ FDM 공정은 열가소성 재료만 사용할 수 있고, DP 공정은 주로 열경화성이면서 유동성이 있는 재료를 사용한다.
⑤ FDM에서 사용 가능한 재료는 ABS와 같이 비교적 기계적 강도가 우수하며, DP 방식에 비해서 가공 성능이 우수하다.
⑥ DP 공정에서 사용하는 재료는 매우 다양하며, 유동성이 있는 재료는 거의 대부분 사용이 가능하기 때문에 다양한 고분자 복합재가 사용이 된다.
⑦ 이 두 방식을 결합함으로써 FDM으로는 기계적 성질이 우수한 구조물을 제작하고, DP 방식으로는 다양한 복합재를 사용함으로써 단일 공정에서는 제작할 수 없는 다양한 종류의 성형품을 가공할 수 있다.

4) FDM과 Ultrasonic Consolidation(UC)를 이용한 하이브리드

① UC는 금속 박판을 초음파 에너지를 이용해서 기판 혹은 이전의 층과 접합시키고 CNC를 이용해서 필요 없는 부분을 잘라내면서 3차원으로 성형하는 공정이다.
② 이 공정은 얇은 금속 박판 사용하여 상하로 초음파 진동하는 로터에 의해서 아래층과

접합이 되는데, 바로 아래층에 가공된 재료가 없을 경우, 즉 서포트 재료가 없을 경우에는 UC 공정으로 인해서 재료의 처짐 현상이 발생한다.
③ FDM 공정을 이용해서 이러한 빈 공간에 서포트 형상을 제작할 수 있다.
⑤ 사용된 서포트 재료는 가공이 끝난 다음 제거할 수 있으며, 최종적으로 내부가 빈 3차원 금속 성형품을 얻을 수 있다.
⑥ 복합화할 때 각 헤드를 1개 이상씩 다수 설치할 수 있다.
⑦ 복합화된 FDM은 ABS 등 기존의 FDM 소재를 이용할 수 있다.
⑧ 복합화된 DP 공정에 바이오 잉크를 사용할 경우 조직공학 등 의료분야에 응용할 수 있다.
⑨ 복합화된 DP 공정에 전도성 잉크를 사용할 경우 PCB 등의 기판 대용품을 제조할 수 있다.

5) 로봇 기반 3차원 프린팅

① CNC 장비처럼 툴 매거진(Tool magazine)이 있고 이를 로봇의 그리퍼(Gripper)에 장착함으로써 여러 종류의 헤드를 선택적으로 사용할 수도 있다.
② FDM 등과 같은 장비로 구조물을 제작하고 동시에 로봇으로 전자 부품 등을 가공 중에 Pick-and-Place 방식으로 실장할 수도 있다.
③ 로봇이 절삭 공구 등을 활용할 경우 후처리 등도 가능하다.
④ 로봇은 부품의 이송, 중간 조립 등 다양한 용도로 활용할 수 있다.
⑤ 툴 매거진(Tool magazine) 등을 이용하여 CNC 공작기계와 같이 헤드를 교환할 수 있다.
⑥ 로봇기반 하이브리드 3D프린터는 유연성이 높아 다양한 제품의 제조에 활용이 가능하다.

2. 하이브리드 3D 프린팅 메커니즘과 시스템 구성

1) CNC장비와 연동 메커니즘

① 하이브리드 3D 프린팅 방식을 크게 기계가공 공정이 결합된 방식과 레이저 등 직·간접적으로 인쇄된 제품에 에너지를 가할 수 있는 보조 공정이 결합된 방식으로 구분할 수 있다.

② 기계가공 고정이 결합된 방식은 전통적인 CNC(Computer Numerical Control) 머시닝 장비를 3D 프린팅 헤드와 결합하여 부가적인 후처리 없이 제품을 생산을 하는 방식이다.
③ CNC 머시닝은 제작하고자 하는 부품의 형상에 맞게 기계 가공을 하여 최종 형상을 만들어 나가는 공정을 말한다.
④ 기계가공에는 Milling, Turning 가공 기술이 대표적이며 가공장비에 3D 프린팅 적층용 헤드를 부착함으로써 [그림 2-23]과 같이 하이브리드 3D 프린팅 공정을 구현할 수 있다.
⑤ 3D 프린팅 헤드를 통해 출력된 생산품은 계단 모양의 형상을 가지고 있으므로, 별도 장비로 이동할 필요 없이 Milling 공구로 표면을 매끄럽게 가공함으로써, 제품의 품질을 향상시키고 생산력을 높일 수 있는 장점이 있다.

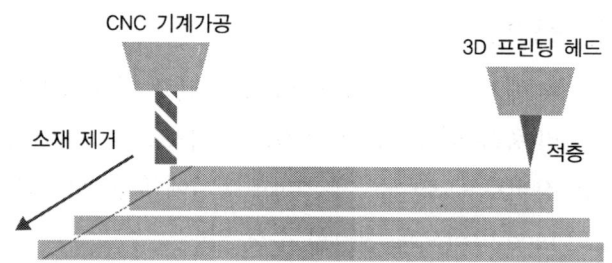

[그림 2-23] 3D 프린팅과 CNC 기계가공 공정이 결합한 하이브리드 공정의 개념

2) 하이브리드 시스템 구성

① Turning 공정과 Milling 공정이 가능한 Turn-mill 시스템에 탈부착이 가능한 3D 프린팅 헤드를 결합하는 공정이다. 적층으로 제작한 생산품의 곡면을 가공하기에 기술적인 접근이 쉽다는 장점이 있다.
② 탈부착이 가능한 형태의 3D 프린팅 헤드를 5축 CNC 가공기에 결합하는 공정으로 자동공구교환장치(ATC)를 통해 밀링 공구와 헤드가 쉽게 교환이 가능하다.
③ Turn-mill 시스템과 다르게 적층 바닥면에도 접근이 가능하기 때문에 기존 3축 또는 5축 가공기에 영구적으로 3D 프린팅 헤드를 부착하는 공정이다. 이 경우 기존 가공기계(NC)조작 방법으로 3D 프린팅 적층 공정과 기계 가공 공정을 할 수 있다는 장점이 있다.
④ 로봇 팔에 적층 헤드를 부착하여 3축 또는 5축 가공기와 동시에 적층 공정이 가능하

게 하는 방법이 있다. 하드웨어, 제어기 등 현재까지는 기반 기술이 부족하여 많은 연구가 필요한 공정이다.

	Turn-mill+ ATC 적층 헤드	5축+ ATC 적층 헤드	3/5축+ 영구 적층 헤드	3/5축+ 로봇팔 적층 헤드
자유도	X, Y, Z(직선) A, B, C1, C2(회전)	X, Y, Z(직선) A, B(회전)	X, Y, Z(직선) A, B(회전)	로봇 자유도에 따라 다름(6축)
생산 가능 형상복잡도	상	중	하	최상
응용 분야	핵원자로 내부 부품 엔진 blade 등 곡면가공	엔진 blade 로켓 분사구	일반 부품 단차가 낮은 제품	–
제어 난이도	최상	상	중	최상
상용화	○	○	○	X

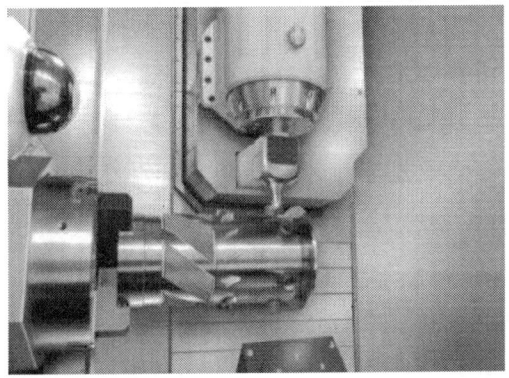

[그림 2-24] Turn-mill CNC 가공기 기반 3D 프린팅 하이브리드 생산 시스템

[그림 2-25] 5축 CNC 가공기에 영구적으로 적층 헤드가 결합된 하이브리드 생산 시스템

4 하이브리드형 3D프린터 도면의 이해와 설계

1. 하이브리드형 빌드 장치 설계 규격서

하이브리드형 빌드 장치의 설계 규격서는 2종 이상의 3차원 프린팅 기술 혹은 CNC 기술, 로봇 기술과 결합이 되기 때문에 각각에 대한 정보를 포함해야 한다. 설계 규격서를 토대로 각 부품에 대해서 부품도와 조립도로 이루어진 제작도가 생성되어 진다.

1) 성능
① 최종 성형품에 대해서 정밀도, 속도 등에 대한 정보와 노즐, 광학계, 그리고 CNC에 대한 정보를 포함한다.
② CNC는 절삭을 통해서 3차원 형상을 제작하는 방식으로 3차원 프린팅의 표면 거칠기가 좋지 않을 경우에는 원하는 표면 거칠기에 대한 정보를 포함하도록 한다.
③ 절삭 가공시간에 대한 정보를 포함시켜 가공 속도 정보를 적시한다.
④ 사용하는 툴의 종류 및 가공 가능 빌드 사이즈도 기술한다.
⑤ 로봇을 이용할 경우에는 로봇이 지정된 위치에서 가공 혹은 부품을 위치시킬 수 있는 위치 정밀도 및 반복 정밀도에 대한 정보를 포함한다.
⑥ 로봇의 회전 및 직선 이송축의 개수를 명시한다.
⑦ 로봇의 그리퍼에 3D프린터의 헤드를 장착할 경우, 이러한 헤드들을 나열하고 빌드 사이즈 정보를 포함한다.

2) 이송 거리
CNC 장비 및 로봇의 각 축의 길이 및 이송·이동 가능 거리에 대한 정보를 포함시켜야 한다.

3) 최대 가공 속도
CNC 장비 및 로봇의 최대 가공·이송속도를 포함시킨다.

4) 최대 토크·힘

CNC 장비의 스핀들(Spindle) 회전 속도와 최대 토크를 포함시킨다. 로봇의 경우에는 최대이송 하중을 기술한다.

5) 툴 체인지 속도

툴 매거진을 이용하여 여러 개의 툴을 사용할 경우 툴 교환 속도를 포함시킨다.

6) 그 외의 사양

윤활유, 전압, 작업 환경, 유지 관리에 대한 정보를 포함한다.

2. 하이브리드 프린터 설계 제작도

이종 공정에 대해서 각각 설계 제작도를 구비해야 하며, 각각의 제작도는 부품도와 조립도를 포함해야 한다. 부품도는 부품을 제작하기 위한 형상, 치수, 재료, 마감, 공차, 가공정보 등의 정보를 포함해야 하고, 조립도는 완성품을 만들기 위한 이들 각각의 부품의 조립에 대한 과정, 동작 범위 등에 대한 정보를 포함해야 한다.

1) 부품도

부품도는 각각의 광학 부품 및 기계 부품에 대해서 존재해야 하며, 부품 가공을 위한 상세 정보를 포함해야 한다. 이는 부품의 구조, 형상, 재료, 치수, 마감, 공차 등을 반드시 포함해야 한다. 경우에 따라서는 상세도가 필요하다.

2) 조립도

조립도는 완성품을 만들기 위해서 필요한 모든 부품을 포함하며, 조립에 대한 과정 및 동작 범위 등이 포함되어야 한다.

1.4 레이저 장치

1 레이저 장치와 원리

1. 레이저

레이저란 LASER(Light Amplification by Stimulated Emission of Radiation) 유도 방출에 의한 빛의 증폭이며, 원자들이 들뜬 상태에서 안정화되면서 빛을 내는 것을 이용한다. '자극방출에 의한 빛의 증폭(Light Amplification by the Stimulated Emission of Radiation)'에서 그 첫 글자들을 따서 만든 용어로 '레이저'는 '자극방출'이라는 메커니즘을 이용하여 빛을 '증폭'한 것이다.

1) 레이저광선의 특징

① 단색성이 뛰어나다.
② 위상이 고르고 간섭현상이 일어나기 쉽다.
③ 퍼지지 않고 직진하며 집광성(集光性)이 좋다.
④ 에너지 밀도가 크다.

2. 레이저 원리

물질은 원자의 조합으로 구성되고, 몇 개의 원자가 서로 결합하면 분자가 된다. 이러한 원자나 분자는 어느 특정의 에너지를 갖고 운동을 한다. 외부에서 에너지를 받으면 이들 원자나 분자는 더 높은 에너지를 갖고 운동을 하게 된다. 이 상태를 [그림 2-26(a)]와 같은 기저 상태라 한다. 그러나 얼마 되지 않아 여분의 에너지를 방출하여 원래의 에너지 상태로 돌아가 버린다. 이때 내보내진 여분의 에너지는 광이 되어 외부로 방출된다. 이것을 자연방출([그림 2-26(b)]이라고 한다. 만약 이 광이 다른 높은 에너지를 갖고 있는 원자나 분자에 충돌하면 이들도 동일한 성질의 광을 방출하게 된다. 이것을 유도방출([그림 2-26(c)])이라고 한다.

보통은 높은 에너지를 갖고 있는 원자나 분자의 수가 적기 때문에 방출되는 빛이 대단히 약할 수밖에 없다. 그러나 어떤 방법을 통해 높은 에너지를 갖고 있는 원자나 분자의 수를 많이 늘려주면 유도방출이라는 눈사태와 같은 현상적 상태를 유발시켜 강력한 광을 방출시키게 할 수 있다. 이것을 광의 증폭이라고 한다.

양쪽 단에 거울을 두고 방출된 광을 반복적으로 반사시키면 광은 특정 방향으로만 증폭하면서 강력한 광으로 된다.

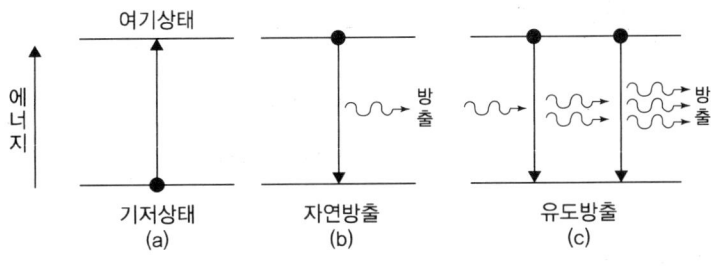

[그림 2-26] 레이저 원리

3. 레이저 특성

1) 레이저의 성질

레이저 광의 특성은 다른 광원들과 비교하여 대단히 높은 규칙성, 즉 코히어런스(Coherence)라는 시간이나 공간적으로 예측 가능한 성질을 갖고 있다. 이 성질을 이용하여 여러 분야의 응용 및 가공에 활용하는 것으로 특성은 다음과 같다.

(1) 단색성에 우수하다.

여러 가지 광이 섞여 있음에도 불구하고 단순한 하나의 색(파장, 주파수)을 갖고 있는 광이다.

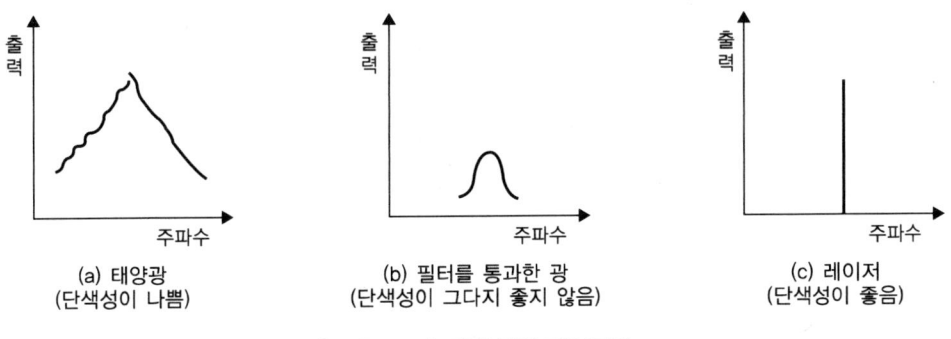

[그림 2-27] 단색성의 레이저광

(2) 지향성에 우수하다.

광의 진행이 거의 확대되지 않고 진행된다. 이점을 이용하여 2개의 평행한 거울 사이를 수 백번 왕복함으로써 빛이 일직선으로 먼 거리를 진행한 것과 같은 효과를 얻는다.

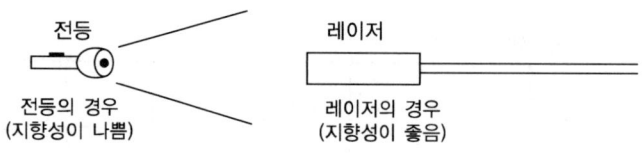

[그림 2-28] 지향성의 레이저

(3) 간섭성에 우수하다.

광의 위상(파의 산과 골)이 가지런하기 때문에 간섭성이 좋다.

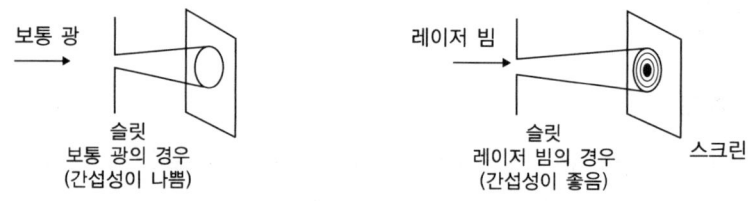

[그림 2-29] 간섭성이 우수한 레이저

(4) 고출력을 얻을 수 있다.

렌즈로 집광하면 태양광의 수백 배에 달하는 파워 밀도를 얻을 수 있다.

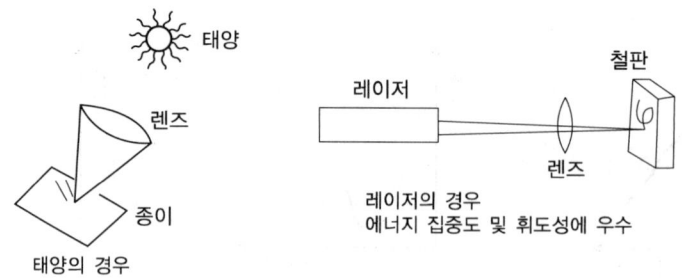

[그림 2-30] 고출력의 레이저

단점은 보통 광은 완전한 단색광이 아니고, 색 필터를 통해서도 약한 광밖에 얻을 수 없다. 이점은 레이저가 이용되는 이유는 종래의 광으로 할 수 없었던 것이나 할 수 있어도 정밀도가 나쁜 것을 매우 고정밀도로 측정을 할 수 있다.

더욱이 레이저 광은 인공적으로 쉽게 제어할 수 있다는 점도 커다란 이유가 되고 있다. 광의 파장, 광속(빔 직경)의 크기, 강도 등을 자유롭게 설계하거나 가변시킬 수 있다는 것이 이용가치를 높이는 점이 되고 있다. 특히 레이저 가공은 주로 고출력을 이용한 응용분야에 해당하는 것이라고 생각할 수 있다.

2) 레이저의 종류

레이저의 명칭은 레이저 발진 물질상태에 따라 고체, 기체, 반도체로 분류하고 있다.

(1) 고체 레이저

고체 레이저는 레이저광을 발생시키는 매질로 고체상태의 물질을 사용하며, 대부분 광 펌핑에 의한 여기 방식을 사용한다.

① 루비 레이저

최초로 만들어진 레이저로 가시광선에서 MW 이상의 고출력을 낼 수 있다. 루비의 성분은 크롬(Cr)을 0.005% 정도 포함하는 산화알루미늄(Al_2O_3)의 단결정으로 연한 분홍색의 인공합성 보석이다.

② 네오디움 야그(Nd-YAG) 레이저

네오디움(Neodymum) 이온을 증폭 매질로 사용하는 레이저로 모재의 종류에 따라 구분된다. Nd-YAG 레이저는 이티움-알미늄-가넬(YAG)이라는 합성보석을 모재로 사용하는 레이저이다.

③ 네오디움 글라스(Nd-Glass) 레이저

네오디움 글라스(Nd-glass) 레이저는 네오디움 야그 레이저와 같이 네오디움 이온을 증폭물질로 사용하나 모재로는 결정체가 아닌 광학유리를 사용한다. 모재의 광학적 특성이 뛰어나며, 값이 싸고 네오디움 이온의 농도를 높일 수 있다는 장점이 있다.

(2) 기체 레이저

이득 매질로 기체상태의 물질을 사용하며, 기체를 밀봉할 수 있는 구조로 되어 있다. 효율을 높이기 위하여 2가지 이상의 기체를 혼합하여 사용하며, 여기 방식으로 광펌핑 방식과 방전 방식이 사용되고 있다.

① 헬륨 네온 레이저

중성원자인 헬륨가스와 네온가스의 혼합기체를 매질로 사용하며, 방전 여기 방식을 사용하는 중성원자 기체 레이저로 실질적인 이득매질은 네온이지만 효율을 높이기 위하여 헬륨이 첨가된다.

② 탄산가스 레이저

분자 기체 레이저로 고출력, 고효율의 원적외선 레이저이다. 탄산가스는 탄소원자 하나와 산소원자 2개로 이루어진 3원자 분자이며, 탄산가스만으로도 발진이 가능하나 효율 및 출력의 향상을 위해 질소와 헬륨을 혼합하여 사용한다.

③ 질소 레이저

탄산가스 레이저와 달리 동일 원자끼리 이루어진 분자기체를 사용한다. 질소 레이저의 이득이 매우 크기 때문에 공진기를 구성하는 두 반사거울 중에 하나만 있어도 레이저 발진이 가능하다. 전기 방식에 의한 여기 방식을 사용한다.

④ 알곤 이온 레이저

비교적 높은 출력을 내는 가시광선 기체 레이저이다. 알곤가스 속으로 방전이 일어나면 알곤 원자는 고속으로 움직이는 전자와의 충돌로 바깥 부분의 전자를 하나 잃고 이온이 된다.

알곤 이온은 다시전자와 충돌하여 에너지를 얻은 높은 에너지 준위로 올라갔다가 떨어지면서 레이저 광을 발생시킨다.

⑤ 헬륨 카드뮴 레이저

헬륨 카드뮴 레이저는 카드뮴 증기를 이득매질로 사용하는 금속 증기 레이저로 $0.442\,\mu m$와 $0.325\,\mu m$의 2가지 파장을 낼 수 있다. 실온에서는 고체인 카드뮴을 낮은 압력의 방전관 속에서 가열하여 기체상대로 만든 후 전기방전으로 여기(勵起)시켜 발진한다.

(3) 반도체 레이저

광섬유 통신과 광정보 처리의 발광원으로 각광을 받았고 광섬유 통신의 기술적인 요구에 의해 발전되어 왔다. 통신용 반도체 레이저 이외에도 레이저 인쇄기나, 콤팩트 디스크, 비디오광디스크 등의 광정보 처리용으로 사용되는 $0.7\,\mu m$ 대의 반도체 레이저가 대량으로 생산되고 있다. 반도체 레이저는 다른 종류의 레이저에 비해 효율이 높고 간편하게 고속으로 변조할 수 있고, 초소형으로 편리하다.

(4) 특수 레이저

① 색소 레이저

색소(Dye)를 이득 매질로 사용하는 레이저로 이득 매질로 사용하는 색소의 종류는 다양하고 발진파장도 자외선으로부터 근적외선 영역까지 걸쳐 있다. 색소 레이저는 광 펌핑에 의한 여기 방식을 사용하며, 여기용 광원으로는 질소 레이저, 알곤 레이저, YAG 레이저 등의 2차 고주파가 있으며, 최근에는 플래시 램프에 의한 여기 방식도 연구되고 있다.

② 자유전자 레이저

진공 중을 고속으로 움직이는 자유전자(Free-electron)를 이득매질로 사용하는 레이저이며, 가속운동을 하는 전자는 전자파를 방출하는 원리를 이용하여 주기적으로 변화하는 자장 안에서 움직이는 전자로부터 유도복사를 얻는다. 자유전자 레이저의 발진과정은 자장변화의 주기와 가속기에 의한 전자의 속도에 따라 변하며, 자장 변화의 주기가 짧고 전자의 속도가 클수록 짧은 파장의 출력을 얻을 수 있다.

3) 레이저의 장단점

(1) 장점

① 재료 표면의 일부분에 높은 파워밀도를 만들 수 있기 때문에 레이저 빔을 흡수하는 재료는 어느 것이나 가공이 가능하다.
② 비접촉 가공으로 공구의 손실이 없고 시료의 손실도 적으며, 공구의 접근이 불가능한 곳에서도 가공이 가능하다.
③ 레이저의 집광상태 및 발진상태(연속발진, 펄스발진)의 제어, 보조 가스의 이용 등에 따라 제거, 부가, 접합, 재료 합성 등 다양한 가공을 할 수 있다.
④ 레이저 빔은 평행성이 좋기 때문에 먼 거리까지 전달할 수 있고, 한 대의 발진기를 시간분할 할당하여 여러 장소에서 동시작업을 할 수 있다.
⑤ 기계가공과의 복합가공(레이저 빔을 이용하여 재료를 연화시킨 후 절단하는 가공)이 가능하다.
⑥ 투명체를 통과하여 에너지를 전달할 수 있어 캡슐화된 투명한 내부의 재료가공도 할 수 있다.
⑦ 기구의 설치 및 관리가 간단하고 기존 생산라인에 부착하기 쉽다.

(2) 단점
　① 용융을 수반하는 가공에서는 가공물 중에 열 영향 층이 남게 된다.
　② 장치 가격이 비싸다.
　③ 구멍의 투과 깊이가 제한된다.
　④ 급속한 가공으로 인해 증발된 재질의 증기가 가공부위에 재부착 응고될 수 있다.
　⑤ 가공된 구멍 벽이 일반적으로 거칠고 구멍의 완성단면이 원형이 아니며, 입구와 출구 사이가 테이퍼 상태로 되기 쉽다.

2 레이저 장치의 문제점

레이저 보급대수가 매년 증가하고 있는 가운데 수 mW의 레이저로부터 수백 kW의 고출력을 낼 수 있는 다양한 종류의 레이저가 이용되고 있으며, 고출력 레이저 시스템은 인체에서 가장 중요한 시각기관인 눈에 대단히 위험한 존재이며, 그 피해가 바로 발생하거나 장기간에 걸쳐 발생하게 된다. 미국의 경우는 ANSI(American National Standard institute)를 비롯하여 CDRH, OSHA, ACGIH, CRCPC, IEC 등과 같은 기구에서 다방면에 걸친 안전 규정을 정하고 있다.

일반적으로 사용되고 있는 가시광선의 연속파 레이저를 대상으로 레이저 출력 등급에 따라 위험등급을 분류(6등급)하면 〈표 2-1〉과 같다.

〈표 2-1〉 레이저 출력 등급에 따른 위험 등급

등급	정의(설명)	출력 (노출한계)	비고
1등급	인체에 장해를 일으킬 가능성이 없는 출력이 낮은 레이저로 거의 안전함 • 위험 수준이 매우 낮아 인체에 무해한 수준 • 1M의 경우 특정 광학계를 통한 레이저광선을 관측할 시 안구 손상의 가능성이 있음	0.39μm	
2등급	가시광선 영역에서 광을 내며 장시간 레이저 광에 눈이 직접 노출되지 않으면 안전하다고 할 수 있음 • 0.25초 미만의 노출에는 위험성이 적지만 장시간 노출될 경우 안구 손상을 야기할 수 있음 • 2M의 경우 특정 광학계를 통한 레이저광선을 관측할 시 안구 손상의 가능성이 있음	1mW 이하	
2등급 2A	레이저 광을 특별한 용도로 쓰기 위해 사용되는 시스템으로 사용자의 눈에 직접 노출되지 않도록 되어있는 경우임. 약 1,000초 이상 노출되면 눈에 위험	2mW 이하	

등급	정의(설명)	출력 (노출한계)	비고
3등급 3A	일반적으로 눈에 순간적으로 노출되는 것은 큰 해가 없으나 광학렌즈나 현미경 등을 통해 노출되면 큰 위험을 초래할 수 있음. 2등급에 비하여 5배의 출력에 해당 • 직접적인 노출이나 특정 광학계를 통해 레이저광선을 관측하는 경우 안구 손상을 야기할 수 있음	5mW 이하	보안경 착용 권고
3등급 3B	레이저광을 보안경 없이 직접보거나 반사된 광을 보아도 눈에 큰 위험을 초래함. 안전수칙을 반드시 준수해야 함 • 직접적인 노출뿐 아니라 거울 등에 의해 정반사되어 오는 레이저광선에 노출되어도 안구 손상을 야기할 수 있음	0.5W 이하 (500mW)	보안경 착용 필수
4등급	직접 노출, 반사된 광에 노출되어도 눈 및 피부에 위험을 초래할 수 있음. 피부 손상이나 화재위험을 발생. 대부분의 실험용, 공업용 레이저가 이에 해당 • 직접적인 노출뿐 아니라 반사, 산란된 레이저광선에 의한 노출에도 안구 손상 및 피부 화상을 야기할 수 있음 • 50W 이상의 출력을 가지는 레이저는 추가적인 안전지침이 필요함	0.5W 이상 (500mW)	보안경 착용 필수

01. 3D프린터 노즐에 대한 설명으로 틀린 것은?

① 노즐은 단면적 크기가 변화하면서 유체유속을 증가하게 하는 장치로 보통 파이프나 트뷰 형상이다.
② 노즐 팁의 길이가 길어지면 상대적으로 균일하지 않은 온도분포가 발생해서 온도제어가 쉽지 않다.
③ 노즐은 유체의 속도가 감소하며 압력이 증가하는 데 사용하는 장치로서 고속의 유체를 저속으로 바꾸면서 다양한 목적으로 사용된다.
④ 노즐 팁의 직경이 작을수록 정밀한 필라멘트를 토출할 수 있으나, 단위 면적을 가공하는 데 있어서는 상대적으로 성형시간이 길어진다.

해설 노즐은 유속뿐만 아니라 유체의 방향을 제어하거나 변경 혹은 유체의 압력을 제어할 때도 사용이 된다.

02. 노즐을 통과하는 유체의 입구유속(V_{in})과 출구유속(V_{out}) 사이의 관계로 옳은 것은?

① $V_{in} = V_{out}$ ② $V_{in} \geq V_{out}$
③ $V_{in} > V_{out}$ ④ $V_{in} < V_{out}$

해설

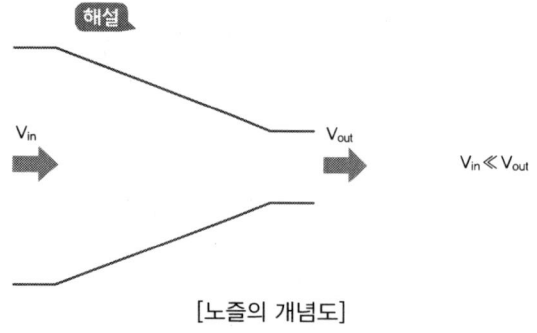

[노즐의 개념도]

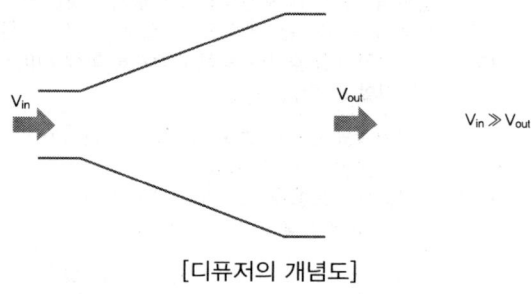

[디퓨저의 개념도]

03. 3D프린터 노즐 공정에 대한 설명으로 틀린 것은?

① 3차원 프린팅 장비에서는 공정에 따라서 노즐의 사용 가능 유무가 갈린다.
② 사용 가능한 공정이더라도 공정 특성 및 재료 특성에 따라서 같은 종류의 노즐이 사용된다.
③ 노즐을 사용하는 공정과 그렇지 않은 공정의 큰 차이점은 주로 노즐을 사용하는 공정에서는 최종 성형품의 재료(모델 재료)가 노즐을 통해서 전달이 되어 적층이 이루어지며, 그렇지 않은 공정에서는 재료 컨터이너가 따로 있는 경우이다.
④ 노즐을 사용하는 대표적인 공정은 제팅 공정, FDM 공정, 그리고 다이렉트 프린팅(Direct-Print) 공정 등이 있다.

해설 사용 가능한 공정이더라도 공정 특성 및 재료 특성에 따라서 각기 다른 종류의 노즐이 사용이 된다.

정답 ▶ 01. ③ 02. ④ 03. ②

04. 제팅 방식의 노즐 기술에 대한 설명으로 틀린 것은?
 ① 잉크 분사를 이용하는 종이 인쇄 공정과 매우 유사하다.
 ② 종이 인쇄공정에 비해서 잉크의 점도가 상대적으로 낮다.
 ③ 열팽창 방식(혹은 Bubble-jet)과 압전 방식은 잉크 카트리지의 액추에이터에 의해서 매우 작은 잉크 방울로 액적(Droplet)이 생성이 되고, 이의 연속적인 분사에 의해서 원하는 단면 형상을 제작할 수 있다.
 ④ 열팽창 방식(혹은 Bubble-jet)은 히터에 의해서 유체의 부피가 증가하고, 증가한 부피만큼의 유체가 매우 작은 구멍인 오리피스(Orifice)를 통과하여 최종적으로 액적이 생성된다.

 해설 제팅 방식은 종이 인쇄 공정에 비해서 잉크의 점도가 상대적으로 높다.

05. 열에 의한 재료 변형이 거의 없기 때문에 현재 가장 많이 사용하는 방식으로 점도가 비교적 높은 광경화 재료를 이용하여 재료를 분사하고 난 다음 자외선 광으로 바로 경화하는 노즐 방식은?
 ① 압전 제팅 방식 ② 파우더 제팅 방식
 ③ 열팽창 제팅 방식 ④ 버블 제팅 방식

06. 액적(Droplet)을 생성하여 연속적인 분사에 의해 원하는 단면 형상을 제작하는 제팅 방식의 노즐 기술이 아닌 것은?
 ① 압전 제팅 방식 ② 버블 제팅 방식
 ③ 열팽창 제팅 방식 ④ 파우더 제팅 방식

 해설 제팅 방식의 노즐 기술은 액적의 크기에 좌우되며 액적의 크기는 프린팅 장비의 해상도 및 치수 정밀도에 좌우된다.
 종류 : ① 열팽창 제팅 방식
   ② 압전 제팅 방식
   ③ 버블 제팅 방식

07. 노즐 설계에서 제팅(Jeting) 방식 장점이 아닌 것은?
 ① 높은 정밀도와 다중 재료의 사용에 있다.
 ② 종이 잉크젯 방식과 유사하게 재료를 섞어서 프린팅을 할 수 있다.
 ③ 유연한 재료와 단단한 재료가 있을 경우, 두 재료의 양을 조절하여 하나의 구조물 안에 따라서 다양한 강도를 가진 성형물을 가공할 수 있다.
 ④ 주로 점도가 높은 광경화성 재료가 사용이 되기 때문에 노즐이 막힐 우려가 상대적으로 낮다.

 해설 주로 점도가 높은 광경화성 재료가 사용이 되기 때문에 노즐이 막힐 우려가 상대적으로 높다.

08. FDM 방식 3D프린터의 부품 중 노즐에 관한 설명으로 옳은 것은?
 ① 액체 상태의 재료를 사용할 수 있다.
 ② 재료의 액적을 형성하여 분사시킨다.
 ③ 토출 후 UV 광선을 이용하여 경화시킨다.
 ④ 열가소성 수지를 용융시켜 밀어서 토출한다.

 해설 FDM 방식은 열을 가하면 흐를 수 있는 열가소성 재료로서 이미 제작된 필라멘트를 가열된 노즐에서 녹여서 다시 가는 필라멘트 형태로 토출시켜 단면을 형성시키고, 최종적으로 3차원 형상을 제작하는 공정이다.

정답 ▶ 04. ② 05. ① 06. ④ 07. ④ 08. ④

Part 2 3D프린터 장치

09. FDM 방식 노즐 기술에 대한 설명으로 틀린 것은?
① 필라멘트 형태의 고체 상태의 열가소성 재료를 준 액상(Semi-liquid)으로 녹일 수 있는 노즐 헤드(핫엔드, hotend)는 재료를 균일하게 공급한다.
② 노즐 헤드는 온도를 분산할 수 있는 방열 핀 및 프린팅 정밀도를 결정하는 매우 미세한 노즐 팁으로 구성되어 있는 재료 공급 장치이다.
③ 다양한 열가소성 재료가 존재하고 각각의 재료는 녹는점이 다르기 때문에 재료의 특성에 맞춰서 노즐의 온도가 정해져야 한다.
④ 너무 높은 온도에서도 재료가 토출이 되면서 제대로 경화가 되어 원하는 형상을 얻을 수 있다

해설 너무 높은 온도에서는 재료가 토출이 되면서 제대로 경화가 되지 않아 원하는 형상을 얻지 못하며, 너무 낮은 온도에서는 재료 자체가 잘 흐르지 않아서 결과적으로 토출이 이루어지지 않는다.

10. FDM 방식의 노즐 설계 방법에 대한 설명으로 틀린 것은?
① 노즐 팁의 직경이 작을수록 정밀한 필라멘트를 토출할 수 있고 단위 면적을 가공하는 데 있어서 성형 시간이 빠르다.
② 중고가의 경우에는 팁을 교체할 수도 있으며, 교체 직후 팁의 높이를 보정해야 한다.
③ 팁 사이즈에 따라서 토출된 필라멘트의 사이즈가 달라지므로, 토출된 이웃 필라멘트 사이의 간격이 달라지며, 이를 가공 경로 생성에 반영해야 한다.
④ 팁과 조형 받침대 사이의 간격도 토출 필라멘트의 크기에 맞게 보정을 해야 하며, 동시에 적층 두께도 조절해야 한다.

해설 노즐 팁의 직경이 작을수록 정밀한 필라멘트를 토출할 수 있으나, 단위 면적을 가공하는 데 있어서 상대적으로 긴 성형 시간이 걸린다.

11. 다음 중 FDM 방식 3D프린터에 관련된 장치가 아닌 것은?
① 핫엔드
② 노즐 팁
③ 히팅 롤러
④ 재료 공급 장치

12. FDM 방식의 노즐 설계 방법에 대한 설명으로 틀린 것은?
① 주로 고가용에서는 300~400마이크론 정도의 팁이 사용이 되며 교체가 가능하다.
② 노즐 팁의 길이가 짧으면 상대적으로 온도 제어하기가 용이하지만, 길이가 길어지면 상대적으로 균일하지 않은 온도 분포가 발생해서 온도제어가 쉽지 않다.
③ 노즐 팁이 길어지면 자유 곡면과 같이 복잡한 곡면 위에도 프린팅하는 것이 가능하나 노즐 팁을 히팅 코일로 감싸 온도를 유지할 수도 있다.
④ 히팅 코일은 노즐 장치의 온도를 고온으로 유지시킬 수 있는 히터 및 제어기

정답 ▶ 09. ④ 10. ① 11. ③ 12. ①

로 특정 온도를 작은 오차 범위로 연속적으로 제어하는 것이 중요하다.

해설 주로 고가용에서는 127~330마이크론 정도의 팁이 사용이 되며 교체가 가능하다. 저가형 FDM 장비에서는 주로 300~400마이크론 정도의 팁이 사용이 된다.

13. FDM 방식의 노즐 설계 방법에 대한 장점으로 틀린 것은?

① 열가소성 재료를 사용하기 때문에 다른 공정에 비해서 상용 노즐 팁과 이송장치 등으로 비교적 간단한 장비를 구성할 수 있다.
② 열가소성 재료를 이용하여 프린팅 원재료를 개발하는 것도 상대적으로 용이하다.
③ 실제로 거의 대부분의 저가형 장비는 개발의 용이성으로 인해서 FDM 방식을 취하고 있다.
④ 열가소성 재료 이외의 다른 종류의 재료도 사용할 수 있다.

해설 열가소성 재료 이외의 다른 종류의 재료를 사용할 수 없다.

14. Direct-Print(DP) 방식의 노즐 기술에 대한 설명으로 틀린 것은?

① FDM 방식과 매우 유사하지만, 액상 혹은 페이스트의 재료를 사용할 수 있다는 차이점이 있다.
② 고체 형태의 재료를 고온으로 녹여서 토출하는 방식이 아니라, 원재료가 유동이 가능한 액상이나 페이스트이기 때문에 재료가 담겨진 노즐 장치에 압력을 가해서 재료를 토출시킨다.
③ 원재료의 특성이 다른 것을 제외하고는 FDM 방식과 유사하며 토출된 재료의 모양도 필라멘트 형태이고, 재료가 토출되고 난 다음에도 유동이 가능하다.
④ 노즐 팁의 직경 및 길이는 온도에 영향을 받기 때문에 다양하게 설계할 수 없다.

해설 노즐 팁의 직경 및 길이는 온도에 영향을 받지 않기 때문에 다양하게 설계할 수 있다.

15. Direct-Print(DP) 방식의 노즐에 대한 특징으로 볼 수 없는 것은?

① 다양한 크기 및 모양의 주사기와 팁이 이미 많이 상용화가 되어 있어서 쉽게 구매해서 조립할 수 있다.
② 재료의 유동성으로 인해서 필라멘트가 형성이 되고 난 다음에 변형이 일어날 수 있으므로 성형품의 품질이 떨어질 수 있다는 것이다.
③ 재료가 토출이 되고 난 다음에 필라멘트의 변형이 일어나기 전에 2차적인 방법으로 재료를 경화시켜야 한다.
④ 용매를 사용할 경우 증발한 양만큼 필라멘트가 수축이 발생하며, 열 개시제의 경우 다른 경화 방법에 비해서 상대적으로 시간이 빠르다.

해설 용매를 사용할 경우 증발한 양만큼 필라멘트가 수축이 발생하며, 열 개시제의 경우 다른 경화 방법에 비해서 상대적으로 오랜 시간이 걸린다.

정답 ▶ 13. ④ 14. ④ 15. ④

16. 노즐의 성능은 최종 성형품의 품질에 따라 다양하게 정의될 수 있는데 다음 내용으로 틀린 것은?
① 성형물의 품질이 우선시 되는 경우에는 비교적 작은 직경의 노즐을 사용해야 한다.
② 성형물의 최종 외관은 액적이나 필라멘트의 사이즈가 작으면 작을수록 표면 거칠기는 나빠진다.
③ 제팅 방식의 경우에는 노즐 사이즈의 한계가 있으나, dpi로 그 성능을 확인할 수 있다.
④ FDM 방식에서는 100마이크론 정도가 일반적인 최소 크기이며, DP 방식에서는 다양한 노즐이 존재하며 50마이크론 정도까지 일반적으로 사용이 가능하다.

해설 성형물의 최종 외관은 액적이나 필라멘트의 사이즈가 작으면 작을수록 표면 거칠기는 좋아진다.

17. 노즐의 성능에서 성형 속도에 대한 설명으로 틀린 것은?
① 성형물의 가공 속도는 노즐의 사이즈가 작으면 작을수록 더 오래 걸린다.
② 액적이나 필라멘트가 단면을 형성하는데 있어서 그 크기가 작으면 작을수록 더 많은 가공 경로가 필요하다.
③ 제팅 방식의 경우에는 노즐헤드의 dpi와 이송 장치의 속도가 전체 성형 속도에 영향을 미치지 않는다.
④ DP 혹은 FDM 방식의 경우에는 노즐의 크기 및 이송 장치의 속도가 성형 속도에 영향을 미치는 인자이다.

해설 제팅 방식의 경우에는 노즐헤드의 dpi와 이송 장치의 속도가 전체 성형 속도에 영향을 미치게 된다.

18. 3D프린터의 주요 부품 중 다음 그림에 해당하는 부품은?

① 감속장치　　② 익스트루더
③ 스테핑 모터　④ 핫엔드 노즐

해설 핫엔드(hotend)는 3D프린터에서 원료를 압출해주는 부분을 말하며, 노즐과 가열장치, 공급하는 배럴 등을 통틀어 일컫는다. 3D프린터에 있어 가장 중요한 부분이라 할 수 있다.

19. 노즐 팁의 길이에 대한 설명으로 틀린 것은?
① 노즐의 길이는 전체 3차원 프린팅 장치의 구성과 관련이 있다.
② 노즐의 길이가 짧은 FDM 헤드 같은 경우에는 다른 기계 장치나 성형품과의 간섭을 고려해야 한다.
③ 가공 속도 및 품질에 따라서 노즐 팁의 길이가 결정된다.
④ 재료의 점성이 높으면 가능한 한 짧은 노즐이 유리하고, 그렇지 않을 경우에는 긴 노즐도 적용이 가능하다.

해설 가공 속도 및 품질에 따라서 노즐의 직경이 결정된다.

정답 ▶ 16. ②　17. ③　18. ④　19. ③

20. 생산성에 영향을 미치는 것으로 1초당 생성 가능한 최대 액적의 수에 대한 정보를 제공하며 보통 Hz 단위로 나타내는 재료 토출 속도 방식은?
① 제팅 토출 속도
② FDM 토출 속도
③ DP 토출 속도
④ SL 토출 속도

해설 ① FDM 토출 속도
FDM 방식의 경우에는 재료 공급 속도에 따라서 재료의 토출 속도가 정해지므로, 최대토출 속도에 대한 정보를 제공한다.
② DP 토출 속도
DP 방식에서는 공기압 혹은 스크루의 회전으로 재료가 토출이 되기 때문에 최대 공기압 및 최대 스크루 회전 속도에 대한 정보를 제공한다.

21. FDM 방식 3D프린터에서 설계된 노즐을 평가하기 위한 항목이 아닌 것은?
① 노즐 온도
② 노즐의 치수
③ 재료의 토출 속도
④ 노즐의 동작 주파수

해설 노즐의 동작 주파수는 제팅 방식의 평가 항목이다.

22. 제팅 방식의 노즐의 치수 검증에 대한 방식이 아닌 것은?
① 필요로 하는 성능에 따라 설계된 노즐은 일정한 크기의 액적을 연속적으로 프린팅하기 위해서 치수가 보장이 되어야 한다.
② 오리피스의 직경 및 오리피스 사이의 간격이 허용 공차 내에 들어와야 한다.
③ 오리피스는 기본적으로 원형으로 설계되기 때문에 원형도 또한 공차를 만족해야 한다.
④ 노즐의 외경에 따라서 필라멘트의 크기가 정해지고 이는 곧 장비의 가공 정밀도가 된다.

해설 FDM 방식 노즐의 치수 검증에 대한 방식 노즐의 내경에 따라서 필라멘트의 크기가 정해지고 이는 곧 장비의 가공 정밀도가 된다.

23. FDM 방식 노즐의 치수 검증에 대한 방식이 아닌 것은?
① 노즐의 내경에 따라서 필라멘트의 크기가 정해지고 이는 곧 장비의 가공 정밀도가 된다.
② 제작된 노즐의 외경 및 내경이 공차를 만족하는지 평가해야 한다.
③ 필요로 하는 성능에 따라 설계된 노즐은 일정한 크기의 액적을 일시적으로 프린팅하기 위해서 치수가 보장이 되어야 한다.
④ 팁의 끝단은 버(Burr)가 없어야 하며, 이는 일정한 크기 및 원형의 필라멘트를 형성하는 데 영향을 미친다.

해설 제팅 방식의 노즐의 치수 검증에 대한 방식 필요로 하는 성능에 따라 설계된 노즐은 일정한 크기의 액적을 연속적으로 프린팅하기 위해서 치수가 보장이 되어야 한다.

정답 ▶ 20. ① 21. ④ 22. ④ 23. ③

24. DP 방식의 노즐 평가 항목 내용으로 틀린 것은?
① 가공 해상도는 노즐의 내경에 따른 토출 필라멘트의 직경이 되며 제작된 노즐의 외경 및 내경이 공차를 만족하는지 평가해야 한다.
② 노즐의 길이는 일정해야 하며, 그렇지 않을 경우에는 팁과 기판 사이의 간격인 갭이 달라져서 결과적으로 다른 크기의 필라멘트가 생성이 된다.
③ 재료의 공급 속도는, 스크루 방식의 경우 이의 회전 속도에 비례한다.
④ 이송 장치의 가감속에 따라서 재료 토출 속도가 조절이 되어 단위 길이당 항상 많은 양이 토출되도록 해야 한다.

해설 FDM 방식의 재료 토출 속도
이송 장치의 가감속에 따라서 재료 토출 속도가 조절이 되어 단위 길이당 항상 일정한 양이 토출되도록 해야 한다.

25. 노즐의 치수 평가 방법에서 직접식 측정으로 맞는 것은?
① 간접식 측정은 직접 노즐을 측정하는 것이 아니라 액적 혹은 필라멘트를 측정하는 방식이다.
② 재료에 따라서 각기 다른 액적 및 필라멘트가 형성되기 때문에 재료를 동반할 경우에는 이 방식으로 노즐을 평가한다.
③ 이송속도 및 토출 속도에 따라서 다른 크기의 액적 및 필라멘트가 생성되기 때문에 많은 경우에 있어서 노즐을 평가한다.
④ FDM 및 DP 방식의 노즐팁의 외경 및 길이를 측정하는 방법은 버니어 캘리퍼스, 마이크로미터 등을 통해서 측정할 수 있다.

해설 직접식 측정
① FDM 및 DP 방식의 노즐팁의 외경 및 길이를 측정하는 방법은 버니어 캘리퍼스, 마이크로미터 등으로 직접 접촉을 통해서 측정할 수 있다.
② 노즐 팁의 외경의 경우에는 광학식으로 측정할 수 있으며 현미경, 주사현미경(Scanning electron microscopy) 등을 이용하여 수행할 수 있다.
③ 제팅 방식의 오리피스는 접촉을 통한 측정이 힘들기 때문에 광학식으로 측정할 수 있다.

26. 렌즈의 이론에서 피사체와 렌즈의 거리를 a, 렌즈와 상의 거리를 b, 렌즈의 초점거리를 f라 하면 렌즈의 법칙으로 맞는 것은?
① $\dfrac{1}{a} + \dfrac{1}{b} = \dfrac{1}{f}$ ② $\dfrac{1}{a} - \dfrac{1}{b} = \dfrac{1}{f}$
③ $\dfrac{1}{a} \times \dfrac{1}{b} = \dfrac{1}{f}$ ④ $\dfrac{1}{a} \div \dfrac{1}{b} = \dfrac{1}{f}$

27. 광학렌즈의 초점거리가 50mm이고, 렌즈로부터 물체까지의 거리가 10m일 때, 렌즈로부터 이미지가 맺히는 거리는 약 얼마인가?
① 47.6mm   ② 50mm
③ 52.3mm   ④ 100mm

해설 렌즈의 법칙에서
$b = \dfrac{af}{(a-f)} = \dfrac{10000 \times 50}{10000 - 50} = 50.3\text{mm}$

정답 ▶ 24. ④   25. ④   26. ①   27. ②

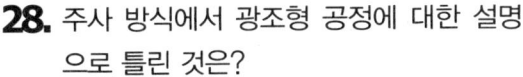

28. 주사 방식에서 광조형 공정에 대한 설명으로 틀린 것은?
① 광조형 공정에서 사용하는 재료는 주로 자외선 영역에서 반응을 하는 광 개시제를 포함하고 있다.
② 광 개시제는 적합한 파장대의 광에 노출이 되면 매우 불안정한 상태인 라디칼(Radical)들이 생성되고 이 라디칼들은 단량체(Monomer)의 약한 부분(주로 탄소이중 결합)을 결합을 끊어 스스로가 단량체와 결합을 하게 된다.
③ 결합된 단량체는 또다시 라디칼 상태가 되어서 주변의 단량체들의 이중 결합을 끊으면서 결합을 연속적 반응으로 최종적으로 폴리머가 생성된다.
④ 주로 광 개시제의 파장대는 넓은 영역이며 레이저는 그 특성상 장파장이며 레이저의 파장대가 광 개시제의 파장대 영역에 포함되어야 한다.

해설 광조형 공정
① 주로 광 개시제의 파장대는 넓은 영역이며 레이저는 그 특성상 단파장이며 레이저의 파장대가 광 개시제의 파장대 영역에 포함되어야 한다.
② 레이저의 파워가 높을수록 고속 주사가 가능하다.
③ 자외선 레이저의 파장대는 가시광보다 짧으며, 적외선 레이저의 파장대는 가시광보다 길다.

29. 주사 방식에서 선택적 소결 공정에 대한 설명으로 틀린 것은?
① 레이저는 자외선 영역의 저에너지를 발산할 수 있는 레이저다.
② 대표적인 것으로는 CO_2 레이저 등이 있다.
③ 적외선 에너지는 고온이며 재료를 소결 혹은 용융시킬 수 있다.
④ 광학계를 설계할 시 레이저의 사양을 고려해야 한다.

해설 레이저는 적외선 영역의 고에너지를 발산할 수 있는 레이저다.

30. 주사 방식에서 광학계에 대한 설명으로 틀린 것은?
① 주사 방식에서의 광학계는 광원으로부터 생성된 레이저 빔을 최종적으로 재료 표면에 집광하고 또한 주사하는 역할을 수행한다.
② 광학계의 역할은 재료 표면을 광학계의 초점면과 동일하게 하고 동시에 요구되는 빔의 크기를 제어하는 것이다.
③ 빔의 직진 방향에서 초점이 생성되는 구간으로 초점 구간을 벗어나게 되면 레이저빔의 초점이 맺히지 않게 되어 결과적으로 원하는 크기의 빔 및 에너지를 얻을 수 없게 된다.
④ 레이저는 장파장이기 때문에 레이저의 종류가 결정이 되면 파장대는 변화할 수가 있다.

해설 레이저는 단파장이기 때문에 레이저의 종류가 결정이 되면 파장대는 변화할 수가 없다.

정답 ▶ 28. ④ 29. ① 30. ④

31. 빔의 직진 방향에서 초점이 생성되는 구간의 초점심도(DOF)와 레이저의 파장(λ), 광학계로 입사하기 전의 레이저 빔 직경(D) 및 광학계의 초점거리(F) 간의 상관관계 식으로 옳은 것은?

① $DOF = (\frac{8\lambda}{\pi} \times \frac{F}{D})^3$

② $DOF = (\frac{8\lambda}{\pi} \times \frac{D}{F})^3$

③ $DOF = (\frac{\pi}{8\lambda} \times \frac{F}{D})^3$

④ $DOF = (\frac{F}{\pi} \times \frac{8\lambda}{D})^3$

해설 ① DOF(Depth Of Focus)는 초점 심도를 나타내며, 이는 빔의 직진 방향에서 초점이 생성되는 구간이다. 즉, 이 초점 구간을 벗어나게 되면 레이저 빔의 초점이 맺히지 않게 되어 결과적으로 원하는 크기의 빔 및 에너지를 얻을 수 없게 된다.
② DOF도 동시에 작아지며 정밀한 초점 거리의 제어가 요구된다. 넓은 면적을 주사해야 할 경우에는 가공 영역의 가장자리에서도 초점이 맺힐 수 있게 특수한 광학계(동적 초점 조절기 등)를 사용하여 전 영역에서 초점이 잡히도록 설계해야 한다.

32. 초점면에서 레이저 빔의 크기(W)와 레이저의 파장(a), 광학계로 입사하기 전의 레이저 빔 직경(D) 및 광학계의 초점거리(F)간의 상관관계 식으로 옳은 것은?

① $W = (\frac{4\pi}{a} \times \frac{F}{D})^2$

② $W = (\frac{4\pi}{a} \times \frac{D}{F})^2$

③ $W = (\frac{4a}{\pi} \times \frac{F}{D}) \times \frac{1}{2}$

④ $W = (\frac{4a}{\pi} \times \frac{D}{F}) \times \frac{1}{2}$

해설 ① 레이저의 파장대가 짧고, 초점거리가 짧으며, 레이저광의 직경이 크면 클수록 집광된 광의 빔의 크기(W)는 작아진다.
② 레이저는 단파장이기 때문에 레이저의 종류가 결정이 되면 파장대는 변화할 수가 없다.
③ 레이저 헤드로부터 나오는 빔의 크기는 일정하지만 특정 광학계를 사용하면 그 직경을 크게 할 수 있다.
④ 초점거리는 장비의 크기 및 광학계의 위치에 따라서 어느 정도 조절이 가능하다.

33. 광조형 공정에서의 광학 기술에 대한 설명으로 틀린 것은?

① 주사 방식은 집광된 레이저 빔을 이용해서 수지 표면을 주사(Scanning) 혹은 해칭(Hatching)함으로써 레이저가 닿은 부위의 수지를 광경화시켜 고체 단면을 형성시킨다.
② 주사 방식은 광원을 주사할 수 있는 장치가 필요하며, 레이저 빔을 집광할 수 있는 장치 또한 필요하다.
③ 전사 방식은 단면을 한꺼번에 경화하는 방식으로 광 패턴을 수지 표면 위에 조사하는 공정으로 수지 표면에 초점이 이루어지게 해서 경화한다.
④ 주사 방식은 광원, 패턴 형성기, 초점 광학계 등이 필요하다.

해설 전사 방식은 광원, 패턴 형성기, 초점 광학계 등이 필요하다.

정답 ▶ 31. ① 32. ③ 33. ④

34. 선택적 소결 공정에서의 광학 기술에서 필요한 광학계가 아닌 것은?
① 광원
② 주사 장치
③ 집광 장치
④ 패턴 형성기

35. 광학계 빔 익스팬더에 대한 설명으로 틀린 것은?
① 주사 방식의 3차원 프린터를 개발할 때, 가장 기본적으로 고려해야 할 부분은 재료 표면에서 레이저 빔의 직경을 크게 하는 것이다.
② 레이저 빔의 단면이 작으면 작을수록 최소 성형 가능한 크기, 즉 가공 해상도는 높아져서 결과적으로 정밀한 성형품을 제작할 수 있다.
③ 레이저 빔의 단면적을 작게 함으로써 그만큼 단위 면적당 에너지는 상승하여 광경화 혹은 소결·용융이 빠른 시간에 이루어지게 된다.
④ 너무 작은 빔 사이즈는 더 많은 주사 경로를 만들어야 하기 때문에 가공 시간이 오래 걸린다. 따라서 해상도와 가공 시간을 고려해서 광학계를 설계해야 한다.

해설 주사 방식의 3차원 프린터를 개발할 때, 가장 기본적으로 고려해야 할 부분은 재료 표면에서 레이저 빔의 직경을 작게 하는 것이다.

36. 광학계 빔의 반사경에 대한 설명으로 틀린 것은?
① 반사경은 좁은 영역에서 짧은 광경로를 생성할 때 필요하다.
② 광의 방향을 전환하여 렌즈와 렌즈 사이 혹은 다른 광학계로 광이 입사되게 한다.
③ 반사경의 정렬(Alignment)이 틀어지게 되면 결과적으로 재료 표면의 빔의 위치는 매우 큰 오차를 가지게 된다.
④ 반사경을 정렬할 경우에는 가능한 먼 거리의 목표 위치를 설정하고 정렬 과정을 진행한다.

해설 반사경은 좁은 영역에서 긴 광경로를 생성할 때 필요하며 반사경은 레이저의 파장대에 따라서 전반사가 일어나게 표면에 특수 코팅을 한다.

37. 광학계 빔의 초점 렌즈에 대한 설명으로 틀린 것은?
① 가공 전 영역에서 재료 표면이 초점면과 일치되게 하기 위해서 특수 렌즈를 사용한다.
② 주사 미러 만을 사용할 경우에는 재료 표면에 초점면이 생긴다.
③ 초점 렌즈를 사용하여 렌즈의 입사각에 따라서 초점 위치를 보정하여 최종적으로 재료 표면에 초점이 맺히게 한다.
④ 초점 렌즈는 빌드 영역의 크기에 따라서 크기 및 초점거리가 선정이 되어야 한다.

해설 주사 미러만을 사용할 경우에는 재료 표면에 초점면이 생기는 것이 아니라 구면에 초점면이 생기게 되는데, 이는 동일한 초점거리를 주사 장치로부터 적용을 하면 원형이 생기기 때문이다.

정답 ▶ 34. ④ 35. ① 36. ① 37. ②

38. 광학계 빌드 사이즈에 대한 설명으로 틀린 것은?
① 광학계 설계에 직접적인 영향을 미치며, 이는 위의 초점 렌즈의 사용 이유처럼 전 영역에서 레이저의 초점이 형성되게 하기 위함이다.
② 레이저 빔은 입사각에 따라서 원래의 타원형 단면에서 원형 단면으로 바뀌게 된다.
③ 레이저 빔의 모양은 재료 표면에 입사하는 각도에 따라서 변형된다.
④ 레이저 빔의 모양 또한 특수 광학계로 어느 정도 일정하게 유지할 수 있다.

해설 레이저 빔은 입사각에 따라서 원래의 원형 단면에서 타원형 단면으로 바뀌게 된다.

39. 전사 방식에서 광원에 대한 설명으로 틀린 것은?
① 주사 방식 광조형 공정과 마찬가지로 광원의 파장대는 사용한 재료의 광 개시제의 반응 파장대 내에 있어야 한다.
② 광 패턴 형성기에 광을 입사시켜 광 패턴을 만들기 때문에 광 패턴을 만들기에 충분히 큰 광이 입사되어야 하며 일반적으로 램프광을 많이 사용한다.
③ 레이저보다 상대적으로 큰 면적의 광을 만들 수 있기 때문이고, 또한 다양한 에너지 피크가 존재하기 때문이다.
④ 주로 많이 사용하는 광원은 LED 램프이다.

해설 주로 많이 사용하는 광원은 수은(Mercury) 램프이며, 광 스펙트럼(Light spectrum)을 가진다. 광의 파장대가 넓으면 넓을수록 광의 오차, 즉 색수차(Chromatic aberration)가 발생한다. 특정 영역의 파장대만 추출하기 위해서 필터(Filter)를 많이 사용한다.

40. 전사 방식에서 광학계에 대한 설명으로 틀린 것은?
① 주사 장치와는 달리 주사를 위한 별도의 구동 장치가 존재하지 않는다.
② 슬라이싱 단면에 해당하는 비트맵 이미지가 패턴 생성기로 전송이 되면 색상에 따라서 패턴 생성기가 광을 투과하거나 반사시켜 특정 형상을 생성하게 된다.
③ 생성된 광 패턴은 릴레이 렌즈, 반사경, 초점 렌즈 등을 거치면서 최종적으로 수지 표면에 이르게 된다.
④ 광학계는 광원으로부터 생성된 레이저 빔을 최종적으로 재료 표면에 집광하고 또한 주사하는 역할을 수행한다.

해설 주사 방식에서의 광학계는 광원으로부터 생성된 레이저 빔을 최종적으로 재료 표면에 집광하고 또한 주사하는 역할을 수행한다.

41. 전사 방식에서 광학계 패턴 생성기에 대한 설명으로 틀린 것은?
① 패턴 생성기는 크게 LCD(Liquid Crystal Display)와 DMD(Digital Micromirror Device)가 있다.
② DMD는 액정들의 배치를 제어해서 특정 셀에서 빛을 투과시키거나 막을 수 있으며, 이를 이용해서 광 패턴을 형성할 수 있다.
③ 반사된 광이 특정 패턴을 가지게 되며 LCD와 DMD 모두 백색과 흑색으로 이루어진 비트맵 이미지를 패턴 제어기에

정답 ▶ 38. ② 39. ④ 40. ④ 41. ②

보내서 특정 영역의 빛을 투과 혹은 반사함으로써 광 패턴을 생성시킨다.
④ 최근에는 높은 채움률(Fill factor) 및 효율로 인해서 DMD를 많이 사용하고 있다.

해설 패턴 생성기는 크게 LCD와 DMD로 구분
① LCD는 액정들의 배치를 제어해서 특정 셀에서 빛을 투과시키거나 막을 수 있으며, 이를 이용해서 광 패턴을 형성할 수 있다.
② DMD에서는 매우 미세한 마이크로 미러(Micro-Mirror)가 특정 방향으로 회전하면서 빛의 반사 경로를 제어할 수 있다.
③ DMD는 광원의 파장대에 따라서 자외선, 적외선 및 가시광선용이 별도로 존재하며, 광원을 바탕으로 선정해야 한다.

42. 광학모듈 설계 시 고려해야 할 사항으로 틀린 것은?
① 주사 방식에서는 전 영역에 고르게 초점이 생성될 수 있도록 초점 렌즈를 사용한다.
② 가공 전체 영역에서 초점면을 재료 표면과 일치시키기 위해서 특수 렌즈를 사용한다.
③ 액상 소재 성형을 위한 광학모듈 설계에서 광원의 파장대는 액상 소재의 광 개시제의 피장보다 커야 한다.
④ 전사 방식의 광원은 램프광을 많이 사용하고, 광의 파장대가 넓으면 넓을수록 광의 오차가 많이 발생한다.

해설 광원은 사용 가능 광경화성 수지의 반응 파장대에 맞게 설계되어야 한다.

43. 광학모듈 설계에서 가우스 분포를 가진 레이저 빔의 초점심도(Depth of focus)에 대한 설명으로 틀린 것은?
① 레이저의 파장에 반비례한다.
② 광학계의 초점거리의 제곱에 비례한다.
③ 광학계에 입사하는 레이저 빔의 직경의 제곱에 반비례한다.
④ 초점심도는 빔의 직진 방향에서 초점이 생성되는 구간을 의미한다.

해설 레이저의 파장에 비례한다.

44. 광학계 설계 규격서의 성능에 대한 설명으로 틀린 것은?
① 광원 및 광학계의 성능은 최종 성형품의 품질(표면 거칠기 등)과 가공 속도에 따라 달리 적용될 수 있다.
② 성형물의 품질은 재료 표면에서의 레이저 빔의 직경이 작을수록 좋아진다.
③ 램프를 이용하는 주사 방식에서는 복잡하고 단면적이 큰 경우 전사 방식과 비교해 가공 속도가 현저히 빠르다.
④ 노즐을 이용하는 공정과는 달리 동일한 광학계에서 다른 크기의 빔 사이즈를 생성시킬 수도 있다.

해설 램프를 이용하는 전사 방식에서는 복잡하고 단면적이 큰 경우 주사 방식과 비교해 가공 속도가 현저히 빠르다.

45. 주사 방식 공정으로 볼 수 없는 것은?
① 레이저 빔 초점의 크기
② 레이저 빔의 모양
③ 레이저 빔의 파워
④ 광 패턴 파워

정답 ▶ 42. ③ 43. ① 44. ③ 45. ④

> **[해설]** 주사 방식 공정
> ① 레이저 빔 초점의 크기
> ② 레이저 빔의 모양
> ③ 레이저 빔의 파워
> ④ 주사 장치의 정밀도
> ⑤ 주사 장치의 속도

46. 전사 방식 공정에서 광 패턴의 정밀도에 대한 설명으로 틀린 것은?
① 재료 표면에서 광의 패턴이 원하는 모양대로 결상이 되었는지 평가해야 한다.
② 광학계의 수차로 인해서 일부가 왜곡될 수 있으며 광학계의 보완으로 해결이 가능하다.
③ 다파장의 광을 사용할 경우 색수차를 보정하는 렌즈를 사용한다.
④ 재료 표면에서 레이저 빔의 직경은 광학계 평가 항목 중 제일 중요한 부분이다.

> **[해설]** 전사 방식 공정에서 광 패턴의 정밀도
> 보기 ①, ②, ③ 외에 추가 설명은 다음과 같다.
> • 패턴의 형상이 상하좌우로 왜곡이 될 경우에도 적절한 렌즈의 조합으로 이를 해결할 수 있다.
> • 광 패턴의 정밀도를 허용 공차와 함께 평가해야 한다. 또한 최소 가공 가능한 패턴의 크기도 평가하여야 한다.
> 보기 ④는 주사 방식 공정에서 레이저 빔 초점의 크기에 관한 설명이다.

47. 광학계 평가 방법에서 전사 방식 공정으로 맞는 것은?
① 광 패턴의 정밀도
② 레이저 빔의 직경, 모양, 파워
③ 주사 장치의 정밀도
④ 주사 장치의 속도

> **[해설]** 주사 방식 공정
> ② 레이저 빔의 직경, 모양, 파워
> ③ 주사 장치의 정밀도
> ④ 주사 장치의 속도

48. 전사 방식 3D프린터의 광학계에서 미세한 마이크로미러가 특정 방향으로 회전하면서 빛의 반사 경로를 제어하는 패턴 생성기를 무엇이라고 하는가?
① CCD
② DMD
③ LCD
④ LMD

> **[해설]** DMD : 전사 방식 3D프린터의 광학계에서 미세한 마이크로미러가 특정 방향으로 회전하면서 빛의 반사 경로를 제어하는 패턴 생성기이다.

49. Photopolymerization 방식(a)과 Powder Bed Fusion 방식(b)의 3D프린터에 주로 사용되는 광원의 파장 영역은?
① a : 자외선, b : 자외선
② a : 자외선, b : 적외선
③ a : 적외선, b : 자외선
④ a : 적외선, b : 적외선

50. SLA 방식 3D프린터 광학계 중 재료 표면에서 레이저 빔의 직경을 작게 하는 것들로 올바르게 묶인 것은?

| a. 마스크 | b. 초점렌즈 |
| c. 반사경 | d. 빔 익스팬더 |

① a, b
② b, c
③ b, d
④ c, d

> **[해설]** ① 빔 익스펜더 : 주사 방식의 3차원 프린터를 개발할 때, 가장 기본적으로 고려해야 할 부분은 재료 표면에서 레이저 빔의 직경을 작게 하는 것이다.

정답 ▶ 46. ④ 47. ① 48. ② 49. ② 50. ③

② 반사경 : 반사경은 좁은 영역에서 긴 광경로를 생성할 때 필요하다.
③ 초점 렌즈 : 가공 전체 영역에서 재료 표면이 초점면과 일치되게 하기 위해서 특수 렌즈를 사용한다.

51. SLA 방식 3D프린터에서 광 전달 순서가 올바르게 나열된 것은?

> ㄱ. 광원
> ㄴ. 주사 장치
> ㄷ. 수지표면
> ㄹ. 광학계/집광 장치

① ㄱ → ㄴ → ㄷ → ㄹ
② ㄱ → ㄴ → ㄹ → ㄷ
③ ㄱ → ㄹ → ㄴ → ㄷ
④ ㄱ → ㄹ → ㄷ → ㄴ

해설 광조형(SLA) 공정
광조형 공정은 컨테이너에 담겨진 수지(Resin)를 집광된 자외선(Ultraviolet) 혹은 가시 광선레이저로 광경화(Photocrosslinking) 반응을 일으켜 한 층씩 적층해 최종적으로 3차원 형상을 제작하는 과정이다.
광 전달 순서는 광원 → 광학계/집광 장치 → 주사 장치 → 수지표면 순서이다.

52. DLP 방식 3D프린터에서 광학계 평가 항목으로 가장 적절한 것은?
① 주사장치의 정밀도
② 광 패턴의 정밀도
③ 레이저 빔의 모양
④ 광원 초점의 크기

해설 DLP 방식 3D프린터에서 광학계 평가 항목은 광 패턴의 정밀도, 광 패턴 파워이다.

53. 하이브리드 3D프린터의 정의에 대한 설명으로 틀린 것은?
① 하이브리드(Hybrid)는 이종의 개체에서 새로운 개체가 생성되는 것을 나타내는 용어로 3차원 프린팅에서 이종 기술을 토대로 새로운 기술 혹은 이전에 없던 기능을 가진 공정을 개발하는 것이다.
② 각각의 3차원 프린팅 기술은 고유한 특성을 가지고 있으며 단일 3차원 프린팅 기술은 다른 3차원 프린팅 기술이 가진 특성을 가질 수 없을 수도 있다.
③ 공정마다 사용할 수 있는 재료는 제한이 없으며, 서로 다른 공정의 장점을 가지고 있다.
④ 새로운 공정을 통해서 기존 차원 프린팅 공정에서는 제작할 수 없는 새로운 성형품을 제작할 수도 있다.

해설 공정마다 사용할 수 있는 재료는 제한적이면서 서로 다른 공정의 장점이 있다.

54. Hybrid 장비 구조에 대한 설명으로 틀린 것은?
① 레이저 헤드가 측면에서 오토셔틀가이드를 타고 장비 밖으로 퇴장한다.
② 스핀들은 툴 매거진 박스로 퇴장한다.
③ 레이저 헤드는 HSK-A63 인터페이스에 의해서 스핀들 축에 장착된다.
④ 레이저 헤드가 장착되면 셔틀은 원래의 위치로 돌아간다.

해설 레이저 헤드가 측면에서 오토셔틀가이드를 타고 장비 안으로 들어온다.

정답 ▶ 51. ③ 52. ② 53. ③ 54. ①

55. 하이브리드형 노즐 타입의 작동 원리에 대한 설명으로 틀린 것은?
① 금속 분말이 가공면 표면에 크랙이 없이 용융되나 일부 기포가 발생한다.
② 금속 분말이 가공면 표면과 같이 용융되면서 응고하기 때문에 매우 강력하게 접합이 된다.
③ 금속 용융 주변으로 가스가 분사되어서 소재의 산화를 방지한다.
④ 용융, 적층된 금속이 냉각되면 밀링으로 표면 가공을 한다.

[해설] 금속 분말이 가공면 표면에 기포나 크랙이 없이 용융된다.

56. 하이브리드 기법의 노즐 타입의 특징으로 볼 수 없는 것은?
① 파우더 베드 기법 대비 2배로 증착 속도가 빠르다.
② 한 작업 공간에서 모든 공정이 완료된다.
③ 벽두께 0.1mm~5mm 이내 가능하다.
④ 한 장비에서 밀링과 레이저 작업의 용이하게 전환이 가능하다.

[해설] 파우더 베드 기법 대비 10배 정도로 증착 속도가 빠르며, 지지대 없이 3D 형상 증착이 가능하다.(예 : 플랜지, 깔대기 형상)

57. 하이브리드 기법의 베드 타입의 특징으로 볼 수 없는 것은?
① 아주 미세한 구조에 유리하다.
② 챔버 내에 가스를 충전하고 적층한다.
③ 적층 속도가 매우 빠르다.
④ 적층 과정 중 중간에 멈추는 것이 불가하다.

[해설]
① 적층 속도가 매우 느리다.
② 돌출부에 지지대 필요하다.
③ 기존 제품에 다른 구조물을 추가로 적층하는 것은 불가하다.
④ 베드 사이즈에 제한을 받는다.
⑤ 메탈 파우더의 2/3는 버리게 된다.(재사용 불가)
⑥ 메탈 파우더 구매처의 제한이 있다. (장비 공급자 독점)

58. DMLS와 CNC 머시닝을 이용한 하이브리드 공정에 대한 설명으로 틀린 것은?
① DMLS(Direct Metal Laser Sintering)는 SLS와 동일한 공정이며, 금속 파우더에 더 초점을 두고 있다.
② 금속 파우더를 이용한 공정에서는 표면이 매끄럽지 못하기 때문에 이를 CNC 공정으로 매 층 혹은 수층마다 머시닝을 병행할 수 있다.
③ SLS 공정의 표면 거칠기의 한계와 이를 극복할 수 있는 CNC 장비의 결합에서 탄생한 공정이다.
④ 다양한 레이저 기술을 활용해서 성형 중인 가공품에 대해서 열처리는 할 수 없다.

[해설]
① 다양한 레이저 기술을 활용해서 성형 중인 가공품에 대해서 템퍼링, 담금질 등의 열처리를 할 수도 있다.
② 실시간으로 가공 중인 형상을 CCD로 모니터링하고 오차가 발생할 경우 수정도 가능하다.

정답 ▶ 55. ① 56. ① 57. ③ 58. ④

59. DMLS와 CNC 공작기계를 이용한 하이브리드 3D프린터에 관한 설명으로 틀린 것은?
① DMLS는 분말에 접착제를 분사하는 공정이다.
② CNC 공작기계 가공은 매 층 혹은 수 층마다 가공될 수 있다.
③ 담금질이나 템퍼링 등 열처리도 함께 복합화 할 수 있다.
④ DMLS로 제조된 부품의 표면을 매끄럽게 가공하기 위하여 CNC 공작기계 가공이 필요하다.

해설 DMLS(Direct Metal Laser Sintering)는 SLS와 동일한 공정이며, 금속 파우더에 더 초점을 두고 있다.

60. PBF 및 DED의 출력물의 표면 거칠기 한계를 극복하기 위해 CNC 공작기계와 결합하여 만들어진 3D프린터는?
① FDM과 DP(Direct Print)를 이용한 하이브리드 3D프린터
② DP와 CNC 공작기계를 이용한 하이브리드 3D프린터
③ SLA와 CNC 공작기계를 이용한 하이브리드 3D프린터
④ DMLS와 CNC 공작기계를 이용한 하이브리드 3D프린터

해설 SLS 공정의 표면 거칠기의 한계와 이를 극복할 수 있는 CNC 장비의 결합에서 탄생한 공정이다.

61. DP와 광조형 공정을 이용한 하이브리드 3D프린터에 관한 설명으로 틀린 것은?
① DP에서는 유동성을 가진 액상 혹은 페이스트 재료를 사용하기 때문에 재료가 토출됨과 동시에 경화시켜야 한다.
② 광경화성 재료를 토출하고 광을 이용해서 곧바로 경화시키는 방법이다.
③ 광은 광학 파이버와 렌즈 등으로 집광을 할 수도 있고, 링 형태의 광학계를 사용해서 특정 영역에 광을 조사할 수도 있다.
④ DP와 광경화 공정에서 주의할 부분은 토출된 재료와 노즐 내부의 재료를 경화하는 것이다.

해설 DP와 광경화 공정에서 주의할 부분은 토출된 재료만 경화시키고 노즐 내부의 재료는 경화되지 않게 하는 것이다.

62. FDM과 DP(Direct Print)를 이용한 하이브리드 3D프린터에 관한 설명으로 틀린 것은?
① 복합화할 때 각 헤드를 1개 이상씩 다수 설치할 수 있다.
② 복합화된 FDM은 ABS 등 기존의 FDM 소재를 이용할 수 없다.
③ 복합화된 DP 공정에 바이오 잉크를 사용할 경우 조직공학 등 의료분야에 응용할 수 있다.
④ 복합화된 DP 공정에 전도성 잉크를 사용할 경우 PCB 등의 기판 대용품을 제조할 수 있다.

해설 FDM에서 사용 가능한 재료는 ABS와 같이 비교적 기계적 강도가 우수하며, DP 방식에 비해서 가공 성능이 우수하다.

정답 ▶ 59. ① 60. ④ 61. ④ 62. ②

63. 다음 하이브리드 3D프린터에 관한 설명 중 ( ) 안에 들어갈 용어로 알맞은 것은?

> (A)은(는) 금속 박판을 초음파 에너지를 이용하여 기판과 접합시키고 가공을 거쳐 3차원으로 성형하는 공정이다. 이 공정은 접합된 박판 아래층에 가공된 재료가 없을 경우 처짐 현상이 발생한다. 따라서 (B) 공정을 이용하여 빈 공간에 서포트 형상을 제작하여 상호 보완한 하이브리드 3D프린터가 있다.

① A : DMLS, B : CNC
② A : FDM, B : DP(Direct Print)
③ A : DP(Direct Print), B : 광경화
④ A : UC(Uitrasonic Consolidation), B : FDM

해설 A : UC(Uitrasonic Consolidation), B : FDM

64. 서로 다른 공정들을 복합화한 하이브리드 3D프린터의 구성 목적으로 가장 거리가 먼 것은?
① 여러 색상의 재료를 동시에 사용
② 절삭, 연삭 등 전혀 다른 가공 기술과의 복합화
③ 한 공정의 단점을 보완하기 위한 다른 공정을 추가
④ 기존의 3D 프린팅 공정으로는 불가능한 부품을 제작

해설 여러 색상의 재료를 동시에 사용은 불가능하다.

65. 로봇기반 하이브리드 3D프린터의 특징으로 틀린 것은?
① 유연성이 낮아 특정한 제품의 제조에만 활용이 가능하다.
② 로봇이 절삭 공구 등을 활용할 경우 후처리 등도 가능하다.
③ 로봇은 부품의 이송, 중간 조립 등 다양한 용도로 활용할 수 있다.
④ 툴 매거진(Tool magazine) 등을 이용하여 CNC 공작기계와 같이 헤드를 교환할 수 있다.

해설 로봇기반 하이브리드 3D프린터는 유연성이 높아 다양한 제품의 제조에 활용이 가능하다.

66. 하이브리드형 빌드 장치 설계 규격서 성능에 포함될 항목으로 가장 거리가 먼 것은?
① 최종 성형품에 대해서 정밀도, 속도 등에 대한 정보
② 표면 거칠기에 대한 정보
③ 절삭 가공시간에 대한 정보
④ 사용하는 툴의 수명시간

해설
① 사용하는 툴의 종류
② 위치 정밀도 및 반복 정밀도
③ 로봇의 회전 및 직선 이송축의 개수
④ 빌드 사이즈 정보

67. 하이브리드 3D프린터의 빌드 장치 설계 시 설계 규격서에 포함될 항목으로 가장 거리가 먼 것은?
① 이송 거리   ② 최대 토크
③ 예상 수명시간   ④ 최대 가공 속도

해설 툴 체인지 속도, 이송 거리, 최대 토크, 최대 가공 속도 외의 사양은 윤활유, 전압, 작업 환경, 유지 관리에 대한 정보로 포함한다.

68. 레이저광선의 특징으로 볼 수 없는 것은?
① 다색성이 뛰어나다.
② 위상이 고르고 간섭현상이 일어나기 쉽다.

정답 ▶ 63. ④ 64. ① 65. ① 66. ④ 67. ③ 68. ①

③ 퍼지지 않고 직진하며 집광성(集光性)이 좋다.
④ 에너지 밀도가 크다.

해설 단색성이 뛰어나다.

69. 다른 높은 에너지를 갖고 있는 원자나 분자에 충돌하면 이들도 동일한 성질의 광을 방출하게 되는 현상을 무엇이라 하는가?
① 여기상태　　② 자연방출
③ 유도방출　　④ 광의 증폭

해설 ① 여기상태 : 외부에서 에너지를 받으면 이들 원자나 분자는 더 높은 에너지를 갖고 운동을 하게 되는 상태
② 자연방출 : 얼마 되지 않아 여분의 에너지를 방출하여 원래의 에너지 상태로 돌아가 버린다. 이때 내보내진 여분의 에너지는 광이 되어 외부로 방출된다.
③ 유도방출 : 다른 높은 에너지를 갖고 있는 원자나 분자에 충돌하면 이들도 동일한 성질의 광을 방출하게 되는 현상
④ 광의 증폭 : 눈사태와 같은 현상적 상태를 유발시켜 강력한 광을 방출시키게 할 수 있다.

70. 레이저 특성으로 볼 수 없는 것은?
① 단색성에 우수하다.
② 지향성에 우수하다.
③ 직접성에 우수하다.
④ 고출력을 얻을 수 있다.

해설 간섭성에 우수하다.

71. 레이저에서 자유롭게 설계하거나 가변시킬 수 있는 것은?
① 광의 파장

② 광속(빔 직경)의 크기
③ 강도
④ 열 영향 층

72. 기체 레이저가 아닌 것은?
① 헬륨 네온 레이저
② 탄산가스 레이저
③ 탄소 레이저
④ 알곤 이온 레이저

해설 질소 레이저, 헬륨 카드뮴 레이저

73. 레이저의 장점으로 볼 수 없는 것은?
① 재료 표면의 일부분에 높은 파워 밀도를 만들 수 있기 때문에 레이저 빔을 흡수하는 재료는 어느 것이나 가공이 가능하다.
② 비접촉 가공으로 공구의 손실이 없고 시료의 손실도 적으며, 공구의 접근이 불가능한 곳에서도 가공이 가능하다.
③ 레이저의 집광상태 및 발진상태(연속발진, 펄스발진)의 제어, 보조 가스의 이용 등에 따라 제거, 부가, 접합, 재료 합성 등 다양한 가공을 할 수 있다.
④ 가공된 구멍 벽이 일반적으로 매끄럽고 구멍의 완성단면이 원형이며, 입구와 출구 사이가 테이퍼가 생기지 않는다.

해설 가공된 구멍 벽이 일반적으로 거칠고 구멍의 완성단면이 원형이 아니며, 입구와 출구 사이가 테이퍼 상태로 되기 쉽다.

정답 ▶ 69. ③　70. ③　71. ④　72. ③　73. ④

CHAPTER 02 구동 장치 개발

2.1 이송 장치 개발

1 이송 장치 이해

1. 이송 장치 구성

(1) 이송 장치는 3D프린터에서 빌드 장치 혹은 이와 관련된 장치를 이송하여 단면을 제작하거나 적층하는 공정에 사용이 되는 구성 요소이다.
(2) 기본적으로 동력 발생 장치, 동력 전달 장치, 직선 이송 가이드와 엔코더 등으로 구성된다.
(3) 조형 방식에 따라서 이송 장치의 수가 결정이 되며, 1개의 이송 장치는 일반적으로 1개의 이송 축을 형성한다.

2 구동 부품의 종류 및 선정

1. 동력 발생 장치

(1) 전기, 공압, 유압 등을 이용한 다양한 동력 발생 장치들이 있으나, 3D프린터에 적합한 동력 발생 장치는 전기 에너지를 운동 에너지로 바꾸는 전동기, 즉 전기 모터로 여겨진다.
(2) 대부분의 모터는 축의 회전에 따른 회전 운동을 하며, 기구학적인 동력 전달 장치와의 결합을 통해서 직선 운동으로 변환이 가능하며, 적절한 기어 비를 선정함에 따라서 가감속이 가능하다.

(3) 모터의 기본 원리는 자기장과 전류 흐름에 따른 힘의 발생을 이용하는 것으로 N극과 S극 사이에서 발생하는 자기장 내부에 위치한 도체에 전기가 흐르면 플레밍의 왼손 법칙(Fleming's left hand rule)에 따라서 전류 및 자기장의 수직 방향으로 생기는 힘을 이용하는 것이다.
(4) 플레밍의 왼손 법칙은 전동기의 원리로 전기를 이용하여 물리적인 회전(힘)을 만드는 법칙으로 엄지는 힘의 방향, 검지는 자기장의 방향, 중지는 전류의 방향으로 전자력의 방향을 알 수 있는 법칙이다.(플레밍의 오른손 법칙은 유도기전력의 방향을 알 수 있는 법칙)
(5) 플레밍의 왼손 법칙의 원리를 이용하여 영구 자석(혹은 고정자, Stator) 사이에 전기코일을 감은 전자석(회전자, Rotor)을 위치시키고 전기를 공급하여 회전자를 움직이게 한다.
(6) 모터의 회전력은 전류의 세기, 코일의 감긴 수 등에 비례한다.

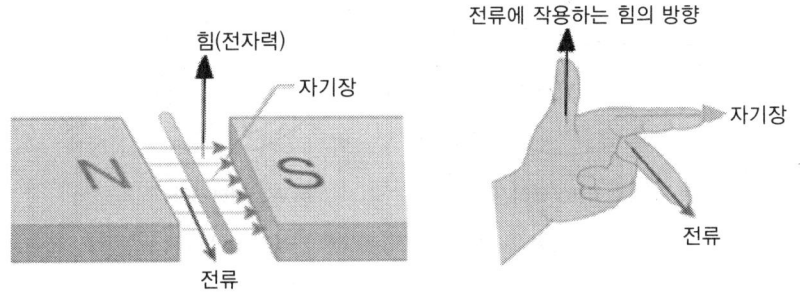

[그림 2-31] 플레밍의 왼손 법칙

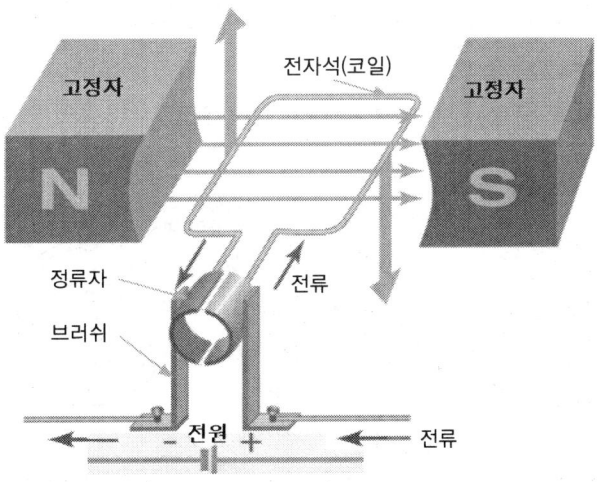

[그림 2-32] 모터의 회전 원리

1) 서보모터(Servo motor)

① 서보모터는 폐루프 제어(Closed loop control) 방식으로 위치 피드백을 통하여 정밀한 위치, 속도, 가속도 제어가 가능하다.

② 정확한 위치 측정이 가능한 엔코더(Encoder)가 필요하며, 동력 전달 장치와 직선 이송 가이드(Linear Motion guide, LM 가이드)를 이용하여 회전 운동을 직선 운동으로 변환한다.

③ 주로 로봇이나 공작 기계 등에서 많이 사용되며, 큰 이송력이 필요할 경우에 많이 사용된다.

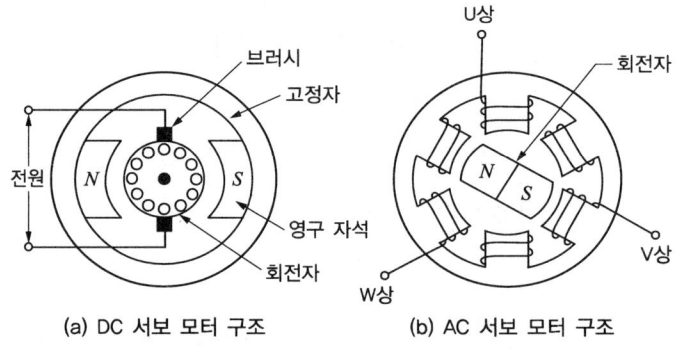

[그림 2-33] 스테핑 모터의 여자 방식

2) 스테핑 모터(Stepping motor)

① 스테핑 모터는 오픈 루프 제어(Open loop control) 방식으로 위치 피드백이 없다.

② 한 번의 전기 신호(Pulse) 입력으로 매우 작은 각도로 회전하는 스텝(Step) 운동을 한다.

③ 연속적으로 전기 신호를 여러 번 보냄으로써 원하는 만큼의 회전량을 만들어 낸다.

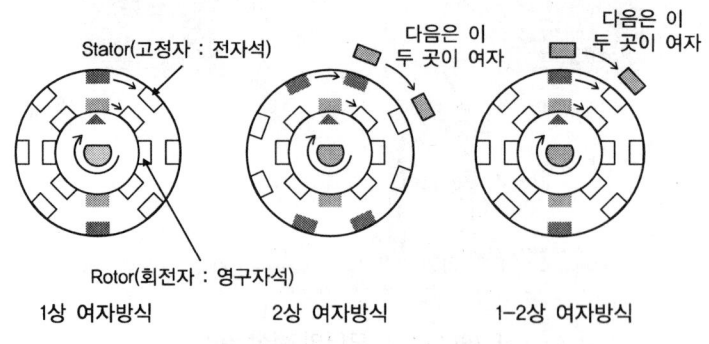

[그림 2-34] 스테핑 모터의 여자 방식(PM형)

④ 회전 운동을 직선 운동으로 변환하기 위해서 서보모터와 마찬가지로 동력 전달 장치와 LM(Linear Motion) 가이드가 필요하다.
⑤ 비교적 작은 이송력이 필요할 경우에 많이 사용된다.
⑥ 제어가 비교적 간단하며 분해능이 높고 정회전 및 역회전이 용이하다.
⑦ 저가형의 3D프린터에 많이 사용이 된다.

3) 선형 모터(Linear motor)
① 고정자와 회전자가 원통 형상이 아닌 평면 형상이다.
② 고정자와 회전자를 서로 평행한 평면으로 구성을 하고 전류를 흘러 보냄으로써 구동을 하게 된다.
③ 일반적인 원형 모터와는 달리 전기 신호를 통해서 곧바로 직선 운동이 가능하며, LM 가이드만을 필요로 한다.
④ 원형 모터에 비해서 비교적 고가이지만 대형 이송 장치에 많이 사용이 되며, 백래쉬(Backlash)가 없기 때문에 고정밀 제어가 가능하다.

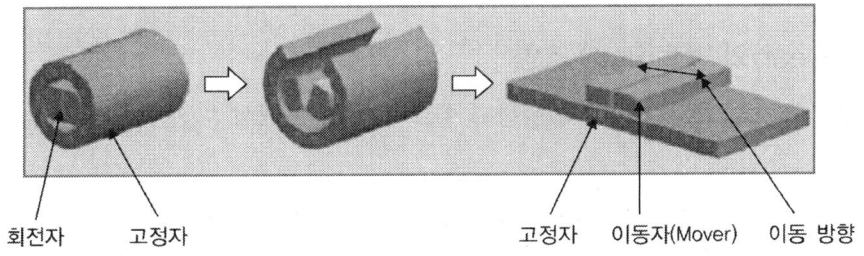

[그림 2-35] 선형 모터 개념도

2. 동력 전달 장치

(1) 선형 모터를 제외한 대부분의 모터는 전기 에너지에 의해서 회전자의 회전에 따른 원형 운동을 한다.
(2) 3D프린터의 대부분의 구동 장치는 직선 운동을 필요로 한다.
(3) 원형 운동을 직선 운동으로 변환은 동력 전달 장치로 구현된다.
(4) 3D프린터에서 주로 많이 쓰이는 동력 전달 장치는 볼 스크루(Ball screw)와 기어(Gear), 벨트(Belt)로 구성된다.

1) 볼 스크루(Ball screw)

① 볼 스크루는 나선형 홈이 파진 긴축이며, 이에 대응하는 고정 측 너트 사이에 강구로 볼 베어링(Ball bearing)을 삽입하여 구름 접촉을 통한 부드러운 이송을 구현한다.
② 모터의 회전축과 볼 스크루는 직접 연결이 되어있으며, 강구를 포함한 너트 측과 이송 판이 서로 부착이 되어있다.
③ 모터의 회전이 볼 베어링 접촉을 통한 너트 측의 직선 이송을 구현한다.
④ 주로 높은 하중을 비교적 낮은 마찰로써 이송하고자 할 때 사용이 된다.

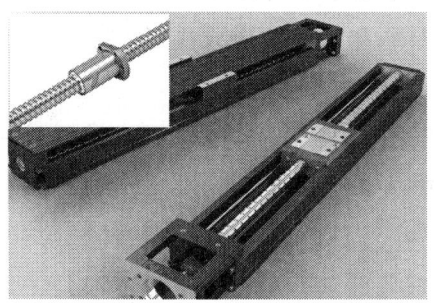

[그림 2-36] 볼 스크루 및 이송판

2) 기어(Gear)와 벨트(Belt) 조합

① 모터의 회전축에 기어를 결합하고 벨트 체결을 통해서 회전 운동을 직선 운동으로 전환할 수 있다.
② 비교적 간단하며 작은 이송력을 필요로 할 경우에 많이 사용된다.
③ 기어 비와 모터 축의 회전 속도에 따라서 직선 이송속도를 조절할 수 있다.
④ 주로 저가형의 3D프린터에 많이 사용이 된다.

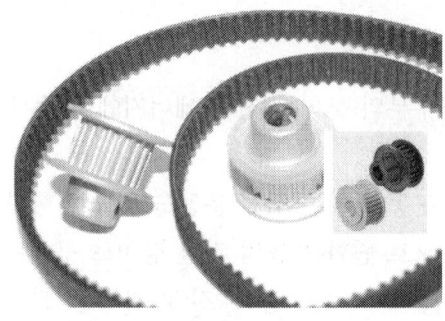

[그림 2-37] 기어와 벨트 조합

3. 직선 이송(LM; Linear Motion) 가이드

(1) 모터로부터 발생하는 동력으로 정밀 직선 이송을 구현하기 위해서 원형 혹은 다각형 단면의 직선 가이드가 사용된다.
(2) 가이드는 정확한 직선 이송뿐만 아니라, 이송 대상의 하중을 지탱하는 역할도 동시에 수행한다.
(3) 부드러운 이송을 위하여 볼 베어링을 사용하는 경우가 많으나, 저가형의 경우에는 베어링 없이 주로 원형 가이드만을 사용한 직접 접촉방식을 사용한다.

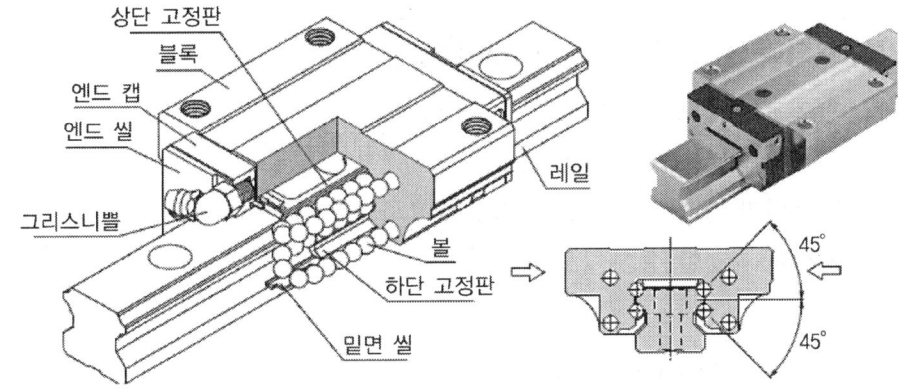

[그림 2-38] 다각형 LM 가이드

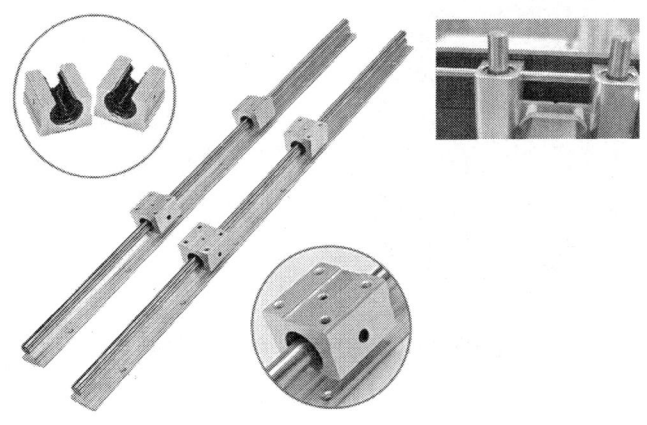

[그림 2-39] 원형 LM 가이드

4. 엔코더(Encoder)

(1) 엔코더는 이송 장치의 위치를 인식하기 위하여 사용되며, 위치 검출 방식에 따라서 기계식(Mechanical), 광학식(Optical), 자기식(Magnetic), 정전 용량식(Capacitive) 등이 있다.
(2) 현재 위치에서의 상대적인 위치 인식만이 가능한 증분형(Incremental) 방식과 절대 위치(Absolute) 방식이 있다.
(3) 모터 축의 회전 운동을 검출하기 위한 로터리(Rotary) 엔코더와 직선 운동을 검출하기 위한 선형(Linear) 엔코더가 있다.

1) 광학식 로터리 엔코더(Rotary encoder)

① 로터리 엔코더는 모터의 회전축과 연결되어 있으며, 모터의 회전량을 광학, 자장, 정전 용량 등의 방식으로 측정한다.
② 광학식 로터리 엔코더는 A, B, C의 슬릿으로부터 검출된 LED 광의 신호를 인식하여 그 회전량을 측정할 수 있다.

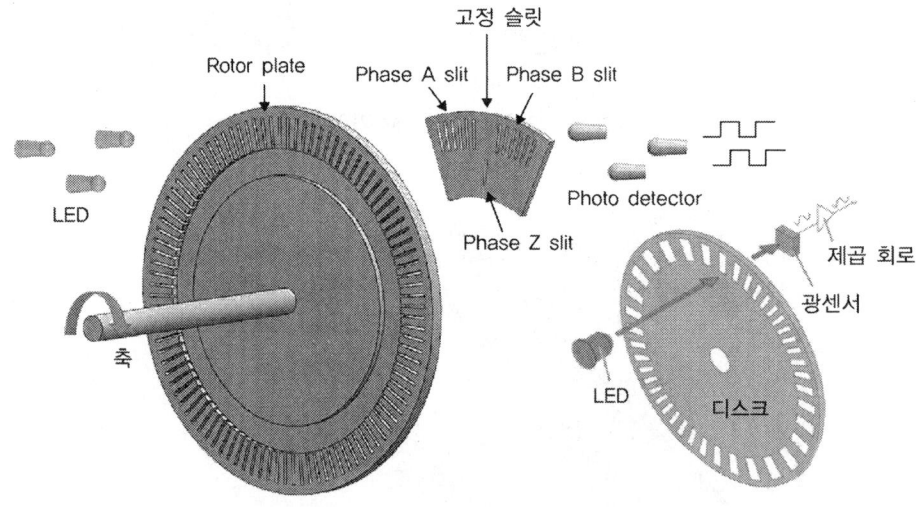

[그림 2-40] 광학식 로터리 엔코더

2) 선형 엔코더(Linear encoder)

① 선형 엔코더는 이송 방향으로 이송축의 커버 등의 외부 구조물에 주로 부착이 되어있는 매우 미세한 자(Scale)를 광학, 자기, 정전 용량 등의 방식으로 읽어 낸다.

② 보통 모터와 같이 설치되는 로터리 엔코더와는 달리 이송 축에 설치가 되기 때문에 상대적으로 부피가 작아지는 장점이 있다.

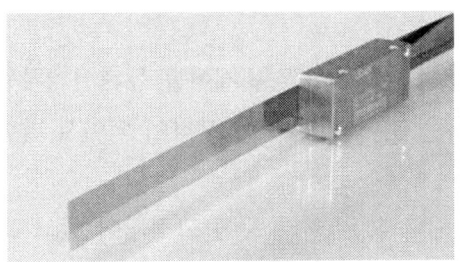

[그림 1-41] 선형 엔코더

5. 센서(Sensor)

(1) 절대 좌표를 읽을 수 없는 엔코더의 경우 이송 장치의 시작 위치를 세팅하기 위해서 홈 센서(Home sensor)를 사용한다.
(2) 가공이 시작되면 제일 먼저 이송 장치는 홈센서로 이동하여 모든 좌표를 초기화하고 난 다음에 입력 좌표값대로 이동하게 되며, 초기 좌표는 주로 좌표값은 '0'을 갖게 된다.
(3) 이송 축의 역방향 이송, 즉 -방향으로 이송을 하여 홈센서에 의해서 이송 장치가 검출이 되고, 그 위치 혹은 정방향으로 일정 위치를 이동하여 홈 위치를 세팅하게 된다.
(4) 많이 쓰이는 센서로는 정전류, 자계, 광학식 근접 스위치 등이 있다.
(5) 광학식, 자기식, 정전 용량식 등의 다양한 센서의 사용이 가능하다.

6. 조형 방식에 따른 이송 장치

(1) 조형 방식에 따라서 이송 장치의 축의 개수가 최소 1개에서 여러 개로 이루어질 수 있다.
(2) 동일한 조형 방식일지라도 어떤 방식으로 설계하느냐에 따라서 이송 장치의 구성 및 그 수가 달라질 수 있다.
(3) 대부분 X, Y, Z 좌표를 이용하는 Cartesian 좌표계를 이용하며, XY는 평면을 나타내며, Z축은 수직 방향을 나타낸다.
(4) XY축은 대부분은 1개의 층을 가공하는 데 사용이 되며, Z축은 적층을 위해서 사용이 된다.
(5) 공정에 따라서 추가의 이송 장치가 사용이 되어 재료의 공급, 공급된 재료의 평탄화 등에 사용이 된다.

1) XY축 동시 제어

① 토출(Extrusion) 혹은 박판 가공(Sheet lamination) 방식의 경우 XY 동시 2축 이송이 필요하다.
② 토출 방식에서는 토출 헤더가 XY축 제어를 통해서 2차원 단면을 생성하며, 박판 가공에서는 레이저 혹은 커터가 XY축에 부착이 되어서 박판을 2차원 단면 형상으로 제단을 한다.
③ 위와 반대로 토출 헤더 혹은 커터 등이 고정되어 있고 조형판(Build plate)이 XY축에 부착이 되어서 2차원 단면을 생성할 수도 있다.
④ 단면 가공이 끝난 다음에는 적층을 위하여 Z축이 이송하게 되며, 따라서 XY축과 Z축이 동시에 이송할 필요가 없다.

2) XY축 개별 제어

① 제팅(Jetting) 방식의 경우 XY 2축이 필요하나, 한 번에 하나의 축만 이동하여 동시 제어가 필요 없으므로 일반적인 종이용 잉크젯 프린팅과 비슷한 방식이다.
② 한꺼번에 여러 개의 노즐로부터 재료가 분사되기 때문에 1축(X축)의 이송으로 비교적 넓은 면적을 프린팅 한다.
③ 다른 축(Y축)이 다음 위치로 헤드를 이송하여 다시 X축 방향으로 재료를 분사하면서 단면 가공을 하게 된다.
④ 단면 가공이 끝나고 난 다음, 다음 층 가공을 위하여 Z축이 이송이 되며, X, Y, Z축이 개별적으로 제어할 수 있다.
⑤ 다중 노즐을 이용하는 방식은 대부분 각 축의 개별 제어로 단면이 형성이 된다.

3) XZ축 이송 방식

① 선택적 소결 방식(Selective Laser Sinterning, SLS)에서는 주로 적외선 레이저를 주사 미러를 통하여 고분자 분말 위에 주사하면서 분말을 소결, 용융하는 방식이다.
② 단면 가공 시에 XY축이 불필요하다. 하지만, 주사 미러가 아니라 XY축을 이용하여 레이저 주사를 수행할 수 있으며 XY축 동시 제어가 필요하다.
③ 새로운 층의 가공을 위해서 고분자 분말 재료가 공급되어야 하는데 추가적으로 XZ축이 필요하다.
④ 재료 공급부의 피스톤이 Z축으로 상승을 하여 필요한 양만큼의 분말을 기준표면 이

상으로 밀어 올리고, X축은 롤러 혹은 블레이드가 부착이 되어 상승한 재료를 재료 가공부로 이송을 시킨다.
⑤ 재료 공급 공정 이전에 가공부의 피스톤은 Z축 방향으로 하강을 하여 새로운 재료가 공급이 가능하게 빈 공간을 형성되며, 최소 2개의 Z축과 1개의 X축이 필요하다.
⑥ 재료 저장부가 빌드부의 양쪽에 위치할 경우에는 3개의 Z축이 필요하게 된다.
⑦ 재료를 공급하는 롤러 장치는 보통 회전을 하면서 이송을 하며, 1개의 회전축이 더 필요하게 된다.
⑧ 롤러의 이송 및 회전은 동시에 제어를 하지만, 그 외 다른 이송 장치는 개별적으로 제어가 가능하다.

4) Z축 이송 방식

① 광조형(Stereolithography) 혹은 수조 광경화(Vat photopolymerization)에서는 주로 자외선 레이저 빔이 주사 미러를 통해서 액사의 재료 표면을 경화하는 방식이다.
② 단면 가공 시에는 이송 장치가 필요 없다.
③ SLS 방식과 마찬가지로 레이저를 XY축에 부착을 해서 주사를 하는 경우에는 XY축 동시 제어가 필요하다.
④ 각 층의 제작이 완료된 다음에 다음 층의 제작을 위해서 이송 시 Z축이 필요하다.
⑤ 상부 조형 방식에서는 SLS 방식과 유사하게, 재료의 공급 및 표면의 평탄화를 위해서 재료 리코터(Recoater)가 필요하며 1개의 X축이 추가적으로 필요하게 된다.
⑥ 하부 조형 방식에서는 재료의 자중에 의해서 재료가 이동이 되어 새로운 재료 층을 형성하기 때문에 추가의 이송 장치가 불필요하다.

7. 이송 장치 부품 선정 시 고려 사항

이송 장치의 구성 요소에 해당하는 부품을 선정할 시에 몇 가지 고려해야 할 사항들이 있다. 이송 장치는 3D프린터의 가공 정밀도, 가공품의 치수 정밀도에 직접적인 영향을 미치기 때문에 이러한 고려 사항들을 잘 반영하여 부품을 선정하도록 해야 한다. 이러한 고려 사항들에는 이송 분해능, 이송 정밀도, 반복 정밀도, 이송속도, 이송 하중 등이 있다.

1) 이송 분해능(Resolution)

① 이송 분해능은 한 번의 단위 신호로 움직일 수 있는 최소 이송 거리를 의미하며, 해상

도라고도 한다.
② 이송 분해능은 이송 장비에 있어 매우 중요한 성능에 해당한다.
③ 분해능이 높을수록 고가이며, 정밀 이송을 할 수 있다.
④ 이송 장치는 분해능만큼의 입력 신호를 줄 수 있다.
⑤ 이송 분해능과 같이 중요한 성능이 이송 정밀도와 반복 정밀도이다.
⑥ 실제 위치에는 항상 오차가 존재하기 때문에 분해능 및 이송 정밀도와 반복 정밀도를 동시에 고려해서 성능을 판단해야 한다.

2) 이송 정밀도(precision)

① 이송 정밀도는 특정 거리 이동에 대한 명령, 즉 입력 신호가 들어왔을 때 실제 이동된 위치와 입력 위치 사이의 오차를 의미한다.
② 이송 정밀도는 보통 이송 거리당 오차량으로 표시한다. 예를 들면, ±100 μm / 300mm는 300mm 이송하였을 경우, ±100 μm의 오차 범위 내에서 이동하는 것을 의미하며 299.9mm ~ 300.1mm 사이에 항상 위치하게 된다.
③ 제어기의 성능, 축 및 가이드의 직진도 등에 의해서 영향을 받으며 보통 이송 거리에 비례하여 오차값이 증가한다.
④ 3D프린터를 선정할 시에 필요 이상의 긴 축 및 높은 정밀도로 설계할 경우 비용 문제가 발생한다.

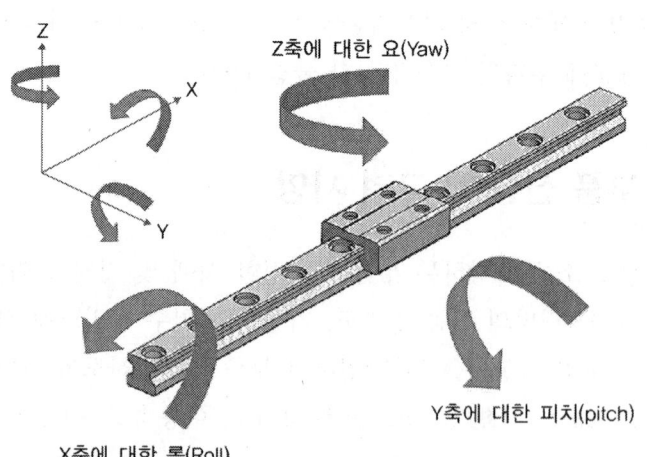

[그림 1-42] 이송 정밀도에 영향을 미치는 인자

⑤ 이송 정밀도를 결정하는 요소는 X축에 대한 롤(Roll), Y축에 대한 피치(Pitch), Z축에 대한 요(Yaw) 등의 축에 대한 뒤틀림 각이 있다.
⑥ 정밀도가 높을수록 원하는 위치에 이송 장치가 이동할 확률이 높아지게 된다.

3) 반복 정밀도(Accuracy)

① 반복 정밀도는 일정한 두 위치를 반복적으로 이동하였을 때 위치 간에 발생하는 오차의 최대치이다.
② 반복 정밀도가 높은 것은 비록 원하는 위치와는 오차가 있지만 연속적으로 비슷한 크기의 오차를 가진다.
③ 반복 정밀도가 높을수록 고품질의 제품을 프린팅할 수 있으나, 고가의 이송 장치가 필요하다.
④ 반복 정밀도는 단반향 반복 정밀도(Unidirectional repeatability)와 양방향 반복 정밀도(Bidirectioinal repeatibility)로 구분된다.
⑤ 3D프린터는 XY축상에서 끊임없이 양방향으로 이송을 하므로 양방향 반복 정밀도를 고려해야 한다.
⑥ Z축은 가공이 끝날 때까지 주로 상승 혹은 하강만 하기 때문에 단방향 반복 정밀도를 고려할 수 있다.
⑦ 경우에 따라서는 각 층 가공 시 상승, 하강 이송을 동시에 수행함이 필요한 공정도 있기 때문에 이 경우에는 양방향 반복 정밀도가 중요하다.
⑧ 적층 두께는 제품의 치수 정밀에 직접적인 영향을 미치기 때문에 원하는 적층 두께 대비 우수한 정밀도를 가진 Z축을 사용해야 한다.

정밀도 낮음
반복 정밀도 낮음

정밀도 낮음
반복 정밀도 높음

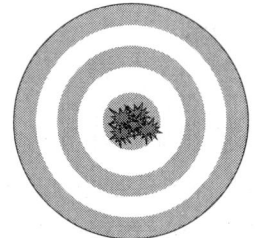
정밀도 높음
반복 정밀도 높음

[그림 2-43] 정밀도와 반복 정밀도

4) 백래쉬(Backlash)

① 백래쉬는 두 물체가 맞물려서 돌아갈 때 맞물리는 부분에 발생하는 공간 혹은 이러한 공간으로 인해서 방향 전환 시 이송이 이루어지지 않는 현상을 말한다.
② 볼 스크루에서는 볼과 나선형 홈 사이의 간격으로 인해서 백래쉬가 발생하며 기어와 벨트에서는 양쪽의 기어들이 맞물리는 부분에서 발생한다.

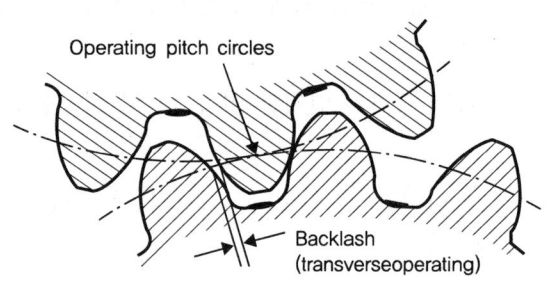

③ 백래쉬는 많은 기계 장비에서 존재하며, 일정한 크기로 일관성 있게 발생할 경우에는 제어가 용이하다.
④ 백래쉬는 이송 정밀도 및 반복 정밀도에 영향을 미치므로 장비 설계 시에 요구되는 정밀도에 부합하게 백래쉬 사양이 정해져야 한다.

[그림 2-44] 볼 스크루에서의 백래쉬

5) 이송속도

① 이송속도는 3D프린터의 성능에서 효율성을 좌우하는 중요한 요소이다.
② 높은 이송속도는 빠른 가공이 가능하여 전체적으로 조형 시간이 단축된다.
③ 높은 이송속도는 고가의 제어기가 필요하거나, 성능 이상의 속도에서는 탈조 현상이 발생하여 제대로 된 이송이 이루어지지 않게 된다.
④ 탈조 현상은 입력 전압의 오류, 벨트 장력의 저하가 있을 때 주로 발생한다.
⑤ 스테핑 모터는 주로 저속 고정밀 이송에 맞게 개발되어 있어 고속 이송에는 맞지 않다.
⑥ 3D프린터의 속도 성능을 결정지을 때 모터의 사양을 기초로 하여 결정해야 한다.

6) 이송 하중

① 이송 하중은 주로 Z축에서 많이 고려되어 있다.
② 빌드 플레이트를 Z축으로 구동할 경우 빌드 플레이트 및 구조물의 하중으로 인하여 이송 정밀도에 영향을 미치게 된다.
③ 상대적으로 XY축 이송에 있어서는 하중 대비 수직 방향으로 이동하기 때문에 영향을 덜 받게 된다.
④ 3D프린터를 설계할 때는 최대 이송 하중에 대해서 XY축과 Z축으로 나눠서 고려해야 한다.

⑤ 이송 가능 하중이 크면 클수록 고가의 이송 장치가 필요하다.
⑥ 이송 장치의 구성에 따라서 비교적 작은 이송 하중이 요구될 수도 있다.
⑦ 비교적 무게가 가벼운 것으로 알려진 헤드를 XYZ 이송 축에 부착을 하고 구조물을 포함하는 조형 받침대를 고정할 수 있게 설계하면 축에 대한 프린팅 구조물의 하중을 고려할 필요가 없다.

3 동작해석 프로그램의 이해

1. 이송 장치 설계

이송 장치의 각 부품이 정해지면 사양을 바탕으로 3차원 모델링 소프트웨어를 이용하여 이송 장치를 부품별로 설계하여 조립한다. 고정부와 이동부에 대한 구속조건을 부여하여 실제 이송과 같은 시뮬레이션을 수행하면서 발생 가능한 오류에 대해서 미리 검증을 한다.

2. 기구학 해석

각 이송 장치의 속도, 이송 하중 등을 입력하고 기구학 해석 프로그램을 이용하여 가공 헤드에 대한 위치, 속도, 가속도 시뮬레이션을 수행한다. 부품간의 간섭, 가공 속도 및 가공 오차 등을 시뮬레이션해 볼 수 있다. 또한 실제 하중을 고려한 각 부품의 휨 정도 및 이에 따른 가공 오차에 대한 시뮬레이션도 수행할 수 있다.

2.2 수평인식장치 개발

1 자동수평방식의 이해

1. 수평 인식 방법

(1) SLA, FDM, 제팅 방식 등의 3D프린터에서 조형물은 조형 받침대에 부착이 되어 제작된다.

(2) 가공 시작 전에 이러한 조형 받침대의 수평을 맞춤으로써 가공 중에 발생할 수 있는 가공 오류를 미리 제거할 수 있다.
(3) 수평을 맞추는 방법은 주로 조형 받침대 위의 여러 위치에서 미리 장착된 센서에서 읽힌 거리값을 이용하는 것으로 수평을 맞추고자 하는 평면에 존재하는 최소 세 위치에서 거리를 측정하여 그 오차값으로 수평 여부를 판단한다.
(4) 접촉식은 측정 프로브(Probe)가 피측정물과의 접촉 시에 발생하는 변화를 감지하는 센서를 이용하거나 직접 눈금을 읽는 방식이다.
(5) 비접촉식은 물리적인 접촉 없이 센서와 피측정물 사이의 다양한 전자기 신호 혹은 음파 신호의 변화를 감지함으로써 거리를 측정할 수 있는 방식이다.

2. 접촉식 변위 측정

(1) 접촉식 측정은 그 사용이 간편하며 직관적이다.
(2) 측정 프로브가 항상 피측정물과 접촉을 해야 한다.
(3) 피측정물의 재질 및 형상의 복잡도에 따라서 적용이 불가능할 수도 있다.

1) 선형 가변 변위 변환기(LVDT; Linear Variable Differential Transformer)

① 3개의 솔레노이드 코일과 원형의 막대 자석을 이용하여 튜브 내에서 자석이 이동하면서 발생시킨 전기 신호의 변화를 통해서 거리를 측정하는 방식이다.
② 피측정물에 측정프로브가 직접 닿으며, 프로브와 연결된 튜브 내부 자석이 프로브의 접촉으로 인해서 움직이게 된다.
③ 자석의 움직임은 솔레노이드 코일과 자석 사이에서 유도 전류를 발생시킨다.
④ 비교적 정밀도가 높으며 반복 정밀도 및 재현성이 매우 우수하다.
⑤ 자동차, 항공기, 로봇 분야에서 위치 센서로 많이 사용되고 있다.
⑥ 3차원 프린팅의 수평 인식을 위한 위치 측정에 사용 가능하다.

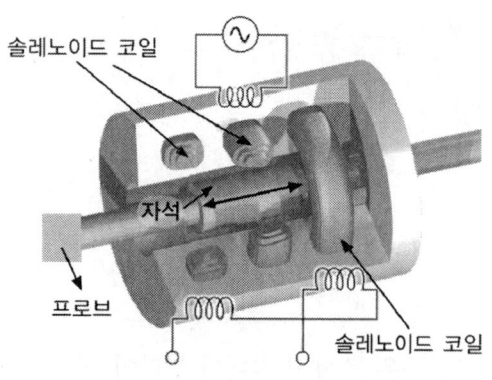

[그림 2-45] LVDT 센서 개념도

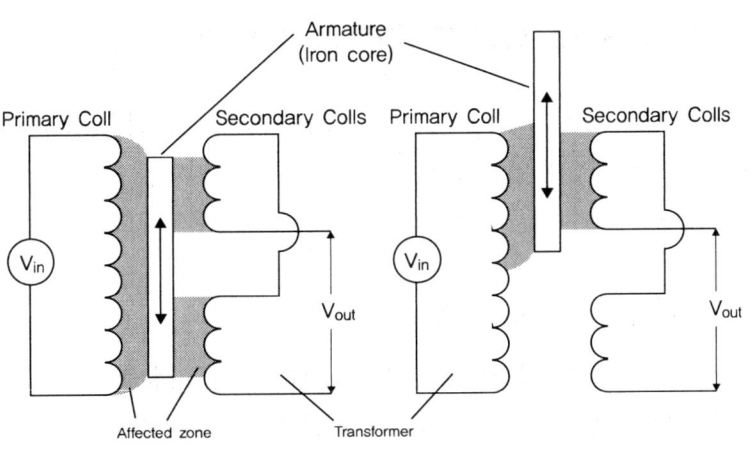

[그림 2-46] LVDT 센서 원리의 개념도

2) 마이크로미터(Micrometer)

수동으로 스핀들을 회전시켜 측정 프로브와 피측정물과의 접촉을 통해서 어미자와 아들자의 눈금을 읽는 방식이다. 이는 길이, 외경, 내경, 깊이 등의 측정에는 우수하며 매우 직관적이나, 3차원 프린팅 장비에 사용하기에는 수동 조작 및 눈금을 눈으로 직접 읽어야 하기 때문에 부적합하다.

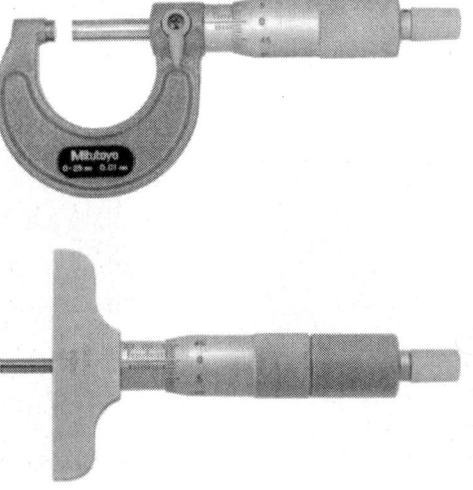

[그림 2-47] 외경 및 깊이 마이크로미터

3. 공정별 빌드 장치와 조형 받침대의 수평 맞추기

3차원 프린팅은 기본적으로 한 층씩 제작 및 적층을 해서 최종적으로 3차원 형상을 제작하는 공정으로, 각 층의 제작에 있어서 치수 정밀도가 보장되어야 한다. 이를 위해서는 빌드 장치와 조형 받침대가 모든 가공 영역에서 수평을 이뤄야 한다.

1) 광조형(Stereolithography, SLA) 방식

① 광조형 방식은 액상의 광경화성 수지를 컨테이너에 저장을 하고 수직으로 이동하는 Z축에 부착된 플랫폼(조형 받침대) 위에 광경화성 수지를 각 층의 형상에 따라서 경화시키고 적층하여 최종적으로 3차원 구조물을 형성시키는 방법이다.

② 초기의 여러 층은 지지대(Support)만을 제작하여 조형 받침대의 수평과 관계없이 제작된 지지대는 수평을 이루게 되며 조형 받침대를 직접적으로 수평으로 맞추는 공정이 없다.

③ 설치된 조형 받침대가 레이저 주사 장치 대비 수평이 어긋났다고 하여도, 수십 층의 지지대를 형성함으로써 이러한 어긋난 수평이 상쇄가 되고 자동 보정이 이루어진다.

④ 지지대가 모두 제작이 되고 본 모델이 제작되는 과정에서도 별도의 수평 맞춤 공정이 필요 없다. 광경화성 수지는 점도가 있는 액상 재료이며, 각 층을 제작하고 난 다음 새로운 층을 제작하기 위해서 Z축이 하강하고 리코팅 공정으로 리코터가 재료의 표면을 평탄하게 하며, 일정 시간이 지나면 재료의 자중으로 인해서 재료 표면이 자동으로 수평이 맞춰지기 때문이다.

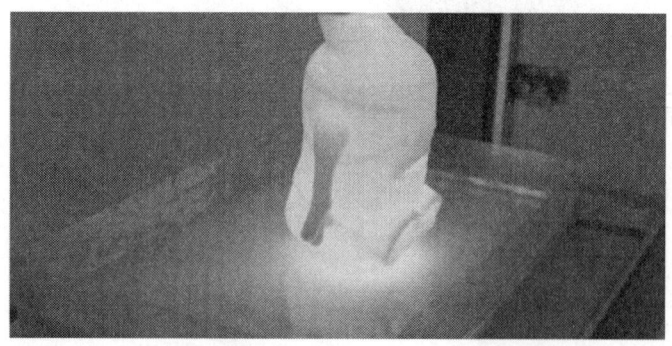

[그림 2-48] 광조형 방식의 조형 받침대(플랫폼)

2) 선택적 소결(SLS; Selective Laser Sintering) 방식

① 선택적 소결 방식은 고분자 분말 재료를 중앙 빌드 챔버에서 제작을 하고 양쪽 챔버에서 보급된 재료를 롤러를 이용하여 중앙의 빌드 챔버로 공급하는 방식을 취하고 있다.
② 적외선 레이저로 재료를 소결 혹은 용융시키면서 적층을 하게 된다.
③ SLS 방식은 별도의 지지대가 필요없으며 가공되지 않은 분말이 지지대 역할을 수행한다.
④ 별도의 조형 받침대가 존재하지 않으며, 대신 적층 공정을 위하여 재료 가공부를 하강시키기 위한 금속 기판이 Z축 피스톤과 연결되어 있다.
⑤ 재료의 수평은 롤러에 의해서 맞춰지므로 별도의 수평 맞춤 공정이 필요가 없다.
⑥ SLS 방식은 금속 분말을 이용할 경우에는 고분자 분말을 사용할 때보다 훨씬 높은 온도의 레이저 빔을 사용한다.
⑦ 성형품에서 가공 전후의 온도차가 매우 심하며, 이로 인해서 성형품의 뒤틀림 현상이 발생할 때는 조형 받침대를 사용하고 지지대를 제작하기도 한다.

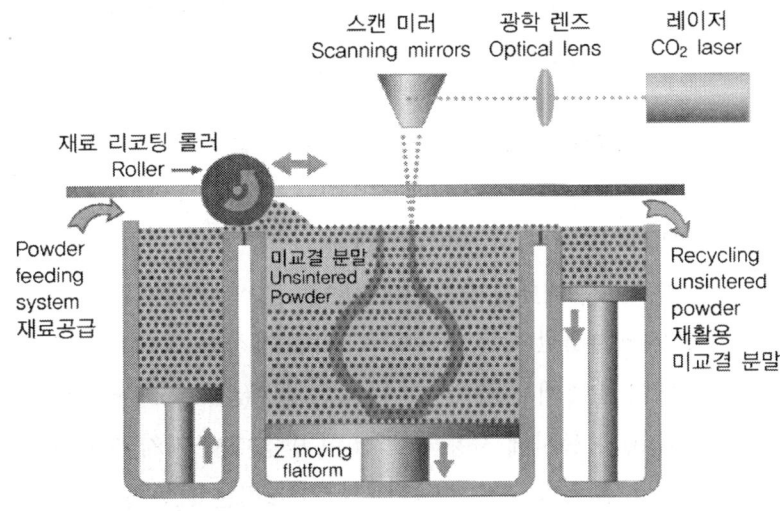

[그림 2-49] 선택적 소결 방식(조형 받침대 없음)

3) 제팅(Jetting) 방식

① 제팅 공정은 초기 지지 재료로 일정 높이를 먼저 성형하고 난 다음에 모델을 제작한다.
② 일반적으로 제팅헤드와 조형 받침대 사이의 거리가 멀지 않아, 수평이 맞지 않아 불균일한 높이의 지지 재료가 성형이 되면 헤드와 조형물이 부딪힐 가능성이 있다.

③ 광조형 및 선택적 소결 방식과는 달리 조형 받침대가 정밀하게 평형을 이루어야 한다. [그림 2-50]의 사진은 실제 상용 제팅 방식의 장비를 나타내며 조형 받침대와 제팅 헤드를 보여 주고 있다.

[그림 2-50] XYZ축으로 이루어진 토출 공정

4) FDM(Fused Deposition Modeling) 방식

① FDM 방식은 열가소성 재료를 용융점 이상의 노즐에서 녹여 필라멘트 형태로 토출하여 2차원 단면을 제작하고 이를 적층하여 3차원 형상을 제작하는 방식이다.
② 일반적으로 2개의 노즐이 사용이 되어 지지 재료(Support material)와 모델 재료(Model material)가 동시에 사용되며, 조형 받침대에 지지 재료가 먼저 가공된다.
③ 재료가 토출되는 노즐팁과 조형 받침대 사이의 거리는 보통 팁의 직경과 유사하기 때문에 100~300마이크론 정도의 갭(Gap)을 가지게 된다.
④ 수평이 제대로 이루어지지 않을 경우, 노즐팁이 조형 받침대에 부딪히거나 필라멘트가 받침대에 부착이 안 될 수도 있으므로 정밀한 수평 제어가 필요하다.
⑤ 대부분의 저가형 장비는 FDM 방식을 취하여 거리 센서가 부착되어 있다.
⑥ 거리 센서를 이용하여 조형 받침대의 세 군데 이상의 위치를 자동 혹은 수동으로 지정을 하고 각 위치에서 거리를 측정한다.

⑦ 측정값들을 바탕으로 수평 여부를 판단하고 수동 혹은 자동으로 수평을 수동으로 조절한다.

[그림 2-51] FDM 방식에서의 수평

3. 자동 수평 인식 장치의 이해

자동 수평 인식 장치는 적절한 센서와 조형 받침대의 조합으로 이루어진다. 자동 수평을 위해서는 최소 세 지점에 대해서 거리를 측정하여 수평을 맞춘다. 빌드 전 영역에 대한 수평을 이루기 위해서 가능한 한 넓은 공간에서 세 지점을 선택해야 한다.

1) 접촉식 수동 수평 인식

① 다이얼 높이 게이지(Dial height gauge)를 이용하여 조형 받침대와 토출 헤드 사이의 거리를 측정할 수 있다.
② 최소 세 지점에 대한 수행이 필요하며, 높은 수준의 수평을 맞추기 위해서는 더 많은 위치에서의 측정이 필요하다.
③ 각 점에서의 측정 오차가 허용 공차(Tolerance) 내에 들어올 때까지 수평 받침대의 높이를 조절하면서 수평을 맞춰 나간다.
④ 수평 받침대를 XY 평면에 놓여있다면, 보통 하나의 축에 대해서 먼저 수평을 맞추고 난 다음에 다른 축에 대해서 수평을 맞추는 것이 용이하다.

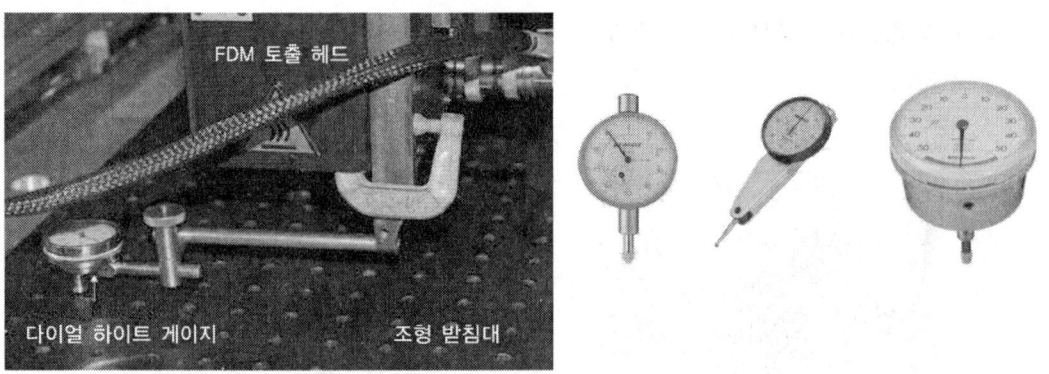

[그림 2-52] FDM 장비에서의 접촉식 수동 수평 맞추기 예

2) 비접촉식 수동 수평 인식

① 비접촉식 수평 인식은 빌드 장치 부근 혹은 빌드 장치가 연결된 동일한 축상에 설치가 된 센서에서 조형 받침대까지의 거리를 측정한다.
② 조형 받침대의 높이를 각 위치에서 조절하여 그 오차값을 줄임으로써 수평을 맞춘다.
③ 비접촉식 인덕턴스 센서를 이용하여 총 네 개의 지점에서 조형 받침대까지의 거리를 측정하여 수평을 맞춘다.
④ 미리 프로그래밍된 위치에서 거리를 측정하고 그 오차값을 사용자에게 알려 주고 조형 받침대를 수동으로 틸트(Tilt)한다.
⑤ 세 점 혹은 네 점을 이용한 위치 인식은 그 오차가 허용 공차 안에 들어갈 때까지 반복 수행한다.

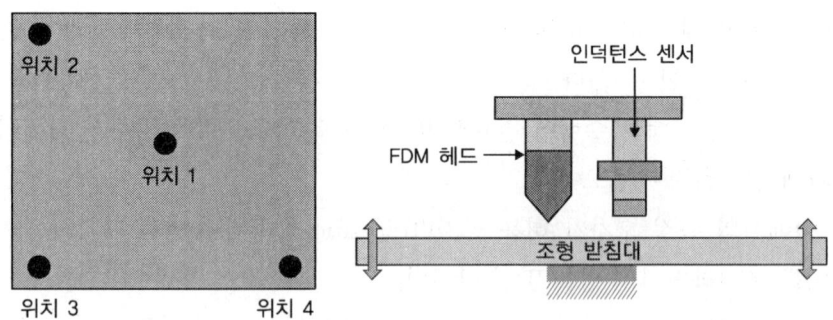

[그림 2-53] FDM 장비에서의 비접촉식 수동 수평 맞추기 예

3) 자동 수평 맞춤 장치

① 수평 인식 장치로부터 수평 여부를 판별하고 수평이 이루어지지 않았을 때는 조형 받침대를 수평으로 맞춰야 한다.
② 조형 받침대는 최소 세 점 이상 빌드 방향으로 미소하게 이송할 수 있는 장치가 구비되어야 한다.
③ 피치가 작은 스크루(Screw)를 사용하거나 마이크로미터를 사용할 수 있다.
④ 자동으로 맞추기 위해서는 모터가 장착된 액추에이터를 사용해야 한다.
⑤ 조형 받침대는 하부 지지대와 연결이 된 스프링이나 조인트 등으로 분리가 되지 않게 한다.
⑥ 각 액추에이터의 스크루를 회전하여 조형 받침대를 스크루 끝단에 부착된 볼이 밀어 올리거나 반대로 작동하여 XY 평면에서 수평을 맞출 수 있다.

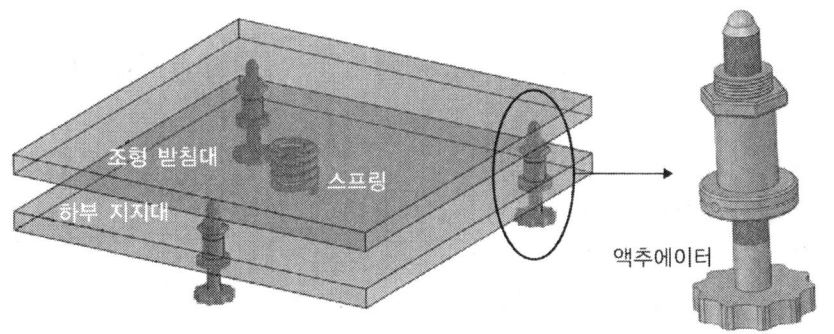

[그림 2-54] 수동 액추에이터를 이용한 수평 맞춤 장치

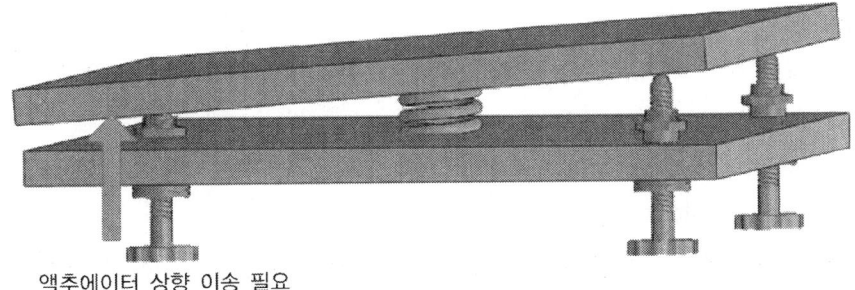

[그림 2-55] 수평이 맞지 않은 조형 받침대

4) 자동 수평 인식 장치 테스트

전체 조형 받침대를 이용하여 비교적 넓은 면적의 구조물 혹은 배열 형태의 동일한 형상을 하나 혹은 둘 이상 층을 가공하여 제대로 형상이 제작이 되었는지를 판별한다. 수평이 제대로 맞지 않은 경우에는 다양한 문제점들을 예상할 수 있다.

(1) FDM 방식
① 일부 가공 영역에서는 필라멘트가 제대로 형성이 되지만 반대쪽 혹은 다른 영역에서는 가공이 이루어지지 않거나 필라멘트가 찌그러져 나올 수 있다.
② 필라멘트가 노즐에서 토출이 되어서 조형 받침대에 부착이 되기 위해서는 허용 가능한 높이가 있다.
③ 보통 적층 두께와 유사한 정도의 높이가 필요하다.
④ 조형 받침대의 수평이 맞지 않은 경우에는 일부 영역에서는 가공이 되지만 허용 가능 가공 높이를 초과하는 영역에서는 필라멘트가 조형 받침대에 부착이 되지 않는다.
⑤ 가공이 되지 않은 쪽에 대해서 거리를 다시 측정을 하고 조형 받침대가 헤드와 가까워지도록 수평을 다시 맞춘다.
⑥ 재조정한 후에 다시 필라멘트를 가공해서 정상적으로 가공이 될 때까지 수평 맞춤을 반복 수행한다.
⑦ 허용 가능 높이에 비해서 노즐과 조형 받침대가 너무 가까울 경우에는 필라멘트가 조형 받침대에 부착이 되어 가공은 이루어지나 필라멘트가 가공 진행 방향 대비 측면 방향으로 찌그러지게 된다.
⑧ 이런 경우의 가장 심각한 문제는 노즐팁이 조형 받침대에 충돌하여 부러지므로 적절한 허용 공차 범위 내의 수평이 실제 가공 전에 반드시 이루어져야 한다.

(2) 제팅 방식
① 제팅 방식은 FDM 방식에 비해서 매우 정밀하고 자동화된 수평 인식 및 제어가 필요하다.
② FDM 방식에서 노즐 팁과 조형 받침대가 충돌할 경우에는 부러진 노즐 팁을 비교적 쉽게 교환할 수 있다.
③ 제팅 방식에서는 제팅 헤드가 매우 고가이기 때문에 원천적으로 이러한 충돌을 배제해야 한다.
④ 제팅 방식은 주로 고가형이며, 자동화된 수평 인식 및 조절 장치가 존재할 수 있다.

2 센서의 종류 및 특성

1. 비접촉식 변위 측정

(1) 비접촉식 변위 측정에는 다양한 측정 방식이 있으며, 물리적인 접촉이 발생하지 않기 때문에 표면의 재질에 영향을 덜 받는다.
(2) 측정에 사용하는 신호에 따라서 아래와 같이 자기 저항식, 정전 용량식, 초음파 방식, 인덕턴스 방식, 광학식 등으로 구분할 수 있다.

1) 자기 저항식 변위 센서(Magnetoresistive displacement sensor)

① 자기 저항 소자(Magnetoresistive element)를 이용하여 자기의 세기를 감지하여 변위를 검출하는 방식이다.
② 조형 받침대에 자장을 발생시키는 자석을 설치하고 위치 측정이 요구되는 빌드 장치 혹은 수평을 맞추기 위한 장치에 자기 저항 센서를 설치함으로써 거리 측정이 가능하다.
③ 조형 받침대가 자장을 생성하는 재질이어야 하기 때문에 3D프린터에 사용하기에는 다소 부적합한 면이 있다.

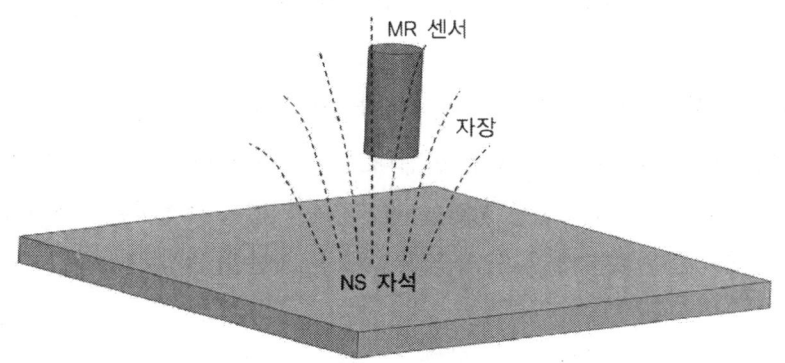

[그림 2-56] 자기 저항식 변위 센서

2) 정전 용량형 변위 센서(Capacitive displacement sensor)

① 두 전극 사이의 정전 용량의 변화를 감지하여 이를 변위 검출에 사용하는 방식이다.
② 피측정물 및 센서부가 전도성 소재이어야 하며, 원거리 측정에는 사용이 어렵다.

③ 정전 용량은 상하 도선이 겹치는 단면적(A) 및 도선 사이 물질의 유전율에 비례하고 도선 사이의 거리(d)에 반비례한다.
④ 정전 용량은 센서부가 피측정물에 다가갈수록 그 거리가 가까워져 정전 용량이 커지게 되며, 이러한 변화를 감지해서 변위 측정에 사용한다.
⑤ 비교적 매우 정밀한 측정이 가능하며, 나노미터까지 측정이 가능하여 반도체 등 고정밀을 요구하는 곳에 많이 사용되고 있다.
⑥ 3차원 프린팅에 사용하기 위해서는 조형 받침대가 금속이어야 하며, 측정부 또한 금속을 포함하여 정전 용량을 변화시킬 수 있어야 한다.
⑦ 빌드 장치에 근접한 위치에 센서를 설치하고 조형 받침대에 접근함으로써 미소 위치 측정이 가능하다.

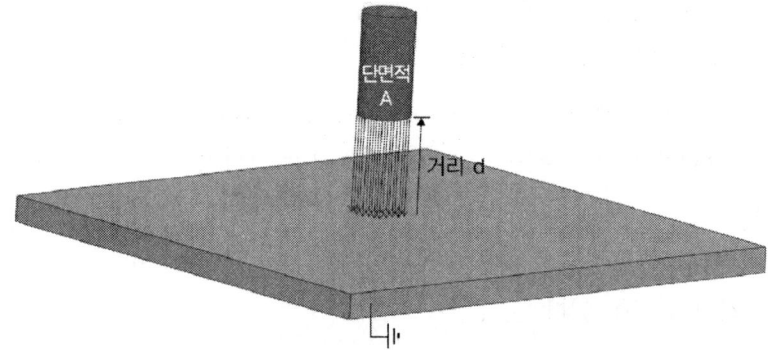

[그림 2-57] 정전 용량형 변위 센서 개념도

3) 초음파 변위 센서(Ultrasonic displacement sensor)

① 초음파 송신부에서 음파를 조형 받침대로 발사하고 피측정물에서 반사된 음파가 수신부까지 돌아오기까지 걸린 시간을 계산하여 거리를 측정하는 방식이다.
② 음파의 속도는 알려져 있으며, 초음파 송수신 시간을 측정함으로써 거리를 구하는 방식이다.
③ 송신부와 수신부의 위치는 동일하다.
④ 다른 센서와는 달리 피측정물의 재질과 관계없이 사용할 수 있으며, 3D프린터에서도 측정 거리와 상관없이 사용이 가능하다.
⑤ 측정 방식상 정밀한 측정이 불가능하여 고정밀을 요구하는 3D프린터에서는 사용이 부적합하다.

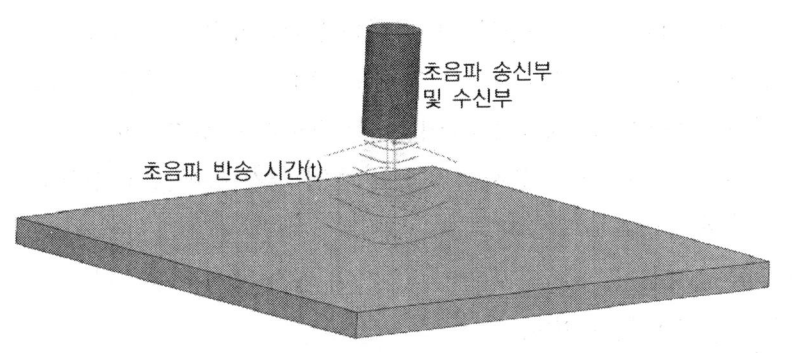

[그림 2-58] 초음파 변위 센서 개념도

4) 인덕턴스 변위 센서(Inductance displacement sensor)

① 인덕션 코일을 통해서 자기장을 형성하고 외부의 금속 물체에 의해서 변형된 자기장에 따른 유도 전류값을 측정하여 최종적으로 변위 정보를 얻는 센서이다.
② 접촉식의 LVDT와 동일한 원리이다.
③ 3D프린터에 사용하기 위해서는 조형 받침대가 금속이어야 하며, 비교적 근접 거리에서의 측정이 요구된다.
④ 측정 정밀도는 비교적 높은 편이다.
⑤ 저가형 3차원 프린팅 장비에서 많이 사용하는 방식이다.

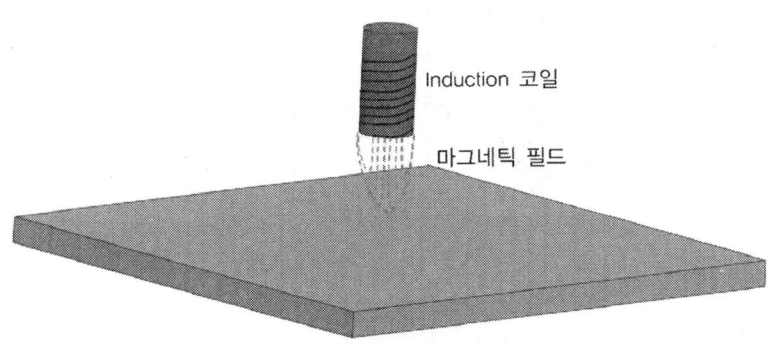

[그림 2-59] 인덕션 센서

5) 광학식 변위 센서(Optical displacement sensor)

① 비접촉 변위 측정에서 가장 많이 쓰이는 센서로 종류가 다양하다.
② 단파장 광과 CCD(Charge-Coupled Device) 혹은 CMOS(Complementary Metal-

Oxide Semiconductor) 수광부를 이용하는 삼각 측량법, 단파장 광의 간섭을 이용하는 광위상 간섭법, 다파장광의 간섭을 이용하는 백색광 주사 간섭법, 초점의 세기를 측정하는 공초점 측정법, 격자 간섭을 이용하는 모아레 측정법 등이 있다.

③ 광학식 변위 센서는 다른 센서에 비해서 측정 시간이 빠르며, 1마이크로미터 이하의 매우 높은 해상도를 갖고 있다.

④ 이중 삼각 측량법이 가장 먼저 개발되었으며 가장 많이 사용된다.

⑤ 가격도 가장 저렴한 편이다.

⑥ 삼각광 측정법은 레이저로 피측정물에 주사를 하고 그 반사광을 수광부인 CCD 혹은 CMOS 카메라에서 인식하여 거리를 측정하는 방식이다.

⑦ 발진하는 레이저 빔, 반사되는 레이저 빔, 그리고 레이저 발진부와 CCD 사이의 고정된 위치에 따라서 삼각형을 형성할 수 있고, 레이저의 직진각(측정물 대비 직각), CCD 혹은 CMOS에서의 수광각과 그 사이의 거리(d_3)를 알고 있기 때문에 최종적으로 피측정물의 거리(d_1)를 계산할 수 있다.

⑧ 피측정물이 이동을 하게 되면 수광부에서는 반사광의 각도를 측정할 수 있으며, 또 다른 삼각형을 형성하여 거리(d_2)를 구할 수 있다.

⑨ CCD 혹은 CMOS에서 측정되는 반사광의 위치를 이용하여 삼각 측량법으로 쉽게 거리를 구할 수 있다.

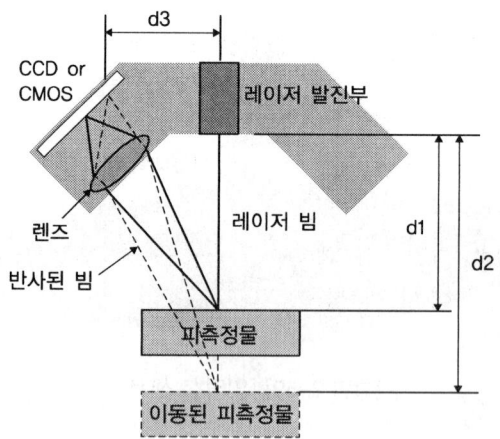

[그림 2-60] 레이저 삼각 측량법 개념도

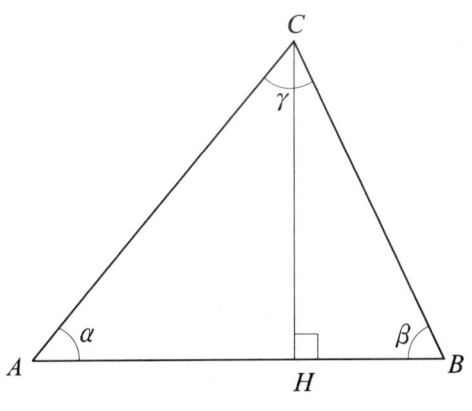

[그림 2-61] 삼각함수의 사인 법칙

2.3 소재 사용 장치 개발

1 소재 재사용 제어 방식

3차원 프린팅 조형 방식별로 사용된 소재 혹은 사용하고 남은 소재의 재사용 가능 여부는 각각 다르다. 재료가 컨테이너에 담겨져 있고 외부 에너지(레이저 등)로 가공이 이루어질 경우 남은 재료는 재사용이 가능하다. 성형물을 이루고 있는 재료는 열경화성(Thermoset) 혹은 열가소성(Thermoplastic)의 성질에 따라서 재사용 가능 여부가 결정된다. 재료가 재료 공급 헤드로부터 토출 혹은 분사되어 가공이 이루어질 경우 에는 가공에 필요한 양만큼만 사용이 되고, 남은 재료는 재료 저장·공급 장치(카트리지 혹은 스풀 등)에 보관이 되어 다음 가공에 사용이 된다. 이미 사용한 재료의 경우에는 열경화성/열가소성 재료 성질에 따라서 리사이클링 과정을 통해서 재사용이 가능하다.

1. 광조형(SLA) 공정

(1) 광조형 공정은 컨테이너에 담겨진 수지(Resin)를 집광된 자외선(Ultraviolet) 혹은 가시 광선레이저로 광경화(Photocrosslinking) 반응을 일으켜 한 층씩 적층해 최종적으로 3차원 형상을 제작하는 과정이다.

(2) 컨테이너에 채워지게 되고, 레이저가 지나가는 부분만 광경화 반응을 일으켜 고체화되고 나머지 재료는 액상 그대로 존재한다.
(3) 공정 특성상 컨테이너에 있는 재료는 재료의 양이 부족하기 전까지는 계속하여 사용할 수 있으며 특별한 재료 재사용 공정이 필요 없다.
(4) 광경화 수지는 오랜 시간 동안 외부 공기 및 빛에 노출이 되면 매우 느린 속도지만 서서히 경화 반응을 일으켜 재료의 점도가 서서히 상승하게 된다. 점도 상승은 원하지 않는 가공 결과 및 가공 품질의 저하를 초래할 수도 있다. 이러한 점을 고려하여 일정 주기가 지나면 일정량의 새로운 수지와 섞어서 사용한다.
(5) 이종 재료를 사용할 경우에는 기존 컨테이너를 제거하고 다른 수지를 보유하고 있는 컨테이너를 설치한 후에 사용하게 된다.
(6) 재료 자체가 경화성이기 때문에 한 번 제작된 형상은 다시 액상으로 전환이 되지 않고, 사용한 재료는 재활용이 불가능하다.

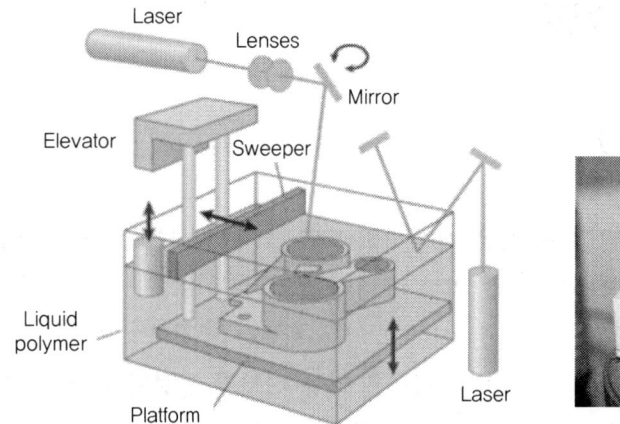 

[그림 2-62] 광조형(SLA) 공정과 재료 컨테이너 및 광경화성 재료

2. 제팅 공정

(1) 종이 프린팅과 유사하며 카트리지(Catridge)에 저장된 재료를 미세한 노즐을 통해서 제팅으로 분사하여 2차원 단면을 제작하고 이를 적층하여 3차원 형상을 제작하는 공정이다.
(2) 광경화성 재료를 사용하며, 제팅된 2차원 단면 형상이 자외선 램프로 경화가 된다. 제팅 공정은 주로 모델(Model) 재료와 서포트(Support) 재료 두 가지가 사용이 된다.
(3) 모델 재료는 실제 형상을 이루는 부위에만 제팅이 되고, 서포트 재료는 모델 재료를 지지하기 위해서 사용이 되며 가공이 끝난 후 세척 과정을 통해서 제거가 된다.

(4) 제거된 서포트 재료는 재사용이 불가능하며, 재료 재사용 공정이 존재하지 않는다.
(5) 각 카트리지가 3차원 프린터에 장착되어 사용되며, 여러 개의 카트리지를 동시에 사용할 수 있어 이종 재료의 동시 사용이 용이한 공정이다.
(6) 사용 재료는 경화성 재료이기 때문에 한 번 가공되고 나면 액상으로 전환이 되지 않기 때문에 재료 재사용이 불가능하다.

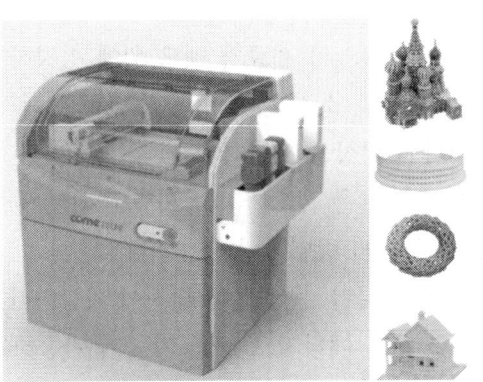
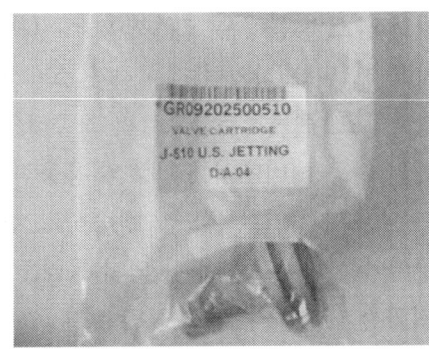

[그림 2-63] 제팅 공정에서 사용되는 재료 카트리지

3. FDM 공정

(1) FDM 공정은 열가소성 필라멘트를 재료의 녹는점 이상으로 가열된 노즐에서 녹여서 토출 방식으로 단면을 생성하고 이를 적층해서 최종적으로 3차원 형상을 제작한다.
(2) 재료 공급은 연속적으로 필라멘트를 공급할 수 있는 스풀(spool)과 같은 장치가 필요하다.
(3) 직경은 프린터의 노즐 사이즈에 맞게 선정되어야 한다.

(4) 보통 저가형에서는 단일 노즐만 사용이 되며, 중고가형에서는 2개 이상의 노즐이 한꺼번에 사용된다.
(5) 2개 이상의 재료를 사용할 경우, 하나의 노즐은 모델 재료용으로 사용하고 다른 하나는 서포트 재료용으로 사용하며, 최종적으로 서포트 재료는 제거하게 된다.
(6) 제거된 서포트는 가소성 재료이기 때문에 열을 주면 다시 녹아서 흐르게 된다.

[그림 2-64] FDM 공정에서 사용되는 재료 스풀

(7) 제작된 형상도 열을 주면 녹아서 흐르기 때문에 재료 재사용이 용이하며 사용하고 남은 재료와 사용한 재료 모두 재료 압출기(Extruder)를 사용하여 새로운 필라멘트 스풀을 만들 수 있다.

4. 선택적 소결 공정(SLS)

(1) 선택적 소결 공정은 고분자 파우더(Polymer powder) 재료가 베드 위에 평평하게 채워지고 그 위를 적외선 레이저가 스캔하면서 재료를 소결 혹은 용융시켜서 2차원 단면을 형성하고 이를 적층함으로써 최종적으로 3차원 형상을 제작하게 된다.
(2) 메인 가공 챔버에서는 재료의 용융점보다 조금 낮은 온도까지 방사열(Radiation heat)과 베드의 가열로 온도가 상승하고, 보온을 위해서 방열막이 사용된다.
(3) 방열막은 힌지로 연결이 되어 롤러(Roller)가 지나갈 수 있도록 회전이 가능하다.
(4) 적외선 레이저가 재료 표면 위를 주사할 때 낮은 에너지로 빠른 가공이 가능하게 하기 위해서 미리 온도를 상승시키는 것이다.
(5) 다음 층의 가공을 위해서 양쪽에 위치한 사용하지 않은 재료가 피스톤에 의해서 상승하고 롤러에 의해서 메인 가공 챔버로 공급이 되어 새로운 층이 형성이 된다.
(6) 가공이 끝날 때까지 메인 가공 챔버 위에 쌓인 재료는 높은 온도에 계속 노출이 되며, 메인 가공 챔버 내에서는 높은 열로 인해서 재료의 변성이 일어날 수도 있다. 또한, 결함이 있는 일부 재료는 소결이 이루어질 수도 있다.

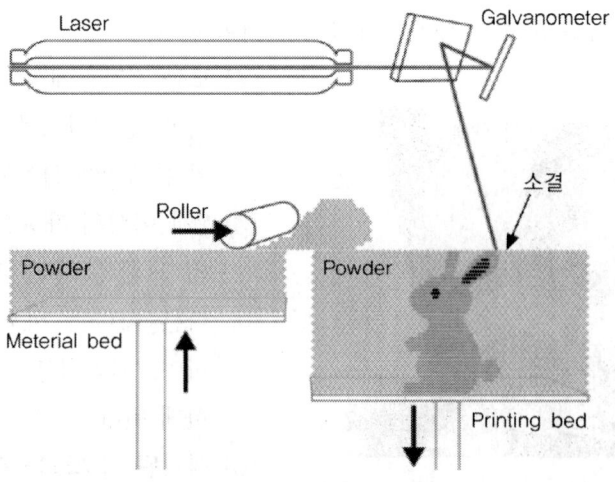

[그림 2-65] SLS 공정의 소결 과정

(7) 파우더공급 챔버에서는 상대적으로 재료의 변성이 덜 발생하지만 메인 챔버로부터의 열 전달로 인해서 미약하나마 영향을 받을 수 있다.
(8) 가공이 끝난 다음에는 냉각 과정을 거쳐서 최종적으로 제품을 얻어 낸다.
(9) 메인 가공 챔버 내의 재료는 다음 가공을 위해서 적절한 배합을 통한 재사용이 필요하다.
(10) 일반적으로 메인 챔버 내의 재료를 1/3, 파우더 공급 챔버의 재료를 1/3, 새로운 재료를 1/3로 혼합을 하여 다음 가공에 사용이 되며, 이 비율은 재료 혹은 공정에 따라서 바뀔 수 있다.
(11) 금속 파우더를 이용하는 공정에서는 재료의 용융점 및 재료 특성에 따라서 고분자 파우더를 이용하는 공정과는 재료 재사용 과정이 다를 수 있음을 유의한다.

2 제어 방식 핵심부품의 종류 및 특성

1. FDM 공정에서 핵심 부품

위에서 설명한 바와 같이 FDM 공정에서 사용되는 재료는 열가소성 재료로, 열을 가하면 흐르고 열을 제거하면 굳어지는 성질을 가지고 있다. 따라서 사용하고 남은 재료나 이미 만들어진 성형품도 다시 녹여서 필라멘트를 만들면 재사용이 가능하다. 이를 위해서는 필라멘트를 생산할 수 있는 고온 압출기와 만들어진 필라멘트를 스풀에 감을 수 있는 장치가 필요하다.

1) 필라멘트 압출기

① 필라멘트 압출기는 기본적으로 재료를 공급할 수 있는 호퍼(Hopper), 재료를 녹여서 잘 교반할 수 있는 스크루와 이를 구동할 모터, 그리고 모터 및 온도 제어기로 구성되어 있다.
② 열가소성 플라스틱 비드를 사용할 수도 있고, FDM 성형품을 호퍼에 들어갈 크기만큼 잘게 만든 다음 사용할 수도 있다.
③ 호퍼를 통해서 재료들은 스크루로 이동이 되고 스크루 끝단의 가열 장치로 인해서 재료들은 천천히 녹기 시작하며 교반이 이루어진다.
④ 스크루 회전 속도 및 온도가 매우 중요하며 이는 재료의 녹는점 및 특성에 따라서 조정해야 한다.

⑤ 압출기 끝단에는 냉각팬이 달려 있으며, 이는 필라멘트가 제작이 되고 난 다음에 더 이상의 변형을 막기 위한 일종의 급냉 장치이다.
⑥ 압출된 필라멘트는 와인더(Winder) 장치에서 스풀에 감기게 된다.

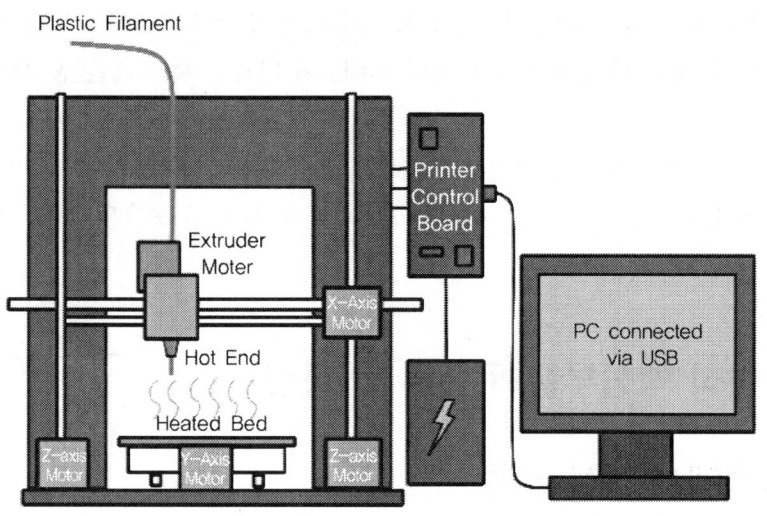

[그림 2-66] 필라멘트 압출기

2) 필라멘트 수집 장치

① 압출기를 통해서 생성된 필라멘트는 3D프린터에 사용이 용이하게 스풀에 감겨져야 한다.
② 압출기의 압출 속도에 맞게 스풀의 회전 속도가 비례해야 하며 위치 검출 센서를 사용한다.
③ 위치 검출 센서는 필라멘트가 있으면 와인더가 일정 속도로 돌아가게 신호를 주고 필라멘트가 아래로 처져서 검출이 되지 않으면 와인더를 더 빠르게 돌리게 신호를 보내 필라멘트가 다시 센서의 검출 영역으로 돌아오게 하는 역할을 한다.

2. SLS 방식에서 핵심 부품

(1) SLS 방식에서는 이미 사용한 소재의 재사용을 위해서 특별한 공정이 필요하다.
(2) 메인 가공 챔버 내에서는 고온의 내부 환경으로 인해서 소결이 되어 덩어리가 된 파우더 및 변성이 일어난 다양한 파우더들이 존재할 수 있다.

(3) 다음 가공을 위한 재료의 재사용을 위해서는 기존에 사용한 재료를 모두 수집하는 장치가 필요하며, 파우더 덩어리를 제거하기 위한 필터 장치가 필요하다.
(4) 기존 및 새로운 재료를 골고루 섞을 수 있는 교반 장치가 필요하다. 일반적으로 산업용 SLS 장비는 반자동화된 소재 재사용 장치가 동반된다.
(5) 메인 가공 챔버는 이동이 가능하게 장착이 된 경우도 있으며, 가공이 끝난 다음 메인 가공 챔버는 가공된 파트 및 소결되지 않은 재료와 함께 가공품을 손질하며 재료를 수집하는 스테이션으로 이동하게 된다.
(6) 스테이션에서 가공품을 수거한 다음 남은 재료는 자동화된 재료 재사용 장치로 보내진다.
(7) 사용하지 않은 재료 혹은 재료 공급 챔버에 남아 있는 재료와 혼합하게 되고, 최종적으로 메인 가공 챔버로 다시 재료가 옮겨지게 된다.
(8) 반자동 과정은 단계별로 수작업으로 진행될 수 있다.

1) 진공 펌프 및 집진 장치

① 메인 가공 챔버에 남아 있는 소결되지 않은 재료를 수거하기 위해서 고압 진공 펌프와 재료들을 수거해서 교반기로 이송할 집진 장치가 필요하다.
② 진공압과 챔버의 크기는 재료의 밀도 및 전체 부피에 따라서 결정된다.
③ 메인 가공 챔버에 속이 빈 엔클로저(Encloser)를 씌우고 재료를 들어 올려서 하단 부분을 막고 난 다음에 가공품 수거 스테이션으로 옮겨 재료를 수집할 수도 있다.

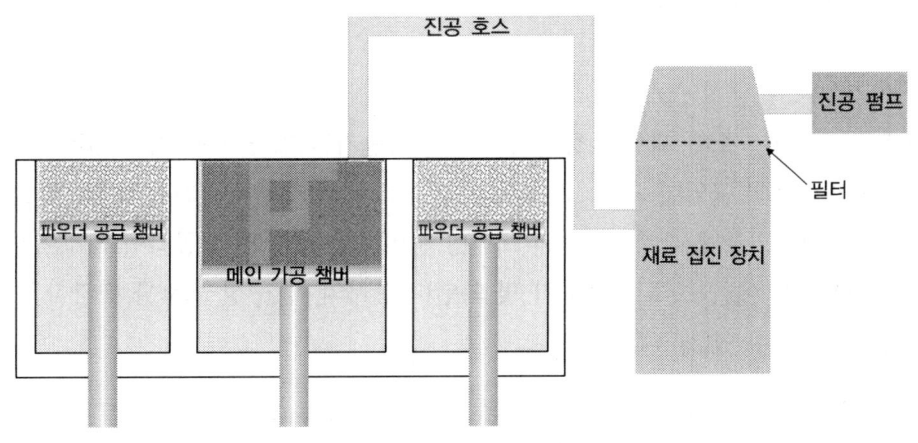

[그림 2-67] 재료 수집 과정

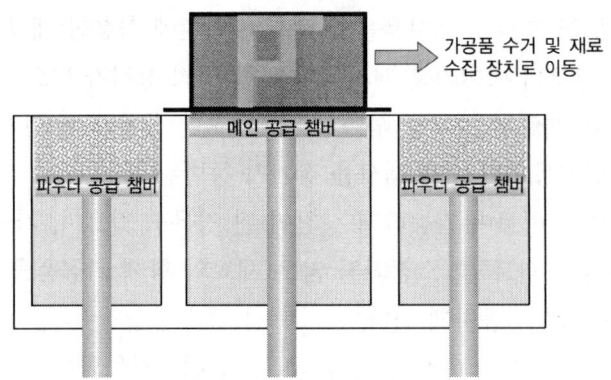

[그림 2-68] 가공 챔버 내의 재료 및 가공품 이동

2) 교반 장치 및 필터

① 재료는 재료 재사용 매뉴얼에 따라서 사용한 재료와 새 재료를 적절한 배율로 섞는다.
② 교반 장치와 거름 장치는 보통 같이 구성되어 있으며, 이를 따로 분리해서 구성할 수도 있다.
③ 교반 장치는 경사축에 대해서 회전을 하는 것이 유리하며, 필터는 메쉬 사이즈가 큰 것에서부터 작은 것으로 순차적으로 사용한다.
④ 메쉬 사이즈 및 필터링 횟수 등은 재료에 따라서 결정되며, 교반된 재료는 다시 파우더 공급 챔버로 이송이 되어 다음 가공을 준비한다.

3. 소재 재사용 장치의 효율

1) FDM 공정

FDM 공정에서는 소재 재사용 장치의 효율은 압출기의 효율이며, 이는 필라멘트의 압출 속도, 필라멘트의 균일한 크기 및 재료 품질 등으로 평가할 수 있다. 또한, 압출된 필라멘트가 스풀에 고르게 감겨서 3차원 프린팅 장비에 원활한 재료 공급이 이루어지게 하는 것도 중요하다. 이를 토대로 압출기 및 와인더 장치의 각 구성 요소를 평가하고 전체 시스템을 설계할 수 있다.

(1) 필라멘트 생산 속도
① 필라멘트의 생산 속도는 열가소성 재료의 녹는점, 필라멘트 스크루의 크기 및 회전 속도, 스크루의 용해 온도, 압출기 끝단의 냉각기의 성능 등에 달려 있다.

② 높은 생산 속도를 위해서는 재료의 녹는점 근처의 온도를 일정하게 유지할 수 있는 히터 및 이의 제어 장치가 중요하다.
③ 높은 온도로 압출된 재료가 변형을 일으키지 않고 필라멘트 형상을 그대로 유지할 수 있게 급속 냉각이 필요하다.
④ 스크루는 호퍼에 재료가 많고 적음에 관계없이 일정한 속도, 즉 일정한 토크를 유지할 수 있는 것이 중요하며 회전 속도 제어가 중요하다.

(2) 필라멘트의 품질
① 필라멘트의 품질은 일정한 크기의 필라멘트가 끊어지지 않고 연속적으로 압출이 될 때 높아진다.
② 필라멘트의 직경은 3차원 프린팅 장비의 노즐 사이즈에 의존적이며, 이에 맞게 압출기의 출구 크기를 조절해야 한다.
③ 고속보다는 중저속의 일정 속도로 스크루가 회전을 하면서 기포 등을 제거할 수 있어야 하다.
④ 여러 가지 재료가 한꺼번에 들어갈 경우 모든 재료가 용융되어 재료의 균질성이 유지가 되도록 해야 한다.

(3) 스풀
① 3차원 프린팅에 사용하기 전의 필라멘트는 스풀에 감겨져 있어야 하며, 프린팅 시 서로 얽힘이 없이 자연스럽게 풀려야 한다.
② 냉각된 필라멘트가 어느 정도 장력을 가지면서 고르게 감겨야 한다.
③ 필라멘트의 위치를 필라멘트 이송 방향 대비 좌우로 움직여 줌으로써 한 부분에만 재료가 감기는 것을 방지하면서 전체적으로 고르게 감기게 할 수 있다.

2) SLS 공정

SLS 공정에서 재료 재사용 장치의 효율은 리사이클링 된 재료가 얼마만큼 균질하게 섞이고, 어느 정도 불순물이 제거가 되었는지로 판별할 수 있다. 이를 통해서 적절한 부품을 테스트하고 전체 시스템을 디자인할 수 있다.

(1) 파우더 재료 크기의 균질성
① 파우더 재료는 일정한 크기 이하로 제한이 되어야 한다.
② 최종 성형품의 표면 거칠기를 좌우하는 부분으로서 장비별로 제공하는 기준이 있다.
③ 그 기준에 맞게 파우더의 크기가 제한되어야 하며, 이는 적절한 필터를 사용함으로써 가능하다.

④ 하나의 필터보다는 여러 개의 필터를 사용하는 것이 효율적이다.

(2) 파우더 재료 성질의 균질성
① 파우더 재료는 일반적으로 높은 온도로 인해서 그 특성이 저하될 수 있으며 SLS 공정의 고유한 특성이다.
② 재사용 재료와 새로운 재료의 적절한 배합비로 이를 극복할 수 있다. 각 장비, 재료에 따라 배합비에 대한 가이드라인이 있으며, 이에 따라서 재료를 준비한다.

4. 효율성 점검 방법

재사용 장치의 효율성을 점검하는 방법에는 직접 재료를 만들어 실험을 하는 것과, 만들어진 재료를 이용해서 성형을 해 보는 방법이 있다.

1) FDM 공정

① 필라멘트는 온도 제어 및 압출 속도에 따라서 그 품질이 달라진다.
② 파라미터들이 제대로 제어가 되지 않았을 경우에는 다양한 문제점이 발생한다.
③ 필라멘트가 휘어지거나 꺾여져 있다면 이는 프린팅할 경우에 제대로 재료를 공급하지 못해 가공 오류가 발생할 가능성이 크다.
③ 압출된 필라멘트의 원형도에 대한 오차를 측정함으로써 그 품질을 가늠할 수 있다.
④ 와인더 장치에 감길 때도 필라멘트의 압출 속도에 맞게 얽히지 않게 해야 하며, 이는 3차원 프린팅을 통해서 그 품질을 측정할 수 있다.
⑤ 시편을 제작해서 기계적 특성을 실험함으로써 필라멘트에 대한 성능, 즉 재료 재사용 장치에 대한 효율성을 점검할 수 있다.

2) SLS 공정

① 재사용 장치를 통해서 생산된 파우더는 SEM(Scanning Electron Microscopy) 등의 장비로 무작위로 추출한 개별 파우더의 크기 및 크기 분포를 알 수 있으며, 이를 통해 필터링의 성능 및 재료 교반기의 성능을 알 수 있다.
② 새로운 재료만으로 가공한 시편과 재사용한 재료로 가공한 시편을 이용해서 기계 특성을 비교 분석함으로써 재사용 장치의 효율을 검증할 수도 있다.

01. 3D프린터에서 이송 장치의 기본적인 구성으로 볼 수 없는 것은?
① 핫엔드
② 동력 전달 장치
③ 직선 이송 가이드
④ 엔코더

해설 이송 장치의 구성
동력 발생 장치, 동력 전달 장치, 직선 이송 가이드, 엔코더 등으로 구성된다.

02. 3D프린터에서 동력 발생 장치에 대한 설명으로 틀린 것은?
① 3D프린터에 적합한 동력 발생 장치는 전기 에너지를 운동 에너지로 바꾸는 전동기, 즉 전기 모터로 여겨진다.
② 기구학적인 동력 전달 장치와의 결합을 통해서 직선 운동으로 변환이 가능하며, 적절한 기어 비를 선정함에 따라서 가감속이 가능하다.
③ 플레밍의 오른손 법칙에 따라서 전류 및 자기장의 수직 방향으로 생기는 힘을 이용하는 것이다.
④ 모터의 회전력은 전류의 세기, 코일의 감긴 수 등에 비례한다.

해설 플레밍의 왼손 법칙(Fleming's left hand rule)에 따라서 전류 및 자기장의 수직 방향으로 생기는 힘을 이용하는 것이다.

03. 플레밍의 왼손 법칙으로 알 수 있는 것은?
① 힘의 방향   ② 자기장의 방향
③ 전류의 방향   ④ 유도기전력의 방향

해설 플레밍의 오른손 법칙은 유도기전력의 방향을 알 수 있는 법칙이다.

04. 폐루프 제어(Closed loop control) 방식으로 위치 피드백이 가능한 모터는?
① 서보모터   ② BLDC 모터
③ 스테핑 모터   ④ 리니어 펄스 모터

해설 서보모터는 폐루프 제어(Closed loop control) 방식으로 위치 피드백을 통하여 정밀한 위치, 속도, 가속도 제어가 가능하다.

05. 3D프린터에서 제어부가 서보부에 보내는 신호의 체계는?
① 저항   ② 전압
③ 주파수   ④ 펄스

해설 CNC 서보기구에 지령은 정보처리 회로에서 전기펄스 신호를 발생시켜 지령한다. 이를 지령 펄스라 한다.

06. 서보모터(Servo motor)에 대한 설명으로 틀린 것은?
① 서보모터는 오픈 루프 제어(Open loop control) 방식으로 위치 피드백이 없다.
② 정확한 위치 측정이 가능한 엔코더(Encoder)가 필요하다.
③ 동력 전달 장치와 직선 이송 가이드(Linear Motion, LM 가이드)를 이용하여 회전 운동을 직선 운동으로 변환한다.
④ 주로 로봇이나 공작 기계 등에서 많이 사용되며, 큰 이송력이 필요할 경우에 많이 사용된다.

정답 ▶ 01. ① 02. ③ 03. ④ 04. ① 05. ④ 06. ①

해설 서보모터는 폐루프 제어(Closed loop control) 방식으로 위치 피드백을 통하여 정밀한 위치, 속도, 가속도 제어가 가능하다.

07. 스테핑 모터(Stepping motor)에 대한 설명으로 틀린 것은?
① 스테핑 모터는 오픈 루프 제어(Open loop control) 방식으로 위치 피드백이 없다.
② 한 번의 전기 신호(Pulse) 입력으로 매우 작은 각도로 회전하는 스텝(Step) 운동을 한다.
③ 연속적으로 전기 신호를 여러 번 보냄으로써 원하는 만큼의 회전량을 만들어 낸다.
④ 비교적 큰 이송력이 필요할 경우에 많이 사용된다.

해설 비교적 작은 이송력이 필요할 경우에 많이 사용된다.

08. 선형 모터(Linear motor)에 대한 설명으로 틀린 것은?
① 고정자와 회전자가 평면 형상이 아닌 원통 형상이다.
② 고정자와 회전자를 서로 평행한 평면으로 구성을 하고 전류를 흘려 보냄으로써 구동을 하게 된다.
③ 일반적인 원형 모터와는 달리 전기 신호를 통해서 곧바로 직선 운동이 가능하며, LM 가이드만을 필요로 한다.
④ 원형 모터에 비해서 비교적 고가이지만 대형 이송 장치에 많이 사용이 되며, 백래쉬(Backlash)가 없기 때문에 고정밀 제어가 가능하다.

해설 고정자와 회전자가 원통 형상이 아닌 평면 형상이다.

09. 동력 전달 장치에 대한 설명으로 틀린 것은?
① 선형 모터를 제외한 대부분의 모터는 전기 에너지에 의해서 회전자의 회전에 따른 원형 운동을 한다.
② 3D프린터의 대부분의 구동 장치는 회전 운동을 필요로 한다.
③ 원형 운동을 직선 운동으로 변환은 동력 전달 장치로 구현된다.
④ 3D프린터에서 주로 많이 쓰이는 동력 전달 장치는 볼 스크루(Ball screw)와 기어(Gear), 벨트(Belt)로 구성된다.

해설 3D프린터의 대부분의 구동 장치는 직선 운동을 필요하다.

10. 볼 스크루(Ball screw)에 대한 설명으로 틀린 것은?
① 볼 스크루는 나선형 홈이 파진 긴축이며, 이에 대응하는 고정 측 너트 사이에 강구로 볼 베어링(Ball bearing)을 삽입하여 구름 접촉을 통한 부드러운 이송을 구현한다.
② 모터의 회전축과 볼 스크루는 직접 연결이 되어있으며, 강구를 포함한 너트 측과 이송 판이 서로 부착이 되어있다.
③ 모터의 회전이 볼 베어링 접촉을 통한 너트 측의 직선 이송을 구현한다.
④ 주로 높은 하중을 비교적 높은 마찰로써 이송하고자 할 때 사용이 된다.

해설 주로 높은 하중을 비교적 낮은 마찰로써 이송하고자 할 때 사용이 된다.

정답 ▶ 07. ④ 08. ① 09. ② 10. ④

11. 직선 이송(LM; Linear motion) 가이드에 대한 설명으로 틀린 것은?

① 모터로부터 발생하는 동력으로 정밀 직선 이송을 구현하기 위해서 원형 혹은 다각형 단면의 직선 가이드가 사용된다.
② 가이드는 정확한 직선 이송뿐만 아니라, 이송 대상의 하중을 지탱하는 역할도 동시에 수행한다.
③ 부드러운 이송을 위하여 볼 베어링을 사용하는 경우가 많다.
④ 고가형의 경우에는 베어링 없이 주로 원형 가이드만을 사용한 직접 접촉방식을 사용한다.

해설 저가형의 경우에는 베어링 없이 주로 원형 가이드만을 사용한 직접 접촉방식을 사용한다.

12. 엔코더(Encoder)의 위치 검출 방식에 따른 종류가 아닌 것은?

① 전기식   ② 광학식
③ 자기식   ④ 정전 용량식

해설 엔코더는 이송 장치의 위치를 인식하기 위하여 사용되며, 위치 검출 방식에 따라서 기계식(Mechanical), 광학식(Optical), 자기식(Magnetic), 정전 용량식(Capacitive) 등이 있다.

13. 3D프린터의 검출장치 중에서 광원, 감광판, 유리판 등을 사용하고 있는 것은?

① 인덕토신(Inductosyn)
② 엔코더(Encoder)
③ 리졸버(Resolver)
④ 타코미터(Tachometer)

해설 엔코더(Encoder) : 3D프린터의 검출 장치 중에서 광원, 감광판, 유리판 등을 사용한다.

14. 3D프린터에서 가장 많이 사용되고 있는 위치검출기는?

① 엔코더   ② 타코제네레이터
③ 회전자   ④ 센서

해설 ① 엔코더는 위치검출기이다.
② 타코제네레이터는 속도검출기이다.

15. 이송 장치의 구성 요소 중 동력 전달 장치와 직접적인 관련이 없는 것은?

① 볼 스크루
② 선형 엔코더
③ 기어벨트 조합
④ 직선 이송 가이드

해설 선형 엔코더(Linear encoder)
① 선형 엔코더는 이송 방향으로 이송 축의 커버 등의 외부 구조물에 주로 부착이 되어있는 매우 미세한 자(Scale)를 광학, 자기, 정전 용량 등의 방식으로 읽어 낸다.
② 보통 모터와 같이 설치되는 로터리 엔코더와는 달리 이송 축에 설치가 되기 때문에 상대적으로 부피가 작아지는 장점이 있다.

16. 다음 그림과 같이 회전축에 있는 슬릿을 이용하여 측정하는 방식의 엔코더는?

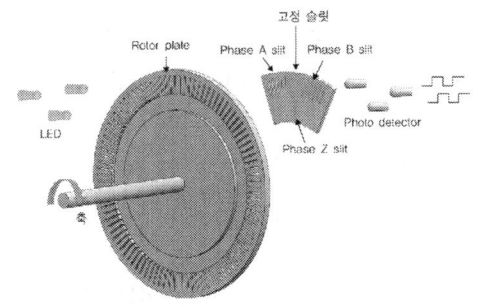

① 광학식 엔코더   ② 기계식 엔코더
③ 자기식 엔코더   ④ 정전 용량식 엔코더

정답 ▶ 11. ④ 12. ① 13. ② 14. ① 15. ② 16. ①

해설 로터리 엔코더(Rotary encoder)
① 로터리 엔코더는 모터의 회전축과 연결되어 있으며, 모터의 회전량을 광학, 자장, 정전 용량 등의 방식으로 측정한다.
② 광학식 로터리 엔코더는 A, B, C의 슬릿으로부터 검출된 LED 광의 신호를 인식하여 그 회전량을 측정할 수 있다.

17. 이송 방향으로 이송 축의 커버 등의 외부 구조물에 주로 부착이 되어있는 매우 미세한 자(Scale)를 광학, 자기, 정전 용량 등의 방식으로 읽어 내는 것을 무엇이라 하는가?
① 선형 엔코더
② 기계식 엔코더
③ 자기식 엔코더
④ 정전 용량식 엔코더

18. 센서(Sensor)에 대한 설명으로 틀린 것은?
① 절대 좌표를 읽을 수 없는 엔코더의 경우 이송 장치의 시작 위치를 세팅하기 위해서 홈센서(Home sensor)를 사용한다.
② 가공이 시작되면 제일 먼저 이송 장치는 홈센서로 이동하여 모든 좌표를 초기화하고 난 다음에 입력 좌표값대로 이동하게 되며 초기 좌표는 주로 좌표값은 '0'을 갖게 된다.
③ 이송 축의 역방향 이송, 즉 +방향으로 이송을 하여 홈센서에 의해서 이송 장치가 검출이 되고, 그 위치 혹은 정방향으로 일정 위치를 이동하여 홈 위치를 세팅하게 된다.
④ 많이 쓰이는 센서로는 정전류, 자계, 광학식 근접스위치 등이 있다.

해설 이송 축의 역방향 이송, 즉 -방향으로 이송을 하여 홈센서에 의해서 이송 장치가 검출이 되고, 그 위치 혹은 정방향으로 일정 위치를 이동하여 홈 위치를 세팅하게 된다.

19. 다음 중 빠른 위치 제어를 위한 주사 장치의 성능을 결정하는 구성요소가 아닌 것은?
① 회전 속도
② 가감속 제어
③ 모터의 정밀도
④ 레이저 빔의 위치

해설 레이저 빔의 위치는 광학계 빔 반사경의 정렬과 관계가 있다.

20. 3D프린터의 이송 장치 부품에 해당하지 않는 것은?
① 엔코더　　　② 기어, 벨트
③ 볼 스크루　　④ 필라멘트 압출기

21. 조형 방식에 따른 이송 장치에 대한 설명으로 틀린 것은?
① 단면 가공이 끝난 다음에는 적층을 위하여 Z축이 이송하게 되며, 따라서 XY축과 Z축이 동시에 이송할 필요가 있다.
② 제팅(Jetting) 방식의 경우 XY 2축이 필요하나, 한 번에 하나의 축만 이동하여 동시 제어가 필요 없으므로 일반적인 종이용 잉크젯 프린팅과 비슷한 방식이다.

정답 ▶ 17. ① 18. ③ 19. ④ 20. ④ 21. ①

③ 선택적 소결 방식(Selective Laser Sintering, SLS)에서는 주로 적외선 레이저를 주사 미러를 통하여 고분자 분말 위에 주사하면서 분말을 소결, 용융하는 방식이다.
④ 광조형(Stereolithography) 혹은 수조 광경화(Vat photopolymerization)에서는 주로 자외선 레이저 빔이 주사 미러를 통해서 액사의 재료 표면을 경화하는 방식이다.

해설 단면 가공이 끝난 다음에는 적층을 위하여 Z축이 이송하게 되며, 따라서 XY축과 Z축이 동시에 이송할 필요가 없다.

22. 3D프린터 방식 중 구동 장치의 XY축 동시 이송 제어가 필요한 것은?
① DLP ② FDM
③ SLA ④ SLS

해설 토출(Extrusion) 혹은 박판 가공(Sheet lamination) 방식의 경우 XY 동시 2축 이송이 필요하다.

23. 이송 장치에서 한 번의 단위 신호로 움직일 수 있는 최소 이송 거리를 무엇이라 하는가?
① 백래시
② 반복 정밀도
③ 이송 분해능
④ 이송 정밀도

해설 이송 분해능은 한 번의 단위 신호로 움직일 수 있는 최소 이송 거리를 의미하며, 해상도라고도 한다.

24. 이송 분해능(Resolution)에 대한 설명으로 틀린 것은?
① 이송 분해능과 같이 중요한 성능이 이송 정밀도와 반복 정밀도이다.
② 이송 분해능은 이송 장비에 있어 매우 중요한 성능에 해당한다.
③ 분해능이 낮을수록 고가이며, 정밀 이송을 할 수 있다.
④ 이송 장치는 분해능만큼의 입력 신호를 줄 수 있다.

해설 분해능이 높을수록 고가이며, 정밀 이송을 할 수 있다.

25. 이송 정밀도(Precision)에 대한 설명으로 틀린 것은?
① 이송 정밀도는 특정 거리 이동에 대한 명령, 즉 입력 신호가 들어왔을 때 실제 이동된 위치와 입력 위치 사이의 오차를 의미한다.
② 제어기의 성능, 축 및 가이드의 직진도 등에 의해서 영향을 받으며, 보통 이송 거리에 비례하여 오차값이 감소한다.
③ 이송 정밀도를 결정하는 요소는 X축에 대한 롤(Roll), Y축에 대한 피치(Pitch), Z축에 대한 요(Yaw) 등의 축에 대한 뒤틀림 각이 있다.
④ 3D프린터를 선정할 시에 필요 이상의 긴 축 및 높은 정밀도로 설계할 경우 비용 문제가 발생한다.

해설 제어기의 성능, 축 및 가이드의 직진도 등에 의해서 영향을 받으며 보통 이송 거리에 비례하여 오차값이 증가한다. 정밀도가 높을수록 원하는 위치에 이송 장치가 이동할 확률이 높아지게 된다.

정답 ▶ 22. ② 23. ③ 24. ③ 25. ②

26. 반복 정밀도(Accuracy)에 대한 설명으로 틀린 것은?

① 반복 정밀도는 일정한 두 위치를 반복적으로 이동하였을 때 위치 간에 발생하는 오차의 최소치이다.
② 반복 정밀도가 높은 것은 비록 원하는 위치와는 오차가 있지만 연속적으로 비슷한 크기의 오차를 가진다.
③ 반복 정밀도가 높을수록 고품질의 제품을 프린팅할 수 있으나, 고가의 이송 장치가 필요하다.
④ 3D프린터는 XY축상에서 끊임없이 양방향으로 이송을 하므로 양방향 반복 정밀도를 고려해야 한다.

해설 반복 정밀도는 일정한 두 위치를 반복적으로 이동하였을 때 위치 간에 발생하는 오차의 최대치이다.

27. 아래 그림에서 정밀도와 반복 정밀도에 대한 설명으로 맞는 것은?

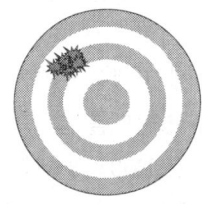

① 정밀도 높음, 반복 정밀도 높음
② 정밀도 낮음, 반복 정밀도 높음
③ 정밀도 높음, 반복 정밀도 낮음
④ 정밀도 낮음, 반복 정밀도 낮음

해설

정밀도 낮음   정밀도 낮음   정밀도 높음
반복 정밀도 낮음 반복 정밀도 높음 반복 정밀도 높음

28. 백래쉬(backlash)에 대한 설명으로 틀린 것은?

① 백래쉬는 두 물체가 맞물려서 돌아갈 때 맞물리는 부분에 발생하는 공간 혹은 이러한 공간으로 인해서 방향 전환 시 이송이 이루어지지 않는 현상을 말한다.
② 볼 스크루에서는 볼과 나선형 홈 사이의 간격으로 인해서 백래쉬가 발생하며 기어와 벨트에서는 양쪽의 기어들이 맞물리는 부분에서 발생한다.
③ 백래쉬는 많은 기계 장비에서 존재하며, 일정한 크기로 일관성 있게 발생할 경우에는 제어가 어렵다.
④ 백래쉬는 이송 정밀도 및 반복 정밀도에 영향을 미치므로 장비 설계 시에 요구되는 정밀도에 부합하게 백래쉬 사양이 정해져야 한다.

해설 백래쉬는 많은 기계 장비에서 존재하며, 일정한 크기로 일관성 있게 발생할 경우에는 제어가 용이하다.

29. 이송속도에 대한 설명으로 틀린 것은?

① 이송속도는 3D프린터의 성능에서 효율성을 좌우하는 중요한 요소이다.
② 높은 이송속도는 빠른 가공이 가능하여 전체적으로 조형 시간이 단축된다.
③ 스테핑 모터는 주로 고속 고정밀 이송에 맞게 개발되어 있어 저속 이송에는 맞지 않다.
④ 탈조 현상은 입력 전압의 오류, 벨트 장력의 저하가 있을 때 주로 발생한다.

해설 스테핑 모터는 주로 저속 고정밀 이송에 맞게 개발되어 있어 고속 이송에는 맞지 않다.

정답 ▶ 26. ① 27. ② 28. ③ 29. ③

30. 이송 하중에 대한 설명으로 틀린 것은?
① 이송 하중은 주로 Z축에서 많이 고려되어 있다.
② 빌드 플레이트를 XY축으로 구동할 경우 빌드 플레이트 및 구조물의 하중으로 인하여 이송 정밀도에 영향을 미치게 된다.
③ 이송 가능 하중이 크면 클수록 고가의 이송 장치가 필요하다.
④ 이송 장치의 구성에 따라서 비교적 작은 이송 하중이 요구될 수도 있다.

해설 빌드 플레이트를 Z축으로 구동할 경우 빌드 플레이트 및 구조물의 하중으로 인하여 이송 정밀도에 영향을 미치게 된다.

31. 수평 인식 방법에 대한 설명으로 틀린 것은?
① SLA, FDM, 제팅 방식 등의 3D프린터에서 조형물은 조형 받침대에 부착이 되어 제작된다.
② 가공 시작 전에 이러한 조형 받침대의 수평을 맞춤으로써 가공 중에 발생할 수 있는 가공 오류를 미리 제거할 수 있다.
③ 수평을 맞추는 방법은 주로 조형 받침대 위의 여러 위치에서 미리 장착된 센서에서 읽힌 거리값을 이용하는 것으로 수평을 맞추고자 하는 평면에 존재하는 최소 세 위치에서 거리를 측정하여 그 오차값으로 수평 여부를 판단한다.
④ 비접촉식은 측정 프로브(Probe)가 피측정물과의 접촉 시에 발생하는 변화를 감지하는 센서를 이용하거나 직접 눈금을 읽는 방식이다.

해설 ① 접촉식은 측정 프로브(Probe)가 피측정물과의 접촉 시에 발생하는 변화를 감지하는 센서를 이용하거나 직접 눈금을 읽는 방식이다.
② 비접촉식은 물리적인 접촉 없이 센서와 피측정물 사이의 다양한 전자기 신호 혹은 음파 신호의 변화를 감지함으로써 거리를 측정할 수 있는 방식이다.

32. 3개의 솔레노이드 코일과 원형의 막대 자석을 이용하여 튜브 내에서 자석이 이동하면서 발생시킨 전기 신호의 변화를 통해서 거리를 측정하는 방식은?
① Linear Variable Differential Transformer(LVDT)
② 마이크로미터
③ 인덕턴스 변위 센서
④ 자기 저항식 변위 센서

해설 선형 가변 변위 변환기(LVDT)이다.

33. 3차원 프린팅의 수평 인식 장치에 사용되는 접촉식 변위 센서는?
① 인덕턴스 변위 센서
② 자기 저항식 변위 센서
③ 정전 용량형 변위 센서
④ LVDT(Linear Variable Differential Transformer)

해설 LVDT(Linear Variable Differential Transformer)
① 3개의 솔레노이드 코일과 원형의 막대 자석을 이용하여 튜브 내에서 자석이 이동하면서 발생시킨 전기 신호의 변화를 통해서 거리를 측정하는 방식이다.
② 피측정물에 측정프로브가 직접 닿으며, 프로브와 연결된 튜브 내부 자석이 프로브의 접촉으로 인해서 움직이게 된다.
③ 자석의 움직임은 솔레노이드 코일과 자석 사이에서 유도 전류를 발생시킨다.
④ 비교적 정밀도가 높으며 반복 정밀도 및 재현성이 매우 우수하다.

정답 ▶ 30.② 31.④ 32.① 33.④

34. 다음에서 설명하는 3D프린터 방식은?

> ( )은(는) 액상의 광경화성 수지를 컨테이너에 저장을 하고 수직으로 이동하는 Z축에 부착된 플랫폼(조형 받침대) 위에 광경화성 수지를 각 층의 형상에 따라서 경화시키고 적층하여 최종적으로 3차원 구조물을 형성시키는 방식이다.

① DLP　　② SLA
③ MJM　　④ SLS

35. 다음에서 설명하는 3D프린터 방식은?

> ① 고분자 분말 재료를 중앙 빌드 챔버에서 제작을 하고 양쪽 챔버에서 보급된 재료를 롤러를 이용하여 중앙의 빌드 챔버로 공급하는 방식을 취하고 있다.
> ② 적외선 레이저로 재료를 소결 혹은 용융시키면서 적층을 하게 된다.
> ③ 별도의 지지대가 필요 없으며 가공되지 않은 분말이 지지대 역할을 수행한다.

① DLP　　② SLA
③ MJM　　④ SLS

36. 초기 지지 재료로 일정 높이를 먼저 성형하고 난 다음에 모델을 제작하는 방식은?

① DLP　　② SLA
③ Jetting　　④ SLS

37. 다음에서 설명하는 3D프린터 방식은?

> ① 일반적으로 2개의 노즐이 사용되어 지지 재료(support material)와 모델 재료(model material)가 동시에 사용되며, 조형 받침대에 지지 재료가 먼저 가공된다.
> ② 재료가 토출이 되는 노즐팁과 조형 받침대 사이의 거리는 보통 팁의 직경과 유사하기 때문에 100~300마이크론 정도의 갭(gap)을 가지게 된다.

① DLP　　② SLA
③ MJM　　④ FDM

38. 다음에서 설명하는 3D프린터 방식은?

> ( )은(는) 디지털 광학 기술을 응용하여 광경화성 수지를 사용하며, 단면을 한 번에 경화시켜서 출력속도가 상대적으로 빠른 방식으로 정밀도가 높은 제품 제작이 가능하여 보석, 보청기, 의료기기 등에 적용되는 방식이다.

① DLP　　② FDM
③ MJM　　④ SLS

39. 접촉식 수동 수평 인식에서 조형 받침대와 토출 헤드 사이의 거리를 측정할 수 있는 측정기는?
① 다이얼게이지　　② 하이트 게이지
③ 마이크로미터　　④ 높이 게이지

40. 다음 측정방식에서 사용되는 변위 센서는?

> • 조형 받침대에 자장을 발생시키는 자석을 설치하고 위치 측정이 요구되는 빌드 장치 혹은 수평을 맞추기 위한 장치에 자기 저항 센서를 설치함으로써 거리 측정이 가능하다.
> • 조형 받침대가 자장을 생성하는 재질이어야 하기 때문에 3D프린터에 사용하기에는 다소 부적합한 면이 있다.

정답 ▶ 34. ② 35. ④ 36. ③ 37. ④ 38. ① 39. ① 40. ①

① 자기 저항식 변위 센서
② 초음파 변위 센서
③ 인덕턴스 변위 센서
④ 정전 용량형 변위 센서

41. 정전 용량형 변위 센서에 대한 설명으로 틀린 것은?
① 피측정물 및 센서부가 전도성 소재이어야 하며, 원거리 측정이 가능하다.
② 상하 도선이 겹치는 단면적(A) 및 도선 사이 물질의 유전율에 비례하고 도선 사이의 거리(d)에 반비례한다.
③ 빌드 장치에 근접한 위치에 센서를 설치하고 조형 받침대에 접근함으로써 미소 위치 측정이 가능하다.
④ 비교적 매우 정밀한 측정이 가능하며 나노미터까지 측정이 가능하여 반도체 등 고정밀을 요구하는 곳에 많이 사용이 되고 있다.

해설 피측정물 및 센서부가 전도성 소재이어야 하며, 원거리 측정에는 사용이 어렵다.

42. 다음 측정방식에서 사용되는 변위 센서는?

- 송신부와 수신부의 위치는 동일하다.
- 다른 센서와는 달리 피측정물의 재질과 관계없이 사용할 수 있으며, 3D프린터에서도 측정 거리와 상관없이 사용이 가능하다.
- 측정 방식상 정밀한 측정이 불가능하여 고정밀을 요구하는 3D프린터에서는 사용이 부적합하다.

① 광학식 변위 센서
② 초음파 변위 센서
③ 인덕턴스 변위 센서
④ 정전 용량형 변위 센서

43. 다음 측정방식에서 사용되는 변위 센서는?

- 접촉식의 LVDT와 동일한 원리이다.
- 3D프린터에 사용하기 위해서는 조형 받침대가 금속이어야 하며, 비교적 근접 거리에서의 측정이 요구된다.
- 측정 정밀도는 비교적 높은 편이다.

① 광학식 변위 센서
② 초음파 변위 센서
③ 인덕턴스 변위 센서
④ 정전 용량형 변위 센서

44. 다음 측정방식에서 사용되는 변위 센서는?

- 삼각 측량법
- 공초점 측정법
- 모아레 측정법

① 광학식 변위 센서
② 초음파 변위 센서
③ 인덕턴스 변위 센서
④ 정전 용량형 변위 센서

해설 광학식 변위 센서
단파장 광과 CCD(Charge-Coupled Device) 혹은 CMOS(Complementary Metal-Oxide Semiconductor) 수광부를 이용하는 삼각 측량법, 단파장 광의 간섭을 이용하는 광위상 간섭법, 다파장 광의 간섭을 이용하는 백색광 주사 간섭법, 초점의 세기를 측정하는 공초점 측정법, 격자 간섭을 이용하는 모아레 측정법 등이 있다.

45. CCD 혹은 CMOS에서 측정되는 반사광의 위치를 이용하여 삼각 측량법으로 쉽게 거리를 구할 수 있는 변위 센서는?
① 광학식 변위 센서
② 초음파 변위 센서
③ 인덕턴스 변위 센서
④ 정전 용량형 변위 센서

정답 ▶ 41. ① 42. ② 43. ③ 44. ① 45. ①

46. SLA 방식 3D프린터에서 소재의 재사용에 대한 설명으로 틀린 것은?

① 일반적으로 가공 시 경화되지 않은 재료는 특별한 절차 없이 재사용이 가능하다.
② 이미 사용하여 경화된 재료도 액화시켜 다시 사용 가능하다.
③ 점도가 상승된 경우에는 새로운 수지를 혼합하여 활용이 가능하다.
④ 수지가 오랜 시간 외부 공기와 빛에 노출될 경우 서서히 경화되므로 보관상 주의하여 사용한다.

> **해설** 재료 자체가 경화성이기 때문에 한 번 제작된 형상은 다시 액상으로 전환이 되지 않고, 사용한 재료는 재활용이 불가능하다.

47. 제팅 방식 3D프린터에서 소재의 재사용에 대한 설명으로 틀린 것은?

① 이 공정은 주로 모델(Model) 재료와 서포트(Support) 재료 두 가지가 사용이 된다.
② 서포트 재료는 모델 재료를 지지하기 위해서 사용이 되며 가공이 끝난 후 세척 과정을 통해서 제거가 된다.
③ 제거된 서포트 재료는 재사용이 가능하다.
④ 각 카트리지가 3차원 프린터에 장착되어 사용되며, 여러 개의 카트리지를 동시에 사용할 수 있어 이종 재료의 동시 사용이 용이한 공정이다.

> **해설** 제거된 서포트 재료는 재사용이 불가능하며, 재료 재사용 공정이 존재하지 않는다.

48. FDM 방식 3D프린터에서 소재의 재사용에 대한 설명으로 틀린 것은?

① 재료 공급은 연속적으로 필라멘트를 공급할 수 있는 스풀(spool)과 같은 장치가 필요하다.
② 직경은 프린터의 노즐 사이즈에 맞게 선정되어야 한다.
③ 보통 저가형에서는 단일 노즐만 사용이 되며, 중고가형에서는 2개 이상의 노즐이 한꺼번에 사용이 된다.
④ 제작된 형상도 열을 주면 녹아서 흐르기 때문에 재료 재사용이 불가능하다.

> **해설** 제작된 형상도 열을 주면 녹아서 흐르기 때문에 재료 재사용이 용이하며, 사용하고 남은 재료와 사용한 재료 모두 재료 압출기(Extruder)를 사용하여 새로운 필라멘트 스풀을 만들 수 있다.

49. SLS 방식 3D프린터에서 소재의 재사용에 대한 설명으로 틀린 것은?

① 메인 가공 챔버에서는 재료의 용융점보다 조금 낮은 온도까지 방사열(Radiation heat)과 베드의 가열로 온도가 상승하고, 보온을 위해서 방열막이 사용된다.
② 방열막은 힌지로 연결이 되어 롤러(Roller)가 지나갈 수 있도록 회전이 가능하다.
③ 적외선 레이저가 재료 표면 위를 주사할 때 낮은 에너지로 빠른 가공이 가능하게 하기 위해서 미리 온도를 상승시키는 것이다.
④ 메인 가공 챔버 내의 재료는 다음 가공을 위해서 적절한 배합을 통한 재사용이 불필요하다.

정답 ▶ 46. ② 47. ② 48. ④ 49. ④

해설 메인 가공 챔버 내의 재료는 다음 가공을 위해서 적절한 배합을 통한 재사용이 필요하다.

50. FDM 방식 3D프린터에 사용한 소재를 재사용하기 위해 필요한 핵심 장치를 모두 고른 것은?

> a. 필라멘트 압출기
> b. 필라멘트 수집 장치
> c. 진공 펌프 및 집진 장치
> d. 교반장치 및 필터

① a, b   ② a, d
③ b, c   ④ c, d

해설 FDM 방식 핵심 장치는 필라멘트 압출기, 필라멘트 수집 장치이다.

51. SLS 방식 3D프린터에 사용한 소재를 재사용하기 위해 필요한 핵심 장치를 모두 고른 것은?

> a. 필라멘트 압출기
> b. 필라멘트 수집 장치
> c. 진공 펌프 및 집진 장치
> d. 교반장치 및 필터

① a, c   ② a, d
③ b, c   ④ c, d

해설 SLS 방식의 핵심 장치는 진공 펌프 및 집진 장치, 교반장치 및 필터이다.

52. 다음 방식에서 사용되는 재사용 장치의 효율성 점검 방법 공정은?

> 재사용 장치를 통해서 생산된 파우더는 SEM(Scanning Electron Microscopy) 등의 장비로 무작위로 추출한 개별 파우더의 크기 및 크기 분포를 알 수 있으며, 이를 통해 필터링의 성능 및 재료 교반기의 성능을 알 수 있다.

① SLS 공정   ② FDM 공정
③ 제팅 공정   ④ DLP 공정

53. 다음 FDM 방식에 사용되는 재사용 장치의 효율성의 중요사항을 모두 고른 것은?

> a. 필라멘트 생산 속도
> b. 필라멘트의 품질
> c. 스풀
> d. 파우더 재료 크기의 균질성
> e. 파우더 재료 성질의 균질성

① a, b, c   ② a, b, d
③ b, c, d   ④ c, d, e

54. 다음 SLS 방식에 사용되는 재사용 장치의 효율성의 중요사항을 모두 고른 것은?

> a. 필라멘트 생산 속도
> b. 필라멘트의 품질
> c. 스풀
> d. 파우더 재료 크기의 균질성
> e. 파우더 재료 성질의 균질성

① a, b, c   ② a, b, d
③ b, c, d   ④ d, e

정답 ▶ 50. ① 51. ④ 52. ① 53. ① 54. ④

Part 3

3D프린터 프로그램

CHAPTER 01. 제어 프로그램 개발
CHAPTER 02. 응용 소프트웨어 개발

CHAPTER 01 제어 프로그램 개발

1.1 제어 프로그램 개발계획 수립

1 3D프린터 제어 프로세스

1. 3D프린터 제어 프로세서 개요

(1) 3D프린터의 제어 프로그램을 통해 3D프린터를 구동하기 위해서는 우선 3D프린터의 제어시스템에 대한 내부 프로세서와 처리 과정에 대한 하드웨어 지식이 필요하다.
(2) 3D프린터의 경우 3축 이상의 독립 축들이 공간상에서 시간적 동기화를 맞추어 작동되어야 한다.
(3) 추가적으로 재료 적층도 프로그램된 작업 스케줄에 따라 처리되어야 성공적인 프린팅이 완성이 되는 복합 프로세서를 구현하여야 한다.
(4) 개발자는 하드웨어에 대한 기본적인 이해와 지식을 충분히 가지고 있어야 원활한 제어 프로그래밍을 구현할 수 있어야 한다.

1) 3D프린터 제어 흐름도

3D프린터의 하드웨어 제어에 대한 프로세서는 크게 3단계로 구분할 수 있다.

① PC 쪽에서 프린팅하고자 하는 CAD 데이터를 실제 사물 공간 좌표에서 물리적인 데이터로 변환하는 전 처리 단계
② 전 처리에서 결정된 공간으로 프린터의 노즐이 이동할 수 있도록 프린터 제어 프로그램 코드를 생성하는 단계
③ 프린터에서 전송된 프로그램 코드를 실행하는 제어 동작 단계

(1) 3D프린터 제어 프로세서

① 3D CAD model
  ㉠ 3차원 모델링으로 된 CAD 파일을 변환하기 위해 읽어 들이는 과정이다.
  ㉡ 회전과 단위 변환 및 비율 등을 결정하여 실제 모델링에 적합한 형태로 최종 변환된다.
  ㉢ 아래층에 지지부가 없는 부위나 높이에 따른 지지력이 필요한 경우에는 서포터를 더하여 지지력을 보강하는 과정도 포함한다.
  ㉣ 통상 3D프린터 프로그램에서 많이 통용되는 확장자는 *.STL 파일 형식이다.

② 슬라이싱 파일 생성
  ㉠ 3D프린터는 물체를 한 층씩 얇은 판을 쌓아올려 형상을 조합하는 일련의 과정이다.
  ㉡ 하나의 이미지 모델로 되어 있던 3D CAD 파일을 실제 구현할 두께로 한층 씩 나누는 과정이다.
  ㉢ 재료 분사 높이에 따라 두께 값이 조정되기 때문에 프린터 제어 프로그램에서 슬라이싱 과정을 포함하는 경우가 많다.
  ㉣ 두께 결정은 프린터 노즐의 사이즈와 프린팅 속도 요구 성능 등 여러 가지 복합 요인으로 결정된다.
  ㉤ 프린터의 속도, 노즐 막힘에 대한 위험성, 내부 밀도, 표면 거칠기, 형상 정밀도 등을 종합적으로 고려하여 노즐과 두께를 결정하고 슬라이싱 과정을 거쳐야 한다.
  ㉥ 프린팅 요구 성능에 따라 사용자가 값을 조정할 수 있도록 하여야 한다.

③ 툴 패스 생성
  ㉠ 앞 단계에서 슬라이싱된 각 층의 형상을 노즐에서 나오는 재료를 점과 선으로 채우는 과정이다.
  ㉡ 외형 형상 컨투어(Contour)와 잠열의 배분 등 복합적인 최적화 알고리즘이 필요한 과정이다.
  ㉢ 현재 여러 가지 기법들이 있고 오픈소스 형태로 툴 패스 플러그인 프로그램이 제공되고 있다.
  ㉣ 통상 PC에서 처리되는 전 과정, 즉 앞서 설명한 3D 캐드파일의 로딩, 슬라이싱 툴 패스 생성 및 이후 과정인 G코드 생성까지 일괄로 처리할 수 있도록 프로그램 소스코드들이 제공되고 있다.

④ 제어 코드 생성
   ㉠ 툴 패스를 따라 노즐이 이동할 수 있도록 3D프린터의 각 축 모터부가 추종할 명령어를 생성하는 과정이다.
   ㉡ 통상 G코드를 표준으로 사용하는 추세이다.

⑤ 제어 코드 전송
   ㉠ PC에서 앞선 전 과정들이 수행되고 나면 최종적인 결과물인 G코드로 된 프로그램제어 명령어 코드를 프린터로 전송하는 과정이다.
   ㉡ 프린터 제어 보드의 하드웨어 종류 및 구성 방식에 따라 유무선 통신을 지원하는 경우, 데이터 통신을 통해 전송할 수 있다.
   ㉢ 통신을 지원하지 않는 제어 보드의 경우는 메모리 카드 등 저장 매체를 이용하여 전송할 수 있다.

⑥ 제어 코드 저장 및 시스템 초기화
   ㉠ 전송받은 제어 명령어 코드를 전달받으면 프린터는 프린팅 동작을 위해 독립적 모드로 전환된다.
   ㉡ 시스템 초기화를 통해 구동부 및 모든 시스템 자원들의 상태를 점검하고, 프로그램을 수행할 수 있는 환경을 셋업한다. 이러한 과정에는 노즐 및 프린팅 베드의 가열 및 노즐 축의 원점 확인 등 여러 가지 초기화 동작들이 수행되게 된다.

⑦ 제어 코드 명령어 수행
   ㉠ 본격적으로 프린터는 제어 명령어 프로그램 코드에 따라 프린터 헤드를 이송하며 재료를 순차적으로 분사한다.
   ㉡ 이 과정을 통해 본격적인 프린팅이 이루어진다.

⑧ 시스템 상태 모니터링
   ㉠ 통신을 지원하는 제어 보드는 제어 프로그래밍에 통신 부분을 추가할 경우, 제어 코드 명령어 수행 상태나 시스템 제어 상태에 대한 데이터를 상위에 연결된 PC로 주기적으로 전송하여 시스템 상태를 모니터링할 수 있다.
   ㉡ 하드웨어에 독립적인 상태에서도 LCD나 기타 데이터 표시 장치를 통해 노즐의 온도나 프로세서의 진행 상태 등 시스템 상태를 모니터링할 수 있다.

2 3D프린터 하드웨어

1. 3D프린터 하드웨어 개요

(1) 제어 프로그래밍 엔지니어는 실제 3D프린터 하드웨어를 구동하는 메인 하드웨어 및 각 동작부의 컨트롤하는 프로그램을 제작하기 때문에 3D프린터의 전 프로세스에 대한 이해와 동시에 하부에 부속된 모든 하드웨어에 대한 지식을 모두 갖추고 있어야 한다.
(2) 통상 최종 시스템 통합 작업을 수행하게 되는 경우가 많다.
(3) 각 단계에서 제어 프로그래밍되어야 하는 연관된 하드웨어를 중심으로 개발자는 하드웨어에 대한 전반적인 지식을 습득하여야 한다.
(4) 제어 프로그래머 관점에서는 크게 메인 컨트롤러와 모션을 구동하는 모션 하드웨어 두 부문이 직접 연관된 하드웨어 부분이다.

1) 메인 컨트롤러

① 3D프린터는 툴 패스에 대한 명령어 코드가 생성되어 전달되면 이후로는 PC와 독립적으로 프린팅 프로세서를 진행하게 된다.
② 3D프린터의 독립적인 구동 제어를 위해서는 프로그램을 수행하고, 시스템을 제어하는 중앙 처리 장치를 내장한 컨트롤 보드가 있어야 한다.
③ 컨트롤 보드는 처리 속도 및 프로그램 언어 및 환경 등 여러 가지 하드웨어에 의해 정해진 환경에 따라 프린터의 운용 프로세서의 전반적인 프로세서가 결정되는 만큼 핵심 하드웨어 부분이다.
④ 3D프린터의 경우 통상 기본 기능을 원활히 수행할 수 있는 모션 제어 보드는 대부분 사용할 수 있다.
⑤ 근래에는 3차원 프린팅 개발을 위해 특화된 컨트롤 보드들이 많이 사용되고 있다.

(1) RAMPs

아두이노 기판에 추가로 끼워 사용할 수 있는 메가 확장 쉴드 보드이며, 가격이 저렴하고 작은 보드임에도 RepRap(오픈소스 3D프린터)에 필요한 전자 부품들을 수용할 수 있게 설계되어 있다. 오픈소스로 무료로 배포되고 있다. 3D프린터 모터드라이버, LCD 컨트롤러, 각종 센서 등을 제어한다.

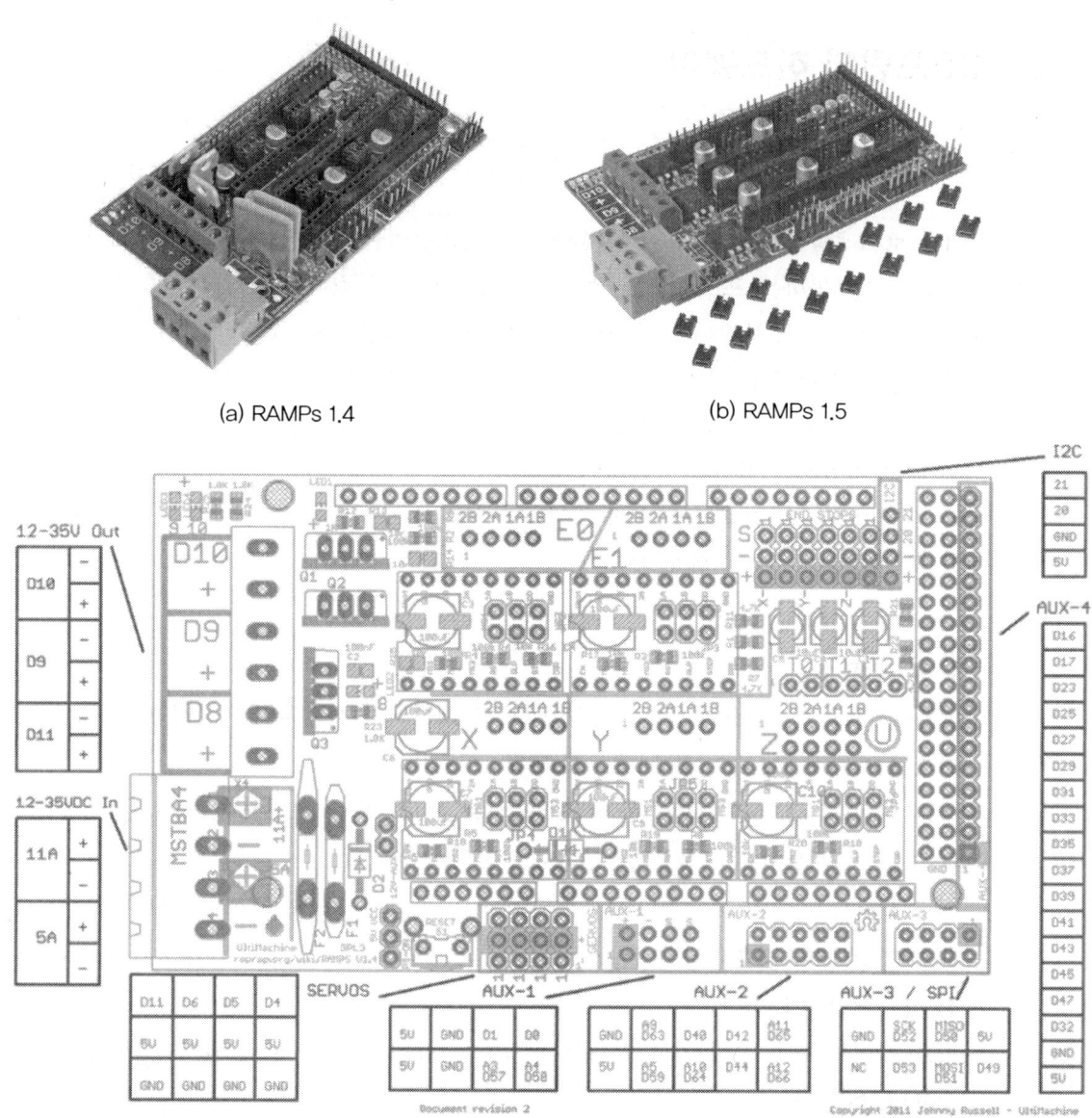

[그림 3-1] RAMPs 1.4 회로도

(2) RAMBo

RAMBo 보드는 쉴드 기판이 가지는 모든 기능과 아두이노 보드의 기능을 하나로 통합되어 있다. RAMPs 설계와 Arduino MEGA 및 스테퍼 드라이버가 하나의 통합 PCB에 완전히 재정렬된다.

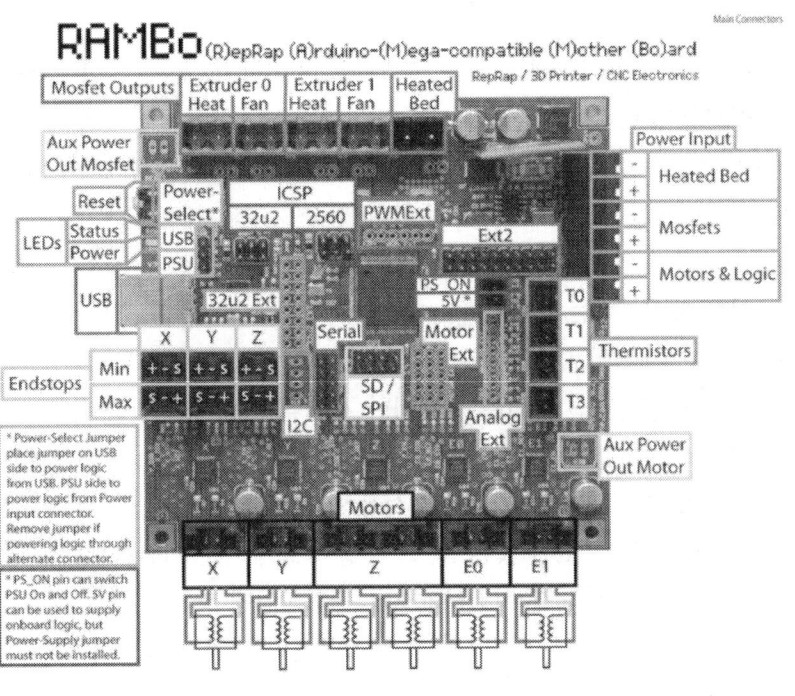

[그림 3-2] RAMBo 1.4

2) 모션 하드웨어

제어 컨트롤 보드는 명령어를 수행하여 프린팅을 주관하는 명령자의 역할을 수행하는 하드웨어 부분으로 명령에 따라 직접적인 프린팅을 수행하는 수행자의 역할을 하는 부분이 모션 하드웨어 부분이다. 제어 프로그램 개발자는 프로그램 코드를 전달받아 하나씩 해석하여 하부의 하드웨어로 명령을 전달하는 메인 보드와 전달받은 명령에 따라 위치 값을 추종하는 모션 하드웨어의 두 하드웨어 요소 모드를 정확히 이해하고 있어야 요구 성능에 부합하는 적절한 프로그램을 개발할 수 있다.

(1) 모터

① 노즐의 공간 이송을 하는 방식은 크게 리니어 모터나 회전 모터를 스크루나 랙과 피니언, 벨트 등에 연결하여 직선 구동을 유도하는 방식을 사용하고 있다.

② 멀티 모션 컨트롤 보드는 여러 축의 액추에이터의 위치 제어를 각 축에서 독립적으로 구현하도록 하는 방식을 채택하여 모션의 동기화 및 메인 컨트롤러의 구동 로드를 낮추도록 하고 있다.

③ 각 축의 모터가 독립적으로 위치 제어를 구현하기 위해서 두 가지 방식이 사용되고 있다.

① 개루프 위치 제어
　㉠ 루프라는 의미는 궤적 혹은 사이클을 의미하며, 이는 모션을 제어하는 제어 사이클을 뜻한다.
　㉡ 개루프란 것은 사이클이 열려 있다는 것으로서 명령에서부터 모션 구동까지 일괄적으로 처리되는 것을 뜻한다.
　㉢ 물리적인 의미로는 센서를 사용하지 않고 모터를 전기적 신호만 입력하여 위치를 제어한다는 뜻이다.
　㉣ 시스템 제어의 입장에서는 가장 간단한 방법이지만 모터의 내부 관성이 있기 때문에 일반적인 모터로는 이러한 제어를 구현하기 힘들다.
　㉤ 개루프 제어를 구현할 수 있는 모터는 스테핑 모터(Stepper motor)이며, 현재 저가의 3D프린터에서 대부분 사용하고 있다.
　㉥ 모터의 내부를 보면 많은 N, S 극성이 교차되는 이빨을 가진 회전자(Rotor)가 중앙 축 샤프트에서 회전하고, 외부 프레임엔 A, B, A', B'의 전자석인 고정자(Stator)가 회전자의 전자석을 잡아당기면서 일정 각도씩 회전하게 한다.

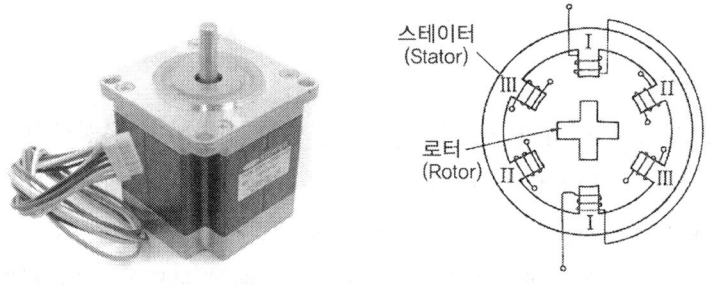

[그림 3-3] 스테핑 모터와 모터 내부 구동 원리도

② 폐루프 위치 제어
　㉠ 폐루프 위치 제어는 센서를 통해 현재 위치값을 읽어 들이고 모터에 전기 신호를 입력하여 목표 지점까지 이동하도록 매번 체크하면서 제어하는 방식이다.
　㉡ 하드웨어는 현재 위치값을 측정할 수 있는 센서, 엑츄에이터인 모터, 제어 루프를 관장하는 서보드라이버 세 가지로 구성된다.
　㉢ 통상 서보드라이버는 범용 데이터 통신 기능을 포함하고 있으며, 위치 제어의 정밀성과 모터의 높은 토크 특성 때문에 정밀 고토크 프린팅 시스템이나 산업용 대형 3D프린터에서 사용하고 있다.

㉣ 제어 프로그램에서도 스테핑 모터의 경우 펄스 형태로 신호를 보내는 것과는 달리 데이터 통신으로 데이터 스트링 형태로 제어 명령을 전송하고 추종하는 방식을 사용한다.

(2) 모터 종류

① 서보모터에는 DC 모터와 AC 모터가 있으며, 두 모터의 가장 두드러진 차이점은 입력 전원이 정류를 해서 직류로 변환하는지, 아니면 일반적인 교류 전류를 인가하는지의 차이이다.
② 속도 제어나 위치 제어에 있어서도 입력 전원의 형태가 다르므로 내부적으로 DC 모터의 경우는 전압값 조정을, AC 모터의 경우 펄스폭 조정 등의 서로 다른 방식을 취한다.
③ AC 모터는 동급출력을 내는 DC 모터에 비해서 상대적으로 저렴하며, 효율이 좋고, 수명이 길다는 장점이 있다.
④ DC 모터는 속도 및 방향 제어 등을 쉽게 구현할 수 있기 때문에 DC 모터를 가장 많이 사용한다.

(a) AC 모터　　　　　(b) DC 모터　　　　　(c) 서보 드라이버

[그림 3-4] 모터의 종류

(3) 엔코더 종류

① 엔코더 모터는 반드시 엔코더 모터 구동 드라이버에 의해 구동되며, 폐회로(Close Looping) 제어로 모터의 회전수나 위치를 제어한다.
② 모터의 폐루프 제어에 사용되는 센서로는 엔코더, 퍼텐쇼미터 두 가지가 있다.
③ 퍼텐쇼미터는 아날로그 출력으로 고속 처리에 어려움이 있어 디지털 신호로 각도를 출력하는 로터리 엔코더를 주로 사용한다.
④ 앱솔루트 엔코더(Absolute encoder)는 항상 현재 위치값을 출력하며 각도의 증감을 발생하여 매번 새롭게 출력값을 저장하여 새롭게 0점 조정을 하며, 특징은 다음과 같다.

㉠ 속도와 이동량을 검출한다.
㉡ 1회전 내의 각도 데이터를 검출한다.
㉢ 원점에서의 이동량은 검출한다.
㉣ 정전 후의 원점복귀가 불필요하다.
㉤ 구조가 비교적 복잡하다.
㉥ 비교적 고가이다.

⑤ 인크리멘탈 엔코더(Incremental encoder)는 프로그램 내부에서 메모리에 별도로 현재 입력값을 저장하여 0점 조정 이후 값의 변화를 비교하여 각도를 측정하며 특징은 다음과 같다.
㉠ 속도와 이동량을 검출한다.
㉡ 원점으로 부터의 이동량은 검출이 불가하다.
㉢ 정전 후의 원점복귀가 필요하다.
㉣ 구조가 비교적 간단하다.
㉤ 비교적 저가이다.

⑥ 내부적으로는 엡솔루트 엔코더엔 별도의 메모리와 배터리를 내장하고 있어서 전원이 끊어진 상태에서도 현재의 데이터를 그대로 유지하는 방식이다.

⑦ 엔코더의 종류에 따라 원점 조정 과정을 프로그램에 포함해야 하는 경우가 발생한다.

⑧ 엔코더는 센서(Sensor)의 일종이며, 엔코더는 기능은 다음과 같다.
㉠ 모터의 회전수와 속도를 감지할 수 있다.
㉡ 모터의 정역 회전 방향을 감지할 수 있다.
㉢ 모터가 몇 도만큼 회전했나를 알 수 있다.
㉣ 모터의 초기 원점(Home sensing)을 할 수 있다.

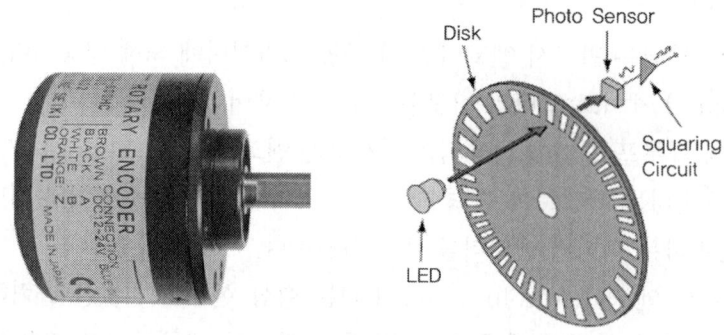

[그림 3-5] 로터리 엔코더

3 마이크로프로세서

1. 마이크로프로세서 프로그래밍 개요

1) 마이크로프로세서란?

내부에 레지스터, 제어장치, 연산장치를 포함하여 연산에 특화된 기능을 갖는 장치를 말한다. 컴퓨터의 CPU 또한 마이크로프로세서라 불리며, 개별적으로는 연산만 가능할 뿐 저장장치(램, 롬), 출력장치(I, O 포트) 등의 주변장치가 있어야 사용할 수 있다.

① 제어장치 : 명령어를 해석하여 레지스터나 연산장치를 제어한다.
② 연산장치 : 산술연산을 담당하며 제어장치의 제어를 받는다.
③ 레지스터 : 소량의 데이터를 임시 저장하는 공간이다.

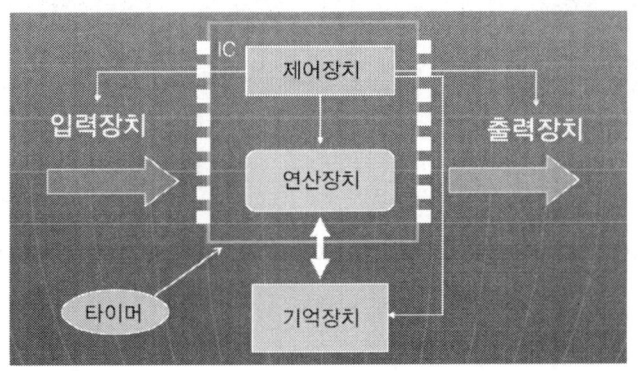

㉠ 3D프린터 제어 프로그램이 실행되는 주 프로세서는 3D프린터 내부에서 프린터의 동작과 운영을 총괄하는 3D프린터 제어 컨트롤보드에 내장된 마이크로프로세서이다.
㉡ 3D프린터 제어 프로그래밍은 마이크로프로세서 프로그래밍과 같은 의미이며, 프로그램 대상이 3D프린터 제어가 되는 것이다.
㉢ 통상 3D프린터와 같이 시스템 내부에서 두뇌의 역할을 하는 마이크로프로세서가 독립적인 운영을 하는 시스템을 임베디드 시스템(Embedded system)이라고 하고, 제어 프로그래밍을 임베디드 프로그래밍이라고 한다.

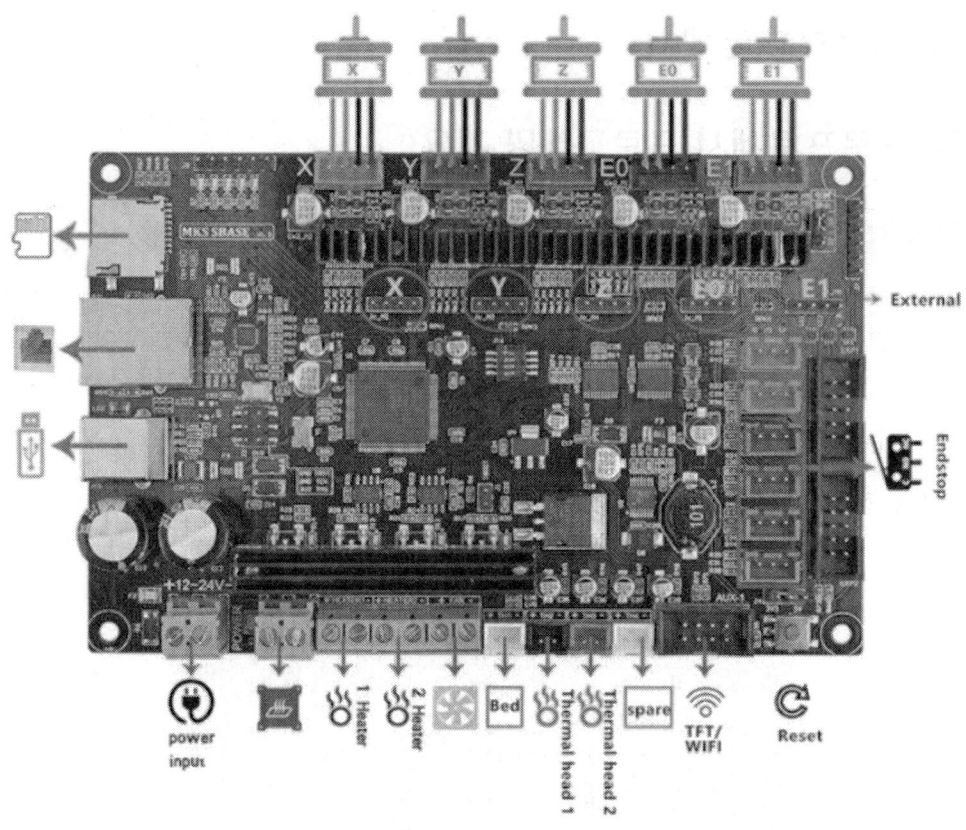

[그림 3-6] 3D프린터 컨트롤보드에 내장된 마이크로프로세서 예시

2) 마이크로프로세서 구조

① 마이크로프로세서는 컴퓨터와 유사한 내부 구조를 가지고 있다.
② 컴퓨터와의 차이점은 메모리를 내장하지 않고 외부에 메모리를 두고 처리하는 구조이다.
③ 내부에는 레지스터라는 메모리가 있으나 이는 프로세서의 상태 제어나 프로세서가 처리할 해당 코드 라인만 잠시 저장하는 임시 저장소일 뿐이다.
④ 구조를 보면 메모리에 저장된 프로그램 코드를 프로그램 카운터가 하나씩 카운팅을 하면서 순차적으로 불러들이면 명령을 처리하는 레지스터에 전송하고 해석하고 실행하도록 한다.
⑤ 산술적인 계산은 별도의 루프린 ALU를 통해 고속으로 병렬 처리 하는 구조로 되어 있다.

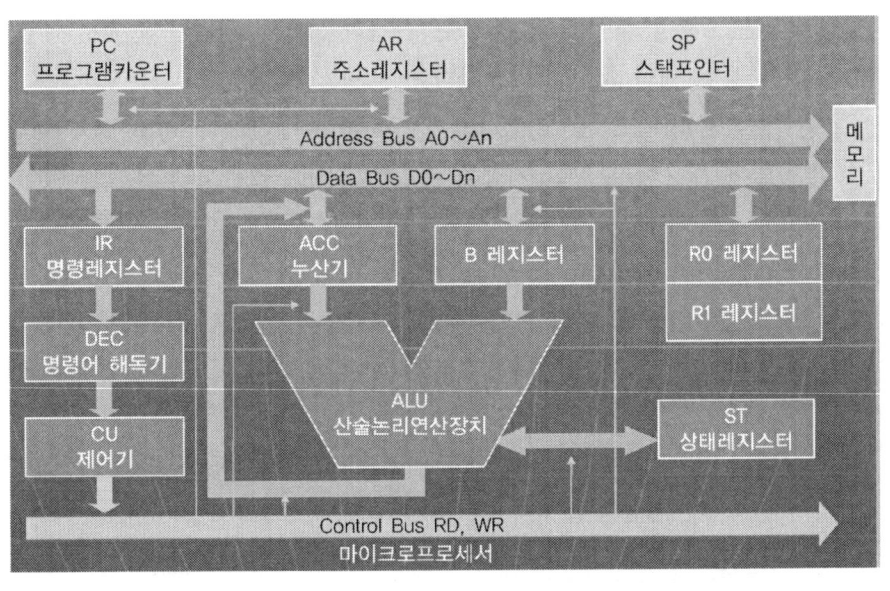

[그림 3-7] 마이크로프로세서의 내부 구조

3) 마이크로프로세서 프로그램 처리

① 마이크로프로세서 내부에서 프로그램이 실행될 때 명령어를 하나씩 메모리에서 인출하고 처리하기 때문에 명령 사이클(Instruction cycle)은 페치 사이클(Fetch cycle)과 실행 사이클(Excution cycle)의 두 단계로 구성된다.
② 명령 사이클에서는 실행할 명령을 메모리에서 내부 명령 레지스터까지 인출하고, 이를 명령 해독기(Decoder)에서 해독하기까지의 단계이다.
③ 페치 사이클에서는 명령 해독 결과에 따라 명령에서 정해진 타이밍 및 제어 신호를 순차적으로 발생하여 주어진 명령 실행 단계이다.
④ 각 명령에 하나의 코드별로 하나의 명령 사이클을 구성한다.
⑤ 마이크로프로세서에서 처리하는 프로그램 명령어 코드는 2비트 기계어이다.

2. 마이크로프로세서 프로그램 개발 환경

(1) 3D프린터의 제어 프로그래밍에서는 PC에서 실제 구동은 실행 주체인 마이크로프로세서가 내장된 3D프린터 안에 있는 컨트롤 보드에서 하기 때문에 개발되는 환경과 실행되는 환경이 다른 크로스 플랫폼 개발 환경(Cross-Platform development environment)이다.

(2) 개발자에게 프로그래밍 개발을 할 수 있는 환경과 실행이 되는 프로세서를 연결하고 실행하도록 하는 통합 개발 환경이 필요하다.
(3) 통상 통합 개발 환경(IDE, Integrated Development Environment)이라고도 한다. 프로그램 개발에 필요한 다양한 기능을 제공하고 내부에는 프로그램을 작성하는 에디터와 마이크로프로세서가 실행하는 기계어로 변환하는 컴파일러, 어셈블러, 링커 등을 포함하고 있다.
(4) 에디터는 프로그램 코드를 편집할 때 사용한다. 일반적으로는 C 같은 고급 프로그래밍 언어가 사용되며, 프로그래머의 재량에 따라 하위 레벨의 어셈블리 언어를 사용하기도 한다.
(5) 코드가 작성되면 컴파일러로 컴파일된다. 여기서 '컴파일'이란 사람이 작성한 고급 프로그래밍 언어를 마이크로프로세서가 인식하도록 목적 코드(일명 Object 파일)로 변환하는 작업을 의미한다.
(6) 컴파일된 모든 목적 코드 파일은 다시 하나의 나열된 일괄 프로그램으로 묶어 주는 링크(Link) 과정을 거친다. 실행 파일은 통상 hex 파일 형태로 만들어진다.

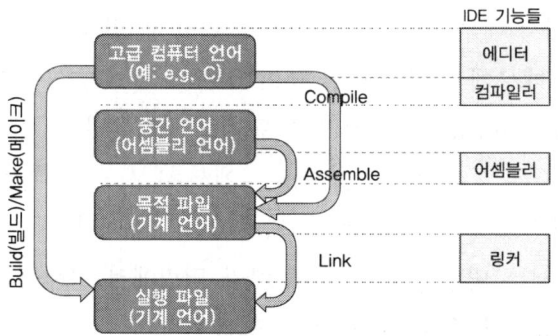

[그림 3-8] 개발 환경에서 프로그램 변환 과정

1) 펌웨어(Firmware)

① RAMPS 제어 보드와 아두이노 보드는 마린 펌웨어(Marlin Firmware)로 구조화되어 있기에 필요한 부분을 수정할 수 있다.
② 펌웨어란 전자기기 등의 기본적인 제어 및 구동을 맡고 있는 프로그램을 총칭이며, 특정 하드웨어 장치에 포함된 소프트웨어로서 코드를 읽어 실행하거나, 수정되는 것도 가능한 장치를 뜻한다.
③ 펌웨어는 3D프린터의 제어 보드에 탑재되어 모든 것을 제어하는 소프트웨어이다.

2) 호스트 소프트웨어(Host software)

① 3D프린터를 제어하기 위한 PC 유틸리티를 프론트엔드(Frontend) 또는 호스트 소프트웨어(Host software)라고 한다.
② 호스트 소프트웨어는 3D프린터를 작동시키기 위한 명령어의 집합인 G코드를 전송하여 3D프린터를 작동시키는 역할을 한다. 예를 들면 모터를 구동시키거나, 핫엔드를 가열하고, 헤드의 이동 속도를 조절하는 등 3D프린터의 작동에 필요한 모든 명령은 G코드를 통해 입력된다.
③ Repetier-Host도 많이 사용하는 소프트웨어이며, 이 프로그램은 강력한 기능을 제공하는 호스트 소프트웨어로서 프린터를 다양하게 조작할 뿐만 아니라 Cura, Slic3r 등의 외부 슬 라이서 엔진을 사용해 G코드를 생성하고 출력하는 기능을 갖추고 있다.

4 데이터 통신

통신이란 객체와 객체 간에 정해진 규약(일명 프로토콜[1], Protocal)에 따라 데이터를 송수신하는 행위이며, 데이터 통신 방식이나 규약이 무수히 많이 존재하고 지금도 통신 속도 개선을 위해 지속적으로 발전이 이루어지고 있다. 컴퓨터의 발달 및 보급은 컴퓨터를 중심으로 한 정보기기 간에 정보를 교환하는 필요성이 높아지게 되었다. 여기서 교환되는 정보는 데이터이기 때문에 데이터 통신이라고 말한다. 데이터통신의 3대 목표는 데이터 전송의 정확성(채널코딩), 효율성(소스코딩), 안전성(보안코딩)이다.

1. 데이터 통신의 분류

1) 전송 선로에 따라 분류

① 물리적인 도선을 연결한 유선과 전자기나 적외선 등 도선을 사용하지 않는 무선전송 데이터의 신호 상태에 따라 분류한다.
② 아날로그와 디지털로 분류한다.

---

[1] 프로토콜(Protocol)이란? 2개의 시스템 간에서 정보를 교환하기 위한 규정 또는 약속이다.

2) 전송 모드에 따라 분류

(1) 단방향

데이터 전송로에서 한 방향으로만 데이터가 흐르도록 하는 통신 방식으로 원격 측정기(Telemeter) 같은 것이 있다.

(2) 반이중

양 디바이스 간의 양방향 송수신이 가능하지만, 같은 시간에 두 디바이스 간 동시에 데이터 전송할 수 없고, 한 번에 하나의 전송만 이루어지는 통신 방식으로 접속된 두 장치 간에 한 번씩 교대로 데이터를 교환하는 통신 방식(2회 선식)이다.

(3) 전이중

양 디바이스 간의 송수신이 동시에 가능한 통신 방식으로 접속된 두 장치 간에 데이터가 동시에 양방향으로 흐를 수 있도록 하는 방식이다.
4선식 회선이 사용되나 2선식 회선에서 주파수 분할로도 전이중 통신이 가능하며 통신회선의 효율이 가장 높다.

3) 데이터 전송 형태에 따른 분류

(1) 병렬

하나의 데이터를 여러 선을 통해 묶음으로 통신하는 방식이다.
① 복수의 비트를 합쳐 블릭 버퍼를 이용하여 한 번에 전송하는 방식이다.
② 송수신 문자들 간의 간격을 식별하는 스트로브(Strobe) 신호를 사용하여 문자들을 식별한다.
③ 수신 측이 현재 데이터를 수신 중에 있다는 것을 송신 측에 알리기 위해서 비지(Busy) 신호를 사용하며, 송신 측이 다음 문자의 송신 시기를 알 수 있도록 하는 것이다.
④ 컴퓨터와 주변기기 사이(컴퓨터와 프린터 연결)의 데이터 전송에 이용된다.
⑤ 거리가 멀면 전송 비용이 커지므로 단말장치의 연결에서는 거의 사용하지 않는다.

(2) 직렬

1개 혹은 한 쌍의 선만을 통해 데이터를 전송하는 통신 방식이다.
① 한 비트씩 순서대로 데이터를 전송하는 방식이다.
② 단말장치 또는 컴퓨터는 복수의 비트들로 처리하는 것이 일반적이므로 송신의 병렬신호를 직렬신호로 변환하여 전송로에 전송하고, 수신 측에서는 직렬신호를 병

렬신호로 다시 변환해야 한다. 이때 변환은 쉬프트 레지스터(Shift Register)를 이용한다.
③ 문자와 문자의 간격, 그리고 비트와 비트의 간격을 식별하기 위한 방식이 필요하다. 이를 위해서 다음 절의 동기 전송 방식이 요구된다.

4) 신호 타이밍에 따른 분류

(1) 동기 방식

전송되는 데이터 신호 외에 클럭 신호를 별도로 두고 송수신 양측 간의 신호에서 데이터를 공유된 클럭 신호에 따라 동기화시켜 데이터 통신하는 방식이다.
① 기본적인 개념은 비동기 방식의 회선 이용 효율을 증가시키기 위해서 문자 또는 비트들의 데이터 블록을 송수신하도록 하는 것이다.
② 간단한 방법은 전송회선을 데이터와 클럭 신호선으로 별도로 분리하는 방법으로 많이 사용되지는 않는다.
③ 다른 방법은 데이터 블록의 전후에 특정한 제어정보를 삽입하는 방법이 있다.
④ 사용되는 데이터의 앞부분의 제어정보를 프리앰블(Preamble)이라고 하며, 블록 뒤의 제어 정보를 포스트앰블(Postamble)이라고 한다. 또한 전송 데이터와 제어 정보를 합해서 프레임(Frame)이라고 한다.

(2) 비동기 방식

별도의 타이밍 클럭을 두지 않고 신호 내부에 동기값을 포함하여 송수신 장치 양측이 통신 속도를 맞춰 통신하는 방식이다.
① 기본적인 개념을 길지 않은 비트열을 전송하도록 하여 타이밍 문제를 피하도록 하는 것이다.
② 데이터는 한 번에 짧은 비트열을 전송하고 동기화는 각 전송 비트열의 내부에서만 유지하도록 한다. 이때 각 문자열 내부의 타이밍은 송수신기의 내부적인 타이밍슬롯을 이용한다.
③ 일정한 길이의 데이터(8비트의 한 문자) 전후에 스타트 비트(ST; Start Bit)와 스톱 비트(SP; Stop bit)를 첨가하여 전송한다.
④ 어떤 비트열도 전송되지 않을 때는 송수신기의 회선은 휴지상태(Idle; 항상 1의 상태)가 된다.
⑤ 전송할 내용이 있을 때는 스타트비트(0 상태)를 전송하여 회선을 1에서 0 상태로 변화하게 한다.

⑥ 수신 측에서는 타임슬롯의 1/2시간 동안 0 상태를 유지함을 감지하여 데이터의 수신을 준비한다(이때부터 한 문자가 전송될 것임을 알고 샘플링(Sampling)을 시작한다).
⑦ 타임 슬롯이 다소 어긋날 수도 있으나 전송속도가 빠르지 않고 샘플링 대상의 데이터가 그다지 많지 않을 경우는 타임 슬롯의 중간에서 샘플링이 가능하다.
⑧ 송신 측의 송신클럭에 관계없이 수신신호 클럭으로 타임슬롯의 간격으로 비트를 식별한다.
⑨ 결정된 수만큼(8비트)의 샘플링이 완료되면 최후의 스톱비트를 확인하고 종료된다.
⑩ 300~2400bps 정도의 비교적 지속의 데이터 전송에 사용된다.
⑪ 단점은 실제 의미있는 전송데이터 중 ST와 SP비트로 인해서 약 20%의 전체 회선의 이용효율을 저하시킨다.

2. 마이크로프로세서 데이터 통신 종류

1) 시리얼 통신(RS-232C)

① 직렬 통신은 1개 또는 2개의 전송 라인을 사용하여 데이터를 송수신하는 통신 방법으로, 한 번에 한 비트씩 데이터를 지속적으로 주고받는다.
② 적은 신호선으로 연결이 가능하기 때문에 선재와 중계 장치의 비용이 억제되는 등의 장점이 있다.
③ RS232C 통신은 15m 이내 단거리에서 가장 많이 사용되는 통신 방식이며, 3D프린터의 컨트롤 보드에서 많이 사용되는 Atmel 계열의 프로세서에서는 UART라는 파트에서 통신을 지원한다.
④ 신호선과 커넥터의 목적과 타이밍으로 정의한다(D-sub 25핀 또는 D-sub 9핀). 현재 표준은 신호선을 추가하여 개정되었으며, 정식으로 "ANSI / EIA-232-E"라고 하다가 지금은 "RS-232C"라고 한다.

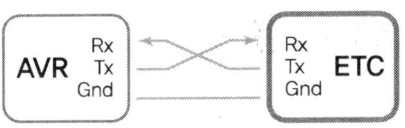

(a) 두 포트 간 배선 그림

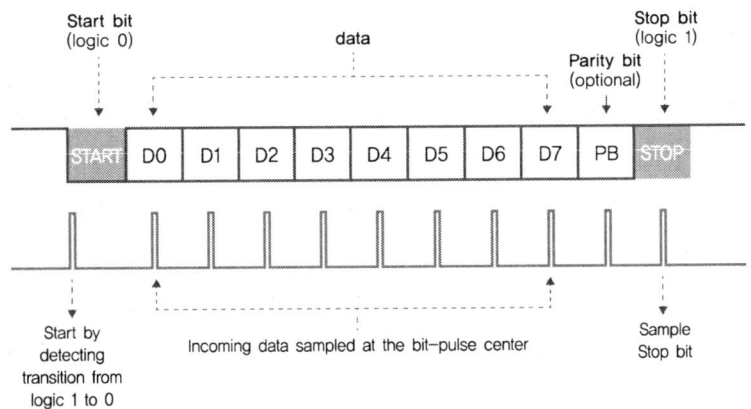

(b) 데이터 페킷 그림

[그림 3-9] 시리얼 통신(RS-232C)

2) I2C

① 주로 회로 내의 프로세서 간에 두 가닥의 와이어로만 통신하는 방식으로서 일명 TWI(Two Wire Interface)라고 불리는 통신 방식이다.
② 2개의 선 중 1개는 SCL(양방향 제어 신호선), 또 다른 한 선은 SDA(양방향 데이터 신호선)으로 구성되어 있으며, 세 가지 속도 모드 방식이 있다.

3) SPI(Serial Peripheral Interface)

① I2C와 함께 마이크로프로세서에서 많이 쓰이는 통신 방식으로서 네 개의 선을 사용하여 직렬로 통신하는 방식이다.
② 신호선이 I2C에 비해 2개가 더 늘어나면서 데이터속도가 빠른 장점이 있지만 연결 배선이 많아지는 단점이 있다.

1.2 제어 프로그램 개발

1 제어 알고리즘

1. 포트의 구성

(1) 제어 프로그램은 연산이나 논리적인 판단과 같은 알고리즘 로직을 만드는 부분도 포함한다.
(2) 대부분 3D 프린팅 프로세서 동안 제어 프로그램은 컨트롤 보드에 연결된 여러 주변 장치 들을 순차적으로 제어한다.
(3) 프로세서 도중에 여러 센서들을 통해 상태를 점검하는 등 프로그램의 대부분이 외부 시스템의 제어 부분에 할애가 된다.

1) 3D 컨트롤 보드의 제어 포트

단순하게 3D 프린팅 프로세서의 제어만 한정한다면 제어 프로그램에 의해 제어되는 부분은 모션을 제어하는 모터 드라이버의 포트로 사용한다. 그러나 3D 컨트롤 보드의 제어 포트는 상태 디스플레이 드라이버이므로 여러 가지 추가적인 기능이 부가되면 결국 여러 기능 포트들의 제원을 모두 필요로 하게 된다.

① 핀 배치도와 ATmel Atmega2560의 Data sheet를 보면 P로 시작하는 포트 명은 전부 입출력 포트이다.
② I/O 포트의 기능이나 경우에 따라 아날로그 신호를 받아들이는 A/D 컨버터 입력(PF 포트), 외부의 아날로그 장치의 컨트롤을 위해 펄스폭 변조로 신호를 출력하는 PWM을 모두 출력 포트(PB 포트 외)이다.
③ 그 외에 통신 UASART 통신 포트(PD 포트) 및 인터럽트와 카운터, 타이머 입출력 포트 등 여러 기능의 포트로 구성되어 있다.
④ 이러한 복합적인 기능 포트 중에 3D프린터용 컨트롤 보드에서는 실질적으로는 I/O와 A/D포트 그리고 PWM 포트까지만 기능을 활용하고 있고, 나머지 기능들은 제어 프로그램의 설계 사양에 따라 추가된다.

[그림 3-10] ATmel Atmega2560의 핀 배치도

2) I/O 포트

(1) 포트 구동 원리

① I/O 포트는 전자 회로에서 전기 신호의 기본적인 동작인 On/Off 기능을 구현하는 포트이다.
② 프로세서의 관점에서는 신호를 받을 수도 있고 출력할 수도 있기 때문에 이러한 역할에 따라 Input과 Output으로 나뉜다.
③ 전기적 특성은 전기적 신호의 단락은 스위칭을 기반으로 하고 있다.
④ MCU 내부에는 스위치 소자인 TR이 있고 이의 동작에 대한 설정은 레지스터가 출력으로 동작할지 입력으로 동작할지 결정한다.
⑤ 출력일 경우 TR 기능을 이용하여 Vcc의 인가 혹은 단락으로 On/Off를 스위칭한다.
⑥ 만약 입력의 경우는 비교 기능을 이용하여 High/Low를 판별하도록 동작한다.
⑦ 아래 그림에서 DDRx.n은 레지스터의 동작을 입력이나 출력을 결정한다.

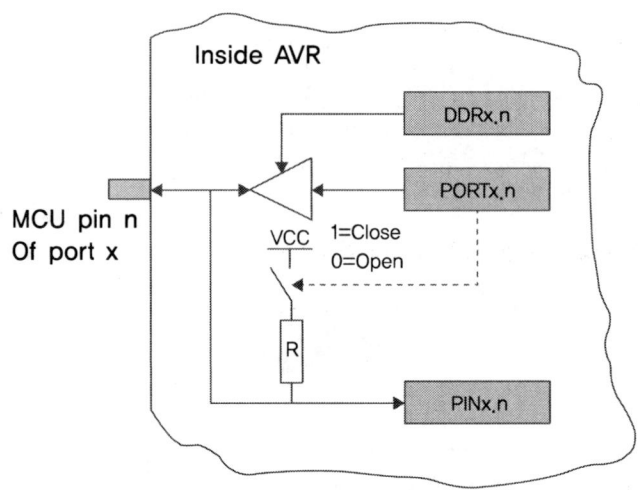

[그림 3-11] I/O 포트 내부 구동 원리

(2) 포트 작동 설정
   ① RAMBO 보드의 MCU인 ATmega2580에 있는 I/O 포트는 GPIO(General Purpose Input Output)라고 하여 범용으로 사용되는 입출력 포트로서 설계자가 마음대로 변형하면서 제어할 수 있도록 제공되는 I/O(입출력) 포트이다.
   ② 출력을 마음대로 선택할 수 있고, 0과 1의 출력 신호를 임의로 만들어 줄 수 있는 구조를 가진다.
   ③ 입력으로 사용할 때는 외부 인터럽트를 처리할 수 있도록 하는 경우가 많다.
   ④ 입출력뿐만 아니라 ADC, Timer, Interrupt 등의 대부분의 기능을 겸한다.
   ⑤ GPIO를 통해 외부에서 S/W 등으로 입력되는 신호를 입력받을 수 있고, 타이머나 UART 인터럽트 등을 통한 값을 GPIO를 통하여 LED 등의 소자로 출력할 수도 있다.
   ⑥ GPIO 핀은 입출력 방향 전환용 레지스터와 출력용/입력용 데이터 레지스터 등이 필요하다.
   ⑦ MCU에서는 대부분의 핀들을 GPIO로 설정하는 경우가 많다.

(3) 프로그램 제어
   포트의 기능이 입력과 출력으로 병용이 되기 때문에 프로그램 작성 시 프로그램 도입부에서 동작을 레지스터를 통해 설정하고 본 프로그램 루프에서는 이들 동작 제어를 프로그램하도록 한다.

〈표 3-1〉 I/O 포트 프로그래밍 예시

```
int main(void)
{
DDRC = 0xFF; //PORTC를 출력 포트로 설정
while(1) //infinite loop
{
PORTC = 0xFF; //모든 C 포트들을 Turns ON
_delay_ms(1000); //1 second delay
PORTC= 0x00; //모든 C 포트들을 Turns OFF
_delay_ms(1000); //1 second delay
}
}
```

3) A/D 포트

(1) A/D 포트 동작 원리

① 연속적인 신호인 아날로그 신호를 디지털 장치인 MCU에서 처리하기 위해서는 부호화된 디지털 신호로 변환시켜야 하며, 이를 A/D 변환(AD converter)이라고 한다.

② 온도, 압력, 음성, 영상 신호, 전압 등 연속적으로 측정되는 자연계에서의 수치를 전압의 세기로 변환시켜 기준 전압에 의해 일정 범위의 디지털 값으로 변경한 수치를 입력받는 포트가 A/D 포트이다.

③ ADC와 반대로 마이크로프로세서 내부에서 처리된 값으로 액추에이터(Actuator)를 동작시킬 때 디지털 신호를 아날로그 신호로 변환시키는 것은 D/A 변환이라고 한다.

④ A/D 변환 과정은 아날로그 입력을 받아서 샘플링(Sampling)한 뒤, 양자화(Quantization)를 시킨 후 부호화의 과정을 거친다.

⑤ 표본화(Sampling)는 시간 축 방향에서 일정 간격으로 샘플을 추출하여 이산 신호로 변환시키는 과정이고, 양자화(Quantization)는 샘플된 진폭치를 특정 대푯값으로 바꾸는 과정이다.

⑥ 부호화(Binary Encoding)는 기계적 신호 처리가 용이한 디지털 코드 형태로 변환하는 과정이다.

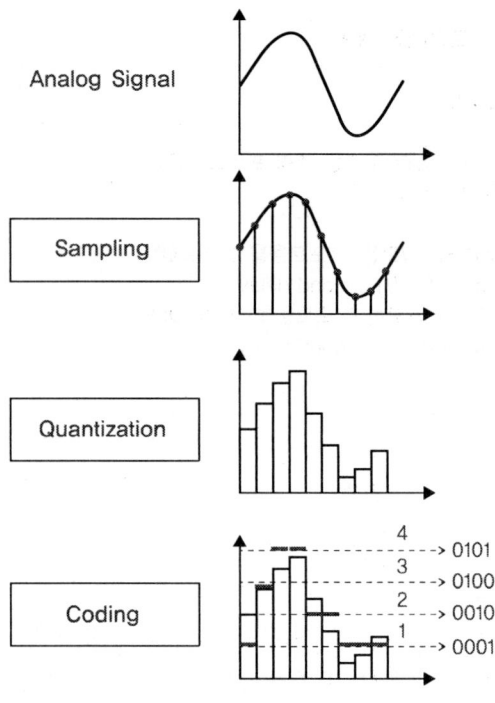

[그림 3-12] A/D 변환 과정 신호 샘플링

 ㉠ 샘플링(Sampling) : 시간축 방향에서 일정 간격으로 샘플 추출하여 이산신호로 변환시키는 과정
 ㉡ 양지화(Quantization) : 샘플된 진폭치를 특정 대푯값으로 바꾸는 과정
 ㉢ 부호화(Coding) : 신호처리가 용이한 디지털 코드(Bimary Code) 형태로 변환하는 과정(비트 할당)
⑦ ADC의 성능 표현은 시간 축인 Sampling Frequency(rate)와 전압 축인 Resolution bit로 나뉜다.
⑧ Sampling rate는 샘플링 과정에서의 시간 축을 분해 기준으로 삼는 이산적 신호를 만들기 위해 연속적 신호에서 얻어진 단위 시간을 의미한다. 단위는 Hz(1/s)를 사용하고 보통의 경우에 성능 표현은 MSPs(Msampling Per second)를 사용한다.

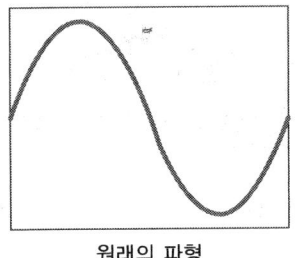
원래의 파형

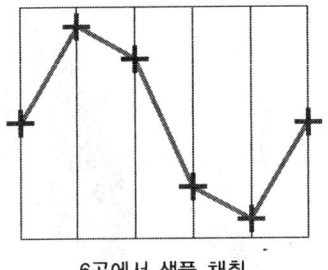
2곳에서 샘플 채취

6곳에서 샘플 채취

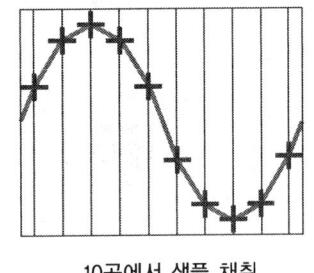
10곳에서 샘플 채취

[그림 3-13] 샘플링 레이트와 해상도 관계

⑨ ADC 기능의 속도는 입력된 아날로그 값을 디지털로 변환하는 시간, 정확도는 아날로그 입력 전압의 범위의 세밀한 단계를 얼마만큼 세밀한 디지털로 변환하는가에 달려있다.
⑩ 정확도는 분해능이라고 하는데, 분해능을 12bit로 잡으면 ~의 범위의 값이 읽어들여진다.
⑪ ADC에서의 변환 과정 중에도 일정 시간이 소요되며, 여러 개의 아날로그 입력 처리 시 약간의 지연 현상이 발생될 수 있다.
⑫ ADC에서 사용되는 기준 전압은 내부 MCU의 사용 전압이다. ADC의 처리 결과는 다음과 같은 식으로 지정되어 있다.

$$ADC = \frac{V_{IN} \times 1024}{V_{REF}}$$

ATMEGA328P의 ADC 분해능은 10비트이다. 내부 MCU에서 의 AREF는 좀 더 정밀한 아날로그 측정값을 위해 각각의 포트에 대한 ADC의 기준값을 제공한다.

(2) A/D 포트 동작 프로그래밍
① AVR MCU의 ADC는 기본 전압을 내부에서 사용되는 기준 전압으로 작동된다.
② Analog Read(A0) 함수를 사용하여 A0 포트의 값을 읽어 보면 0 ~ 5V의 전원을 입력하는 경우에 0부터 1023의 값이 나온다.
③ 프로그램 전반부에 A/D 컨버터의 동작을 설정하고 메인 프로그램에서는 컨버터 값을 제어하는 방식으로 프로그램을 한다.

4) PWM 포트

펄스(Pulse)를 생성하고 생성된 펄스(Pulse)의 폭을 다르게 제어할 수 있는 모듈을 PWM이라 한다. PWM에는 가장 먼저 펄스(Pulse)를 만드는 주기(Frequency)와 비율 (Duty)이란 용어로 구분한다.

(1) PWM 포트 동작 원리
① PWM(Pulse Width Modulation)은 펄스 폭 변조를 발생시켜 디지털 출력으로 0 과 1 출력을 아날로그인 것처럼 출력할 수 있다.
② A/D 포트의 반대의 역할인 D/A 컨버터를 대체하는 기능이다.
③ PWM 포트는 3D프린터의 경우 프린터에 있는 DC 모터를 속도 제어할 때 사용 된다.
④ PWM은 디지털 신호 HIGH와 LOW 상태의 지속 시간을 변화시켜 전압을 변환 한다.
⑤ 파형에서 지속되는 구간을 듀티(Duty)라고 한다.
⑥ 아두이노에서는 다른 MCU에서처럼 복잡한 타이밍과 인터럽트 등을 일부러 사용 하지 않아도 analogWrite 함수의 파라미터로 PWM 수치를 변경하여 전압 조절 이 가능하다.
⑦ PWM 지원 포트(핀) DP 256개(0부터 255까지)의 범위 값을 출력할 수 있다.
⑧ analogWrite 함수 파라미터 255는 절대적인 HIGH 값이다.
⑨ PWM의 Duty Cycle은 전압의 한 주기 동안 on이 되어 있는 시간 간의 비율을 의 미한다.
⑩ 펄스 신호의 폭을 변조하는 방식이다.
⑪ 디지털 신호에선 H(1)와 L(0) 두 가지의 신호가 존재한다.
⑫ H와 L을 빠른 주기로 펄스폭을 조절하여 평균 전압값을 아날로그로 제어한 것과 비슷한 효과를 내게 한다.

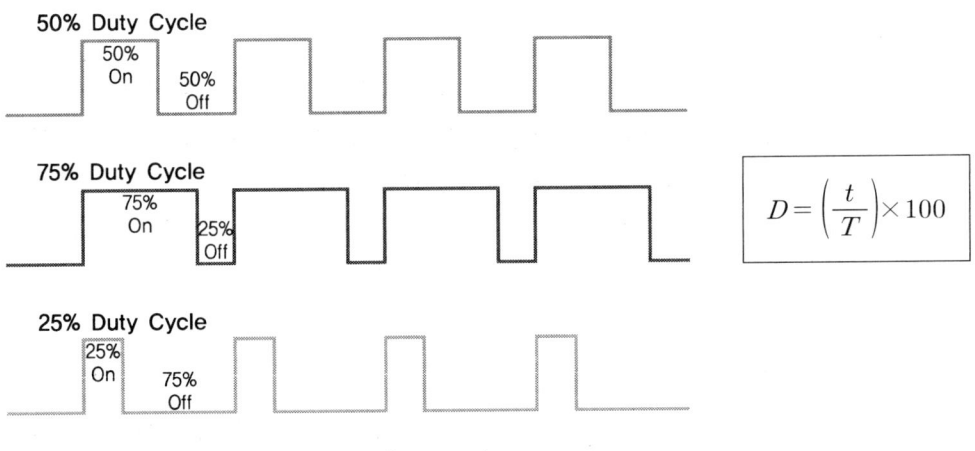

[그림 3-14] PWM의 Duty cycle

PWM Mode에서 Mode 1과 Mode 2가 있는데

㉠ PWM Mode 1 : CNT 〈 CCR일 경우에 Low, CNT 〉 CCR일 경우에 High 상태가 된다.

예 TIM_Period=99, τ=10, duty cycle=$\frac{100-10}{100} \times 100\% = 90\%$

㉡ PWM Mode 2 : CNT 〈 CCR일 경우에 High, CNT 〉 CCR일 경우에 Low 상태가 된다.

예 TIM_Period=99, τ=10, duty cycle=$\frac{10}{100} \times 100\% = 10\%$

참고 주기와 비율

주기(Frequency)

주기는 1초에 몇 개의 펄스(Pulse, 클럭)를 만들 것인가이다. 보통 서버 모터의 경우에는 50Hz~1000Hz까지 필요로 하는데, 정확한 주파수는 해당 서보모터의 데이터 시트를 확인해야 한다.

> **비율(Duty)**
>
> 비율이 클럭과 PWM의 가장 큰 차이점이다. PWM은 모두 Low 상태이거나 모두 High 상태일 수 있는데 이 경우에는 밖으로 보이는 주기는 0이다. 클럭의 경우에는 비율이 50:50(50% Duty Cycle)인 PWM이라고 표현을 할 수 있다. 만약 High구간이 25%이고 Low구간이 75%이면 이를 25% Duty Cycle이라 정의하고, 모두 High 상태이면 100% Duty Cycle이 된다.

(2) PWM 포트 동작 프로그래밍
 ① 일반적으로 사용하는 PWM의 경우 프로세서에 입력되는 클럭 신호를 일정 분주비로 나눈다.(예 입력 클럭은 16MHz라서 8로 나눠서 2MHz로 사용)
 ② 나눈 분주비로 타이머에서 카운터를 하고 Duty 값과 타이머의 값이 일치하면 포트에서 L을 출력한다.
 ③ 설정해 둔 주기값과 타이머 값이 일치하면 타이머 값은 0으로 초기화하고 포트에서 H를 출력한다.
 ④ 함수 AnalogWrite(Pin, Value)를 살펴 보면 각각의 인자값은 Pin : 포트 번호, Value : Duty Cycle의 값을 나타낸다. AnalogWrite 함수는 256개의 값을 사용한다. 3번 포트의 PWM 기능 사용 예시는 다음과 같다.

```
analogWrite (3, 0);PWM이 0%로 설정
analogWrite (3, 255 * 0.25); PWM이 25%로 설정
analogWrite (3, 255 * 0.8); PWM이 80%로 설정
analogWrite 함수 파라미터로 255 값이 사용될 경우 5V에 대한 100%이므로 5V가 출력된다.
따라서, 255*0.25 = 63.75의 반올림 값인 64라는 값이 사용된다면 5V에 대한 25%이므로 1.25V 출력된다.
```

2 시스템 인테그레이션

1. 3D프린터 주변 장치 제어

1) 스테핑 모터
 ① 스테핑 모터의 구동 원리는 회전축에 부착된 로터와 회전축을 둘러싼 스테이터로 구성된다.

② 스테이터에 감겨있는 코일에 펄스전류를 흘리면 자력이 발생한다.
③ N극과 S극의 잡아당기는 힘을 이용하여 로터를 끌어당기는 것을 반복하여 로터가 회전하게 된다.
④ [그림 3-15]처럼 1상 여자하면 로터(회전자)는 1극에서 정지한다. 1, 2, 3으로 여자하면 우회전(CW)하고, 3, 2, 1로 여자하면 좌회전(CCW)한다.

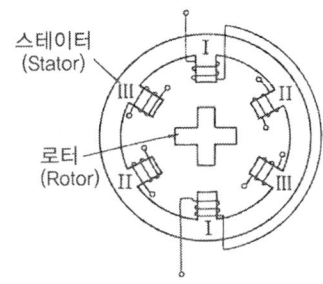

[그림 3-15] 스테핑 모터 구성

2) 모터 드라이버

① 모터 드라이버는 모터의 움직임을 제어해주는 전자 부품이다.
② 서보모터는 자체적으로 모터 드라이버가 내장되어 있어서 방향 제어가 쉽게 되지만 DC 모터나 스테핑 모터는 모터 드라이버가 내장되어 있지 않아서 방향 제어가 어렵다.
③ 스테핑 모터는 프로그래밍을 통한 신호로 정밀한 각도 및 위치를 제어해서 시그널 신호로 제어를 해주어야 한다.
④ 스테핑 모터를 사용할 때 시그널을 제어해주는 스테핑 모터 드라이버를 사용한다.
⑤ 모터 드라이버는 허용하는 전류와 전압이 드라이버마다 다르기 때문에 사용하는 모터에 알맞은 드라이버를 선택하여야 한다.

3) 온도 센서

① 온도 센서는 3D프린터 주변 장치 중 매우 중요한 장치이다.
② FDM 방식 3D프린터의 경우 필라멘트를 열을 이용하여 녹이기 때문에 온도가 매우 중요하다.
③ 베드의 온도도 필라멘트의 재료에 따라서 조절이 필요하므로 온도 센서는 없어서는 안 될 장치이다.

④ 온도 센서는 접촉식과 비접촉식으로 나뉜다.
⑤ 접촉식은 온도 측정점의 열전도를 통해 센서가 온도를 인식하여 온도가 측정된다. 종류는 저항을 감지하는 RTD와 서미스터, 온도에 따라 상태가 변하는 온도라벨, 액체 온도계, 바이메탈 온도센서가 있다.
⑥ 비접촉식은 온도 측정점의 열방사를 통해 센서가 온도를 인식하게 된다. 적외선(Infrared)으로 온도를 감지하는 적외선 온도계가 있다.

4) 리밋 스위치

① 리밋 스위치는 3D프린터가 축 이동을 할 때 한계점에 다다르면 스위치가 눌러져 한계점을 넘어 가는 것을 방지하는 스위치이다.
② 리미트 스위치는 통상 2개의 접점을 가지고 있으며 평상시 On 되어 있는 'B 접점'과 작동하면서 On 되는 'A 접점'이다.
③ 리밋 스위치 부분을 통해 충돌을 감지할 수 있는 스위치 혹은 센서 모듈로 3D프린터, 레이저 커팅기 등과 같이 병진 운동을 하는 기구부가 어느 점에서 멈추거나 방향을 바꿔야 할 때 사용할 수 있다.

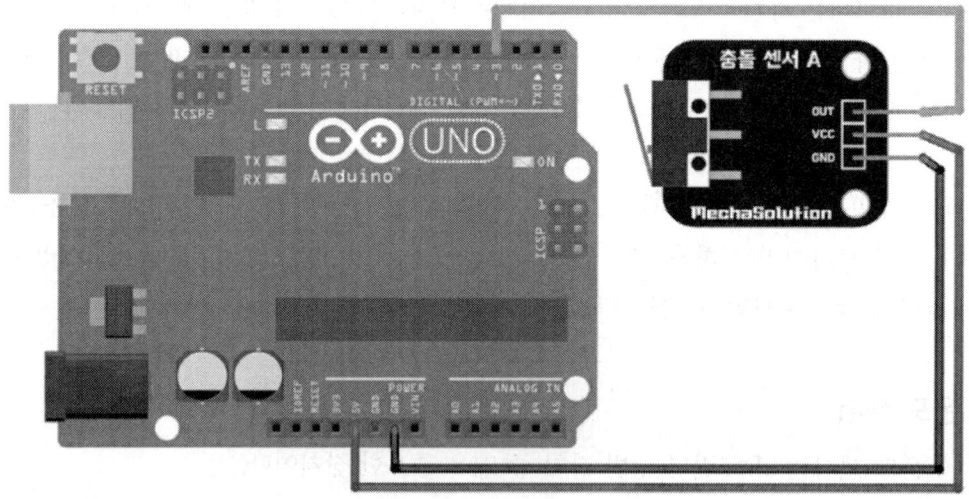

[그림 3-16] 리밋 스위치 모듈(Introduction)

3 G코드 개요

1. G코드 개요

(1) G코드는 수치 제어를 통해 구동되는 프로그램이 가능한 시스템에서 사용하는 수치 제어용 프로그램 언어이다.
(2) 일반적으로 컴퓨터가 지원되는 제조에서 기계의 제어를 위해 주로 사용되며, 다른 이름으로는 G 프로그래밍 언어라고도 한다.
(3) 현재 미국 NIST에서 NIST RS274NGC Interpreter라고 표준안을 제시는 하였지만 수치 제어 기계의 제조사에 따라 조금씩 차이가 있다.
(4) 언어 형식은 1979년 이후 RS274-D로 좀 더 확장된 RS274 형식의 코드로서 다음과 같은 구조로 되어 있다. (문장번호) 명령 문자 코드 숫자1, 숫자2 …
  예 G00 X10.424 Y234.221 Z10.102
(5) 한 문장은 256char 이내의 길이로 한정되어 있고, 끝에는 Enter와 같은 Carriage return 등으로 각 문장을 구분하며, 한 문장이 하나의 단일 명령을 뜻하게 된다.
(6) 명령 문자 코드는 그림과 같이 NIST에서 표준화된 문자 접두와 그의 기능에 대해 제시하고 있다.

2. 3D printer G코드

(1) 3D프린터에 대한 여러 관련 특허들이 특허 기간 만료가 되면서 3D프린터의 보편화와 동시에 프린터 개발 또한 활성화되어 제어 프로그램에 대한 관련 기술들이 오픈소스 형태로 많이 공개되고 공유되고 있다.
(2) 영국의 RepRap을 필두로 오픈소스 프로젝트가 진행되면서 3D프린터 설계, 제작 및 소프트웨어 개발에까지 많은 주요 요소들이 오픈소스로 공개되어 개발 과정 동안 필요에 따라 이들을 활용하여 개발할 경우 비용 및 기간 단축의 효과를 얻을 수 있다.
(3) 3D프린터에 대한 G코드는 NC 공작 기계에 사용되던 G코드 Interprete(NIST RS274NGC Interpreter 표준안)에서 원래 머시닝 툴 대신 재료 사출 노즐의 모터 제어, 온도 센서 제어 등 3차원 프린터에 필요한 기능이 더 첨부된 형태의 코드가 만들어졌고, 이들에 대한 해석부(Interpreter)도 펌웨어 형태로 공개되어 사용되고 있다.
(4) 제어 프로그램에서는 프린팅에 대한 툴의 G코드 프로그램이 메모리에 저장되면 인터프

리터 사용하여 프린팅 프로세서를 쉽게 구성할 수 있다.
(5) 대표적인 오픈소스 형태의 G코드 인터프리터 펌웨어로는 RepRap과 Fab@Home, Tantillus 등이 있다.

1.3 제어 프로그램 검증

1 G코드 명령어

제어 프로그램은 프린터의 관리 기능도 주요 역할이지만, 3D 프린팅 프로세서에서는 프린팅 툴 패스가 G코드 형태로 프로그래밍 되어 전달되면 이의 각 명령어를 처리하여 주어진 좌표와 속도에 따라 노즐과 프린트물이 놓여 있는 프린팅 베드를 정확히 위치 제어되도록 처리하는 부분도 중요한 핵심 역할이다.

1. G코드란

G코드는 기계를 제어 구동시키는 명령 언어로 1960년대 후반에 미국 전자산업협회에서 표준화한 공작 기계 제어용 코드이다. 대부분의 경우 가공 파일은 NC 가공 기계에서 사용하는 G코드와 유사하며, 일부 G코드로 출력되는 경우도 있다.
① G코드에서 지령의 한 줄을 블록(block)이라고 한다.
② 사용자가 코드를 읽기 쉽도록 해석해 주는 문장으로 세미콜론 ' ; '과 괄호 '( )'가 사용된다.
③ 'G1', 'F1200', 'X126.170', 'Y56.750', 'E20.66554'로 5개의 워드이다. 워드는 다시 어드레스(Address)와 데이터(Data)로 분리되며, 첫 워드 'G1'은 'G'라는 어드레스와 '1'이라는 데이터로 분리된다.
④ 어드레스는 준비 기능 'G', 보조 기능 'M', 기타 기능으로 'F', 'S', 'T' 그리고 좌표어로 'X', 'Y', 'Z', 'I', 'J', 'K', 'A', 'B', 'C', 'D', 'E', 'R', 'C', 'P' 등이 있다.

2. G코드의 종류

대문자 옆 'nnn'은 숫자를 표현한다.

1) One Shot G-code(1회 유효 G코드)

지령된 블록(Block)에 한하여 유효한 것으로 "00"그룹으로 구성되어 있다.

2) Model G-code(연속 유효 G코드)

한번 지령된 G코드는 동일 그룹의 다른 G코드가 나올 때까지 유효한 기능으로 "00"이외의 그룹으로 구성되어 있다.

〈표 3-2〉 G코드의 종류와 의미

종 류	의 미
Gnnn	어떤 점으로 이동하라는 것과 같은 표준 G코드 명령
Mnnn	RepRap에 의해 정의된 명령. 예를 들면 쿨링 팬 회전
Tnnn	도구 nnn 선택. RepRap에서 도구는 압출기
Snnn	파라미터 명령. 예를 들어 모터로 보내는 전압
Pnnn	파라미터 명령. 밀리 초 동안의 시간
Xnnn	이동을 위해 사용하는 X 좌표
Ynnn	이동을 위해 사용하는 Y 좌표
Znnn	이동을 위해 사용하는 Z 좌표
Fnnn	1분당 Feedrate(프린트 헤드의 움직임 스피드)
Rnnn	파라미터. 온도에 사용
Ennn	압출형의 길이 mm
Nnnn	선 번호. 통신 오류 시 재전송 요청을 위해 사용
*nnn	체크섬. 통신 오류를 체크하는 데 사용

3. G코드의 기능과 용도

CNC 밀링이나 비슷한 방식으로 쓰이지만 3D프린터에서도 사용되는 코드이다. G코드는 제어 장치의 기능을 동작하기 위한 준비를 하기 때문에 준비 기능이라 불린다. G코드는 지시된 블록에서만 유효한 1회 유효 지령(One Shot G-Code)가 있고, 같은 그룹의 다른 G코드가 나올 때까지 다른 블록에서도 유효한 연속 유효 지령(Modal G-Code)이 있다.

〈표 3-3〉 G코드의 기능과 용도

코드	기 능	용 도
G0	빠른 이동	지정된 좌표로 이동
G1	제어된 이동	지정된 좌표로 직선 이동하며, 지정된 길이만큼 압출 이동
G28	원점 이동	X, Y, Z축의 엔드 스탑으로 이동
G4	드웰(Dwell)	정지 시간을 정해 두고 미리 정해 둔 시간만큼 지연
G10	헤드 오프셋	시스템 원점 좌표 설정
G17	X-Y 평면설정	XY평면 기본값 선택
G20	인치(Inch) 단위	사용 단위를 인치(Inch)로 설정한다.
G21	밀리미터 단위	사용 단위를 밀리미터(Millimeter)로 설정한다.
G90	절대 좌표 설정	좌표를 기계의 원점 기준으로 설정
G91	상대 좌표 설정	좌표를 마지막 위치를 기준으로 원점 설정
G92	위치 설정	지정된 좌표로 현재의 위치를 설정

2 G코드 프로그래밍

1. 좌표계

ISO 및 KS 규격으로 CNC 공작기계의 좌표축과 운동기호를 오른손 직교 좌표계를 표준 좌표계로 지정하여 놓았으며 운동 방향은 [그림 3-17]과 같다.

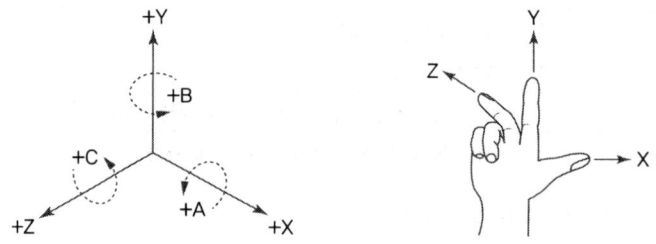

[그림 3-17] 좌표축과 운동기호

1) 기계 좌표계(Machine coordinate system)

기계의 기준점, 즉 기계 원점을 기준으로 기계 좌표계가 설정되며, 기계 제작사가 파라미터에 의해 정한 점으로 사용자가 임의로 변경해서는 안 된다.

이 기준점은 기계가 일정한 위치로 복귀하는 기준점이고, 공작물의 프로그램 원점과 거리를 알려줄 때 기준이 되는 점이며, 금지영역, Over travel, 제2 원점 등을 설정할 때 이용한다.

2) 절대 좌표계(Absolute coordinate system)

도면을 보고 프로그램을 할 때에 프로그램을 쉽게 하려고 도면상의 한 점을 원점으로 정하는데, 이 점을 프로그램 원점이라고 한다. 이 점을 원점으로 한 좌표계를 절대 좌표계 또는 공작물 좌표계라고도 한다.

3) 상대 좌표계(Incremental 또는 Relative coordinate system)

공구보정(setting), 공작물을 측정하거나 정확한 거리의 이동, 좌표계 설정 등을 할 때 편리하게 사용되며, 현 위치가 좌표계의 기준이 되고, 필요에 따라 그 위치를 0점(기준점)으로 지정할 수 있다.

2. 좌표치의 지령 방법

1) 절대 지령(Absolute)

이동 위치의 종점을 절대 좌표계의 위치 즉, 프로그램 원점을 기준으로 좌푯값을 지령하는 방식이다.

2) 증분 지령(Incremental 또는 Relative)

현재의 공구 위치를 기준으로 종점까지의 이동량으로 지령하는 방식이다.

3) 혼합 지령

위의 절대 지령과 증분 지령을 한 블록 내에 혼합하여 지령하는 방식이다.

3. 프로그램의 구성

1) 어드레스(Address, 주소)

주소는 영문자 알파벳 A~Z 중 '1' 자를 사용하며, 모든 Address 각각의 특정한 의미를 가지고 있다. 어드레스는 준비기능 'G', 보조기능 'M', 기타 기능으로 'F', 'S', 'T' 그리고 좌표어로 'X', 'Y', 'Z', 'I', 'J', 'K', 'A', 'B', 'C', 'D', 'E', 'R', 'C', 'P' 등이 있다.

〈표 3-4〉 어드레스의 지령치의 범위

기 능		어 드 레 스	설정치의 범위(MM단위)
프로그램 번호		O	0001~9999
전개 번호(sequence No.)		N	1~9999
준비 기능		G	0~99
좌 표 어	각 축의 이동위치	X, Y, Z	±99999.999mm
	원호의 반경	R	
	원호의 중심위치	I, J, K	
이송속도(각 축의 이송속도)		F	1~100000mm/min
보조 기능		M	0~99
주축기능(주축의 회전속도)		S	0~9999rpm
공구기능(공구번호 지정)		T	1~99
고정 Cycle Sequence 번호		P, Q	1~9999
휴지시간(Dwell time)		X, U, P	0~99999.999sec

〈표 3-5〉 주소(Address)의 의미

기 능	주 소			의 미
프로그램 번호	O			Program 번호
전개 번호	N			Sequence 번호
준비 기능	G			동작의 조건(직선, 원호 보간 등)을 지정
좌 표 치	X	Y	Z	각 축의 이동 위치(절대 방식)
	U	V	W	각 축의 이동 거리와 방향(증분 방식)
	I	J	K	원호 중심의 각 축 성분, 면취량 등
	R			원호 반경, 구석 R, 모서리 R 등
이송 기능	F, E			이송속도, 나사의 리드
보조 기능	M			기계 작동 부위 지령(ON/OFF 제어)
주축 기능	S			주축 속도
공구 기능	T			공구 번호 및 공구 보정 번호

기 능	주 소	의 미
휴 지	P, U, X	휴지 시간(Dwell), 잠시 멈춤
PROGRAM 번호 지정	P	보조 프로그램 호출 번호
전개번호 지정	P, Q	복합 반복 주기에서의 호출, 종료 번호
반복 빈도	L	보조 프로그램 반복횟수

2) 워드(Word, 단어)

NC 프로그램의 기본 단위이며, 어드레스(Address)와 수치(Data)로 구성된다. 어드레스는 알파벳(A~Z)중 1개로 하고, 어드레스 다음에 수치를 지령한다.

$$\frac{X}{\text{어드레스}} + \frac{100}{\text{수치}} = \text{워드}$$

3) 수치(Data)

수치는 주소의 기능에 따라 주로 2자리의 수치와 4자리의 수치가 사용되며, 좌표치를 입력할 때 는 원칙적으로 소수점을 사용해야 하는데, 만약 소수점을 사용하지 않으면 좌표치의 제1자리를 0.001mm로 인식하게 된다.

예 G1: 제어된 이동(Controlled move) : G1 X90.6 Y13.8 E22.4;

현재 위치(X, Y)에서 (90.6, 13.8)의 위치로 직선 이동하고, 현재 압출된 길이에서 22.4mm 길이까지 압출이 되며 이동한다.

예 소수점을 붙이지 않을 경우

G01 X20 → X축으로 0.020 mm 이동을 의미한다.

G01 X20.0 → X축으로 20. mm 이동을 의미한다.

4) 블럭(Block)의 구성

블럭은 프로그램을 구성하는 기본 지령단위이며, 여러 개의 워드가 모여진 그룹을 말하며 모든 블럭은 다른 블럭과 구분하기 위해 블럭의 끝에 반드시 EOB(End Of Block) 이라 하여 세미콜론 ' ; '과 괄호 '( )'가 사용된다.

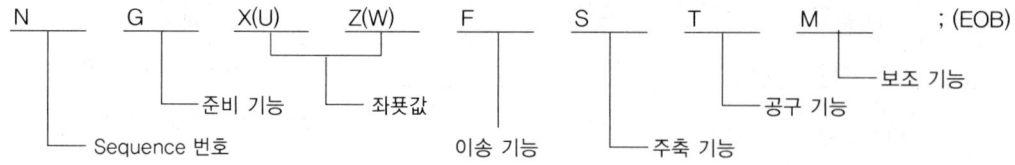

예) N01 G00 X20.0 Z30.0 F0.20 S1800 M03 ;

5) 좌표 지령의 방법

(1) 절대 지령(Absolute : G90)

공작물 좌표계 원점을 기준으로 이동 종점의 좌푯값을 지령하는 방식으로 G90 기능을 사용한다.

지령 방법 : G90 이동 종점 좌표 ;

(2) 증분 지령(Incremental : G91)

현재의 공구위치를 기준으로 이동 종점까지의 좌푯값을 지령하는 방식으로 G91 기능을 사용한다.

지령 방법 : G91 이동 종점 좌표 ;

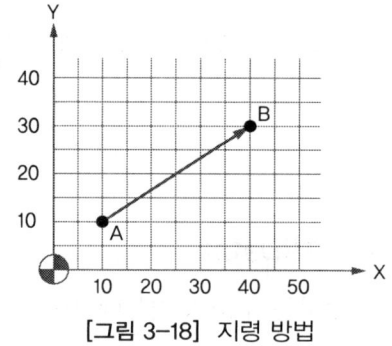

[그림 3-18] 지령 방법

[그림 3-18]의 A에서 B로 이동할 때 지령을 하면은 다음과 같다.

① 절대 지령 : G90 G00 X40.0 Y30.0 ;
② 증분 지령 : G91 G00 X30.0 Y20.0 ;

6) 헤드 이송 명령(빠른 이동 : G00)

첨가 가공의 헤드를 직접 이송하는 명령으로 전체 G코드 중 가장 많은 부분을 차지하는 명령이다. 'G00'은 급속이송으로 설정된 장비 이송의 최대 속도로 첨가 가공 없이 헤드를 이동시키는 명령이다. 위치 결정은 가공을 하기 위하여 공구를 일정한 위치로 이동하는 지령이다.

지령 방법 : G90 / G91   G00 X Y Z ;

여기서, G90/G91 : 절대, 증분 지령 중 하나만 지령
X, Y, Z : X, Y, Z축의 급속이동 목표지점 좌표

7) 직선보간(제어된 이동 : G01)

'G01'은 'F' 어드레스로 설정된 이송속도에 따라 'X', 'Y', 'Z', 'E' 등의 좌표어로 주어지는 위치까지 소재를 첨가하면서 직선으로 이동한다. 이 명령은 여러 축이 움직여도 항상 직선의 경로로 이동하도록 한다. 또한 경로상에서의 이송속도는 설정에 따라, 계단, 램프, S자의 속도 분포를 갖는다.

```
지령 방법 :  G90
             G91   G01 X   Y   Z   F   ;
```

여기서, G90/G91 : 절대, 증분 지령 중 하나만 지령
        X, Y, Z : X, Y, Z축의 직선 이동 목표지점 좌표
        F : 이송속도

(8) 원호보간(G02와 G03) 및 헬리컬 곡선(G33)

원호를 그리는 이송 명령으로 'G02'와 'G03'과 헬리컬 곡선 'G33' 등이 있지만 3D 프린팅은 평면 삼각형으로 이루어진 STL 파일을 단면화해서 사용하므로 곡선의 경로가 나타나지 않기 때문에 거의 사용되지 않는다.

```
지령 방법 :  G90            G02              R
             G91   G17      G03   X   Y   I J   F   ;

             G90            G02              R
             G91   G18      G03   X   Z   I K   F   ;

             G90            G02              R
             G91   G19      G03   Y   Z   J K   F   ;
```

여기서, G90/G91 : 절대, 증분 지령 중 하나만 지령
        G17/G18/G19 : 원호보간에서 평면선택
                ① G17 평면 : X, Y축의 원호보간
                ② G18 평면 : Z, X축의 원호보간
                ③ G19 평면 : Y, Z축의 원호보간

9) 일시 정지(Dwell time : G04)

① 기계가 특정 시간 동안 아무 변화 없이 대기해야 할 경우 사용할 수 있는 대기(Dwell) 지령은 'G04'를 사용한다.

② 대기지령은 동일한 블록에 'X'나 'P'로 대기시간을 지정해야하며, 'X'는 소수점이 있는 실수로 초(Second) 단위로 정지 시간을 지령한다.
③ 'P'는 소수점이 없는 정수로 밀리 초(Millisecond) 단위로 정지시간을 지령한다.
④ 대부분의 3D프린터는 헤드의 현재 위치를 기억하는 기능이 없으며, 이러한 경우 전원을 투입하고 최초 한 번은 반드시 기계 원점으로 복귀를 해야만 정확한 위치로 이동할 수가 있다.

10) 기계 원점 복귀(G28)

원점 복귀를 위한 명령은 'G28'이지만 대부분의 프린터는 G코드를 직접 입력하는 것이 아니라 장치의 운용기능으로 원점복귀를 할 수 있도록 설계되어 있다. 또한 대부분의 경우 급속이송으로 기계 원점까지 자동 복귀한다.

11) 공작물 좌표계(Workpiece coordinate : G92)

공작물 좌표계 설정하는 명령은 'G92'이며, 해당 블록에 존재하는 좌표어의 좌표를 주어진 데이터로 설정해 준다. 만일 'G92 X10 Z0'라는 블록이 있다면 현재 헤드가 위치한 장소의 좌표의 X는 10, Z는 0이 되도록 원점을 이동시키며, 언급되지 않은 'Y'나 'E' 등의 방향으로는 원점의 위치가 이동하지 않는다.

12) 보조기능 M 코드

M 코드는 장치별로 다른 경우가 많지만 3D 프린팅에서 자주 사용되는 일부 M 코드는 다음과 같다.
① 'M190'은 조형을 하는 플랫폼을 가열하는 기능이다. 동일 블록에 'S' 어드레스를 이용하여 가열 최소 온도를 지정하거나, 'R' 어드레스를 이용하여 피드백 제어에 의하여 정확한 온도가 유지되도록 설정할 수 있다.
② 'M109'는 ME 방식의 헤드에서 소재를 녹이는 열선의 온도를 지정하고 해당 조건에 도달할 때까지 가열 혹은 냉각을 하면서 대기하는 명령이다. 동일한 블록에 어드레스로 'S'는 열선의 최소 온도, 'R'은 최대온도를 설정할 수 있다.
③ 'M73'은 장치의 제작 진행률 표시 창에 현재까지 제작이 진행된 정도를 백분율로 표시한다. 동일한 블록에 어드레스로 P를 사용하여 진행률 값을 지정할 수 있다.

④ 'M135'는 헤드의 온도 조작을 위한 PID 제어의 온도 측정 및 출력값 설정 시간 간격을 지정하는 명령으로 'S' 어드레스로 밀리 초 단위의 시간 값을 줄 수 있다. 만일 이 코드가 'T' 어드레스와 함께 사용된다면 이것은 사용할 헤드를 데이터로 주어진 정수의 변경하라는 의미이다. 즉, 'M135 T0'라는 예가 있다면, 이 블록 이후에는 0번 헤드를 사용한다는 의미이다.

⑤ 'M104'는 노즐의 온도를 지정하는 명령이며, 어드레스로 온도 'S'와 노즐 번호 'T'가 이용 가능하다.

⑥ 'M133'은 특정 헤드를 'M109'로 설정한 온도로 다시 가열하도록 하는 기능으로서 헤드의 번호를 나타내는 'T' 어드레스와 함께 사용할 수 있다.

⑦ 'M126'과 'M127'은 헤드에 부착된 부가 장치(주로 냉각팬) 등을 켜고 끄는 기능이다. 어드레스로 'T'는 해당하는 헤드의 번호이다.

⑧ 'M140'은 베드의 플레이트 온도를 지정하는 명령이며, 어드레스로 온도 'S'가 이용 가능하다.

⑨ 기타 M00; 정지, M01; 휴면, M02; 프로그램 종료 등이 있다.

2. G코드 명령어

1) G0 및 G1 : 이송 명령어

G0 : 빠른 이송, G1 : 선형 이송(일반 속도)

예 G1 X100 Y100 Z100 E10

노즐을 x, y, z축에 100, 100, 100 위치로 직선 이동시키고, 재료를 10mm까지 직선 분사

2) G2 및 G3 : 원형 보간

G2 : 시계방향 이송, G3 : 반시계방향 이송

예 G2 X90.6 Y13.8 I5 J10 E22.4

노즐을 X=90.6, Y=13.8 지점으로 이동하되, X=current_X+5, Y=current_Y+10 지점을 원점으로 하는 원의 호를 따라 시계방향으로 이동하고, 재료는 22.4mm까지 분사

3) G4 : 일시 정지

예 G4 P200

200Milliseconds 동안 시스템을 잠시 멈춤

4) G10 및 G11 : 필라멘트 회수 및 투입

노즐의 필라멘트 피딩 모터를 제어하는 명령어로서 재료의 되감기와 그와 반대로 동작하도록 하는 명령어이다.

5) G17 : X-Y 평면설정

XY평면 기본값 선택

6) G20 : 인치(Inch)단위

사용 단위를 인치(Inch)로 설정한다.

7) G21 : 밀리미터 단위

사용 단위를 밀리미터(Millimeter)로 설정한다.

8) G28 : 홈 포지셔닝

홈 원점으로 이동한다. 만약 좌표축을 추가로 표시하면 해당 좌표의 원점으로만 이동한다.

9) G90 및 G91; 절대, 상대 좌표 설정 Set to Absolute/Relative Positioning

G90은 시스템 좌표 원점을 기준으로 절대 위치 기반으로 작동한다. G91은 직전 좌표를 기준으로 상대 위치 값으로 작동한다.

10) G92 : Set Position

새로운 좌표 지점으로 절대 좌푯값을 수정한다.

예 G92 X10 E90

현재 좌표 중에 X축의 절대 좌표를 10으로, 분사 노즐의 재료 위치를 90으로 새로 설정함. 만약 G92만 사용하면 모든 좌표가 0점으로 새로 지정.

11) M0 : 프로그램 정지

3D프린터 동작을 정지한다.

12) M1 : 선택적 프로그램 정지

3D프린터 옵션 정지한다.

13) M17 : 스테핑 모터 사용

스테핑 모터를 활성화(On)한다.

14) M18 : 스테핑 모터 비사용

스테핑 모터를 비활성화(Off)한다.

15) M101 : 압출기 전원 On

압출기 전원을 켜고 준비한다.

16) M102 : 압출기 전원 On(역)

압출기 전원을 켜고 준비(역방향)한다.

17) M103 : 압출기 전원 Off, 후퇴

압출기 전원을 끄고 후진한다.

18) M104 : 노즐 온도

노즐의 온도를 190℃로 설정한다.

예 M104 S190

19) M106 : 냉각팬 On

냉각팬 전원을 On시켜 동작한다.

20) M107 : 냉각팬 Off

냉각팬 전원을 Off시켜 동작 정지한다.

21) M109 : 압출기 온도 설정 후 대기

압출기 온도를 지정한 온도가 되기를 기다린다.

22) M112 : 긴급정지

3D프린터 비상정지한다.

23) M140 : 베이스 플레이트 온도 설정

제품이 출력되는 플랫폼의 온도를 지정한 값으로 설정한다.

24) M190 : 베드 온도 설정 후 대기

베드 온도를 지정한 온도가 되기를 기다린다.

3 프로그램 디버깅

1. 시리얼 통신

(1) 시리얼(Serial) 통신은 직렬로 통신(정보 전달)하는 수단을 말한다. 직렬 통신이 있는 것처럼 병렬(Parallel) 통신도 있으며, 병렬 통신과 시리얼 통신은 통신 채널이나 컴퓨터 버스를 거쳐 한 번에 하나의 비트(Bit) 단위로 데이터를 전송한다.
(2) 시리얼 통신은 컴퓨터와 컴퓨터 간 또는 컴퓨터와 주변 장치 간에 데이터를 전송하고 받을 때 사용한다.
(3) 시리얼 통신의 종류에는 많이 사용하는 USART, SPI, I2C 통신과 함께 Ethernet, USB, CAN, SATA 등 다양한 직렬 통신이 있다.

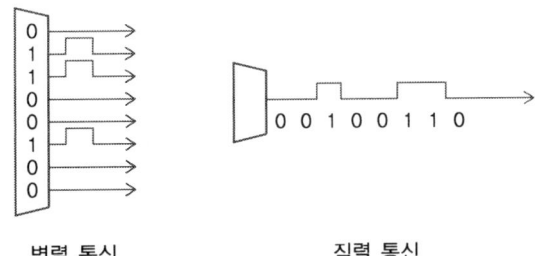

[그림 3-19] 병렬(Parallel), 직렬(Serial) 통신의 전송 방식

(4) 시리얼 통신 방식에는 풀 듀플렉스(Full-Duplex)와 하프 듀플렉스(Half-Duplex) 방식이 있다.
　① 풀 듀플렉스(Full-Duplex) 방식
　　㉠ 전이중 통신이라고 불리며, 양방향으로 동시에 송수신이 가능하다. 반환 시간이 필요 없으므로 두 통신 기기 사이에 매우 빠른 속도로 통신이 가능하다.
　　㉡ 스마트 폰의 통신 방식처럼 상대방과 동시에 이야기를 주고받을 수 있다. 이러한 방식을 풀 듀플렉스(Full-Duplex) 또는 전이중 통신이라고 한다.
　② 하프 듀플렉스(Half-Duplex) 방식
　　㉠ 반이중 통신이라고도 불리며 신호를 양방향으로 전송할 수 있으나 동시에 양방향으로 통신이 되지 않는다.
　　㉡ 무전기의 경우처럼 한쪽이 송신하는 동안엔 다른 한쪽에선 송신이 불가능하고 수신만 가능하다. 이러한 방식을 하프 듀플렉스(Half-Duplex) 또는 반이중 통신이라고 불리며, 시리얼 통신에서는 하프 듀플렉스를 사용하여 통신을 한다.
(5) 시리얼 통신의 전송엔 비동기식 전송과 동기식 전송이 있다.
　① 동기식 전송
　　㉠ 미리 정해진 수 만큼의 문자열을 한 묶음으로 만들어서 일시에 전송하는 방법이다.
　　㉡ 송신 측과 수신 측이 하나의 기준 클록으로 동기 신호를 맞추어 동작한다.
　　㉢ 수신 측에서는 클록에 의해 비트를 구별하게 되므로 동기식 전송을 위해서는 데이터와 클록을 위한 2회선이 필요하다.

② 비동기식 전송
　㉠ 송신 측의 송신 클록에 관계없이 수신 신호 클록으로 타임 슬롯의 간격을 식별하여 한 번에 한 문자씩 송수신한다.
　㉡ 데이터를 보내기 전 시작(Start) 비트를 전송하여 데이터 전송의 시작을 알리며 그 후 데이터를 보내고 데이터를 다 보낸 후 스탑(Stop) 비트를 보내어 전송이 끝났음을 알린다.
　㉢ 데이터를 전송 후 스탑 비트를 보내기 전에 패리티(Parity) 비트를 이용해 에러(Error)를 검출한다.

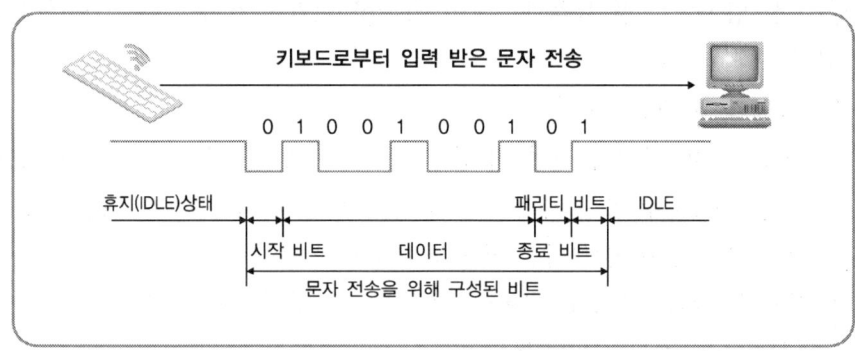

[그림 3-20] 비동기식 전송(Asynchronous Transmission)

(6) 패리티 비트(Parity bit)란
① 직렬 데이터 전송에서 데이터 라인 종류와 관계없이 에러가 발생하는데, 이 에러를 검출하기 위한 방법이다.
② 데이터에 포함된 "1"의 수를 세어서 그 합이 짝수인지 홀수인지에 따라 패리티 비트 값을 결정하는 방법이다.
③ 짝수일 때를 이븐 패리티(Even parity), 홀수일 때를 오드 패리티(Odd parity)라고 한다.
④ 이븐 패리티를 사용할 때 전송되는 데이터를 포함하여 "1" 개수가 짝수가 아니면, 패리티 비트를 "1"로 만들어 짝수가 되도록 개수를 맞춰 준다.

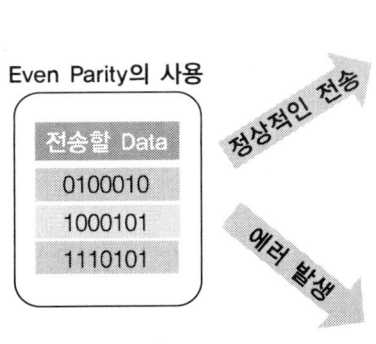

[그림 3-21] 패러티 비트(Parity bit) 중 이븐 패리티(Even parity)의 사용

(7) 시리얼 통신을 하기 위해서는 통신 속도를 설정하여야 한다. 통신 속도는 송신 측과 수신 측의 속도가 맞아야 사용이 된다. 무전기의 주파수가 맞아야 서로 송수신이 되듯이 시리얼 통신도 마찬가지로 통신 속도가 서로 맞아야 제대로 된 동작을 한다.

(8) 통신 속도에는 Bps(Bit per second)와 보레이트(Baud rate)가 있다.
   ① Bps는 초당 얼마나 많은 Bit를 전송할 수 있는가를 나타낸다.
   ② 보레이트(Baud rate)는 초당 얼마나 많은 심볼(Symbol, 의미 있는 데이터 묶음)을 전송할 수 있는가를 나타낸다.
   ③ 심볼(Symbol)이란 말은 의미 있는 데이터 비트의 묶음을 나타내며, 시리얼 통신에서는 데이터 비트(8-bit)를 사용한다.

2. 디버깅(debugging)

(1) 디버깅은 프로그래밍에서 잘못된 부분을 찾아 수정하는 것을 의미하며 버그(Bug)는 벌레를 뜻한다. 디버깅(Debugging)은 버그를 잡는다는 의미로서 잘못된 부분을 찾아 고치는 것을 뜻하게 되었다.

(2) 아두이노는 특별한 디버깅 기능이 없지만 대부분의 아두이노를 이용하는 사람들은 시리얼 라이브러리(Serial Library)를 이용하여 디버깅을 한다.

(3) 시리얼 라이브러리에서 Serial[포트 번호].begin(보레이트), Serial[포트 번호].end를 이용하여 시리얼 통신을 활성화한다.

(4) 예를 들어 디지털 핀 17을 사용하고, 이에 해당하는 Serial2와 보레이트 9600을 이용한다면 Serial2.begin(9600), Serial2.end()이다.

(5) 이렇게 시리얼 통신을 활성화하였다면 Serial.print, Serial.println, Serial.write 함수를 이용하여 아두이노 보드와 연결된 컴퓨터에게 디버깅 데이터를 전송할 수 있다.

(6) ASCII 문자 'A'에 대해서 char 유형을 사용하지 않은 경우에는 DEC 형식으로 출력된다.

(7) Serial 라이브러리는 아두이노 보드가 컴퓨터 혹은 다른 시리얼 장치로부터 데이터를 수신받기 위하여 Serial.available(), read(), peek() 함수를 지원하고 있다.

(8) Serial.available() 함수는 시리얼 버퍼에 아직 읽을 데이터가 있는지 확인하는 데 이용하며 버퍼 안에 남아 있는 데이터의 바이트 길이를 반환한다. 만약 반환 값이 0보다 크면 Serial.read()를 이용하여 읽어 처리하면 된다.

(9) Serial.read() 함수는 시리얼 버퍼로부터 int 형식으로 바이트 하나를 읽는다. 만약 −1이 반환되면 더 이상 버퍼에 읽을 데이터가 없는 경우이다.

01. 3D프린터의 하드웨어 제어에 대한 프로세스는 크게 3단계가 아닌 것은?
① 3D CAD 모델링 단계
② 물리적인 데이터로 변환하는 전처리 단계
③ 제어 프로그램 코드를 생성하는 단계
④ 프로그램 코드를 실행하는 제어 동작 단계

해설 3D프린터 제어 흐름도
① PC 쪽에서 프린팅하고자 하는 CAD 데이터를 실제 사물 공간 좌표에서 물리적인 데이터로 변환하는 전 처리 단계
② 전 처리에서 결정된 공간으로 프린터의 노즐이 이동할 수 있도록 프린터 제어 프로그램 코드를 생성하는 단계
③ 프린터에서 전송된 프로그램 코드를 실행하는 제어 동작 단계

02. 통상 3D프린터 프로그램에서 통용되는 확장자 STL 파일 형식으로 변환하는 3D프린터 제어 프로세서는?
① 3D CAD model
② 슬라이싱 파일 생성
③ 툴 패스 생성
④ 제어 코드 생성

해설 3D CAD model
① 3차원 모델링으로 된 CAD 파일을 변환하기 위해 읽어 들이는 과정이다.
② 회전과 단위 변환 및 비율 등을 결정하여 실제 모델링에 적합한 형태로 최종 변환된다.
③ 아래층에 지지부가 없는 부위나 높이에 따른 지지력이 필요한 경우에는 서포터를 더하여 지지력을 보강하는 과정도 포함한다.
④ 통상 3D프린터 프로그램에서 많이 통용되는 확장자는 *.STL 파일 형식이다.

03. 3D프린터를 이용하여 프린팅 작업을 하기 전에 가장 기초가 되는 항목은?
① 툴 패스
② 제어코드
③ 3D 캐드모델
④ 슬라이싱 파일

해설 3D 캐드모델 : 3D프린터를 이용하여 프린팅 작업을 하기 전에 가장 기초가 되는 항목

04. 3D프린터는 물체를 한 층씩 얇은 판을 쌓아올려 형상을 조합하는 3D프린터 제어 프로세서 일련의 과정은?
① 3D CAD model
② 슬라이싱 파일 생성
③ 툴 패스 생성
④ 제어 코드 생성

해설 슬라이싱 파일 생성
3D프린터는 물체를 한 층씩 얇은 판을 쌓아올려 형상을 조합하는 일련의 과정이다.

05. 외형 형상 컨투어(contour)와 잠열의 배분 등 복합적인 최적화 알고리즘이 필요한 3D프린터 제어 프로세서 과정은?
① 3D CAD model
② 슬라이싱 파일 생성
③ 툴 패스 생성
④ 제어 코드 생성

정답 ▶ 01. ① 02. ① 03. ③ 04. ② 05. ③

해설 툴 패스 생성
외형 형상 컨투어(Contour)와 잠열의 배분 등 복합적인 최적화 알고리즘이 필요한 과정이다.

06. 툴 패스를 따라 노즐이 이동할 수 있도록 3D프린터의 각 축 모터부가 추종할 명령어를 생성하는 3D프린터 제어 프로세서 과정은?
① 제어 코드 전송
② 슬라이싱 파일 생성
③ 툴 패스 생성
④ 제어 코드 생성

해설 제어 코드 생성
툴 패스를 따라 노즐이 이동할 수 있도록 3D프린터의 각 축 모터부가 추종할 명령어를 생성하는 과정이다.

07. PC에서 앞선 전 과정들이 수행되고 나면 최종적인 결과물인 G코드로 된 프로그램 제어 명령어 코드를 프린터로 전송하는 3D프린터 제어 프로세서 과정은?
① 제어 코드 전송
② 슬라이싱 파일 생성
③ 툴 패스 생성
④ 제어 코드 생성

해설 제어 코드 전송
PC에서 앞선 전 과정들이 수행되고 나면 최종적인 결과물인 G코드로 된 프로그램제어 명령어 코드를 프린터로 전송하는 과정이다.

08. 노즐 및 프린팅 베드의 가열 및 노즐 축의 원점 확인 등 여러 가지 초기화 동작들이 수행되게 되는 3D프린터 제어 프로세서 과정은?
① 제어 코드 전송
② 제어 코드 저장 및 시스템 초기화
③ 제어 코드 명령어 수행
④ 제어 코드 생성

해설 제어 코드 저장 및 시스템 초기화
시스템 초기화를 통해 구동부 및 모든 시스템 자원들의 상태를 점검하고, 프로그램을 수행할 수 있는 환경을 셋업한다. 이러한 과정에는 노즐 및 프린팅 베드의 가열 및 노즐 축의 원점 확인 등 여러 가지 초기화 동작들이 수행되게 된다.

09. 본격적으로 프린터는 제어 명령어 프로그램 코드에 따라 프린터 헤드를 이송하며 재료를 순차적으로 분사하는 3D프린터 제어 프로세서 과정은?
① 제어 코드 전송
② 제어 코드 저장 및 시스템 초기화
③ 제어 코드 명령어 수행
④ 제어 코드 생성

해설 제어 코드 명령어 수행
본격적으로 프린터는 제어 명령어 프로그램 코드에 따라 프린터 헤드를 이송하며 재료를 순차적으로 분사한다.

10. 하드웨어에 독립적인 상태에서도 LCD나 기타 데이터 표시 장치를 통해 노즐의 온도나 프로세서의 진행 상태 등 시스템 상태를 모니터링할 수 있는 3D프린터 제어 프로세서 과정은?
① 제어 코드 전송
② 제어 코드 저장 및 시스템 초기화
③ 제어 코드 명령어 수행
④ 시스템 상태 모니터링

정답 ▶ 06. ④ 07. ① 08. ② 09. ③ 10. ④

해설 **시스템 상태 모니터링**
하드웨어에 독립적인 상태에서도 LCD나 기타 데이터 표시 장치를 통해 노즐의 온도나 프로세서의 진행 상태 등 시스템 상태를 모니터링할 수 있다.

11. 3D프린터의 제어 프로세스에 대한 설명으로 틀린 것은?
① 노즐의 온도나 프로세서의 진행 상태 등 시스템 상태를 독립적으로 모니터링할 수 없다.
② 제어 프로그램 수행 시 제어 코드 저장 및 시스템 초기화 → 제어 코드 라인별 명령어 수행 → 시스템 상태 모니터링 및 업데이트 단계를 거친다.
③ 툴 패스를 따라 노즐이 이동할 수 있도록 3D프린터의 각 축 모터부가 추종할 명령어 생성 과정이 제어 코드 생성 과정이다.
④ 전송받은 제어 명령어 코드를 전달받으면 프린터는 노즐 및 프린팅 베드의 가열 등 여러 가지 초기화 동작을 수행하게 된다.

해설 시스템 상태 모니터링을 통해 노즐의 온도나 프로세서의 진행 상태 등 시스템 상태를 모니터링할 수 있다.

12. 3D프린터 하드웨어에 대한 설명으로 틀린 것은?
① 제어 프로그래머 관점에서 직접적으로 연관된 하드웨어는 메인 컨트롤러와 모션 하드웨어 부분이다.
② 제어 컨트롤 보드는 명령어를 수행하여 프린팅을 주관하는 명령자의 역할을 수행한다.
③ 모션 하드웨어는 직접적인 프린팅을 수행하는 수행자의 역할을 한다.
④ 모터는 처리 속도, 프로그램 언어 및 환경 등의 전반적인 프로세스가 결정되는 핵심 하드웨어라고 할 수 있다.

해설 모터는 노즐의 공간 이송을 하는 방식은 크게 리니어 모터나 회전 모터를 스크루나 랙과 피니언, 벨트 등에 연결하여 직선 구동을 유도하는 방식을 사용하고 있다.

13. 3D프린터는 툴 패스에 대한 명령어 코드가 생성되어 전달되면 이후로는 PC와 독립적으로 프린팅 프로세서를 진행하게 되는 하드웨어 부분은?
① 메인 컨트롤러
② 데이터 통신
③ 모션 하드웨어
④ 마이크로프로세서

해설 **메인 컨트롤러**
3D프린터는 툴 패스에 대한 명령어 코드가 생성되어 전달되면 이후로는 PC와 독립적으로 프린팅 프로세서를 진행하게 된다.

14. 제어 컨트롤 보드는 명령어를 수행하여 프린팅을 주관하는 명령자의 역할을 수행하는 하드웨어 부분으로 명령에 따라 직접적인 프린팅을 수행하는 수행자의 역할을 하는 부분은?
① 메인 컨트롤러
② 데이터 통신
③ 모션 하드웨어
④ 마이크로프로세서

해설 제어 컨트롤 보드는 명령어를 수행하여 프린팅을 주관하는 명령자의 역할을 수행하는 하

정답 ▶ 11. ① 12. ④ 13. ① 14. ③

드웨어 부분으로 명령에 따라 직접적인 프린팅을 수행하는 수행자의 역할을 하는 부분이 모션 하드웨어 부분이다.

15. 개루프 위치 제어에 대한 설명으로 틀린 것은?
① 센서를 통해 현재 위치값을 읽어 들이고 모터에 전기 신호를 입력하여 목표 지점까지 이동하도록 매번 체크하면서 제어하는 방식이다.
③ 물리적인 의미로는 센서를 사용하지 않고 모터를 전기적 신호만 입력하여 위치를 제어한다는 뜻이다.
④ 시스템 제어의 입장에서는 가장 간단한 방법이지만 모터의 내부 관성이 있기 때문에 일반적인 모터로는 이러한 제어를 구현하기 힘들다.
⑤ 개루프 제어를 구현할 수 있는 모터는 스테핑 모터(Stepper motor)이며 현재 저가의 3D프린터에서 대부분 사용하고 있다.

[해설] 폐루프 위치 제어는 센서를 통해 현재 위치값을 읽어 들이고 모터에 전기 신호를 입력하여 목표 지점까지 이동하도록 매번 체크하면서 제어하는 방식이다.

16. 폐루프 위치 제어에 대한 설명으로 틀린 것은?
① 센서를 통해 현재 위치값을 읽어 들이고 모터에 전기 신호를 입력하여 목표 지점까지 이동하도록 매번 체크하면서 제어하는 방식이다.
② 하드웨어는 현재 위치값을 측정할 수 있는 센서, 엑츄에이터인 모터, 제어 루프를 관장하는 서보드라이버 세 가지로 구성된다.
③ 위치 제어의 정밀성과 모터의 높은 토크 특성 때문에 정밀 고토크 프린팅 시스템이나 산업용 대형 3D프린터에서 사용하고 있다.
④ 시스템 제어의 입장에서는 가장 간단한 방법이지만 모터의 내부 관성이 있기 때문에 일반적인 모터로는 이러한 제어를 구현하기 힘들다.

[해설] 개루프 위치 제어
시스템 제어의 입장에서는 가장 간단한 방법이지만 모터의 내부 관성이 있기 때문에 일반적인 모터로는 이러한 제어를 구현하기 힘들다.

17. 서보모터에 대한 설명으로 틀린 것은?
① 내부적으로 DC 모터의 경우는 전압값 조정을, AC 모터의 경우 펄스폭 조정 등의 서로 다른 방식을 취한다.
② AC 모터는 동급출력을 내는 DC 모터에 비해서 상대적으로 저렴하며, 효율이 좋고, 수명이 길다는 장점이 있습니다.
③ AC 모터는 속도 및 방향 제어 등을 쉽게 구현할 수 있기 때문에 가장 많이 사용한다.
④ DC 모터와 AC 모터가 있으며 두 모터의 가장 두드러진 차이점은 입력 전원이 정류를 해서 직류로 변환하는지 아니면 일반적인 교류 전류를 인가하는지의 차이이다.

[해설] DC 모터는 속도 및 방향 제어 등을 쉽게 구현할 수 있기 때문에 DC 모터를 가장 많이 사용한다.

정답 ▶ 15. ① 16. ④ 17. ③

18. 항상 현재 위치값을 출력하며 각도의 증감을 발생하여 매번 새롭게 출력값을 저장하여 새롭게 0점 조정을 하는 엔코더는?
① 앱솔루트 엔코더
② 인크리멘탈 엔코더
③ 옵티컬엔코더
④ 리니어엔코더

해설 앱솔루트 엔코더(Absolute encoder)
항상 현재 위치값을 출력하며 각도의 증감을 발생하여 매번 새롭게 출력값을 저장하여 새롭게 0점 조정을 하며 특징은 다음과 같다.
① 속도와 이동량을 검출한다.
② 1회전 내의 각도 데이터를 검출한다.
③ 원점에서의 이동량은 검출한다.
④ 정전 후의 원점복귀가 불필요하다.
⑤ 구조가 비교적 복잡하다.
⑥ 비교적 고가이다.

19. 프로그램 내부에서 메모리에 별도로 현재 입력값을 저장하여 0점 조정 이후 값의 변화를 비교하여 각도를 측정하는 엔코더는?
① 엡솔루트 엔코더
② 인크리멘탈 엔코더
③ 옵티컬엔코더
④ 리니어엔코더

해설 인크리멘탈 엔코더(Incremental encoder)
프로그램 내부에서 메모리에 별도로 현재 입력값을 저장하여 0점 조정 이후 값의 변화를 비교하여 각도를 측정하며 특징은 다음과 같다.
① 속도와 이동량을 검출한다.
② 원점으로 부터의 이동량은 검출이 불가하다.
③ 정전 후의 원점복귀가 필요하다.
④ 구조가 비교적 간단하다.
⑤ 비교적 저가이다.

20. 엔코더는 기능에 대한 설명으로 틀린 것은?
① 모터의 회전수와 속도를 감지할 수 있다.
② 모터의 정역 회전 방향을 감지할 수 있다.
③ 모터가 몇 도 만큼 회전했나를 알 수 있다.
④ 모터의 초기 원점(Home sensing)을 할 수 없다.

해설 모터의 초기 원점(Home sensing)을 할 수 있다.

21. 엔코더에 대한 설명으로 틀린 것은?
① 엔코더 모터는 반드시 엔코더 모터 구동 드라이버에 의해 구동되며, 폐회로(Close Looping) 제어로 모터의 회전수나 위치를 제어한다.
② 모터의 폐루프 제어에 사용되는 센서는 엔코더, 퍼텐쇼미터 두 가지가 있다.
③ 퍼텐쇼미터는 아날로그 출력으로 고속 처리에 어려움이 있어 디지털 신호로 각도를 출력하는 로터리 엔코더를 주로 사용한다.
④ 앱솔루트 엔코더(Absolute encoder)는 프로그램 내부에서 메모리에 별도로 현재 입력값을 저장하여 0점 조정 이후 값의 변화를 비교하여 각도를 측정한다.

해설 ① 앱솔루트 엔코더(Absolute encoder) 항상 현재 위치값을 출력하며 각도의 증감을 발생한다.
② 인크리멘탈 엔코더(Incremental encoder) 프로그램 내부에서 메모리에 별도로 현재 입력값을 저장하여 0점 조정 이후 값의 변화를 비교하여 각도를 측정한다.

▶ 18. ① 19. ② 20. ④ 21. ④

22. 3D프린터 제어용 마이크로프로세서에 대한 설명으로 틀린 것은?

① 3D프린터 제어 프로그램이 실행되는 보조프로세서는 3D프린터 내부에서 프린터의 동작과 운영을 총괄한다.
② 3D프린터 제어 프로그래밍은 마이크로프로세서 프로그래밍과 같은 의미이며, 프로그램 대상이 3D프린터 제어가 되는 것이다.
③ 통상 3D프린터와 같이 시스템 내부에서 두뇌의 역할을 하는 마이크로프로세서가 독립적인 운영을 하는 시스템을 임베디드 시스템(Embedded system)이라고 한다.
④ 내부에 레지스터, 제어장치, 연산장치를 포함하여 연산에 특화된 기능을 갖는 장치를 말한다.

해설 3D프린터 제어 프로그램이 실행되는 주프로세서는 3D프린터 내부에서 프린터의 동작과 운영을 총괄하는 3D프린터 제어 컨트롤 보드에 내장된 마이크로프로세서이다.

23. 3D프린터 제어용 마이크로프로세서에 대한 설명으로 틀린 것은?

① 마이크로프로세서에서 처리하는 프로그램 명령어는 기계코드이다.
② 명령 사이클(Instruction cycle)은 페치사이클(Fetch cycle)과 실행 사이클(Execution cycle)로 구성된다.
③ 페치 사이클은 명령 해독 결과에 따라 명령에서 정해진 타이밍 및 제어 신호를 순차적으로 발생하여 주어진 명령을 실행하는 단계이다.
④ 3D프린터 제어 프로그래밍은 프로그램이 개발되는 환경과 실행되는 환경이 다른 크로스 플랫폼 개발 환경(Cross-platform development environment)이다.

해설 ① 명령 사이클에서는 실행할 명령을 메모리에서 내부 명령 레지스터까지 인출하고, 이를 명령 해독기(Decoder)에서 해독하기까지의 단계이다.
② 페치 사이클에서는 명령 해독 결과에 따라 명령에서 정해진 타이밍 및 제어 신호를 순차적으로 발생하여 주어진 명령 실행 단계이다.

24. 마이크로프로세서 구조에 대한 설명으로 틀린 것은?

① 마이크로프로세서는 컴퓨터와 유사한 내부 구조를 가지고 있다.
② 마이크로프로세서는 메모리를 내장에 두고 처리하는 구조이다.
③ 내부에는 레지스터라는 메모리가 있으나 이는 프로세서의 상태 제어나 프로세서가 처리할 해당 코드 라인만 잠시 저장하는 임시 저장소일 뿐이다.
④ 산술적인 계산은 별도의 루프린 ALU를 통해 고속으로 병렬 처리하는 구조를 가지고 있다.

해설 컴퓨터와의 차이점은 메모리를 내장하지 않고 외부에 메모리를 두고 처리하는 구조이다.

25. 프로그래밍 언어를 마이크로프로세서가 인식하도록 목적코드(Object 파일)로 변환하는 작업을 무엇이라 하는가?
① 링크　　　　② 빌드
③ 어셈블　　　④ 컴파일

해설 코드가 작성되면 컴파일러로 컴파일된다. 여기서 '컴파일'이란 사람이 작성한 고급 프로그래밍 언어를 마이크로프로세서가 인식하도록 목적 코드(일명; Object 파일)로 변환하는 작업을 의미한다.

26. 모든 목적 코드 파일을 다시 하나의 나열된 일괄 프로그램으로 묶어 주는 과정을 무엇이라 하는가?
① 링크 ② 빌드
③ 어셈블 ④ 컴파일

해설 컴파일된 모든 목적 코드 파일은 다시 하나의 나열된 일괄 프로그램으로 묶어 주는 링크(Link) 과정을 거친다. 실행 파일은 통상 hex 파일 형태로 만들어진다.

27. 3D프린터의 제어 보드에 탑재되어 모든 것을 제어하는 소프트웨어는?
① Firmware ② Host software
③ Repetier-Host ④ Slic3r

해설 ① 펌웨어란 전자기기 등의 기본적인 제어 및 구동을 맡고 있는 프로그램을 총칭하며, 특정 하드웨어 장치에 포함된 소프트웨어로서 코드를 읽어 실행하거나, 수정되는 것도 가능한 장치를 뜻한다.
② 펌웨어는 3D프린터의 제어 보드에 탑재되어 모든 것을 제어하는 소프트웨어이다.

28. 양 디바이스 간의 송수신이 동시에 가능한 통신 방식으로 접속된 두 장치 간에 데이터가 동시에 양방향으로 흐를 수 있도록 하는 데이터 통신 전송모드 방식은?
① 단방향 ② 반이중
③ 전이중 ④ 다방향

해설 ① 단방향 : 데이터 전송로에서 한 방향으로만 데이터가 흐르도록 하는 통신 방식으로 원격 측정기(Telemeter) 같은 것이 있다.
② 반이중 : 양 디바이스 간의 양방향 송수신이 가능하지만, 같은 시간에 두 디바이스 간 동시에 데이터 전송할 수 없고, 한 번에 하나의 전송만 이루어지는 통신 방식이다.
③ 전이중 : 양 디바이스 간의 송수신이 동시에 가능한 통신 방식으로 접속된 두 장치 간에 데이터가 동시에 양방향으로 흐를 수 있도록 하는 방식이다.

29. 데이터 통신의 데이터 전송에 대한 설명으로 틀린 것은?
① 병렬 방식은 하나의 데이터를 여러 선을 통해 묶음으로 통신하는 방식이다.
② 직렬 방식은 1개 혹은 한 쌍의 선만을 통해 데이터를 전송하는 통신 방식이다.
③ 병렬 방식은 송수신 문자들 간의 간격을 식별하는 스트로브(Strobe) 신호를 사용하여 문자들을 식별한다.
④ 직렬 방식은 송수신 문자들 간의 간격을 식별하는 스트로브(Strobe) 신호를 사용하여 문자들을 식별한다.

해설 병렬 방식은 송수신 문자들 간의 간격을 식별하는 스트로브(Strobe) 신호를 사용하여 문자들을 식별한다.

30. 데이터 통신에서 비동기 방식에 대한 설명으로 틀린 것은?
① 별도의 타이밍 클럭을 두지 않고 신호 내부에 동기값을 포함하여 송수신 장치 양측이 통신 속도를 맞춰 통신하는 방식이다.

정답 ▶ 26. ① 27. ① 28. ③ 29. ④ 30. ④

② 기본적인 개념을 길지 않은 비트열을 전송하도록 하여 타이밍 문제를 피하도록 하는 것이다.
③ 일정한 길이의 데이터 전후에 스타트 비트(ST; Start Bit)와 스톱 비트(SP; Stop bit)를 첨가하여 전송한다.
④ 전송되는 데이터 신호 외에 클럭 신호를 별도로 두고 송수신 양측 간의 신호에서 데이터를 공유된 클럭 신호에 따라 데이터 통신하는 방식이다.

해설 동기 방식 : 전송되는 데이터 신호 외에 클럭 신호를 별도로 두고 송수신 양측 간의 신호에서 데이터를 공유된 클럭 신호에 따라 동기화시켜 데이터 통신하는 방식이다.

31. 시리얼 통신(RS-232C)에 대한 설명으로 틀린 것은?
① 직렬 통신은 1개 또는 2개의 전송 라인을 사용하여 데이터를 송수신하는 통신 방법으로, 한 번에 한 비트씩 데이터를 지속적으로 주고받는다.
② 적은 신호선으로 연결이 가능하기 때문에 선재와 중계 장치의 비용이 억제되는 등의 장점이 있다.
③ RS232C 통신은 15m 이상 장거리에서 가장 많이 사용되는 통신 방식이다.
④ 신호선과 커넥터의 목적과 타이밍으로 정의한다(D-sub 25핀 또는 D-sub 9핀). 현재 표준은 신호선을 추가하여 개정되었으며, 정식으로 "ANSI/EIA-232-E"라고 하다가 지금은 "RS-232C"라고 한다.

해설 RS232C 통신은 15m 이내 단거리에서 가장 많이 사용되는 통신 방식이며, 3D프린터의 컨트롤 보드에서 많이 사용되는 Atmel 계열의 프로세서에서는 UART라는 파트에서 통신을 지원한다.

32. I2C의 데이터 통신에 대한 설명으로 틀린 것은?
① 주로 회로 내의 프로세서 간에 두 가닥의 와이어로만 통신하는 방식이다.
② 일명 TWI(Two Wire Interface)라고 불리는 통신 방식이다.
③ 2개의 선 중 하나는 SCL(양방향 제어 신호선), 또 다른 한 선은 SDA(양방향 데이터 신호선)으로 구성되어 있다.
④ 데이터 속도가 빠른 장점이 있지만 연결 배선이 많아지는 단점이 있다.

해설 SPI(Serial Peripheral Interface)
신호선이 I2C에 비해 2개가 더 늘어나면서 데이터 속도가 빠른 장점이 있지만 연결 배선이 많아지는 단점이 있다.

33. I/O 포트의 구동 원리로 옳은 것은?
① 전자 회로에서 전기 신호의 기본적인 동작인 on/off 기능을 구현하는 포트이다.
② AVR MCU의 ADC는 기본 전압을 내부에서 사용되는 기준 전압으로 변환하여 작동되는 포트이다.
③ 펄스 폭 변조를 발생시켜 0과 1의 디지털 신호를 아날로그 신호인 것처럼 출력하는 포트이다.
④ 기준 전압에 의해 일정 범위의 디지털 값으로 변경한 수치를 입력 받는 포트이다.

정답 ▶ 31. ③ 32. ④ 33. ①

해설 포트 구동 원리
① I/O 포트는 전자 회로에서 전기 신호의 기본적인 동작인 On/Off 기능을 구현하는 포트이다.
② 프로세서의 관점에서는 신호를 받을 수도 있고 출력할 수도 있기 때문에 이러한 역할에 따라 Input과 Output으로 나뉜다.
③ 전기적 특성은 전기적 신호의 단락은 스위칭을 기반으로 하고 있다.
④ MCU 내부에는 스위치 소자인 TR이 있고 이의 동작에 대한 설정은 레지스터가 출력으로 동작할지 입력으로 동작할지 결정한다.
⑤ 출력일 경우 TR 기능을 이용하여 Vcc의 인가 혹은 단락으로 on/off를 스위칭 한다.
⑥ 만약 입력의 경우는 비교 기능을 이용하여 High/Low를 판별하도록 동작한다.

34. I/O 포트의 구동 원리로 틀린 것은?
① I/O 포트는 전자 회로에서 전기 신호의 기본적인 동작인 On/Off 기능을 구현하는 포트이다.
② 프로세서의 관점에서는 신호를 받을 수도 있고 출력할 수도 있기 때문에 이러한 역할에 따라 Input과 Output으로 나뉜다.
③ 펄스 폭 변조를 발생시켜 0과 1의 디지털 신호를 아날로그 신호인 것처럼 출력하는 포트이다.
④ MCU 내부에는 스위치 소자인 TR이 있고 이의 동작에 대한 설정은 레지스터가 출력으로 동작할지 입력으로 동작할지 결정한다.

35. I/O 포트 작동 설정에 대한 설명으로 틀린 것은?
① 입·출력뿐만 아니라 ADC, Timer, Interrupt 등의 대부분의 기능을 겸한다.
② 출력을 마음대로 선택할 수 있고, 0과 1의 출력 신호를 임의로 만들어 줄 수 있는 구조를 가진다.
③ 입력으로 사용할 때는 외부 인터럽트를 처리할 수 있도록 하는 경우가 많다.
④ GPIO를 통해 외부에서 S/W 등으로 입력되는 신호를 출력할 수 있다.

해설 GPIO를 통해 외부에서 S/W 등으로 입력되는 신호를 입력받을 수 있고, 타이머나 UART 인터럽트 등을 통한 값을 GPIO를 통하여 LED 등의 소자로 출력할 수도 있다.

36. 다음 그림에서 레지스터의 동작을 입력이나 출력으로 결정하는 것은?

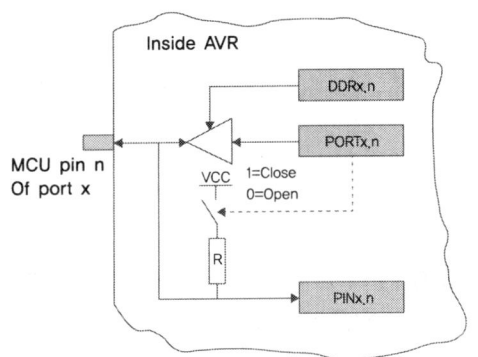

① DDRx.n   ② PORTx.n
③ VCC   ④ PINx.n

해설 DDRx.n은 입력이나 출력으로 결정한다.

37. A/D 포트 동작 원리에 대한 설명으로 틀린 것은?
① 연속적인 신호인 아날로그 신호를 디지털 장치인 MCU에서 처리하기 위해서는 부호화된 디지털 신호로 변환시켜야 하며, 이를 A/D 변환(AD converter)이라고 한다.

정답 ▶ 34. ③ 35. ② 36. ① 37. ③

② 온도, 압력, 음성, 영상 신호, 전압 등 연속적으로 측정되는 자연계에서의 수치를 전압의 세기로 변환시켜 기준 전압에 의해 일정 범위의 디지털 값으로 변경한 수치를 입력받는 포트가 A/D 포트이다.
③ ADC와 반대로 마이크로프로세서 내부에서 처리된 값으로 액추에이터(Actuator)를 동작시킬 때 디지털 신호를 아날로그 신호로 변환시키는 것은 A/D 변환이라고 한다.
④ A/D 변환 과정은 아날로그 입력을 받아서 샘플링(Sampling)한 뒤, 양자화(Quantization)를 시킨 후 부호화의 과정을 거친다.

해설 ADC와 반대로 마이크로프로세서 내부에서 처리된 값으로 액추에이터(Actuator)를 동작시킬 때 디지털 신호를 아날로그 신호로 변환시키는 것은 D/A 변환이라고 한다.

38. 온도, 압력, 전압 등 연속적으로 측정되는 수치를 디지털 값으로 입력 받는 포트는?
① I/O 포트
② A/D 포트
③ TXD 포트
④ PWM 포트

해설 온도, 압력, 음성, 영상 신호, 전압 등 연속적으로 측정되는 자연계에서의 수치를 전압의 세기로 변환시켜 기준 전압에 의해 일정 범위의 디지털 값으로 변경한 수치를 입력받는 포트가 A/D 포트이다.

39. 기계적 신호 처리가 용이한 디지털 코드 형태로 변환하는 과정을 무엇이라 하는가?
① Analog Signal
② Sampling
③ Quantization
④ Coding

해설
① 샘플링(Sampling) : 시간축 방향에서 일정 간격으로 샘플 추출하여 이산신호로 변환시키는 과정
② 양자화(Quantization) : 샘플된 진폭치를 특정 대푯값으로 바꾸는 과정
③ 부호화(Coding) : 신호처리가 용이한 디지털 코드(Bimary Code) 형태로 변환하는 과정(비트 할당)

40. 다음 그림은 A/D 변환 과정 신호 샘플링이다. 양자화(Quantization)에 해당되는 그림은?

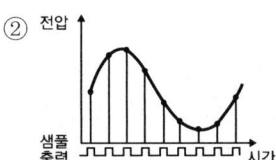

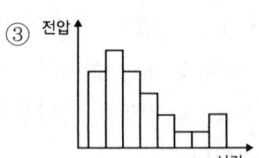

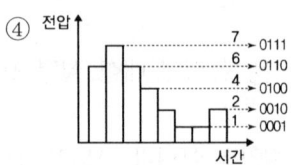

▶ 38. ② 39. ④ 40. ③

41. A/D 포트 동작 원리에 대한 설명으로 틀린 것은?
① Bit rate의 단위는 Hz(1/s)를 사용하고 보통의 경우에 성능 표현은 MSPs를 사용한다.
② ADC 기능의 속도는 입력된 아날로그 값을 디지털로 변환하는 시간, 정확도는 아날로그 입력 전압의 범위의 세밀한 단계를 얼마만큼 세밀한 디지털로 변환하는가에 달려있다.
③ 정확도는 분해능이라 한다.
④ ADC에서의 변환 과정 중에도 일정 시간이 소요되며, 여러 개의 아날로그 입력 처리 시 약간의 지연 현상이 발생될 수 있다.

해설 Sampling rate의 단위는 Hz(1/s)를 사용하고, 보통의 경우에 성능 표현은 MSPs를 사용한다.

42. A/D 포트 동작 프로그래밍에 대한 설명으로 틀린 것은?
① AVR MCU의 ADC는 기본 전압을 내부에서 사용되는 기준 전압으로 작동된다.
② analog Read(A0) 함수를 사용하여 A0 포트의 값을 읽어 보면 0~5V의 전원을 입력하는 경우에 0부터 1023의 값이 나온다.
③ 프로그램 전반부에 A/D 컨버터의 동작을 설정하고 메인 프로그램에서는 컨버터 값을 제어하는 방식으로 프로그램을 한다.
④ MCU로 입력되는 대부분의 값은 디지털 전압값으로, MCU에서 처리하기 위해서는 아날로그 값으로 변환해주어야 하는데 이를 ADC가 수행한다.

해설 MCU로 입력되는 대부분의 값은 아날로그의 전압값으로, MCU에서 처리하기 위해서는 디지털 값으로 변환해주어야 하는데 이를 ADC가 수행한다.

43. PWM 포트 동작 원리에 대한 설명으로 틀린 것은?
① PWM(Pulse Width Modulation)은 펄스 폭 변조를 발생시켜 디지털 출력으로 0과 1 출력을 아날로그인 것처럼 출력할 수 있다.
② A/D 포트의 반대의 역할인 D/A 컨버터를 대체하는 기능이다.
③ PWM 포트는 3D프린터의 경우 프린터에 있는 AC 모터를 속도 제어할 때 사용된다.
④ PWM은 디지털 신호 HIGH와 LOW 상태의 지속 시간을 변화시켜 전압을 변환한다.

해설 PWM 포트는 3D프린터의 경우 프린터에 있는 DC 모터를 속도 제어할 때 사용되어 진다.

44. PWM 포트 동작 원리에 대한 설명으로 틀린 것은?
① 파형에서 지속되는 구간을 듀티(Duty)라고 한다.
② PWM 지원 포트(핀) DP 256개(0부터 255까지)의 범위 값을 출력할 수 있다.
③ analogWrite 함수 파라미터 255는 절대적인 LOW 값이다.
④ 디지털 신호에선 H(1)와 L(0) 두 가지의 신호가 존재한다.

해설 analogWrite 함수 파라미터 255는 절대적인 HIGH 값이다.

정답 ▶ 41. ① 42. ④ 43. ③ 44. ③

45. PWM 포트 동작 프로그래밍에 대한 설명으로 틀린 것은?
① 일반적으로 사용하는 PWM의 경우 프로세서에 입력되는 클럭 신호를 일정 분주비로 나눈다.
② 나눈 분주비로 타이머에서 카운터를 하고 Duty 값과 타이머의 값이 일치하면 포트에서 H를 출력한다.
③ 설정해 둔 주기값과 타이머 값이 일치하면 타이머 값은 0으로 초기화하고 포트에서 H를 출력한다.
④ 함수 analogWrite(pin, value)를 살펴 보면 각각의 인자값은 pin : 포트 번호, value : duty cycle의 값을 나타낸다. analogWrite 함수는 256개의 값을 사용한다.

해설 나눈 분주비로 타이머에서 카운터를 하고 Duty 값과 타이머의 값이 일치하면 포트에서 L을 출력한다.

46. PWM(Pulse Width Modulation) 제어는 디지털 신호(HIGH와 LOW) 상태의 지속 시간을 변화시켜 전압을 변환하며 전압 5V, 지원 포트(핀) DP 256개(0부터 255가지)의 범위 값을 출력할 수 있다. 다음 analogWrite 함수에서 출력 전압[V]은?

analogWrite(3, 255 * 0.15);

① 0.75 ② 15
③ 38   ④ 38.25

해설
- analogWrite(3, 255 * 0.15); PWM이 15%로 설정
- aanalogWrite 함수 파라미터로 255값이 사용될 경우 5V에 대한 100%이므로 5V가 출력된다. 5V×0.15=0.75

47. 스테핑 모터에 대한 설명으로 틀린 것은?
① 스테핑 모터의 구동 원리는 회전축에 부착된 로터와 회전축을 둘러싼 스테이터로 구성된다.
② 스테이터에 감겨있는 코일에 펄스전류를 흘리면 자력이 발생한다.
③ N극과 S극의 잡아당기는 힘을 이용하여 로터를 끌어당기는 것을 반복하여 로터가 회전하게 된다.
④ 1상 여자하면 로터(회전자)는 1극에서 정지한다. 1, 2, 3으로 여자하면 좌회전(CCW)하고, 3, 2, 1로 여자하면 우회전(CW)한다.

해설 1상 여자하면 로터(회전자)는 1극에서 정지한다. 1, 2, 3으로 여자하면 우회전(CW)하고, 3, 2, 1로 여자하면 좌회전(CCW)한다.

48. 모터 드라이버에 대한 설명으로 틀린 것은?
① 모터 드라이버는 모터의 움직임을 제어해주는 전자 부품이다.
② 서보모터는 모터 드라이버가 내장되어 있지 않아서 방향 제어가 어렵다.
③ 스테핑 모터는 프로그래밍을 통한 신호로 정밀한 각도 및 위치를 제어해서 시그널 신호로 제어를 해주어야 한다.
④ 스테핑 모터를 사용할 때 시그널을 제어해주는 스테핑 모터 드라이버를 사용한다.

해설 서보모터는 자체적으로 모터 드라이버가 내장되어 있어서 방향 제어가 쉽게 된다.

정답 ▶ 45. ② 46. ① 47. ④ 48. ②

49. 온도 센서에 대한 설명으로 틀린 것은?
① FDM 방식 3D프린터의 경우 필라멘트를 열을 이용하여 녹이기 때문에 온도가 매우 중요하다.
② 베드의 온도도 필라멘트의 재료에 따라서 조절이 필요하므로 온도 센서는 없어서는 안 될 장치이다.
③ 접촉식은 온도 측정점의 열방사를 통해 센서가 온도를 인식하여 온도가 측정된다.
④ 온도 센서는 접촉식과 비접촉식으로 나뉜다.

해설 ① 접촉식은 온도 측정점의 열전도를 통해 센서가 온도를 인식하여 온도가 측정된다.
② 비접촉식은 온도 측정점의 열방사를 통해 센서가 온도를 인식하게 된다.

50. 다음 중 FDM 방식 3D프린터의 경우 익스트루더에 반드시 필요한 센서는?
① 습도 센서   ② 온도 센서
③ 이미지 센서 ④ 초음파 센서

해설 FDM 방식 3D프린터의 경우 필라멘트를 열을 이용하여 녹이기 때문에 온도가 매우 중요하다.

51. 리밋 스위치에 대한 설명으로 틀린 것은?
① 리밋 스위치는 3D프린터가 축 이동을 할 때 한계점에 다다르면 스위치가 눌러져 한계점을 넘어 가는 것을 방지하는 스위치이다.
② 리미트 스위치는 통상 2개의 접점을 가지고 있으며 평상시 On되어 있는 'B 접점'과 작동하면서 On되는 'A 접점'이다.
③ 리밋 스위치 부분을 통해 충돌을 감지할 수 있는 스위치 혹은 센서 모듈로 3D프린터 등과 같이 병진운동을 하는 기구부가 어느 점에서 멈추거나 방향을 바꿔야할 때 사용할 수 있다.
④ 레버를 상하로 움직이면 A 접점은 Off, B 접점은 On가 됩니다.

해설 A 접점은 평상시 Off되어 있고, B 접점은 평상시 On되어 있다. 레버를 상하로 움직이면 A 접점은 On, B 접점은 Off가 됩니다.

52. 3D프린터의 노즐과 프린팅 베드의 위치가 정확히 제어되도록 처리하는 수치 제어용 프로그램 언어의 규격은?
① RS-232
② RS-274
③ RS-485
④ IEEE-1284

해설 3D프린터에 대한 G코드는 NC 공작 기계에 사용되던 G코드 Interprete(NIST RS274NGC interpreter 표준안)에서 원래 머시닝 툴 대신 재료 사출 노즐의 모터 제어, 온도 센서 제어 등 3차원 프린터에 필요한 기능이 더 첨부된 형태의 코드가 만들어졌고, 이들에 대한 해석부(Interpreter)도 펌웨어 형태로 공개되어 사용되고 있다.

53. G코드는 한 문장은 얼마 char 이내의 길이로 한정되어 있는가?
① 125   ② 156
③ 256   ④ 325

해설 한 문장은 256Char 이내의 길이로 한정되어 있고, 끝에는 Enter와 같은 Carriage return 등으로 각 문장을 구분하며, 한 문장이 하나의 단일 명령을 뜻하게 된다.

정답 ▶ 49. ③ 50. ② 51. ④ 52. ② 53. ③

54. G코드 명령어에 대한 설명으로 틀린 것은?
① G코드에서 지령의 한 줄을 블록(Block)이라 한다.
② 사용자가 코드를 읽기 쉽도록 해석해 주는 문장으로 세미콜론 ' ; '과 괄호 '( )'가 사용된다.
③ 'G1', 'F1200', 'X126.170', 'Y56.750', 'E20.66554'로 5개의 워드이다.
④ 어드레스는 준비 기능 'G', 보조 기능 'F', 기타 기능으로 'M', 'S', 'T' 등이 있다.

해설 어드레스는 준비 기능 'G', 보조 기능 'M', 기타 기능으로 'F', 'S', 'T' 등이 있다.

55. G코드의 종류에서 어떤 점으로 이동하라는 것과 같은 표준 G코드 명령은?
① Gnnn
② Mnnn
③ Tnnn
④ Snnn

해설 ① Gnnn : 어떤 점으로 이동하라는 것과 같은 표준 G코드 명령
② Mnnn : RepRap에 의해 정의된 명령. 예를 들면 쿨링 팬 회전
③ Tnnn : 도구 nnn 선택. RepRap에서 도구는 압출기
④ Snnn : 파라미터 명령. 예를 들어 모터로 보내는 전압

56. 다음 중 G코드의 설명으로 잘못된 것은?
① 사용할 수 없는 G코드를 지령하면 알람이 발생한다.
② 그룹이 서로 다르면 몇 개라도 동일 블록에 지령할 수 있다.
③ 동일 그룹의 G코드를 같은 블록에 2개 이상 지령하면 알람이 발생한다.
④ 모달 G코드는 동일그룹의 다른 G코드가 나올 때까지 유효하다.

해설 동일그룹의 G코드를 같은 블록에 2개 이상 지령하면 알람이 발생되지 않는다.
[예] G01 G90 X10. Z10. F0.2 ;

57. 다음 준비기능 중 지령된 블록에서만 기능이 유효한 것은?
① G00
② G01
③ G03
④ G04

58. EOB는 무엇을 뜻하는가?
① 블록의 종료
② 공구의 선택 기능
③ 보조적인 CNC 공작기계의 기능을 지정하여 동작
④ CNC 공작기계의 운동에서 각축의 변위량을 지정

59. G코드 프로그램 구성 요소 중 최소의 단위는?
① 어드레스
② 수치
③ 워드
④ 블록

해설 워드는 기본 단위이며, 프로그램 구성 중 Word=어드레스(Address)+수치(Data)이다.

60. G코드 프로그램을 위한 준비기능(G 기능) 가운데 연속지령코드(modal G코드)만으로 짝지어진 것은?
① G00, G01, G02, G03
② G00, G02, G04, G06
③ G01, G03, G04, G39
④ G03, G04, G39, G41

정답 ▶ 54.④ 55.① 56.③ 57.④ 58.① 59.③ 60.①

[해설] G코드만 유효한 지령(연속지령 코드)
① G00 : 위치 결정(급속이송)
② G01 : 직선보간
③ G02 : 원호보간(CW : 시계방향)
④ G03 : 원호보간(CCW : 반시계방향)

61. G코드에서 전원 공급 시 유효 초기 상태의 모달지령이 아닌 것은?

① G00 ② G22
③ G27 ④ G40

[해설]
- G00 : 위치 결정 급속이송
- G22 : 내장행정 체크 기능 ON
- G27 : 원점복귀 체크
- G40 : 공구인선 반경 보정 취소
- 전원 공급 시 유효 초기 상태의 모달지령
  : G00, G22, G25, G40, G69, G97, G99

62. 다음중 3D프린터에서 XY 평면설정에 대한 G코드는?

① G10 ② G17
③ G20 ④ G21

[해설]
① G10 : 헤드 오프셋
② G17 : XY 평면설정
③ G20 : 인치(Inch) 단위
④ G21 : 밀리미터 단위

63. 다음중 3D프린터에서 좌표를 기계의 원점 기준으로 설정에 대한 G코드는?

① G28 ② G90
③ G91 ④ G92

[해설]
① G28 : 원점 이동
② G90 : 절대 좌표 설정
③ G91 : 상대 좌표 설정
④ G92 : 위치설정

64. G코드 중에서 홈(원점)으로 이동하는 명령어는?

① G28 ② G92
③ M106 ④ M113

[해설]
① G28 : 원점 이송
② G92 : 좌표계 설정
③ M106 : 팬 전원 켜기
④ M113 : 압출 성형기 PWM

65. 노즐에서 재료를 토출하면서 가로 100mm, 세로 200mm 위치로 이동하라는 G코드 명령어에 해당하는 것은?

① G1 X100 Y200 ② G0 X100 Y200
③ G1 A100 B200 ④ G2 X100 Y200

[해설] G1 X100 Y200 : 가로 100mm, 세로 200mm 위치로 이동하라는 G코드 명령어

66. 다음 G코드 명령어의 의미로 옳은 것은?

G1 X100 Y100 Z100 E10

① X, Y, Z축에 100, 100, 100 위치로 직선 이동시키고 10초간 잠시 멈춤
② X, Y, Z축에 100, 100, 100 위치로 직선 이동시키고 노즐의 온도를 10℃로 조정
③ X, Y, Z축에 100, 100, 100 위치로 직선 이동시키고 오차 범위는 10% 이내
④ X, Y, Z축에 100, 100, 100 위치로 직선 이동시키고 재료를 10mm까지 직선 분사

[해설]
- G1 : 직선 이동
- Ennn : 재료분사 압출형의 길이(mm)

[정답] ▶ 61. ③ 62. ② 63. ② 64. ① 65. ① 66. ④

Part 3 3D프린터 프로그램

67. G1 X50 Y120 E50에 대한 G코드 설명으로 옳은 것은?
① 헤드를 X50, Y120으로, 이송속도를 50mm/min이송
② 헤드를 X50, Y120으로, 노즐온도를 50℃ 설정
③ 헤드를 X50, Y120으로, 플랫폼 온도를 50℃ 설정
④ 헤드를 X50, Y120으로, 필라멘트를 50mm까지 압출하면서 이송

해설 Ennn : 재료분사 압출형의 길이 mm

68. 다음 중 3D프린터 동작을 정지에 대한 M코드는?
① M0 ② M1
③ M17 ④ M18

해설 ① M0 : 프로그램 정지
② M1 : 선택적 프로그램 정지
③ M17 : 스테핑 모터 사용
④ M18 : 스테핑 모터 비사용

69. 다음중 3D프린터에서 압출기 온도 설정에 대한 M코드는?
① M101 ② M102
③ M103 ④ M104

해설 ① M101 : 압출기 전원 ON
② M102 : 압출기 전원 ON(역)
③ M103 : 압출기 전원 OFF, 후퇴
④ M104 : 압출기 온도 설정

70. 3D프린터 출력 시 STL 파일을 불러와서 슬라이서 프로그램에서 출력 조건을 설정 후 출력을 진행할 때 생성되는 코드는?
① Z코드 ② D코드
③ G코드 ④ C코드

해설 G코드 : 출력 시 STL 파일을 불러와서 슬라이서 프로그램에서 출력 조건을 설정 후 출력을 진행할 때 생성되는 코드이다.

71. 3D프린터에 설치된 모터를 구동하여 노즐이 툴 패스를 따라 이동할 수 있도록 명령어를 생성하는 코드명은?
① C코드 ② N코드
③ G코드 ④ Z코드

해설 G0 및 G1 : 이송 명령어
예 G1 X100 Y100 Z100 E10
노즐을 x, y, z축에 100, 100, 100 위치로 직선 이동시키고, 재료를 10mm까지 직선 분사

72. 노즐의 온도를 190℃로 설정하는 G코드는?
① M104 S190 ② M106 S190
③ M109 S190 ④ M140 S190

해설 'M104'는 헤드의 온도를 지정하는 명령이며, 어드레스로 온도 'S'와 헤드번호 'T'가 이용 가능하다.

73. 베드 온도(Bed Temperature)를 60℃로 설정하고 제어권을 즉시 호스트로 넘기는 명령은?
① M109 S60
② M140 S60
③ M141 S60
④ M109 S60 R100

해설 'M140'는 베드의 플레이트 온도를 지정하는 명령이며, 어드레스로 온도 'S'가 이용 가능하다.

정답 ▶ 67. ④ 68. ① 69. ④ 70. ③ 71. ③ 72. ① 73. ②

74. ME 방식의 헤드에서 소재를 녹이는 열선의 온도를 지정하고 해당 조건에 도달할 때까지 가열 혹은 냉각을 하면서 대기하는 명령의 M코드는?
① M109　　② M73
③ M135　　④ M190

해설 ② M73 : 장치의 제작 진행률 표시 창에 현재까지 제작이 진행된 정도를 백분율로 표시한다.
③ M135 : 헤드의 온도 조작을 위한 PID제어의 온도 측정 및 출력 값 설정 시간간격을 지정하는 명령으로 'S' 어드레로 밀리 초 단위의 시간 값을 줄 수 있다.
④ M190 : 조형을 하는 플랫폼을 가열하는 기능이다. 동일 블록에 'S' 어드레스를 이용하여 가열 최소 온도를 지정하거나, 'R' 어드레스를 이용하여 피드백 제어에 의하여 정확한 온도가 유지되도록 설정할 수 있다.

75. 헤드에 부착된 부가 장치(주로 냉각팬) 등을 켜는 M코드는?
① M104　　② M133
③ M126　　④ M140

해설 ① 'M104'는 노즐의 온도를 지정하는 명령이며, 어드레스로 온도 'S'와 노즐 번호 'T'가 이용 가능하다.
② 'M133'은 특정 헤드를 'M109'로 설정한 온도로 다시 가열하도록 하는 기능으로서 헤드의 번호를 나타내는 'T' 어드레스와 함께 사용할 수 있다.
③ 'M126'과 'M127'은 헤드에 부착된 부가 장치(주로 냉각팬) 등을 켜고 끄는 기능이다. 어드레스로 'T'는 해당하는 헤드의 번호이다.
④ 'M140'은 베드의 플레이트 온도를 지정하는 명령이며, 어드레스로 온도 'S'가 이용 가능하다.

76. 필라멘트 회수 G코드는?
① G10　　② G11
③ G90　　④ G91

해설 ① G10 & G11 : 필라멘트 회수 및 투입 노즐의 필라멘트 피딩 모터를 제어하는 명령어로서 재료의 되감기와 그와 반대로 동작하도록 하는 명령어이다.
② G90 & G91 : 절대, 상대 좌표 설정 Set to Absolute/Relative Positioning G90은 시스템 좌표 원점을 기준으로 절대 위치 기반으로 작동함. G91은 직전 좌표를 기준으로 상대 위치값으로 작동한다.

77. 3D프린터에서 원하는 값에 도달하기 위한 기초적인 자동피드백 제어 방법은?
① PID　　② PAM
③ PWM　　④ SMPS

해설 PID : 3D프린터에서 원하는 값에 도달하기 위한 기초적인 자동피드백 제어 방법이다. 'M135'는 헤드의 온도 조작을 위한 PID 제어의 온도 측정 및 출력값 설정 시간 간격을 지정하는 명령이다.

78. 공작물 좌표계를 설정하는 명령은?
① G92　　② G28
③ G90　　④ G91

해설 ① G92 : 공작물 좌표계
② G28 : 기계 원점 복귀

79. 기계 원점을 기준으로 기계 좌표계가 설정되며, 기계 제작사가 파라미터에 의해 정한 점으로 사용자가 임의로 변경해서는 안 되는 좌표계는?
① 절대 좌표계　　② 기계 좌표계
③ 상대 좌표계　　④ 공작물좌표계

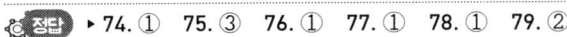
정답 ▶ 74. ① 75. ③ 76. ① 77. ① 78. ① 79. ②

해설 ① 기계 좌표계 : 기계의 기준점, 즉 기계 원점을 기준으로 기계 좌표계가 설정되며, 기계 제작사가 파라미터에 의해 정한 점으로 사용자가 임의로 변경해서는 안 된다. 이 기준점은 기계가 일정한 위치로 복귀하는 기준점이고 공작물의 프로그램 원점과 거리를 알려줄 때 기준이 되는 점이며, 금지 영역, Over travel, 제2 원점 등을 설정할 때 이용한다.

② 절대 좌표계 : 도면을 보고 프로그램을 할 때에 프로그램을 쉽게 하기 위하여 도면상의 한 점을 원점으로 정하는데, 이 점을 프로그램 원점이라고 한다. 이 점을 원점으로 한 좌표계를 절대 좌표계 또는 공작물 좌표계라고도 한다.

③ 상대 좌표계 : 공구보정(Setting), 공작물 측정하거나 정확한 거리의 이동, 좌표계 설정 등을 할 때에 편리하게 사용되며, 현 위치가 좌표계의 기준이 되고, 필요에 따라 그 위치를 0점(기준점)으로 지정할 수 있다.

80. 위치 P1에서 위치 P2로 이동하기 위한 G코드 이동 명령 프로그램으로 옳은 것은?

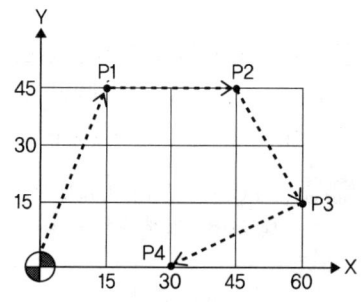

① G90 G00 X30.0 Y0.0
② G91 G00 X30.0 Y0.0
③ G90 G00 X30.0 Y45.0
④ G91 G00 X45.0 Y45.0

해설 ① 절대 지령
P1 → P2 G90 G00 X15.0, Y45.0 ;
P2 → P3 G90 G00 X40.0, Y45.0 ;
P3 → P4 G90 G00 X30.0, Y0 ;
② 증분 지령
P1 → P2 G91 G00 X30.0, Y0 ;
P2 → P3 G91 G00 X15.0, Y-30.0 ;
P3 → P4 G91 G00 X-30.0, Y0 ;

81. 위치 P1에서 위치 P2로 이동하기 위한 증분 지령으로 G코드 이동 명령 프로그램으로 옳은 것은?

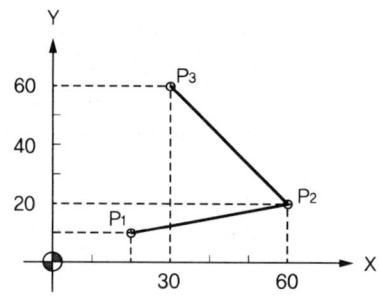

① G90 X60. Y20. ;
② G91 X40. Y10. ;
③ G90 X30. Y60. ;
④ G91 X-30. Y40. ;

해설 ① 절대 지령
P1 → P2 G90 X60. Y20. ;
P2 → P3   X30. Y60. ;
② 증분 지령
P1 → P2 G91 X40. Y10. ;
P2 → P3   X-30. Y40. ;

82. 시리얼 통신에 대한 설명으로 틀린 것은?
① 시리얼(Serial) 통신은 직렬로 통신(정보 전달)하는 수단을 말한다.
② 통신은 통신 채널이나 컴퓨터 버스를 거쳐 한 번에 하나의 바이트(byte) 단

정답 ▶ 80. ② 81. ① 82. ②

위로 데이터를 전송한다.
③ 컴퓨터와 컴퓨터 간 또는 컴퓨터와 주변 장치 간에 데이터를 전송하고 받을 때 사용한다.
④ 시리얼 통신의 종류에는 많이 사용하는 USART, SPI, I2C 통신과 함께 Ethernet, USB, CAN, SATA 등 다양한 직렬 통신이 있다.

해설 통신은 통신 채널이나 컴퓨터 버스를 거쳐 한 번에 하나의 비트(Bit) 단위로 데이터를 전송한다.

83. 다음 시리얼 통신 방식에서 풀 듀플렉스(Full-Duplex)의 특징으로 틀린 것은?
① 스마트 폰의 통신 방식이 풀 듀플렉스이다.
② 풀 듀플렉스 방식은 전이중 통신이라고 불린다.
③ 풀 듀플렉스 방식은 단방향으로 순서에 따라 송신만 가능하다.
④ 반환시간이 필요 없으므로 두 통신 기기 사이에 매우 빠른 속도로 통신이 가능하다.

해설 풀 듀플렉스(Full-Duplex) 방식
전이중 통신이라고 불리며 양방향으로 동시에 송수신이 가능하다. 반환 시간이 필요 없으므로 두 통신 기기 사이에 매우 빠른 속도로 통신이 가능하다.

84. 다음 시리얼 통신방식에서 하프 듀플렉스(Half-Duplex) 방식의 특징으로 틀린 것은?
① 반이중 통신이라고도 불린다.
② 신호를 양방향으로 전송할 수 있으나 동시에 양방향으로 통신이 되지 않는다.
③ 무전기의 경우처럼 한쪽이 송신하는 동안에 다른 한쪽에선 송신과 수신이 가능하다.
④ 시리얼 통신에서는 하프 듀플렉스를 사용하여 통신을 한다.

해설 무전기의 경우처럼 한쪽이 송신하는 동안에 다른 한쪽에선 송신이 불가능하고 수신만 가능하다.

85. 시리얼 통신의 전송에서 동기식 전송에 대한 설명으로 틀린 것은?
① 미리 정해진 수만큼의 문자열을 한 묶음으로 만들어서 일시에 전송하는 방법이다.
② 송신 측과 수신 측이 하나의 기준 클록으로 동기 신호를 맞추어 동작한다.
③ 수신 측에서는 클록에 의해 비트를 구별하게 되므로 동기식 전송을 위해서는 데이터와 클록을 위한 2회선이 필요하다.
④ 송신 측의 송신 클록에 관계없이 수신 신호 클록으로 타임 슬롯의 간격을 식별하여 한 번에 한 문자씩 송수신한다.

해설 비동기식 전송 : 송신 측의 송신 클록에 관계없이 수신 신호 클록으로 타임 슬롯의 간격을 식별하여 한 번에 한 문자씩 송수신한다.

86. 시리얼 통신의 전송에서 비동기식 전송에 대한 설명으로 틀린 것은?
① 송신 측의 송신 클록에 관계없이 수신 신호 클록으로 타임 슬롯의 간격을 식별하여 한 번에 한 문자씩 송수신한다.
② 데이터를 보내기 전 시작(Start) 비트를 전송하여 데이터 전송의 시작을 알

정답 ▶ 83. ③ 84. ③ 85. ④ 86. ④

리며 그 후 데이터를 보내고 데이터를 다 보낸 후 스탑(Stop) 비를 보내어 전송이 끝났음을 알린다.
③ 데이터를 전송 후 스탑 비트를 보내기 전에 패리티(Parity) 비트를 이용해 에러(Error)를 검출한다.
④ 수신 측에서는 클록에 의해 비트를 구별하게 되므로 동기식 전송을 위해서는 데이터와 클록을 위한 2회선이 필요하다.

해설 동기식 전송
수신 측에서는 클록에 의해 비트를 구별하게 되므로 동기식 전송을 위해서는 데이터와 클록을 위한 2회선이 필요하다.

87. 시리얼 통신에서 패리티 비트(Parity bit) 내용으로 틀린 것은?
① 직렬 데이터 전송에서 데이터 라인 종류와 관계없이 에러가 발생하는데, 이 에러를 검출하기 위한 방법이다.
② 데이터에 포함된 "1"의 수를 세어서 그 합이 짝수인지 홀수인지에 따라 패리티 비트 값을 결정하는 방법이다.
③ 짝수일 때를 오드 패리티(Odd parity), 홀수일 때를 이븐 패리티(Even parity) 라고 한다.
④ 이븐 패리티를 사용할 때 전송되는 데이터를 포함하여 "1"개수가 짝수가 아니면, 패리티 비트를 "1"로 만들어 짝수가 되도록 개수를 맞춰 준다.

해설 짝수일 때를 이븐 패리티(Even parity), 홀수일 때를 오드 패리티(Odd parity)라고 한다.

88. 통신 속도에서 초당 얼마나 많은 Bit를 전송할 수 있는가를 나타내는 것을 의미하는 것은?
① Bps
② Baud rate
③ Symbol
④ Byte

해설
① Bps는 초당 얼마나 많은 Bit를 전송할 수 있는가를 나타낸다.
② 보레이트(Baud rate)는 초당 얼마나 많은 심볼(Symbol, 의미 있는 데이터 묶음)을 전송할 수 있는가를 나타낸다.
③ 심볼(Symbol)이란 말은 의미 있는 데이터 비트의 묶음을 나타내며, 시리얼 통신에서는 데이터 비트(8-bit)를 사용한다.

89. 송신기에서 ASCⅡ코드 1100101에 이븐(Even) 패리티를 사용하여 전송할 경우에 알맞은 데이터는?
① 11001010   ② 11001011
③ 11100100   ④ 11100101

해설

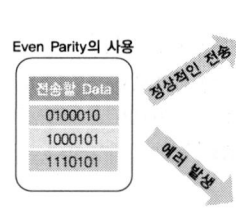

▶ 87. ③   88. ①   89. ①

90. 디버깅(Debugging)에 대한 설명으로 틀린 것은?

① 아두이노는 특별한 디버깅 기능이 없지만 대부분의 아두이노를 이용하는 사람들은 시리얼 라이브러리(Serial Library)를 이용하여 디버깅을 한다.
② 시리얼 라이브러리에서 Serial[포트번호].begin(보레이트), Serial[포트번호].end를 이용하여 시리얼 통신을 활성화한다.
③ ASCII 문자 'A'에 대해서 char 유형을 사용하지 않은 경우에는 Baud 형식으로 출력된다.
④ Serial 라이브러리는 아두이노 보드가 컴퓨터 혹은 다른 시리얼 장치로부터 데이터를 수신받기 위하여 Serial.available(), read(), peek() 함수를 지원하고 있다.

해설 ASCII 문자 'A'에 대해서 char 유형을 사용하지 않은 경우에는 DEC 형식으로 출력된다.

정답 ▶ 90. ③

CHAPTER 02 응용 소프트웨어 개발

2.1 프로그램 호환성 검토

1 프로그램 언어 및 종류

1. 프로그래밍 언어

(1) 프로그래밍 언어를 간단하게 정의하자면 "프로그램을 작성하기 위해서 사용하는 언어"라고 정의할 수 있다.
(2) 프로그램의 뜻은 "컴퓨터가 수행할 명령의 집합"이고, 프로그래밍은 "명령의 집합을 구성하는 행위"라고 정의할 수 있다.
(3) 프로그래밍 언어란 "컴퓨터가 수행할 명령의 집합을 구성하기 위해서 사용하는 명령어 체계"라고 정의할 수 있다.
(4) 프로그래밍 언어에는 C++, C#, Java, Basic, Pascal, Perl, Python, Ada 등 다양한 프로그래밍 언어가 있다.

1) 컴파일러(Compiler)

① 고급 언어로 작성된 프로그램을 컴퓨터에서 수행하기 위해서는 컴퓨터가 이해할 수 있는 언어로의 변환이 필요하며, 이러한 변환을 하는 프로그램을 컴파일러라고 한다.
② 원시 언어가 PASCAL과 같이 고급 언어라면 목적 언어가 어셈블리 언어이거나 기계어일 경우 이를 번역해 주는 것을 뜻한다.
③ 컴파일을 하기 위해서 입력은 프로그램을 원시 프로그램이라고 하며, 원시 프로그램에 작성된 언어를 원시 언어(Source language)라고 한다.
④ 출력되는 프로그램을 목적 프로그램이라 정의하고 목적 프로그램에 작성된 언어를

목적 언어(Object language)라고 부른다.
⑤ 컴파일러에서도 크로스 컴파일러(Cross-compiler)라는 것이 있는데, 원시 프로그램을 컴파일러가 기계어로 번역하는 것이 아니라 다른 기계에 적합한 기계어로 번역하는 컴파일러를 뜻한다.
⑥ 이 밖에 어셈블러(assembler), 프리프로세서(preprocessor), 인터프리터(interpreter)가 있다.
⑦ 고급 언어로 작성된 프로그램의 의미를 수행하는데 컴파일러는 목적 프로그램으로 변환시켜 수행함으로써 결과를 도출하고, 인터프리터는 원시 프로그램의 의미를 직접 수행함으로써 결과를 도출한다.
⑧ 원시 프로그램의 수정 없이 반복 수행하는 경우 응용 시스템에서는 컴파일러가 효율적이지만, 개발 시스템이나 교육용 시스템에서는 인터프리터를 사용하는 것이 더욱 유용하며 능률적이다.

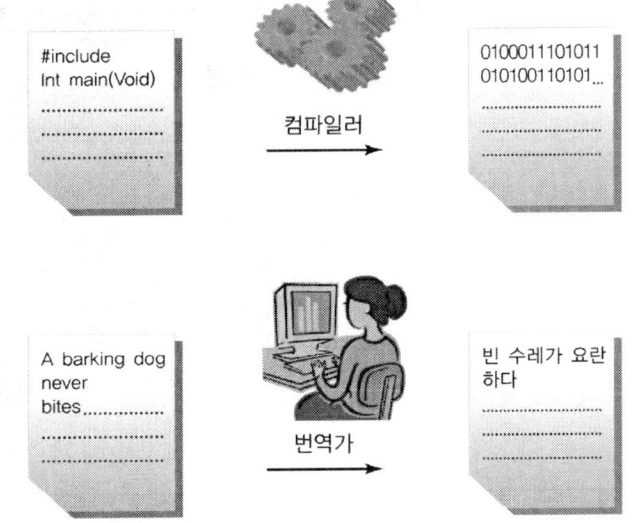

[그림 3-22] 컴파일러의 역할

2) 기계어(Machine Language)

① 컴퓨터가 이해하고 수행하는 단 하나의 언어로서 컴퓨터의 언어라고 불리며, 컴퓨터를 작동시키기 위해서 0과 1로 이루어진 컴퓨터 고유 명령이다.
② 프로그램이 작동하려면 기계어로 번역을 해야 프로그램이 작동하는 구조로 이루어져 있다.

③ 컴퓨터가 내용을 이해하고 작동하는 데 필요한 번역 프로그램에는 소스코드를 한 줄 한 줄 실시간으로 번역하여 CPU에게 명령을 전달하는 인터프리터(Interpreter)와 소스코드를 번역하여 실행 가능한 파일을 작성해 주는 컴파일러(compiler)가 있다.
④ 기계어 구조는 컴퓨터에 따라 각각 다르지만 컴퓨터가 이해할 수 있는 명령 형식이 있는데, 이를 인스트럭션 포맷이라고 한다.
⑤ 인스트럭션 포맷은 세 가지로 구성되어 있으며 자료 이동 및 분기 명령, 다수의 입출력 명령, 수치 및 논리 연산이다.
⑥ 기계어의 명령 단위는 동작을 지시하는 명령 코드부, 데이터 저장 위치를 기억하는 주소부로 나누어져 있다.
⑦ 컴퓨터 개발의 초기 시점에 스토어드 프로그램 방식(stored program system)이 개발되기 전까지 프로그램은 모두 기계어로만 사용되어 왔다.
⑧ 기계어는 사람의 언어가 아닌 0과 1로 이루어진 언어이므로 사람이 이해하기 어렵고, 컴퓨터에 대한 지식이 충분하지 못하면 프로그램을 작성할 수 없기에 범용성이 부족할 뿐만 아니라 시간이 많이 소요되었다.
⑨ 현재는 많은 프로그래밍 언어들이 개발되어 기계어로 프로그램을 작성하는 것은 사라졌다고 볼 수 있다.

```
00001111 10111111 0100101 11111000
00001111 10111110 1001101 11111000
00000011 10100001
01100110 10001001 0100101 11111010
```

[그림 3-23] 기계어

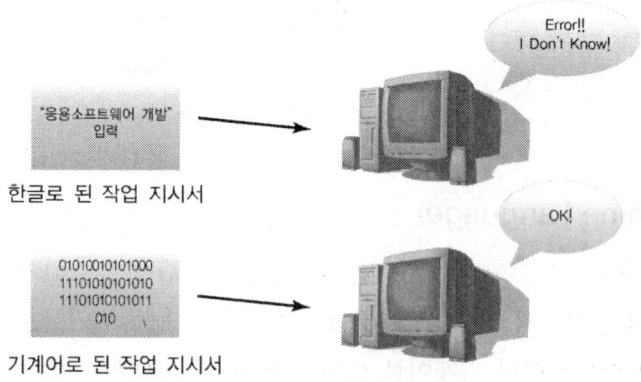

[그림 3-24] 컴퓨터가 이해하는 언어

3) 어셈블리어(Assembly language)

① 기계어가 인간이 사용하기엔 힘들고 난해하여 오류가 발생하기 쉬웠으므로 프로그래머들은 어셈블리어를 개발하였다.
② 어셈블리 언어를 사용하면 CPU 명령어들을 기호(Symbolic name)로 표기할 수 있기 때문에 기호 언어라고도 불린다.
③ 어셈블리어가 개발되면서 이전 기계어보다 더 높은 수준의 프로그램을 작성할 수 있게 되었고, 어셈블리어로 작성된 프로그램은 반드시 기계어로 번역되어야만 실행이 가능하다.
④ 어셈블리어는 표지부, 연산부, 피연산부로 구성되어 있다.
　㉠ 표지부의 역할은 프로그램에서의 명령들을 참조하기 위한 집단 명칭이라고 할 수 있다.
　㉡ 연산부는 우리가 알고 있는 덧셈, 뺄셈, 이동 등 수행을 위한 명령들의 기호로 구성되어 있다.
　㉢ 피연산부는 데이터가 처리되어 저장되는 장소를 뜻한다. 어셈블리어는 비트 연산이 가능하여 단순한 계산에 적합하며 시스템 프로그램 작성에 적합하다.
⑤ 어셈블리어에도 단점
　㉠ 전문 지식이 있어야 사용할 수 있다.
　㉡ 기종마다 어셈블리어가 달라 호환성이 없다.
　㉢ 어셈블리어에 의해 작성된 프로그램은 작성된 기계에서만 처리될 뿐 다른 기계에서는 처리될 수 없다.
　㉣ 고급 언어로 작성된 프로그램에 비해 읽고 쓰고 관리하는 면에서 더 어렵다.
⑥ 어셈블리어 장점
　㉠ 기호 코드를 사용하므로 프로그램 작성이 용이하다.
　㉡ 프로그램 내용을 이해하기가 쉽다.
　㉢ 수정과 삭제, 추가가 편리하다.

```
MOV AX, MIDSCORE
MOV CX, FINALSCORE
ADD AX CX
MOV TOTALSCORE, AX
```

[그림 3-25] 어셈블리어

4) 3세대 언어(3rd generation language)

① 컴퓨터 언어는 기계어로부터 시작해서, 기계어에 대응되는 어셈블리어를 거쳐 보다 편리하며 수준 높은 언어로 발전되어 왔다.
② 기계어를 제1세대 언어, 기호로 표시된 어셈블리어를 제2세대 언어, 기능을 향상시켜 사용하기 쉽게 만든 언어를 제3세대 언어라고 정의한다.
③ 3세대 언어 중 대표적인 언어는 과학기술용인 FORTRAN, COBOL 등이 있다.
④ 제3세대 언어는 프로그램을 작성하기 위한 수준 높은 프로그램 작성 기술 및 높은 지식이 필요하기에 일반인이 사용하기에는 어렵다.

5) 간이 언어

① 어려운 프로그래밍 기술을 일반인도 컴퓨터를 쉽게 이용할 수 있도록 개발한 언어가 간이 언어이다.
② 간이 언어는 컴퓨터 프로그래밍에 대한 지식이 없더라도 누구나 손쉽게 프로그램을 작성할 수 있도록 개발된 컴퓨터 언어라고 정의할 수 있으며, 각종의 파라미터 언어가 간이 언어에 포함된다.
③ 간이 언어는 비절차 언어 형식을 취하고 있어 논리 과정의 고안, 기술을 필요로 하지 않는다.

6) 4세대 언어(Fourth Generation Language)

제1세대, 제2세대, 제3세대 언어를 거쳐 개발된 제4세대 언어는 신형 컴퓨터 언어를 뜻하지만, 뚜렷하게 달라진 점 없이 언어라기보단 범용 프로그램패키지라고 정의할 수 있다. 제4세대 언어는 기업 등에서 사용하는 전자 자료 처리 시스템(EDPS: Electronic Data Processing System)이 규모가 크게 성장함에 따라 복잡해지고, 경영 환경이 빠르게 변화하는 과정에서 변화에 맞춰 생산성 향상을 목적으로 만들어진 언어로 특징은 다음과 같다.

① 컴파일러 언어와 같이 습득이 어렵지 않은 간이 언어이다.
② 처리 절차가 간단하다(비절차형 언어).
③ 일반인이 사용하기에도 쉬운 언어이다.
④ 복잡한 EPDPS를 용이하게 개발할 수 있는 고급 언어이다.
⑤ EDPS의 개발에 이용할 수 있는 범용 언어이다.

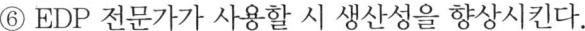

⑥ EDP 전문가가 사용할 시 생산성을 향상시킨다.
⑦ EDP 전문가가 사용할 시 유지가 편리하다.
⑨ EDP 전문가가 사용할 시 환경 독립성을 지니고 있어 이익 창출에 용이하다.

7) 인공 지능 언어(Artificial intelligence language)

① 인공 지능 프로그램의 개발에 사용되는 프로그래밍 언어이다.
② 문자열과 수식이라고 하는 기호 처리가 처리의 중심이지만 기호 간의 관련은 데이터 조에서 취급한다.
③ 인공 지능 언어는 강력한 리스트 처리 기능을 가진 것이 장점이다.
④ 대표적인 인공 지능 언어로 프롤로그(PLOROG), 립스((LISP: 리스프 처리 언어) 등이 있다.

8) 고급 언어(High level language)

① 기호를 사용하지 않고 효율성을 높이며 작업하기 편리한 언어가 필요했기에 개발한 것이 고급 언어이다.
② 고급 언어란 "인간이 이해하고 사용하기 적합하게 개발된 프로그래밍 언어"로 "저수준 언어의 상대어"이다.
③ 고급 언어는 하나의 명령어가 복수의 기계어로 바뀐다.
④ 프로그램을 손쉽게 작성할 수 있다.
⑤ 연산들은 컴퓨터의 명령어 집합보다는 수준이 높다.
⑥ 컴퓨터의 구조나 프로세서와 무관하게 프로그램을 독립적으로 작성하는 것이 가능하다.
⑦ 고급 언어로 Ada, C, Objective C, C++, Sma-llTalk 등이 있다.

9) 고급 언어의 종류

(1) FORTRAN 언어

① FORTRAN의 의미는 수식(Formular) 변환기(Translator)의 약자이다.
② 포트란은 알골과 함께 과학 계산용으로 사용하는 언어로 ANSI에서 수정 및 보완으로 과학 계산용 프로그램 언어인 FORTRAN을 완성하였다.
③ 포트란은 산술 기호(+, − 등)를 별다른 변환 없이 그대로 불러내어 사용할 수 있다.

④ 과학기술용 언어인 FORTRAN은 제3세대 언어로서 1980년대까지 가장 많이 사용되었지만 4세대 언어의 개발로 인해 지금은 거의 쓰이지 않는다.
⑤ 복잡한 계산 수행 성능이 뛰어나 공학 및 특정 분야에서는 사용지고 있다.

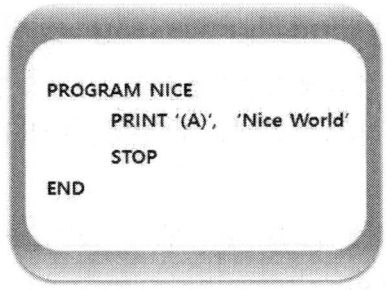

[그림 3-26] FORTRAN 언어의 예제

(2) COBOL 언어

1960년 미국 국방부에서 개발된 프로그램 언어로 약어로는 Commom Business Oriented Language이다. 컴퓨터의 프로그래밍을 쉽게 작성하기 위하여 개발된 프로그램 언어 중 하나로서 FORTRAN과는 다르게 사무 처리용으로 만들어진 언어로 과학 계산에 비해 사무 계산은 복잡하고 다양한 기록철을 처리한다. 일상 대화와 비슷한 구어체 문장 형태로 기술하도록 설계되어 있으며, 미국은 1968년 사무 처리 언어의 표준으로 지정하였다. COBOL은 네 가지 부분으로 구성되어 진다.

① 식별부(Identification division)
    프로그램 문서화를 위한 사항을 기술 작성자, 프로그램 명칭, 작성 일자, 기계 설치 장소, 컴파일 일자, 프로그램 메뉴얼, 참고 사항 등

② 표지부(Environment division)
    ㉠ 원시 프로그램의 컴파일 또는 프로그램이 실행되는 컴퓨터
    ㉡ 프로그램에서 사용되는 기호 및 여러 가지 스위치를 정의하는 구성 부분
    ㉢ 프로그램에서 사용하는 파일의 구조를 정의하는 Input-Output으로 구성

③ 데이터부(Data division)
    네 가지로 나뉘어 구성된다.
    ㉠ 목적 프로그램에 의해 처리되는 모든 자료를 실제 구조에 맞게 정의하는 파일 부분

ⓒ 임시로 기억을 저장할 장소
ⓒ 서브프로그램 간의 데이터를 교환할 때 저장되는 장소를 정의하는 연계 부분
ⓔ 화면의 출력을 위해서 데이터를 입력하기 위해서 필요한 화면명을 기술하는 화면 부분

④ 절차부(Procedure division)
프로그램을 수행하는 코볼의 모든 명령은 절차부에서 기술한다.

```
IDENTIFICATION DIVISION.
PROGRAM-ID. NICE WORLD
PROCEDURE DIVISION.
    DISPLAY 'NICE World'
    STOP RUN.
```

[그림 3-27] COBOL 언어의 예제

(3) ALGOL(Algorithmic Language)
① 1960년에 국제정보처리학회연합(IFIP)에서 유럽의 학자들이 설계하여 개발한 컴퓨터용 인공 언어이자 백커스 정규형(BNF)에 의해 기술된 최초의 언어이다.
② 과학기술 계산용 프로그래밍 언어로서 산법을 나타내기 위해 만들어졌으며, 프로그래밍 언어 이론에 많은 영향을 끼쳤다.
③ 국제표준기구(ISO)의 알골 위원회는 표준화된 알고리즘 언어로 채택하여 알고리즘을 위해 사용하였다.
④ 확고한 이론을 중심으로 개발된 최초의 언어이기에 그 후 PASCAL 언어, Modula-2 언어 등에 많은 영향을 끼쳤다.
⑤ 지나치게 이상적인 언어 설계로 입출력 기능이 약하여 실무에는 널리 적용되지 못하였으며, 유럽에서만 일부 사용되거나 교육용으로 사용되었다.

(4) PASCAL 언어
① 1969년 스위스 취리히공과대학교의 니클라우스 비르트(Niklaus Wirth) 교수가 컴퓨터 프로그래밍 언어를 개발하였다.
② 프랑스의 수학자인 파스칼(Blaise Pascal)의 Pascal을 따와 언어 이름을 정하였다.

③ 체계적인 교육용 언어의 필요성 및 컴퓨터에 신뢰성 및 효율성을 가지고 실행될 수 있는 언어를 개발할 수 있었다.

④ Algol을 모티브로 개발하였으며, 블록 구조 및 유용성이 큰 제어문 등의 기능, 자료를 구조화하고 압축하는 기능을 보완한 언어라고 할 수 있다.

⑤ 데이터 구성 시 데이터 길이에 제약을 받지 않고 다양한 데이터 형식 및 제어 구조가 사용이 가능하다.

⑥ 조건문 IF THEN ELSE, 복합문 BEGIN END, 반복문 WHILE DO와 같은 제어 구조를 가지고 있다.

⑦ 데이터 구조에는 문자형, 정수형, 논리형, 실수형과 같은 단순형 외에 레코드형, 배열형, 파일형, 세트형 등의 구조형으로 이루어져 있으며, 동적 변수를 가리는 포인터형도 있다.

⑧ 교육용, 산업용으로 폭넓게 사용되고 있으며, 소형 컴퓨터에서 대형 컴퓨터까지 다양한 컴퓨터에서 이용 가능하다.

```
Program nice(output);
begin
    Writeln('Nice World')
end.
```

[그림 3-28] PASCAL 언어의 예

(5) Java 언어

1995년 선 마이크로시스템의 제임스 고슬링에 의하여 개발된 객체 지향 언어로서 인터넷 웹페이지상에서 실행이 가능하다.

① 자바의 특징

㉠ 단순성(Simple) : 하나의 소프트웨어가 제작될 때는 비용뿐만 아니라 유지 보수 비용도 만만치 않다. 이러한 문제점들을 고려하여 개발된 자바 언어는 C++을 기반으로 개발되었지만 C++의 문제점을 제거하였다. 예를 들어 연산자 오버로딩 다중 상속 같은 것이다.

- ⓒ 객체 지향 언어 : 최근 컴퓨터 언어는 객체 지향 언어로 개발되고 있다. 자바도 마찬가지로 객체지향 언어이다.
- ⓒ 보안성(Secure) : 자바는 네트워크 환경에서 분산 처리를 하기 위해 설계된 언어로서 네트워크 환경은 다른 환경보다 보안이 중요하기 때문에 보안 중점을 강조하고 있다.
- ⓔ 이식성(Portable) : 기존의 언어는 각각의 플랫폼(솔라리스, 윈도NT, 매킨토시 OS 등의 운영 체제를 일컫는 말)마다 수치 연산 문제 등으로 인하여 다른 코드를 사용한다. 하지만 자바는 이식성이 우수하여 다양한 운영 체제 및 CPU에서도 같은 코드를 사용해도 무방하다. 하지만 이식성의 단점인 시스템의 특성을 고려하지 않아 성능을 최적으로 낼 수 없는 점을 보완하여 자바는 최적의 성능을 낼 수 있다.

② 자바와 자바스크립트의 차이
- ⓐ 자바스크립트는 사용자 컴퓨터의 인터프리트되는 언어다. 하지만 자바는 먼저 서버 측으로 컴파일한 후 프로그램의 실행은 사용자가 하는 시스템으로 이루어진다.
- ⓑ 두 언어 모두 객체 지향적 언어이지만, 자바스크립트는 상속성이나 클래스는 존재하지 않는다.
- ⓒ 객체에 대한 참조가 자바스크립트는 실행 시에만 가능하지만, 자바는 컴파일 시에 객체에 대한 참조가 이루어진다.
- ⓓ 두 언어 모두 안전하지만 자바스크립트의 경우 HTML 코드에 직접 연결하여 사용하기에 보안성이 없다. 하지만 자바의 경우 소스코드를 컴파일하면 클래스 파일이 생성되기에 보안성이 우수하다.

```
Public class Nice {
Public static void main(String args)
  {
     System. Out. Println("Nice World");
  }
}
```

[그림 3-29] Java 언어의 예제

2 C 언어

(1) C 언어는 프로그램을 간결하게 쓸 수 있고, 기술상의 제약이 적어서 많은 연구를 통해 개발한 언어이다.
(2) 간결하고 프로그래밍이 쉽게 개발되었지만, C 언어로 오류를 쉽게 발견하기 위한 기능이 부족하다는 단점이 있다.
(3) C 언어의 기본 특징은 ASCII코드 체계로 이루어져 있으며, 영문 소문자 집합으로 구성된 함수(Function)의 집합이다.
(4) 분할 컴파일을 할 수 있기에 외부 변수를 정의한 후 컴파일의 단위를 다른 함수의 외부 변수로 참조하는 것도 가능하다.
(5) C 언어는 함수를 호출할 시 매개 변수의 값만 전달하는 호출 방식을 따르고 있으며, 자료의 주소를 자유롭게 조작하는 것도 가능하다.

1. C 언어 탄생 배경

(1) C 언어에서 C가 붙여진 이유는, 개발자의 이름이 아니라, 이전에 만들어진 언어가 'B'였기 때문이다.
(2) C 언어는 잘 알려진 운영 체제 UNIX 탄생과도 밀접한 관계가 있다.
(3) 1969년 AT&T Bell 연구소의 Dennis Ritchie이 PDP-11컴퓨터를 이용하여 개발한 연구가 C 언어 탄생의 기초이며 C 언어 개발 동기는 톰슨이 'Space Travel'이라는 컴퓨터 게임을 하기 위해서였다.
(4) 1973년 어셈블리 언어로 작성된 PDP-11의 UNIX 커널을 B 언어에서 C 언어로 작성하였다.
(5) 벨 연구소에서만 사용되던 C 언어는 차츰 유명세를 타면서 현재는 가장 널리 사용되는 언어 중 하나가 되었다.

2. C 언어의 버전(Version)

C 언어는 다양한 버전(Version)이 있다.

1) K&R C Version

1978년 Ritchie와 Brian Kernighan는 C Programming Language 책에서 정의한 C 언어 버전을 흔히 'K&R C'라고 부른다. K&R C는 C 컴파일러가 지원하는 가장 기본적인 부분으로 간주되며 프로그래머들은 이식성을 보장하기 위해서 K&R C를 사용하였다.

2) ANSI C Version

1983년 ANSI(American National Standards Institute)는 X3J11라는 위원회를 설립하면서 C 언어의 표준을 만들었다. 1989년에 이르러서 작업을 완료함으로써 'ANSI C'라는 표준을 발표하게 된다. ANSI C는 기본적으로 K&R C의 상위 집합(superset)이며, 많은 비공식적인 특징을 추가하였는데 현재 많은 컴파일러들이 ANSI C를 지원한다.

3) C99 Version

ANSI의 표준화 발표 이후 C 언어의 명세는 변화가 없었다. 반면에 C++은 변화를 거듭하면서 1999년에 ISO는 C 언어에 대한 새로운 표준을 공표한다. 이것을 C99라고 불렀으며, C99에서는 C++에서 널리 사용되고 있던 여러 가지 특징들을 추가하였다. 이후 C99는 많은 컴파일러에서 지원되고 있다.

3. C 언어의 특징

1) 간결하다.

C 언어는 사용하는 데 필요한 기능만 들어 있어 편리하며 모든 표기법이 아주 간결하게 되어 있다.

2) 효율적이다

C 언어는 매우 효율적인 언어이다. C로 작성된 프로그램은 크기도 작을뿐더러 실행 속도가 빠르고 메모리를 효과적으로 사용하기에 어셈블리 언어 수준의 효율성을 자랑한다.

3) 저수준의 프로그래밍뿐만 아니라 고수준의 프로그래밍도 가능하다.

C 언어는 운영 체제도 만들었던 만큼 구체적인 하드웨어 제어도 가능하다. 스마트폰, TV, 세탁기 등의 여러 전자 제품 안에 들어가는 임베디드 프로그램은 C 언어로 개발된다.

4) 이식성(Portability)이 우수하다.

이식성(Portability)이란 작성된 프로그램을 다른 CPU를 가지는 하드웨어에 이식시켜도 문제가 없다는 뜻이다. 많은 CPU에 대하여 C 컴파일러가 개발되어 있기에 이식성이 우수하다.

5) 단점

C 언어는 초보자가 배우기가 어렵다. 교육용의 목적으로 개발한 언어가 아니기에 쉽지가 않다. 또한 하드웨어를 제어하기 위해 필요한 요소인 포인터 등을 잘못 사용한 경우도 많다.

6) C 언어의 미래

1990년대로 오면서 소프트웨어를 작성하는 새로운 방법론인 객체 지향이 등장하면서 C에서 C++로 전환하였다. C++ 언어는 C 언어를 유지하면서 객체 지향적인 특징들을 추가한 언어이기에 C 언어의 상위 집합이라고 불린다.

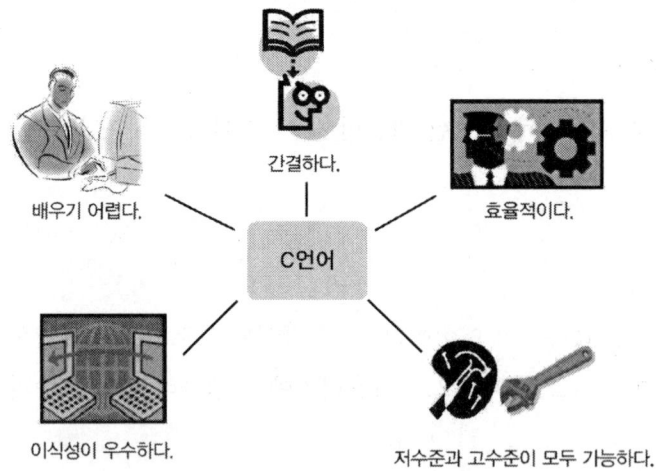

[그림 3-30] C 언어의 특징

4. 임베디드 시스템(Embedded System)

특수 목적의 시스템으로 제품이나 솔루션에 내장되어 있는 형식으로 임베디드 시스템은 하나 혹은 다수의 결정된 작업을 수행하거나 제품 내 특별한 작업을 수행하는 솔루션을 뜻한다. 21세기 현재 사용되고 있는 전자 기기는 대부분 임베디드 시스템을 갖추고 있는데, 예를 들면 교통 신호 제어 시스템, 스마트폰, 공장의 제어기, 카메라, 자동차 등이 있다. 다른 제품과 결합하여 부가적인 기능을 수행하는 것을 임베디드 시스템이라고 한다.

3 프로그램의 개요

1. 알고리즘

(1) 알고리즘이라는 용어는 아랍의 수학자인 Al-Khowarizmi의 이름에서 유래되었다.
(2) 주어진 문제를 해결하기 위해 명확하고 구체적으로 정의된 규칙과 절차를 기술한 것이다.
(3) 한정된 개수의 규제나 명령의 집합이라고도 불리며, 한정된 규칙을 적용함으로써 문제를 해결하는 것을 뜻한다.
(4) 알고리즘은 어떤 프로그래밍 언어로도 동일하게 표현이 가능하다. 라면을 조리하는 방법도 여러 방법이 있듯이, 문제 한 개에도 알고리즘은 여러 개가 존재할 수 있다. 프로그래머는 가장 효율적인 알고리즘을 선택하는 것이 중요하다.
(5) 컴퓨터로 문제를 해결할 경우 알고리즘을 형식적으로 표현하여 프로그램을 작성하는 데 중요한 요소가 된다. 알고리즘은 아래 주어진 조건을 만족해야만 한다.
  ① 입력 : 외부로부터 제공되는 자료이다.
  ② 출력 : 절대적으로 한 가지 이상의 결과가 발생한다.
  ③ 명백성 : 명령들은 각각 명백해야 한다.
  ④ 유한성 : 알고리즘 수행 후 한정된 단계를 거쳐 처리된 후에 알고리즘은 종료된다.
  ⑤ 효과성 : 수행하는 명령들은 명백하고 수행 가능한 것이어야 한다.

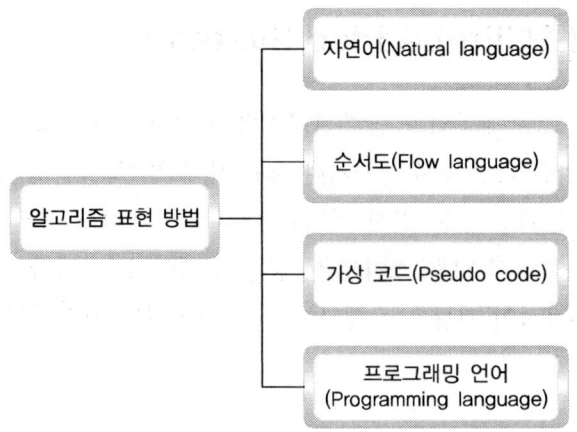

[그림 3-31] 알고리즘 표현 방법

1) 알고리즘의 예

예를 들어서 알고리즘을 설명하면 아래와 같다. 흔히 알고리즘의 예를 들 때 많이 사용되는 예가 1부터 10까지의 합을 구하는 문제이다. 각각의 방법은 하나의 알고리즘이라고 볼 수 있다.

① 1부터 10까지의 숫자를 직접 하나씩 더한다.

　　$1 + 2 + 3 + 4 + 5 + 6 + 7 + 8 + 9 + 10 = 55$

② 공식을 이용하여 계산한다.

　　$10 \times (1+10) / 2 = 55$

2. 알고리즘 기술

프로그램을 잘 만드는 사람들은 문제를 어떻게 해결할 것인지, 문제를 푸는 알고리즘을 먼저 생각한다. 아무런 계획 없이 프로그램을 만들다 보면 짜임새 있고 효율적인 프로그램을 작성할 수 없다. 즉 알고리즘의 설계부터 시작해야 한다. 알고리즘을 기술하는 데는 세 가지 방법이 있다.

① 자연어(영어 또는 한글)
② 순서도(Flow chart)
③ 의사 코드(Pseudo-code)
　㉠ 알고리즘은 영어 또는 한글로 기술이 가능하지만, 입문 단계에서 가장 많이 사용하는 방법은 순서도를 사용하는 방법이다.

㉡ 순서도는 플로우 차트(Flow chart) 또는 '흐름도'라고 하는 것으로 프로그램에서 논리 순서 또는 작업 순서를 그림으로 표현하는 방법이다.
㉢ 순서도는 기하학적 기호를 사용한다.
㉣ 처리는 직사각형, 판단은 마름모꼴, 입출력 처리는 평행사변형 기호를 쓴다.

④ 알고리즘을 표현한 예는 [그림 3-32]와 같다.

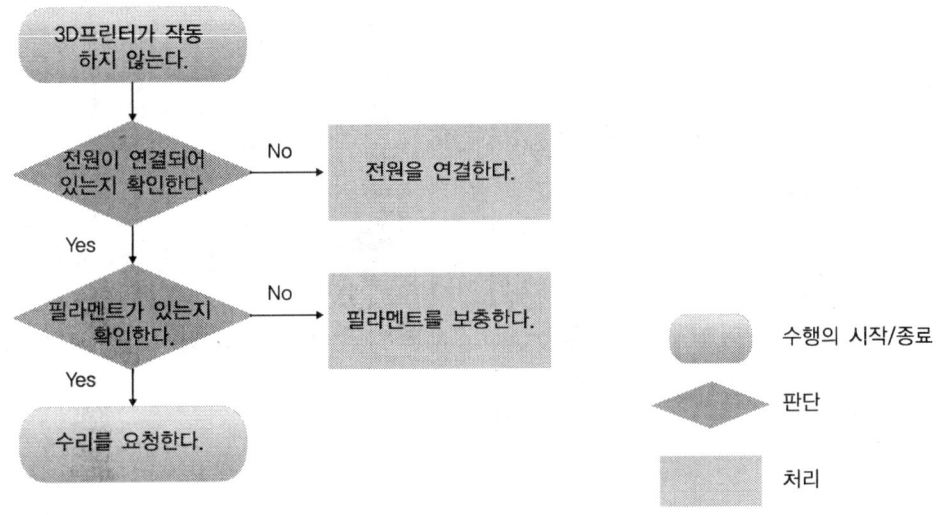

[그림 3-32] 알고리즘 기술 예시

3. 프로그램 개발 과정

프로그램 개발은 매우 복잡한 과정으로 다음 절차에 따라서 작업을 진행하는 것이 좋다.

1) 요구 사항 분석

프로그램 개발 과정에서 먼저 해야 할 일로 프로그램을 사용하는 사용자들의 요구 사항을 정리하는 일이다. 주의 사항으로는 만약 구체적인 정보가 없다면 사용자의 요구를 좀 더 정확하게 파악하는 것이 중요하다. 요구 사항 분석은 주로 프로그래밍 경험이 많으며, 알고리즘 설계 경험을 가지고 있어야 하며 분석 업무에 대해서도 뛰어난 사람이 담당해야 한다. 이들을 '시스템 분석가'라고도 부른다.

2) 알고리즘 개발

프로그램을 개발하는 과정에서 핵심적인 부분이라고 할 수 있다. 어떤 순서로 어떤 과정을 거쳐 작업을 할 것인지를 결정하는 것이기 때문에 신중해야 할 필요성이 있다. 알고리즘을 개발할 때 사용되는 도구로는 순서도와 의사 코드로서 이러한 도구를 이용하여 프로그램의 각 단계들을 작성할 수 있다.

3) 소스 작성

① 프로그래밍 언어를 이용하여 알고리즘의 각 단계를 작성하는 것으로, 소스 작성 또는 코딩(Coding)이라고도 부른다.

② 프로그래밍 언어를 이용하여 작업의 내용을 기술한 것을 소스 프로그램(Source Program) 또는 소스 코드(Source code)라고 한다.

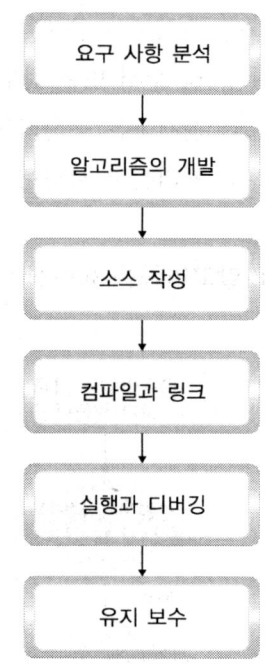

[그림 3-33] 프로그램 순서도

③ 소스코드의 경우 에디터를 이용하여 입력이 되기 때문에 텍스트 파일로 저장해야 한다.
④ 윈도우즈 경우 Text Edit인 메모장을 사용할 수 있고 비주얼 C++에 내장 에디터도 사용 가능하다.
⑤ 소스코드가 포함된 파일을 소스 파일(Source File)이라고 부른다.
⑥ 소스 파일 이름은 프로그래머가 만들 수 있으며, 파일 확장자는 항상 '.C'이어야 한다.

4) 컴파일과 링크

① 소스 파일 작성이 완료되었다면 다음 단계로는 소스 파일을 컴파일(ComPile)하는 것이다.
② 특정한 컴퓨터에서 수행할 수 있도록 소스 파일을 분석하여 기계어로 변환하는 역할을 한다.
③ 컴파일러는 소스 파일의 문장을 분석한 후 문법에 맞게 작성되었는지 체크한다.
④ 오류를 발견하면 즉시 사용자에게 오류를 통보한 후 컴파일은 종료되도록 설계되어 있다.

⑤ 기계어로 작성된 파일은 오브젝트 파일(Object file)이라고 불리며 윈도즈에서는 '.obj'라는 확장자를 가진다.

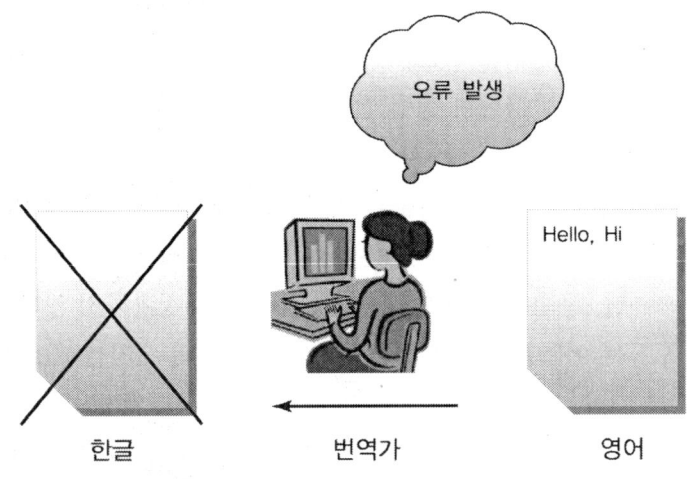

[그림 3-34] 컴파일

⑥ 컴파일을 성공적으로 완료하였다면, 다음 단계는 링크(Link)이다.
⑦ 링크는 Object File을 라이브러리와의 상호작용으로 실행 프로그램을 작성하는 것이다.
⑧ 라이브러리(Library)란 프로그래머들이 많이 사용하는 기능을 사전에 작성하여 컴파일러에 저장한 것을 뜻한다.
⑨ 링크를 수행하는 프로그램을 링커(Linker)라 한다.
⑩ 컴파일과 링크의 두 단계로 분리시켜 놓은 이유는 하나의 프로그램은 일반적으로 여러 개의 소스 파일로 구성되기 때문이다.

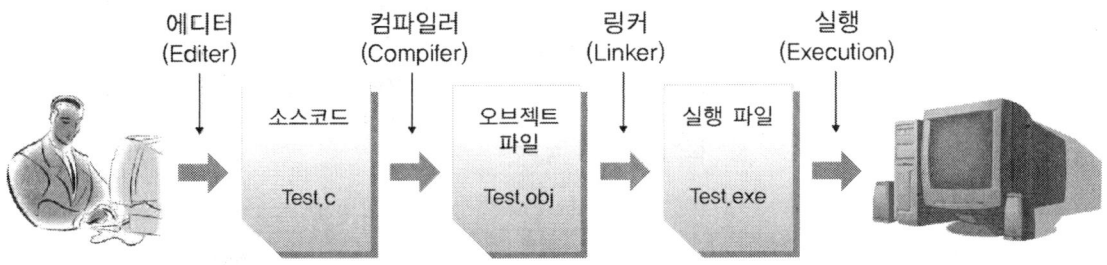

[그림 3-35] 프로그램 개발 과정

5) 프로그램 실행과 디버깅

① 컴파일과 링크가 성공하여 실행 가능한 파일이 만들어지는데, 소스 파일명이 Test.c로 설정되어 있다면 Test.exe로 설정되어 파일이 생성된다.
② 문법적인 오류가 없다고 해서 반드시 프로그램이 실행되는 것이 아니다.
③ 실행 도중에 오류가 발생하여 실행 결과가 잘못되어 다시 편집 단계로 돌아가서 소스 파일부터 수정하는 결과를 초래할 수도 있다.
④ 컴파일의 오류가 없는데 알고리즘을 잘못 생각하여 프로그래머 의도대로 실행이 되지 않는 경우도 있는데, 이 오류를 논리적인 오류(logical error)라고 한다.
⑤ 논리적인 오류란, 문법은 틀리지 않으나 논리적으로 정확하지 않다는 의미이다.
⑥ 논리적인 오류는 어디든 얼마든지 존재하기에 오류의 숫자를 최소화하도록 노력해야 한다.
⑦ 프로그램이 수행되지 않아서 소스 프로그램 수정 후 다시 '컴파일 → 링크 → 실행' 단계를 거쳐 오류를 수정하는 작업을 디버깅(Debugging)이라고 하며, 사용되는 도구를 디버거라고 한다. 순서도를 사용하여 프로그램 작성 과정은 다음과 같다.

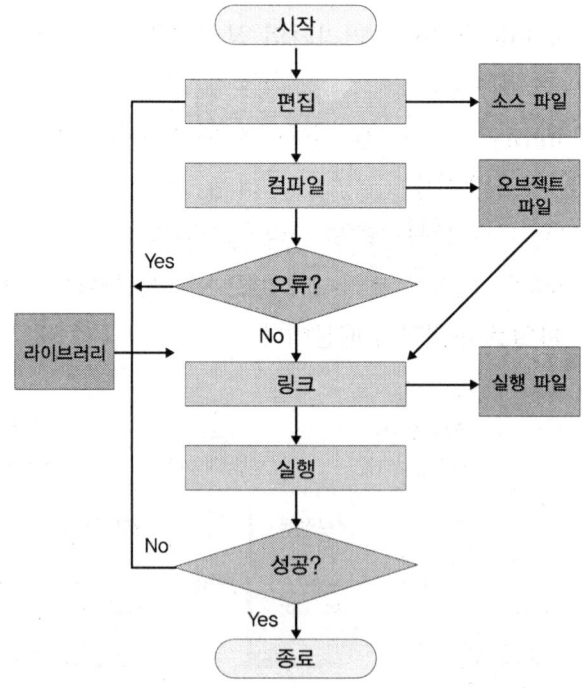

[그림 3-36] 프로그램 개발 과정 순서도

6) 유지보수

① 디버깅을 통해서 오류 수정 작업을 완료했다면 마지막으로 해야 할 일은 바로 유지보수이다.
② 유지보수가 중요한 이유
  ㉠ 디버깅을 하더라도 버그가 존재할 수 있어서 유지보수는 필수 단계라고 볼 수 있다.
  ㉡ 소프트웨어 개발 후에도 사용자의 요구가 추가될 수 있기 때문이다.
③ 유지보수 비용은 전체 비용 중에서 많은 부분을 차지한다.

4. C++ 언어 소개

1) 탄생 배경

1980년도 AT&T Bell 연구소의 비얀 스트로스트럽(Bjarne Stroustroup)에 의해 개발되었다.

C++은 C 언어를 확장한다는 의미라고 볼 수 있으며 많은 사람들이 사용한 프로그래밍 전문 언어는 C이다. 하지만 C 언어 역시 문제점이 발생하였고 이에 따라 C++가 탄생하였다. C++는 총 3번의 개정을 통해 완성되었지만 C++는 시스템 내부를 다루는 저수준 언어이고 어디서든 사용 가능하며, 높은 수준의 라이브러리 함수들을 갖추고 있었다. 1994년에 최초로 표준안이 발표되었으며 스트루스트럽이 설정한 모든 사양을 수용하고 그 외 약간의 사양을 추가하였다. 이에 따라 C++는 C 프로그래머가 사용하는 데 있어서 큰 불편함 없이 편리하게 사용할 수 있는 장점이 있다.

2) 객체 지향 프로그래밍(OOP : Object Oriented Programing)

C++은 객체 지향적 언어라고 불린다. 객체 지향 프로그래밍이란 새로운 방식의 프로그래밍 접근 방식이다. 객체 지향적 언어는 새로운 변화를 거칠 때마다 새로운 접근 방식이 개발되어 프로그래머가 복잡해진 프로그램을 처리할 수 있도록 도와주는 역할을 했다. 객체 지향 언어는 다음의 세 가지 조건을 만족해야 한다.

(1) 캡슐화

객체는 캡슐화에 의해 외부로부터 객체 자신을 보호하고, 사용자에겐 내부를 알지 않고도 사용할 수 있도록 필요한 기능만을 노출한다.

(2) 상속

객체는 객체 하나만으로는 의미를 부여하지 못한다. 따라서 객체 역시 "방법"과 "데이터"를 서로 상호간의 관계를 맺고 있는 다른 객체한테 물려받는 의미이다.

(3) 다형성

"여러 가지 모양"을 갖는 것이 특징이다.

3) 특징

C의 특징을 포함하고 있으며 시스템 프로그래밍 및 가상 함수, 연산자 중복, 클래스 등과 같은 특징을 갖추고 있으므로 사용하기에 적합하다. 또한 C와 일치하는 부분이 프로그래머들이 익히기 쉽고 편리해서 C++가 대중 언어가 되는 데 큰 도움이 되었다.

5. C#

(1) 2000년 마이크로소프트가 닷넷 플랫폼을 위해 개발한 언어로 모든 것을 객체로 다루는 컴포넌트 프로그래밍 언어이다.
(2) C#은 C++에 기본을 둔 언어로 비주얼베이직 및 java와도 비슷하기에 Java와 비주얼베이직의 장점을 두루 갖추고 있다.
(3) 객체 지향성, 친화성, 다중성 등을 모두 가지고 있는 컴포넌트 기반의 소프트웨어 개발이라고 할 수 있다.
(4) C#은 웹을 통해 정보와 서비스를 교환하며, 개발자들이 이식성 높은 프로그램을 개발할 수 있도록 고안되었다.
(5) C# 언어 사용 큰 개정 없이도 하나 이상의 OS에서 사용할 수 있는 응용 프로그램을 만들어 낼 수 있는 점이 특징이다.

1) 비주얼 베이직(Visual basic)

① MS-DOS상에서 작동하는 프로그램 dmf 개발을 하기 위한 프로그램 언어지만, Visual Basic은 윈도우용 소프트웨어 개발을 위한 프로그램 언어이다.
② 비주얼 베이직 특징은 양식을 배치함으로써 그래픽 사용자 인터페이스(GUI) 프로그램을 쉽게 개발할 수 있다.
③ 화면 처리의 기본적인 부분을 자동으로 작성, 초보자도 쉽게 프로그램을 작성할 수 있다.

④ 마이크로소프트의 Quick Basic을 기반으로 하고 있기에 Basic 사용자라면 쉽게 프로그래밍도 가능하다.
⑤ 데이터베이스 작성, 애니메이션 작성 등 응용 범위가 넓으며 Excel, Access 등과 같은 응용 프로그램과도 혼용하여 소프트웨어 기능을 향상시킬 수 있다.
⑥ 중간부호를 사용하기에 실행 속도는 빠르다고 할 수 없다.

2) 델파이(Delphi)

① 오브젝트 파스칼 언어의 기능을 향상시킨 언어로서 비주얼베이직 통합 개발 환경(IDE; Integrated Development Environment)과 비슷하지만 더 좋은 환경을 제공한다.
② 델파이는 VCL(Visual Compoment Library)이라고 정의하며 객체 지향적 구조를 사용한다.
③ 흔히 그래픽에 의한 처리(GUI)라고도 말하며, 화면에서 움직이는 프로그램 요소가 그래픽으로 처리되므로 사용자가 쉽게 운영 체제를 익힐 수 있다.
④ 델파이는 GUI를 중점적으로 컴파일러 반영한 도구라고 할 수 있다.
⑤ 처음 델파이를 설치한 후 개발 환경을 살펴보면 비주얼 툴처럼 보이지만 컴파일러다.
⑥ 델파이로 코딩하는 과정에서 프로그램이 작동하지 않더라도 델파이는 완성 후의 모습을 미리 보기가 가능하다.
⑦ 설계 시의 프로그램이 작동하는 것이 아니라 내부적으로 작동하고 있기에 프로그램의 수정 방법을 제공한다.

6. 운영 체제(OS; Operating System)

(1) 중앙 처리 장치, 주 기억 장치, 입출력 장치 등의 컴퓨터 자원 관리 및 하드웨어와 응용 프로그램 간의 인터페이스 역할을 하는 것을 운영 체제라고 한다.
(2) 운영 체제는 메모리 관리, 프로세스 관리, 장치 및 파일 관리 세 가지로 나뉘며 인간과 컴퓨터 간의 상호작용을 제공한다.
(3) 컴퓨터의 동작을 Booting이라고 정의하며 작업의 순서를 정하여 입출력 연산 제어 및 프로그램 오류 및 부적절한 사용을 방지하기 위해 실행을 제어한다.
(4) 실행한 데이터를 파일에 저장하며 관리한다.
(5) 운영 체제는 유형별로 구분이 가능한데, 동시에 구동되는 프로그램의 수에 따른 싱

글. 멀티태스킹 OS, 동시 사용하는 사용자 수에 따른 싱글/멀티 사용자 OS를 구분할 수 있다.
(6) 네트워크 기반으로 연결된 컴퓨터를 하나의 컴퓨터로 관리하게 해주는 분산 OS 임베디드시스템상에서 구동하는 임베디드 OS 등으로 구분할 수 있다.

1) 운영 체제의 종류

(1) UNIX

미국 AT&T 사의 벨(Bell) 연구소의 연구원인 켄 톰슨(Ken Thompson)이 미니컴퓨터 PDP-7에서 어셈블리 언어를 사용하여 제1버전 유닉스를 개발하였다. 이후 1972년 데니스 리치(Dennis Ritchie)가 프로그램 대부분을 C 언어로 수정하였다. C 언어로 수정한 후로 이식성이 높아졌으며, 전자 메일, 문서 처리 외에 취급이 쉬운 파일 시스템을 갖춤으로써 당초에는 미니 컴퓨터용이었지만 이후 유닉스를 탑재한 워크스테이션의 발매 및 개인용 컴퓨터, 마이크로컴퓨터, 대형 컴퓨터까지 많은 종류의 컴퓨터에 사용되고 있다. 최근에는 유닉스와 비교해도 떨어지지 않는 유닉스 라이크 OS(UNIX-like operating system)를 개발하였다. 유닉스 시스템에는 각각 독자적인 기능을 부여하여 같은 유닉스이지만 호환성이 없으며, 이식성이 떨어지는 혼란을 야기했다. 이러한 혼란을 방지하기 위해 유닉스 사용자들은 1984년 유닉스 표준화 시도를 위해 표준화 위원회를 설립하였다. 표준화 위원회의 노력으로 유닉스 사용자는 시스템마다 프로그램을 변경할 필요 없이 실행하였으며, 사용자 인터페이스를 공유하여 공통된 환경을 사용함으로 최적화를 이루었다.

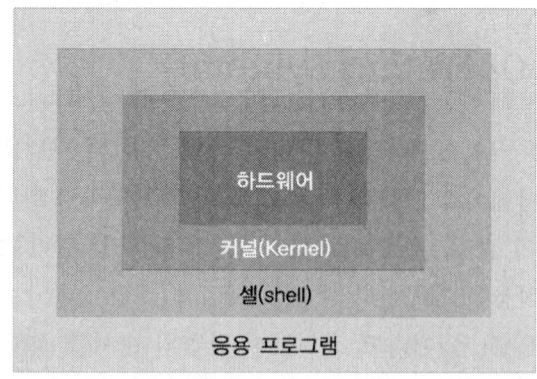

[그림 3-37] 유닉스의 구조

(2) 리눅스(Linux)

1989년 핀란드 헬싱키 대학 학생이던 리누스 토르발스(Linus Torvalds)가 기존 유닉스를 바탕으로 개발한 운영 체제이다. 학교 수업 중 교육용 유닉스인 미닉스를 배우면서 불편한 점을 느낀 리누스가 취미 삼아 미닉스의 단점을 보완하면서 탄생한 것이 리눅스 운영 체제이다. 대형 컴퓨터에서 사용되고 있는 유닉스 소스코드를 수정하여 개인 PC에서도 사용할 수 있게 공개 운영 체제로 개발하였다. 리눅스는 소스코드를 무료로 공개하였기에 수백만 명이 넘는 프로그래머 그룹을 형성하였으며, 이들에 의해 다수를 위한 공개라는 원칙하에 지속적인 업그레이드가 이루어졌다. 파일 및 시스템 기능의 일부는 유닉스를 기반으로 하였지만, 핵심 커널 부분은 유닉스와 다르게 작성되었다. 리눅스는 안정성과 신뢰도를 높이는 운영 체제이며 강점으로는 인터넷 프로토콜인 TCP/IP를 지원하며 네트워킹이 특히 발달하였으며, 유닉스와 비슷한 환경을 제공하면서 무료라는 장점으로 프로그램개발자 및 학교에서 사용이 확대되었다.

① 리눅스의 특징
　㉠ 동시에 여러 사람(Multi-user)이 한꺼번에 사용할 수 있는 시스템이다.
　㉡ 여러 프로그램을 실행할 수 있는 멀티프로세스(Multi Process) 환경을 지원한다.
　㉢ 다수의 CPU를 지원하는 멀티프로세서(Multi processor) 시스템을 지원한다.
　㉣ 오픈 소스 공개로 개발되는 유닉스 계열의 운영 체제이며, GNU 도구를 사용해서 개발되었다.
　㉤ 임베디드 시장뿐만 아니라 안드로이드 같은 모바일에서도 폭넓게 사용하고 있다.
　㉥ 리눅스는 유닉스의 표준 규정인 POSIX(Portable Operating System Interface)를 지원하기에 다른 유닉스에서 개발된 애플리케이션을 쉽게 사용이 가능하다.
　㉦ X 윈도우 같은 유닉스의 표준 GUI 시스템이 지원되어 이식성이 매우 우수하다.
　㉧ 유닉스의 네트워크, IPC, 버퍼캐시, 페이징, 스레드 등도 지원한다.

② 리눅스의 구조
　㉠ 리눅스는 크게 커널, 디바이스 드라이버, 시스템 라이브러리, 셸, 유틸리티, X 윈도우로 나눌 수 있다.
　㉡ 커널은 중심부로 핵심이라는 뜻으로 실제 운영 체제를 구성하는 기본적인 토대로서 시스템의 가장 기본적인 메모리나 프로세스 등의 하드웨어를 관리한다.
　㉢ 커널은 하드웨어의 제어를 위한 디바이스 드라이버를 포함하며, 커널 위에 GNU에서 개발한 다양한 리눅스 유틸리티와 glibc 같은 다양한 라이브러리들이 위치한다.

ⓔ 사용자들은 이런 유틸리티를 통하여 리눅스를 사용할 수 있다.
ⓜ 리눅스에서는 콘솔이나 터미널을 통한 셸을 사용해 다양한 유틸리티를 실행할 수 있으며 이러한 인터페이스를 CLI라고 한다.

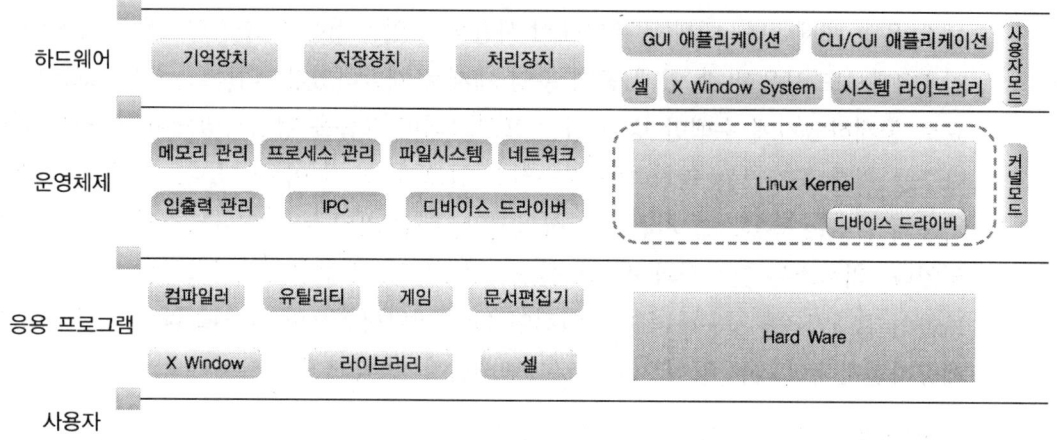

[그림 3-38] 리눅스 계층적 구조

(3) MS-DOS
① 개인용 컴퓨터의 대표적인 운영 체제로 마이크로 사가 단일 이용자용 및 단일 태스크를 지원하는 IBM PC용 운영 체제이다.
② 16비트로 시작한 DOS는 32비트의 PC용의 대표적인 OS로 등극하였다.
③ 유닉스의 기능을 도입하여 네트워크 기능, 명령의 파이프, 파일 관리, 필터 기능 등의 조합으로 GUI 환경이 적용되고 기억용량이 640KB로 확장되면서 활용도가 향상되었다.
④ DOS란 디스크에 운영 체제를 저장한 후 디스크 중심으로 시스템을 관리하는 운영 체제로서, 컴퓨터 시스템이 작동하면 주기억 장치가 이를 읽어 시스템을 관리하며 보조 기억 장치에 저장되도록 하는 원리이다.

(4) Android
① 리눅스 2.6 커널을 기반으로 운영 체제와 멀티미디어 사용자 인터페이스, 라이브러리 세트, 폰 애플리케이션을 제공한다.
② 주로 휴대폰에 안드로이드를 탑재하여 인터넷과 메신저 이용이 가능하며, 휴대폰뿐만 아니라 가전 기기에도 적용 가능하다.
③ 안드로이드는 소스코드를 모두 공개한 개방형 플랫폼으로서 사용자들에게 폭넓은 모바일 서비스를 제공할 수 있게 해 주었다.

(5) OS X
　① 정식 명칭은 Mac OS X로 애플의 맥 전용 운영 체제이다.
　② 오픈스텝(Openstep)을 기반으로 개발된 Mac OS X는 2001년 출시되어 고유의 아쿠아 인터페이스로 많은 사용자들에게 지지를 받았다.
　③ 강력한 멀티태스킹 기능을 구현하여 최초 목표인 코플란드 프로젝트 이상의 결과물을 실현하였다.
　④ 초기 버전에서 지적된 속도나 성능 면에서 업데이트를 하면서 운영 체제 내부의 최적화가 이루어졌다.
　⑤ 맥용 에뮬레이터 기술인 로제타(Rosetta)와 애플의 객체 지향 응용 프로그램 환경인 엔진인 쿼츠, 코코아 기술 등을 활용하고 있다.
　⑥ OS X는 하단에 존재하는 그래픽 엔진인 쿼츠, 커널 다윈, 주요 API들과 가상 머신 환경으로 구성되어 있다.
　⑦ API 구성에는 OS X만의 코코아, MAC OS 9 이전 버전과 비슷한 카본(Carbon), 그래픽을 처리하기 위한 코어 이미지, 음향처리를 위한 코어 오디오 등이 포함되어 있다.

(6) Windows
　① 마이크로소프트사가 개발한 컴퓨터 운영 체제로서 애플 컴퓨터에서 처음으로 상용화한 그래픽 사용자 인터페이스(GUI) Max OS에 대항하기 위해 개발하였다.
　② 현재 사용자가 90%일 정도로 보급되어있으며, 서버용 운영 체제로도 영역을 확대하고 있다.
　③ 사용자들에게 매우 익숙하다는 점과 호환되는 응용 프로그램이 많은 점이 장점이다. 하지만 보안 문제에서 취약한 부분이 많은 점이 단점이다.

7. 프로그램

1) 아두이노(Arduino)
　① 풍부한 예술적 감성과 정보 기술(IT)의 융합 인재 교육을 목표로 개발한 임베디드 보드이다.
　② 임베디드 지식이 전혀 없는 사람들도 쉽게 배우고 활용할 수 있도록 개발 툴이나 회로도 등을 오픈 소스 형태로 제공하였다.

③ 디자인 시장에서 디자인에 하드웨어를 접목하는 데 어려움을 겪었는데 이를 해결한 것이 아두이노이다.
④ 아두이노는 오픈 소스와 8비트 AVR CPU인 Atmel AVR을 기반으로 하는 저사양 마이크로 컨트롤러 보드로서 크기가 작고 저전력의 배터리로도 구동이 가능하다.
⑤ 아두이노는 가격이 저렴하다.
⑥ 아두이노는 편리한 소프트웨어 개발을 위해 스케치라는 통합 개발 환경(IDE; Integrated Development Enviroment)을 제공한다.
⑦ 스케치는 단순하고 간단한 문법을 사용하는데 C나 C++를 모르더라도 쉽게 사용할 수 있으며, 어도비 플래시, 프로세싱, Max/MSP 같은 소프트웨어 도구들을 연동할 수도 있다.
⑧ 아두이노의 쉬운 개발 환경은 AVR이나 임베디드를 모르는 사람들도 쉽게 개발에 접근할 수 있는 환경을 제공하였다.
⑨ 아두이노 보드를 컴퓨터의 USB에 연결하고 스케치 프로그램으로 명령어를 작성하여 실행하면 된다.
⑩ 기존의 임베디드 보드를 사용하는 데 필요한 복잡한 과정을 생략했기 때문에 초보자들도 쉽게 이해하고 사용할 수 있다.
⑪ 아두이노는 여러 개의 디지털 핀과 아날로그 핀을 제공한다.
⑫ 조도, 온도, 습도 등 측정 센서뿐만 아니라 스피커, LED, 모터 등의 다양한 외부 장치를 연결하여 다른 디바이스들을 제어할 수 있다.
⑬ 입출력 포트를 이용해서 다양한 디바이스들을 제어할 수 있으며, 이를 적용한 다양한 제품들이 출시되고 있다.
⑭ 구글은 안드로이드와 통신하여 사용 가능한 표준 보드로 아두이노 메가(Mega)를 선정하였으며, 안드로이드 허니콤부터 USB를 통한 액세서리 장치를 지원하는 표준인 ADK를 사용할 수 있다.
⑮ 디자인에서도 아두이노를 적용한 사례를 볼 수 있는데 특히 패션과 웨어러블 분야에서는 아두이노 호환 보드인 릴리패드나 FLORA 보드를 이용해서 많은 제품들이 개발되어 출시되고 있다.

2) 라즈베리 파이

① ARM 기반의 초소형 임베디드 보드 컴퓨터로서 기초 컴퓨터 과학 교육을 증진시키기 위해서 개발된 싱글 보드 컴퓨터이다.

② USB(Universal Serial Bus)와 하드웨어 연결을 위한 GPIO, 인터넷 연결을 위한 이더넷(B와 B+ 모델), 사운드 출력 단자, 모니터 연결을 위한 HDMI(High-Definition Multimedia Interface) 등의 다양한 포트들을 지원한다.

② 기존의 데스크 탑 PC와 비슷한 키보드, 마우스 등의 주변 기기와 연결해서 소형 PC로도 사용이 가능하다.

③ 간단한 C 언어 프로그래밍 및 동영상 재생이 가능한 MPC(Multimedia PC)로 사용되고 있다.

④ 라즈베리 파이의 구조로는 ARM 기반으로 그래픽 처리 장치(GPU), 디지털 신호 처리 장치(DSP) 등을 탑재하고 있다.

⑤ 라즈베리 파이는 아두이노에 비하여 빠른 CPU와 메모리를 가지고 있으며 SD 메모리 카드를 이용해서 외부 메모리 공간을 사용할 수 있다.

⑥ OpenGL ES를 지원하는 그래픽 칩을 사용하고 있으며 성능에 비해 아주 저렴하다.

⑦ 라즈베리 파이는 영상 출력을 위한 HDMI 포트와 CSI 카메라 커넥트 그리고 아두이노처럼 외부 하드웨어 제어를 위한 GPIO 포트를 제공한다.

⑧ GPIO 포트와 같은 외부 포트를 이용하는 하드웨어들은 Pi 카메라 같은 표준 모듈과 LCD나 Rapiro 같은 비표준 모듈들이 제공되고 있다.

3) Visual C++

윈도우즈에서 대표적인 통합 개발 도구로서, 윈도우즈 운영 체제에서 응용 프로그램을 효과적으로 사용할 수 있도록 하기 위해서 제공하는 통합 개발 환경이다. Visual C++는 윈도우상에서 동작하는 모든 형태의 프로그램을 제작할 수 있으며, 윈도우에서 실행되고 있는 대부분의 프로그램들은 Visual C++로 작성되고 있다. Visual C++에서도 쉽게 작성할 수 있는 프로그램은 콘솔(Console) 형태의 프로그램으로 콘솔 창을 이용하여 텍스트 형식으로 입·출력하는 프로그램이다. 문자 입·출력만이 가능하다.

(1) 이클립스

인터넷을 통한 오픈 개발 프로젝트의 산물로서 IBM을 비롯한 많은 회사들의 지원으로 개발되었다. 이클립스는 상용 프로그램의 수준에 해당하는 통합 개발 환경을 지원하며, 자바 언어를 위한 JDT(Java Development Tools)를 시작으로 다양한 언어 개발 툴이 추가되고 있다. C 언어를 위한 개발 환경은 CDT(C/C++ Development)가 있으며, 컴파일러는 공개 컴파일러인 GNU의 gcc 컴파일러를 사용한다.

(2) Dev-C++

인터넷을 통한 오픈 소스 프로젝트로 개발되었으며 Bloodshed Dev-C++는 모든 기능이 잘 갖추어진 C/C++ 통합 개발 환경이다. Dev C++는 GCC(GNU Compiler Collection)의 Mingw 버전으로 윈도우에서 실행 가능한 실행 파일을 생성하며, Cyg win이라고 불리는 윈도우즈에서의 유닉스 환경에서도 사용 가능하다.

8. 오픈소스

하드웨어 및 소프트웨어를 개발한 개발자의 권리를 지키면서 원시 코드를 누구나 열람하여 사용 가능할 수 있도록한 소스를 뜻하며 일반적으로 자유롭게 사용, 복사, 배포, 수정이 가능한 애플리케이션으로 자유 소프트웨어를 포함한 넓은 개념을 의미한다.

1) 자유 소프트웨어

자유 소프트웨어 운동은 리처드 스톨먼에 의해 시작되었다. 기존의 유닉스에서 컴파일러 같은 소프트웨어가 비싸게 판매되는 것이 다른 소프트웨어 개발에 영향을 미쳐 1985년에 자유 소프트웨어의 생산과 보급을 확대하기 위하여 FSF(Free Software Foundation)라는 단체를 설립하였다.

2) 오픈소스의 발전과 오픈소스 하드웨어 등장

리차트 스톨먼에 의해서 시작한 GNU 프로젝트는 자유롭게 사용할 수 있는 GNU의 도구 및 컴파일러를 만들었다. 이러한 발전으로 리눅스를 비롯한 많은 오픈 소스 소프트웨어를 개발할 수 있었다. 리눅스는 많은 해커들의 영향으로 급속도로 발전하여 1990년대 서버 시장에서 두각을 나타내었다. 2000년대 이후 리눅스는 임베디드 분야로 진출하면서 모바일 분야 발전에 크게 기여한다. 대표적으로 안드로이드, 리모, 마에모, 타이젠 등 수많은 스마트폰 플랫폼 기본 운영 체계로 사용되었다.

2.2 사용자인터페이스 프로그램 개발

1 G코드와 M코드

1. G코드 파일

3D프린터의 모터와 부속 기구를 작동시키기 위해서는 CAM 정보의 출력이 필수적이다. G코드에서 지령의 한 줄을 블록(Block)이라고 정의한다. 블록의 해석에서 주석이 우선 제거되는데, 여기서 주석은 기계에 대한 직접적인 명령은 없고 사용자가 코드를 읽기 편하게 해석해 주는 문장으로 세미콜론 ' ; '과 괄호 '( )'가 사용된다. 세미콜론은 해당 블록에서 모든 문자가 주석임을 뜻하며 괄호는 괄호를 포함한 괄호 내의 모든 문자가 주석임을 뜻한다.

1) 준비 기능(Preparation Function) (G기능)

공구의 이동이나 가공, 공구 보정 번호, 주축의 회전, 기계 움직임 등을 제어하는 데 있어서 준비하는 중요한 기능으로서 간단하게 G기능이라고도 불리며, 지령 숫자는 0~99까지이다.

(1) 연속 유효 G코드(Modal G코드)

한 번 지령된 G코드는 다른 G코드가 나올 때까지 유효하다.

(2) 1회 유효 G코드(One Shot G코드)

지령된 블록 내에서만 유효함을 뜻한다.

```
G00 X50.30 Y120.2 ;     → G00 지령 : Modal G코드
Z30. ;                  → G00 유효
Y-25.58 ;               → G00 유효
G01 X100. F80 ;         → G01 지령 : Modal G코드(G00 취소)
G04 P1500 ;             → G04 지령 지령 : One Shot G코드
X130. Y20. F100 ;       → G01 유효
```

[그림 3-39] 사용 예시

〈표 3-6〉 G코드 일람표

G코드	기 능	G코드	기 능
G00	위치 결정	G55	공작물 좌표계 2선택
G01	직선 보간	G56	공작물 좌표계 3선택
G02	원호 보간 CW	G57	공작물 좌표계 4선택
G03	원호 보간 CCW	G58	공작물 좌표계 5선택
G04	드웰(Dwell)	G59	공작물 좌표계 6선택
G09	정위치 정지	G60	한 방향 위치 결정
G10	데이터 설정	G61	정위치 정지 모드
G11	데이터 설정 모드 취소	G62	자동 코너 오버라이드
G15	극좌표 지령 취소	G63	tapping 모드
G16	극좌표 지령	G64	연속 절삭 모드
G17	X-Y 평면	G65	매크로 호출
G18	Z-X 평면	G66	매크로 모달 호출
G19	Y-Z 평면	G67	매크로 모달 취소
G20	inch 데이터 입력	G68	좌표 회전
G21	mm 데이터 입력	G69	좌표 회전 취소
G22	행정 제한 영역 설정	G73	고속 심공 드릴 사이클
G23	행정 제한 영역	G74	왼나사 태핑 사이클
G27	원점 복귀 점검	G76	정밀 보링 사이클
G28	자동 원점 복귀	G80	고정 사이클 취소
G30	제2 원점 복귀	G81	드릴링 사이클
G31	스킵(Skip)기능	G82	카운터 보링 사이클
G33	나사 가공	G83	심공 드릴 사이클
G37	자동 공구 길이 측정	G84	태핑 사이클
G40	공구경 보정 취소	G85	보링 사이클
G41	공구경 좌측 보정	G86	보링 사이클
G42	공구경 우측 보정	G87	백 보링 사이클
G43	공구길이 보정 '+'	G88	보링 사이클
G44	공구길이 보정 '-'	G89	보링 사이클
G45	공구 위치 오프셋 신장	G90	절대 지령
G46	공구 위치 오프셋 축소	G91	증분 지령
G47	공구 위치 오프셋 2배 신장	G92	공작물 좌표계 설정
G48	공구 위치 오프셋 2배 축소	G94	분당 이송
G49	공구 길이 보정 취소	G95	회전당 이송
G50	스케일링 취소	G96	주속 일정 제어
G51	스케일링	G97	주축 회전수 일정 제어
G52	로컬 좌표계 설정	G98	고정 사이클 초기점 복귀
G53	기계 좌표계 설정	G99	고정 사이클 R점 복귀
G54	공작물 좌표계 1선택		

G코드는 제어 지령의 종류에 따라서 그룹별로 표시하기도 하며, 그룹이 다른 G코드는 한 개의 블록 내에서 여러 개를 지령할 수 있다. 동일한 그룹의 G코드를 겹쳐서 지령을 사용하여도 상관없다.

2 보조 프로그램

1. 보조 기능(M기능)

프로그램을 제어 및 NC 기계의 보조 장치 On/off 작동을 수행하며, 지령 방식은 M 다음의 2자리의 숫자를 붙여서 표기한다.

〈표 3-7〉 주요 보조 기능 일람표

기 능	의 미	설 명
M00	프로그램 정지	프로그램을 일시 정지시키며, 자동개시를 누르면 재개
M01	선택적 프로그램 정지	조작반의 M01 스위치가 On 상태이면 일시 정지
M02	프로그램 종료	프로그램 종료
M03	주축 정회전	주축을 시계방향으로 회전
M04	주축 역회전	주축을 반시계방향으로 회전
M05	주축정지	주축을 정지시키는 기능
M06	공구 교환	T□□와 같이 사용되며, 지정한 공구 교환
M08	절삭유 On	절삭유 펌프 스위치를 On
M09	절삭유 Off	절삭유 펌프 스위치를 Off
M19	주축 한 방향 정지	주축을 한 방향으로 정지시키는 역할로 공구 교환 및 고정 사이클의 공구 이동에 이용된다.
M30	프로그램 종료 후 선두 복귀	프로그램 종료 후 선두로 되돌리는 기능
M98	보조 프로그램 호출	보조 프로그램 호출
M99	주 프로그램 복귀	보조 프로그램 종료 표시로 주 프로그램으로 복귀

2. 보조 프로그램(M98, M99)

일종의 매크로 기능으로 가공 형상이 반복될 때 다시 작업하기가 힘들며 비효율적이다. 따라서 보조 프로그램(Sub program)을 미리 작성하여 주 프로그램(Main program)에서 필요할 때마다 불러내어 사용하기에 매우 편리하다.

1) 보조 프로그램의 구성

일반적으로 일반 프로그램과 형식은 동일하다 하지만 복귀를 해야 하므로 프로그램 종료를 지령하는 코드 M99를 반드시 지령해야 한다.

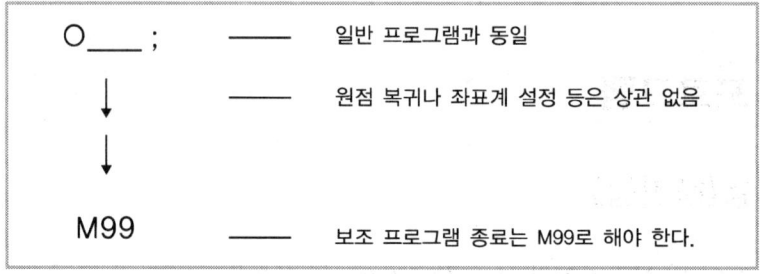

[그림 3-40] 보조 프로그램 구성

2) 보조 프로그램의 호출

보조 프로그램은 주 프로그램 또는 다른 보조 프로그램에서 호출하여 실행하다.

```
M 98 P 1004    L2 ;
```

여기서, M 98 : 주 프로그램에서 보조 프로그램의 호출
　　　　P : 보조 프로그램 번호
　　　　L : 반복 호출 횟수(1004를 2회 호출하라는 지령)

3. 기타 기능(F, S, T 기능)

1) F 기능

공구의 이송속도를 뜻하는 기능으로, 지령 방식은 F__로 예를 들면 F1000이라면 이송속도 1000을 뜻한다.

2) S 기능

주축의 회전속도를 지령해 주는 기능으로 상대 속도를 일정하게 유지하는 방식과 분당 회전수를 일정하게 유지하는 방식으로 나뉜다. 상대 속도를 유지하는 지령 코드로는 G96이며, 회전수를 유지하는 코드는 G97이다.

예 S1000 - 1000rpm

(1) 방법 : RPM 일정 제어

[형식] G97 S1500 M03 ; (1500RPM으로 정회전)

(2) 방법 : 주속 일정 제어

[형식] G96 S150 M03 ; (절삭속도가 150M/MIN로 정회전)

3) T 기능

공구를 교환하고 선택하는 데 있어서 필요한 기능으로, 지령 코드로는 T__으로 빈칸에는 공구 번호를 입력한다.

3 인터페이스 디자인

1. 사용자 인터페이스 디자인

사용자와 컴퓨터 간의 정보를 주고받기 위하여 프로그램이 상호작용하는 것을 뜻한다. 기본적으로 키보드로 입력하여 프로그램에 명령을 하달하는 것을 커맨드라인 인터페이스라고 한다. 이외에 메뉴 방식 인터페이스, 그래픽 사용자 인터페이스가 있다. 우리가 사용할 인터페이스는 메뉴 방식의 인터페이스 메뉴 선택으로 명령을 하달하는 방식이다.

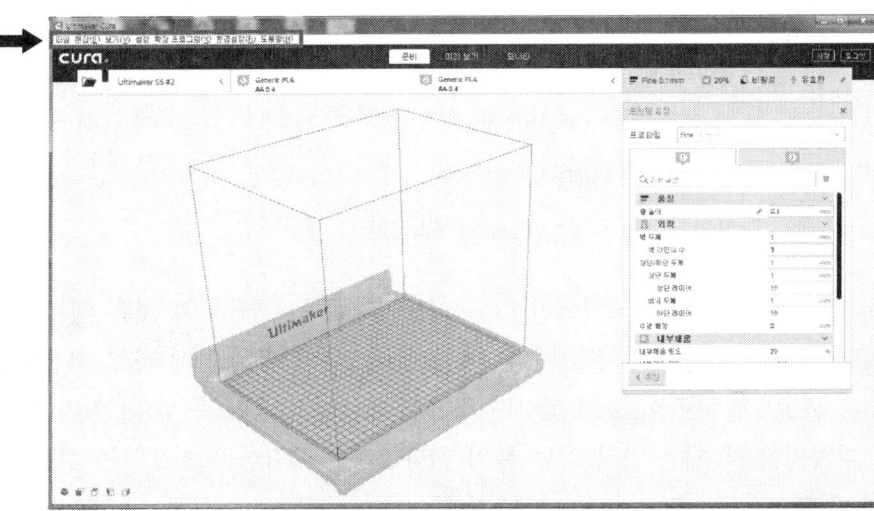

[그림 3-41] 3D프린터 소프트웨어

앞의 [그림 3-41]은 대표적인 3D프린터 큐라(CURA) 소프트웨어로서 상단 메뉴에서 메뉴 위치를 먼저 선정하여야 한다.

[그림 3-42] 상단 메뉴

[그림 3-43]에서는 File-Edit-View-Printer-Profile-Extensions-Settings-Help 순으로 나열되어 있으며, 어떤 방식으로 디자인할 것인지를 생각해야 할 것이다. 주의할 점은 사용자들이 프로그램을 사용하는 데 있어서 불편함이 없어야 하며, 익숙할수록 좋기에 기존의 프로그램과는 차이를 많이 두지 않는 것이 좋다. 통상적으로 프로그램에서 우선적으로 배열하는 것은 File 메뉴 위치 선정에 있어서 첫 번째로 온다. 이유는 [그림 3-43]에서 볼 수 있듯이 파일 열기, 파일 저장하기, 프로그램 종료하기 등 사용자들이 가장 익숙해져 있기 때문이라고 볼 수 있다.

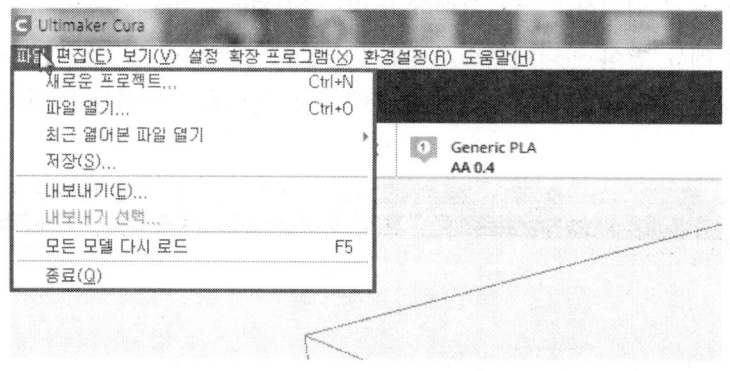

[그림 3-43] File 메뉴

이러한 점을 고려하여 메뉴 위치를 선정하였다면 두 번째로 해야 할 것은 메뉴 안의 메뉴 툴을 적합한 것으로 넣는 것이 중요하다. 예를 들어 Help 메뉴 안에 파일 저장하기, 파일 불러오기 등 불필요한 내용이 들어 있다면 적합한 메뉴라고 말할 수 없다. 따라서 사용자인터페이스 디자인할 때 메뉴 안의 메뉴 툴이 적합한지를 생각하고 선정하는 것은 필수적이라고 할 수 있다.

1) STL 파일이란?

STL 파일은 3D 모델링한 것을 하나의 단면으로 만들어 3D로 프린트할 수 있게 만든 2D 파일이다. 즉, 종이에 프린트할 수 있게 한 것으로서 종이 대신 플라스틱으로 인쇄를 해서 겹겹이 층이 만들어져 출력을 한다.

3D프린터 슬라이싱 프로그램에서 불러올 수 있는 파일 형식은 크게 세 가지 형식으로 *.STL 형식과 *.OBJ 형식, *.AMF 형식을 사용한다.

*.STL 형식은 주로 3D CAD 프로그램에서 제공하며, *.OBJ 형식은 3D 그래픽 프로그램에서 많이 사용이 된다. *.AMF 변환 형식은 XML에 기반해 곡면, 질감과 색상 등을 표면 윤곽에 잘 표현할 수 있는 등 *.STL 변환의 단점을 보완한 파일 변환 형식이다.

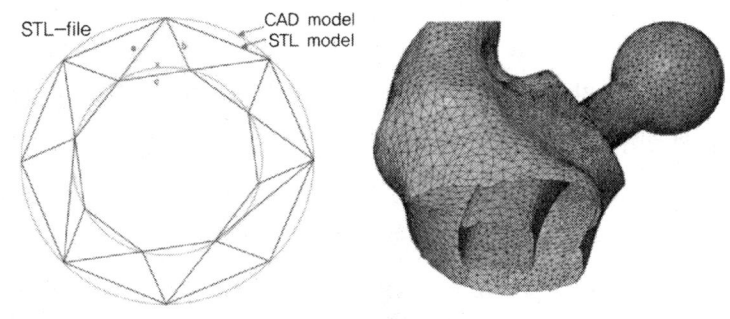

[그림 3-44] STL 파일

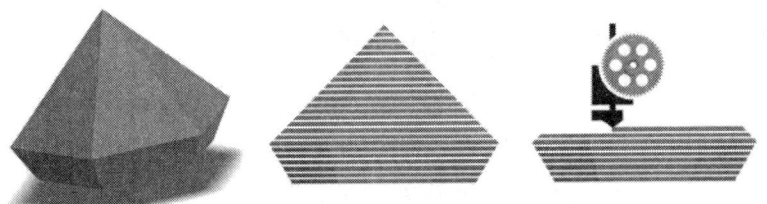

[그림 3-45] 3D 모델링 데이터 슬라이스

2) G코드란?

3D프린터를 하기 위하여 슬라이싱 프로그램에서 생성되는 코드로 G코드는 프린터에게 좌표 이동, 익스트루딩 등 직접적인 명령을 가진 코드이다. 프린터는 이 코드에 의해 움직이고 프린트를 한다.

3) Slicing이란?

STL 파일을 프린터가 이해하는 G코드로 바꾸어 주는 과정을 슬라이싱이라고 한다. 즉, 한 평면씩 프린트할 수 있게 잘라주고, 이것을 G코드로 바꾸어 주는 과정이다.

4) 포스트 프로세서(Post processor)란?

CAD system으로 만들어진 부품 형상을 바탕으로 CNC 공작기계에 맞추어 NC코드를 생성하는 작업이다.

2. 슬라이싱(Slicing, G-code converting)

슬라이싱은 3차원 모델링을 3D프린터가 인식할 수 있는 기계적인 좌표데이터로 변환하는 일련의 공정을 슬라이싱 이라고 합니다. 3D 프린팅을 위한 가장 중요한 공정이 바로 슬라이싱 단계다. 이유는 프린터는 기본적으로 슬라이싱에서 맞추어 준 설정대로만 동작을 하므로 슬라이싱 설정이 잘못되어 있을 경우에는 3D프린터는 잘못된 설정을 그대로 출력할 수밖에 없다. 단순한 디자인을 검토하시기 위한 출력이 아닌 작동성 및 조립성 검토를 위해 3D 출력을 하는 경우, 슬라이싱 소프트웨어상에 모델링의 배치 각도 등의 설정이 부적합하게 이루어진다면 검토를 위한 요구강도를 구현하지 못하는 경우도 발생할 수 있다. 슬라이싱의 중요성을 인지하시고 슬라이싱 설정에 관한 아래 정보를 유용하게 활용하실 수 있기를 바란다.

1) 슬라이싱 소프트웨어(Slicing Software)

3D프린터에 3D모델링을 프린터가 인지할 수 있는데 데이터 형식으로 바꾸어 주는 소프트웨어를 슬라이싱 소프트웨어라고 한다. 현재 많은 소프트웨어가 보급되어 있지만 대표적인 슬라이싱 소프트웨어 몇 가지만 소개하면 현재 가장 일반적으로 많이 사용하고 있는 CURA라는 소프트웨어도 그 중의 한 가지 소프트웨어로서 오픈소스로 운영되어 무료로 손쉽게 다운받아 사용할 수 있다. 그밖에도 오픈소스로 보급되고 있는 소프트웨어에는 Repetier-Host, Kisslicer, Skeinforge, Slic3r 등이 존재한다. 각각의 소프트웨어는 슬라이싱을 하는 알고리즘에 차이를 보여주고 있다. 슬라이싱을 통해 모델링을 converting하였을 때 각 레이어를 표현하는 방식이나, 혹은 서포트의 패턴을 구현하는 방식, 내부 속 채움(Infill)을 형성하는 방식 등에서 다소 차이를 보여주고 있다. 물론, 사용자께서 사용하면서 모델링의 기하학적 형상의 차이를 판단하고 설정을 충분히 변

경하여 각 소프트웨어의 알고리즘의 차이와 상관없이 출력물의 품질을 향상시킬 수 있다.

(1) CURA

CURA는 현재 3D프린터에서 가장 많이 사용하고 있는 소프트웨어로 심플한 운영환경을 가지고 있다. 아래 그림에서 CURA를 열었을 때 창이다. 방식은 단순하다. 그림에서 박스 안에서 설정값들을 변경할 수 있다. 박스 안에서는 모델링을 열어서 확인할 수 있다.

화면의 도형과 우측 상단 네모 박스 안에서 〈Basic〉, 〈Advanced〉, 〈Plugins〉, 〈Start/End G-code〉의 네 가지 탭들을 확인할 수 있다.

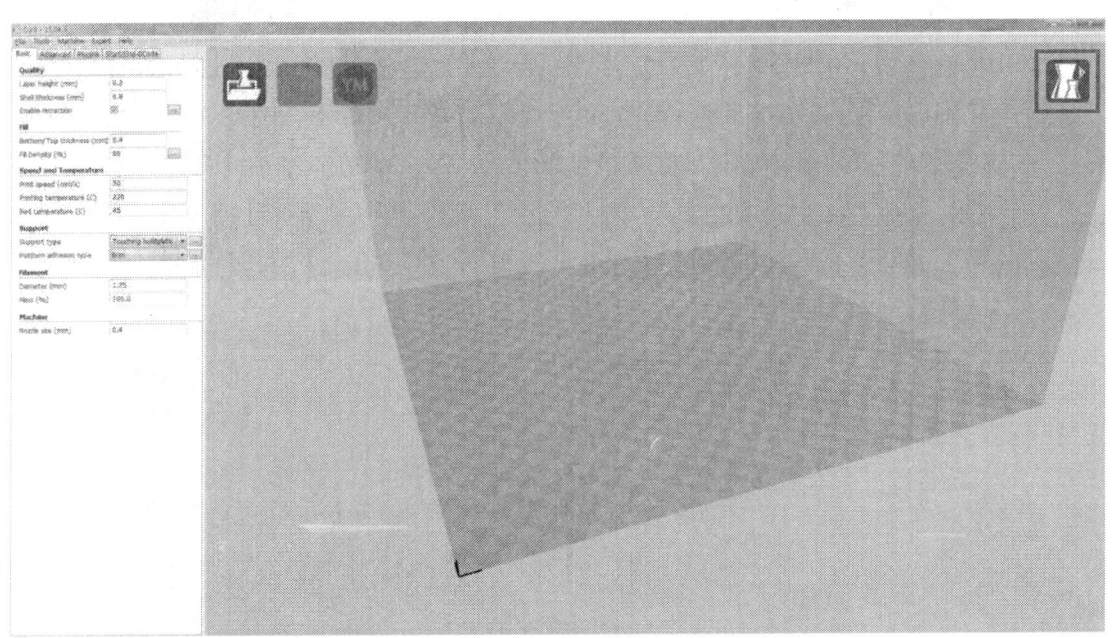

다음 그림에서 모델링을 확인하는 창에 3차원 모델링 하나가 열려있는 것을 확인할 수 있다. CURA는 모델링을 불러오면 기본적으로 설정되어 있는 설정값을 바탕으로 슬라이싱을 바로 시작한다.

슬라이싱이 끝나면 다음 그림과 같이 가운데 디스켓 아이콘 아래처럼 출력 소요 시간과 소요 필라멘트 길이 그리고 무게가 표시된다. 표시된 내용은 사실 소프트웨어에서 계산한 시간으로 실제 하드웨어의 설정과 상이할 수 있다.

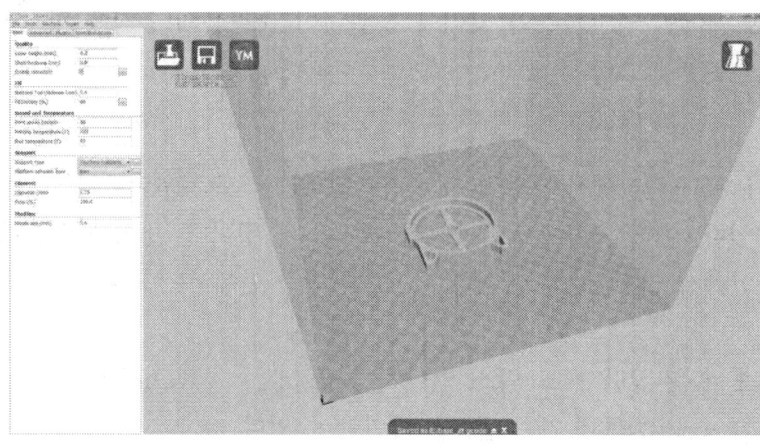
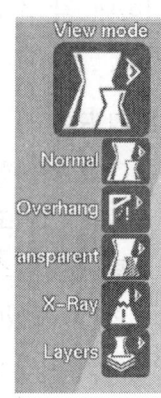

슬라이싱이 끝난 모델의 경우 창의 우측 상단의 녹색 체크 표시 〈View mode〉를 클릭하여 슬라이싱 상태를 확인할 수 있다. 아래 그림에서 〈View mode〉 안에 다섯 가지 메뉴가 있다. 메뉴들은 슬라이싱 상태를 각각의 모드에 의해서 확인하기 위한 기능들이다. 각각메뉴를 클릭하고 확인해 본다. 3D 프린팅을 위해서 꼭 숙지해야 하는 내용 중에 하나가 슬라이싱을 위한 모델링의 배치이다. 모델링의 배치에 따라서 출력시간, 출력품질, 특정 부위의 요구강도 구현 등의 것들을 설정할 수 있다.

이러한 배치를 위해서 모델링을 마우스 좌클릭하면 다음과 같이 〈Rotate〉, 〈Scale〉, 〈Mirror〉 등 세 가지 메뉴를 확인 할 수 있다. 〈Rotate〉는 모델링을 회전하여 가장 안정적인 배치 각도를 찾기 위한 메뉴이다. 〈Scale〉은 모델링의 스케일을 조정하는 기능이다. 〈Mirror〉는 모델링의 반전을 통해 같은 모양의 다른 방향성을 가지는 출력을 할 수 있도록 도와주는 기능이다.

(2) Repetier-Host

Repetier-Host는 일반화되어 있는 소프트웨어는 아이다. Repetier를 사용하는 이유 중에 하나는 소프트웨어 하나로 세 가지 슬라이싱 엔진을 구동할 수 있다는 것이다. Repetier는 기본적으로 〈Slic3r〉와 〈Curaengine〉이라는 2개의 슬라이싱 엔진을 제공해주며, 하나의 모델링 Visualization 창으로 이 모든 엔진들을 구동할 수 있다는 장점이 있다. 추가적으로 〈Skeinforge〉라는 슬라이싱 엔진을 다운받아 구동할 수 있다.

아래 그림에서 확인할 수 있듯이 좌측의 모델링 Visualization 창 우측에 외부 설정 탭들을 확인할 수 있다. Repetier 외부 설정 탭은 〈Object Placement〉, 〈Slicer〉, 〈Print Preview〉, 〈Manual Control〉, 〈SD Card〉로 구성되어 있다. 사실상 가장 많이 사용하는 것은 다음의 세 가지 메뉴이다.

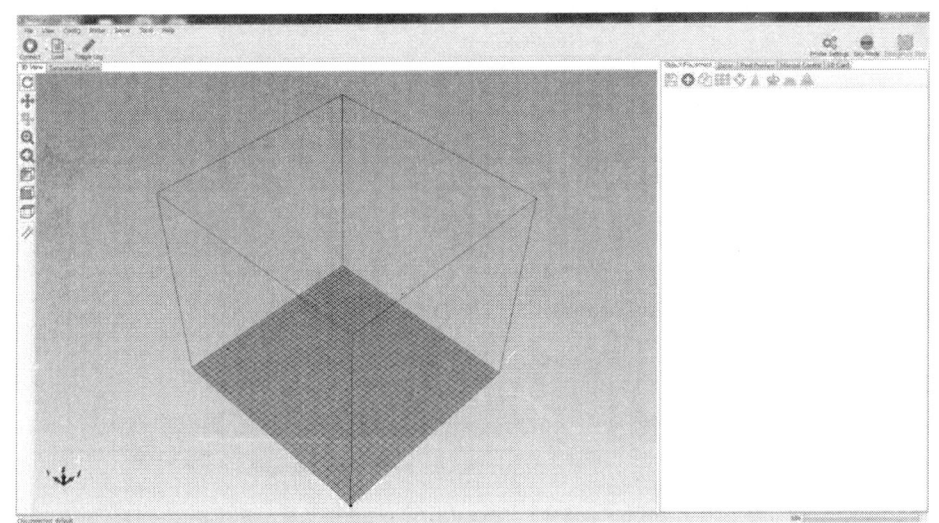

① Object Placement : 탭은 Cura에서 모델링을 배치하기 위한 메뉴와 같이 모델링의 스케일, 각도, 미러링 기능을 제공하여 출력하기 위한 최적의 모델링 배치를 하기 위해 사용되는 메뉴이다.

② Slicer : 탭을 확인하면 세 가지 슬라이싱 엔진이 제공되어 있는 것을 확인할 수 있다.

③ Print Preview : 탭을 보면, 슬라이싱이 완성된 후에 프린팅에 소요되는 시간 총 레이어의 개수, 그리고 소요 필라멘트 길이들이 표시가 된다.

아래 그림에서 보면 〈Visualization〉 메뉴에서 전체 레이어뿐만 아니라, 레이어 간 범위를 설정하여 출력되는 각각의 레이어를 평가할 수 있다. 이러한 레이어를 평가하는 작업을 통해서 출력 전 출력 품질에 대한 예상 평가를 할 수 있다. 각 엔진들의 설정에 대한 내용은 교육을 통해서 실제 출력물들을 보면서 확인할 수 있다.

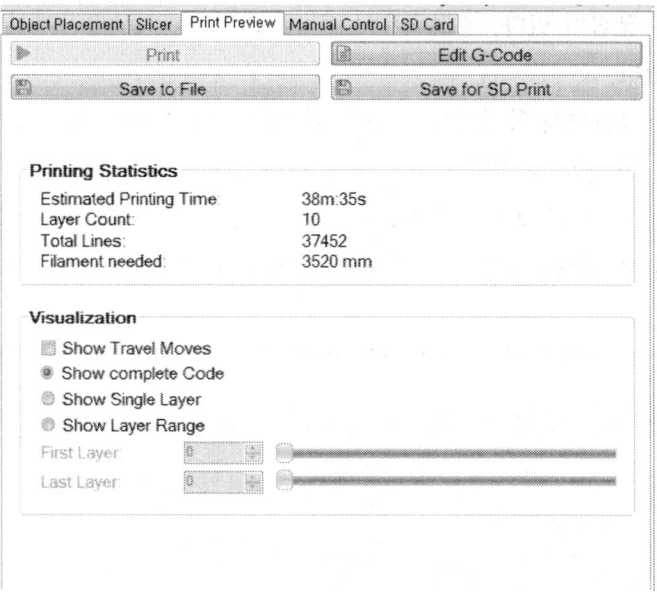

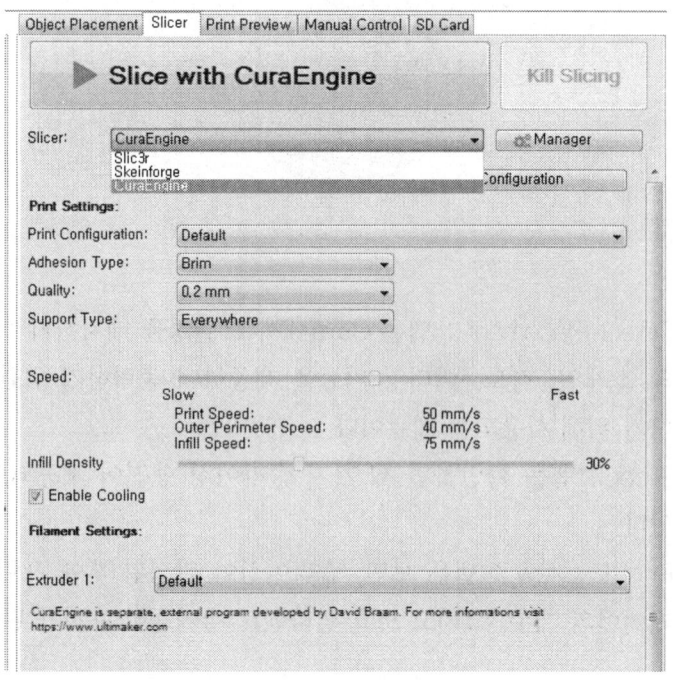

(3) Simplify3D

Simplify3D는 오픈소스 기반의 무상소프트웨어와는 다르게 상업적으로 개발된 슬라이싱 소프트웨어이다. 상업적 목적으로 개발된 만큼 그 성능이 좋은 슬라이싱 소프트웨어이다. Simplify3D 설정을 위한 많은 변수 및 계수 값들에 대한 이해가 높아야 정확한 설정을 할 수 있다. 기본적인 설정 변수들에 대한 개념들은 다른 소프트웨어와 동일하기 때문에 CURA나 Repetier-Host와 같은 소프트웨어를 사용하여 슬라이싱을 해본 경험이 있는 경우 기본적인 설정은 이해하기 어렵지 않다.

Simplify3D의 경우 레이어 간 조밀도 및 서포트 설정에 있어서 특수성이 3D프린터 사용자들의 만족도를 높이기 위해 개발된 만큼 사용 경험자들에게 큰 호평을 받고 있는 소프트웨어이다.

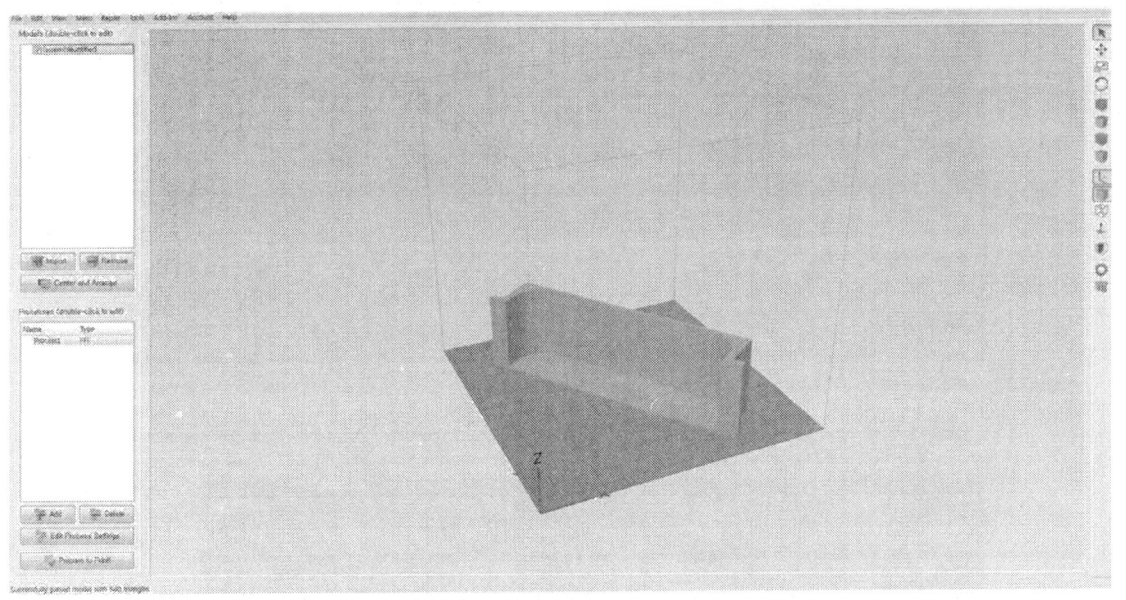

(4) 기타 슬라이싱 소프트웨어

지금까지 소개한 소프트웨어 외에도 슬라이싱을 위한 소프트웨어는 많이 있다. 대부분 오픈소스로 무료로 사용할 수 있지만, 유료로 공급되고 있는 슬라이싱 소프트웨어도 여러 가지가 있다. 각자의 목적에 따라서 선택하여 사용하면 된다.

무상으로 사용할 수 있는 소프트웨어에는 〈Kisslicer〉, 〈Slic3r〉 등의 독립 소프트웨어가 있다.

① Kisslicer : 사실 사용하기 쉬운 슬라이싱 소프트웨어는 아니다. 설정하는 값들이 자세하게 세분화되어 있어 변경 설정값들에 대한 정확한 이해가 없으면 설정하기가 조금 까다로운 소프트웨어이다. 설정값에 대한 정확한 이해를 통해 슬라이싱을 하였을 경우 굉장히 퀄리티 높은 출력을 할 수 있다.

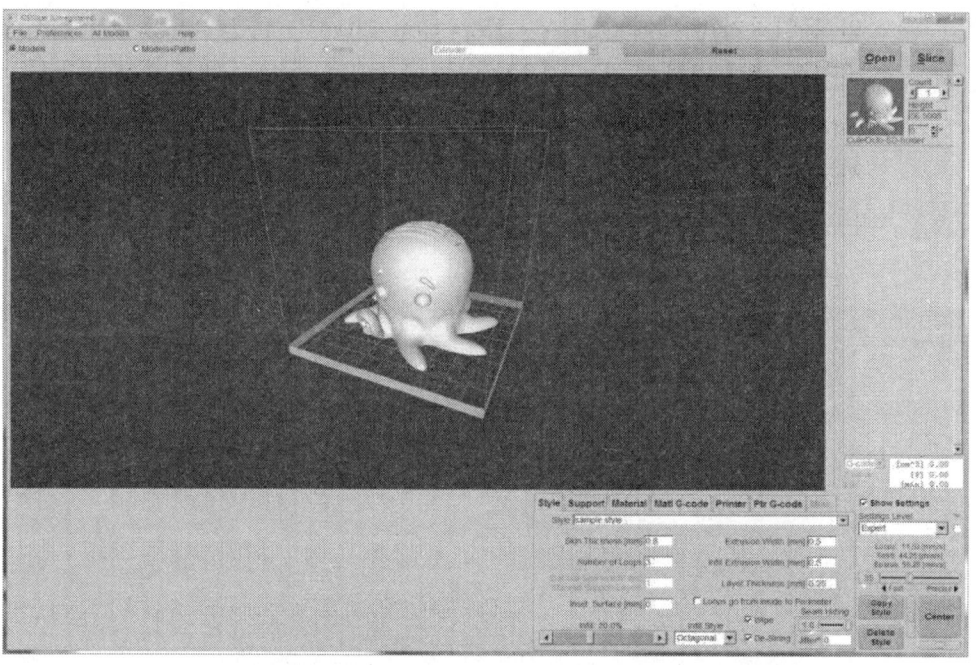

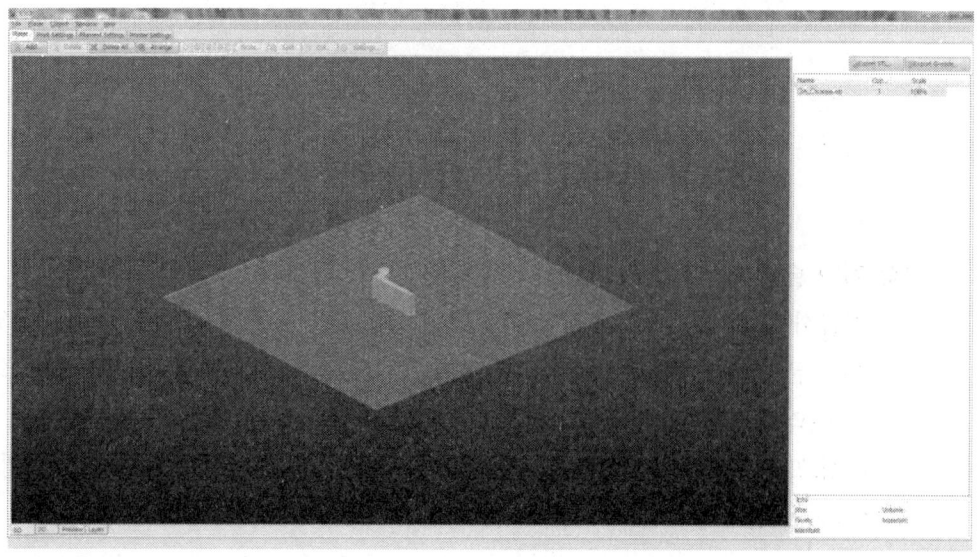

2) 슬라이싱 설정변수 기본 개념 이해

슬라이싱 설정을 할 때 소프트웨어의 종류에 상관없이 개념을 이해해야 하는 설정값들이 있다. 가장 기본적인 내용들이지만 기본에 충실해야 가장 최상의 출력품질을 유지할 수 있다.

(1) 벽두께 설정

슬라이싱 설정 변수 중에 Infill(속채움) 설정을 위한 가장 핵심 변수가 바로 벽두께 설정 변수가 된다. 속채움 정도를 결정하기에 앞서 출력물의 벽체 두께를 설정하는 부분으로 모델링의 벽체를 구성한 후 속의 빈 공간을 속채움 밀도로 결정을 해야 하므로 중요한 변수가 된다. 벽체를 구성하는 레이어의 개수, 벽두께에 따라 출력 완성물의 강도에도 영향을 미칠 수 있는 설정 변수이므로 출력물의 요구 강도에 따라 설정값을 적절하게 조절하는 것이 중요하다. 초보자 들는 Shell에 대한 개념이 어려울 수 있다. 아래와 같이 원통형 모델링의 경우 Shell이라 하면 상·하단의 원형판과 곡면으로 이루어진 옆면을 Shell이라고 이해하면 된다.

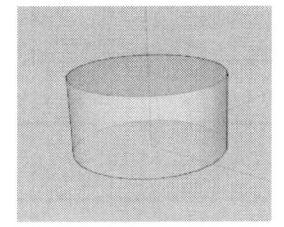
원통형 모델링

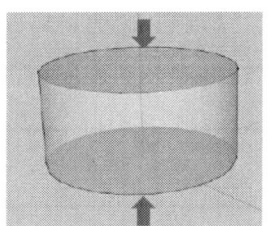
상·하단의 원형 Shell

측면 곡면 Shell

① Repetier-Host-CURA Engine

아래 그림에서 Shell Thickness라고 표시된 부분이 모델링 측 벽체의 두께를 설정하는 부분이다. 만약 사용하시는 노즐의 구경이 0.4mm일 경우, 0.4mm 두께로 재료가 압출되기 때문에 구경의 배수로 설정을 맞추어 주면 된다.

그림의 경우 0.8mm로 설정이 되어 있다. 2개의 0.4mm 레이어로 0.8mm 두께의 벽체를 출력한다고 생각하면 된다.

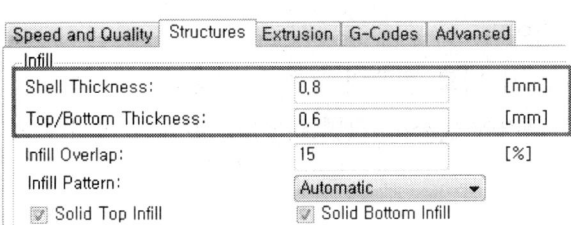

Top/Bottom Thickness는 상·하단의 출력물 두께를 형성하는 설정이다. 그림과 같이 0.6mm로 설정할 경우, 출력물의 바닥과 최상부 덮개 부분을 3개의 레이어 층으로 적층하여 출력하는 것이다.

443

② Repetier-Host-Slic3r

아래 그림은 Slic3r의 설정(Configuration) 창이다. 두 번째 박스에 Vertical Shells라는 설정 박스에 2라고 설정되어 있는 부분은 0.4mm 구경의 노즐을 사용한다면, 0.4mm씩 2개의 레이어로 벽체를 구성하라는 설정이 되겠다.

그 아래 Horizontal Shells의 경우 Top:5/Bottom:5의 설정을 볼 수 있다. 이것은 최상면을 5개층의 레이어로 덮개를 출력할 것이며, 바닥 역시 5개층의 레이어로 바닥판을 구성한다는 설정이다. Slic3r의 경우 상·하부 적층 레이어 수를 달리하여 세밀한 출력 설정을 구현할 수 있다는 장점이 있다.

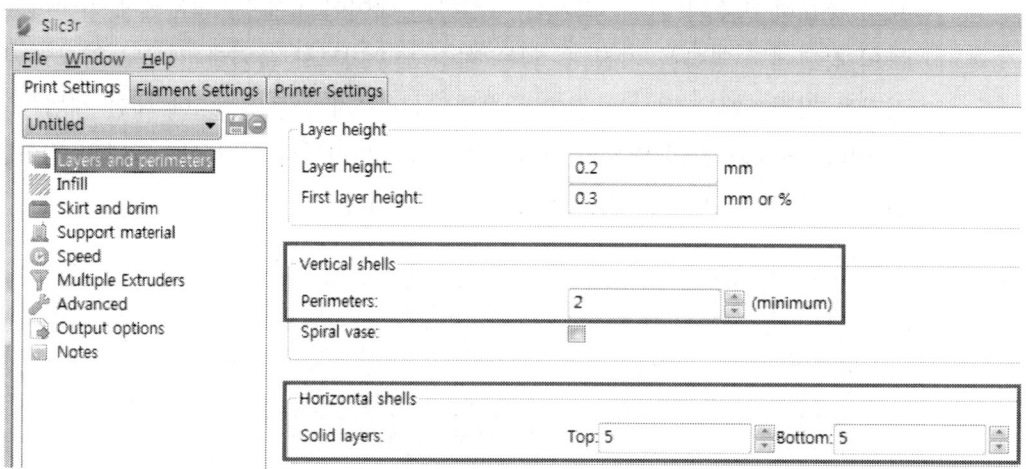

③ Simplify3D

Simplify3D의 경우 다음 그림을 보면 Layer Settings라는 박스를 확인할 수 있다. Primary Layer Height의 경우 0.2mm 적층 높이를 확인할 수 있다. 그 아래Top Solid Layer 설정의 경우 〈CURA-engine〉과 〈Slic3r〉의 설정과 같은 개념으로 최상부층 적층 레이어의 수를 결정하는 것으로 우측의 경우에는 3개층으로 최상층 덮개를 덮는 설정이다.

Bottom Solid Layer는 바닥면의 두께를 설정하는 것이다. 그림의 경우에 3개 층의 Solid 적층 바닥을 구성하는 설정이다.

그 아래 Outline/Perimeter Shells가 바로 벽체의 두께를 설정하는 것으로 그 값을 2로 설정하였을 경우에 노즐 구경이 0.4mm라면 0.8mm 두께의 벽체를 구성한다.

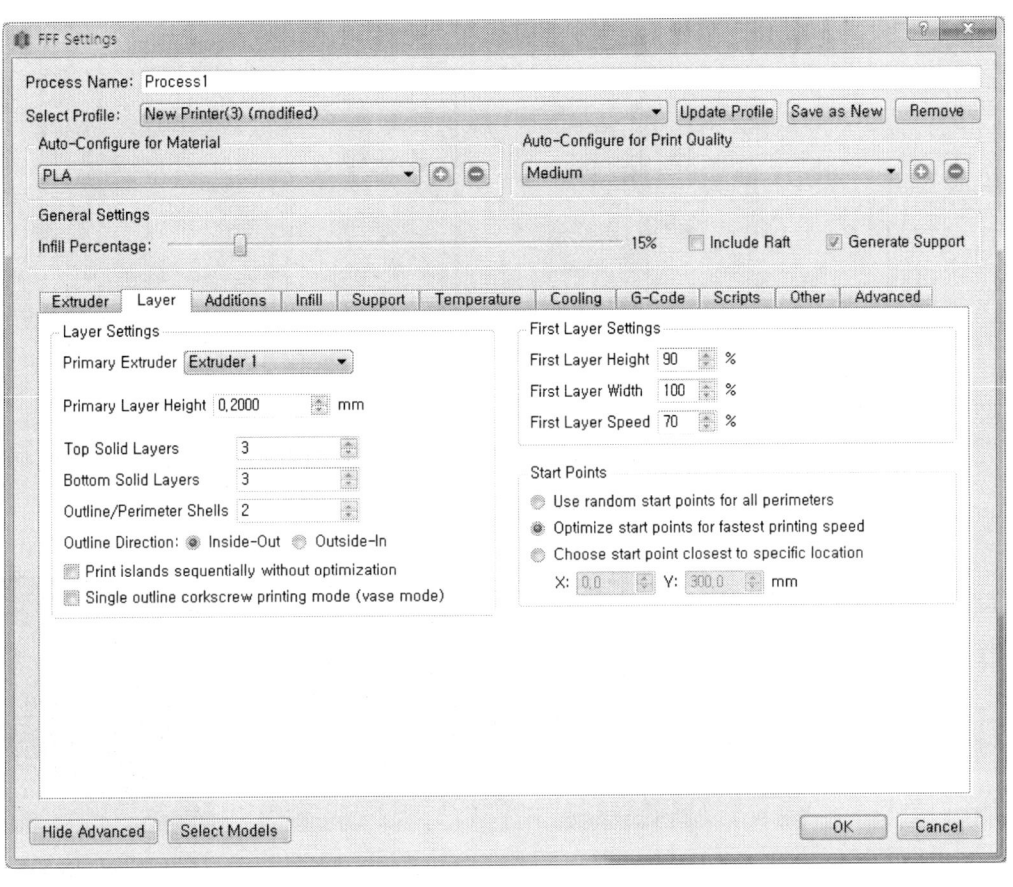

"Solid"라는 용어는 빈틈이 없이 100% 채워진 형태의 레이어 구성을 뜻한다. 3차원 출력을 함에 있어 바닥면과 최상면이 매끄럽게 채워진 형태가 아니라고 하면 모델링 원형을 구성할 수가 없다. 〈Simplify3D〉와 〈Slic3r〉의 경우 바닥면과 최상면이 Solid로 구성되는 것을 기본으로 변경할 수가 없지만, 〈CURA〉의 경우 바닥과 최상면의 Solid 설정을 해제하여 일정 패턴의 틈을 가지는 바닥을 구성할 수도 있다. Shell Thickness 설정의 경우 그 값을 달리하여 슬라이싱을 하면 된다.

(2) 속채움(Infill)

속채움 설정을 이해하기에 벽두께에 대한 개념을 먼저 이해하면 도움이 된다. 속채움 설정은 결국엔 모델링의 벽체를 구성한 후 그 안의 공간에 대한 설정이기 때문이다. 그림에서 원형 컵 형태의 모델링을 볼 수 있다. 속채움 설정은 다음 그림 같이 원통형 모델링을 벽체를 구성한 후, 내부의 빈 공간을 채워주는 설정을 의미한다.

속채움 설정을 위한 세 가지 개념은 다음과 같다.

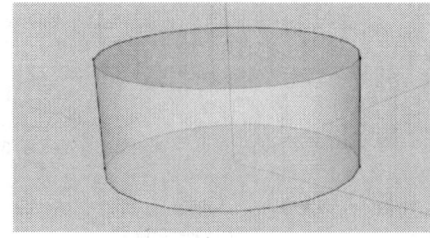 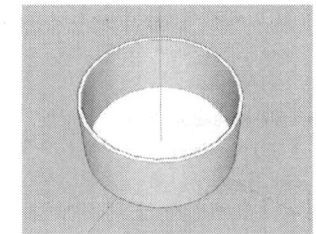

① 속채움 밀도(Infill Density)

속채움 밀도는 벽체 두께 설정을 마친 후, 모델링 내부의 공간을 어느 정도의 밀도로 채워 줄 것인가에 대한 설정이다.

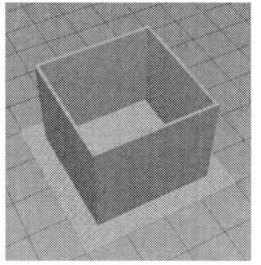 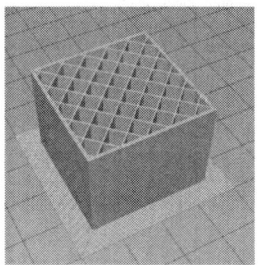 

Infill density: 0%　　　　Infill density: 20%　　　　Infill density: 50%

② 속채움 겹침(Infill Overlap)

속채움과 벽체와의 겹침 정도를 설정하는 것이다. 일반적으로 15% 설정을 한다.

③ 속채움 패턴(Infill Pattern)

속채움 패턴은 어떠한 패턴으로 내부를 채워 줄 것인가에 대한 설정이다. 아래 그림의 패턴 형태를 참고하면 쉽게 이해할 수 있다.

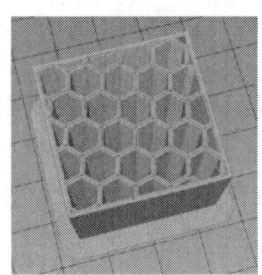 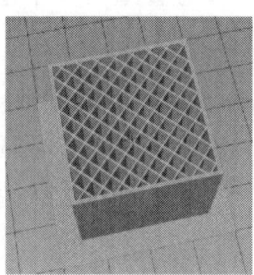 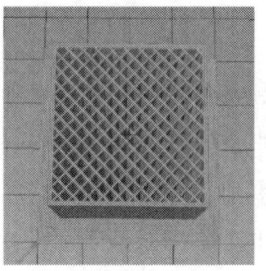 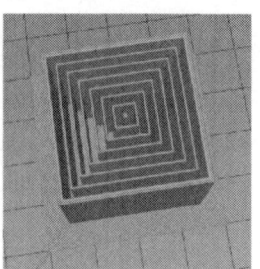

Honey Comb　　　　Grid　　　　Lines　　　　Concentric Lines

⊙ Repetier-Host – CURA Engine

그림에서 속채움 겹침(Infill Overlap)은 15% 일반 설정되어 있다. 속채움 패턴의 경우 Automatic으로 설정되어 있는데 자동설정을 할 경우, 모델링 형상에 따라 적합한 설정을 맞추어 주지만 일반적으로는 Grid 설정을 하게 된다.

속채움 밀도(Infill Density) 설정은 외부 설정 창에서 드래그 바를 이용하여 그 정도를 결정할 수 있다.

© Repetier-Host – Slic3r

Slic3r 설정 창에서 Fill density는 20%로 설정된 것을 확인할 수 있다. Fill Pattern은 Honeycomb으로 벌집 모양 구조로 내부 패턴을 형성하며, Slic3r에서는 Top/bottom fill pattern을 다양하게 변경할 수 있다. Slic3r에서도 외부 설정 창에서 밀도 및 내부 속채움 패턴 형태를 결정할 수 있다.

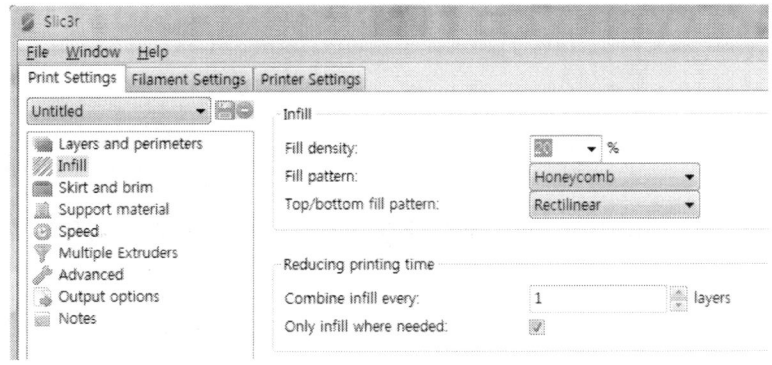

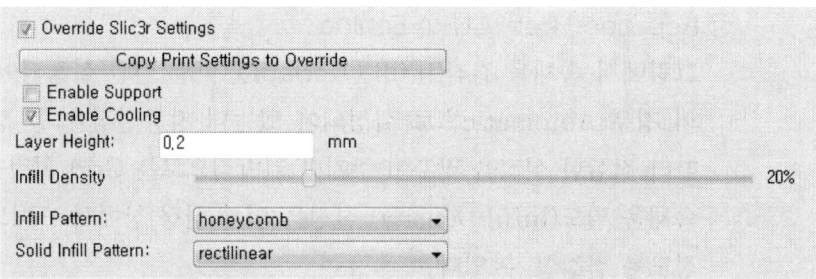

ⓒ Simplify3D

Simplify3D의 경우 아래 그림을 보면 박스의 드래그 바를 통해서 속채움 정도를 간단히 설정할 수 있다. 속채움 정도의 상세 설정을 하려면 아래 그림의 상세 설정을 변경할 수 있다.

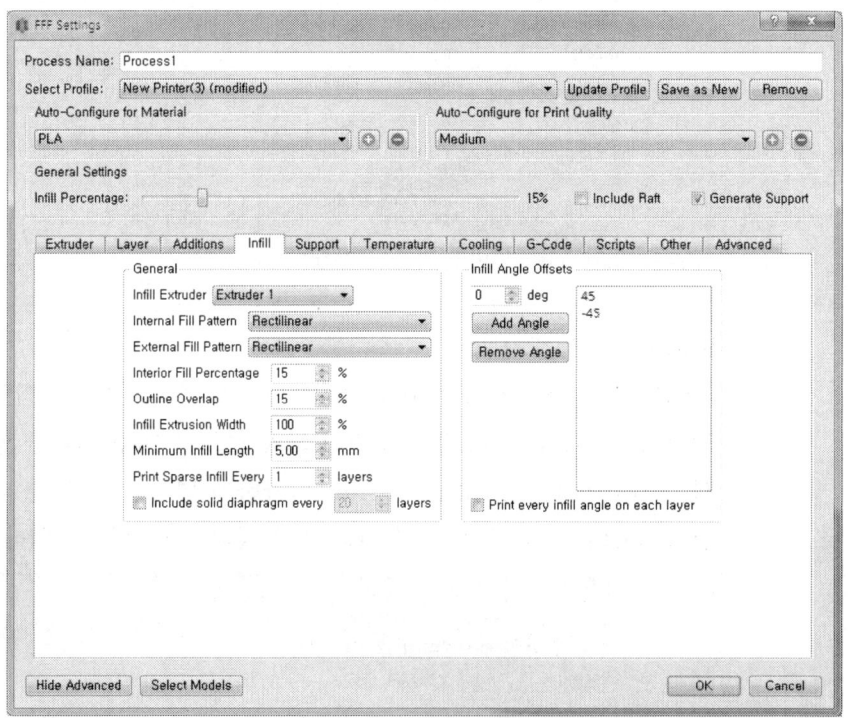

- Infill Extruder : 다중 익스트루더의 경우 속채움을 위한 노즐 번호를 지정한다.
- Internal Fill Pattern : 내부 빈 공간에 대한 채움 패턴을 결정한다.
- External Fill Pattern : 바닥이 최상면 Top/Bottom의 채움 패턴을 결정한다.

- Interior Fill Percentage : 내부 채움 정도를 결정한다. 드래그 바와 같은 기능이다.
- Outline Overlap : 채움 외곽선의 겹침 정도를 설정하는 것으로 일반적으로 15% 정도로 설정한다.
- Infill Extrusion Width : 내부 채움의 압출양을 조절하는 기능으로 일반적으로 100%로 출력하지만 출력물의 요구 강도가 중요하지 않은 경우 다소 낮추어 출력할 수 있다.
- Minimum Infill Length : 내부 속채움의 레이어의 최소 길이를 결정하는 기능이다. 속채움 밀도가 높을 경우 무의미한 값이 되지만 밀도가 낮을 경우에는 속채움 패턴내의 최소길이 설정을 맞춘다. 본 기능은 매우 작은 속채움 부분의 겹침을 피함으로써 출력시간을 줄여주는 기능이다.
- Print Sparse Infill Every : 본 기능은 노즐 구경에 따른 레이어 겹침을 통해 출력시간을 줄여주는 기능이다. 본 기능은 기본 출력 레이어 적층 높이를 기준으로 그 설정을 맞추어야 한다. 예를 들어 기본 출력 적층 높이가 0.15mm인 경우에 본 설정값을 "2"로 지정하면 속채움 적층 높이는 0.3mm 단위로 적층되어 속채움만을 위한 출력시간을 반으로 줄여 줄 수 있다.

⟨warning⟩ 본 설정은 절대 그 속채움 적층 레이어 높이가 노즐 구경 이상으로 설정되면 안 된다.

예 Primary Layer Height = 0.15mm/Sparse Infill Every3layers
→ Infill Layer Height = 0.45mm(Impossible)

(3) 서포트/지지대(Support)

슬라이싱을 하면서 가장 난해한 부분 중의 한 가지가 바로 서포트의 설정이다. 새로운 형태의 아이템을 기획하거나 개발을 하는 경우에 모델링을 통해서 그 형태를 구현하게 된다. 그 과정에서 새 아이템의 형상 혹은 조립도, 작업성 등의 특성을 고려하며 모델링을 할 때, 공중에 뜨는 부분 혹은 제품 외관의 곡선디자인을 표현할 경우 낮은 각도로 모델링된 부분은 삼차원 출력상에서 레이어가 무너져 출력이 이루어질 수 없는 한계 사항이 있다.

이러한 경우에서 포트라고 불리는 지지대를 출력하여 한계점을 극복할 수 있다.

그림의 모델링을 보면, 좌측 90° 방향으로 원기둥이 꺾여 있는 모델링을 확인할 수 있다. 모델링 꺾인 부분의 아랫면은 공중에 떠 있는 형태로 하단 지지대를 설치하지 않는다면 출력이 이루어질 수가 없다. 그림과 같이 바닥면부터 올라오는 각도가 곡률 값을 가지고 차차 올라오면 낮은 각도의 레이어 적층이 무너지는 것을 방지하기 위해서 지지대를 설치해야 원활한 출력이 이루어질 것이다.

적층되는 레이어 간 각도가 45°라고 한다면 적당히 레이어 간 접합을 하면서 출력이 가능할 것이다. 바닥면에서의 각도가 10° 정도라고 한다면 레이어 간 접합이 거의 이루어지지 못해 출력 레이어가 탈락되는 현상이 발생하여 원활한 출력이 이루어지지 못할 수 있다.

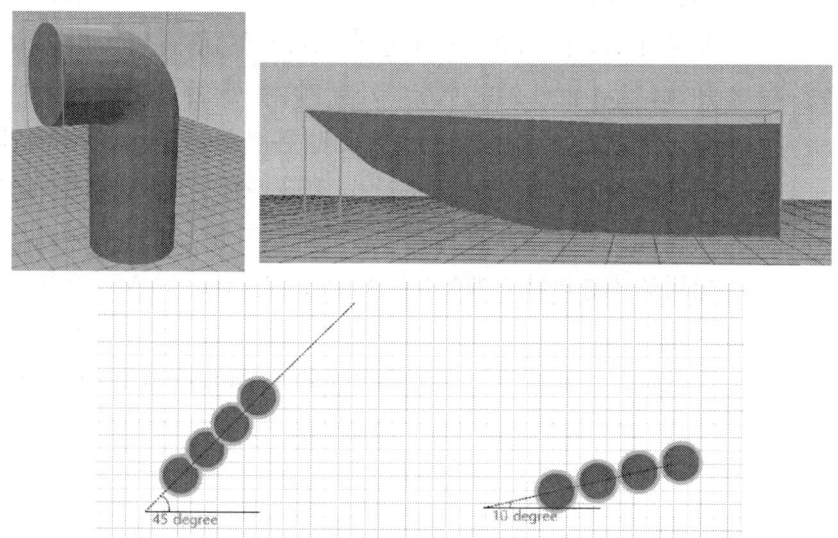

① Support Pattern

출력물 하단에 설치될 지지대의 형태를 결정하는 부분이다. 왼쪽 그림의 모델링 하단 부위에 연두색으로 지지대가 생성된 것을 확인 할 수 있다. 또한, 오른쪽의 두 그림에서 지지대의 형태에 다른 차이점을 확인할 수 있다.

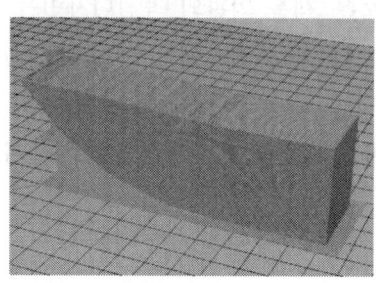 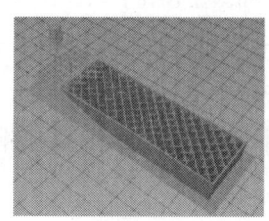 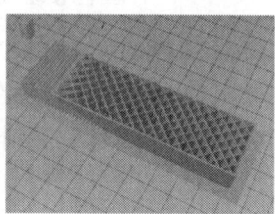

Grid Pattern   Line Pattern

㉠ Overhang Angle

모델링상에 돌출된 부분의 돌출각도를 설정하여, 지지대의 적용 범위를 설정하는 것이다. Overhang Angle은 일반적으로 대부분의 슬라이싱 엔진에서 유사한 알고리즘을 가지지만, 간혹 정반대의 알고리즘을 가지기도 한다. 따라서 각 슬라이싱 엔진에 따른 차이점을 파악해야 출력 품질 설정을 정확하게 할 수 있다. 예를 들어 CURA와 Slic3r의 차이점은 아래 그림에서 확인할 수 있다. 두 엔진에서의 Overhang 값을 똑같이 70°로 설정하였지만, CURA에서는 Slic3r보다 지지대가 적게 형성된 것을 볼 수 있다. 간단히 설명하자면, CURA는 설정값을 70°로 설정하였을 때, 90−70=20°까지만 지지대를 설정하라는 개념이지만, Slic3r의 경우에는 70°까지 모두 지지대를 형성하라는 개념이므로 설정에 차이점을 주의해서 이해하길 바란다.

CURA: Overhang Angle=70 degree

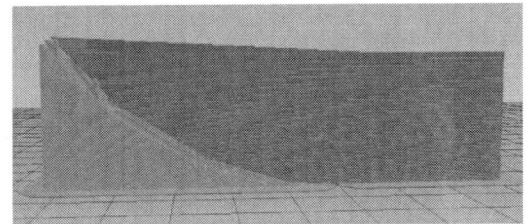

Slic3r: Overhang Threshold=70 degree

▶ Overhang 값 설정 비교(CURA & Slic3r)

CURA	Overhang Value	Slic3r
	90 degree	
	60 degree	
	30 degree	

ⓛ Fill Amount

지지대 밀도의 개념은 간단히 지지대의 양을 설정하는 값으로 모델링의 형상 및 크기, 돌출면의 형상, 출력 후처리 작업성 등을 고려하여 적정 값을 찾아야 한다. 본 개념은 많은 슬라이싱 연습을 통해서 숙련도를 상승시킬 수 있다.

ⓒ Distance XY & Z(CURA)/Contact Z distance(Slic3r)

지지대와 출력물 간의 간격을 설정하는 것으로서 사이 간격이 적정 간격을 이루지 못할 경우, 출력물과 지지대 분리하는 후처리 과정의 난이도가 많이 상승 한다. 본 값은 출력하려는 출력물의 형상 및 재료의 특성에 따라서 값을 설정해야 한다. 일반적으로 수평 방향 간격은 약 0.74~0.77mm 정도, 수직 방향으로 0.16~0.18mm 정도에서 설정하는 것을 권장한다. 수직 방향의 사이 거리는 지지대와 맞닿는 면의 출력품질에 직접적인 영향을 줄 수 있으므로 테스팅 출력을 통해서 적정 값을 찾아야 한다.

② Repetier-Host-CURA Engine

서포트 설정 부분에 보면 Support Pattern, Overhang Angle, Fill Amount, Distance XY, Distance Z를 확인할 수 있다.

③ Repetier-Host-Slic3r

Support material 박스를 보면 Overhang threshold를 확인할 수 있다. 또한 하단 박스의 Contact Z distance를 확인할 수 있다. Slic3r의 경우에는 수직 사이 간격을 0(Soluble), 그리고 0.2(Detachable) 두 가지로 밖에 설정이 안 된다. 상단박스의 Generate support material은 지지대 설정 여부를 결정하는 체크

박스이며, Enforce support for the first 설정은 지지대의 형태에 따라서 지지대 하단의 설정 레이어 층까지 강화시키도록 설정하는 것이다.

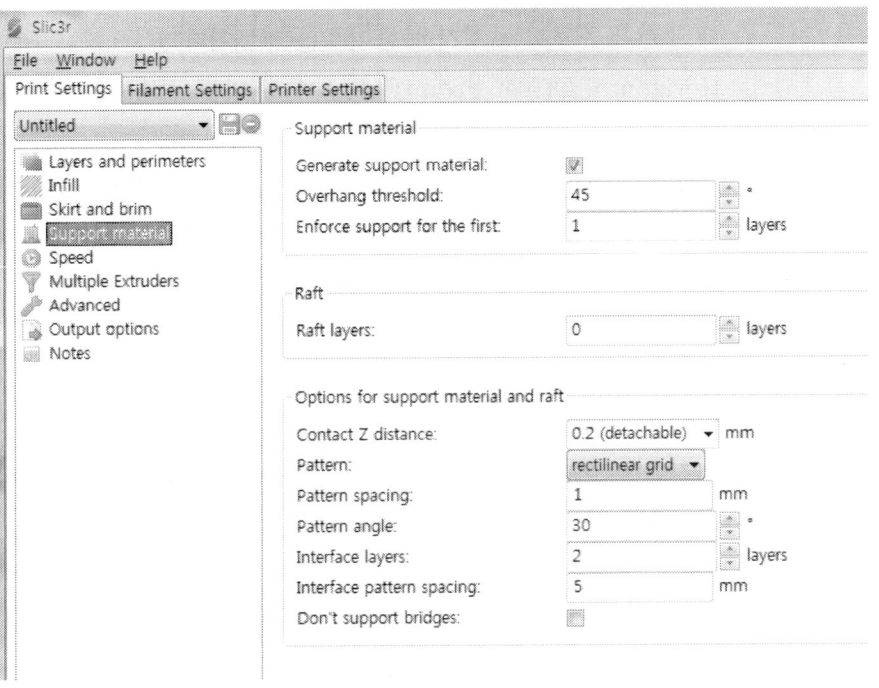

④ Simplify3D
  ㉠ Support Extruder : 다중 익스트루더의 경우, 서포트 출력을 위한 익스트루더 번호를 결정한다.
  ㉡ Support Infill Percentage : 서포트 밀도를 설정한다.
  ㉢ Extra Inflation Distance : 일반적으로 0으로 설정한 후 사용하면 된다. 개념적으로는 출력물의 외부에 추가적으로 살짝 부풀어 오르는 지지대를 설정하는 것이다.
  ㉣ Dense Support Layers : 본 설정은 지지대가 모델링과 맞닿는 부분의 출력 품질과 연관되는 항목으로 만약 2로 설정하면, 지지대가 접촉되는 출력물의 2개의 레이어의 밀도를 상승시켜 주게 된다.
  ㉤ Dense Infill Percentage : 설정은 위의 설정을 "0"이 아닌 값으로 설정하였을 때, 출력물과 맞닿는 지지대의 밀도를 조절하여 지지대 탈착을 쉽게 하는 기능이다.

ⓑ Print Support Every__Layers : 설정된 레이어 수만큼 모델링 출력했을 때 서포트 레이어를 출력한다. 예를 들어 값을 "2"로 설정했을 때 모델링을 2레이어를 출력했을 때 지지대 1레이어를 출력한다. 출력품질이 중요하지 않은 지지대 출력에 소모되는 시간을 줄여주는 기능이다.

ⓢ Horizontal Offset From Part : 수평 방향 지지대와 본체와의 간격을 설정한다.

ⓞ Upper/Lower Vertical Separation Layers : 위아래 수직 방향 레이어 간격을 설정한다. "2" 이상으로 설정하는 것은 권장하지 않는다.

ⓩ Support Pilar Resolution : 지지대의 정밀도를 설정한다. 모델링의 돌출부가 매우 작지만 각도가 0°에 가까울 때 설정을 2~3mm로 설정하여 지지대 설정을 정밀하게 한다.

ⓒ Max Overhang Angle : 일반적으로 45도 설정을 한다. 지지대를 자동으로 설정할 때 기준이 되는 돌출부 각도이다. 〈CURA〉의 Overhang Angle의 알고리즘과 동일한 개념을 가진다.

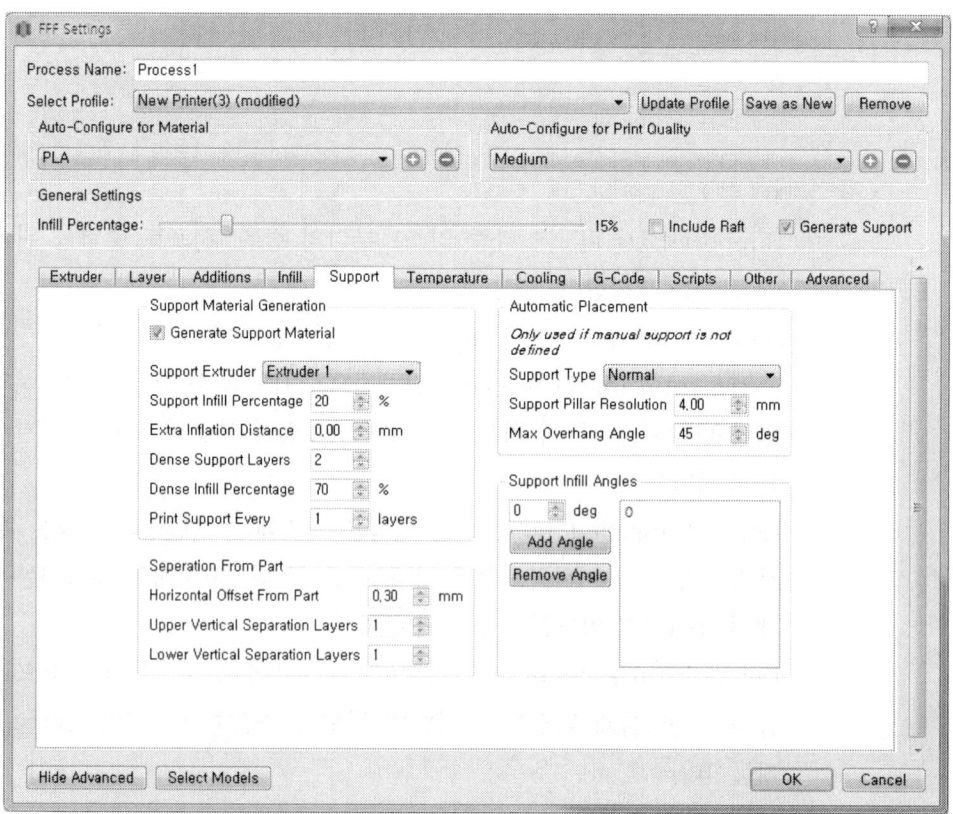

(4) 스커트&브림(Skirt&Brim)

스커트와 브림이라고 불리는 테두리 출력 설정은 몇 가지 목적을 가지고 있다. 목적에 대해 논하기 전에 스커트와 브림이라는 설정은 어떻게 출력이 되는지 아래 그림을 참고하기 바란다.

스커트(Skirt)	브림(Brim)
스커트는 출력물 주변에 설정하는 수만큼의 레이어 테두리를 출력해 주는 것을 의미한다.	출력물 주변에 출력물과 접합된 넓은 테두리를 출력해 주는 것을 의미한다.
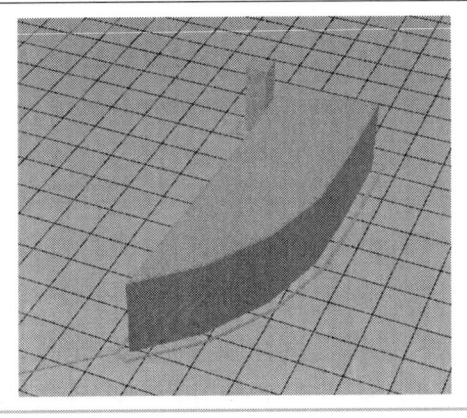	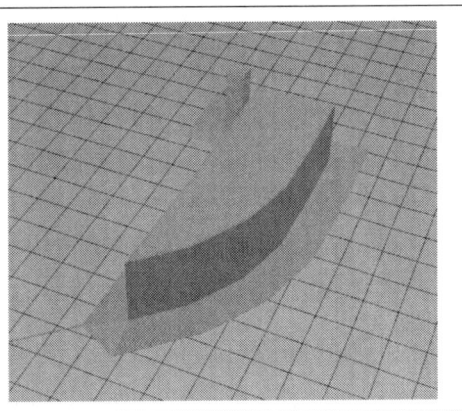

스커트와 브림은 몇 가지 목적에 의해서 설정을 한다.
- 출력시작 단계에서 압출량은 다소 불안정할 수가 있다. 모델링을 출력하기에 앞서 적정량의 압출을 하여 안정적인 압출량을 맞춘 후 모델링 출력을 하려는목적이 있다.
- 스커트의 경우 설정에 따라서 브림과 모델링 출력물의 경계부를 나타내어 주기도 한다.
- 브림은 바닥 접착 면적을 넓혀주어 수지 재료의 수축에 의한 와핑(Warping) 현상을 보상하기 위한 목적으로 사용된다.
- 모델링 출력에 앞서 스커트나 브림은 바닥 출력 품질을 테스트하기 위한 목적도 가지고 있다.

① Repetier-Host-CURA Engine

서포트 설정 부분에 보면 Support Pattern, Overhang Angle, Fill Amount, Distance XY, Distance Z를 확인할 수 있다.

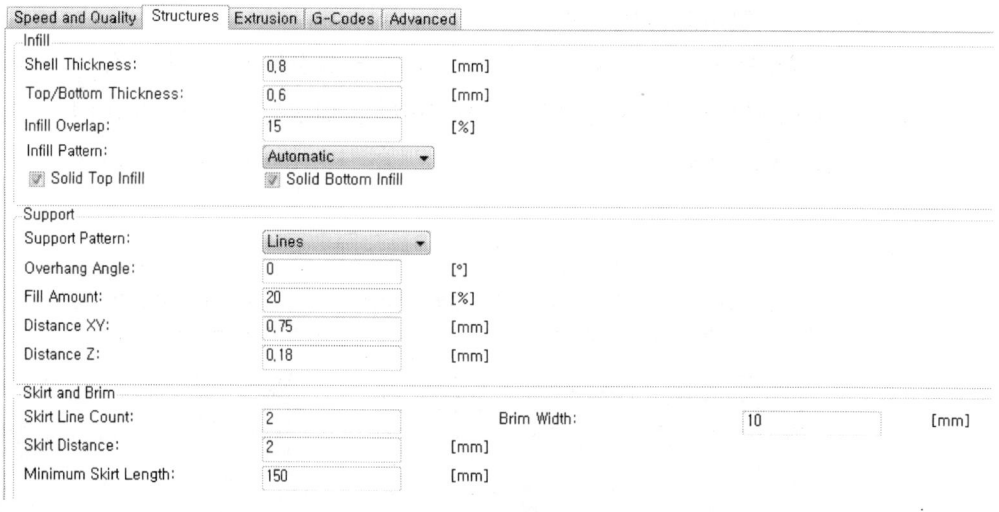

② Repetier-Host-Slic3r

Support material 박스를 보면 Overhang threshold를 확인할 수 있다. 또한 Contact Z distance를 확인할 수 있다. Slic3r의 경우에는 수직 사이 간격을 0(Soluble), 그리고 0.2(detachable) 두 가지 밖에 설정이 안 된다. 상단 박스의 Generate support material은 지지대 설정 여부를 결정하는 체크 박스이며, Enforce support for the first 설정은 지지대의 형태에 따라서 지지대 하단의 설정 레이어 층까지 강화시키도록 설정하는 것이다.

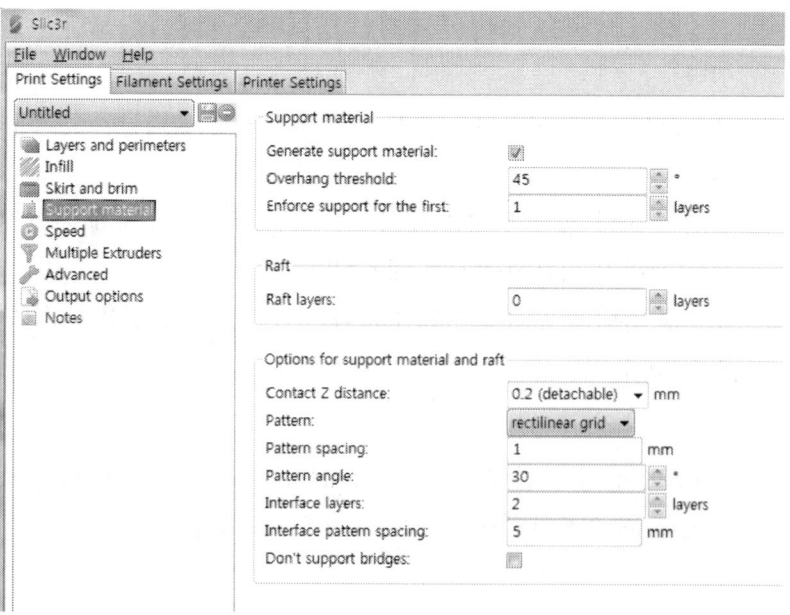

③ Simplify3D

아래 설정 창 그림을 보면 스커트와 브림을 설정하는 부분을 확인할 수 있다.

㉠ Skirt Extruder : 설정은 스커트/브림을 설정하는 익스트루더의 번호를 결정하는 것으로 익스트루더가 여러 개인 멀티 익스트루더 모델의 경우에 설정한다. 싱글 익스트루더의 경우에는 Extruder1으로 결정해 주면 된다.

㉡ Skirt Layers : 스커트의 적층 레이어 개수를 결정하는 부분이다.

㉢ Skirt Offset from Part : 출력 목적물로부터 스커트의 거리를 설정하는 부분이다.

㉣ Skirt Outlines : 스커트 폭을 설정하는 부분으로 레이어 개수로 설정을 한다.

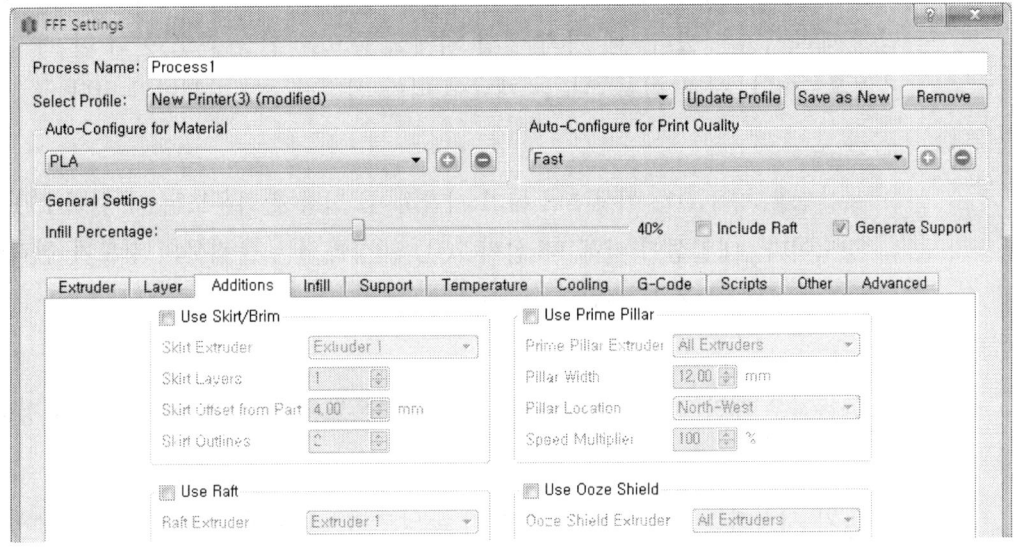

Skirt Extruder : Extruder1
Skirt Layers : 1
Skirt Offset from Part : 1mm
Skirt Outlines : 10

Skirt Extruder : Extruder1
Skirt Layers : 1
Skirt Offset from Part : 0mm
Skirt Outlines : 10
- 스커트가 없는 브림을 설정하려면 Skirt Offset from Part를 0mm로 설정하여야 한다.

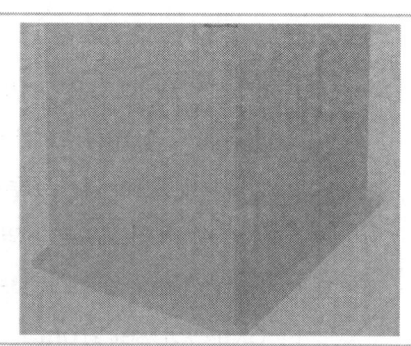

(5) 온도설정(Temperature)

고품질의 3D 프린팅 결과물을 얻기 위해서 지금까지 네 가지 중요한 설정값들의 개념에 대해서 알아봤다. 네 가지 설정 외에도 중요한 설정 요소 중의 한 가지가 바로 출력온도이다. 물론 설정 온도는 재료에 따라 설정값들이 바뀌어야 한다.

① PLA

녹는점은 약 170℃ 이상부터 녹기 시작하며, 적정 출력온도는 약 섭씨 190~200℃ 정도이다. 내열성이 약해 약 섭씨 70℃ 이상에서는 출력물의 강도가 현격하게 저하되는 특성을 가지고 있다.

② ABS

녹는점은 대략 220℃ 이상이며, 적정 출력온도는 약 섭씨 235~245℃ 정도이다.

③ Wood Filament

녹기 시작하는 온도는 PLA보다 다소 낮으며, 실제 출력온도도 살짝 낮게 설정하여야 한다. 많은 Testing을 통해 얻어진 목분 필라멘트의 적정 설정온도는 대략 섭씨 180~185℃ 정도로 온도가 급격하게 낮아지는 환경에서는 사용하지 않을 것을 권장한다. 목분으로 교합된 재료로서 간혹 분말의 조도가 높은 재료가 중간에 교합되었을 경우 노즐이 쉽게 막힐 수 있으므로 0.4mm의 일반적인 노즐에서는 주의깊게 출력 환경을 확인해야 한다. 추가적으로 목분 필라멘트는 기계적으로 너무 복잡한 형태의 익스트루더에서는 쉽게 끊어질 수 있으므로 사용상 주의해야 한다.

④ Flexilament: TPE etc.

출력온도는 대략 섭씨 185~195℃ 정도에서 출력이 원활하며 수축률은 PLA보다 다소 높은 편이다. 익스트루더에서 너무 빠른 속도로 출력할 경우 재료의 경도가 높지 않아 압출 기어부에서 탈선할 확률이 높으니 출력속도를 많이 낮추어 출력할 것을 권장한다. 속도를 빠르게 하기 위해 온도를 높일 경우 재료는 연소하여 변색되는 경우가 있으니 적정온도와 속도를 유지하는 것이 좋다.

⑤ Bed Temperature

출력을 위한 Bed 혹은 Build platform의 온도는 제품의 특성에 따라 차이가 많이 나게 된다. GIANT BOT과 같이 오픈 타입의 프린터의 경우 베드 온도는 베드에 마스킹을 하느냐 접착제를 사용하느냐에 따라 차이가 나게 된다. 일반적으로 설정 베드 온도는 약 45~55℃ 정도이나 옐로우테이프 혹은 블루테이프를 사용하였을 때의 설정 온도이며, 만약 스프레이 타입의 접착제를 사용할 때와 ABS 용제를 사용할 경우에는 40~43℃ 정도로 설정을 하여도 바닥에서 발생하는 와핑에 의한 수축을 극복 가능하다.

⑥ Repetier-Host-CURA Engine

CURA 설정 창의 Filament 탭에서 설정부를 확인할 수 있다.

㉠ Print Temperature: 노즐의 출력 설정 온도이다.
㉡ Bed Temperature: 출력판/베드의 설정 온도이다.

설정은 상기 언급한 재료별 출력 온도 설정을 이용하면 쉽게 설정이 가능하다.

⑦ Repetier-Host-Slic3r

Slic3r 설정 창의 Filament Settings 탭에서 Temperature 설정부를 확인할 수 있다. Slic3r의 경우 첫 레이어 출력 시의 온도 설정과 그 외의 상부 레이어 출력 시의 온도 설정을 각기 다르게 설정할 수 있다. 일반적으로 첫 레이어 출력 시의 온도를 약 섭씨 5~10℃ 높게 설정하여 출력을 하나, 프린터의 특성에 따라 온도 차이 없이 설정하여도 무관하다.

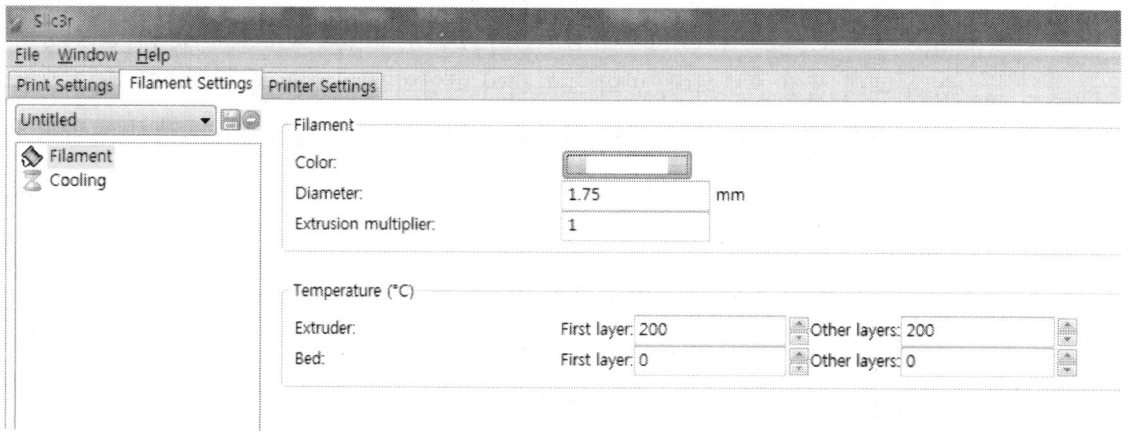

⑧ Simplify3D

Simplify3D는 Process 상세 설정부의 Temperature 탭에서 익스트루더와 베드의 온도를 설정할 수 있다. 창의 왼쪽 박스를 보면 Extruder와 Heated Bed 설정부를 확인할 수 있다.

㉠ Extruder1 Temperature 클릭 후 우측 박스를 보면 Extruder와 Heated build platform를 결정하는 라이오 버튼에서 Extruder를 체크한다.

㉡ Heated Bed 클릭 후에도 위의 방법으로 레이어별 바닥온도 설정을 각기 다르게 할 수 있다.

㉢ Wait for temperature controller to stabilized before beginning build: 체크 버튼을 통해서 출력을 시작 전에 충분히 안정적인 온도가 설정되었는지 확인 후에 자동으로 출력을 시작 하도록 한다. 출력 시작 전 시간이 다소 더 걸릴 수 있다.

⑨ Simplify3D

　　㉠ Starting Script 탭에서 아래와 같이 입력해 준다.

```
G28; home all axes
```

ⓛ Ending Script 탭을 아래와 같이 입력해 준다.

> Heated build platform를
>
> M104S0; turn off extruder
> M140S0; turn off bed
> G1X0Y0;
> M84; disable motors

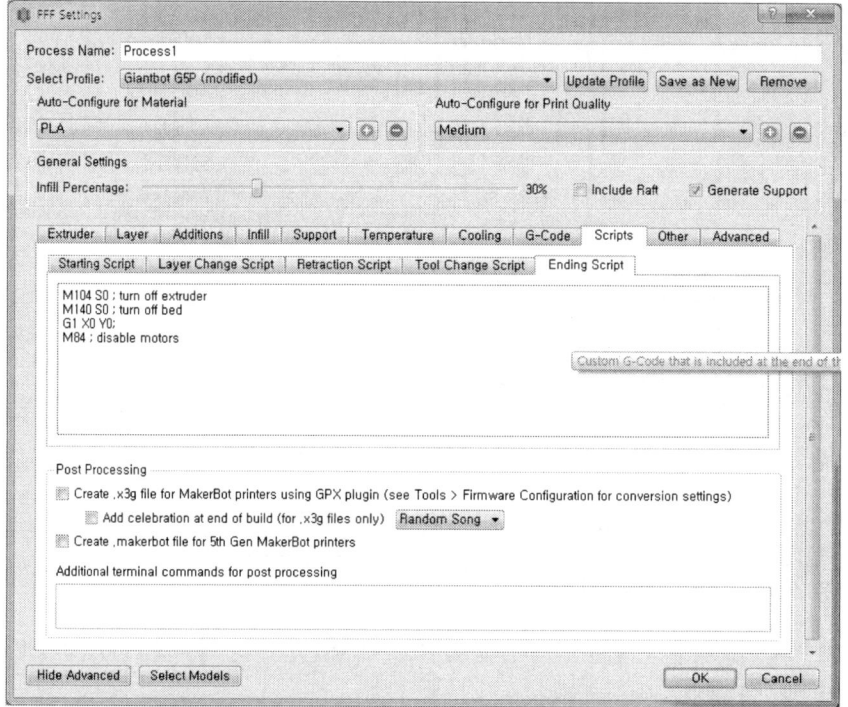

4 3D프린터 기술방식

1. 플라스틱 소재

1) ABS(Acrylonitrile-Butadiene-Styrene)

가장 대중적인 소재이다. 가전제품이나 잡화에서 쓰이는 플라스틱 재료로 제작되었으며 필라멘트 형태로 구성되어 있다. 또한 색상이 다양하며 가격이 저렴하여 대중적이다. ABS는 Heating bed가 아니면 출력물이 바닥에 접착되지 않아 출력 시 형태가 흐트러지며 플라스틱 타는 냄새가 난다. 또한 잘 부러지지 않지만 '수축 현상'도 발생하여 조심해야 한다. ABS의 후가공은 아세톤 열기를 이용하여 후가공이 쉽다.

2) ABS Like

0.025~0.05mm의 우수한 정밀도와 적층 Layer 두께 0.016mm까지 가능하며 후처리를 따로 할 필요가 없을 정도로 표면 조도가 우수한 것이 가장 큰 특징이자 장점이다. 하지만 재료 단가가 비싸다.

3) PLA(Poly Lactic Acid)

ABS만큼 대중적인 소재지만 ABS와는 다른 점이 많다. 우선 ABS와는 다른 친환경적인 플라스틱 필라멘트이며, ABS와는 다르게 출력 시 냄새가 거의 나지 않는 것이 특징이다. 또한 Heating bed가 아니더라도 Bed에 접착이 잘되며 수축에 강하다. 하지만 단단하고 부러지기 쉬우며 수분에 민감하기에 포장 종이를 뜯은 후 유통 기한은 3개월 정도이다. PLA의 후가공은 품질이 우수한 결과물을 내기 어렵기에 후가공을 하는 데 어려움이 따른다.

4) 아크릴

MJM에서 적합한 재료로서 0.025~0.05mm의 우수한 정밀도가 큰 장점이지만 강도가 약한 것이 단점이다. Layer 적층 두께는 0.016mm까지 가능하다. 아크릴 또한 표면 조도가 우수하다.

2. 기타 소재

1) 파우더 소재

접착제를 분사하여 파우더를 접착하는 방식으로서 강도는 약하지만 다양한 색상을 구현할 수 있는 것이 장점이다. 또한, 생산 속도가 빠르며 적층 두께는 0.09~0.1mm이다.

2) 금속 소재

금속 분말 재료를 사용하여 조형물을 제작하며 적층 Layer 두께는 0.05~0.2mm이고 재료단가가 비싸다. 재료의 종류로는 Stainless Steel, Bronze, Gold가 있다.

3) 왁스 소재

치과, 보석, 의료 기기 분야에서 많이 사용하는 3D프린터 소재로서 적층 두께는 0.025~0.076mm이다.

4) 나무 소재

재료 압출 방식에서 사용하며 나무를 소재로 사용하기에 나무의 질감을 살릴 수 있어 나무를 이용한 조각품, 인테리어에 사용되지만 재료 가격이 비싼 것이 단점이다.

5) 유리 소재

금속 분말 재료와 사용 방식은 같지만 투명한 유리 조형물은 아직까지 개발하지 못한 상태이며 약 1200℃까지 처리 가능해야 사용할 수 있다.

6) 종이 소재

일상생활에 흔히 사용되는 A4용지가 재료이기에 다른 재료에 비하여 가격이 매우 저렴하다. 종이를 적층하기에 강도가 약하다고 생각하겠지만 후처리를 마친 종이 조형물은 ABS의 강도를 가질 정도로 단단하다. 하지만 정밀도가 아직까지는 다른 소재에 비하면 떨어지는 것이 단점이다.

3. 3D 프린팅 기술별 특징

기술명	제조 방식	사용 재료	장점	단점
SLA (Stereolithography)	액체수지 광중합 (Vat Photo polymerization)	액체 광경화성 수지, 복합소재	• 복잡한 형상 구현 • 부드러운 표면처리 • 정밀함	• 서포트 필요 • 경화작업 필요
DLA (Digital light processing)		액체 광경화성 수지	• 동시 생산 가능 • 복잡한 모양과 크기 구현 • 고 정밀도	• 두께, 재료의 제한
PP (Plaster-based 3D printing)		석고, 복합 석고 소재	• 저렴한 가격 • 색상 구현 • 재료 재사용 가능	• 제한된 소재 • 낮은 경도
MJM (Multi-het modeling)	재료 분사 (Material Jetting)	포토폴리머, 왁스	• 정밀한 표면처리 • 다양한 소재(색상 구현) • 서포트 제거 용이	• 상대적 느린 적층 • 물질적 제한(왁스)
FDM (Fused deposition modeling)	재료 압출 (Material Extrusion)	열가소성 수지	• 복잡한 형상 구현 • 강한 강도	• 열악한 표면처리 • 느린 속도의 적층
EBM (Electron beam melting)	금속 분말 소결 (Direct Energy Deposition)	티타늄 분말, 코발트 크롬	• 빠른 처리 속도 • 높은 밀도 • 적은 재료 손실	• 거친 표면 • 후 가공 필요
DMLS (Direct metal laser sintering)		스테인리스, 코발트 크롬, 니켈 합금	• 높은 밀도 • 복잡한 형상	• 대형 부품 제한 • 후 가공 필요
LMD (Laser Metal deposition)		금속 및 금속 합금	• 다중재료 출력 가능 • 큰 부품 생산 가능 • 생산의 유연성	• 비교적 높은 비용 • 서포트 필요 • 후 가공 필요
SLS (Selective laser sintering)	분말 소결 (Powder Bed Fusion)	종이, 플라스틱, 금속, 유리, 세라믹, 복합소재	• 서포트 불필요 • 빠른 처리 속도 • 고온 및 내 화학성	• 거친 표면 • 분말 입자 크기별 제한된 정확도
SHS (Selective heat sintering)		열가소성 분말	• SLS보다 저렴 • 복잡한 형상 • 서포트 불필요 • 빠른 처리 속도	• 신개발 기술로 자료 제한
PBP (Powder bed and inkjet head printing)		세라믹 분말, 금속 합판, 아크릴, 모래, 복합소재	• 저렴한 가격 • 빠른 구축 • 색상 구현	• 제한된 정확도 • 열악한 표면처리
LOM (Laminated object manufacturing)	시트 적층 (Sheet Lamination)	종이, 플라스틱, 금속 시트, 세라믹, 복합 소재	• 빠른 속도로 큰 형상 디자인 • 대체적 비 독성 물질 • 상대적으로 저렴	• 낮은 정밀도 • 일관성 없는 품질
Ultrasonic consolidation		금속 및 금속 합금	• 빠른 속도로 큰 형상 디자인 • 빠른 구축 속도 • 대체적 비 독성 물질	• 비교적 낮은 정확도 • 일관성 없는 품질 • 후 가공 필요
3DP (3 Demension Printing)	접착제분사 (Binder Jetting)	석고, 고분자(접착 잉크)	• 색상구현 가능 • 속도가 빠르고 정밀함 • 다양한 재료가 사용	• 먼지가 많고 표면 거칠음 • 강도 낮아 내구성 약함

2.3 CAM 시뮬레이션(적층 시뮬레이션)

1 CAM 시뮬레이터

1. 시뮬레이터

(1) 시뮬레이션은 우리가 흔히 알고 있는 가상 실험, 모의실험가공을 뜻한다.
(2) CAD/CAM 시스템의 CL 데이터 시뮬레이션과 공작 기계에서 실행되는 "G코드 NC 프로그램"을 시뮬레이션하여 오류 또는 충돌 위험 방지, 가공 효율을 향상시키는 시뮬레이션 소프트웨어이다.
(3) 3D프린터의 경우에서도 G코드와 M코드를 검증하기 위해서 CAM 시뮬레이터를 활용하여 출력하는 과정과 노즐의 이동 경로를 검토하여 문제점을 개선 및 보완할 수 있다.
(4) 시뮬레이터는 선박, 항공기 등의 설계 등에 많이 사용되고 있으며 수학적, 통계학적 기법을 이용하여 함수나 방정식을 조립한 계량 모델을 사용하여 실험을 한다.
(5) 시뮬레이터 외에 CAD/CAM 프로그램으로 알려진 CATIA, NX, 클라오 등에서 CNC 공정을 할 때도 시뮬레이터가 쓰이고 있다.

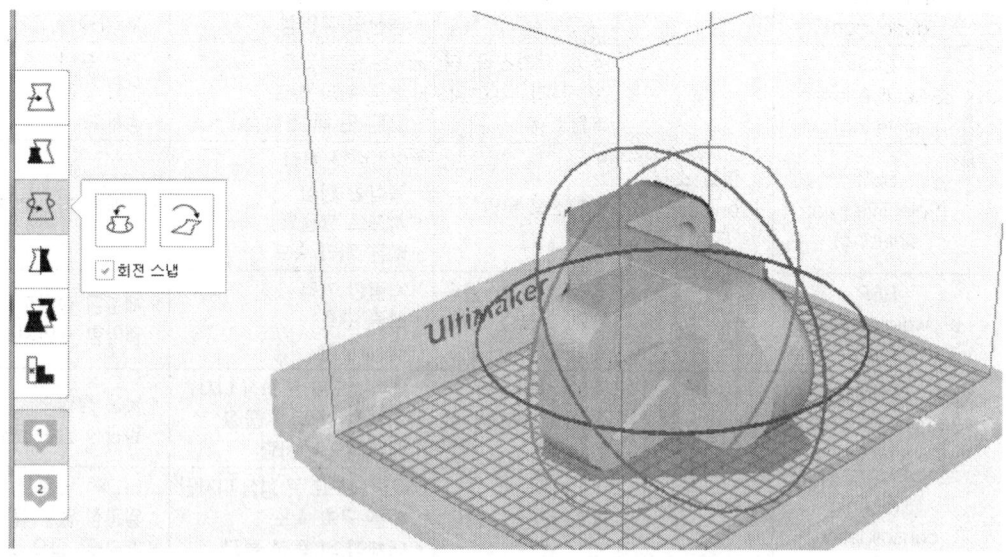

[그림 3-46] STL 파일 CURA에서 회전이동

2 CAD/CAM

(1) CAD/CAM이란 Computer Aided Design/Computer Aided Manufacturing의 약어로 컴퓨터를 사용한 설계 및 생산을 말한다. 그러나 CAD/CAM의 업무를 산업에 적용하는 방법이나 현장의 여건에 따라 다소간에 구분의 차이는 있을 수가 있으나, 가장 기본적인 의미는 현 산업사회의 설계나 생산가공 분야에 컴퓨터를 활용함으로써 가속화되어 발전하는 산업기술에 부응하고, 설계와 생산을 자동화함으로써 공장 자동화에 도달하기 위한 총체적 기술이라고 할 수 있다.

(2) CAD라는 말은 설계 분야를 컴퓨터의 도움을 얻어 발전시키는 개념으로 설계의 기본개념 단계에서부터 최종 마무리 단계인 해석까지 전 과정에 걸쳐서 컴퓨터를 활용하여 설계하는 방식이라고 할 수 있으며, 특히 자동적으로 도면을 작성하는 Design Automation의 개념을 포함하기도 한다. 그러나 CAD에서는 이외의 컴퓨터의 강력한 데이터 처리 능력을 이용하여 설계에 필요한 자료를 그림의 형태로 나타내어 사용자 혹은 설계자의 이해를 돕게 해주는 역할을 하기도 한다. CAD 적용단계는 다음과 같이 구분할 수 있다.

① 컴퓨터에 의한 제도

기존에는 자와 연필로 수행하였었는데 컴퓨터와 도면작성용 소프트웨어에 의해서 도면작업을 수행하는 단계로 기존에 만들어진 도면을 카피하는 단계이다.

② 컴퓨터에 의한 설계

설계계산, 자료선정 등 설계 본연의 일을 컴퓨터로 처리하는 과정을 말한다.

③ 컴퓨터에 의한 해석

제품의 상태를 파악하여 영상으로 처리하는 주요 단계이다. CAE는 실제 시작품을 만들지 않고서도 컴퓨터에 의한 응력, 변형률과 같은 구조해석, 진동해석, 피로 수명, 최적 설계 등 수행하며 열 유체의 유동 해석까지 가능하게 되었다. 전에는 전문가들만이 사용할 수 있었으나 최근 개발된 CAE 소프트웨어는 기존 3차원 CAD 프로그램과 연동하여 모델링 후 직접 해석이 진행되어 쉽게 설계자들이 이용 가능해졌다.

(3) CAM(Computer Aided Manufacturing)이라는 말은 컴퓨터 지원 생산, 컴퓨터 응용 가공, 컴퓨터 원용 제조 등 다양한 언어로 번역되며, 그것 모두의 의미는 컴퓨터에 의해 구체화되고 형상화된 모델을 이용하여 가공 및 생산에 필요한 자료를 얻어내는 기술을 총칭한다. 그에 필요한 과정들은 NC 프로그래밍에 의한 NC 공작 기계를 사용하는 과정 등의 제품을 만드는 과정과 같은 가공 및 생산 분야에서 컴퓨터를 활용하는 기술을

말한다. 각종 기계부품이나 제품과 설계에서부터 생산까지 거의 모든 작업에 컴퓨터를 이용한다. 3차원 CAD TOOL을 이용해서 수천 개 되는 각각의 부품 설계 작업을 한다. CAD 데이터를 CAM NC 데이터(Numeric Control Data)로 변환해서 기계부품, 제품을 만들어 낼 수 있다. NC DATA를 이용한 컴퓨터화 된 머시닝센터, 터닝센터 등 CNC 기계가 사용된다.

(4) CAM보다 좀 더 넓은 범위에서 통합된 것은 CIM(Computer Integrated Manufacturing)이라고 한다.

(5) CAD/CAM의 효과
① 설계의 생산성 향상 : 도면 수정, 부품 대칭, 비슷한 도면, 도면이 복잡할 때
② 시간 단축 : 도면 수정 및 비슷한 도면을 그릴 때
③ 설계 해석 : 설계 해석을 동시에 제공
④ 설계 오류의 감소 : CRT에서 도형의 모양이나 치수 확인
⑤ 설계계산의 정확성, 표준화, 정보화, 경영의 효율화와 합리화

1) 용어 해설

(1) CAM(Computer Aided Manufacturing)
생산계획, 제품생산 등 생산에 관련된 일련의 작업을 컴퓨터를 통하여 직·간접으로 제어하는 것으로 컴퓨터를 이용하여 가공 및 생산에 필요한 자료를 얻어내는 기술이다.

(2) CAE(Computer Aided Engineering)
컴퓨터를 통하여 엔지니어링 부분, 즉 기본설계, 상세설계에 대한 해석, 시뮬레이션 등을 하는 것이다.

(3) CIM(Computer Integrated Manufacturing)
제품의 사양, 개념 사양의 입력만으로 최종 제품이 완성되는 자동화 시스템의 CAD/CAM/CAE에 관리업무를 합한 통합 시스템이다.

(4) CAT(Computer Aided Testing)
제조공정에 있어서 검사공정의 자동화에 대한 것으로 CAM의 일부분으로 볼 수 있다.

(5) CAP(Computer Aided Planning)
NC 가공에 필요한 정보, 생산 및 검사를 위한 계획 등의 리스트를 작성하는 것이다.

(6) CAPP(Computer Aided Process Planning)

한 부품을 만들기 위한 공정계획을 자동으로 만들어 주는 시스템으로 부품의 특성을 찾아내 생산에 연결, 즉 컴퓨터에 의한 공정계획을 말한다.

(7) MRP(Material Requirement Planning)

완제품에 대한 기본 일정계획을 완제품에 사용되는 원자재와 부품에 대한 상세한 일정계획으로 바꾸는 계산기술(자재 수급계획)이다.

(8) FA(Factory Automation)

생산기기, 반응기기, 보수기기 등을 컴퓨터로 제어하고 이를 다른 컴퓨터와 결합하여 생산계획, 생산관리 등의 생산정보체계와 일체화해서 필요한 것을 필요한 기일 내에 필요량만큼 제조해서 경제적으로 공급할 수 있게 한 시스템(공장 전체의 자동화, 무인화)이다.

(9) FMS(Flexible Manufacturing System)

유연 생산체계라고 하며 생산성을 떨어뜨리지 않고 수 종류의 제품을 생산할 수 있는 유연성이 풍부한 자동 생산라인을 말한다.

출제 예상문제

01. 원시 프로그램을 다른 기계에 적합한 기계어로 번역하는 프로그래밍 언어는?
① 어셈블리어 ② 인터프리터
③ 프리프로세서 ④ 크로스 컴파일러

해설 컴파일러에서도 크로스 컴파일러(Cross-compiler)라는 것이 있는데, 원시 프로그램을 컴파일러가 기계어로 번역하는 것이 아니라 다른 기계에 적합한 기계어로 번역하는 컴파일러를 뜻한다.

02. 컴파일러(Compiler) 언어에 대한 설명으로 틀린 것은?
① 고급 언어로 작성된 프로그램을 컴퓨터에서 수행하기 위해서는 컴퓨터가 이해할 수 있는 언어로의 변환이 필요하며 이러한 변환을 하는 프로그램이다.
② 원시 언어가 PASCAL과 같이 고급 언어라면 목적 언어가 어셈블리 언어이거나 기계어일 경우 이를 번역해 주는 것을 뜻한다.
③ 컴파일하기 위해서 입력은 프로그램을 원시 프로그램이라고 하며, 원시 프로그램에 작성된 언어를 원시 언어(Source language)라고 한다.
④ 출력되는 프로그램을 목적 프로그램이라 정의하고 목적 프로그램에 작성된 언어를 인터프리터 언어(Interpreter language)라고 부른다.

해설 출력되는 프로그램을 목적 프로그램이라 정의하고 목적 프로그램에 작성된 언어를 목적 언어(Object language)라고 부른다.

03. 인터프리터 언어의 특징이 아닌 것은?
① 프로그래밍을 대화식으로 할 수 있다.
② 고급 프로그램을 즉시 실행시킬 수 있다.
③ 프로그램의 개발단계에서 사용된다.
④ 고급 명령어들을 직접 기계어로 번역하지 않고 실행할 수 있다.

해설 사람이 이해할 수 있는 고급언어로 작성된 프로그램은 기계가 알아들을 수 있는 언어로 해석되어야만 한다.

04. 기계어(Machine Language)에 대한 설명으로 틀린 것은?
① 컴퓨터가 이해하고 수행하는 단 하나의 언어로서 컴퓨터의 언어라고 불리며, 컴퓨터를 작동시키기 위해서 0과 1로 이루어진 컴퓨터 고유 명령이다.
② 프로그램이 작동하려면 기계어로 번역을 해야 프로그램이 작동하는 구조로 이루어져 있다.
③ 컴퓨터가 내용을 이해하고 작동하는 데 필요한 번역 프로그램에는 소스코드를 한 줄 한 줄 실시간으로 번역하여 CPU에게 명령을 전달하는 인터프리터(Interpreter)와 소스코드를 번역하여 실행 가능한 파일을 작성해 주는 컴파일러(compiler)가 있다.
④ 기계어는 0과 1로 이루어진 언어이므로 사람이 이해하기가 쉽다.

해설 기계어는 사람의 언어가 아닌 0과 1로 이루어진 언어이므로 사람이 이해하기 어렵고, 컴퓨터에 대한 지식이 충분하지 못하면 프로그램을 작

정답 ▶ 01. ④ 02. ④ 03. ④ 04. ④

성할 수 없기에 범용성이 부족할 뿐만 아니라 시간이 많이 소요되었다.

05. 어셈블리어 장점으로 틀린 것은?
① 전문 지식이 없어도 사용할 수 있다.
② 기호 코드를 사용하므로 프로그램 작성이 용이하다.
③ 프로그램 내용을 이해하기가 쉽다.
④ 수정과 삭제, 추가가 편리하다.

> **해설** 전문 지식이 있어야 사용할 수 있는 단점이 있다.

06. 기계어로부터 시작해서, 기계어에 대응되는 어셈블리어를 거쳐 보다 편리하며 수준 높은 언어로 과학기술용인 FORTRAN, COBOL 등이 있는 언어는?
① 3세대 언어 ② 어셈블리어
③ 간이 언어 ④ 4세대 언어

07. 컴퓨터 프로그래밍에 대한 지식이 없더라도 누구나 손쉽게 프로그램을 작성할 수 있도록 개발된 컴퓨터 언어라고 정의할 수 있는 언어는?
① 3세대 언어 ② 어셈블리어
③ 간이 언어 ④ 4세대 언어

> **해설** 간이 언어는 비절차 언어 형식이므로 논리 과정의 고안, 기술을 필요로 하지 않다.

08. 4세대 언어의 특징이 아닌 것은?
① EDP 전문가가 사용할 시 유지가 편리하다.
② 컴파일러 언어와 같이 습득이 어렵지 않은 간이 언어이다.
③ 복잡한 EPDPS를 용이하게 개발할 수 있는 고급 언어이다.
④ 고급 언어는 호환성이 없고 전문적인 지식이 없으면 이해하기 힘들다.

> **해설** 4세대 언어의 특징
> ① 컴파일러 언어와 같이 습득이 어렵지 않은 간이 언어이다.
> ② 처리 절차가 간단하다(비절차형 언어).
> ③ 일반인이 사용하기 쉬운 언어이다.
> ④ 복잡한 EPDPS를 용이하게 개발할 수 있는 고급 언어이다.

09. 문자열과 수식이라고 하는 기호 처리가 처리의 중심이지만 기호 간의 관련은 데이터 조에서 취급하며 강력한 리스트 처리 기능을 가진 것이 장점을 가진 프로그램 언어는?
① 인공 지능 언어
② 고급 언어
③ 간이 언어
④ 4세대 언어

10. 고급 언어(High level language)에 대한 설명으로 틀린 것은?
① 기호를 사용하면서 효율성을 높고 작업하기 편리한 언어이다.
② 연산들은 컴퓨터의 명령어 집합보다는 수준이 높다.
③ 하나의 명령어가 복수의 기계어로 바뀐다.
④ 프로그램을 손쉽게 작성할 수 있다.

> **해설** 기호를 사용하지 않고 효율성을 높이며 작업하기 편리한 언어가 필요했기에 개발한 것이 고급 언어이다.

정답 ▶ 05. ① 06. ① 07. ③ 08. ④ 09. ① 10. ①

11. 이 언어는 알골과 함께 과학 계산용으로 사용하는 언어로 ANSI에서 수정 및 보완으로 과학 계산용 프로그램 언어는?
① FORTRAN 언어
② COBOL 언어
③ ALGOL 언어
④ PASCAL 언어

12. 사무 처리용으로 만들어진 언어로 과학 계산에 비해 사무 계산은 복잡하고 다양한 기록철을 처리하며 일상 대화와 비슷한 구어체 문장 형태로 기술하도록 설계되어 있는 언어는?
① FORTRAN 언어
② COBOL 언어
③ ALGOL 언어
④ PASCAL 언어

13. 컴퓨터용 인공 언어이자 백커스 정규형(BNF)에 의해 기술된 최초의 언어로서 국제표준기구(ISO)에서 표준화된 알고리즘 언어로 채택하여 알고리즘을 위해 사용한 언어는?
① FORTRAN 언어
② COBOL 언어
③ ALGOL 언어
④ PASCAL 언어

14. 데이터 구성 시 데이터 길이에 제약을 받지 않고 다양한 데이터 형식 및 제어 구조가 사용이 가능하고 블록 구조 및 유용성이 큰 제어문 등의 기능, 자료를 구조화하고 압축하는 기능을 보완한 언어는?
① FORTRAN 언어
② COBOL 언어
③ ALGOL 언어
④ PASCAL 언어

15. 자바와 자바스크립트의 차이에 대한 설명으로 옳은 것은?
① 자바스크립트는 상속성이나 클래스가 존재한다.
② 객체에 대한 참조가 자바스크립트는 실행 시에만 가능하지만, 자바는 컴파일 시에 객체에 대한 참조가 이루어진다.
③ 두 언어 모두 안전하지만 자바스크립트의 경우 HTML 코드에 직접 연결하여 사용하기에 보안성이 있다.
④ 자바언어로 작성된 프로그램은 특정머신(기종)에 의존적으로 실행된다.

> **해설** 자바와 자바스크립트의 차이
> ① 자바스크립트는 사용자 컴퓨터의 인터프리트되는 언어다. 하지만 자바는 먼저 서버 측으로 컴파일한 후 프로그램의 실행은 사용자가 하는 시스템으로 이루어진다.
> ② 두 언어 모두 객체 지향적 언어이지만, 자바스크립트는 상속성이나 클래스는 존재하지 않는다.
> ③ 객체에 대한 참조가 자바스크립트는 실행 시에만 가능하지만, 자바는 컴파일 시에 객체에 대한 참조가 이루어진다.
> ④ 두 언어 모두 안전하지만 자바스크립트의 경우 HTML 코드에 직접 연결하여 사용하기에 보안성이 없다. 하지만 자바의 경우 소스코드를 컴파일하면 클래스 파일이 생성되기에 보안성이 우수하다.

정답 ▶ 11. ① 12. ② 13. ③ 14. ④ 15. ②

16. 자바 언어의 특징으로 볼 수 없는 것은?
① 복잡성(Complexity)
② 객체 지향 언어
③ 보안성(Secure)
④ 이식성(Portable)

해설 자바 언어의 특징으로 복잡성이 아닌 단순성(Simple)이다.

17. C 언어의 특징으로 볼 수 없는 것은?
① 간결하다.
② 효율적이다
③ 이식성(Portability)이 우수하다.
④ 고수준의 프로그래밍 언어이다.

해설 저수준의 프로그래밍뿐만 아니라 고수준의 프로그래밍도 가능하다.

18. 알고리즘을 기술(서술)하는 데는 세 가지 방법이 아닌 것은?
① 자연어(영어 또는 한글)
② 순서도(Flow chart)
③ 의사(가상) 코드(Pseudo-code)
④ 기계어

해설 기계어는 사람의 언어(자연어)가 아닌 0과 1로 이루어진 언어이므로 기술(서술)이 어렵다.

19. 컴퓨터로 문제를 해결할 경우 알고리즘 형식으로 프로그램을 작성하는데 이러한 알고리즘의 조건으로 틀린 것은?
① 입력: 외부로부터 제공되는 자료이다.
② 출력: 절대적으로 한 가지 이상의 결과가 발생한다.
③ 명백성: 수행하는 명령들은 명백하고 수행 가능한 것이어야 한다.
④ 유한성: 알고리즘 수행 후 한정된 단계를 거쳐 처리된 후에 알고리즘은 종료된다.

해설 명백성 : 명령들은 각각 명백해야 한다.

20. 프로그램 개발 과정으로 프로그램 순서도에서 (가)에 들어갈 내용으로 적절한 것은?

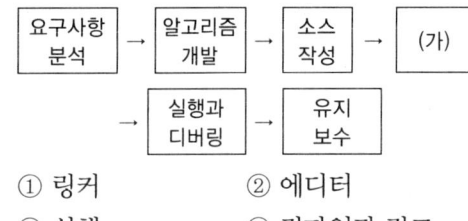

① 링커
② 에디터
③ 실행
④ 컴파일과 링크

21. 프로그램 개발 과정에서 소스 작성에 대한 설명으로 틀린 것은?
① 프로그래밍 언어를 이용하여 알고리즘의 각 단계를 작성하는 것으로, 소스 작성 또는 코딩(Coding)이라고도 부른다.
② 프로그래밍 언어를 이용하여 작업의 내용을 기술한 것을 소스 프로그램(Source Program) 또는 소스코드(Source code)라고 한다.
③ 소스코드의 경우 에디터를 이용하여 입력이 되기 때문에 텍스트 파일로 저장해야 한다.
④ 소스 파일 이름은 프로그래머가 만들 수 있으며 파일 확장자는 항상 C++이어야 한다.

해설 소스 파일 이름은 프로그래머가 만들 수 있으며, 파일 확장자는 항상 '.C'이어야 한다.

정답 ▶ 16. ① 17. ④ 18. ④ 19. ③ 20. ④ 21. ④

22. 프로그램 개발 과정에서 컴파일과 링크에 관한 설명으로 틀린 것은?
① 소스 파일 작성이 완료되었다면 다음 단계로는 소스 파일을 컴파일(ComPile)하는 것이다.
② 특정한 컴퓨터에서 수행할 수 있도록 소스 파일을 분석하여 기계어로 변환하는 역할을 한다.
③ 기계어로 작성된 파일은 오브젝트 파일(Object file)이라고 불리며 윈도우즈에서는 '.stl'라는 확장자를 가진다.
④ 오류를 발견하면 즉시 사용자에게 오류를 통보한 후 컴파일은 종료되도록 설계되어 있다.

해설 ① 컴파일러는 소스 파일의 문장을 분석한 후 문법에 맞게 작성되었는지 체크한다.
② 기계어로 작성된 파일은 오브젝트 파일(Object file)이라고 불리며, 윈도즈에서는 '.obj'라는 확장자를 가진다.

23. 다음 프로그램 개발과정에서 (가)에 들어갈 내용으로 적절한 것은?

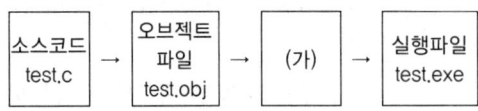

① 링커(Linker)
② 에디터(Editer)
③ 실행(Execution)
④ 컴파일러(Compiler)

해설
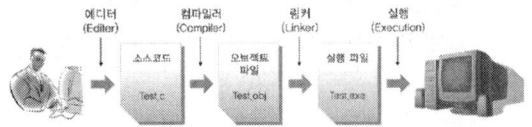

24. 프로그램 실행과 디버깅에 관한 설명으로 틀린 것은?
① 논리적인 오류란, 문법은 틀리지 않으나 논리적으로 정확하지 않다는 의미이다.
② 문법적인 오류가 있으면 프로그램이 실행되지 않는다.
③ 실행 도중에 오류가 발생하여 실행 결과가 잘못되어 다시 편집 단계로 돌아가서 소스 파일부터 수정하는 결과를 초래할 수도 있다.
④ 프로그램 수정 후 다시 '컴파일 → 링크 → 실행' 단계를 거쳐 오류를 수정하는 작업을 디버깅이라고 하며, 사용되는 도구를 디버거라고 한다.

해설 문법적인 오류가 없다고 해서 반드시 프로그램이 실행되는 것이 아니다.

25. 새로운 방식의 프로그래밍 접근 방식으로 새로운 변화를 거칠 때마다 새로운 접근 방식이 개발되어 프로그래머가 복잡해진 프로그램을 처리할 수 있도록 도와주는 역할을 하는 C++ 언어는?
① 객체 지향 언어(OOP)
② 임베디드 시스템
③ Java
④ PASCAL

26. C++ 언어에서 객체 지향 언어가 만족하는 세 가지 조건이 아닌 것은?
① 캡슐화
② 상속
③ 다형성
④ 친화성

정답 ▶ 22. ③ 23. ① 24. ② 25. ① 26. ④

27. 객체 지향성, 친화성, 다중성 등을 모두 가지고 있는 컴포넌트 기반의 소프트웨어 개발이라고 할 수 있는 언어는?
① C++ ② C#
③ PASCAL ④ Java

28. 비주얼 베이직(Visual basic)에 대한 설명으로 틀린 것은?
① 윈도우용 소프트웨어 개발을 위한 프로그램 언어이다.
② 양식을 배치함으로써 그래픽 사용자 인터페이스(GUI) 프로그램을 쉽게 개발할 수 있다.
③ 화면 처리의 기본적인 부분을 자동으로 작성하며, 초보자는 쉽게 프로그램을 작성할 수 없다.
④ 마이크로소프트의 Quick Basic을 기반으로 하고 있기에 Basic 사용자라면 쉽게 프로그래밍도 가능하다.

해설 ① 화면 처리의 기본적인 부분을 자동으로 작성하며, 초보자도 쉽게 프로그램을 작성할 수 있다.
② 데이터베이스 작성, 애니메이션 작성 등 응용 범위가 넓으며 Excel, Access 등과 같은 응용 프로그램과도 혼용하여 소프트웨어 기능을 향상시킬 수 있다.
③ 중간부호를 사용하기에 실행 속도는 빠르다고 할 수 없다.

29. 델파이(Delphi)에 대한 설명으로 틀린 것은?
① 오브젝트 파스칼 언어의 기능을 향상시킨 언어로서 비주얼 베이직 통합 개발 환경과 비슷하지만 더 좋지 않다.
② 델파이는 VCL이라고 정의하며 객체 지향적 구조를 사용한다.
③ 흔히 그래픽에 의한 처리(GUI)라고도 말하며, 화면에서 움직이는 프로그램 요소가 그래픽으로 처리되므로 사용자가 쉽게 운영 체제를 익힐 수 있다.
④ 델파이는 GUI를 중점적으로 컴파일러 반영한 도구라고 할 수 있다.

해설 ① 오브젝트 파스칼 언어의 기능을 향상시킨 언어로서 비주얼 베이직 통합 개발 환경과 비슷하지만 더 좋은 환경을 제공한다.
② 처음 델파이를 설치한 후 개발 환경을 살펴보면 비주얼 툴처럼 보이지만 컴파일러다.
③ 델파이로 코딩하는 과정에서 프로그램이 작동하지 않더라도 델파이는 완성 후의 모습을 미리 보기가 가능하다.
④ 설계 시의 프로그램이 작동하는 것이 아니라 내부적으로 작동하고 있기에 프로그램의 수정 방법을 제공한다.

30. 리눅스의 특징에 대한 설명으로 틀린 것은?
① 동시에 여러 사람이 한꺼번에 사용할 수 있는 시스템이다.
② 여러 프로그램을 실행할 수 있는 멀티 프로세스 환경을 지원한다.
③ 임베디드 기반에서는 사용이 어렵고 안드로이드 기반 모바일에서는 폭넓게 사용하고 있다.
④ 오픈 소스 공개로 개발되는 유닉스 계열의 운영 체제이며, GNU 도구를 사용해서 개발되었다.

해설 임베디드 시장뿐만 아니라 안드로이드 같은 모바일에서도 폭넓게 사용하고 있다.

정답 ▶ 27. ① 28. ③ 29. ① 30. ③

31. 다음 중 리눅스 커널(Kernel)에 대한 설명으로 옳은 것은?
① 여러 가지의 내장 명령어를 가지고 있다.
② 사용자와 터미널을 통한 인터페이스를 지원한다.
③ 하드웨어 제어를 위한 디바이스 드라이버를 포함한다.
④ 사용자 명령을 입력받아 시스템 기능을 수행하는 명령어 해석기이다.

해설 ① 커널은 중심부로 핵심이라는 뜻으로 실제 운영 체제를 구성하는 기본적인 토대로서 시스템의 가장 기본적인 메모리나 프로세스 등의 하드웨어를 관리한다.
② 커널은 하드웨어의 제어를 위한 디바이스 드라이버를 포함하며, 커널 위에 GNU에서 개발한 다양한 리눅스 유틸리티와 glibc 같은 다양한 라이브러리들이 위치한다.

32. 아두이노(Arduino)에 대한 설명으로 틀린 것은?
① 풍부한 예술적 감성과 정보 기술(IT)의 융합 인재 교육을 목표로 개발한 임베디드 보드이다.
② 임베디드 지식이 전혀 없는 사람은 쉽게 활용할 수 없지만 개발 툴이나 회로도 등을 오픈 소스 형태로 제공하고 있다.
③ 디자인 시장에서 디자인에 하드웨어를 접목하는 데 어려움을 겪었는데 이를 해결한 것이 아두이노이다.
④ 아두이노는 가격이 저렴하다.

해설 ① 임베디드 지식이 전혀 없는 사람들도 쉽게 배우고 활용할 수 있도록 개발 툴이나 회로도 등을 오픈 소스 형태로 제공하였다.
② 아두이노는 편리한 소프트웨어 개발을 위해 스케치라는 통합 개발 환경(IDE : Integrated Development Enviroment)을 제공한다.

33. 간단한 C 언어 프로그래밍 및 동영상 재생이 가능한 MPC(Multimedia PC)로 사용되고 있고 빠른 CPU와 메모리를 가지고 있으며 SD 메모리 카드를 이용해서 외부 메모리 공간을 사용할 수 있는 프로그램은?
① 아두이노   ② 라즈베리 파이
③ Visual C++   ④ OS X

34. 보조 프로그램 번호의 어드레스는 무엇인가?
① L   ② P
③ 0003   ④ M

해설 예 M98P0003L2 ;
• M98 : 주 프로그램에서 보조 프로그램의 호출
• P : 보조 프로그램 번호
• L : 반복 호출 횟수
➡ 주 프로그램의 현 위치에서 보조 프로그램 0003을 호출하여 2번 가공하라는 지령이다.)

35. 아래의 프로그램(O0100)에서 보조 프로그램(O2500)이 몇 번 반복되는가?

```
O0100;
G90G80G40G49G00;
T10M06;
G57G90X-5.00Y-5.00S2500M03;
G43Z50.0H10;
Z5.0M08;
```

정답 ▶ 31. ③ 32. ② 33. ② 34. ② 35. ③

```
M98P2500L5;
M98P1111;
G80G00Z50.0;
G91G28Z0;
M30;

O2500;
M98P1111;
G91X110.0Y-10.0L0;
G90M99;
```

① 1회 ② 3회
③ 5회 ④ 8회

해설 M98 P2500 L5;
- M98 : 주 프로그램에서 보조 프로그램의 호출
- P : 보조 프로그램 번호
- L : 반복 호출 횟수(2500을 5회 호출하라는 지령)

36. 다음 G코드 내용의 의미가 틀린 것은?

```
M98
P□□□□ ○○○○ F△△△△;
P○○○○ L□□□□ ;
```

① P○○○○ : 보조 프로그램 번호
② M98 : 보조 프로그램 호출 코드
③ F△△△△ : 이송속도
④ P□□□□ ○○○○ : Fanuc 1 시리즈 호출 방식

해설 P□□□□ ○○○○
Fanuc 640i 시리즈 호출 방식이다.

37. 프로그램에서 보조 프로그램을 호출하는 보조기능은?

① M00 ② M09
③ M98 ④ M99

해설
① M00 : 프로그램 정지
② M09 : 절삭유 off
③ M98 : 보조 프로그램 호출)
④ M99 : 보조 프로그램 종료 주 프로그램 호출

38. 다음 설명에 해당하는 코드는?

- 기계를 제어 및 조정해 주는 코드
- 보조 기능의 코드
- 프로그램을 제어하거나 기계의 보조 장치들을 ON/OFF해주는 역할

① G코드 ② M코드
③ C코드 ④ QR코드

해설
- M코드 : 보조 기능
- G코드 : 준비 기능

39. G코드와 M코드에 대한 설명으로 틀린 것은?

① G코드의 지령 숫자는 1에서 99까지이며, 지령 숫자에 따라서 의미가 다르다.
② G코드는 기능에 따라 연속 유효 G코드와 1회 유효 G코드로 분류할 수 있다.
③ 공구의 이동이나 가공, 기계의 움직임 등의 제어를 위해 준비하는 중요한 기능을 G 기능이라고 한다.
④ 프로그램 제어 및 NC 기계의 보조 장치 On/Off 작동을 수행하는 보조 기능을 M 기능이라 한다.

해설 준비 기능(Preparation Function) (G 기능)
공구의 이동이나 가공, 공구 보정 번호, 주축의 회전, 기계 움직임 등을 제어하는 데 있어서 준비하는 중요한 기능으로, 간단하게 G 기능이라고도 불리며 지령 숫자는 0~99까지이다.

정답 ▶ 36. ④ 37. ③ 38. ② 39. ①

40. 다음 중 G코드의 설명으로 잘못된 것은?
① 사용할 수 없는 G코드를 지령하면 알람이 발생한다.
② 그룹이 서로 다르면 몇 개라도 동일 블록에 지령할 수 있다.
③ 동일 그룹의 G코드를 같은 블록에 2개 이상 지령하면 알람이 발생한다.
④ 모달 G코드는 동일그룹의 다른 G코드가 나올 때까지 유효하다.

[해설] 동일 그룹의 G코드를 같은 블록에 2개 이상 지령하면 알람이 발생되지 않는다.
[예] G01 G90 X10. Y10. ;

41. 프로그램에서 기능이 잘못 설명된 것은?
① G 기능 : 준비 기능
② P 기능 : 프로그램 번호 지정
③ S 기능 : 이송 기능
④ T 기능 : 공구 기능

[해설] S 기능
주축 최고 회전수 설정(G96으로 지령할 경우 지름이 작아질수록 절삭속도가 빨라져 이론상으로 회전수가 무한대까지 올라가므로 S 기능으로 회전수를 제한하는 것이다.)

42. 다음 준비기능 중 지령된 블록에서만 기능이 유효한 것은?
① G00   ② G01
③ G03   ④ G04

43. 마음대로 바꿀 수 있는 프로그램의 원점 좌표계는?
① 공작물 좌표계
② 기계 좌표계
③ 기계 원점 좌표계
④ 변환 좌표계

[해설] ① 공작물 좌표계 : 작업자가 자기 임의로 지정하는 좌표계
② 기계 원점 좌표계 : 기계 고유의 변동될 수 없는 좌표계
③ 제2 원점 좌표계 : 공구교환 위치 지정 좌표 설정

44. 3D프린터에서 전원 투입 후 기계운전의 안전을 위하여 첫 번째로 해야 하는 조작은?
① 기계 원점 복귀
② 파라미터설정
③ 필라멘트 교환
④ 공작물 좌표계의 설정

45. 프로그램에서 주소(address)의 기능이 잘못 설명된 것은?
① G : 준비 기능   ② M : 보조 기능
③ S : 이송 기능   ④ T : 공구 기능

[해설] ① G : 준비 기능
② T : 공구 기능
③ F : 이송 기능
④ S : 주축 기능
⑤ M : 보조 기능

46. 프로그램에서 회전수가 동일하게 표시된 프로그램은?
① G96 S400   ② G97 S400
③ G30 S400   ④ G50 S400

[해설]
• G96 : 주축속도 일정 제어
(절삭속도 : $v = \text{m/min}$)
• G97 : RPM 일정 제어
(주축 회전수 : $n = \text{rpm}$)

[정답] ▶ 40. ③ 41. ③ 42. ④ 43. ① 44. ① 45. ③ 46. ②

47. 사용자와 컴퓨터 간의 정보를 주고받기 위하여 프로그램이 상호작용하는 것을 뜻하는 것은?
① 코딩 ② 컨버터
③ 인터페이스 ④ 인터프리터

해설 인터페이스 디자인
사용자와 컴퓨터 간의 정보를 주고받기 위하여 프로그램이 상호작용하는 것을 뜻한다.

48. 사용자 인터페이스 디자인에 대한 설명으로 틀린 것은?
① 사용자와 컴퓨터 간의 정보를 주고받기 위하여 프로그램이 상호작용하는 것이다.
② 프로그램을 이용하는데 불편함이 없도록 기존의 프로그램과 차이를 많이 두지 않는 것이 좋다.
③ 프로그램에서 우선적으로 File 메뉴를 위치 선정하는 이유는 사용자들이 가장 익숙해져 있기 때문이다.
④ 키보드 입력을 통해서 프로그램에 명령을 하달하는 것이 메뉴 방식 인터페이스라고 한다.

해설 기본적으로 키보드로 입력하여 프로그램에 명령을 하달하는 것을 커맨드라인 인터페이스라고 한다. 이외에 메뉴 방식 인터페이스, 그래픽 사용자 인터페이스가 있다. 우리가 사용할 인터페이스는 메뉴 방식의 인터페이스 메뉴 선택으로 명령을 하달하는 방식이다.

49. 슬라이스 프로그램에 대한 설명으로 틀린 것은?
① 3D 모델을 물리적으로 번역한 것이다.
② 슬라이스 프로그램의 성능에 따른 출력물의 품질 차이는 없다.
③ 무료로 배포되고 있는 Cura와 같은 소프트웨어가 많이 이용되고 있다.
④ 사용되는 원료의 쌓는 경로와 속도, 압출량 등을 계산해서 G코드를 만들어 낸다.

해설 슬라이스 프로그램의 성능에 따른 출력물의 품질 차이는 있다.

50. 다음 중 CAM에서 정의한 공구경로(CL data)에서 NC 콘트롤러에 맞는 NC 코드를 생성하는 것을 무엇이라 하는가?
① 테이프 판독기(Tape reader)
② 패리티 체크(Parity check)
③ 포스트 프로세서(Post processer)
④ 산술 계산기(Arithmetic calculation)

51. 다음 중 3차원 모델의 형상 정보를 담고 있는 CAD 설계 데이터로 3D프린터 슬라이서 프로그램에서 주로 사용하는 파일 포맷은?
① DWG ② 3GS
③ STL ④ OBJ

해설 STL 파일은 3D 모델링한 것을 하나의 단면으로 만들어 3D로 프린트할 수 있게 만든 2D 파일이다. 즉, 종이에 프린트할 수 있게 한 것으로서 종이 대신 플라스틱으로 인쇄를 해서 겹겹이 층이 만들어져 출력을 한다.

52. 3D프린터에서 슬라이싱 프로그램에서 불러올 수 있는 파일 형식으로 볼 수 없는 것은?
① STL ② OBJ
③ AMF ④ STEP

정답 ▶ 47. ③ 48. ④ 49. ② 50. ③ 51. ③ 52. ④

해설
① STL 형식은 주로 3D CAD 프로그램에서 제공한다.
② OBJ 형식은 3D 그래픽 프로그램에서 많이 사용이 된다.
③ AMF 변환 형식은 XML에 기반해 곡면, 질감과 색상 등을 표면 윤곽에 잘 표현할 수 있는 등 STL 변환의 단점을 보완한 파일 변환 형식이다.

53. 출력물이 베드에 잘 안착하기 위해 조정이 필요한 설정값은?
① Wall Speed
② Infill Speed
③ Travel Speed
④ Initial Layer Speed

54. FDM 방식 3D프린터 출력을 위한 슬라이서 소프트웨어의 설정에 대한 설명으로 틀린 것은?
① 출력물의 효율적인 출력을 위해 회전, 대칭 등을 설정하여 재배치할 수 있다.
② 출력 시간을 단축하기 위해 내부 채움(Infill) 속도를 별도로 지정해 줄 수 있다.
③ 출력 품질을 향상시키기 위해 Brim, Raft 등의 서포터에 대한 세부 설정을 할 수 있다.
④ 출력 중 오류가 생길 경우 이를 멈추기 위해 Pause 기능을 사용하고, 재시작 시 Retraction 기능을 사용할 수 있다.

해설
- Pause를 누르면 지정한 위치로 간다.
- Resume을 누르면 프린팅 하던 곳으로 가서 출력을 진행한다.

55. 다음 중 필라멘트를 가장 많이 사용하게 될 품질 설정은?

```
Infill: 80;
Support Type: ㉠;
Build Plate Type: ㉡;
Shell: ㉢;
```

① ㉠ Grid, ㉡ Raft, ㉢ 0.8
② ㉠ line, ㉡ Brim, ㉢ 0.8
③ ㉠ Grid, ㉡ Skirt, ㉢ 0.7
④ ㉠ line, ㉡ Brim, ㉢ 0.7

56. Heating bed가 아니면 출력물이 바닥에 접착되지 않아 출력 시 형태가 흐트러지며 플라스틱 타는 냄새가 나고 잘 부러지지 않지만 '수축 현상'도 발생하여 조심해야 하는 3D프린터 플라스틱 소재는?
① ABS
② ABS Like
③ PLA
④ 아크릴

57. 0.025~0.05mm의 우수한 정밀도와 적층 Layer 두께 0.016mm까지 가능하며, 후처리를 따로 할 필요가 없을 정도로 표면 조도가 우수한 것이 가장 큰 특징이자 장점인 3D프린터 플라스틱 소재는?
① ABS
② ABS Like
③ PLA
④ 아크릴

정답 ▶ 53. ④ 54. ④ 55. ① 56. ① 57. ②

58. Heating bed가 아니더라도 bed에 접착이 잘되며 수축에 강하며 단단하여 부러지기 쉽고 수분에 민감하기에 포장 종이를 뜯은 후 유통 기한은 3개월 정도인 3D프린터 플라스틱 소재는?
① ABS ② ABS Like
③ PLA ④ 아크릴

59. MJM에서 적합한 재료로서 0.025~0.05mm의 우수한 정밀도가 큰 장점이지만 강도가 약한 것이 단점인 3D프린터 플라스틱 소재는?
① ABS ② ABS Like
③ PLA ④ 아크릴

60. ABS 소재의 필라멘트를 사용하여 장시간 작업할 경우 주의해야 할 사항으로 옳은 것은?
① 융점이 기타 재질에 비해 높으므로 냉방기를 가동하여 작업한다.
② 작업 시 냄새가 심하므로 작업장의 환기를 적절히 실시한다.
③ 옥수수 전분 기반 생분해성 재질이므로 특별히 주의해야 할 사항은 없다.
④ 물에 용해되는 재질이므로 수분이 닿지 않도록 주의해야 한다.

61. 출력 시 냄새가 거의 나지 않는 것이 특징이고, Heating bed가 아니더라도 bed에 접착이 잘 되어 수축에 강한 소재는?
① PLA ② ABS
③ 유리 ④ 나무 소재

62. CAD와 CAM에 대한 설명으로 틀린 것은?
① CAD는 설계 단계, CAM은 제조 단계에서 주로 사용된다.
② CAD로 설계도면을 작성한 후 바로 CAM으로 연결되어 제조공정을 거치게 된다.
③ 공장에서 로봇을 작동하기 위한 소프트웨어나 데이터 등이 필요하며, 이러한 작업을 실행시켜 주는 것이 CAD이다.
④ CAD는 컴퓨터를 활용함으로써 오류 범위를 줄였으며, CAM은 컴퓨터를 이용하여 제조 공정을 운영하는 것으로 생산성 향상을 기대한다.

> 해설 ① CAD(Computer Aided Design) 컴퓨터 지원 설계 컴퓨터 그래픽 2D/3D CAD 툴을 이용하여 제도(Sketch/Draw/Draft) 및 설계(Design)하는 기술
> ② CAM(Computer Aided Manufacturing) 생산계획, 제품생산 등 생산에 관련된 일련의 직업을 컴퓨터를 통하여 직·간접으로 제어하는 것으로 컴퓨터를 이용하여 가공 및 생산에 필요한 자료를 얻어 내는 기술

63. CAM 시뮬레이션을 통하여 확인할 수 없는 내용은?
① G코드 오류 또는 충돌 위험 방지
② 노즐의 이동 경로를 검토하여 문제점을 개선 및 보완
③ 모의실험 가공
④ 모델링 도면의 문제점파악 및 수정보완

정답 ▶ 58. ③ 59. ④ 60. ② 61. ① 62. ③ 63. ④

Part 4

3D프린터 교정 및 유지보수

CHAPTER 01. 품질보증
CHAPTER 02. 3D 프린팅 안전관리

CHAPTER 01 품질보증

1.1 성능 개선

1 성능 검사항목 선정

1. 재료 압출형(ME) 3D프린터의 주요 부품

1) 익스트루더

① 익스트루더(Extruder)는 유압장치(Cool end) 쪽에서 유입된 필라멘트를 이송하여 핫엔드(Hot end)에서 용융시킨 후 압출(Extrusion)시켜 노즐을 통해 프린팅하는 장치이다.
② 통상적으로 개인용 3D프린터용으로 판매되는 필라멘트(PLA, ABS)는 직경 1.75mm의 제품이 널리 사용된다.

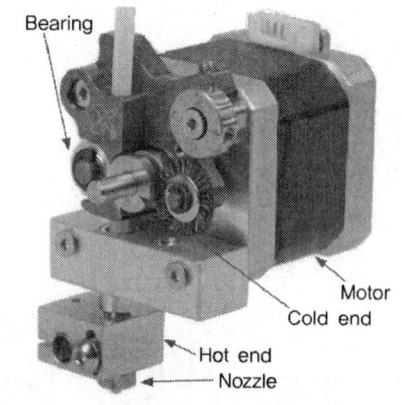

[그림 4-1] 재료 압출형 3D프린터의 익스트루더부

③ 익스투르더의 노즐 직경은 0.4mm의 제품이 널리 사용되며, 출력에 영향을 미치는 요인은 여러 가지가 있으나 그중 가장 핵심적인 역할을 한다.
④ 필라멘트 공급 장치인 공급장치(Cold end)와 필라멘트 용융 사출 장치인 핫엔드(Hot end) 방식이 있다.

(1) 직결식 익스트루더

① 직결식 익스트루더(Direct extruder)란 헤드와 필라멘트 공급 장치가 결합된 채로 움직이는 방식이다.
② 공급장치(Cold end)와 핫엔드 사이의 간격이 짧고, 필라멘트 교체가 매우 쉽고 다루기 편한 장점이 있다.
③ 공급장치(Cold end)가 핫엔드와 결합되어 있는 형태 때문에 이송 구조가 서로 튼튼하게 결합되어야 한다.
④ 전체적인 프린터 헤드의 구조가 비대해지면 플랫폼에 따라서 원활한 사용이 어려운 경우도 있고, 출력 크기에도 영향을 주고 헤드의 무게가 증가한다.
⑤ 무거운 헤드를 고속으로 움직이게 되면 방향을 전환할 때마다 관성에 의해 반동(Backlash)이 크게 발생하는데, 이를 해결하기 위해서는 프린터 자체의 무게를 무겁게 하고 헤드의 이송속도와 가속도를 낮춰야 한다.
⑥ 직결식은 필라멘트 공급이 안정적이어서 다루기 쉬운 대신, 무거운 공급장치(Cold end)를 같이 움직여야 하므로 출력속도가 느리다.

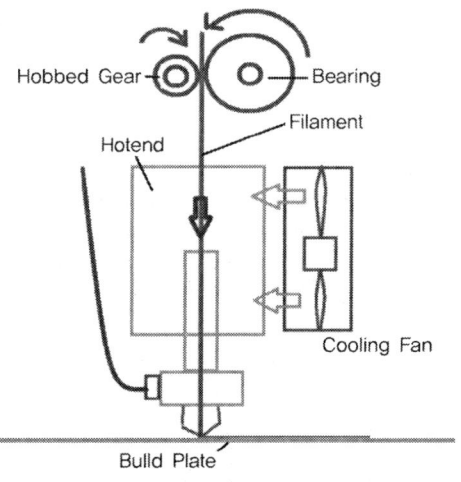

[그림 4-2] 직결식 방식

(2) 보우덴 방식 익스트루더
　① 익스트루더는 필라멘트 공급 장치와 헤드가 분리되어 있다.
　② 필라멘트는 공급 장치와 헤드 사이에 연결된 튜브를 통해 공급하며 움직이는 부분이 가벼운 핫엔드뿐이기 때문에 진동 제어와 고속 출력에 유리하다.
　③ 공급 장치와 헤드 사이의 거리가 수십 cm 이상이기 때문에 필라멘트 공급을 제어하는 것이 어렵다.
　④ 필라멘트가 공급 장치에서 압출되어 튜브를 지나는 동안 튜브의 영향으로 인해 필라멘트가 제대로 전달되지 못한다.
　⑤ 튜브의 길이가 길수록, 또는 필라멘트의 탄성이 떨어 질수록 영향을 크게 받는다.
　⑥ 플렉시블 PLA(Flexible PLA)와 같은 특수한 필라멘트들은 공급 거리가 길 경우 공급 도중에 부러지거나 변형될 수 있어 보우덴 방식에서는 사용이 거의 불가능하다.
　⑦ 보우덴 방식은 핫엔드만 움직이므로 출력속도가 빠르지만, 필라멘트 공급을 제어하기가 어렵다.

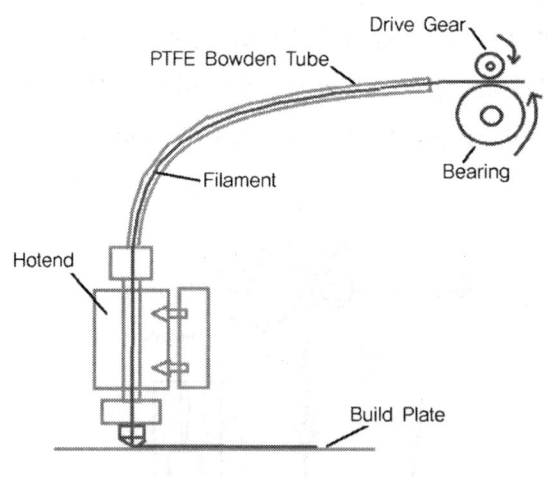

[그림 4-3] 보우덴 방식

2) 구동 모듈

재료 압출형 3D프린터의 구동 모듈은 X, Y 테이블 구조를 채택한 직교(Cartesian) 방식과 병렬로봇 구조를 채택한 델타 봇 방식 등으로 분류할 수 있다. 각각의 구조에 대한 특징은 다음과 같다.

(1) 카르테시안(Cartesian) 방식
  ① 통상적으로 익스트루더 부분이 X, Y 방향으로 이송되고 베드가 Z 방향으로 이송되는 구조를 채택한다.
  ② X, Y 방향 이송은 위치 제어를 위하여 주로 스테핑 모터와 타이밍 벨트에 의한 풀리 구조를 사용하거나 LM 가이드, 리니어 샤프트 등의 이용하여 선형운동으로 구동한다.
  ③ Z 방향 이송은 TM 스크루나 볼 스크루 등을 사용하여 구동한다.
  ④ X축 구동부는 타이밍 벨트의 장력이 느슨할 경우 출력 품질이 떨어지거나 탈조 현상이 나타날 수 있고, 장력이 너무 강할 경우 출력 표면에 미세한 물결무늬가 발생할 수 있다.
  ⑤ Y축 구동부는 축간거리가 넓으므로 좌우 벨트의 장력이 다를 경우 기계적인 마모가 발생하여 프린트의 수명을 단축할 수 있다.
  ⑥ Z축 구동부는 출력 시 많은 하중이 작용하므로 모터의 용량이 충분하도록 선정하여야 하며, 스테핑 모터와 볼 스크루는 플렉시블 커플링을 이용해 체결되는 경우가 많기 때문에 조립이 잘못되면 프린터 수명이 단축된다.

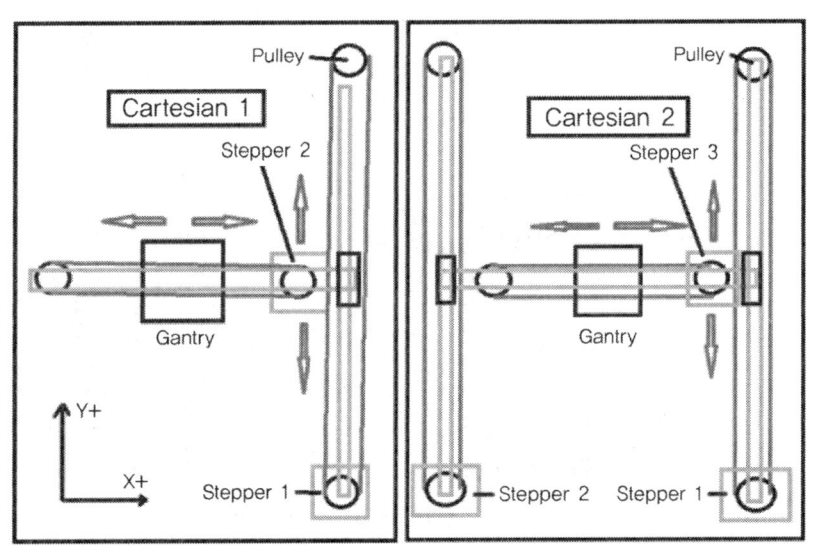

[그림 4-4] 카르테시안(Cartesian) 방식 3D프린터의 X, Y축 구동부

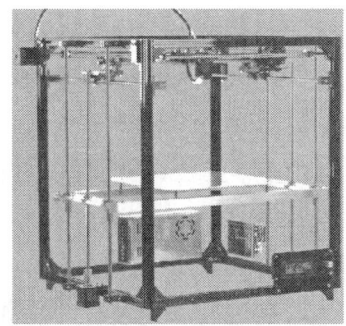

[그림 4-5] 카르테시안(Cartesian) 방식

(2) 델타(Delta) 봇 방식
   ① X, Y, Z축 3개의 팔이 하나의 핫엔드를 잡고 연동으로 움직이면서 바닥의 베드에 제품을 만들어가는 방식이다.
   ② X, Y, Z축이 하나의 헤드로 연결되어 있는 구동방식으로 베드가 고정되어 있는 특징이다.
   ③ 노즐이 X, Y, Z축 방향으로 움직이며 프린팅한다.
   ④ 각 축이 서로 연동되어 움직이므로 출력 품질이 떨어지면 문제점을 해결하기 어렵다.
   ⑤ 상층으로 올라갈수록 빨라지며, 원형 모양의 제품을 조형할 때 유리하다.
   ⑥ 공간 활용이 높고 베드가 고정되면서 출력물 제품이 안정적이고 헤드에 압출기가 없어서 고속출력이 가능하나 원점 제어가 어렵다.

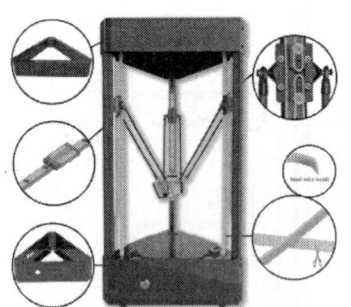

[그림 4-6] 델타(Delta) 봇 방식

(3) Polar 방식
   ① 직교 좌표계를 사용하는 대신 극 좌표계를 사용하며 좌표점이 정사각형이 아닌 원형 격자로 표시된다는 점을 제외하면 데카르트와 유사하다.

② 작은 공간에서 플랫폼 베드에 더 큰 빌드 부피를 가질 수 있으며 X, Y, Z 프레임워크가 없어도 된다.
③ 고정식 빌드 플랫폼 대신 프린트 베드가 회전 및 좌우로 움직이거나 앞뒤로 움직일 수 있다.
④ 2개의 스테핑 모터로 작동할 수 있어서 전력 효율이 매우 뛰어나며, 단점은 아직 일반적이지 않으므로 가격이 비싸다.

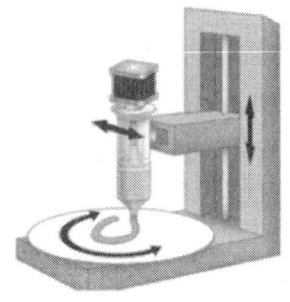

[그림 4-7] Polar 방식

(4) Scara 봇 방식
① 3자 유도를 가지며 하나의 수직과 2개의 서보모터로 수평 운동을 하며, 로봇의 뒤쪽으로 로봇 팔이 연장된다.
② 병진 운동시스템에서 3개의 DC 모터는 수직 및 수평 모션이 가능하다.
③ 설치 면적이 작고 매우 정밀한 시스템이다.
④ 로봇 암은 X-Y 평면을 따라 이동하고, 추가 액추에이터를 사용하여 Z축을 따라 이동한다.

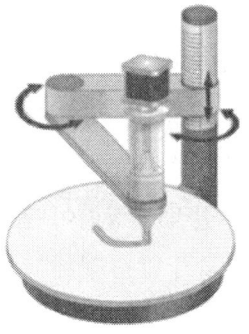

[그림 4-8] Scara 봇 방식

3) 베드

① 베드는 실제로 3D 프린팅이 실시되는 작업 공간으로 Z축 구동부와 연결되어 한 층의 적층이 완료되면 적층 두께(Layer thickness)만큼 아래쪽으로 하강하여 다음 층의 적층이 수행되도록 하는 역할을 한다.
② 베드는 적층 시에는 노즐로부터 압출된 용융 필라멘트가 안정적으로 적층되도록 접착력이 좋아야 한다.
③ 접착력이 너무 강하면 프린팅 종료 후에 완성품이 베드에서 원활하게 분리되지 않는 이중적인 특성을 갖고 있어 적절한 접착력이 요구된다.
④ 베드의 재료로는 유리판이나 금속판 등이 사용되며, 수축 등에 의한 프린팅 불량을 최소화하기 위해 베드에 열선을 심어 베드를 가열할 수 있는 경우도 있다.

2. 재료 압출형(ME) 3D프린터의 특징

1) 노즐 온도

① 노즐 온도는 통상적으로 필라멘트 소재의 용융 온도 이상으로 설정해야 하며, 노즐 온도가 낮은 경우 소재가 고화되어 소재가 원활히 압출되지 않거나 노즐이 막히는 경우도 발생한다.
② 통상적으로 공급되는 필라멘트 소재에서 적정 온도는 보통 PLA 소재의 경우 190~220℃, ABS 소재의 경우 220~240℃에 해당한다.
③ S/W적으로 설정한 노즐 온도와 실제 노즐 온도가 차이가 10℃ 이상 발생되는 경우도 많아 노즐부의 온도 측정을 통해 S/W 설정값의 보정이 필요하다.

2) 필라멘트 공급 장치

① 필라멘트 공급 장치는 모터를 일정 속도로 구동하여 필라멘트를 균일한 속도로 공급시키는 역할을 수행한다.
② 필라멘트에 걸리는 장력이 약한 경우 익스트루더 모터가 회전하더라도 필라멘트가 제대로 공급되지 않는 문제가 발생한다.
③ 이 경우 모터 끝단에 연결된 기어가 헛돌거나 간헐적으로 회전하며 불연속적인 기계음을 발생시키게 되고, 결과적으로 3D 프린팅 출력 시 중간에 끊기는 현상이 발생하게 된다.

3) 베드 수평도

① 베드는 실제로 프린팅이 수행되는 공간으로 베드의 수평도가 맞지 않으면 출력물이 똑바로 출력되지 않는다.
② 적층 공정에 기반한 3D 프린팅의 경우에는 심각한 출력 불량이 발생할 소지가 있다.
③ 출력물의 수평 유지 측면에서 볼 때 베드 자체의 절대적인 수평도보다는 상부 XY 테이블에 연결된 노즐 끝단과의 상대적인 수평도가 중요하다.

4) 노즐과 베드의 간격

① 노즐 끝단과 베드 간의 상대적인 수평도가 중요하며, 이를 보장하기 위해 노즐 끝단과 베드의 간격이 일정하게 유지되어야 한다.
② 노즐과 베드 간격의 최대 허용치는 노즐로부터 압출되는 소재의 직경(통상적으로 0.4mm) 만큼이다.
③ 통상적으로 초기 출력층(Layer)을 베드에 잘 안착시키기 위해 소재 직경보다는 조금 작은 값으로 설정해 주는 것이 바람직하다.

5) 베드 온도

① 재료 압출형 3D프린터는 용융 상태의 필라멘트를 압출하여 베드 상에 적층하는 형태이다.
② 초기 출력층을 베드에 잘 안착시키기 위해서는 노즐·베드의 간격을 좁혀 주는 방법과 함께 베드의 온도를 적절히 설정해 주는 것이 필요하다.
③ 일반적으로 융점이 낮은 PLA의 경우, 베드 가열 없이 사용해도 큰 문제는 없으나 상대적으로 융점이 높은 ABS의 경우에는 베드를 가열하지 않는 경우 출력물이 베드에 안착되지 않고 뜨는 현상이 발생한다.

6) 3축 구동부

① 3D프린터는 3축(X, Y, Z축)으로 구동되며, 주로 모터를 사용하여 풀리 벨트로 구동을 하거나 LM 가이드 등의 선형 구동 장치를 사용한다.
② 각 축의 구동부가 주어진 신호대로 정확한 정밀도로 구동되어야 프린팅 출력물이 원하는 형상대로 출력되므로, 구동부의 해상도 및 정밀도에 대한 성능 검증을 수행해야 한다.

2 성능 검사항목의 이해

1. 압출 성능 검사 방법

1) 노즐 온도 검사 방법

① 재료 압출형 3D프린터 익스트루더의 핫엔드 부분은 노즐부 온도 상승을 위한 Heating block, 플라스틱 필라멘트가 압출되는 노즐, 익스트루더부의 냉각을 위한 Cooling fan 으로 구성되어 있다.

② 노즐 온도는 통상적으로 필라멘트 소재의 용융 온도 이상으로 설정해야 하는데, S/W 적으로 설정한 노즐 온도와 실제 노즐 온도가 차이가 발생되는 경우도 많아 노즐부의 온도 측정을 통해 S/W 설정값의 보정이 필요하다.

③ 노즐부 온도 측정은 디지털 온도계를 사용하며 접촉식 온도계와 적외선을 사용한 비접촉식 온도계를 사용하여 수행이 가능하다.

④ 비접촉식 온도계를 사용하는 경우, 접촉식 온도계에 비해 사용은 편리하나 측정부위 표면의 방사율을 적절하게 조절해야 한다.

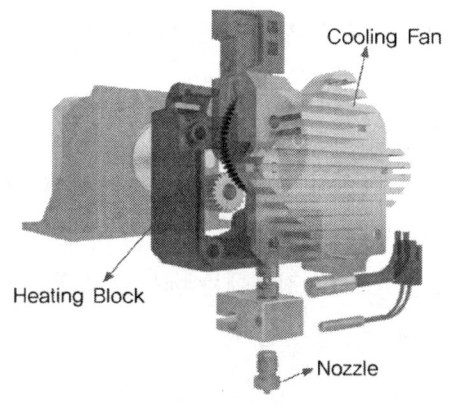

[그림 4-9] 재료 압출형(ME) 3D프린터의 노즐부 형상 예시

2) 필라멘트 공급 성능 검사 방법

① 필라멘트의 공급 성능은 프린팅 출력 상태로부터 확인할 수 있으며, 프린팅 진행 도중에 끊기는 경우는 대부분 필라멘트 공급에 문제가 있는 것으로 추정할 수 있다.

② 필라멘트 공급이 원활하지 않은 경우, 불연속적인 기계음을 발생시키게 되는 경우가

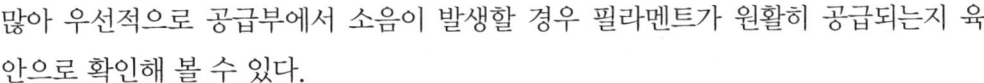

많아 우선적으로 공급부에서 소음이 발생할 경우 필라멘트가 원활히 공급되는지 육안으로 확인해 볼 수 있다.

③ 육안 확인이 어려울 경우, 필라멘트의 움직임이 육안으로 확인 가능한 부위(예 장치 외부의 필라멘트 롤 주변)의 필라멘트에 유성펜 등으로 일정 간격으로 눈금 표시를 한다.

④ 1눈금이 넘어가는 데 소요되는 시간을 측정하여 필라멘트가 균일한 속도로 공급되는지 검사할 수 있다.

⑤ 상기 측정 방법은 아이들 타임을 제외한 프린팅이 진행되는 시점에서 수행하는 것이 바람직하다.

2. 베드 수평도 측정 및 조정 방법

1) 베드 영점 조정 방법(노즐/베드 간격 조정)

① 베드의 영점 조정은 베드와 노즐 끝단이 접촉되지 않으면서도 노즐로부터 압출되는 필라멘트의 직경(통상적으로 0.4mm)보다 작은 거리를 유지할 수 있도록 설정해야 한다.

② 통상적으로 노즐 끝단과 베드 사이에 명함 한 장의 간격을 유지하도록 설정한다.

③ 3D프린터 종류에 따라 베드의 영점 조정을 수동으로 수행하는 경우와 전동으로 수행하는 방법이 있다.

④ 수동식의 경우에는 수동 조절 기구(높이 조절 볼트 등)를 회전시켜 높이를 맞춰 준다.

⑤ 전동식의 경우에는 제어 화면에 적절한 높이 값을 입력하여 높이를 조절해 준다.

2) 베드 수평도 조정 방법

① 압출 헤드를 베드의 다양한 위치로 이동하며 영점 조정 방법에서 수행했던 과정과 동일하게 노즐과 베드와의 간격을 측정한다.(명함 사용 등)

② 위치별로 간격이 균일하지 않은 경우 프린터별로 제시되어 있는 수평도 조정 기능을 사용하여 모든 위치에서 간격이 균일하게 유지되도록 수평도를 조정해 준다.

③ 통상적으로 베드 사이즈가 소형(200×200mm)인 경우에는 모서리 4점(2×2)에서 수평도를 측정한다.

④ 베드 사이즈가 중형 이상인 경우에는 9점(3×3) 이상의 지점에서 수평도를 측정한다.

3. 구동부 위치 정밀도 검사 방법

(1) 베드의 직교형 프린터의 경우 통상적으로 익스트루더는 XY 테이블 구조(겐트리 구조 등)를 사용하여 X-Y 방향으로 구동하고, 베드는 Z 방향으로 구동된다.
(2) 델타형 프린터의 경우 역시 베드는 Z 방향으로 구동되는 반면, 병렬 기구를 사용하여 익스트루더를 X-Y 방향으로 구동한다.
(3) 구동부의 원활한 구동 및 위치 정밀도를 확인하기 위해 수동으로 신호를 부여(특정 방향으로 특정 거리만큼의 이송 명령)하여 익스트루더 혹은 베드를 이송시키고 정확한 위치로 이송되었는지 측정함으로써 구동부의 위치 정밀도를 검사할 수 있다.

4. Torture test를 통한 출력 성능 검사

(1) 3D프린터의 주요 성능에 하나라도 문제가 있을 경우에는 3D 프린팅 출력물의 품질에 영향을 미치게 된다. 이러한 점을 종합적으로 판단하기 위해 3D프린터 사용자들 사이에 'Torture test'란 테스트 모델이 널리 사용되고 있다.
(2) Torture test란 일종의 가혹 조건시험법으로 3D프린터로 출력 시 불량이 발생하기 쉬운 다양한 형상을 정의하여 출력을 시도하고, 그 출력물의 품질을 평가함으로써 3D프린터의 성능을 검사하는 방법이다.

3 성능 검사항목 선정기준

1. 3D프린터 작동상의 문제점 개선

1) 필라멘트의 공급 문제 발생 시 개선 방안

(1) 익스투르더 모터가 회전하지 않는 경우
  ① 필라멘트 공급 압력보다 모터의 토크가 부족한 경우 발생한다.
  ② 모터에 인가되는 전류를 증가시켜 토크를 증가시킨다.
  ③ 노즐 온도를 소재의 용융 온도 이상으로 가열한 후 필라멘트를 수동으로 밀어주면 막힌 부위를 제거할 수 있다.

(2) 익스투르더 모터는 회전하나 필라멘트가 공급되지 않는 경우
   ① 필라멘트에 걸리는 장력이 부족한 경우 발생한다.
   ② 주로 익스트루더 유압장치(Cool end) 부위의 조립이 헐겁게 되었을 때 발생한다 (이 경우 기어가 헛돌며 간헐적인 기계음을 발생시키기도 한다).
   ③ 해당 부위의 체결을 강화(예 아이들러 장력 볼트 조정 등)하여 장력을 증가시켜 준다.
   ④ 과도하게 조이면 부품이 파손되는 경우가 있으니 유의한다.

2) 전기 및 소프트웨어적 문제 개선 방안

(1) COM 포트 인식이 안 되는 경우(연결 불량)
   ① CPU 보드의 드라이버가 미설치되었거나 설치에 오류가 있는 경우 발생한다.
   ② 드라이버를 재설치하여 해결할 수 있다.
   ③ 보드에 아예 반응이 없는 경우(보드의 LED 등이 들어오지 않는 경우)는 보드 자체에 손상이 있을 가능성도 있으며, 이때는 보드를 교체해 주어야 한다.

(2) 연결은 정상적이나 프린터 반응이 없는 경우
   ① 보드의 냉각 팬이 돌지 않는 경우는 전원부에 문제가 있는지 점검해 본다.
   ② 냉각 팬이 제대로 작동하는 경우에는 Software의 설정을 확인하여 수정해 준다.
      (예 속도 및 포트 번호 확인 및 수정)

(3) 소프트웨어에서 출력 중으로 표시되나 반응이 없는 경우
   ① 소프트웨어에서 출력 명령을 내리면 프린터는 노즐과 베드 온도를 설정 온도까지 올린 후 프린팅을 시작하며, 이러한 과정까지 수십 초에서 수 분까지의 시간이 소요될 수 있다.
   ② 충분한 시간이 지나도 프린팅이 시작되지 않는 경우 노즐·베드부의 가열부(히터)에 문제가 있거나 온도 센서에 문제가 있을 가능성이 높으므로 해당 부품을 점검하여 개선해야 한다.

2. 출력물의 불량 발생 시 개선 방법

1) 재료의 과도한 수축 발생 시 개선 방법

(1) 출력물의 휨 발생에 의해 바닥면이 뜨는 경우
① 재료 압출형 프린터의 경우 소재가 용융된 상태에서 압출되어 프린팅 후 고화되는 과정이 반복되면 재료의 수축이 발생한다.
② 고화되는 과정이 층(Layer)별로 반복되기 때문에 하단의 층이 먼저 고화된 이후에 상단의 층이 고화되는 과정에서 수축되는 시점이 다르다.
③ 결과적으로 잔류 응력(Residual stress)이 발생되어 출력물이 휘게 된다.
④ 일단 휨이 발생하면 출력물의 형상 정밀도가 저하된다.
⑤ 출력 과정에서도 기출력된 출력물이 휘는 경우 다음 레이어 적층 시 출력 오류가 발생한다.
⑥ 심한 경우 노즐 끝단과 접촉하여 노즐에 손상이 발생할 수도 있으니 유의해야 한다.

(2) 사용 소재에 따른 수축 특성을 감안한 설계 개선
① 수축에 의한 휨 불량은 재료의 출력 온도가 높을수록 더욱 심해진다.
② 일반적으로 기계적 강도가 높은 재료일수록 출력 온도가 높아야 하므로 유의해야 한다.
③ 통상적으로 개인용 프린터에 많이 사용되는 재료 중 PLA(압출 온도 190~230℃)보다는 ABS(압출 온도 220~270℃)에서 수축이 많이 발생한다.
④ 히팅 베드를 사용하지 않는 프린터의 경우 PLA는 정상적으로 출력이 되더라도 ABS로 출력할 때 수축 불량이 발생하는 경우가 많이 발생한다.
⑤ 출력물의 크기가 커질 경우 더욱 심하므로 ABS로 출력물이 200×200mm 이상의 크기를 목표로 하는 경우에는 베드 히팅 기능을 적용하는 것이 좋다.
⑥ 사용 소재에 따른 적정 온도(노즐 온도, 베드 온도)를 소프트웨어적으로 설정해 주는 것이 좋다.
⑦ ABS보다 용융 온도가 더 높은 Engineering plastic(PC, PA 등)을 출력하기 위해서는 챔버 내부의 온도를 일정 온도 이상으로 제어해 주는 기능이 추가적으로 필요하다.

2) 베드부의 위치 정밀도 개선 방법

(1) 베드 위치 정밀도 개선 방법
① 출력물의 품질 향상을 위해서는 베드부와 노즐 끝단 간의 간격 설정이 중요하다.
② 간격이 지나치게 큰 경우에는 초기 레이어가 베드부에 잘 안착되지 않아 정상적으로 출력되지 않는 문제가 발생한다.
③ 간격이 지나치게 작은 경우에는 노즐이 소재를 과도하게 압착하게 되어 출력 후 출력물의 분리가 어려워지는 문제가 발생한다.
④ 프린터 종류에 따라서는 베드 간격의 자동 조절 기능을 탑재하거나 적정 간격을 조정할 수 있는 Leveling sheet를 제공하는 경우가 많다.
⑤ 개인용 프린터의 경우 베드의 위치 정밀도(영점) 조정을 수동으로 설정해야 할 경우 적절한 교육 혹은 매뉴얼 제공을 통해 오류의 발생 가능성을 최소화해야 한다.

(2) 베드 수평도 개선 방법
① 베드의 수평도 역시 출력물의 품질에 영향을 미치며, 영점 조정이 잘 되었더라도 수평도가 맞지 않으면 레이어 출력이 고르지 않아 출력물이 베드에서 이탈되는 경우가 발생하므로 유의해야 한다.
② 베드의 수평도를 개선하는 방법으로 많은 프린터가 베드의 수평을 자동으로 유지해주는 기능(Auto leveling)을 제공하는데, 자동 유지기능 적용 시 다양한 위치에서의 노즐-베드 간격을 측정하여 보정(Calibration)해주는 작업이 필요하다.
③ 자동 조절 기능이 없는 프린터의 경우 역시 적절한 교육 혹은 매뉴얼 제공을 통해 오류의 발생 가능성을 최소화해야 한다.

3. 성능개선 보고서 작성

1) 성능 시험 문제점 현상 기술
성능 시험 결과 발견된 문제점의 현상에 대해 기술하고, 출력물에 불량이 발생한 경우는 불량 발생 부위의 사진을 찍어 보고서에 첨부한다.

2) 성능 시험 문제점 원인 분석
출력물 불량의 원인 분석을 위해서는 관련 부품의 성능 검사(예 노즐부 온도, 베드부 수평도 등)를 실시하여 출력물의 품질에 영향을 미치는 항목을 찾아내야 한다.

3) 성능 시험 문제점 개선 방안 도출 및 검증

문제점의 원인이 도출되면 이를 개선하기 위한 개선 방안을 도출하고, 개선 방안을 적용하여 문제점을 개선한다. 문제점이 일부 개선되기는 했으나 완전하지 않은 경우는 문제점 원인 추가 분석, 추가 개선 방안 도출 및 검증을 반복한다.

4) 개선 결과를 적용 계획 수립

부품의 교체가 필요한 경우는 부품 교체로 인한 추가 설계 변경 계획을 수립해야 하고, 그에 따른 개발 단가 변경에 대해 분석해야 한다. 부품의 교체 없이 단순한 성능 조정만으로 개선이 가능한 경우는 개선 사항이 매뉴얼에 반영될 수 있도록 한다.

4. 성능 검사항목

1) 출력물이 바닥에 잘 붙지 않는 경우 문제가 발생할 수 있다.

① 출력물이 바닥에 잘 붙지 않는 경우, 중간에 출력물이 바닥에서 분리되어 이후 출력 부위에 문제가 발생할 수 있다.
② 이러한 불량은 베드의 수평이 맞지 않거나 노즐과 베드 간격이 큰 경우 발생할 수 있으며, 베드의 영점, 수평도 조정 및 온도를 높여 해결할 수 있다.
③ 베드 표면에 접착제를 도포하거나 접착테이프 등을 부착하여 접착력을 강화시킬 수 있다.

2) 필라멘트 토출에 문제가 발생할 수 있다.

① 프린터의 노즐에 문제가 있거나(막힘 또는 잔여물 존재), 노즐의 온도가 낮은 경우 필라멘트가 적절히 연화되지 않아 필라멘트 토출에 문제가 발생하여 출력이 중단될 수 있다.
② 이러한 불량을 해결하기 위해서는 노즐의 설정 온도를 높여 주거나 노즐 청소를 통해 필라멘트가 균일하게 토출되도록 성능을 개선해 주어야 한다.
③ 익스트루더의 장력이 부족한 경우에도 유사한 불량이 발생할 수 있으므로 익스트루더의 장력을 점검해야 한다.

3) 익스트루더의 장력이 부족할 수 있다.

① 익스트루더의 장력 조절 볼트가 제대로 조여지지 않은 경우, 장력이 부족하여 소재의 공급이 원활하지 않기 때문에 원기둥이 제대로 형성되지 못하고 무너지거나, 구멍 사이가 부분적으로 막히는 등의 문제가 발생할 수 있다.
② 익스트루더의 장력을 조절하기 위해서는 필라멘트를 밀어내는 기어와 장력볼트 사이의 간격을 적절히 조여 주어야 한다.
③ 너무 세게 조이는 경우 관련 부품이 파손이 되는 경우가 있으므로 유의해야 한다.

4) 구조물 사이에 잔여물이 발생할 수 있다.

① 노즐의 온도가 사용하는 필라멘트의 특성에 비해 너무 높게 설정된 경우 하단 인접한 구조물 사이에 거미줄 형태의 잔여물이 발생할 수 있다.
② 이러한 경우는 노즐 온도를 소재 업체에서 추천한 온도 범위 내로 설정해 주어야 하며, Retraction 기능을 설정해 주는 것도 잔여물 발생 방지에 도움이 된다.

〈표 4-1〉 3D 프린팅 장비, 소재, 소프트웨어, 출력물 품질 평가 가이드라인

구 분	평가 항목	주요 내용	
장비	일반 사양	적층 두께, 출력속도, 출력물 최대크기 등	
	구동 성능	출력 정밀 · 정확도	모양, 위치, 자세 공차 등
		위치 정밀도	배드 및 헤드의 움직임
		홀 정밀도, 각도 정밀도 등	기하학적 구조 출력 성능
	안전성	챔버법	총휘발성유기화합물, 초미세먼지
		작업현장	총휘발성유기화합물, PM10, CO, NO_2, O_3 등
소재	적합성	밀도, 수분함량, 주성분 감별, 재료 크기 등	
	기계 · 물리적	인장강도, 충격강도, 경도, 점도, 인화점 등	
	화학적	RoHS, 가소제, 휘발성유기화합물(VOCs) 방출량 등	
소프트 웨어	모델링	현존하는 입체물을 3차원 모델로 역공학할 수 있는지, 3차원 모델의 설계, 변경을 위해 사용 가능한지 등	
	편집 및 변환	STL 파일의 무결성을 검사하고 편집하기 위해 사용할 수 있는지 등	
	프린팅	프린터의 헤드 · 베드 조작, G코드 프린터 전송 등의 기능을 수행하는지 등	
	출력물 검사	3차원 프린터로 생산된 출력물을 소프트웨어가 검증할 수 있는지 등	
	3차원 프린팅 공정계획 및 관리 지원	3차원 모델 데이터관리, 프린팅 작업 계획 수립 및 공정 모니터링, 3차원 프린팅 작업 실적 보고서 생성 등의 기능을 수행하는지 등	
출력물	형상	표면 형상 및 표면 거칠기 등	
	기계 · 화학적	인장강도, 충격강도, 열변형온도, RoHS, VOCs 방출량 등	
	신뢰성	내후성, 내충격성, 내열 노화성, 내오염성 등	

1.2 신뢰성 검증

1 신뢰성 시험 항목

시험의 목적은 설계 정보를 얻기 위함, 가속 시험을 위한 예비 시험, 신제품의 인증 시험으로서 양산품의 신뢰성 보증이다. 신뢰성 시험(Reliability test)은 제품이 주어진 조건하에서 일정 기간 요구되는 기능을 만족스럽게 수행하는지 여부를 평가하는 시험으로서 그 필요성은 다음과 같다.

1. 신뢰성 시험의 필요성

(1) 제품의 기능이 날로 다양해지고 복잡해져 사용 과정에서 고장이 발생할 가능성이 높아진다.(초기 품질은 우수하나 내구성이 저하되는 경우가 많음).
(2) 예상되는 불량은 조기에 검출하여 초기 고장 기간부터 마모 고장 단계까지 시장 불량률의 감소를 꾀하기 위하여 신뢰성 시험이 요구된다.
(3) 새로운 소재가 출현하고 기술 개발 속도가 빨라짐에 따라 기존의 품질 관리 기법으로는 제품의 품질을 보장하는 데 한계가 있다.

2. 신뢰성 시험 종류

(1) 환경(내구성) 시험(Environment Test) : 사용 환경에 따른 스트레스 수준(Stress Level)
(2) 수명시험(Lifetime Testing) : 경시적인 특성 변화를 확인하여 고장률 결정
(3) 고장률 시험 : 제품의 안전기에 있는 고장률 또는 평균 수명을 구하는 시험으로 사용 환경 스트레스와 파국고장을 일으키기 쉬운 요인에 의해 고장 발생을 시험한다.
(4) 스크리닝 시험 : 전기적, 기계적 스트레스의 최대 정격에서 실시하여 초기 고장 제거 목적으로 불만족한 아이템 혹은 초기 고장을 나타낼 염려가 있는 것을 제거할 목적으로 행해지는 시험 또는 시험의 조합이다.
(5) Incoming Qualification Test : 특정치가 사용 환경 스트레스하에서 규정된 허용오차 범위 내에 있는지 평가
(6) 스트레스 인가 방법에 따라 : Constant, Step, Cycle Stress Test

3. 시스템의 신뢰성 예측 방법

시스템의 신뢰도 예측은 고장이 발생하는 시점을 기준으로 정의되며, 기준점에 따라 MTTF와 MTBF가 많이 사용된다.

1) MTTF(Mean Time To Failure)
① 고장 평균시간으로 주어진 시간에서 고장 발생까지의 시간으로 수리 후 다음 고장까지의 시간을 의미한다.
② 수리 불가능한 제품의 평균 고장 시간을 산출할 때 사용한다.

2) MTBF(Mean Time Between Failure)
① 고장에서 다음 고장까지의 시간을 의미한다.
② 수리가 가능한 제품 · 시스템의 평균 고장 시간을 산출하는 데 사용한다.

3) MTTR(Mean Time to Repair)
제품에 고장이 발생한 경우 고장에서 수리되는 데까지 소요되는 시간을 의미한다.
(MTTR = MTBF - MTTF)

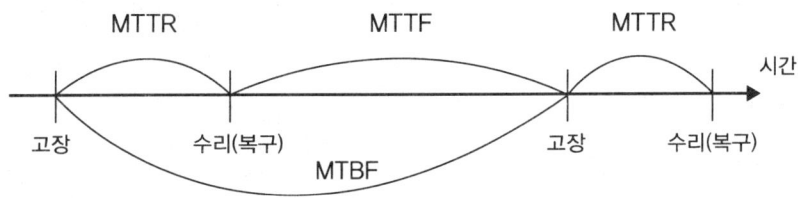

[그림 4-10] MTTF, MTBF, MTTR의 정의

4. 신뢰성 시험의 구분

신뢰성 시험은 설계 및 양산 검증 단계에서 실시되는 신뢰성 성장 시험과 신뢰성 보증 시험, 양산 단계에서 수행되는 번인(Burn-in) 시험, ESS(환경 스트레스) 시험 또는 신뢰성 수락 시험으로 구분할 수 있으며, 다음과 같이 구분될 수 있다.

1) 시험 목적에 따른 종류

(1) 적합시험 : 품목의 특성(성질)이 규정된 요구 사항에 적합한지를 판정하기 위한 시험으로서 통계적으로 검정에 해당한다.

(2) 결정시험 : 품목의 특성(성질)을 확인하기 위한 시험으로서 통계적으로 추정에 해당한다.

2) 개발 단계에 따른 종류

개발 단계에 따라서 개발·성장 시험, 보증 시험, 양산 신뢰성 보증 시험, 번인(또는 ESS) 등이 있다.

3) 시험 장소에 따른 종류

(1) 실험실 시험 : 제어되는 규정된 조건에서 수행되는 시험이다.

(2) 현장 시험 : 운용, 환경, 보전 및 측정 조건이 기록되는 현장에서 수행되는 시험이다.

4) 가속 여부에 따른 종류

(1) 가속 시험 : 시험 기간을 단축하기 위하여 기준 조건보다 가혹한 스트레스를 인가하는 시험이다.

(2) 정상 시험 : 실제 사용 조건에서 인가되는 스트레스에서 수행되는 시험이다.

5) 정형과 비정형 여부에 따른 종류

(1) 정형 시험 : IEC, ISO, KS 등에 규정된 표준화된 시험이다.

(2) 비정형 시험 : 신규성이 높고 고장 메커니즘이 불분명하며, 필드 정보가 충분하지 않은 시험이다.

5. 신뢰성 시험 항목

일반 전자 기기의 신뢰성 시험에는 온도, 습도, 진동 등 다양한 외부 요인에 대한 신뢰성 항목을 점검하게 된다.

1) 온도 관련 신뢰성 시험

〈표 4-2〉 온도 관련 신뢰성 시험의 항목 및 내용

시험 항목	시험 내용
고온 시험	고온 상태에서 기능상의 내성을 평가하는 시험(절연 불량, 기계적 고장, 열 변형에 의한 구동 불량 등)
저온 시험	저온 상태에서 기능상의 내성을 평가하는 시험(취약화, 결빙, 기계적 고장, 열 변형에 의한 구동 불량 등)
온도 사이클 (열 충격) 시험	온도변화가 주기적으로 반복될 경우 제품 기능상의 내성을 평가하는 시험(기계적 고정, 누설 발생 등)

2) 습도 관련 신뢰성 시험

〈표 4-3〉 습도 관련 신뢰성 시험의 항목 및 내용

시험 항목	시험 내용
고온 고습 시험	고온·고습 상태에서 사용될 때 기능상의 내성을 평가하는 시험(수분 흡수, 팽창, 절연 불량, 기계적 고장, 화학 반응 등)
온습도 사이클 시험	높은 습도하에서 온도 변화가 반복되었을 때 제품 표면에 수분이 응결하여 누전이 발생할 가능성 평가

3) 진동 관련 신뢰성 시험

〈표 4-4〉 진동 시험의 항목 및 내용

시험 항목	시험 내용
정현파 진동 시험	운송 또는 사용 중 주기적인 특성을 갖는 진동에 노출되는 경우의 내성을 평가하기 위한 시험
광대역 랜덤 진동 시험	형태가 비주기적이고 일정하지 않게 무작위적으로 발생하는 진동에 노출되는 경우의 내성을 평가하기 위한 시험
충격 시험	운송 또는 사용 중 빈도가 적고 반복이 없는 충격에 적정한 내성을 갖는지 평가하기 위한 시험

2 신뢰성 시험 방법 및 합격 기준

1. 신뢰성 시험 검사 계획 수립 시 유의 사항

신뢰성 시험은 많은 비용과 시간이 소요됨으로 인하여 기획 단계에서 시험의 목적, 방법, 일정 등을 규정한 신뢰성 시험 계획이 수립되어야 하며, 과거의 경험 및 데이터, 기술 정보 등을 충분히 검토, 분석하여 다음 항목을 사전에 결정하여야 한다.
(1) 신뢰성 고장의 정의, 시험 실시 항목
(2) 환경 스트레스의 종류, 시험 수준 수
(3) 표본 수(제품 개수), 시험 시간 및 비용
(4) 검사 방법 및 검사 장비
(5) 자체 검사 및 외부 의뢰 여부
(6) 고장 분석 결과의 피드백 방법

2. 고장의 정의와 형태 구분

1) 고장의 정의

고장은 제품, 시스템, 부품 등이 요구 기능을 수행하지 못하는 사건을 말하며, 이때 요구 기능을 수행하지 못하는 의미는 특정 기능을 수행할 수 없는 경우만을 의미하는 것이 아니라 기능을 수행하지만, 성능이 요구 수준을 만족하지 못하는 경우도 포함된다.

2) 고장 형태의 구분

(1) 유관 고장(Relevant failure)
결정된 시험 조건과 환경 조건상 발생할 수 있는 외부 조건에 기인한 시험 대상의 성능에 직접 영향을 주는 주 관심 고장이다.

(2) 간헐 고장
짧은 기간 동안 일부의 기능이 상실되었다가 즉시 정상 복구되는 고장이며, 동일 아이템에서 동일한 고장이 간헐적으로 발생하는 경우에는 처음 발생하였을 때에만 유관 고장으로 계산하고, 그 후 발생한 고장은 무관 고장으로 취급한다.

(3) BIT(Built-In Test) 중 발생한 고장

장비나 측정 장비가 구성되어 제품의 자체 진단 기능으로 고장을 관측할 수 있음을 의미한다.

(4) 입증된 고장

하드웨어 설계 및 제조 결함에 기인한 고장, 또는 소프트웨어의 잘못에 기인한 고장이다. 단, 시험 중에 시정 및 확인이 가능하면 무관 고장으로 처리한다.

(5) 소모성 부품에 기인한 고장

수명이 한정된 소모성 부품( 배터리)을 사용한 경우 부품의 수명이 다하기 전에 고장이 발생하면 유관 고장으로 처리하지만, 수명이 다한 후에 발생한 고장은 무관 고장으로 처리한다.

(6) 중복 고장

2개 이상의 고장이 독립적으로 동시에 발생하는 것으로서, 고장이 동시에 여러 개 발생하였을 경우 어느 한 부품의 고장으로 인하여 다른 부품이 고장난 경우의 종속 고장은 유관 고장 수에 포함하지 않고 독립 고장의 개수만 고장으로 포함한다.

(7) 입증되지 않은 고장

조사 중이거나 중복되지 않는 고장으로서, 아직 그 원인을 알 수 없는 고장이다.

(8) 무관 고장(Non-relevant failure)

① 시험 조건 및 운용상 발생될 수 없는 외부 조건에 기인한 것이라고 판단되는 고장으로서 시험 대상의 성능에 직접적으로 영향을 주지 않는 고장이다.
② 시험실 내의 부적당한 시설에 기인한 고장이다.
③ 시험 장비나 모니터 장비의 고장에 기인한 고장이다.
④ 장비를 시험하거나 조정할 때, 시험자의 잘못된 조작에 기인한 고장이다.
⑤ 규정된 교체 기간이 지난 후 사용 중에 발생한 고장이다.
⑥ 타 장비의 운용, 정비 또는 수리 절차의 잘못에 기인한 고장이다.
⑦ 시험 절차의 잘못에 기인한 고장이다.
⑧ 동일한 유닛 내에서 간헐적으로 나타나는 2번 이상의 고장이다.
⑨ 고장 발견 수리 중, 초기 고장 배제 시험 중, 셋업 중 발생한 고장이다.
⑩ 시험 규격을 초과하는 과부하로 인하여 발생한 고장이다.
⑪ 잘못 교체된 부품에 의한 고장이다.

3. 시험 규격에 따른 시험 방법

신뢰성 시험을 하기 전에 어느 단계에서 어떤 시험할 것인지를 계획함으로써 불필요한 중복을 피하고 시험을 효과적으로 수행할 수 있다. 이를 위해서는 사용 조건에서 문제가 되는 고장 모드와 메커니즘, 고장에 영향을 주는 스트레스와 수준을 고려하여 시험 항목과 조건을 결정하는 것이 필요하다.

1) 시험 항목

소비자가 요구하는 시험 항목은 우선적으로 시험 계획에 반영하고, 기존 유사 제품의 필드 데이터가 가용한 경우에는 수집된 데이터를 고장 모드와 메커니즘별로 분류한 후 신뢰도 분석을 통하여 주요 고장 모드와 메커니즘을 파악하여 이를 검증하기 위한 시험 항목을 결정한다.

2) 시험 조건

(1) 사용 조건

사용 조건은 대푯값과 함께 최고·최저 온도와 같은 가혹한 조건의 값이 중요하다.

(2) 환경 조건

환경 조건의 조합은 과도적인 변화가 제품의 고장을 일으킬 수 있으므로 이들 조건도 명확히 알아야 한다. 또 환경 조건은 자연환경(온도, 습도, 고도, 태양열, 기압 등)과 인공 환경(진동, 충격, 가속도, 전압, 전류 등)으로 구분된다.

(3) 내구성 시험 조건

내구성 시험은 설계 시에 고려된 또는 통상적으로 의도되는 사용 조건에서 아이템이 요구 기능을 수행할 수 있는 기간(시간, 주행 거리, 횟수 등)을 실증적이고 통계적인 방법에 의해 예측하기 위한 것이다. 내구성 시험 조건은 사용 조건에서 문제가 되는 고장 모드와 메커니즘에 관한 정보, 운용 및 환경 요소의 종류와 가혹도, 환경 요소의 조합과 순서에 따른 영향 등을 주의 깊게 조사하여 설정해야 한다.

3) 시험 및 계측 장비의 준비

신뢰성 시험을 실시하기 위한 치공구(JIG)와 각종 스트레스 인가를 위한 신뢰성 시험 시스템을 설계한다. 시험 제품에 맞도록 시험 장비를 조율하고, 특성 및 성능 결함 검출을 위한 검출 센서 등을 부착하기 위한 모든 시험 장비와 계측 장비를 준비한다.

(1) 장비의 신뢰성 확보
신뢰성 시험에서 시료뿐만 아니라 장비도 가혹한 스트레스 상태에 놓이므로 시험 장비도 충분히 신뢰성이 높게 설계되어야 한다.

(2) 장비의 안전성 확보
장기 시험에 대한 화재와 인명에 대한 안전성을 고려하여야 하므로 고장 안전 설계를 실시하여야 하며, 또한 수리와 점검이 용이한 보전성 설계 기법을 활용하여 시험 장비 및 지그를 설계하여야 한다. 또 단자, 리드, 커넥터, 인쇄 회로, 기판 등과 같은 부품, 재료의 내환경성도 충분히 검토해야 한다.

(3) 장비의 소음 제거
전자관이나 저항과 같은 소자들은 자체에서 열을 발생시키므로, 샘플 수와 배치에 따라 온도의 분포가 균일하지 않을 수 있으므로 심하면 시험 결과에 많은 영향을 주어 결과를 신뢰할 수 없게 되어 주의를 요한다. 또 소자의 경우에는 기생 발진이 일어나고 있는 것은 아닌지를 확인하는 것도 중요하다.

(4) 장비의 보호 기능
시험 샘플에 돌발적으로 단락, 개방, 스파크 등의 고장이 발생한 경우에 그 영향이 다른 샘플에 미치지 않도록 또 그것을 알 수 있도록 설계하여야 한다.

4) 측정의 정밀도 및 정확도 확보
신뢰성 시험은 시간 경과에 따른 변화량의 확인이 필요하여 측정 시 오차가 경시 변화보다 크면 신뢰성 평가의 오류가 발생하므로 이에 대한 철저한 준비가 필요하다.

(1) 측정기의 검 · 교정
측정하기 위한 계측기의 경우에는 규정된 기간이 되면 검 · 교정을 실시하여 측정의 오차를 반드시 줄여야 한다.

(2) 측정의 오차 수정
계측기의 검 · 교정을 했다 하더라도 계측 기간의 오차와 사람 간의 오차에 의하여 측정값의 변동이 생기므로 이를 측정하여 오차를 수정하여야 한다. 이때 계측기의 오차는 반복성에, 측정자 간의 오차는 재현성에 영향을 미치게 된다.

5) 시험의 균일성 확보

여러 개의 시료를 시험하는 경우 가해지는 파라미터가 균일하게 가해져야 시험 결과의 신뢰성을 확보할 수 있다. 따라서 위치마다 측정을 하여 변동이 없다는 것을 증명하여야 한다.

(1) 온도의 균일성 확보

챔버 내 시료의 위치별로 온도 센서를 부착하여 안정화되는 시간 및 온도 분포를 측정하여 변동이 유의 수준에 있는지를 확인한다.

(2) 진동의 균일성 확보

챔버 내 시료의 위치별로 진동 센서를 부착하여 반응하는 진동 값을 측정하여 진동이 정확하게 가해지는 반응값 및 위치별로 진동 차이가 없는지를 측정하여 진동의 균일성을 확보하여야 한다. 그 외 압력, 먼지, 습도 등 많은 파라미터들에 대하여 시험하기 전 예비 시험을 통하여 균일성을 확보한 후 시험을 실시하여야 한다.

4. 외부 시험 의뢰 시 참고 사항

1) 공인 신뢰성 시험 기관

공인 신뢰성 시험을 수행하는 기관은 다양한 민간 인증기관이 있다.

2) 신뢰성(환경) 시험 표준

신뢰성 시험 표준은 시험 항목에 따라 KS 표준이나 국제전기표준위원회(IEC) 표준 등을 따라 수행해야 한다.

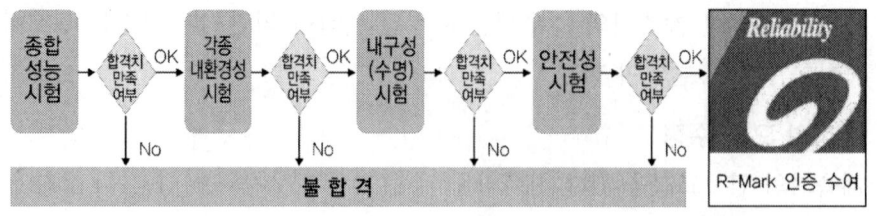

[그림 4-11] 한국기계연구원 신뢰성평가센터의 신뢰성 시험 절차

신뢰성 인증 신청서

			처리 기간
			60일 (다만, 시험, 분석, 감점에 수요되는 기간은 제외한다.)

신청인	업 체 명		사업자등록번호	
	대표자 성명		대표자 주민등록번호	
	소 재 지		전 화 번 호	
부품·소재명				
종류 또는 용도				

부품·소재전문기업등의육성에관한특별조치법 제26조제1항 및 동법시행규칙 제17조 제1항의 규정에 의하여 신뢰성인증·평가를 위와 같이 신청합니다.

　　　　　　　　　　　　　　　　　　　　　　　년　　　　월　　　　일

　　　　　　　　　　　　　　　　　신청인 :　　　　　　　(서명 또는 인)

한국기계연구원장 귀하

첨부서류	수수료
1. 부품·소재 설명서(사용환경 및 용도 등을 포함합니다) 2. 부품구성도 및 부품을 구성하는 단위 부품 목록을 기재한 서류 (부품의 경우에 한합니다.) 3. 부품·소재의 특성을 고려하여 신뢰성인증기관이 당해 부품·소재의 신뢰성인증심사시 필요하다고 미리 공고하는 부품·소재 관련 자료	부품·소재전문기업등의 육성에관한 특별조치법시행령 제48조제1항에서 정하는 수수료

5. 검사 결과 기반 제품 개선

1) 고장품 분석 방법

(1) 고장에 대한 이해

① Where : 고장 발생 부위를 파악한다.
② When : 고장 발생 시점을 파악한다.
③ Why : 고장이 왜 발생하였는지에 대한 이유를 분석한다.
④ How : 고장이 어떻게 발생하였는지에 대한 메커니즘을 이해한다.
⑤ What : 고장 결과가 제품에 끼치는 영향에 대해 분석한다.
　㉠ 고장 분석 프로세스
　㉡ 고장의 발견과 고장품 수집
　㉢ 현상 확인, 고장 정보의 수집
　㉣ 원인 조사
　　- 고장 분석　　　　- 재현 시험
　　- 통계적 데이터 분석　- 대책 검토
　　- 개선 적용　　　　- 대책 평가와 처치 확인
　　- 재발 및 미연 방지의 확인과 기술 표준화

2) 신뢰성 개선 전략의 수립

(1) 신뢰성 설계 및 예측을 통한 개선

① 스트레스 분석
　㉠ 요즘과 같이 제품 개발에 대한 경쟁이 격심해서 충분한 신뢰성 평가 데이터나 신뢰성 시험 데이터가 얻어지지 않는 관계로 출하할 수 없는 경우도 있다.
　㉡ 신뢰성 설계의 유효성을 실행하기 위한 대책으로서 한계 시험과 설곗값으로 평가할 수 있는 능력을 길러서 신뢰성이 높은 설계를 해야 한다.

② 양품 해석
　㉠ 부품, 재료의 승인을 위해서는 양품 해석을 충분히 수행해야 한다.
　㉡ 통상적으로 신뢰도 예측은 시장 데이터와 실험실 데이터 등을 이용해서 수행한다.
　㉢ 신뢰성 예측의 결과는 설계에 피드백이 되고, 신뢰성 설계 및 평가 시에 이용된다.

③ 신뢰성 설계 시기
　㉠ 신뢰성 설계 구현은 가능하면 개발 초기에 이루어져야 한다.
　㉡ 개발 시의 신뢰성 예측은 제품 수명 시험을 통하여 신뢰도를 확인하는 경우(신뢰성 결정 시험)와는 달리, 대개의 경우 불확실하고 불충분한 데이터를 기초해서 할 수밖에 없으므로 신뢰성 설계에서는 사례를 잘 만들어 내어 이것을 축적하고 활용해야 할 필요성이 증대되고 있다.

(2) 신뢰성 평가와 검증을 통한 개선
① 체크리스트의 활용
　㉠ 제품 수명 주기에 있어서 신뢰성을 개선하고, 보증 활동에 이용할 수 있는 체크리스트를 대상으로 한다.
　㉡ 신뢰성 개선 프로그램의 실행에 활용할 수 있는 체크리스트를 적용한다.
　㉢ 신뢰성 체크리스트는 계통적으로 층별화 해서 만드는 것이 중요하고, 개발 진척 상태와 신뢰성 평가에 대한 구체적인 내용의 빠트림이 파악되도록 해야 한다.

② QFD의 활용
　㉠ QFD(Quality Function Deployment)는 고객의 요구를 제품 개발과정으로 통합시키기 위한 구조적 접근 방법이다.
　㉡ 소비자의 요구 사항을 제품의 설계 특성으로 변환하고 이를 다시 부품 특성, 공정 특성, 최종적으로 생산을 위한 시방으로 변환하는 것이다.
　㉢ QFD 구조의 핵심은 고객의 요구가 무엇인지(What)와 고객의 요구를 충족시키기 위해서 제품과 서비스를 어떻게(How) 설계하고, 개선할 것인지에 대해 목적과 수단을 서로 관련시켜 나타내 주는 매트릭스를 이용하여 구조화하는 것이다.
　㉣ 목적-수단 매트릭스를 이용하여 고객의 요구(목적)와 기술적 특성(수단) 및 경쟁력 평가를 나타낸 품질의 집(HOQ; House Of Quality)이라 불리는 품질표를 구성할 수 있다.
　㉤ 설계 단계, 부품 단계, 공정 단계, 생산 단계로 나누어 품질 개선을 위한 기능 전개를 해 나갈 수 있다.

③ FMEA의 활용
　㉠ FMEA(Failure Mode Effective Anaysis)는 제품 및 프로세스의 가능한 문제점 및 원인들을 사전에 예측하고 위험도를 평가하여 사전 예방이 가능하도록 한 기법이다.

ⓒ 설계의 불완전이나 잠재적인 결함을 찾아내기 위해 구성 요소의 고장 모드와 그 상위 아이템에 미치는 영향을 해석하는 기법이다.
ⓒ FMEA에서는 예상되는 고장 빈도, 고장의 영향도, 피해도 등에 관하여 평가 기준을 설정해 두고, 개개의 구성 요소에 대하여 고장 평가를 하고 이것을 종합하여 치명도를 구한다.
ⓔ 치명도가 높을수록 중점적인 관리가 필요하다.

④ Pareto Chart의 활용
  ㉠ 시제품의 문제를 시제품을 구성하는 항목별로 분류하여 크기순으로 나열한 그림을 파레토도(Pareto Chart)라 한다.
  ㉡ 파레토도의 사용 목적은 개선 항목의 우선순위를 결정하고, 문제점의 원인을 파악하고, 개선 효과를 확인하기 위하여 사용된다.
  ㉢ 파레토도의 특징은 어느 항목이 가장 문제가 되는지 찾아낼 수 있고, 문제 항목의 크기, 순위를 한눈에 알 수 있다.
  ㉣ 문제 항목이 전체에서 차지하는 비중을 알 수 있고, 수월하게 그림을 그릴 수 있다는 점이다.
  ㉤ 파레토도의 작성 절차는 조사 대상을 결정, 데이터 수집, 데이터 분류, 항목 정렬, 점유율 계산, 그래프 작성, 누적 곡선 작성 및 필요 사항기재로 이루어진다.

1.3 규격인증 진행

1 항목별 안전 규격의 이해

전기용품 안전인증 제도는 전기용품 안전관리법에 의거 시행되는 강제 인증 제도로서 대상 전기용품의 안전인증을 받아야 제조·판매가 가능하도록 하는 제도이다. 인증 업체가 인증 받은 제품과 동일한 제품을 지속적이고 안정적으로 생산하는가를 평가하므로 불량 전기용품으로 인한 감전, 화재 등의 위험과 장애로부터 소비자를 보호하기 위한 목적을 갖는다.

1. 전기용품 안전관리제도

1) 전기용품 안전인증제도
① 「전기용품 및 생활용품 안전관리법」 제3조의 규정에 따라 안전인증대상 전기용품을 제조하거나 외국에서 제조하여 대한민국으로 수출하고자 하는 자가 안전인증기관으로부터 제품의 출고 전(국내제조), 통관 전(수입제품)에 안전인증대상 전기용품의 모델별로 안전인증을 받아야 하는 제도이다.

2) 전기용품 안전확인제도
① 최근 전기·전자 산업의 발달로 인한 신제품 보급 증가, 기업에 대한 규제 완화 필요성 등의 주변 환경 변화를 고려하여 위해 수준에 따라 안전 관리 절차를 차등 적용하기 위해 「안전확인제도」를 도입하여 2009년 1월 1일부터 시행한다.
② 안전확인대상 전기용품에 대하여는 기존의 안전인증대상 전기용품에 적용되는 공장심사와 연 1회 이상의 정기 검사 절차가 적용되지 않는다.

3) 공급자 적합성 확인제도
① 전기용품의 제조업자 또는 수입업자가 제품을 출고하거나 통관하기 전에 전자용품의 모델별로 제품 시험을 실시하거나 제3자에게 시험을 의뢰하여 해당 전기용품이 안전 기준에 적합한 것임을 스스로 확인하는 제도이다.
② 안전확인대상 전기용품 중 A/V 기기 등 저위험 품목(예 3D프린터의 경우 직류 42V, 교류 30V 이하)에 우선 적용하였으며, 점진적으로 대상을 늘려 갈 계획이다.
③ 제조업자는 공급자 적합성 확인 시험 결과서 및 공급자 적합 확인서를 작성하여 최종 제조일로부터 5년간 비치해야 한다.

〈표 4-5〉 국내 안전인증제도와 안전확인제도의 비교

구 분		안전인증제도	안전확인제도
화학	안전성 시험	확인	확인 안 함
공장확인	제조·검사설비	확인	확인 안 함
	원자재·공정 검사	확인	확인 안 함
	제품검사	확인	확인 안 함
인증·신고		인증서 발급	신고서 발급
정기사후관리(제품시험+공장확인)		확인	정기심사 없음

2. 전기용품 안전 규격의 분류

1) 적합성 평가 대상에 따른 분류
(1) 제품 인증 : 인증 대상이 제품인 경우 및 목적에 따라 안전인증과 성능 인증 포함한다.
(2) 시스템 인증 : 인증 대상이 제품이 아닌 회사의 시스템인 경우 및 평가 목적에 따라 품질경영 시스템(QMS), 안전보건 시스템(OHSHAS), 환경경영 시스템(EMS) 등 포함한다.

2) 적합성 평가 주체에 따른 분류
(1) 1자 인증 : 제조자가 스스로 적합성을 평가하는 방법이다.
(2) 2자 인증 : 구매자가 제조자의 제품이나 시스템에 대해 적합성을 평가하는 방법이다.
(3) 3자 인증 : 제조자나 구매자가 아닌 제3자(예 인증 기관)를 통한 인증 방법이다.

3) 강제성 여부에 따른 분류
(1) 강제 인증 : 관련 법규 및 규정에 따라 적합성 평가를 실시하지 않으면 시장에 유통시킬 수 없는 인증 방법이다.
(2) 임의 인증 : 인증 획득 여부가 전적으로 신청자의 의도에 달려 있는 강제성이 없는 인증을 말하나, 실제 임의 인증도 대부분은 소비자 신뢰도와 민감하게 연결되어 있는 경우 묵시적 강제성을 띠는 경우가 많다.

2. 지역별 안전인증의 종류

(1) 글로벌 브랜드 파워 서플라이에는 많은 인증 마크가 있는데 안전인증, 전자파인증, 환경인증 등 세 가지로 구분할 수 있다.
(2) 전자파인증은 대부분의 국가가 강제적 사항이지만, 안전인증이 의무화된 지역은 적다. 많은 나라가 안전인증과 전자파인증 마크를 동일한 로고로 사용하기에 그 구별은 인증서를 확인해야만 알 수 있다.
(3) 안전인증 비용이 더 크기에 의무적인 경우가 아니면 통상적으로 전자파인증으로 보면 된다. 우리나라도 기존의 전자파인증과 2013년 7월 1일부터 시행하는 안전인증을 KC 마크를 사용한다. 〈표 4-6〉에 주요 국가별 안전인증기준으로 요약하였다.

CHAPTER 01 품질보증

〈표 4-6〉 주요 국가별 안전인증기준

국가명	인증 내용	로고
대한민국	한국 전기용품 안전인증(KC)	KC
미국	미국 연방정부 안전기준(UL)	UL
미국	미국 연방정부 전파인증(FCC)	FC
유럽	유럽공동체 안전인증(CE)	CE
일본	일본 전기용품 안전인증기준(PSE)	PSE
중국	중국 안전 및 품질인증(CCC)	CCC

참고 KC 정의란?

전기용품 및 생활용품 안전관리법에 의거하여 시행되는 인증제도로서 안전인증을 받아야 제조 판매를 할 수 있도록 하는 제도입니다. 인증 업체가 인증 받은 제품과 동일한 제품을 지속적이고 안정적으로 생산하는 가를 평가함으로써 불량 전가용품으로 인한 감전, 화재 등의 위협과 장해로부터 국민(소비자)을 보호하기 위한 목적을 갖고 있습니다.

3. 유럽공동체 안전인증(CE)

1) CE 마킹 대상
교류 50~1,000V 및 직류 75~1,500V의 정격 전압으로 사용하도록 설계된 기기

2) CE 적합성 선언서에 포함되는 내용
① 제조자 또는 EU 지역 내의 대리인 명칭
② 전기기기의 설명
③ 적용 규격의 번호
④ 해당하는 경우 적합성 선언 규격 번호
⑤ 제조자 대신에 서명할 권한을 부여받은 사람의 성명(대리인)
⑥ 적합성 선언 일자

2 항목별 안전 규격의 기준 설정

1. 시험 규격에 따른 계측 장비 및 설비

1) 전선, 케이블 및 코드류
① 마이크로미터, 버니어 캘리퍼스
② 더블 브리지
③ 내전압 시험기, 절연 저항 시험기, 난연성 시험기
④ 인장 시험기, 저울, 항온조

2) 스위치·전자개폐기
① 마이크로미터, 버니어 캘리퍼스
② 전압계, 전류계, 전력계
③ 온도 기록계, 열전대 온도계
④ 전압 조정기, 절연 저항계, 내전압 시험기

3) 전원용 커패시터 및 전원 필터

① 마이크로미터, 버니어 캘리퍼스
② 전압계, 전류계
③ 내전압 시험기

4) 전기 설비용 부속품 및 연결 부품

① 마이크로미터, 버니어 캘리퍼스
② 전압계, 전류계, 전력계
③ 온도 기록계, 열전대 온도계
④ 절연 저항계, 내전압 시험기

5) 퓨즈 및 퓨즈홀더, 전기기기용 차단기

① 마이크로미터, 버니어 캘리퍼스
② 전압계, 전류계
③ 온도 기록계, 열전대 온도계
④ 전압 조정기, 절연 저항계, 절연 내력 시험 장치
⑤ 퓨즈 용단 시험기(퓨즈에 한함)

6) 변압기 및 전압 조정기

① 마이크로미터, 버니어 캘리퍼스
② 전압계, 전류계
③ 온도 기록계, 열전대 온도계
④ 전압 조정기, 절연 저항계, 내전압 시험기

7) 전기기기 공통 설비 《(1)~(4)번은 공통 계측 장비》

① 마이크로미터, 버니어 캘리퍼스
② 전압계, 전류계, 전력계
③ 온도 기록계, 열전대 온도계
④ 전압 조정기, 내전압 시험기
⑤ 전기다리미 : 3점 지지대

⑥ 전기 탈수기 : Long test pin
⑦ 전기 레인지, 주방용 전열 기구 : Long test pin, 부하 시험기, 1.8kg 시험 용기
⑧ 전기 세탁기 : 시험용 천, 온수 공급 장치
⑨ 전기 건조기 : 표면 온도 측정기
⑩ 전기 냉장(동) 기기 : 냉매 측정기
⑪ 전자레인지 : 고압 Probe, 오실로스코프
⑫ 전열기기 : 5kg 추
⑬ 전기 맛사지기 : 90kg 부하

8) 정보/통신/사무기기
① 마이크로미터, 버니어 캘리퍼스
② 전압계, 전류계, 전력계
③ 온도 기록계, 열전대 온도계
④ 전압 조정기, 내전압 시험기

9) 조명기기
① 마이크로미터, 버니어 캘리퍼스
② 온도 기록계, 열전대 온도계
③ 절연 저항계, 내전압 시험기
④ 누설 전류계, 타이머

2. 시험 규격에 따른 시험 방법

1) 내전압 시험

내전압 테스트는 전기적으로 위험한 부분과 위험하지 않은 부분 사이의 내전압 혹은 절연장벽의 적합성 여부를 판단하는 것이다. 일반적으로, 내전압(절연) 장벽은 위험한 회로와 사용자가 접촉할 수 있는 부분(또는 제품표면) 사이에 형성된다. 내전압 테스트는 제품이 시장에 나오기 전, 제품의 안전성을 보증하는 기본적인 방법이다.

① 내전압 시험은 일반적으로 Withstanding Voltage Test라고 부르며, 피측정체(DUT; Device Under Test)의 절연 성분 사이에 얼마나 높은 전압을 견딜 수 있는지 평가하는

시험으로서 내전압 측정장비(Withstanding Voltage Tester)를 사용하여 수행한다.
② 내전압 시험 시 통상 정상 동작 전압의 두 배에 1,000V를 더한 전압을 사용한다.
(예) 120V나 240V에 동작되는 가전제품의 경우, 시험 전압은 보통 1,250~1,500VAC 수준)
③ DC 내전압 시험의 전압은 AC의 경우보다 높은데, AC 시험 전압에 계수 1.414를 곱한 값이 일반적으로 사용된다.
④ 이중으로 절연된 제품을 시험하기 위한 전압은 더욱 높은데, 120V 전원을 사용하는 제품은 2,500VAC나 4,000VAC로 시험하기도 한다.

2) 누설 전류 시험

AC 전원을 사용하는 모든 제품에는 전원이 들어와 동작 중일 때 약간의 누설 전류가 흐른다. 이러한 누설 전류는 보통 AC 전원부로부터 제품의 접지 경로를 통해 전원 코드의 접지 단자가 연결된 대지 접지(Earth ground)로 흐른다. 접지 단자가 없는 제품이나 접지가 제대로 연결되지 않은 제품의 경우에는 제품의 금속 부분에 전위가 형성된다.

① 누설전류 시험은 전기·전자 제품이 실제로 전원이 인가되어 동작 중이고, 제품 외부로 노출된 도체 부분을 사용자가 만졌을 때 인체를 통해 흐르는 누설 전류가 안전한 값(Safe Level) 이하로 흐르는가 여부를 평가하는 시험법이다.
② 사용자 안전을 위해 규격 기관에서는 누설 전류의 제한치를 보통 0.5mA 이하로 요구하고 있다.(단, 전원 플러그에 접지 단자가 있고 경고 문구 스티커를 붙인 일부 제품의 제한치는 보다 높은 0.75mA로 하기도 한다.)
③ 일반적으로는 설계나 모델 테스트(Type test) 단계에만 적용되나, 의료용 장비의 경우에는 생산 시 전수 검사를 하도록 하고 있다.
④ 제품이 동작 중일 때의 누설 전류 시험은 접지가 안 되었거나, 전원 단자가 거꾸로 연결되었을 때 등 비정상적인 상황에서 테스트하게 된다.(예) 정상적인 전압 인가 상태, 단자가 바뀐 전원 인가 상태, 접지를 하지 않은 상태 등의 순서)

3) 절연 저항 시험

절연 저항 측정은 일반적으로 두 테스트 포인트 사이의 실제 저항을 알아내기 위해 실시한다. 절연 저항 테스트는 누설 전룻값 대신 저항값을 읽는다는 것 외에는 DC 내전압 테스트와 흡사하다. 일반인들이 사용하는 제품의 적합성을 증명하는 데 절연저항을 표기하는 것보다 실용적이고 효과적인 방법일 수 있다.

① 절연 저항 시험은 전기적으로 절연되어 있는 어느 두 지점 사이의 절연 저항을 측정하는 테스트로 전류의 흐름을 방해하기 위한 전기적 절연이 얼마나 효과적으로 되어 있는가를 판정한다.
② 제품이 생산된 직후뿐만 아니라 일정 기간 사용한 후 절연의 상태를 검사하는 데 유용하다.
③ 정기적으로 절연 저항 시험을 실시하면 절연 파괴가 일어나기 전에 절연 불량을 판별해 낼 수 있고, 절연 파괴에 의한 사용자 안전사고나 비용이 많이 드는 고장 발생을 예방할 수 있다.
④ 충전(Charge), 유지(Dwell), 측정(Measure) 그리고 방전(Discharge)의 4단계를 거친다.

4) 접지 연속성(Ground Continuity)

접지 연속성 테스트는 표면에 노출된 전도성 금속 부분과 전원부 접지 사이의 접지 경로를 검사한다. 이 접지 경로는 사용자를 전기 쇼크로부터 보호하는 가장 기본적인 수단이다.

5) 극성(Polarization Test)

극성 테스트는 일반적으로 동작 시의 누설 전류 테스트나 내전압 테스트와 같은 다른 테스트의 한 부분으로 실시된다. 이 테스트는 제품의 전원플러그(3단자 또는 뉴트럴(Neutral) 단자가 좀더 큰 2단자 플러그)가 제대로 연결되었는지를 검사한다. 테스트는 육안 검사를 하거나 결선의 도통 상태를 검사함으로써 수행된다. 이 테스트의 주목적은 라인(Line) 단자와 뉴트럴(Neutral) 단자가 서로 바뀌지 않았는지를 검사하는 것이다.

6) 접지 도통 테스트

접지 도통 테스트는 접지 경로의 완벽함을 검사하는데, 이때는 25~30A의 높은 전류와 낮은 전압을 이용한다. 이 테스트는 실제로 제품에 문제가 발생했을 때 어떻게 될 것인가를 검사하는 것으로서 접지 연속성 테스트와 비슷하다.

3 장비구조별 인증 절차 및 기준

1. KC 안전 규격 공인인증기관

(1) 한국산업기술시험원
(2) 한국기계전기전자시험연구원
(3) 한국화학융합시험연구원

2. KC 안전인증/안전확인/공급자 적합성 확인신청 절차 및 구비서류

1) 전기용품 안전인증 신청 방법

(1) 전기용품 안전인증 처리 절차

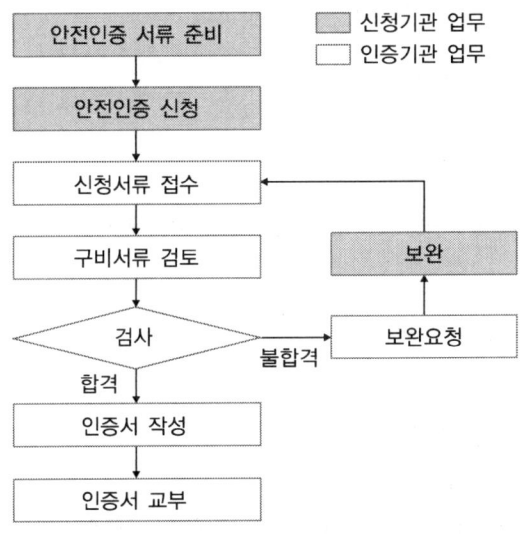

[그림 4-12] 전기용품 안전인증 처리 절차 모식도

(2) 전기용품 안전인증 구비서류
① 안전인증 신청서
② 사업자 등록증 사본
③ 제품 설명서(사용 설명서 포함)
④ 전기적인 안전에 직접적인 영향을 주는 부품의 명칭(제조 업체명, 모델, 정격 및 파생 모델명 포함)

⑤ 전기적 특성 등을 기재한 서류
⑥ 절연 재질(온도 특성, 난연성 특성)의 명세서
⑦ 전기 회로 도면
⑧ 대리인임을 증명하는 서류(대리인이 신청하는 경우)

2) 전기용품 안전확인신청 방법

(1) 전기용품 안전확인 처리 절차

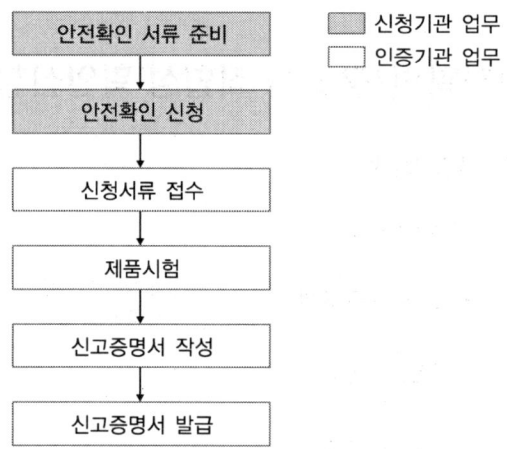

[그림 4-13] 전기용품 안전인증 처리 절차 모식도

(2) 전기용품 안전인증 구비서류
① 사업자 등록증 사본
② 제품 설명서(사진 포함)
③ 안전확인 시험 결과서
④ 대리인임을 증명하는 서류(대리인이 신청하는 경우)

3) 공급자 적합성 확인신청 방법

(1) 공급자 적합성 확인 처리 절차

제조업자 또는 수입업자가 공급자 적합성 확인대상 전기용품의 안전기준 적합 여부를 스스로 확인 혹은 외부 기관에 의뢰하여 확인서 발급 후 사내 비치

(2) 공급자 적합성 확인 후 비치 서류
① 제품 설명서　　② 시험 결과서　　③ 공급자 적합성 확인서

3. 공장 심사 절차

1) 초기 공장 심사

(1) 심사 목적 : 안전인증 대상 전기용품을 제조하고자 하는 공장의 제조 설비, 검사설비, 기술 능력 및 제조 체제를 평가하여 안전인증대상 제품의 안전을 확보할 수 있는지를 확인하기 위함이다.

(2) 심사 내용 : 시험 검사, 검사 설비, 품질 시스템 확인 등이 있다.

2) 정기 공장 심사

(1) 심사 목적 : 안전인증을 받은 안전인증대상 전기용품이 계속하여 안전을 유지하고 있는지를 확인하기 위하여 제조 공장의 제조 설비, 검사 설비, 기술 능력 및 제조 체제를 연 1회 이상 심사한다.

(2) 심사 내용 : 시험 검사, 검사 설비, 품질 시스템 확인 등이 있다.
① 전기용품 제조업자 및 제조 공장 변경 여부 확인
② 안전인증서에 기재된 제조 공장에서 전기용품을 생산하는지 여부
③ 안전인증서에 첨부된 안전 관리 대상 부품 목록과 동일하게 생산하는지 여부
④ 안전인증을 받은 전기용품의 안전 기준 및 안전인증 내용의 준수 여부

3) 공장 심사 자료 및 준비 서류

① 시험 검사 업무 규정(수입, 중간, 출하, 자체 검사) 및 관련 기록
② 보유 검사 설비 관리 대장 및 교정 성적서
③ 부적합품 관리 규정 및 관련 기록
④ 고객 불만 처리 규정 및 관련 기록
⑤ 공장 심사 보고서
⑥ 초기 공장 검사 설문서
⑦ 검사 설비
⑧ 자체 검사(공정 검사)

4) 공장 심사의 판정

① 종합 판정 방법은 "적합", "부적합"으로 구분하며, 모든 평가 항목이 적합("예"로 평가)한 경우 종합 판정을 "적합"으로 한다.
② 심사 시 "아니오"로 판정된 평가 항목에 대해서는 부적합 보고서를 작성한 후 부적합 개선 조치를 요구한다.
③ 신청 품목으로 품질경영시스템(ISO 9001)을 인증받은 기업의 품질 경영 평가 항목은 평가를 생략하여 모두 "예"로 판정한다.(단, 생략을 받으려는 인증 기업은 인증)
⑤ 신청 시 ISO 인증서 및 문서화된 중요 정보(내부 심사 결과, 경영검토 결과, 부적합 시정 조치 결과 등)를 인증기관에 제출하여야 한다.

4 계측 장비 활용 및 관리

1. 전자파 적합성 시험

1) 전자파 적합성(EMC)

전자파의 영향으로 인해 일어날 수 있는 현상을 방지하고자 만든 검사 규칙이 전자파 적합성(Electro Magnetic Compatibility; EMC)이라는 개념이다.

(1) EMC 시험의 필요성

① 다양한 형태의 무선 통신이 일반화된 현대 사회에서 외부의 교란으로 인해 통신망, 무선망 등의 오동작이나 혼신 잡음은 큰 문제를 야기한다.
② 전자파는 원자로나 비행기, 자동차도 고장이 발생하거나 오동작을 발생시킬 수 있어서 규제가 심해지고 있다.
③ 전자파로 인한 전자 기기의 오동작이나 고장을 방지하기 위한 시험이 EMC 시험이다.

(2) EMC 시험의 구성

① EMC 시험의 하부 개념으로 전자파 장애(Electro Magnetic Interference; EMI) 시험과 전자파 내성(Electro Magnetic Susceptibility; EMS) 시험이 있다.
② EMC는 EMI와 EMS를 총칭하는 개념이다. EMI와 EMS의 안전성에 대해 해외 인증기관들은 EMC에 대한 부분을 요구하고 있다.

③ 국내에서도 정부 부처별로 관련 제품에 대해서 판매전 반드시 해당 규격에 적합하다는 규격 승인을 받도록 의무화하고 있으며, 합격한 제품에 대해서 승인 마크를 표시하도록 하고 있다.

④ 전자파 장애 규칙은 정보 통신 관련제품을 대상으로 하고 있으며, 전기용품 안전 관리법은 전기 제품 및 전자 제품을 대상으로 하고 있다.

2) 전자파 장애(EMI)

(1) EMI 시험의 필요성

① 최근에는 휴대폰과 텔레비전, 무선 단말기에서 거의 전 대역의 주파수를 사용하므로 외부에서 교란이 발생하는 경우 막대한 손해가 발생할 수 있다.

② EMI 시험 : 외부로부터의 전자파 간섭 또는 교란에 의해 전자 회로의 기능이 악화되거나 동작이 불량해지는지 여부를 평가하는 시험 방법이다.

③ EMI의 규제 목적 : 공중 통신용 주파수를 보호하고 외부 전자파로부터 취약한 전자기기의 오동작을 방지하는 데 있다.

(2) EMI 시험의 구성

① EMI 잡음은 크게 낙뢰 등의 기상 변화 시 발생되는 자연 잡음과 사람이 장치를 사용할 때 부수적으로 발생되는 인공 잡음으로 분류한다.

② 인공 잡음은 방사 잡음과 전도 잡음으로 구분되며, 이에 따른 EMI의 시험 항목으로는 전원선을 통해 전파되는 전도 잡음(Conducted Emission; CE)과 대기 중으로의 방사를 통해 전파되는 방사 잡음(Radiated Emission; RE) 시험이 있다.

③ 방사 잡음 : 전송케이블이나 무선 통신 단말 등의 통신용 전파에 의한 장애는 물론 전송선의 코로나 방전 등 공간으로 직접 피해 측에 전파된다.

④ 전도 잡음 : 기기나 회로 간을 연결하는 신호선이나 제어선, 전원선 등이 본래 전송해야 할 신호들과 달리 이들 도선을 통해 잡음이 피해 측에 유도된다.

3) 전자파 내성(EMS)

(1) EMS 시험의 필요성

EMS는 자연환경 조건 혹은 주변 기기로부터 유입되는 전자파에 견디는 능력을 여러 가지 방법으로 평가하여 전자 기기의 오동작을 방지하는 데 있으며, 특히 프로세서가 내장된 기기의 오동작을 방지하기 위한 목적으로 사용된다.

(2) EMS 시험의 구성

EMS는 전자기기가 외부 전자파로부터 견디는 능력을 평가하기 위해 시험되며, 시험 항목으로는 전자파 방사, 정전기 방전, 전기적 빠른 과도 현상, 서지, 전압 강하, 순간정전 등의 시험이 있다. 결과적으로 제품 및 이더넷 통신 설계 시 이러한 부분이 적극적으로 반영되어야 전자파 환경에 대한 요구를 만족시킬 수 있다.

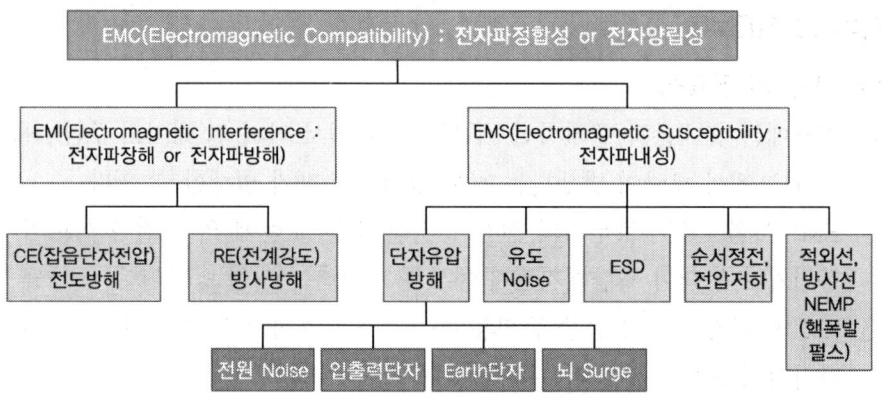

[그림 4-14] EMC 시험의 기본 구성

전자파 내성시험(EMS)은 다음과 같다.

① 정전기 방전시험(ESD) : 정전기 발생기로 직·간접 정전기를 유발하여 정상동작 여부 판단
② 방사내성시험(RS) : EMI의 방사 잡음과 반대로 전자파를 제품에 인가하여 정상 동작 여부를 판단
③ 전도내성시험(CS) : EMI의 전도 잡음과 반대로 제품의 라인에 인가하여 정상 동작 여부를 판단
④ 전기적 빠른 과도시험(EFT/Burst) : 전선로 등의 자기장, 불규칙 전계상황 노출 시 정상 동작 여부
⑤ 서지시험(Surge) : 2Kv 낙뢰 등의 상황 시 TNR에서 전위차 이용해 불량 발생이 안되도록 할 것
⑥ 전압변동시험 등(전압 강하/순시 정전) : 전압을 순차 강하하여 일정범위 전압 변동 시 정상 동작(B)

5 인증규격을 활용한 제품 설계

1. 시험 성적서의 불합격 내용을 파악

EMI 시험을 통과하기 위해서는 측정한 주파수 전 대역에서 충분한 마진(Margin)을 확보하여야 하나 주파수 300MHz 이상에서 마진 확보를 하지 못한 것으로 나타나 불합격 판정을 받은 사례이다.

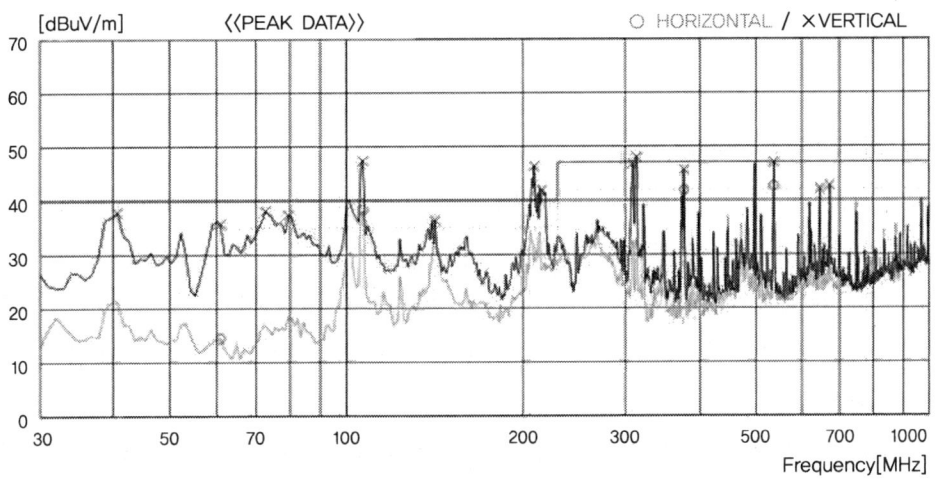

[그림 4-15] EMI 시험 결과 예시(불합격 결과)

2. 불합격 원인 파악 및 대책을 수립

1) Switching 전원부의 EMI 대책을 세운다.

① 입력단에 설치하는 L과 C의 값을 크게 하고, Filter의 단수도 증가시킨다.
② 입력 단자로부터 필터까지의 거리를 가능하면 짧게 유지해 주고, 입력 필터를 노이즈 발생원으로부터 가능하면 멀리 떨어뜨려 준다.
③ 출력 정류용 다이오드는 노이즈가 작은 것으로 교체한다.
④ 출력단 근처에 적절한 콘덴서를 추가하여 전원성 노이즈를 최소화시킨다.
⑤ 입력 Filter부를 Noise 발생원으로부터 멀리 떨어뜨린다.
⑥ 낮은 주파수 에서는 코일, 높은 주파수에서는 Cap을 쓰는 것이 효과적이다.

2) 1~10MHz 대역의 대책

① Y-cap 의 용량과 적절한 접속점을 검토한다(AC Line - Shield/earth).
② 출력 및 Shield(FG) 간의 Capacitor 용량과 적절한 접속점을 검토한다.

3) 10~30MHz 대역의 대책

① 출력정류용 Diode는 Switching noise가 작고 성능이 적절한 것을 검토한다.
② Ferrite bead 를 출력 Diode 바로 앞에 설치하는 것을 검토한다.
③ Switching 전원성능과 Noise 발생 간의 균형을 이룰 수 있는 Switching speed를 검토한다.

4) 기판부의 EMI 대책을 세운다.

① Clock emission을 억제하기 위해 Clock line을 최소한 짧게 하고, 안정된 Ground 층으로 Shielding을 강화해 준다.
② 기판 기준 전위층(Signal Ground; SG)의 고주파 임피던스를 감소시키기 위해 나사 등을 사용하여 기판을 프레임(Frame Ground; FG)에 완전히 결합시켜 준다(4점 이상).
③ CPU 및 주변 Chip의 전원 공급 라인에서 Chip 바로 앞에 Coupling cap을 삽입한다.

5) 페라이트 코어(EMC Core)를 적용한다.

페라이트 코어는 0kHz~200MHz 이상의 고주파에 이르기까지 투자율이 좋으며, 이 특성을 이용하여 제품 사이의 배선에 통과시키면 그 선에 흐르는 유효한 신호는 잘 통과시키며, 해로운 고주파 및 잡음 성분을 차단하는 역할을 한다. 페라이트 코어를 넣어 주게 되면 전선의 L이 증가하게 되고, 이로 인해 고주파 성분의 신호 전류는 잘 흐르지 못하고 저주파는 잘 통과하게 됨으로써 마치 콘덴서와 같이 동작한다.

3. 성능 개선을 위한 보완 및 재시험을 신청

보완된 제품으로 사전 성능 검사를 통하여 개선 유무를 판단하고 재시험 신청을 한다.(재시험 신청은 초기 신청 절차와 동일)

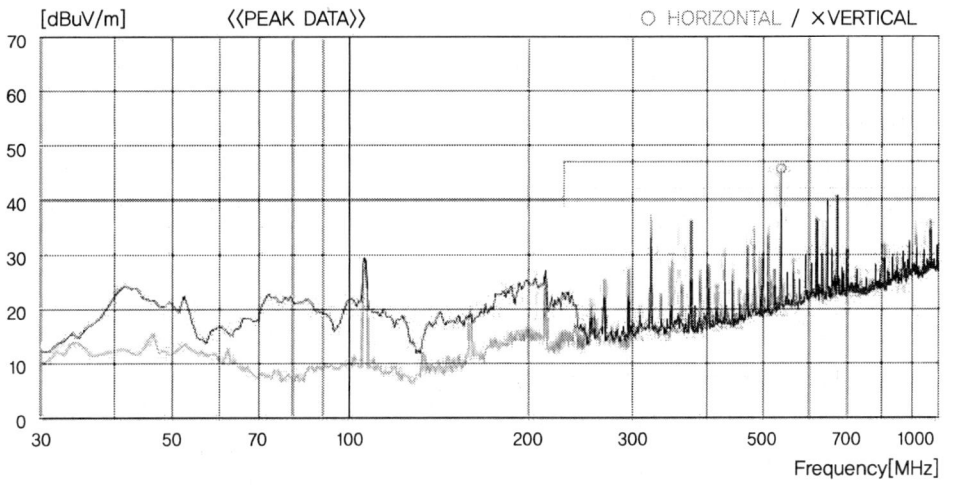

[그림 4-16] EMI 시험 결과 예시(보완 후 합격 결과)

출제 예상문제

01. 재료 압출형(ME) 익스트루더에 대한 설명으로 틀린 것은?
① 익스트루더(Extruder)는 유압장치(Cool end) 쪽에서 유입된 필라멘트를 이송하여 핫엔드(Hot end)에서 용융시킨 후 압출(Extrusion)시켜 노즐을 통해 프린팅하는 장치이다.
② 통상적으로 개인용 3D프린터용으로 판매되는 필라멘트(PLA, ABS)는 직경 1.75mm의 제품이 널리 사용된다.
③ 익스투르더의 노즐 직경은 0.4mm의 제품이 널리 사용되며 출력에 영향을 미치는 요인은 여러 가지가 있으나, 그중 가장 핵심적인 역할을 한다.
④ 필라멘트 공급 장치인 핫엔드(Hot end)와 필라멘트 용융 사출 장치인 공급장치(Cold end) 방식이 있다.

해설 필라멘트 공급 장치인 공급장치(Cold end)와 필라멘트 용융 사출 장치인 핫엔드(Hot end) 방식이 있다.

02. 직결식 익스트루더에 대한 설명으로 틀린 것은?
① 공급이 안정적이고 가벼운 콜드엔드를 같이 움직이므로 출력속도가 빠르다.
② 콜드엔드와 핫엔드 사이의 간격이 짧고, 필라멘트 교체가 매우 쉽고 다루기 편한 장점이 있다.
③ 콜드엔드가 핫엔드와 결합되어 있는 형태 때문에 이송 구조가 서로 튼튼하게 결합되어야 한다.
④ 헤드와 필라멘트 공급 장치가 결합된 채로 움직이는 방식이다.

해설 직결식 익스트루더
① 전체적인 프린터 헤드의 구조가 비대해지면 플랫폼에 따라서 원활한 사용이 어려운 경우도 있고, 출력 크기에도 영향을 주고 헤드의 무게가 증가한다.
② 무거운 헤드를 고속으로 움직이게 되면 방향을 전환할 때마다 관성에 의해 반동(Backlash)이 크게 발생하는데, 이를 해결하기 위해서는 프린터 자체의 무게를 무겁게 하고 헤드의 이송속도와 가속도를 낮춰야 한다.
③ 공급이 안정적이어서 다루기 쉬운 대신, 무거운 콜드엔드를 같이 움직여야 하므로 출력속도가 느리다.

03. 보우덴 방식 익스트루더에 대한 설명으로 틀린 것은?
① 필라멘트 공급 장치와 헤드가 분리되어 있다.
② 필라멘트는 공급 장치와 헤드 사이에 연결된 튜브를 통해 공급하며 움직이는 부분이 무거워 진동 제어와 고속 출력에 불리하다.
③ 공급 장치와 헤드 사이의 거리가 수십 cm 이상이기 때문에 필라멘트 공급을 제어하는 것이 어렵다.
④ 필라멘트가 공급 장치에서 압출되어 튜브를 지나는 동안 튜브의 영향으로 인해 필라멘트가 제대로 전달되지 못한다.

정답 ▶ 01. ④ 02. ① 03. ②

> **해설** 보우덴 방식 익스트루더
> ① 필라멘트는 공급 장치와 헤드 사이에 연결된 튜브를 통해 공급하며 움직이는 부분이 가벼운 핫엔드뿐이기 때문에 진동 제어와 고속 출력에 유리하다.
> ② 튜브의 길이가 길수록, 또는 필라멘트의 탄성이 떨어 질수록 영향을 크게 받는다.
> ③ 플렉시블 PLA(Flexible PLA)와 같은 특수한 필라멘트들은 공급 거리가 길 경우 공급 도중에 부러지거나 변형될 수 있어 보우덴 방식에서는 사용이 거의 불가능하다.
> ④ 보우덴 방식은 핫엔드만 움직이므로 출력속도가 빠르지만, 필라멘트 공급을 제어하기가 어렵다.

04. 3D프린터의 본체를 구성하는 주요 부품이 아닌 것은?
① 베드
② 구동 모듈
③ 필라멘트
④ 익스트루더

05. 3D프린터의 카르테시안(Cartesian) 방식의 구동에 대한 설명으로 틀린 것은?
① X, Y 방향 이송은 위치 제어를 위하여 주로 스테핑 모터와 타이밍 벨트에 의한 풀리 구조를 사용하거나 LM 가이드, 리니어 샤프트 등의 이용하여 선형 운동으로 구동한다.
② Z 방향 이송은 TM 스크루나 볼 스크루 등을 사용하여 구동한다.
③ Y축 구동부는 타이밍 벨트의 장력이 느슨할 경우 출력 품질이 떨어지거나 탈조 현상이 나타날 수 있고, 장력이 너무 강할 경우 출력 표면에 미세한 물결무늬가 발생할 수 있다.
④ Z축 구동부는 출력 시 많은 하중이 작용하므로 모터의 용량이 충분하도록 선정하여야 하며, 스테핑 모터와 볼 스크루는 플렉시블 커플링을 이용해 체결되는 경우가 많다.

> **해설** 카르테시안(Cartesian) 방식의 구동
> ① X축 구동부는 타이밍 벨트의 장력이 느슨할 경우 출력 품질이 떨어지거나 탈조 현상이 나타날 수 있고, 장력이 너무 강할 경우 출력 표면에 미세한 물결무늬가 발생할 수 있다.
> ② Y축 구동부는 축간거리가 넓으므로 좌우 벨트의 장력이 다를 경우 기계적인 마모가 발생하여 프린트의 수명을 단축할 수 있다.

06. 3D프린터의 델타(Delta) 봇 방식의 구동에 대한 설명으로 틀린 것은?
① X, Y, Z축 3개의 팔이 하나의 핫엔드를 잡고 연동으로 움직이면서 바닥의 베드에 제품을 만들어가는 방식이다.
② X, Y, Z축이 하나의 헤드로 연결되어 있는 구동방식으로 베드가 고정되어 있는 특징이다.
③ 노즐이 X, Y, Z축 방향으로 움직이며 프린팅한다.
④ 각 축이 서로 연동되어 움직이므로 출력 품질이 떨어지면 문제점을 해결하기가 쉽다.

> **해설** 델타(Delta) 봇 방식의 구동
> ① 각 축이 서로 연동되어 움직이므로 출력 품질이 떨어지면 문제점을 해결하기 어렵다.
> ② 상층으로 올라갈수록 빨라지며 원형 모양의 제품을 조형할 때 유리하다.

정답 ▶ 04. ③ 05. ③ 06. ④

③ 공간 활용이 높고 베드가 고정되면서 출력물 제품이 안정적이고 헤드에 압출기가 없어서 고속출력이 가능하나 원점 제어가 어렵다.

④ 베드의 재료로는 유리판이나 금속판 등이 사용되며, 수축 등에 의한 프린팅 불량을 최소화하기 위해 베드에 열선을 심어 베드를 가열할 수 있는 경우도 있다.

해설 베드는 적층 시에는 노즐로부터 압출된 용융 필라멘트가 안정적으로 적층되도록 접착력이 좋아야 한다.

07. 직교 좌표계를 사용하는 대신 극 좌표계를 사용하며 좌표점이 정사각형이 아닌 원형 격자로 표시되며 2개의 스테핑 모터로 작동 할 수 있는 3D프린터 구동방식은?
① Polar 방식　　② Scara 방식
③ Delta 방식　　④ Cartesian 방식

08. 설치 면적이 작고 매우 정밀한 시스템으로 3자 유도를 가지며 하나의 수직과 2개의 서보모터로 수평 운동을 하는 3D프린터 구동방식은?
① Polar 방식　　② Scara bot 방식
③ Delta 방식　　④ Cartesian 방식

09. 재료 압출형(ME) 3D프린터의 베드에 대한 설명으로 틀린 것은?
① 3D 프린팅이 실시되는 작업 공간으로 Z축 구동부와 연결되어 한 층의 적층이 완료되면 적층 두께(Layer thickness)만큼 아래쪽으로 하강하여 다음 층의 적층이 수행되도록 하는 역할을 한다.
② 베드는 적층 시에는 노즐로부터 압출된 용융 필라멘트가 안정적으로 적층되도록 접착력이 약한 것이 좋다.
③ 접착력이 너무 강하면 프린팅 종료 후에 완성품이 베드에서 원활하게 분리되지 않는다.

10. 재료 압출형(ME) 3D프린터 노즐 온도에 대한 설명으로 틀린 것은?
① 통상적으로 필라멘트 소재의 용융 온도 이상으로 설정해야 한다.
② 노즐 온도가 낮은 경우 소재가 고화되어 소재가 원활히 압출되지 않거나 노즐이 막히는 경우도 발생한다.
③ 통상적으로 공급되는 필라멘트 소재에서 적정 온도는 보통 PLA 소재의 경우 190~220℃, ABS 소재의 경우 220~240℃에 해당한다.
④ S/W적으로 설정한 노즐 온도와 실제 노즐 온도는 차이가 거의 없으나, 노즐부의 온도 측정을 통해 S/W 설정값의 보정이 필요하다.

해설 S/W적으로 설정한 노즐 온도와 실제 노즐 온도가 차이가 10℃ 이상 발생되는 경우도 많아 노즐부의 온도 측정을 통해 S/W 설정값의 보정이 필요하다.

11. 재료 압출형(ME) 3D프린터에 대한 설명으로 틀린 것은?
① 필라멘트 공급 장치는 모터를 일정 속도로 구동하여 필라멘트를 균일한 속도로 공급시키는 역할을 수행한다.

정답 ▶ 07. ① 08. ② 09. ② 10. ④ 11. ③

② 베드는 실제로 프린팅이 수행되는 공간으로 베드의 수평도가 맞지 않으면 출력물이 똑바로 출력되지 않는다.
③ 노즐과 베드 간 간격에서 초기 출력 층(Layer)을 베드에 잘 안착시키기 위해 소재 직경보다는 조금 큰 값으로 설정해 주는 것이 바람직하다.
④ 베드 온도는 융점이 낮은 PLA의 경우, 베드 가열 없이 사용해도 큰 문제는 없으나, 상대적으로 융점이 높은 ABS의 경우에는 베드를 가열하지 않는 경우 출력물이 베드에 안착되지 않고 뜨는 현상이 발생한다.

해설 통상적으로 노즐과 베드 간 간격에서 초기 출력층(Layer)을 베드에 잘 안착시키기 위해 소재 직경보다는 조금 작은 값으로 설정해 주는 것이 바람직하다.

12. 일종의 가혹 조건 시험법으로 3D프린터 출력 시 불량이 발생하기 쉬운 다양한 형상을 정의하여 출력을 시도하고, 그 출력물의 품질을 평가함으로써 3D프린터의 성능을 검사하는 방법은?
① Harshness test
② Measurement test
③ Precision test
④ Torture test

해설 3D프린터의 주요 성능에 하나라도 문제가 있을 경우에는 3D 프린팅 출력물의 품질에 영향을 미치게 된다. 이러한 점을 종합적으로 판단하기 위해 3D프린터 사용자들 사이에 'Torture test'란 테스트 모델이 널리 사용되고 있다.

13. Material Extrusion 방식 3D프린터에서 필라멘트가 압출되지 않는 문제 발생 시 해결방법으로 가장 거리가 먼 것은?
① 노즐 온도가 소재의 용융온도보다 높기 때문에 발생하므로 노즐 온도를 소재의 용융온도보다 낮게 설정한다.
② 노즐 · 베드 간 간격의 문제이므로 노즐 · 베드 간 간격이 조금 더 벌어지도록 조정한다.
③ 모터의 토크가 부족한 경우에 발생하므로 모터에 인가되는 전류를 증가시켜 토크를 증가시킨다.
④ 필라멘트에 걸리는 장력이 부족한 경우에 발생하므로 해당 부위의 체결을 강화하여 장력을 증가시켜 준다.

해설 노즐 온도를 소재의 용융 온도 이상으로 가열한 후 필라멘트를 수동으로 밀어주면 막힌 부위를 제거할 수 있다.

14. 필라멘트의 공급 문제 발생 시 개선 방안 중 3D프린터에서 익스투르더 모터가 회전하지 않는 경우가 아닌 것은?
① 필라멘트 공급 압력보다 모터의 토크가 부족한 경우 발생한다.
② 모터에 인가되는 전류를 증가시켜 토크를 증가시킨다.
③ 노즐 온도를 소재의 용융 온도 이상으로 가열한 후 필라멘트를 수동으로 밀어주면 막힌 부위를 제거할 수 있다.
④ 필라멘트에 걸리는 장력이 부족한 경우 발생한다.

해설 필라멘트의 공급 문제가 발생할 때 필라멘트에 걸리는 장력이 부족한 경우는 익스투르더 모터는 회전하나 필라멘트가 공급되지 않는 경우이다.

정답 ▶ 12. ④ 13. ① 14. ④

15. Material Extrusion 방식 3D프린터에서 필라멘트에 걸리는 장력이 약할 경우, 익스트루더 모터가 회전하더라도 기어가 헛돌거나 출력물이 중간에 끊기는 현상이 발생할 때 점검해야 할 부분은?
① 노즐 온도
② 베드 수평도
③ XYZ축 구동부
④ 필라멘트 공급 장치

> **해설** 익스트루더 모터는 회전하나 필라멘트가 공급되지 않는 경우
> ① 필라멘트에 걸리는 장력이 부족한 경우 발생한다.
> ② 주로 익스트루더 유압장치(Cool end) 부위의 조립이 헐겁게 되었을 때 발생한다(이 경우 기어가 헛돌며 간헐적인 기계음을 발생시키기도 한다).
> ③ 해당 부위의 체결을 강화(예: 아이들러 장력 볼트 조정 등)하여 장력을 증가시켜 준다.

16. 익스트루더 모터는 회전하나 필라멘트가 공급되지 않는 경우가 아닌 것은?
① 필라멘트에 걸리는 장력이 부족한 경우 발생한다.
② 모터에 인가되는 전류를 증가시켜 토크를 증가시킨다.
③ 해당 부위의 체결을 강화하여 장력을 증가시켜 준다.
④ 주로 익스트루더 유압장치(Cool end) 부위의 조립이 헐겁게 되었을 때 발생한다.

> **해설** 모터에 인가되는 전류를 증가시켜 토크를 증가시키는 경우는 익스트루더 모터가 회전하지 않는 경우에 취하는 개선 방안이다.

17. 3D프린터에서 전기 및 소프트웨어적 문제점 및 개선 방안으로 틀린 것은?
① CPU 보드의 드라이버가 미설치되었거나 설치에 오류가 있는 경우에 드라이버를 재설치하여 해결할 수 있다.
② 보드에 아예 반응이 없는 경우는 보드 자체에 손상이 있을 가능성도 있으므로 보드를 교체해 주어야 한다.
③ 보드의 냉각 팬이 돌지 않는 경우는 Software의 설정을 확인하여 수정해 준다.
④ 충분한 시간이 지나도 프린팅이 시작되지 않는 경우 노즐 및 베드부의 가열부(히터)에 문제가 있거나 온도 센서에 문제가 있을 가능성이 높으므로 해당 부품을 점검하여 개선해야 한다.

> **해설** 보드의 냉각 팬이 돌지 않는 경우는 전원부에 문제가 있는지 점검해 본다.

18. 재료의 출력물의 휨 발생에 의해 바닥면이 뜨는 경우에 해당 내용으로 볼 수 없는 것은?
① 재료 압출형 프린터의 경우 소재가 용융된 상태에서 압출되어 프린팅 후 고화되는 과정이 반복되면 재료의 수축이 발생한다.
② 고화되는 과정이 층(Layer)별로 반복되기 때문에 하단의 층이 먼저 고화된 이후에 상단의 층이 고화되는 과정에서 수축되는 시점이 다르다.
③ 잔류 응력(Residual stress)이 발생되어 출력물이 휘게 된다.
④ 출력 과정에서도 기출력된 출력물이 휘는 경우는 다시 출력하면 해결된다.

정답 ▶ 15. ④ 16. ② 17. ③ 18. ④

해설 출력 과정에서도 기출력된 출력물이 휘는 경우 다음 레이어 적층 시 출력 오류가 발생한다.

19. 출력물 불량 발생 시 개선 방법에 대한 설명으로 틀린 것은?
① 출력물에 잔류 응력(Residual stress)이 발생되어 출력물이 휘게 된다. 이는 출력물의 형상 정밀도 저하를 초래하고 출력오류와 노즐 손상까지도 발생할 수 있어 개발 시 유의해야 한다.
② 수축에 의한 휨 불량은 재료의 출력 온도가 낮을수록 더욱 심해지는데, 일반적으로 기계적 강도가 낮은 재료일수록 출력 온도가 낮아야 하므로 유의해야 한다.
③ 출력물 수축은 소재의 경우 PLA〈 ABS, 출력물의 경우 크기가 커질수록 많이 발생한다.
④ PC, PA 재료를 출력하기 위해서 챔버를 사용하여 챔버 내부의 온도를 일정 온도 이상으로 제어해 주는 기능이 추가적으로 필요하다.

해설 수축에 의한 휨 불량은 재료의 출력 온도가 높을수록 더욱 심해지는데, 일반적으로 기계적 강도가 높은 재료일수록 출력 온도가 높아야 하므로 유의해야 한다.

20. 3D프린터의 출력 품질 및 성능을 높이기 위해 고려해야 할 사항으로 거리가 먼 것은?
① 출력물의 형상과 규모, 사용하는 소프트웨어, 용도에 따라 다양한 설정이 존재할 수 있다.
② 출력속도에 따라 압출 구멍이 막힐 수도 있기 때문에 재료와 관계없이 속도를 느리게 설정해 주어야 한다.
③ 노즐과 베드의 간격이 너무 가까우면 베드 면에 노즐이 막힐 수 있기 때문에 노즐과 베드 사이의 적정한 간격 유지가 필요하다.
④ 3D프린터에서 비용, 시간, 품질 등은 서로 Trade off 관계이며, 모든 요구를 만족시키는 세팅은 존재하지 않는다.

해설 출력속도에 따라 압출 구멍이 막힐 수도 있기 때문에 재료의 종류에 따라 속도 조절을 설정해 주어야 한다.

21. 일종의 가혹 조건 시험법으로 3D프린터 출력 시 불량이 발생하기 쉬운 다양한 형상을 정의하여 출력하고 그 품질을 평가하는 성능 검사 방법은?
① Bed test
② Torture test
③ Support test
④ Extrusion test

해설 Torture test란
일종의 가혹 조건시험법으로 3D프린터로 출력 시 불량이 발생하기 쉬운 다양한 형상을 정의하여 출력을 시도하고, 그 출력물의 품질을 평가함으로써 3D프린터의 성능을 검사하는 방법이다.

정답 ▶ 19. ② 20. ② 21. ②

22. 출력물의 불량 발생 시 개선 방법에 대한 설명으로 틀린 것은?
① 사용 소재에 따른 적정 온도(노즐 온도, 베드 온도)를 소프트웨어적으로 설정해 주는 것이 좋다.
② 출력물의 크기가 커질 경우 더욱 심하므로 PLA로 출력물이 200×200mm 이상의 크기를 목표로 하는 경우에는 베드 히팅 기능을 적용하는 것이 좋다.
③ 히팅 베드를 사용하지 않는 프린터의 경우 PLA는 정상적으로 출력이 되더라도 ABS로 출력할 때 수축 불량이 발생하는 경우가 많이 발생한다.
④ 통상적으로 개인용 프린터에 많이 사용되는 재료 중 PLA(압출 온도 190~230℃)보다는 ABS(압출 온도 220~270℃)에서 수축이 많이 발생한다.

해설 출력물의 크기가 커질 경우 더욱 심하므로 ABS로 출력물이 200×200mm 이상의 크기를 목표로 하는 경우에는 베드 히팅 기능을 적용하는 것이 좋다.

23. 출력물의 불량 발생 시 3D프린터 베드부의 위치 정밀도 개선 방법으로 틀린 것은?
① 출력물의 품질 향상을 위해서는 베드부와 노즐 끝단 간의 간격 설정이 중요하다.
② 간격이 지나치게 큰 경우에는 노즐이 소재를 과도하게 압착하게 되어 출력 후 출력물의 분리가 어려워지는 문제가 발생한다.
③ 개인용 프린터의 경우 베드의 위치 정밀도(영점) 조정을 수동으로 설정해야 할 경우 적절한 교육 혹은 매뉴얼 제공을 통해 오류의 발생 가능성을 최소화해야 한다.
④ 프린터 종류에 따라서는 베드 간격의 자동 조절 기능을 탑재하거나 적정 간격을 조정할 수 있는 Leveling sheet를 제공하는 경우가 많다.

해설 베드 위치 정밀도 개선 방법
① 간격이 지나치게 큰 경우에는 초기 레이어가 베드부에 잘 안착되지 않아 정상적으로 출력되지 않는 문제가 발생한다.
② 간격이 지나치게 작은 경우에는 노즐이 소재를 과도하게 압착하게 되어 출력 후 출력물의 분리가 어려워지는 문제가 발생한다.

24. 출력물의 불량 발생 시 3D프린터 베드 수평도 개선 방법 방법으로 틀린 것은?
① 베드의 수평도는 출력물의 품질에 영향을 크게 작용한다.
② 베드의 수평도를 개선하는 방법으로 베드의 자동 유지기능 적용 시 다양한 위치에서의 노즐-베드 간 간격을 측정하여 보정(Calibration)해주는 작업이 필요하다.
③ 자동 조절 기능이 없는 프린터의 경우 적절한 교육 혹은 매뉴얼 제공을 통해 오류의 발생 가능성을 최소화해야 한다.
④ 영점 조정이 잘 되어있다면 수평도가 약간 맞지 않더라도 레이어 출력에 크게 영향에 미치지 않는다.

해설 영점 조정이 잘 되었더라도 수평도가 맞지 않으면 레이어 출력이 고르지 않아 출력물이 베드에서 이탈되는 경우가 발생하므로 유의해야 한다.

정답 ▶ 22. ② 23. ② 24. ④

25. 성능개선 보고서 작성 요소 중 가장 거리가 먼 것은?
① 성능 시험 문제점 현상 기술
② 성능 시험 문제점 원인 분석
③ 성능 시험 문제점 개선 방안 도출 및 검증
④ 성능 시험 문제점 개선결과 적용 보고서 작성

해설 ④ 개선 결과를 적용 계획 수립: 부품의 교체가 필요한 경우는 부품 교체로 인한 추가 설계 변경 계획을 수립, 개발 단가 변경에 대해 분석해야 한다. 부품의 교체 없이 단순한 성능 조정만으로 개선이 가능한 경우는 개선 사항이 매뉴얼에 반영될 수 있도록 한다.

26. 3D프린터 성능 검사항목으로 볼 수 없는 것은?
① 출력물이 바닥에 잘 붙지 않는 경우
② 필라멘트 토출에 문제가 발생하는 경우
③ 익스트루더의 장력이 부족할 경우
④ 스텝 모터의 공진 현상이 발생할 경우

해설 ④ 구조물 사이에 잔여물이 발생할 경우

27. 3D프린터의 신뢰성 시험이 필요한 이유는?
① 제품의 기능이 날로 단순해진다.
② 인증서를 요구하는 기관이 많아지고 있다.
③ 예상되는 불량을 조기에 검출할 필요는 없다.
④ 새로운 소재가 출현하고 기술 개발 속도가 빨라짐에 따라 기존의 품질 관리 기법으로는 제품의 품질을 보장하는데 한계가 있다.

해설 신뢰성 시험의 필요성
① 제품의 기능이 날로 다양해지고 복잡해져 사용 과정에서 고장이 발생할 가능성이 높아짐(초기 품질은 우수하나 내구성이 저하되는 경우가 많음)
② 예상되는 불량은 조기에 검출하여 초기 고장 기간부터 마모 고장 단계까지 시장 불량률의 감소를 꾀하기 위하여 신뢰성 시험이 요구됨
③ 새로운 소재가 출현하고 기술 개발 속도가 빨라짐에 따라 기존의 품질 관리 기법으로는 제품의 품질을 보장하는 데 한계가 있음

28. 신뢰성 평가에 사용하는 용어의 설명으로 틀린 것은?
① MTBR : 고장 수리 후 다음 고장 수리까지의 시간
② MTBF : 고장에서 다음 고장까지의 시간으로 시스템의 평균 고장 시간 산출
③ MTTR : 제품에 고장이 발생한 경우 고장에서 수리되는 데까지 소요되는 시간
④ MTTF : 고장 평균시간으로 주어진 시간에서 고장 발생까지의 시간으로 수리 후 다음 고장까지의 시간

해설
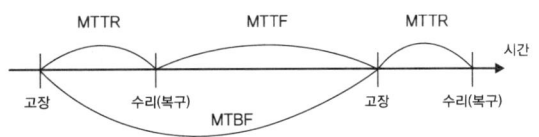

29. 시스템의 신뢰성 예측 방법에서 수리 불가능한 제품의 평균 고장 시간을 산출할 때 사용하는 용어는?

① MTTR : 고장 수리 후 다음 고장 수리까지의 시간
② MTBF : 고장에서 다음 고장까지의 시간으로 시스템의 평균 고장 시간 산출
③ MTTR : 제품에 고장이 발생한 경우 고장에서 수리되는 데까지 소요되는 시간
④ MTTF : 고장 평균시간으로 주어진 시간에서 고장 발생까지의 시간으로 수리 후 다음 고장까지의 시간

> **해설** 시스템의 신뢰성 예측 방법
> ① MTBF : 고장에서 다음 고장까지의 시간으로 시스템의 평균 고장 시간 산출
> – 고장에서 다음 고장까지의 시간을 의미한다.
> – 수리가 가능한 제품/시스템의 평균 고장 시간을 산출하는데 사용한다.
> ② MTTR : 제품에 고장이 발생한 경우 고장에서 수리 되는데까지 소요되는 시간
> ③ MTTF : 고장 평균시간으로 주어진 시간에서 고장 발생까지의 시간으로 수리 후 다음 고장까지의 시간
> – 주어진 시간에서 고장 발생까지의 시간으로 수리 후 다음 고장까지의 시간을 의미한다.
> – 수리 불가능한 제품의 평균 고장 시간을 산출할 때 사용한다.

30. 신뢰성 시험 종류에서 통계적으로 추정에 해당되는 품목의 특성을 확인하기 위한 시험은?

① 적합시험   ② 결정시험
③ 실험실 시험   ④ 현장 시험

> **해설** ① 적합시험 : 품목의 특성(성질)이 규정된 요구 사항에 적합한지를 판정하기 위한 시험. 통계적으로 검정에 해당
> ② 결정시험 : 품목의 특성(성질)을 확인하기 위한 시험. 통계적으로 추정에 해당
> ③ 실험실 시험 : 제어되는 규정된 조건에서 수행되는 시험
> ④ 현장 시험 : 운용, 환경, 보전 및 측정 조건이 기록되는 현장에서 수행되는 시험

31. 신뢰성 시험 종류에서 시험 기간을 단축하기 위하여 기준 조건보다 가혹한 스트레스를 인가하는 시험은?

① 가속 시험   ② 정상 시험
③ 정형 시험   ④ 비정형 시험

> **해설** ① 가속 시험 : 시험 기간을 단축하기 위하여 기준 조건보다 가혹한 스트레스를 인가하는 시험
> ② 정상 시험 : 실 사용 조건에서 인가되는 스트레스에서 수행되는 시험
> ③ 정형 시험 : IEC, ISO, KS 등에 규정된 표준화된 시험
> ④ 비정형 시험 : 신규성이 높고 고장 메커니즘이 불분명하며, 필드 정보가 충분하지 않은 시험

32. 3D프린터 신뢰성 시험 검사 중 온도변화가 주기적으로 반복될 경우 제품 기능상의 내성을 평가하는 시험은?

① 고온 시험
② 저온 시험
③ 온습도 사이클 시험
④ 온도 사이클(열 충격) 시험

> **해설** ① 고온 시험 : 고온 상태에서 기능상의 내성을 평가하는 시험(절연 불량, 기계적 고장, 열 변형에 의한 구동 불량 등)

정답 ▶ 29. ④   30. ②   31. ①   32. ④

② 저온 시험 : 저온 상태에서 기능상의 내성을 평가하는 시험(취약화, 결빙, 기계적 고장, 열 변형에 의한 구동 불량 등)
③ 온습도 사이클 시험 : 높은 습도 하에서 온도 변화가 반복되었을 때 제품 표면에 수분이 응결하여 누전이 발생할 가능성 평가
④ 온도 사이클(열 충격) 시험 : 온도변화가 주기적으로 반복될 경우 제품 기능상의 내성을 평가하는 시험(기계적 고정, 누설 발생 등)

33. 3D프린터 신뢰성 시험 검사 중 운송 또는 사용 중 주기적인 특성을 갖는 진동에 노출되는 경우의 내성을 평가하기 위한 시험은?
① 정현파 진동 시험
② 광대역 랜덤 진동 시험
③ 충격 시험
④ 고온 고습 시험

해설 ① 정현파 진동 시험 : 운송 또는 사용 중 주기적인 특성을 갖는 진동에 노출되는 경우의 내성을 평가하기 위한 시험
② 광대역 랜덤 진동 시험 : 형태가 비주기적이고 일정하지 않게 무작위로 발생하는 진동에 노출되는 경우의 내성을 평가하기 위한 시험

34. 3D프린터 관련 신뢰성 시험 항목이 아닌 것은?
① 시험시간을 단축하기 위해 사용조건보다 가혹한 조건에서 수행하는 가속수명 시험
② 운송 또는 사용 중 빈도가 적고 반복이 없는 충격에 적정한 내성을 갖는지 평가하기 위한 시험

③ 온도변화가 주기적으로 반복될 경우 제품의 기능상의 내성을 평가하는 시험
④ 고온·고습 상태에서 사용될 때 기능상의 내성을 평가하는 시험

해설 신뢰성 시험의 종류
• 가속 시험 : 시험 기간을 단축하기 위하여 기준 조건보다 가혹한 스트레스를 인가하는 시험

35. 신뢰성 검사 계획 수립 시 유의 사항이 아닌 것은?
① 제품의 외부 반출 여부
② 자체 검사 및 외부 의뢰 여부
③ 신뢰성 고장의 정의 및 시험 실시 항목
④ 표본 개수(제품 개수)와 시험 시간 및 비용

해설 신뢰성 검사 계획 수립 시 유의 사항
① 신뢰성 고장의 정의, 시험 실시 항목
② 환경 스트레스의 종류, 시험 수준 수
③ 표본 수(제품 개수), 시험 시간 및 비용
④ 검사 방법 및 검사 장비
⑤ 자체 검사 및 외부 의뢰 여부
⑥ 고장 분석 결과의 피드백 방법

36. 다음 설명에 해당하는 고장 형태는?

시험 조건 및 운용상 발생될 수 없는 외부 조건에 기인한 것이라고 판단되는 고장으로서 시험 대상의 성능에 직접적으로 영향을 주지 않는 고장이다.

① 간헐 고장   ② 무관 고장
③ 유관 고장   ④ 중복 고장

해설 ① 간헐 고장 : 짧은 기간 동안 일부의 기능이 상실되었다가 즉시 정상 복구되는 고장

정답 ▶ 33. ① 34. ① 35. ① 36. ②

② 무관 고장 : 시험 조건 및 운용상 발생될 수 없는 외부 조건에 기인한 것이라고 판단되는 고장으로서 시험 대상의 성능에 직접적으로 영향을 주지 않는 고장
③ 유관 고장 : 결정된 시험 조건과 환경 조건상 발생할 수 있는 외부 조건에 기인한 시험 대상의 성능에 직접 영향을 주는 주 관심 고장
④ 중복 고장 : 2개 이상의 고장이 독립적으로 동시에 발생하는 것

37. 자체 진단 기능으로 고장을 관측할 수 있음을 의미하는 고장 형태는?
① 중복 고장
② 무관 고장
③ 간헐 고장
④ BIT(Build-In Test) 중 발생한 고장

해설 BIT(Built-In Test) 중 발생한 고장
장비나 측정 장비가 구성되어 제품의 자체 진단 기능으로 고장을 관측할 수 있음을 의미한다.

38. 하드웨어 설계 및 제조 결함에 기인한 고장, 또는 소프트웨어의 잘못에 기인한 고장형태는?
① 유관 고장
② 입증된 고장
③ 간헐 고장
④ BIT(Build-In Test) 중 발생한 고장

해설 입증된 고장
하드웨어 설계 및 제조 결함에 기인한 고장, 또는 소프트웨어의 잘못에 기인한 고장이다. 단, 시험 중에 시정 및 확인이 가능하면 무관 고장으로 처리한다.

39. 다음 중 무관 고장(Non-relevant failure)에 해당하지 않는 것은?
① 조사 중이거나 중복되지 않는 고장이다.
② 시험 장비나 모니터 장비의 고장에 기인한 고장이다.
③ 장비를 시험하거나 조정할 때, 시험자의 잘못된 조작에 기인한 고장이다.
④ 규정된 교체 기간이 지난 후 사용 중에 발생한 고장이다.

해설 입증되지 않은 고장
조사 중이거나 중복되지 않는 고장

40. 다음 중 무관 고장(Non-relevant failure)에 해당하지 않는 것은?
① 부품의 수명이 다하기 전의 고장이다.
② 잘못 교체된 부품에 의한 고장이다.
③ 시험 규격을 초과하는 과부하로 인하여 발생한 고장이다.
④ 동일한 유닛 내에서 간헐적으로 나타나는 2번 이상의 고장이다.

해설 부품의 수명이 다하기 전의 고장이 발생하면 유관 고장으로 처리한다.

41. 시험 규격에 따른 시험 방법에서 시험조건이 아닌 것은?
① 사용 조건
② 환경 조건
③ 내구성 시험조건
④ 장비구비조건

해설 ① 사용 조건 : 대표 값과 함께 최고·최저 온도와 같은 가혹한 조건의 값이 중요하다.
② 환경 조건 : 자연 환경(온도, 습도, 고도, 태양열, 기압 등)과 인공 환경(진

정답 ▶ 37. ④ 38. ② 39. ① 40. ① 41. ④

동, 충격, 가속도, 전압, 전류 등)으로 구분된다.
③ 내구성 시험 조건 : 내구성 시험은 설계 시에 고려된 또는 통상적으로 의도되는 사용 조건에서 아이템이 요구 기능을 수행할 수 있는 기간(시간, 주행거리, 횟수 등)을 실증적이고 통계적인 방법에 의해 예측하기 위한 것이다.

42. 시험 규격에 따른 시험 방법에서 시험 및 계측 장비의 준비에 해당하지 않는 것은?
① 장비의 신뢰성 확보
② 장비의 안전성 확보
③ 장비의 소음 제거
④ 장비의 정비 기능

해설 ④ 장비의 보호 기능

43. 시험 규격에 따른 시험 방법에서 측정의 오차 수정에 해당하는 사항은?
① 시험의 균일성 확보
② 측정의 정밀도 및 정확도 확보
③ 장비의 신뢰성 확보
④ 장비의 안전성 확보

해설 측정의 정밀도 및 정확도 확보
① 측정기의 검·교정
② 측정의 오차 수정

44. 안전성 검사 수행과 신뢰성 확보를 위한 시험에 관한 설명으로 틀린 것은?
① 스크리닝 시험은 재료의 열화로 인한 제품고장이 그 대상이다.
② 고장률 시험은 제품의 안전기에 있는 고장률 또는 평균 수명을 구하는 시험이다.
③ 초기 고장을 제거하기 위해 실시하는 시험을 스크리닝 시험이라고도 한다.
④ 고장률 시험은 사용 환경 스트레스와 파국고장을 일으키기 쉬운 요인에 의해 고장 발생을 시험한다.

해설 스크리닝 시험 : 전기적, 기계적 스트레스의 최대 정격에서 실시하여 초기 고장 제거 목적으로 불만족한 아이템 혹은 초기 고장을 나타낼 염려가 있는 것을 제거할 목적으로 행해지는 시험 또는 시험의 조합이다.

45. 신뢰성 설계 및 예측을 통한 개선에서 다음 설명으로 옳은 것은?

> • 요즘과 같이 제품 개발에 대한 경쟁이 격심해서 충분한 신뢰성 평가 데이터나 신뢰성 시험 데이터가 얻어지지 않는 관계로 출하할 수 없는 경우도 있다.
> • 신뢰성 설계의 유효성을 실행하기 위한 대책으로서 한계 시험과 설겟값으로 평가할 수 있는 능력을 길러서 신뢰성이 높은 설계를 해야 한다.

① 스트레스 분석
② 양품 해석
③ 신뢰성 설계 시기
④ QFD의 활용

46. 신뢰성 설계 및 예측을 통한 개선에서 양품 해석으로 볼 수 없는 것은?
① 부품, 재료의 승인을 위해서다.
② 신뢰도 예측은 시장 데이터와 실험실 데이터 등을 이용해서 수행한다.
③ 설계에 피드백이 되고, 신뢰성 설계 및 평가 시에 이용된다.
④ 개발 초기에 이루어져야 한다.

정답 ▶ 42. ④ 43. ② 44. ① 45. ① 46. ④

> **해설** 신뢰성 설계 시기 : 신뢰성 설계 구현은 가능하면 개발 초기에 이루어져야 한다.

47. 신뢰성 평가와 검증을 통한 개선에서 체크리스트의 활용사항이 아닌 것은?
① 제품 수명 주기에 있어서 신뢰성을 개선하고, 보증 활동에 이용할 수 있다.
② 신뢰성 개선 프로그램의 실행에 활용할 수 있다.
③ 신뢰성 체크리스트는 계통적으로 층별화 해서 만드는 것이 중요하다.
④ 개발 진척 상태와 신뢰성 평가에 대한 구체적인 내용을 파악이 어렵다.

> **해설** 개발 진척 상태와 신뢰성 평가에 대한 구체적인 내용의 빠트림이 파악되도록 해야 한다.

48. 신뢰성 평가와 검증을 통한 개선에서 QFD(Quality Function Deployment)의 활용사항이 아닌 것은?
① 고객의 요구를 제품 개발 과정으로 통합시키기 위한 구조적 접근 방법이다.
② 최종적으로 생산을 위한 시방으로 변환하는 것이다.
③ 목적과 수단을 서로 관련시켜 나타내 주는 매트릭스를 이용하여 구조화하는 것이다.
④ 제품 및 프로세스의 가능한 문제점 및 원인들을 사전에 예측하고 위험도를 평가하여 사전 예방이 가능하도록 한 기법이다.

> **해설** FMEA(Failure Mode Effective Anaysis)는 제품 및 프로세스의 가능한 문제점 및 원인들을 사전에 예측하고 위험도를 평가하여 사전 예방이 가능하도록 한 기법이다.

49. 설계의 불완전이나 잠재적인 결함을 찾아내기 위해 구성 요소의 고장 모드와 그 상위 아이템에 미치는 영향을 해석하는 기법은?
① 체크리스트의 활용
② QFD의 활용
③ FMEA의 활용
④ Pareto Chart의 활용

> **해설** FMEA(Failure Mode Effective Anaysis)의 활용 : 설계의 불완전이나 잠재적이 결함을 찾아내기 위해 구성 요소의 고장 모드와 그 상위 아이템에 미치는 영향을 해석하는 기법이다.

50. 파레토 차트(Pareto Chart)의 활용에 대한 설명으로 틀린 것은?
① 문제점의 원인을 파악하고, 개선 효과를 확인하기 위하여 사용된다.
② 조사 대상 결정, 점유율 계산, 그래프 작성 및 필요 사항 기재로 이루어진다.
③ 어느 항목이 가장 문제가 되는지 찾아낼 수 있고, 문제 항목의 크기, 순위를 한눈에 알 수 있다.
④ 제품 및 프로세스의 발생 가능한 문제점 및 원인들을 사전에 예측하고 위험도를 평가하여 사전 예방이 가능하도록 한다.

> **해설** Pareto Chart의 활용
> ① 시제품의 문제를 시제품을 구성하는 항목별로 분류하여 크기순으로 나열한 그림을 파레토도(Pareto Chart)라 한다.
> ② 개선 항목의 우선순위를 결정하고, 문제점의 원인을 파악하고, 개선 효과를 확인하기 위하여 사용된다.

정답 ▶ 47. ④ 48. ④ 49. ③ 50. ④

③ 어느 항목이 가장 문제가 되는지 찾아낼 수 있고, 문제 항목의 크기, 순위를 한눈에 알 수 있다.
④ 문제 항목이 전체에서 차지하는 비중을 알 수 있고 수월하게 그림을 그릴 수 있다는 점이다.
⑤ 조사 대상을 결정, 데이터 수집, 데이터 분류, 항목 정렬, 점유율 계산, 그래프 작성, 누적 곡선 작성 및 필요 사항기재로 이루어진다.

51. 전기용품 안전관리제도를 설명한 내용 중 옳은 것은?
① 전기용품 및 생활용품 안전관리법에 의거 시행되는 강제 인증 제도로서 대상 전기용품의 안전인증을 받아야 제조·판매가 가능하도록 하는 제도이다.
② 전기용품 안전확인제도는 안전관리 절차를 차등 적용하기 위해 도입하여 2015년 1월 1일부터 시행되었다.
③ 공급자 적합성 확인제도는 안전 확인 대상 전기용품 중 A/V기기 등 고위험 품목을 우선적으로 적용하였다.
④ 공급자 적합성 확인제도는 제조업자가 공급자 적합성 시험결과서 및 공급자 적합확인서를 작성하여 최종 제조일로부터 2년간 비치해야한다.

해설 전기용품 및 생활용품 안전관리법에 따라 안전인증대상 전기용품을 제조하거나 외국에서 제조하여 대한민국으로 수출하고자 하는자가 안전인증기관으로부터 제품의 출고 전(국내제조), 통관 전(수입제품)에 안전인증대상 전기용품의 모델별로 안전인증을 받아야 하는 제도

52. 다음 설명으로 ( ) 들어갈 내용은?

최근 전기·전자 산업의 발달로 인한 신제품 보급 증가, 기업에 대한 규제 완화 필요성 등의 주변 환경 변화를 고려하여 위해 수준에 따라 안전 관리 절차를 차등 적용하기 위해 ( )를 도입하여 2009년 1월 1일부터 시행한다.

① 전기용품 안전인증제도
② 전기용품 안전확인제도
③ 전기용품 및 생활용품 안전관리법
④ 전기안전 및 품질인증제도

53. 다음 설명에 해당하는 제도는?

전기용품 중 A/V기기 등 저위험 품목(예: 3D프린터의 경우 직류 42V, 교류 30V 이하)에 우선 적용하는 제도

① 전기용품 안전인증제도
② 전기용품 안전확인제도
③ 전기용품 및 생활용품 안전관리법
④ 공급자 적합성 확인제도

해설 전기용품의 제조업자 또는 수입업자가 제품을 출고하거나 통관하기 전에 전자용품의 모델별로 제품 시험을 실시하거나 제3자에게 시험을 의뢰하여 해당 전기용품이 안전 기준에 적합한 것임을 스스로 확인하는 제도

54. 공급자 적합성 확인제도에서 제조업자는 공급자 적합성 확인 시험 결과서 및 공급자 적합 확인서를 작성하여 최종 제조일로부터 몇 년간 비치하여야 하는가?
① 1년　　② 2년
③ 3년　　④ 5년

▶ 51. ①　52. ②　53. ④　54. ④

Part 4 3D프린터 교정 및 유지보수

55. 국내 안전인증제도와 안전확인제도의 비교설명으로 틀린 것은?
① 안전인증제도는 안전성시험, 제품검사 등을 확인한다.
② 안전확인제도는 안전성시험, 제품검사 등을 확인을 하지 않는다.
③ 안전확인제도는 정기검사를 실시한다.
④ 안전인증제도는 인증서를 발급한다.

[해설] 안전인증제도와 안전확인제도의 비교

구 분		안전인증 제도	안전확인 제도
화학	안전성시험	확인	확인 안 함
공장 확인	제조·검사 설비	확인	확인 안 함
	원자재·공정 검사	확인	확인 안함
	제품검사	확인	확인 안 함
인증·신고		인증서 발급	신고서 발급
정기사후관리 (제품시험+공장확인)		확인	정기심사 없음

56. 전기용품 안전 규격에서 구매자가 제조자의 제품이나 시스템에 대해 적합성을 평가하는 방법은?
① 1자 인증 ② 2자 인증
③ 3자 인증 ④ 강제 인증

[해설] ① 1자 인증 : 제조자가 스스로 적합성을 평가하는 방법
② 2자 인증 : 구매자가 제조자의 제품이나 시스템에 대해 적합성을 평가하는 방법
③ 3자 인증 : 제조자나 구매자가 아닌 제3자(예: 인증 기관)를 통한 인증 방법
④ 강제 인증 : 관련 법규 및 규정에 따라 적합성 평가를 실시하지 않으면 시장에 유통시킬 수 없는 인증

57. 전기용품 안전 규격에서 인증 획득 여부가 전적으로 신청자의 의도에 달려 있는 인증 방법은?
① 임의 인증 ② 2자 인증
③ 3자 인증 ④ 강제 인증

[해설] 임의 인증 : 인증 획득 여부가 전적으로 신청자의 의도에 달려 있는 강제성이 없는 인증을 말하나, 실제 임의 인증도 대부분은 소비자 신뢰도와 민감하게 연결되어 있는 경우 묵시적 강제성을 띠는 경우가 많다.

58. 다음 로고가 의미하는 것은?

① 유럽공동체 안전인증
② 미국 연방정부 전파인증
③ 중국 안전 및 품질인증
④ 일본 전기용품 안전인증기준

[해설]

인증 내용	로고
한국 전기용품 안전인증(KC)	KC
미국 연방정부 안전기준(UL)	UL
미국 연방정부 전파인증(FCC)	FC
유럽공동체 안전인증(CE)	CE
일본 전기용품 안전인증기준(PSE)	PSE
중국 안전 및 품질인증(CCC)	CCC

정답 ▶ 55. ③ 56. ② 57. ① 58. ②

59. 다음 로고가 의미하는 것은?

① 유럽공동체 안전인증
② 미국 연방정부 전파인증
③ 중국 안전 및 품질인증
④ 일본 전기용품 안전인증기준

60. 다음 로고가 의미하는 것은?

① 유럽공동체 안전인증
② 미국 연방정부 안전기준
③ 중국 안전 및 품질인증
④ 일본 전기용품 안전인증기준

61. 유럽공동체 안전인증(CE) CE 마킹 대상으로 맞는 것은?

① 교류 50~1,000V 및 직류 75~1,500V의 정격 전압으로 사용하도록 설계된 기기
② 교류 60~1,500V 및 직류 75~1,500V의 정격 전압으로 사용하도록 설계된 기기
③ 교류 50~1,000V 및 직류 50~1,000V의 정격 전압으로 사용하도록 설계된 기기
④ 교류 50~1,000V 및 직류 75~2,500V의 정격 전압으로 사용하도록 설계된 기기

62. CE 적합성 선언서에 포함되는 내용으로 틀린 것은?

① 제조자 또는 EU 지역 내의 대리인 명칭
② 전기기기의 설명
③ 적용 규격의 번호
④ 제조일자

해설 CE 적합성 선언서에 포함되는 내용
① 제조자 또는 EU 지역 내의 대리인 명칭
② 전기기기의 설명
③ 적용 규격의 번호
④ 해당하는 경우 적합성 선언 규격 번호
⑤ 제조자 대신에 서명할 권한을 부여받은 사람의 성명(대리인)
⑥ 적합성 선언 일자

63. 시험 규격에 따른 시험 방법 중 내전압 시험으로 틀린 것은?

① 일반적으로 Withstanding Voltage Test라고 부르며 피측정체의 절연 성분 사이에 얼마나 높은 전압을 견딜 수 있는지 평가하는 시험으로, 내전압 측정 장비를 사용하여 수행한다.
② 통상 정상 동작 전압의 두 배에 2,000V를 더한 전압을 사용한다.
③ DC 내전압 시험의 전압은 AC의 경우보다 높은데, AC 시험 전압에 계수 1.414를 곱한 값이 일반적으로 사용된다.
④ 이중으로 절연된 제품을 시험하기 위한 전압은 더욱 높은데, 120V 전원을 사용하는 제품은 2,500VAC나 4,000VAC로 시험하기도 한다.

해설 통상 정상 동작 전압의 두 배에 1,000V를 더한 전압을 사용한다.

정답 ▶ 59. ① 60. ② 61. ① 62. ④ 63. ②

64. 3D프린터 장비의 위해요소를 파악하기 위한 시험방법 중 절연 저항 시험에 관한 설명이 아닌 것은?
① 충전, 유지, 측정, 방전의 4단계를 거친다.
② 전기적으로 결합되어 있는 한 지점의 절연 저항을 측정하는 것이다.
③ 제품이 생산된 직후뿐만 아니라 일정 기간 사용한 후 절연의 상태를 검사하는데 유용하다.
④ 정기적으로 절연 저항 시험을 실시하면 절연 파괴가 일어나기 전에 절연 불량을 판별해 낼 수 있다.

해설 절연 저항 시험은 전기적으로 절연되어 있는 어느 두 지점 사이의 절연 저항을 측정하는 테스트로 전류의 흐름을 방해하기 위한 전기적 절연이 얼마나 효과적으로 되어 있는가를 판정한다.

65. 3D프린터의 내전압 시험 수행 시 유의사항으로 틀린 것은?
① 테스트가 완전히 끝나면 고전압 출력을 정지시킨다.
② 테스트를 시작하기 전에 장비와 결선 등의 설치 상태를 확인하고 케이블의 피복상태를 검사한다.
③ 테스트 중에는 피측정체나 연결 부위, 고전압 프로브의 금속 부분을 상시 확인하여야 하며, 프로브를 잡을 때에는 전원이 연결된 부분만 잡는다.
④ 고전압이 Off되었다는 것을 확인하기 전에는 피측정체에 어떠한 결선이라도 해서는 안되며, 피측정체에 어떠한 결선이라도 해서는 안되며, 피측정체에 테스트 케이블을 연결할 때에는 항상 접지(-) 클립을 먼저 연결한다.

해설 내전압 시험순서 및 주의사항
① 내전압기에 전원을 인가하기 전에 전압 조절기를 최소 위치에 놓는다.
② 타임 스위치를 60초에 맞추어 놓는다.
③ 차단전류 스위치를 10mA 위치에 놓는다.
④ 리이드선을 측정 부위에 정확하게 연결한다.
⑤ 전원 스위치를 켠다.
⑥ 초기에 규정치 반 이하의 시험전압을 가하고, 이어서 10초에 걸쳐서 점차 규정치까지 상승시킨다.
⑦ 타임 스위치를 켜고 그 값을 1분 동안 유지한다.
⑧ 측정이 끝나면 전압조절기를 최소 위치에 놓는다.
⑨ 내전압기의 전원 스위치를 끈다.
⑩ 타임 스위치를 끈다.
⑪ 측정 리이드선을 분리한다.

66. 시험 규격에 따른 시험 방법 누설 전류 시험으로 틀린 것은?
① 전기·전자 제품이 실제로 전원이 인가되어 동작 중이고, 제품 외부로 노출된 도체 부분을 사용자가 만졌을 때 인체를 통해 흐르는 누설 전류가 안전한 값 이하로 흐르는가 여부를 평가하는 시험법이다.
② 사용자 안전을 위해 규격 기관에서는 누설 전류의 제한치를 보통 1mA 이하로 요구하고 있다.
③ 일반적으로는 설계나 모델 테스트(Type test) 단계에만 적용되나, 의료용 장비의 경우에는 생산 시 전수 검사를 하도록 하고 있다.

정답 ▶ 64. ② 65. ③ 66. ②

④ 제품이 동작 중일 때의 누설 전류 시험은 접지가 안 되었거나, 전원 단자가 거꾸로 연결되었을 때 등 비정상적인 상황에서 테스트하게 된다.

해설 사용자 안전을 위해 규격 기관에서는 누설 전류의 제한치를 보통 0.5mA 이하로 요구하고 있다.

67. 시험 규격에 따른 시험 방법 절연 저항 시험으로 틀린 것은?
① 전기적으로 절연되어 있는 어느 두 지점 사이의 절연 저항을 측정하는 테스트로 전류의 흐름을 방해하기 위한 전기적 절연이 얼마나 효과적으로 되어 있는가를 판정한다.
② 제품이 생산된 직후뿐만 아니라 일정 기간 사용한 후 절연의 상태를 검사하는 데 유용하다.
③ 정기적으로 절연 저항 시험을 실시하면 절연 파괴가 일어나기 전에 절연 불량을 판별해 낼 수 있다.
④ 충전, 사용, 측정, 방전의 4단계를 거친다.

해설 충전(Charge), 유지(Dwell), 측정(Measure) 그리고 방전(Discharge)의 4단계를 거친다.

68. 3D프린터 장비의 안전인증테스트에 대한 설명으로 틀린 것은?
① 절연 저항 테스트는 제품에 사용된 전기 절연특성을 측정하는 것이다.
② 내전압시험 테스트는 제품의 회로와 접지 사이에 고전압을 인가해서 제품이 견디는 능력을 측정하는 것이다.
③ 접지 도통 테스트는 절연된 제품표면과 Powder 시스템 접지 사이의 경로를 점검하는 것이다.
④ 누설 전류 테스트는 AC 전원과 접지 사이에 흐르는 전류가 안전 규격을 넘지 않는지를 점검하는 것이다.

해설 접지 도통 테스트는 접지 경로의 완벽함을 검사하는데, 이때는 25~30A의 높은 전류와 낮은 전압을 이용한다. 이 테스트는 실제로 제품에 문제가 발생했을 때 어떻게 될 것인가를 검사하는 것으로서 접지 연속성 테스트와 비슷하다.

69. 전기제품을 안정적으로 사용하기 위해서는 접지를 하여야 한다. 접지에 관한 설명으로 틀린 것은?
① 접지저항이 크면 클수록 좋다.
② 접지공사의 접지선은 과전류 차단기를 시설하여서는 안 된다.
③ 접지극의 시설은 부식될 우려가 없는 장소를 선정하여 설치한다.
④ 직접접지 방식은 계통에 접속된 변압기의 중성점을 금속선으로 직접 접지하는 방식이다.

해설 접지 경로는 사용자를 전기 쇼크로부터 보호하는 가장 기본적인 수단으로서 접지 저항은 규정된 값으로 결정한다. 접지 저항은 작으면 작을수록 좋다.

70. 전기용품 안전인증 신청 시 필수적으로 제출하여야 하는 서류인 것은?
① 기업 재무제표
② 부품 사양서
③ 등기부등본
④ 인감증명서

정답 ▶ 67. ④ 68. ③ 69. ① 70. ②

해설 　전기용품 안전인증 구비서류
　　① 안전인증 신청서
　　② 사업자 등록증 사본
　　③ 제품 설명서(사용 설명서 포함)
　　④ 전기적인 안전에 직접적인 영향을 주는 부품의 명칭(제조 업체명, 모델, 정격 및 파생 모델명 포함)
　　⑤ 전기적 특성 등을 기재한 서류
　　⑥ 절연 재질(온도 특성, 난연성 특성)의 명세서
　　⑦ 전기 회로 도면
　　⑧ 대리인임을 증명하는 서류(대리인이 신청하는 경우)

71. 전기용품 안전인증 구비서류가 아닌 것은?
① 사업자 등록증 사본
② 제품 설명서(사용 설명서 포함)
③ 안전 확인 시험 결과서
④ 안전인증 신청서

72. 공급자 적합성 확인 후 비치 서류가 아닌 것은?
① 제품 설명서
② 시험 결과서
③ 공급자 적합성 확인서
④ 부품 사양서

해설 　공급자 적합성 확인 후 비치 서류
　　① 제품 설명서
　　② 시험 결과서
　　③ 공급자 적합성 확인서

73. 안전인증 대상 전기용품을 제조하고자 하는 공장의 초기 공장 심사에서 심사 내용이 아닌 것은?
① 시험 검사　　② 검사 설비
③ 품질 시스템 확인　　④ 시험장비

해설 　심사 내용 : 시험 검사, 검사 설비, 품질 시스템 확인

74. 외부로부터 전자파 간섭 또는 교란에 의해 전자 회로의 기능이 악화되거나 동작이 불량 여부를 평가하는 시험은?
① EMI 시험　　② EMS 시험
③ EMD 시험　　④ EMC 시험

해설 　① EMI 시험 : 전자파 간섭 또는 전자파 장애
　　② EMS 시험 : 전자파에 대한 내성
　　③ ESD 시험 : 정전기 방전시험
　　④ EMC 시험 : 전자파적합성, 양립성

75. 기기나 회로 간을 연결하는 신호선이나 제어선, 전원선 등이 본래 전송해야 할 신호들과 달리 이들 도선을 통해 잡음이 피해 측에 유도되는 잡음은?
① 방사 잡음　　② 전도 잡음
③ 열잡음　　④ 상호변조잡음

해설 　① 방사 잡음 : 전송케이블이나 무선 통신 단말 등의 통신용 전파에 의한 장애는 물론 전송선의 코로나 방전 등 공간으로 직접 피해 측에 전파된다.
　　② 전도 잡음 : 기기나 회로 간을 연결하는 신호선이나 제어선, 전원선 등이 본래 전송해야 할 신호들과 달리 이들 도선을 통해 잡음이 피해 측에 유도된다.

76. 전자파 적합성(EMC) 시험 항목 중 전자파 내성(EMS) 시험에 해당하지 않는 것은?
① 전압 강하　　② 전자파 방사
③ 정전기 방전　　④ 전도 잡음(CE)

해설 　시험항목으로는 전자파 방사, 정전기 방전, 전기적 빠른 과도시험, 서지, 전압 강하, 순간 정전 등의 시험이 있음.

정답 ▶ 71. ④　72. ④　73. ④　74. ①　75. ②　76. ④

77. 전자파 내성시험(EMS)에서 전자파를 제품에 인가하여 정상 동작 여부를 판단하는 시험은?

① 정전기 방전시험(ESD)
② 방사내성시험(RS)
③ 전도내성시험(CS)
④ 전기적 빠른 과도시험(EFT/Burst)

해설
① 정전기 방전시험(ESD) : 정전기 발생기로 직·간접 정전기를 유발하여 정상동작 여부 판단
② 방사내성시험(RS) : EMI의 방사 잡음과 반대로 전자파를 제품에 인가하여 정상 동작 여부 판단
③ 전도내성시험(CS) : EMI의 전도잡음과 반대로 제품의 라인에 인가하여 정상 동작 여부 판단
④ 전기적 빠른 과도시험(EFT/Burst) : 전선로 등의 자기장, 불규칙 전계상황 노출 시 정상 동작 여부를 판단

78. 전자파 장해(EMI) 시험 불합격 시 Switching 전원부의 EMI 대책으로 틀린 것은?

① 입력단에 설치하는 L과 C의 값을 적게 한다.
② 입력 단자로부터 필터까지의 거리를 가능하면 짧게 유지한다.
③ 출력용 다이오드는 노이즈가 작은 것으로 교체한다.
④ 출력단 근처에 적절한 콘덴서를 추가하여 전원성 노이즈를 최소화한다.

해설 입력단에 설치하는 L과 C의 값을 크게 하고, Filter의 단수도 증가시킨다.

79. 전자파 장해(EMI) 시험 불합격 시 기판부의 EMI 대책으로 틀린 것은?

① Clock emission을 억제하기 위해 Clock line을 최소한 짧게 하고, 안정된 Ground 층으로 Shielding을 강화해 준다.
② 기판 기준 전위층(Signal Ground; SG)의 고주파 임피던스를 감소시키기 위해 나사 등을 사용하여 기판을 프레임(Frame Ground; FG)에 완전히 결합시켜 준다.
③ CPU 및 주변 Chip의 전원 공급 라인에서 Chip 바로 앞에 Coupling cap을 삽입한다.
④ 입력 Filter부를 Noise 발생원으로부터 멀리 떨어뜨린다.

해설 기판부의 EMI 대책을 세운다.
① Clock emission을 억제하기 위해 Clock line을 최소한 짧게 하고 안정된 Ground 층으로 Shielding을 강화해 준다.
② 기판 기준 전위층(Signal Ground; SG)의 고주파 임피던스를 감소시키기 위해 나사 등을 사용하여 기판을 프레임(Frame Ground; FG)에 완전히 결합시켜 준다.
③ CPU 및 주변 Chip의 전원 공급 라인에서 Chip 바로 앞에 Coupling cap을 삽입한다.

정답 ▶ 77. ② 78. ① 79. ④

CHAPTER 02 3D 프린팅 안전관리

2.1 안전수칙확인

1 장비 및 소재의 위해요소

1. 작업 안전수칙 준수

3D프린터 사용 후 깔끔한 환경정리가 필요하며 특히 공구 정리, 소재 보관, 프린터 청소 및 정리 등이 중요하며, 특히 소재 보관은 한번 개봉한 필라멘트는 3개월 이상 장시간 보관 시 출력물이 불량하고 노즐부에 고장의 원인이 된다. 필라멘트는 직사광선과 습기를 피하는 것이 좋다.
3D 프린트의 사용단계별 발생 가능한 유해·위험성은 다음과 같다.

1) 작동 전 단계(Pre-processing)

3D 프린팅에 사용되는 재료는 피부, 안구, 호흡기에 염증을 유발할 수 있다. 예를 들어 니켈(Nickel)은 알러지성 피부염, 비염, 천식을 유발할 수 있으며, 초미세 금속분진은 순간적으로 가연성을 가질 수 있다.

2) 사용단계(Printing)

프린팅이 시작된 단계에서는 사용하고 있는 물질 및 방법에 따라 사용자 건강상에 끼칠 수 있는 영향이 달라진다.

(1) 재료 압출(Material extrusion)
　　녹인 플라스틱을 작은 노즐을 통해 압출하여 겹겹이 쌓아 나가는 방법으로서 일반적으로 ABS(Acrylonitrile Butadiene Styrene) 및 PLA(Poly Lactic Acid) 수지가 사용된다. 소규모 업체들이 많이 사용하는 방법으로 프린팅에 사용되는 재료 및 온도에 따라 상당량의 나노물질 및 기체를 공기 중으로 방출하며, 나노물질에 노출되면 폐 등에 염증성 반응을 유발할 수 있다.

(2) 분말 적층 용융(Powder Bed Fusion)

금속 가루를 얇게 깔고 레이저 빔을 쏘아 층층이 쌓아올리는 방법이며, 이를 사용하는 프린터는 작업 공간 대기와 완전히 분리된 곳에서 작동되지만, 이 방법을 사용한 작업 이후 완성된 조형물을 세정하는 단계에서 작업자는 재료로 사용된 물체의 분진 등에 노출될 수 있다.

(3) 액층 광중합(Vat photopolymerization)

액상 레진(Resin)이 담긴 용기에 자외선을 조사하고 이를 경화시켜 조형물을 만들며, 이 방법을 사용하는 프린터는 분리된 공간에서 사용된다. 레진으로 만들어진 조형물과 접촉 시 알레르기성 피부염을 유발할 수 있고, 완성물을 세정할 때 사용하는 용제 및 완전히 경화되지 않은 조형물에 대한 노출이 작업자 건강에 잠재적 유해·위험으로 작용할 수 있다.

3) 작동 종료 후(Post-processing)

조형물 제작 이후에 수행하는 작업별로 발생할 수 있는 유해·위험은 다음과 같다.

(1) 세정 및 지지구조물의 제거

완성된 조형물을 세정할 때 사용하는 화학물질은 피부, 안구 및 호흡기에 염증을 유발할 수 있고, 용제 등은 중추신경계에 영향을 줄 수 있다.

(2) 조형물의 연삭작업(Sanding)

연삭작업 시 발생하는 분진은 염증을 일으킬 수 있으므로 플라스틱으로 만들어진 조형물은 연삭작업 이전에 완전히 경화된 상태여야 한다.

(3) 표면처리

조형물의 표면을 처리하는 작업을 수행하면 다양한 화학물질에 노출될 수 있다. 알레르기를 유발할 수 있는 에폭시, 시아노아크릴레이트 및 아크릴혼합물질을 사용하는 경우 특별한 주의가 필요하다. 이소시안염을 포함하고 있는 도료(Paints)는 피부 및 호흡기에 염증 또는 천식 및 알레르기성 반응을 유발할 수 있다.

2. 3D프린터의 소재 위해요소

(1) 메탈 프린터의 경우 심하면 화상이나 폭발, 흡입으로 인한 폐 손상 등을 가져올 수가 있다. 아직 폐 손상에 대한 보고가 나오지는 않았지만, $5\mu m$ 이하 분말의 경우에는 공기 중에 호흡기로 흡입되기 때문에 이에 대한 대책이 필수이며, 메탈 소재의 경우는 중금속이 많기 때문에 대책이 시급하다.

(2) 일부 가정용 3D 프린팅 공정에서 열가소성 플라스틱은 가열되고 노즐을 통해 압출된 후 빌드 플레이트 표면 위에 적층되어 물체를 만든다. 이 공정에서 부산물로 나노 입자(1/10,000mm 이하의 초미립자)가 방출된다.

(3) 저온 PLA(Polylactic Acid) 공급 원료를 사용하는 3D프린터의 경우, 분당 200억 개의 입자가 방출될 수 있다.

(4) 고온 ABS(Acrylonitrile Butadiene Styrene) 소재에서는 2000억 개의 입자가 방출될 수 있으며, 방출된 나노입자는 매우 작고 표면이 넓으며 피부, 폐, 신경 및 뇌를 비롯한 신체의 시스템과 상호 작용할 수 있으므로 우려의 대상이 된다.

(5) 고농도의 나노입자에 대한 노출은 호흡기 사망률, 뇌졸중 및 천식 증상을 비롯한 건강에 악영향을 미친다. PLA 공급 원료는 생체 적합성을 갖도록 설계되었지만, ABS 공급 원료의 열분해 생성물은 실험 결과 설치류에 독성 영향을 미치는 것으로 나타났다.

(6) 가정용 대부분의 3D프린터에는 배기 환기 또는 여과 장치가 없으므로 프린터 배치와 재료 선택을 신중하게 고려해야 한다.

3. 3D프린터의 유해 입자 및 가스

3D 프린팅에 관한 유해요인은 휘발성 유기화합물(Volatile organic compound), 분진(Particulate mater), 소음, 발암성 물질, 후처리 공정에서 사용되는 화학물질 등이 알려져 있다. FDM 방식에서 사용되는 소재는 열가소성수지로 열화 시 다량의 유해가스가 발생한다.

1) 초미세입자

초미세입자는 100nm 이하의 먼지를 말하는 것으로 일반적으로 흡입으로 가장 많이 노출되며, 지속적으로 초미세먼지를 계속 들이마시면 폐에 쌓여 폐포 등의 기관이 조금씩 손상된다. 초미세먼지는 식도·위를 거처 장에 다다르면 그 기능에 장애를 일으키기도 하고, 혈관에 들어가서 혈류를 막기도 한다.

2) 유해가스

폴리머는 대체로 독성이 약하지만, 단량체 가운데는 작업자가 폭로되었을 때 심각한 건강 장애를 일으킬 수 있다고 보고된 것이 있다. 대표적인 예로 폴리염화비닐의 단량체인 비닐클로라이드(Vinylchloride)와 ABS플라스틱의 AN(Acrylonitrile)은 발암성 물질로 알려져 있으며, 최근에 국내에서도 PVC Wrap의 잔류단량체인 VCM 문제에 대한 논쟁이 있었다.

(1) 비닐클로라이드(VCM)

염화비닐단량체(Vinylchloride monomer)는 분자식이 $CH_2=CHCL$이고, 클로로포름과 비슷한 특이한 냄새가 있는 무색의 기체로 간 혈관 융종이 염화비닐중합 작업자에서 발생하였고, 염화비닐의 발암성이 입증되었다. 만성폭로에 따른 증상은 강피양증 피부 변화, 지단골용해, 문맥압항진증, 간혈관육종 등이 지적되고 있다.

(2) 스타이렌(Styrene)

스타이렌에 장기간 노출 시 신경계통의 기능적 장애상 기도의 자극, 백혈구 감소증과 임파구 증가 등의 혈액학적 변화 등이 생기며 간장 질환과 담즙관의 이상을 초래한다. 공기 중 스타이렌 농도가 $5mg/m^3$ 이하 농도에서도 간기능 장애가 나타났으며, 폴리스타이렌에 폭로된 근로자에서 역시 무력감, 비점막 장애, 여자의 경우에는 월경불순장애가 나타났다.

(3) 아크릴로니트릴(AN; Acrylonitrile)

분자식은 $CH_2=CHCN$이고, 상온상압에서 에테르성의 냄새가 있는 무색투명한 액체로서 물에 잘 녹으며, 주요 증상은 빈번한 호흡, 혼수상태 등이며, 급성중독으로는 아크릴로니트릴을 흡입하면 오심 및 구토를 유발하고 설사, 무기력, 두통, 황달 등을 나타내며, 피부접촉의 경우는 피부괴사가 나타난다. 심한 경우는 중추신경계가 마비되어 의식상실, 호흡정지, 경련 후 사망에 이르기도 한다.

2.2 예방점검실시

1 장비 및 소재의 점검 항목

1. 3D 프린팅 소재에 따른 안전

각각의 3D프린터는 고유의 재료를 사용하도록 설계되었다. 이러한 물질은 내재된 위험성이 있으며, 3D 프린팅 공정을 거치거나 부주의하여 불이 날 경우 매우 위험할 수 있다. 제품별 정보는 소재 업체에서 제공하는 안전 데이터 시트(MSDS)를 참조해야 한다. MSDS는 제조업체에 요청하면 된다. 열가소성 플라스틱 및 광경화성 수지, 열가소성 플라스틱은 인화성일 수 있으며 자극과 피부 민감성을 유발할 수 있다. 일부는 소량의 독성 성분을 포함할 수도 있다. 광경화성수지는 인쇄 과정에서 UV 빛에 대한 노출을 이용하여 경화시킨다. 이들은 종종 아크릴레이트와 같은 유해한 물질(Monomer)을 포함한다. 또한, 자외선은 시력과 피부에 손상을 줄 수 있다.

1) 서포트 재료

3D 프린팅 공정은 서포트 설계 재료를 사용하여 제조 설계에서 프린트물의 지지에 사용된다. 종종 열가소성 아크릴 폴리머에 포함된 페닐인산염과 같은 유해한 화학물질이 포함되어 있어 사용 및 폐기 시에는 주의해야 한다.

2) 금속 재료

① 반응성이 있고, 불이 나거나 폭발성이 높은 분말 금속이 3D 프린팅의 금속 부품 제조에 사용된다.
② 마그네슘, 티타늄, 알루미늄과 같이 미세하게 분쇄된 금속 분말은 폭발성이 있으므로 스스로 발화되어 화재(발화성)를 일으킬 수 있다.
③ 화기 근처에 두지 말고, 폭발 위험이 있는 곳에 분말 재료를 보관하는 것을 피해야 한다.
④ 소화기는 일반 소화기가 아닌 Class D급 금속 소화기가 필요하다.
⑤ 일반적으로 제조업체의 지침을 따르고, 전기 설비 및 배선이 작업에 적합한지 점검해야 한다.

⑥ 3D 프린팅 공정 과정은 레이저, 전자빔 등 매우 높은 열을 사용하기 때문에 사용자가 열에 의한 부상을 입을 뿐만 아니라 중금속 분말 흡입 시에는 폐에 심각한 병을 유발할 수 있다.
⑦ 3D프린터 작동에는 표준 공정 절차(SOP)가 필요하다.

3) 생물학적 물질

3D 프린팅은 공학적 조직 생성을 위한 세포와 같은 생물학적 물질의 인쇄를 포함하도록 확대되었다. 에어로졸에 대한 노출로 인한 잠재적 오염과 적절한 공정 관리가 고려할 필요가 있다.

2. 관련 설비 점검

1) 장비관리

① 주변에 인화성 물질과 직사광선 없고 환기가 잘 되고 습기가 높은 곳은 피한다.
② 충격과 진동이 없고 적절한 온도를 유지한다.
③ 먼지나 연기가 많은 곳은 레이저 광원이 조사되는 것을 방해하므로 피하도록 한다.

2) 환기장치

(1) 후드
유해물이 발생하는 장소에 설치하되 발산원을 제어할 수 있는 구조로 설치한다.

(2) 덕트
가능한 길이를 짧게 하고 굴곡부는 최소로 하며, 접속부 안쪽은 돌출된 부분이 없도록 하고 청소하기 쉬운 구조로 설치한다.

(3) 배풍기 및 환기장치
공기정화장치를 설치 후의 공기가 통하는 위치에 설치하되 배출된 유해물질이 작업장으로 재유입되지 않는 구조로 한다.

〈표 4-7〉 3D 프린팅 출력물 후공정에 필요한 안전시설 및 안전 보호구

덕트/배기(환기 시스템)	방폭형 청소기	방진 마스크
보호구	보호안경	금속 3D프린터 화재대비 Class D형 소화기

2.3 대책수립

1 위해 및 안전관리 사고 사례 분석 및 예방대책

1. 무재해운동

무재해(Zero-Accident Campaign, Accident-Free Movement)란 근로자가 상해를 입을 소지가 있는 위험요소가 없는 상태를 말하는 것이다. 여기서부터 무재해운동이 시작되지 않으면 무재해운동은 일시적인 것에 불과할 것이다. 근로자가 상해를 입지 않는다는 것과 상해를 입을 수 있는 위험요소가 없는 상태라는 말은 근로자가 현장에서 작업으로 인해 재해를 입어서는 안 되며 본래의 건강이 보장되어야 한다는 뜻이다. 그렇게 됨으로써 근로자의 안전은 물론 기업도 생산성을 최대한으로 보장할 수 있는 것이다. 사업장 무재해운동의 의의는 바로 인간존중에 있으며 합리적인 기업경영에 있다고 볼 수 있다.

1) 무재해운동의 본질

무재해란 산업현장에서 중상해나 4일 이상의 상해사고는 물론 잠재하고 있는 모든 위험요인 즉, 불안전한 상태나 행동을 미리 발견하여 사전에 예방대책을 수립·시행함으로써 산업재해를 근절하자는 것이다.

2) 무재해운동의 3대 원칙

(1) 무(Zero)의 원칙

무재해란 단순히 사망 재해나 휴업 재해만 없으면 된다는 소극적인 사고(思考)가 아니고, 불휴 재해는 물론 직장 내에 숨어있는 모든 위험요인을 적극적으로 사전에 발견, 파악, 해결함으로써 뿌리에서부터 산업재해를 없앤다는 것이다.

(2) 안전제일의 원칙

무재해운동에 있어서 안전제일이란 무재해·무질병의 직장을 실현하기 위한 궁극의 목표로서 일체 직장의 위험요인을 행동하기 전에 발견, 파악, 해결하여 재해를 예방하거나 방지하는 것을 말한다.

(3) 참여의 원칙

무재해운동에 있어서 참여란 작업에 따르는 잠재적인 위험요인을 발견, 해결하기 위하여 전원이 일치 협력하여 각자의 처지에서 해보겠다는 의욕으로 문제해결 행동을 실천하는 것을 뜻한다.

3) 무재해운동 추진의 3기둥

(1) 최고경영자의 안전경영철학

무재해운동을 추진하고 정착하기 위해서 가장 우선되는 것은 최고경영자의 무재해·무질병 추구의 경영자세 확립이다. 일하는 한 사람 한 사람이 소중하고, 한 사람이라도 다치게 하지 않겠다라는 인간 존중의 철학에서 출발하여야 한다.

(2) 관리감독자의 안전보건에 대한 적극적 추진

무재해운동을 추진하는 데는 관리감독자(Line)들이 생산활동 속에서 안전보건을 병행하여 실천하는 것이 꼭 필요하다. 즉, 라인에 의한 안전보건의 철저가 제2의 기둥이 되는 것이다. 직원의 안전보건 확보는 라인의 본질적 임무로서 '내 직원은 누구 하나 부상당하게 하지 않겠다'라는 라인의 강한 결의와 실천이 없으면 무재해운동을 시작할 수 없으며 무의미하게 된다. 직원 한 사람 한 사람을 철저하게 지도하고 지원하는 것은 라인이 아니면 불가능하기 때문이다.

(3) 자율 안전보건활동의 활성화

일하는 한 사람 한 사람이 안전보건을 자신의 문제이며 동시에 같은 동료의 문제로 진지하게 받아들여 직장의 팀 멤버와의 협동노력으로 자주적으로 추진해 가는 것이 필요하다. 근로자 한 사람 한사람이 '나는 부상당하지 않겠다. 동료 중에서 부상자를 내지 않겠다. 그러기 위해서는 이렇게 해 보자'라는 실천 의지가 없으면 직장의 무재해는 달성할 수 없다. 직장의 제일선은 의식적 또는 무의식적으로 조직되어 있는가를 막론하고 통상 몇 사람의 소수가 집단을 이루게 되는데, 무재해운동에서는 자율 안전 보건활동의 활성화를 위하여 직장 소집단의 활동의 의의와 역할을 중시하고 있다.

2. ECRS의 원칙

ECRS의 원칙은 현상에 낭비가 많다는 것을 전제로 하고 있다. 그러나 관점을 바꾸어 보면 현상에는 무언가 부족한 경우도 있을 수 있다. 이러한 경우에는 '현상에 추가해야 할 것은 없는가'(Add)라는 항목을 추가해야 한다. 이와 같이 자기 나름대로의 원리·원칙을 만들어 낼 수 있을 때까지 현재의 원리·원칙 활용이 요구된다.
(1) 개선해야 할 때마다 아이디어를 낭비 없이 잘 적용시키는 것이 기본
(2) 목적 원인 분석의 사고함양
(3) 개선목표는 '중점 사고' 지향
(4) 개선의 원칙 적용(ECRS)

1) 배제(Eliminate)

배제는 '그만둘 수 없는가'를 생각하는 것으로서 현재의 일을 그만두기 위해서는 그 일을 왜(또는 무엇을 위해) 하고 있는가라는 업무의 이유, 또는 목적을 철저히 해야 할 것이다.

2) 결합과 분리(Combine)

결합은 '함께 할 수 없을까?'를 생각하는 것으로서 몇 가지 일이나 공정을 함께 할 수 있다면 커다란 개선의 효과를 가져 올 수 있다는 것이다. 이를 위해서는 그것은 어떤 일인지, 그 일은 누가 담당하고 있는지, 그 일은 어디에서, 언제 하는지 등을 관점을 바꾸어 생각하고 함께 할 가능성을 잘 조사해 본다.

3) 교체와 대체(Rearrange)

교환은 '순서를 바꿀 수 없는가'를 생각하는 것으로 직렬방식의 가공순서를 병행처리로 바꾸는 것처럼 가공순서를 바꾸거나 부품과 가공법 일부를 다른 부품이나 가공법으로 옮겨 놓을 수 없을까 등을 생각하는 것이다.

4) 간소화(Simplify)

간소화는 '간단히 할 수 없을까?'를 생각하는 것으로서 이를 위해 왜 그 부품을 사용하는지, 왜 그런 방법으로 일을 하는지 등을 질문하고 간소화의 가능성을 찾아가는 것이다.

5) ECRS의 각 항을 생각하는 데 도움이 되는 5W1H의 관계는 다음과 같다.

WHAT	업무, 제품, 부품, 재료	그만둘 수 없는가(E)
WHEN	실시 시기, 공기·납기	다른 때에 할 수 없는가(C·R)
WHO	담당자, 협동작업의 상대	다른 사람이 할 수 없는가(C·R)
WHERE	실시장소, 경로	다른 곳에서 할 수 없는가(E)
WHY	목적, 이유	정말 필요한가(E)
HOW	방법, 순서, 노력, 비용	더 간단히 할 수 없는가(S)

3. 3D 프린팅 작업 시 유해물질 관리방안

일반적인 유해물질 관리방안은 대체(Substitution), 격리(Isolation), 환기(Ventilation), 보호구 착용, 교육, 행정적 대책이 있으며, 3D 프린팅도 같은 관리방안을 적용할 수 있다.

1) 대체

3D 프린팅 시 유해물질이 적게 배출되는 것을 사용하는 것이다. 현재 상태에서는 PLA(Poly Lactic Acid) 수지가 유해물질 배출이 적은 것으로 보고되고 있다. 하지만 현 상태에서 3D 프린팅이 지속적으로 사용이 증가한다면, 연구개발을 통하여 유해물질이 적게 배출시키는 수지로 대체가 필요하다.

2) 격리

격리는 오염 발생원을 근로자를 포함한 재실자와 격리하는 것으로 유해물질 발생원의 밀폐, 차단벽, 보관 창고 등의 예가 있다.

3) 환기

환기는 공학적 관리방안으로 국소환기와 전체환기가 있으며, 예로는 유해물질 발생지에서 국소배기장치를 설치하여 발생되는 먼지를 공학적으로 실내환경(작업장 등) 외부로 환기시키는 방법이 있다. 현재로서는 이 방법이 가장 적절할 수 있다.

4) 보호구 착용

보호구 착용은 최종 수단으로 예로는 3D 프린팅 작업 시 적절한 방진 및 방독 마스크 착용, 보호의 착용 등이 있다.

5) 교육

작업자 및 재실자에게 교육을 하는 것이다. 예로는 유해물질 발생에서 해당 유해물질의 유해성 및 위해성에 대해 교육, 작업방법에 대해 교육, 개인보호구 착용 및 유지관리에 대한 교육 등이 있다.

6) 행정적 대책

행정적 대책으로는 깨끗한 작업장 운영, 휴식시간 조정, 작업전환 등이 있다.

4. 3D프린터 안전수칙

(1) 3D프린터 작동 중에는 구동부에 손을 대지 않는다.
(2) 출력 시작 후 3분 정도 바닥에 안착하였는지 확인한다.
(3) 출력 완료 후 노즐 온도를 확인한다.
(4) 작업환경과 환기시설을 확인한다.
(5) 3D프린터의 수평을 확인한다.
(6) 액상 및 분말 소재 사용 시에는 마스크와 장갑을 착용한다.
(7) 후가공 화학약품 사용 시에는 성분을 확인한다.
(8) 후가공 도구 사용 시 날카로움에 주의한다.

5. 감전사고 예방 및 전기안전수칙

1) 감전사고

감전이란 사람 체내의 일부 또는 대부분에 전기가 흘렀기 때문에 충격을 받는 현상이며, 상해를 받지 않는 경우도 있으나 상해를 받았을 때는 사망률이 높아 매우 위험시되고 있다.

① 전기의 통로에 인체 등이 접촉되어 인체에서 단락 또는 단락회로의 일부를 구성하여 감전되는 것(직접접촉)
② 전선로에 인체 등이 접촉되어 인체를 통하여 지락전류가 흘러 감전되는 것
③ 누전 상태에 있는 기기에 인체 등이 접촉되어 인체를 통하여 지락 또는 섬락에 의한 전류로 감전되는 것(간접접촉)
④ 전기의 유도 현상에 의하여 인체를 통과하는 전류가 발생하여 감전되는 것

2) 감전사고 예방대책

전기적 등가회로에서 인체에 흐르는 전류(통전전류)의 크기를 작게 하기 위해서는 전압은 감소(↓)시키고 저항은 증가(↑)시키면 감전 재해를 예방할 수 있다.

① 전압 감소 : 정전작업 수행
② 저항 증가 : 각종 절연보호구 및 방호구 등 활선작업 장치 사용
③ 접지실시
④ 전원개폐기를 감전방지용 누전차단기로 설치(저압 회로인 경우)

3) 전기 안전 수칙

① 전기 스위치 부근에 인화성, 가연성 물질 등을 놓아서는 안 된다.
② 스위치 함(분전반) 내부에 불필요한 물건을 보관해서는 안 된다.
③ 전동기 등의 전기기계·기구 등에 전기불꽃이나 연기가 나면 즉시 전원을 차단하고 관계자에 연락한다.
④ 모든 스위치는 사용처, 이름을 명기해야 한다.
⑤ 전기 수리 또는 점검할 때에는 "수리 중", "점검 중" 표시를 하고 관계자 이외는 출입금지를 시켜야 한다.
⑥ 모든 전기기계·기구의 접지는 올바른 것을 확실하게 접속해야 한다.
⑦ 스위치, 배전반, 전동기 등 전기기계·기구에 가연성 물질이 닿지 않도록 한다.

⑧ 스위치 개폐는 접속 부분의 안전을 확인하고 확실하게 접속한 다음 개폐해야 한다.
⑨ 허가 없이 임의로 전기 배선을 접속 사용하지 않는다.
⑩ 결함이 있거나 작동상태가 불량한 전기기계·기구는 사용하지 않는다.
⑪ 전원으로부터 플러그를 뽑을 때에는 선을 잡아당기지 말고 플러그 전체를 잡아 당겨야 한다.

4) 전기 안전 작업 요령

① 장비를 점검하기 전에 전원 차단, 플러그가 있는 장비는 플러그를 뽑는다.
② 전원차단 시 가급적 절연장갑을 착용하고 오른손을 사용하며 얼굴을 스위치 상자로 향하지 않게 하고 손잡이를 내린다.
③ 전기 설비를 작업할 때 공구나 비품의 손잡이는 절연체로 된 것을 사용한다.
④ 전기기계·기구의 충전부 전기가 흐르는 부분은 절연한다.
⑤ 전원에 연결된 회로 배선은 임의로 변경하지 않는다.
⑥ 작업 공간은 충분히 확보하고 항상 청결하게 유지한다.
⑦ 플러그를 전원에 연결한 채 회로 변경 작업을 하지 않는다.
⑧ 회로가 확실하게 연결되어 있지 않으면 플러그를 전원에 꽂지 않는다.
⑨ 젖은 손이나 물건으로 회로에 접촉하면 안 된다.
⑩ 전기 설비에 연결된 접지선의 접속을 확인한다.
⑪ 전원 연장선은 최소한으로 가능한 짧게 사용한다.
⑫ 전기 설비 근처에서는 가연성 용재를 사용하지 않는다.
⑬ 다중 콘센트는 가능한 한 사용하지 않도록 한다. 만일 추가 콘센트가 필요하다면 관계자에 의뢰해서 설치해야 한다.
⑭ 분전반의 진입로와 스위치 앞에는 장애물이 없도록 한다.

6. 개인 안전보호구

1) 보호구의 정의

보호구란 근로자의 신체 일부 또는 전체에 착용해 외부의 유해·위험요인을 차단하거나 그 영향을 감소시켜 산업재해를 예방하거나 피해의 정도와 크기를 줄여주는 기구다. 보호구의 필요성은 다음과 같다.

① 유해 · 위험요인으로부터 근로자 보호가 불가능하거나 불충분한 경우가 존재한다.
② 근로자 보호가 부족한 때를 대비해 보호구를 지급하고 착용한다.
③ 보호구의 특성, 성능, 착용법을 잘 알고 착용해야 생명과 재산을 보호한다.

2) 안전장갑

안전장갑의 주요 보호기능은 전기 작업에서의 감전 예방과 각종 화학물질로부터 손을 보호하는 기능이다. 등급 및 선정기준은 다음과 같다.
① 용도와 작업 내용, 수준에 맞아야 한다.
② 내전압용 절연장갑은 00등급에서 4등급까지이며, 숫자가 클수록 두꺼워 절연성이 높다.
③ 화학물질용 안전장갑은 1~6의 성능 수준이 있으며, 숫자가 클수록 보호 시간이 길고 성능이 우수하다
④ 화학물질용 안전장갑은 왼쪽의 화학물질 방호 그림을 확인한다.
⑤ 화학물질용 안전장갑은 사용 물질에 맞는 보호 성능이 있는지 확인한다.
⑥ 사용 화학물질과 제품 인증 화학물질이 일치하지 않으면 제조사에 정보를 요청해 적합한 것으로 바꾼다.

3) 방진 마스크

방진 마스크 주요 보호기능은 분진 등의 물질을 걸러내 호흡기를 보호하며 채광, 분쇄, 광물의 재단, 조각, 연마작업, 석면 취급 작업, 용접작업 등에 사용한다. 사용방법 및 관리는 다음과 같다.
① 사용 전에 흡 · 배기 밸브의 기능과 공기 누설 여부를 점검한다.
② 필터를 수시로 확인해 습하거나 흡 · 배기 저항이 크면 교체한다.
③ 흡 · 배기 밸브를 청결하게 유지한다.
③ 면체는 중성세제로 흐르는 물에 씻어 그늘에서 말린다.
④ 면체는 기름이나 유기용제, 직사광선을 피한다.
⑤ 사용 전에 점검 · 장착 · 사용법을 교육 · 훈련한다.
⑥ 면체 접안부에 손수건 등을 덧대 사용하지 않는다.
⑦ 다음의 경우에 부품을 교환하거나 폐기한다.

> **참고 등급별 사용 장소**
>
> **특급**
> ① 베릴륨 등과 같이 독성이 강한 물질을 함유한 분진 등의 발생 장소
> ② 석면 취급 장소(단, 안면 부여과식 특급은 석면 등 발암성 물질 취급 작업에 사용하지 않는다.)
>
> **1급**
> ① 특급 마스크 착용 장소를 제외한 분진 등 발생 장소
> ② 금속 흄과 같이 열적으로 생기는 분진 등의 발생 장소
> ③ 기계적으로 분진 등이 발생하는 장소
>
> **2급**
> 특급 및 1급 마스크 착용 장소를 제외한 분진 등의 발생 장소
>
> **방독 마스크의 등급**
>
> | 구 분 | 사용 범위 |
> | --- | --- |
> | 격리식 | 가스 또는 증기 농도가 2%(암모니아 3%) 이하 대기 중에서 사용 |
> | 직결식 | 가스 또는 증기 농도가 1%(암모니아 1.5%) 이하 대기 중에서 사용 |
> | 직결식 소형 | 가스 또는 증기 농도가 0.1% 이하 대기 중에서 사용 |

4) 방독 마스크

방독 마스크 주요 보호기능은 다음과 같다.
① 유기용제, 산과 알칼리성 화학물질의 가스와 증기 독성을 제거해 호흡기를 보호
② 유해화학물질의 중독을 방지: 석유화학산업 현장이나 도장작업, 산과 알칼리 세척작업, 발포작업 등 다양한 작업에서 사용하며 사용방법 및 관리방법은 다음과 같다.
　㉠ 작업 내용에 적합해야 한다.

㉡ 산소 농도 18% 미만, 유해가스 농도 2%(암모니아 3%) 이상인 장소이거나 장시간 작업할 때는 송기 마스크를 사용한다.
㉢ 사용 설명서에 나와 있는 파과 시간이 지나면 즉시 교체한다.
㉣ 밀봉된 상태로 서늘한 곳에 보관한다.
㉤ 면체, 배기밸브 등은 방진 마스크 사용·관리법을 따른다.

〈표 4-8〉 정화통 제독시험 가스의 종류와 정화통 표시 색 구분

시험가스별	정화통의 색	대상 유해물질
유기화합물용	갈색	유기용제 등의 가스나 증기
할로겐용	회색	할로겐 가스나 증기
황화수소용	회색	황화수소가스
시안화수소용	회색	시안화수소 가스나 시안산 증기
아황산용	노란색	아황산가스나 증기 또는 분진
암모니아용	녹색	암모니아 가스나 증기
일산화탄소용	적색	일산화탄소 가스

〈표 4-9〉 등급별 사용 장소

등급	사용 장소
격리식(고농도)	가스 또는 증기의 농도가 2%(암모니아는 3%) 이하인 대기 중
직결식(중농도)	가스 또는 증기의 농도가 1%(암모니아는 1.5%) 이하인 대기 중
직결식 소형(저농도)	가스 또는 증기의 농도가 0.1% 이하의 대기 중 (긴급용은 제외)

5) 송기 마스크

송기 마스크는 산소 농도가 18% 미만이거나 유해물질 농도가 2%(암모니아 3%) 이상인 장소에서 작업할 때 착용하며 사용 대상 작업은 다음과 같다.
① 산소가 결핍되거나 농도를 모르는 장소
② 쇼트 작업같이 고농도 분진이나 유해물질의 증기, 가스가 발생하는 장소
③ 강도가 높거나 장시간 하는 작업
④ 유해물질의 종류나 농도가 불분명한 장소
⑤ 방진·방독 마스크 착용이 부적절한 장소

> **참고 선정 시 유의사항**
>
> ① 격리되거나 행동반경이 크고 공기 공급원에서 멀리 떨어진 장소에서 작업할 때는 공기호흡기를 지급하고 기능을 점검한다.
> ② 공기가 오염된 곳에서는 폐력흡인형·수동형은 사용하지 않는다.
> ③ 위험도가 높은 곳에서는 폐력흡인형 사용을 피한다.
> ④ 화재 폭발 위험지역에서는 방폭형을 사용한다.

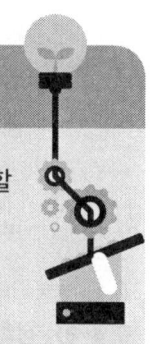

> **참고 사용방법 및 관리**
>
> ① 여과 장치로 기름, 분진, 유해물질을 걸러 신선한 공기를 공급한다.
> ② 공급 공기의 압력은 1.75kg/cm² 이하가 좋으며, 여러 명이 동시에 사용할 때는 압력을 조절한다.
> ③ 실린더 내 공기 잔량을 점검해 알맞게 대처한다.
> ④ 수동 송풍기형은 장시간 작업할 때 2명 이상이 교대한다.
> ⑤ 작업 전에 도구 점검, 착용법 지도, 착용 상태 확인을 한다.
> ⑥ 작업 전에 산소 농도를 측정한다.
> ⑦ 작업 중 다음과 같은 이상 상태가 발생하면 즉시 대피한다.

6) 눈 및 안면보호구(보안경, 보안면)

(1) 보안경

보안경은 유해광선이나 비산물, 분진 등으로부터 눈을 보호하기 위한 것으로 다음과 같이 크게 나눌 수 있다.

① 자외선, 적외선 및 강렬한 가시광선 등으로부터 눈을 보호하기 위한 차광보안경
② 작업 중 발생되는 비산물로부터 눈을 보호하기 위한 일반 보안경

〈표 4-10〉 차광보안경

종류	사용 구분
자외선용	자외선이 발생하는 장소
적외선용	적외선이 발생하는 장소
복합용	자외선 및 적외선이 발생하는 장소
용접용	산소용접작업에서처럼 자외선, 적외선, 강렬한 가시광선이 발생하는 장소

7. 응급처치 수행

1) 응급처치의 정의

위급한 상황으로부터 자신을 지키고, 뜻하지 않은 사고 발생 시 전문적인 의료 서비스를 받기 전까지 적절한 처치와 보호를 통해 고통을 덜어주고 생명을 구할 수 있도록 돕는 활동이다.

2) 응급처치의 목적

① 응급환자의 생명 구조
② 통증 감소 및 악화 방지
③ 가치 있는 삶을 영위할 수 있도록 회복을 도움
④ 장애의 정도 경감

3) 응급처치 요령

① 사고현장 및 부상자의 위치를 정확히 알림
② 현재 부상자의 상태와 신고한 본인의 연락처 등을 알림
③ 어떤 사고가 발생했는지 구체적으로 설명
④ 구조요원들이 현장을 신속히 찾을 수 있도록 안내

4) 의식이 없는 환자의 처치

① 턱이 하늘을 향하게 해 기도(숨길) 유지
② 숨을 쉬는지 확인
③ 심장이 뛰는지 확인

5) 의식이 있는 환자의 처치

① 편안한 자세를 취하게 해줌
② 담요, 옷을 이용해 따뜻하게 해줌
③ 음료수를 먹여서는 안 됨

6) 흡입했을 때

녹은 필라멘트에서 누출된 가스를 흡입한 경우 신선한 공기가 있는 곳으로 사람을 이동시켜야 한다.

7) 피부에 접촉했을 때

① 비누와 물로 씻어 낸다.
② 증상이 발생하는 경우 의학적 도움을 구한다.
③ 뜨거운 소재와 접촉하여 화상을 입은 경우 가능한 한 신속히 피부에 붙은 녹은 소재를 물로 식힌다.
④ 뜯어내려 하지 않으며 필요하면 화상 제거 및 치료를 위해 의학적 도움을 구한다.

8) 눈에 들어갔을 때

① 안구와 접촉하는 모든 소재는 즉각 물로 씻어 내야 한다.
② 용이한 경우 콘택트렌즈를 제거한다.
③ 증상이 지속되는 경우 의학적 도움을 구한다.
④ 녹은 소재가 안구와 접촉하는 경우 즉시 최소 15분간 많은 양의 물로 씻어 내고 즉시 의학적 도움을 구한다.

2.4 장비유지관리

1 장비의 유지보수관리

1. 기술조사 방법

현상의 모양이나 분포, 크기, 비율 등 단순 통계적인 것에 대한 조사인 기술조사는 발생빈도와 비율을 파악할 때 사용한다. 관련 변수 간의 상관관계(Correlation-긍정적, 부정적 관계)를 설명하지만 인과관계(Causal relation-특정변수가 다른 변수에게 영향을 끼치는 영향의 방향)를 기술하는 것은 아니며, 미래에 대한 예측을 할 수 있고 관심 있는 변수의 미래상황을 이와 관련 있는 변수의 변화를 통해 개략적으로 예측한다. 기술조사는 탐색적 조사와 달리 연구문제와 가설을 설정한 이후 실시되며, 어떤 현상에 대한 단순한 실태를 기술하기 때문에 실태조사의 형태를 띤다.

① 횡단조사는 특정한 표본이 가지고 있는 특성에 따른 집단을 분류한 표본을 활용하여 정보를 수집하는 조사방법이다.
  ㉠ 일정 시점에서 측정하므로 정태적인 성격을 갖는다.
  ㉡ 주로 표본 조사를 행하며 측정이 반복해서 이루어지지 않는다.
  ㉢ 조사대상의 특성에 따라 여러 집단으로 분류하므로 표본의 크기가 커야 한다.
② 종단조사는 시간의 흐름에 따라 조사대상이나 상황의 변화를 측정하는 것으로 일정한 시간 간격을 두고 반복적으로 측정하여 자료를 수집하는 조사방법이다.
  ㉠ 일정한 시간적 간격을 두고 측정하므로 동태적이다.
  ㉡ 주로 표본 조사를 행하며 수주일, 수개월의 장기간동안 측정이 반복해서 이루어진다.
  ㉢ 장기간, 반복적으로 측정이 이루어지므로 비용이 많이 든다.
  ㉣ 유형에 따라 서로 다른 시점에서 동일 대상자를 추적해 조사해야 하므로 표본의 크기가 작을수록 좋다.
  ㉤ 장기간에 걸쳐 조사대상자와 상황의 변화를 조사할 수 있다.
  ㉥ 조사 결과 얻어진 자료는 변화분석(Turnover analysis)에 의해 분석한다.
③ 인과조사는 특정 현상의 원인과 경과를 구체적으로 이해하거나 예측하고자 하는 경우에 사용하는 조사방법이다.
④ 설명적 조사란 사실의 인과관계(Causal relation)를 규명하거나 미래의 사실에 대해 미리 예측(Prediction)하는 조사로서 전자를 진단적 조사(Diagnostic study), 후자를 예

측적 조사(Predictive study)라고 한다. 특정 변수에 영향을 미치는 변수의 조사 등이 해당된다.

1) 유지보수의 중요성
① 장비의 최적화와 후에 발생할지 모를 심각한 문제를 예방하기 위해서 유지보수는 필수적이다.
② 고장이 나지 않더라도 장비관리를 얼마나 잘 하느냐에 따라 조형물의 품질이나 생산성이 달라질 수 있다.
③ 노즐이 막히지 않고 깨끗하면 재료의 고른 분사를 할 수 있다.
④ 깨끗한 UV 램프가 흘러내림 없는 확실한 경화를 할 수 있다.

2) 3D프린터를 관리하는 가장 좋은 방법
① 프린터 제공업체와 유지계약을 맺어 정기적인 관리로 하드웨어나 소프트웨어의 업데이트를 받는다.
② 무상기술지원과 사용자 교육 등을 받는다.
③ PM 관리를 받는다. PM이란 장비 가동시간이 2,000시간 정도 될 경우 일정 부품을 교환해 주는 것을 말한다.

3) 1개월 간격으로 유지보수하기
① 벨트의 장력이 충분한지 확인이 필요하다. 또한, 손으로 가볍게 튕길 수 있을 정도로 팽팽해야 한다.
② 장기간 프린터를 사용하지 않을 때는 텐셔너를 살짝 풀어 느슨하게 해놓는 것이 벨트 수명을 늘리는 데 유리하다.
③ 각 축의 정렬 상태 점검이 필요하다. 각 축의 연마 봉 및 스크루에 평행을 이루고 있는지 확인하고, 구동 장치를 손으로 움직일 때 부드럽게 잘 움직이는지 확인해 보는 것이 좋다.
④ 프린터의 연마 봉과 스크루를 헝겊으로 깨끗이 닦고, 후에는 윤활제를 가볍게 발라주는 것이 좋다. 연마 봉 밑에 헝겊을 받치고 윤활제를 살짝 도포한 뒤, 헤드와 베드를 손으로 몇 번 왕복시키면 된다. 윤활제의 종류에 따라 1~2주에서 한 달 주기로 하는 것이 좋다.

⑤ 프레임과 구동 장치를 고정하는 볼트와 너트들 중에 풀린 것이 없는지 확인한다.
⑥ 핫엔드의 조립 상태를 점검하고, 노즐과 히팅 블록 주변에 묻은 이물질을 제거한다. 이물질을 제거할 때는 핫엔드를 예열한 상태에서 해야 손상을 방지할 수 있다.

4) 3개월 간격으로 유지보수하기

① 프린터 부품 중 출력된 부품의 상태를 점검한다. 출력 부품은 다른 소재의 부품에 비해 내구도가 낮으나 심각하게 금이 가거나 부러진 부품이 있다면 교체해야 한다.
② 열처리 연마 봉이나 LM 가이드가 아닌 일반 연마 봉을 사용할 경우, 윤활을 충분히 하지 않았다면 연마 봉이 마모되었을 수 있으며 연마 봉과 베어링의 유격이 심하다고 연마 봉을 교체해야 한다.
③ 쿨링 팬과 제어 보드, 전원 장치에 묻은 먼지를 제거해야 한다. 에어컴프레서를 사용하는 것도 좋으나 쿨링 팬 이외의 부분에는 절대로 물티슈처럼 물기 있는 도구를 사용하면 안 된다.
④ 사용하는 펌웨어의 새로운 버전이 공개되었는지 확인하고 기존 버전에서 발견된 심각한 문제가 새로운 버전에서 해결되었을 수도 있으므로 펌웨어를 업데이트하는 것이 좋다.

2. 고체 기반형 3D프린터 유지관리

1) 클리닝 케이스 문제점 및 유지관리

① LCD에 클리닝 케이스 청소가 필요하다는 메시지가 보이면 클리닝 케이스를 탈착하여 내부의 필라멘트 잔여물을 청소한다.
② 기기를 사용하다 보면 기기 내부로 필라멘트 잔여물이 많이 떨어지게 되는데, 이러한 잔여물들이 구동 벨트나 팬 날개에 들어가 끼게 되면 기기 고장의 원인이 될 수 있으므로 기기 사용 전후로 또는 정기적으로 내부 청소를 해 준다.

2) 노즐 내부 문제점 및 유지관리

① 노즐 내부에 찌꺼기가 있으면 필라멘트가 노즐에서 이송이 잘되지 않아 출력이나 필라멘트 로드에 문제가 생길 수 있다.

② 노즐 내부의 찌꺼기는 노즐에서 필라멘트가 일정하지 않은 굵기로 나오게 하거나 노즐을 막을 수 있다.
③ 필라멘트는 일단 녹으면 처음과 다른 특성을 가지게 될 수 있다.
④ 노즐 내부에 남아 있는 필라멘트 찌꺼기가 가열, 냉각을 반복적으로 하면 특성이 변하여 잘 배출되지 않아 노즐 내부에 쌓이게 된다.
⑤ 노즐을 오랫동안 사용하기 위해서는 정기적으로 청소를 해주는 것이 좋다.
⑥ 필라멘트 재질마다 다른 특성을 가지므로 다른 재질의 필라멘트로 교체할 때에는 노즐 내부를 청소해 준다.

3) 구동 기어 청소

구동 기어는 필라멘트를 밀어서 압출기를 통과하게 하는 압출기의 부분이다. 물체를 만들 때 강화 PLA의 작은 부분이 구동 기어가 붙을 수 있으므로 압출기 관련 문제가 발생한 경우 구동 기어를 청소하는 것이 도움이 될 수 있다.

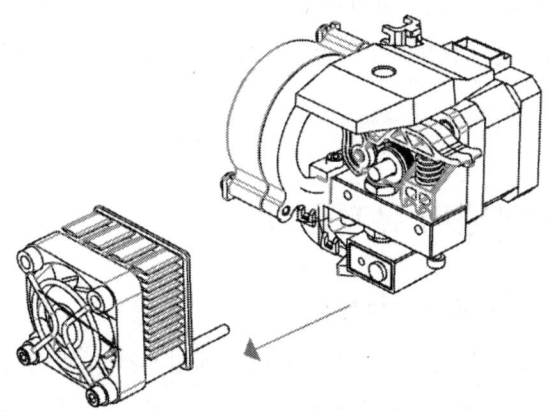

[그림 4-17] 구동 기어 분해

4) 필라멘트가 노즐을 통해 나오지 않는 경우

① 익스트루더 에서 필라멘트를 빼낸다.
② 빼낸 필라멘트를 잘라내고 카트리지를 다시 장착 후 로드를 진행한다.
  ㉠ 끝부분을 날카롭게 자르면 더욱 원활하게 들어간다.
  ㉡ 기어를 돌리면 필라멘트가 나오는데, 찍힌 자국이 있는 부분(약 50~60cm)을 잘라내면 효과가 더 좋다.
  ㉢ 필라멘트에 구부러진 부분이 없어야 한다.

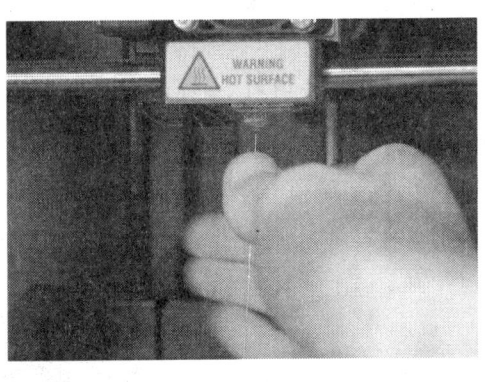

[그림 4-18] 압출된 PLA 제거   [그림 4-19] 노즐 청소

5) 익스트루더와 노즐 사이에 필라멘트 끊어짐이 있을 경우

① 익스트루더에서 필라멘트를 노즐 쪽으로 이동시켜 끊어진 부분을 밀어 빼낸다.
② 끊어진 부분을 모두 제거한 후 튜브를 노즐에 다시 장착한다.
③ 익스트루더에서 필라멘트를 노즐 쪽으로 이송시켜 노즐 밖으로 필라멘트가 나오는 것을 확인한다.
④ 필라멘트가 카트리지 밖으로 나와 있을 경우는 카트리지 밖으로 나와 있는 필라멘트를 약 50~60cm 잡아당긴 후 잘라준다.

3. 액체 기반형 3D프린터 유지관리

1) 프린팅 헤드 문제점 및 유지관리

① 액상의 재료를 분사하여 제품을 조형하는 폴리젯 방식에서 헤드 중에서도 노즐관리가 무엇보다 중요하다.
② 사용한 재료가 노즐 주변에 묻어 그대로 굳으면 노즐을 막게 되고 막힌 노즐에서 재료가 잘 나오지 않아 조형 시 문제가 생기기 때문이다.
③ 작업 후에는 꼭 헤드 청소를 하고 묻은 재료를 닦아주는 것이 좋다.
④ 청소에는 이소프로판올이나 에탄올이 96% 이상인 것을 사용해야 한다.
⑤ 알코올로 천을 흠뻑 적셔 닦아주면 된다.
⑥ 재료가 잘 닦이지 않는 물이나 헤드에 손상을 입히기 쉬운 날카로운 도구의 사용은 금물이다.

2) 와이퍼 문제점 및 유지관리

① 노즐 내 막힘 방지를 위해서나 재료 교체 후에 시행하는 퍼지, 강제로 재료를 빼주는 작업으로 퍼지 탱크에서 이루어지는데, 퍼지 탱크 안에는 헤드를 닦아주는 와이퍼가 있다. 와이퍼가 더러우면 헤드 청소는 알코올이 묻은 천을 이용하여 청소해 주면 된다.
② 와이퍼나 헤드는 클리닝 위저드를 실행하면 사용자가 청소하기 쉬운 위치로 이동한다.

3) 패턴테스트 문제점 및 유지관리

① 헤드 하나에 막혀있는 노즐이 몇 개나 있는지 확인하여 막힌 노즐이 15개 이상이면 헤드 청소를 다시 하거나 와이퍼를 점검해야 한다.
② 15개 이상 막혀 있거나 일정 구간이 뭉텅이로 막혀 있으면 조형에 영향을 준다.
③ 1~2개 정도 막혀 있는 것은 다른 헤드들에 의해 보상이 되기 때문에 전혀 문제가 되지 않는다.

4) UV 램프 문제점 및 유지관리

① 뿌려진 액상 재료를 굳혀주는 UV 램프는 조형 시 묻은 재료나 먼지들로 오염이 되기 쉽다.
② 오염된 램프는 재료 내에 빛을 제대로 전달하지 못하기 때문에 재료가 경화되지 않고 흘러내리는 현상이 발생하여 제품불량을 유발하므로 깨끗한 상태로 유지해줘야 한다.
③ 마이크로파인 사포로 부드럽게 닦아주면 된다. 헤드 청소를 할 때마다 램프도 함께 알코올이 묻은 천으로 닦아주면 사포를 쓰지 않아도 된다.

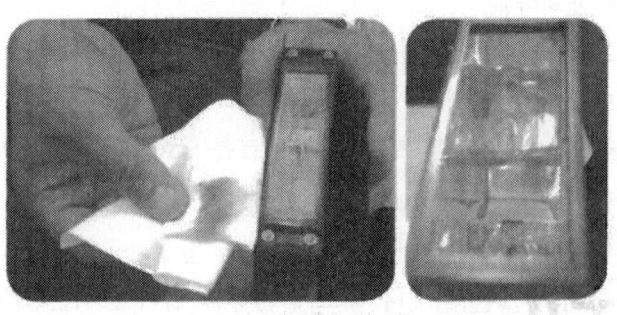

[그림 4-20] UV 램프 청소 전후

5) 롤러 웨이스트 콜렉터 문제점 및 유지관리

① 재료가 트레이 위로 분사되면 롤러가 지나가면서 표면을 편평하게 만들어 준다.
② 롤러에 묻은 재료는 롤러 옆에 위치한 나이프가 걷어내어 롤로 웨이스트 콜렉터로 모은다.
③ 롤러 웨이스트 콜렉터를 제대로 관리하지 않으면 콜렉터에 모인 재료를 빨아들이는 튜브가 막히거나 콜렉터에서 재료가 넘쳐 트레이 위로 뿌려질 수도 있다.
④ 청소는 알코올을 묻힌 천으로 닦아주면 된다. 나이프가 휘어지거나 손상되지 않도록 조심해야 한다.

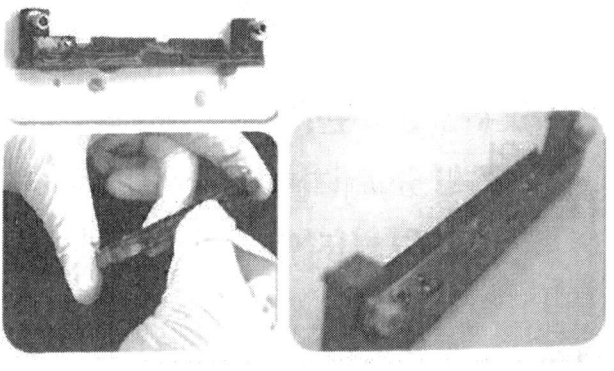

[그림 4-21] 롤러 웨이스트 콜렉터 청소 전후

> **주의사항** 트레이나 주변에 청소에는 알코올 사용을 금지한다. 알코올로 트레이를 닦을 경우 변색을 유발하여 변색된 트레이에 조형을 할 경우에 빛 반사로 인한 문제가 발생할 수 있으므로 트레이와 주변장치는 반드시 물로 청소한다.

6) 수조(Vat) 문제점 및 유지관리

① 사용했던 수지(Resin)를 덜어내고 다른 수지를 사용하려면 기존 수조(Vat)에 남아 있는 수지를 완전히 덜어내고 산업용 와이퍼를 사용하여 남아 있는 수지를 완전히 닦아내야 한다.
② 산업용 와이퍼가 아닌 티슈를 사용하여 수지를 닦아 낼 때는 수조에 먼지가 묻게 되어 출력에 영향을 미친다.
③ 다른 종류의 수지와 섞이거나 물이 섞이게 되면 출력물 완성도에 부정적인 영향을 미칠 수 있다.

④ 수조(Vat)에 찌꺼기가 붙어 있는 경우
  ㉠ 기본 구성품에 포함되어 있는 고무 주걱을 사용하여 찌꺼기를 제거한다.
  ㉡ 고무 주걱을 사용하여 찌꺼기를 제거할 때, 수조의 필름표면이 손상되지 않도록 주의해서 작업한다.

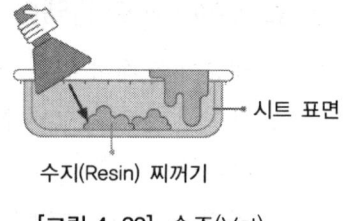

[그림 4-22] 수조(Vat)

⑤ 수지(Resin) 폐기물 처리 방법
  ㉠ 수지(Resin)는 햇빛 또는 다양한 빛에 취약하다.
  ㉡ 항상 빛이 들지 않은 그늘진 곳에 보관해야 오랫동안 사용할 수 있다.
  ㉢ 절대 다른 종류의 수지(Resin)와 섞어서 사용하지 않는다.

4. 분말 기반형 3D프린터 유지관리

(1) 메탈 프린터 시스템을 구동하기 위해서는 전기 변압기, 레이저 냉각 시스템, 재순환 장치, 가스 공급 장치 등 구성요소들이 필요하고, 실내 공기의 원활한 흐름을 위해 장비와 벽 사이에 공간을 확보하여야 한다.

(2) 제품의 지속적인 유효성 확보를 위해서 3D프린터의 장비 성능을 유지하는 것은 품질관리의 핵심이라고 할 수 있다. 기본적으로 장비를 구성하고 있는 주요 인자의 경우 크게 레이저, 갈바노미터, F-theta 렌즈, 리코터 등으로 구분할 수 있으며, 구입 시 필요한 부가 장비들은 기체 공급라인(Compressed air pipeline) 또는 가스 실린더(Gas cylinder), 샌드블라스트, 체거름 장비, 방폭용 청소기 등이 있다.

1) 렌즈 및 내부 문제점 및 유지관리

렌즈의 경우 청결한 티슈를 이용하여 가볍게 닦아주며, 장비의 사용 전 장비 내부에 남아 있는 분진, 흄, 잔여 파우더 등을 깨끗이 청소하여 다음 제조 시제품에 불순물이 남아 있지 않도록 관리하여야 한다.

2) 장비 구동점검 및 부수 기자재 문제점 및 유지관리

① 장비의 제어 컨트롤 박스의 설정값을 조절하여 장비의 이상 유무를 점검하고, 관리 이력을 남겨야 한다.

② 소모품의 경우 원활한 생산을 위해 재고량 파악과 더불어 유지보수를 위한 툴을 구비하여 상시 점검을 통해 일관성 있는 품질의 부품이 생산될 수 있도록 준비한다.
③ 공정 중에 발생하는 흄(Fume)의 경우 불활성 기체를 흘려주어 제거하며, 가스는 필터를 통해 걸러지게 되므로, 일정 시간 간격으로 교체해 주어야 한다.

3) 불활성 기체 공급 장치의 문제점 및 유지관리

① 3D 프린팅 공정에 사용되는 불활성 기체의 경우 질소와 아르곤을 주로 사용하고 있으며, 질소의 경우 발생장치를 많이 사용하고 있으며, 아르곤은 별도 실린더에 담긴 고순도 가스를 구입해 사용한다.
② 가스 실린더의 경우 별도의 고정장치를 갖추어 넘어지지 않도록 고정하고, 가스가 누출되지 않도록 상시 실린더를 모니터링하고, 관리를 한다.
③ 3D프린터는 제조업체의 지침에 따라 설치, 작동 및 유지 관리해야 한다. 장비를 구입하기 전 오염 물질 생성, 배출량, 노출 제어 및 환기 요구사항 등 작업환경에 유해한 환경을 줄 수 있는 인자에 대하여 자료를 갖추어야 하며 장비 제조사의 승인 없이 장비의 변경이나 새로운 용도로 사용을 지양해야 한다.
④ 장비의 변경이 발생할 경우 장비의 유효성 확인을 위해 정해진 절차에 따라 재검증이 수행되어야 하며, 서비스 제공 프로세스의 유효성 확인(Validation)에서 제시된 조항을 고려하여야 한다.
⑤ 작업원을 위해 접지된 ESD 매트와 ESD 암밴드를 기계에 연결하여 사용할 수 있으며, 설비 관점에서 볼 때 ESD 코팅 바닥, ESD 미터를 사용하려면 초기 작업공정 계획 수립 시 이를 반영하는 것이 좋다.
⑥ 3D프린터는 고전압 전원 공급 장치, 다중 이동 부품, 고온의 표면 온도, 고전력 레이저, 용접 프로세스 또는 레이저등 에너지원을 포함하는 복잡한 장비로 다양한 위험요인이 존재한다. 대부분의 경우 프린터 제조업체에서 발생할 수 있는 물리적 위험에 노출되지 않도록 엔지니어링 제어를 통해 예방 안전관리를 진행하고 있으므로 별도로 장비를 변경하거나, 안전장치를 제거해서는 안 된다.
⑦ 3D 프린팅 공정의 경우 재료의 물리적 상태 변화를 위해 특정한 임계값을 초과할 수 있도록 고출력의 레이저 또는 전자빔을 사용하는데, 이러한 레이저의 경우 직간접적 노출로 인해 피부, 눈 등이 손상될 수 있으므로 공정 중 레이저를 취급하는 작업자의 경우 필히 안전절차를 숙지하고 안전장비를 착용하여야 한다.

⑧ 공정 작업 중 발생될 수 있는 문제의 예방을 위해 구동 중인 장비에 작업반경의 설정과 공정 담당자 이외의 접근을 예방할 수 있도록 경고표시 또는 구동 표시를 명확히 하여야 한다.

⑨ 일반적으로 3D 금속 프린터 공정은 소결이 발생하는 챔버 내부에 산화 방지를 위한 비활성 환경을 만들기 위해 아르곤, 질소 또는 기타 불활성 가스를 사용한다.

⑩ 프린터 작동 중에는 이들 가스의 제어된 흐름 및 환기가 질식 또는 독성 노출의 위험이 거의 없으나, 시스템에 누출이 있는 경우 유지보수 점검 또는 장비 오작동 중에 이러한 가스가 밀폐된 프린터 챔버, 바닥 구덩이 또는 기타 제한된 실험실에서 수집되어 질식 위험을 일으킬 가능성이 있으므로 이를 모니터링할 수 있는 장비를 구축하여야 하며, 산소 함량이 18% 이하일 때 작업자를 작업장으로 출입 금지조치를 취해야 한다.

⑪ 밀폐된 지역에서 가스 누출 또는 적체가 의심될 때마다 추가 예방 조치를 해야 하며, 환기팬 등을 사용하여 작업 전 몇 분 동안 환기를 시켜준다.

4) 개인보호 장비(Personal Protective Equipment(PPE) 문제점 및 유지관리

① 3D 프린팅 공정, 지지대 및 분말의 제거 공정 등에 대해 모든 관련 화학 물질 및 재료에 따라 개인 보호 장비를 고려해야 하며 3D프린터마다 필요한 PPE를 문서화해야 한다.

② 소재 또는 화학 물질 위험성에 적합한 보안경, 고글 또는 안면보호구를 사용해야 하며, P3 필터가 달린 호흡기용 마스크를 사용하는 것이 좋다.

③ 3D 프린팅 공정은 고온의 표면을 다루는 작업을 진행할 수 있으며, 날카롭거나 거친 모서리의 부품을 다루게 된다. 따라서 이러한 물리적 위험을 방지하기 위해 적절한 장갑의 사용을 고려해야 한다.

④ 분말 금속 인쇄는 화재 또는 폭발 위험을 나타낼 수 있으므로 이를 방지하기 위한 적절한 정전기 접지가 있는 장갑, 실험용 코트, 작업복이 필요하다.

5) 제조시설의 청결 유지를 위한 방안의 문서화

① 3D프린터 공정은 적층의 형태를 사용하므로 외부 환경에 노출된 상태에서 가동할 경우 오염물이 유입될 가능성이 있으므로 청정실 또는 이에 상응하는 제조환경을 구성하여 제품의 오염방지를 예방하여야 한다.

② 3D프린터 자체가 외부환경으로 밀폐된 환경에서 출력하는 시스템이라 하더라도, 도어의 개폐 시 또는 초기 셋팅을 하는 과정에서 오염물질이 유입될 수 있으므로 프린터가 설치되어 있는 공간은 특별히 구분하여 환경오염 방지를 위한 관리 수준을 결정하고 이에 대한 모니터링을 진행하여야 한다.

6) 산소포화도에서의 영향과 증상

① 15~19% : 활동 능력의 저하
② 12~14% : 활동 중 호흡량 증가, 맥박 상승
③ 10~12% : 호흡 속도 증가. 입술 청색증 발생, 의식을 잃을 수 있음
④ 8~10% : 정신 혼란, 실신과 무의식, 얼굴 및 입술 청색화
⑤ 6~8% 8분 노출 : 신체에 100% 치명적인 손상
⑥ 6~8% 6분 노출 : 50% 치명적 손상
⑦ 6~8% 4~5분 : 치료를 통한 회복이 필요함
⑧ 4~6% 40초 이내 : 혼수상태, 호흡 정지, 사망

5. 스펨핑 모터 진단 및 대처 방안

1) 공진

스테핑 모터는 특정 주파수 구간에서 공진현상으로 인한 진동 및 소음이 발생할 수 있으므로 이 구간에 대한 대책을 수립 후 운전하는 것이 좋다.
① 5상 스테핑 모터 드라이버 공진 영역 : 약 300~500pps
② 2상 스테핑 모터 드라이버 공진 영역 : 약 200pps

2) 진동 특성의 개선 방법

① 구동 전류의 조정
② 사용속도 대역 변경
③ 마이크로 스텝(Micro-step) 기능 사용
④ 감속 기구(기어드형) 사용
⑤ 댐퍼(Damper) 사용
⑥ 방진 고무 사용
⑦ 탄성 커플링 사용

3) 발열

정격성능 대비 높은 전원 전압, 모터 정격전류보다 높은 운전 전류 설정, 운전시간 대비 정지시간이 짧은 연속기동, 무리한 기동으로 인해 발열이 발생할 수 있다.

4) 발열 특성의 개선 방법

① 운전전류 조정
② 운전 듀티비 조정: 운전시간 대비 정지시간을 길게 조정
③ 방열판의 부착
④ 자동 Current Down, HOLD OFF 기능 사용
⑤ 팬을 통한 강제 냉각

5) 탈조

스테핑 모터가 입력 펄스의 주파수에 비례하는 속도로 회전하지 못하거나 멈추는 현상을 말한다.

(1) 탈조의 원인
    ① 모터의 고장
    ② 급격한 가·감속
    ③ 부하의 모터 토크 용량 초과
    ④ 기동속도를 최대 자기 동 주파수보다 높게 설정
    ⑤ 입력전류를 낮게 설정

(2) 탈조에 대한 대책
    ① 모터를 교체한다.
    ② 속도를 낮추거나, 가속시간을 길게 한다.
    ③ 토크 용량이 큰 모터나 기어 모터로 교체한다.
    ④ 자기 동 주파수 영역 내에서 기동한다.
    ⑤ 입력전류를 상승시킨다.

01. 3D프린터의 유해·위험성에 관한 설명으로 옳지 않은 것은?
① 작동 전 단계에서는 별다른 유해성이 없다.
② 프린팅에 사용되는 재료 및 온도에 따라 유해 물질이 발생할 수 있다.
③ 레진으로 만들어진 조형물과 접촉 시 알레르기성 피부염을 유발할 수 있다.
④ 완성된 구조물을 세정할 때 화학물질이 사용되기 때문에 주의하여야 한다.

해설 작동 전 단계(Pre-processing)
3D 프린팅에 사용되는 재료는 피부, 안구, 호흡기에 염증을 유발할 수 있다. 예를 들어 니켈(Nickel)은 알러지성 피부염, 비염, 천식을 유발할 수 있으며, 초미세 금속분진은 순간적으로 가연성을 가질 수 있다.

02. 3D 프린팅이 시작된 단계에서는 사용하고 있는 물질 및 방법에 따라 사용자의 건강상에 끼칠 수 있는 영향이 달라진다. 다음 설명에 해당되는 방식은?

> 소규모 업체들이 많이 사용하는 방법으로 프린팅에 사용되는 재료 및 온도에 따라 상당량의 나노물질 및 기체를 공기 중으로 방출하며, 나노물질에 노출되면 폐 등에 염증성 반응을 유발할 수 있다.

① 재료 압출(Material extrusion)
② 분말 적층 용융(Powder Bed Fusion)
③ 액층 광중합(Vat photopolymerization)
④ 기반형 시트 적층조형법(Sheet Lamination)

03. 3D 프린팅이 시작된 단계에서는 사용하고 있는 물질 및 방법에 따라 사용자의 건강상에 끼칠 수 있는 영향이 달라진다. 다음 설명에 해당되는 방식은?

> 작업 공간 대기와 완전히 분리된 곳에서 작동되지만, 이 방법을 사용한 작업 이후 완성된 조형물을 세정하는 단계에서 작업자는 재료로 사용된 물체의 분진 등에 노출될 수 있다.

① 재료 압출(Material extrusion)
② 분말 적층 용융(Powder Bed Fusion)
③ 액층 광중합(vat photopolymerization)
④ 기반형 시트 적층조형법(Sheet Lamination)

04. 3D 프린팅이 시작된 단계에서는 사용하고 있는 물질 및 방법에 따라 사용자의 건강상에 끼칠 수 있는 영향이 달라진다. 다음 설명에 해당되는 방식은?

> 분리된 공간에서 사용되며, 레진으로 만들어진 조형물과 접촉 시 알레르기성 피부염을 유발할 수 있으며, 완성물을 세정할 때 사용하는 용제 및 완전히 경화되지 않은 조형물에 대한 노출이 작업자 건강에 잠재적 유해·위험으로 작용할 수 있다.

① 재료 압출(Material extrusion)
② 분말 적층 용융(Powder Bed Fusion)
③ 액층 광중합(Vat photopolymerization)
④ 기반형 시트 적층조형법(Sheet Lamination)

정답 ▶ 01. ① 02. ① 03. ② 04. ③

05. 3D프린터 출력 후 구조물의 표면 처리 시 주의할 사항과 거리가 먼 것은?
① 알레르기를 유발할 수 있는 에폭시, 시아노아크릴레이트 등을 사용하는 경우 주의가 필요하다.
② 이소시안염을 포함하고 있는 도료는 피부 및 호흡기 염증 또는 천식 및 알레르기성 반응을 유발할 수 있으니 주의한다.
③ 조형물 표면 처리 작업은 다양한 화학물질에 노출될 수 있으므로 주의해야 한다.
④ 안전을 위해 가급적 표면처리를 하지 않는다.

06. 3D프린터의 환경 오염 물질에 해당하지 않는 것은?
① 초미세입자
② 비닐클로라이드(VCM)
③ 이산화황
④ 아크릴로니트릴(AN: Acrylonitrile)

해설 3D 프린팅 시 환경 유해 요인은 휘발성 유기화합물, 분진, 발암성 물질, 후처리 공정 시 사용하는 화학물질 등이 있다.

07. 3D프린터 유해가스 중 다음 내용과 관련된 물질은 무엇인가?

> 분자식은 $CH_2=CHCN$이고, 상온상압에서 에테르성의 냄새가 있는 무색투명한 액체로서 물에 잘 녹으며, 주요증상은 빈번한 호흡, 혼수상태 등이며, 급성중독으로는 아크릴로니트릴을 흡입하면 오심 및 구토를 유발하고 설사, 무기력, 두통, 황달 등을 나타내며, 피부접촉의 경우는 피부괴사가 나타난다.

① 비닐클로라이드(VCM)
② 스타이렌(Styrene)
③ 아크릴로니트릴(AN: Acrylonitrile)
④ 폴리염화비닐

해설 심한 경우 중추신경계가 마비되어 의식 상실, 호흡 정지, 경련 후 사망에 이르게 된다.

08. 3D프린터 유해가스 중 다음 내용과 관련된 물질은 무엇인가?

> 장기간 노출 시 신경계통의 기능적 장애상 기도의 자극, 백혈구 감소증과 임파구 증가 등의 혈액학적 변화 등이 생기며 간장 질환과 담즙관의 이상을 초래한다.

① 비닐클로라이드(VCM)
② 스타이렌(Styrene)
③ 아크릴로니트릴(AN: Acrylonitrile)
④ 폴리염화비닐

해설 공기 중 스타이렌 농도 $5mg/m^3$ 이하 농도에서도 간 기능 장애가 나타난다.

09. 3D프린터 유해가스 중 다음 내용과 관련된 물질은 무엇인가?

> 분자식이 $CH_2=CHCL$이고, 클로로포름과 비슷한 특이한 냄새가 있는 무색의 기체로 간 혈관 육종이 염화비닐중합 작업자에서 발생하였고, 염화비닐의 발암성이 입증되었다. 만성폭로에 따른 증상은 강피양증 피부 변화, 지단골용해, 문맥압항진증, 간혈관육종 등이 지적되고 있다.

① 비닐클로라이드(VCM)
② 스타이렌(Styrene)
③ 아크릴로니트릴(AN: Acrylonitrile)
④ 폴리염화비닐

정답 ▶ 05. ④ 06. ③ 07. ③ 08. ② 09. ①

10. 3D프린터의 위해요소에 대한 설명으로 적절하지 않은 것은?
① 고열 장비: 노즐, 베드 등 프린터 장비 내 다수의 고발열 장비 주의
② 고전력 장비: UV 장비, 전기제어 장비 등 다수의 고전력 장비 주의
③ UV 복사: UV 장비 작동 중 안구에 직접 노출되어도 상관이 없으나 주기적인 노출 주의
④ 구동 장비: 3D프린터는 모터와 기어로 구성되어 있는 기계 장비로 장비 내 모터와 기어 사이 혹은 기어와 기어 사이에 주의

해설 UV 복사 : UV 장비 작동 중 안구에 직접 노출이 되지 않도록 한다.

11. 3D 프린팅 소재에 따른 안전에서 금속 재료에 대한 설명으로 틀린 것은?
① 3D 프린팅에 사용하는 금속 재료는 반응성이 있고, 불이 나거나 폭발성이 높은 분말 금속이 사용된다.
② 마그네슘, 티타늄, 알루미늄과 같이 미세하게 분쇄된 금속 분말은 폭발성이 있으므로 스스로 발화되어 화재(발화성)를 일으킬 수 있다.
③ 레이저, 전자빔 등 매우 높은 열을 사용하기 때문에 사용자가 열에 의한 부상을 입을 뿐만 아니라 중금속 분말 흡입 시에는 폐에 심각한 병을 유발할 수 있다.
④ 소화기는 일반 소화기가 아닌 Class C급 금속 소화기가 필요하다.

해설 소화기는 일반 소화기가 아닌 Class D급 금속 소화기가 필요하다.

12. 3D 프린팅 작업장에 환기장치로 볼 수 없는 것은?
① 후드 ② 덕트
③ 배풍기 ④ 선풍기

13. 화재 분류 중 금속화재는 몇 급에 해당되는가?
① A급 ② B급
③ C급 ④ D급

해설 소화기의 용도
① 보통화재(A급) : 포말소화기(가장 적합), 분말소화기, CO_2소화기
② 기름화재(B급) : 포말소화기(적합), 분말소화기(적합), CO_2소화기
③ 전기화재(C급) : CO_2소화기(가장 적합), 분말소화기
④ 금속화재(D급) : 금속 화기용 소화기

14. 무재해운동의 기본이념 3원칙 중 다음 설명으로 옳은 것은?

직장 내에 모든 잠재위험요인을 적극적으로 사전에 발견, 파악, 해결함으로써 뿌리에서부터 산업재해를 제거하는 것

① 무의 원칙 ② 선취의 원칙
③ 참가의 원칙 ④ 확인의 원칙

해설 무(Zero)의 원칙
무재해란 단순히 사망 재해나 휴업 재해만 없으면 된다는 소극적인 사고(思考)가 아니고, 불휴 재해는 물론 직장 내에 숨어있는 모든 위험요인을 적극적으로 사전에 발견, 파악, 해결함으로써 뿌리에서부터 산업재해를 없앤다는 것이다.

정답 ▶ 10. ③ 11. ④ 12. ④ 13. ④ 14. ①

15. 무재해운동의 기본이념 3원칙 중 다음 설명으로 옳은 것은?

> 작업에 따르는 잠재적인 위험요인을 발견, 해결하기 위하여 전원이 일치 협력하여 각자의 처지에서 해보겠다는 의욕으로 문제해결 행동을 실천하는 것을 뜻한다.

① 무의 원칙 ② 선취의 원칙
③ 참여의 원칙 ④ 확인의 원칙

해설 참여의 원칙
무재해운동에 있어서 참여란 작업에 따르는 잠재적인 위험요인을 발견, 해결하기 위하여 전원이 일치 협력하여 각자의 처지에서 해보겠다는 의욕으로 문제해결 행동을 실천하는 것을 뜻한다.

16. 무재해운동 추진의 3기둥 중 다음 설명으로 옳은 것은?

> '내 직원은 누구 하나 부상당하게 하지 않는다'라는 라인의 강한 결의와 실천이 없으면 무재해운동을 시작할 수 없으며 무의미하게 된다. 직원 한 사람 한 사람을 철저하게 지도하고 지원하는 것은 라인이 아니면 불가능하기 때문이다.

① 최고경영자의 안전경영철학
② 관리감독자의 안전보건에 대한 적극적 추진
③ 자율 안전보건활동의 활성화
④ 안전제일 운동의 적극적 추진

17. 무재해운동 추진의 3기둥 중 다음 설명으로 옳은 것은?

> 근로자 한 사람 한사람이 '나는 부상당하지 않겠다. 동료 중에서 부상자를 내지 않겠다. 그러기 위해서는 이렇게 해 보자'라는 실천의지가 없으면 직장의 무재해는 달성될 수 없다.

① 최고경영자의 안전경영철학
② 관리감독자의 안전보건에 대한 적극적 추진
③ 자율 안전보건활동의 활성화
④ 안전제일 운동의 적극적 추진

18. 3D 프린팅 회사의 장비생산 공정에서 작업자의 불안전한 행동을 유발하는 상황이 자주 발생하고 있다. 이를 해결하기 위한 개선의 ECRS가 아닌 것은?

① Combine
② Standard
③ Eliminate
④ Rearrange

해설 ECRS의 원칙
① 배제(Eliminate)
② 결합과 분리(Combine)
③ 교체와 대체(Rearrange)
④ 간소화(Simplify)

19. '함께 할 수 없을까?'에 해당되는 개선의 ECRS의 원칙은?

① 배제(Eliminate)
② 결합과 분리(Combine)
③ 교체와 대체(Rearrange)
④ 간소화(Simplify)

20. 3D 프린팅 작업 시 유해물질 관리방안으로 볼 수 없는 것은?

① 대체(Substitution)
② 격리(Isolation)
③ 환기(Ventilation)
④ 안전(Safety)

정답 ▶ 15. ③ 16. ② 17. ③ 18. ② 19. ② 20. ④

해설 일반적인 유해물질 관리방안
① 대체(Substitution)
② 격리(Isolation)
③ 환기(Ventilation)
④ 보호구 착용
⑤ 교육
⑥ 행정적 대책

21. 3D프린터 안전점검 항목으로 거리가 먼 것은?
① 화학물질들의 보관방법
② 신속한 작업을 위한 편안한 복장
③ 사용하는 물질 및 화학물질 안전 정보
④ 안전수칙에 의한 개인용 보호구 사용 여부

22. 3D프린터 체크리스트 항목이 아닌 것은?
① 노즐 온도를 설정
② 치수·크기를 선정
③ 베드·챔버의 가열 여부
④ 인터넷 연결 상태를 확인

23. 3D프린터 성능 검사항목 체크리스트 작성 시 포함되어야 할 사항과 거리가 먼 것은?
① 실외 온도
② 적층 두께
③ 프린팅 속도
④ 사용 필라멘트

24. 3D프린터 작업 시 액상 및 분말 소재 방식에서 반드시 착용하여야 하는 안전보호구는?
① 방진 마스크와 안전장갑
② 안전화
③ 귀마개
④ 안전모

해설
• 안전장갑의 주요 보호기능은 전기 작업에서의 감전 예방과 각종 화학물질로부터의 손을 보호하는 기능이다.
• 방진 마스크의 주요 기능은 분진 등의 물질을 걸러내 호흡기를 보호하는 기능이다.

25. 3D프린터 사용 중 전기화재가 발생했을 때 원인으로 가장 거리가 먼 것은?
① 합선
② 누전
③ 과전류
④ 페라이트 코어

해설 페라이트란(Ferrite)
쉽게 말해 자석이라고 말할 수 있으며, 조금 더 깊이 들어간다면 산화철계의 자성체 세라믹의 총칭이다.

26. 감전사고 예방대책으로 볼 수 없는 것은?
① 전압 감소 : 정전작업 수행
② 저항 감소 : 각종 절연보호구 및 방호구 등 활선작업 장치 사용
③ 접지실시
④ 전원개폐기를 감전방지용 누전차단기로 설치(저압 회로인 경우)

해설 전기적 등가회로에서 인체에 흐르는 전류(통전전류)의 크기를 작게 하기 위해서는 전압은 감소(↓)시키고 저항은 증가(↑)시키면 감전 재해를 예방할 수 있다.
②는 저항 증가 시의 예방대책이다.

정답 ▶ 21. ② 22. ④ 23. ① 24. ① 25. ④ 26. ②

27. 3D프린터 작업 중 감전사고 방지를 위한 기본적인 대책이 아닌 것은?
① 보전, 수리, 점검 등은 관련 전문가에게 맡긴다.
② 전류가 흐르는 부분 등으로부터 인체와의 접촉을 방지한다.
③ 전선 등을 배선해야 할 경우 손에 물기를 제거한 후 한다.
④ 사용전류에 상관없이 절연피복이 얇은 것을 사용한다.

해설 사용전류에 따라 가급적 절연피복이 두꺼운 것을 사용한다.

28. 내전압용 절연장갑에서 절연성이 제일 높은 등급은?
① 00등급 ② 1등급
③ 4등급 ④ 6등급

해설 내전압용 절연장갑은 00등급에서 4등급까지이며 숫자가 클수록 두꺼워 절연성이 높다.

29. 화학물질용 안전장갑에서 성능과 보호시간이 제일 긴 숫자 번호는?
① 1 ② 4
③ 6 ④ 8

해설 화학물질용 안전장갑은 1~6의 성능 수준이 있으며, 숫자가 클수록 보호 시간이 길고 성능이 우수하다.

30. 방독 마스크의 사용 및 관리 방법 중 바르지 못한 것은?
① 밀봉된 상태로 서늘한 곳에 보관한다.
② 면체, 배기밸브 등은 방진 마스크 사용·관리법을 따른다.
③ 사용 설명서에 나와 있는 파과 시간이 지나면 즉시 교체한다.
④ 산소 농도 11% 미만에서는 사용하지 않는다.

해설 산도 농도 18% 미만, 유해가스 농도 2%, 암모니아 3% 이상 장소에서는 송기마스크를 사용한다.

31. 산소 농도 18% 미만, 유해가스 농도 2% (암모니아 3%) 이상인 장소이거나 장시간 작업할 때 착용해야 하는 마스크는?
① 방진 마스크 ② 방독 마스크
③ 1급 마스크 ④ 송기 마스크

해설 산소 농도 18% 미만, 유해가스 농도 2% (암모니아 3%) 이상인 장소이거나 장시간 작업할 때는 송기 마스크를 사용한다.

32. 기술조사 방법에서 횡단조사에 해당하지 않는 것은?
① 일정 시점에서 측정하므로 정태적인 성격을 갖는다.
② 주로 표본 조사를 행하며 측정이 반복해서 이루어지지 않는다.
③ 조사대상의 특성에 따라 여러 집단으로 분류하므로 표본의 크기가 커야 한다.
④ 일정한 시간적 간격을 두고 측정하므로 동태적이다.

해설 횡단조사
① 일정 시점에서 측정하므로 정태적인 성격을 갖는다.
② 주로 표본 조사를 행하며 측정이 반복해서 이루어지지 않는다.
③ 조사대상의 특성에 따라 여러 집단으로 분류하므로 표본의 크기가 커야 한다.

정답 ▶ 27. ④ 28. ③ 29. ③ 30. ④ 31. ④ 32. ④

33. 기술조사 방법에서 종단조사에 해당하지 않는 것은?
① 일정한 시간적 간격을 두고 측정하므로 동태적이다.
② 단기간, 두세 번에 측정이 이루어지므로 비용이 적게 든다.
③ 유형에 따라 서로 다른 시점에서 동일 대상자를 추적해 조사해야 하므로 표본의 크기가 작을수록 좋다.
④ 조사 결과 얻어진 자료는 변화분석(Turnover analysis)에 의해 분석한다.

해설 장기간, 반복적으로 측정이 이루어지므로 비용이 많이 든다.

34. 특정 현상의 원인과 경과를 구체적으로 이해하거나 예측하고자 하는 경우에 사용하는 조사방법은?
① 인과조사
② 설명적 조사
③ 종단조사
④ 횡단조사

35. 3D프린터 장비의 유지보수 관리를 위한 기술조사 방법에 관한 설명으로 틀린 것은?
① 횡단조사는 특정한 표본이 가지고 있는 특성에 따른 집단을 분류한 표본을 활용하여 정보를 수집하는 조사방법이다.
② 인과조사는 특정 현상의 원인과 결과를 구체적으로 이해하거나 예측하고자 하는 경우에 사용하는 조사기법이다.
③ 종단조사는 조사 대상의 변화를 측정하는 것으로 일정한 간격을 두고 측정하여 동일한 표본을 일정한 시간으로 설정한 후 반복적으로 조사하는 기법이다.
④ 현장조사는 변수들 간의 인과관계를 명확하게 규명하여 변수들 간의 관계를 파악하는 데 이용하는 조사기법이다.

해설 설명적 조사
사실의 인과관계(Causal relation)를 규명하거나 미래의 사실에 대해 미리 예측(Prediction)하는 조사로서 전자를 진단적 조사(Diagnostic study), 후자를 예측적 조사(Predictive study)라 한다. 특정 변수에 영향을 미치는 변수의 조사 등이 해당된다.

36. 장비유지관리에 있어서 1개월 간격으로 유지보수 방법에 해당하지 않는 것은?
① 벨트의 장력이 충분한지 확인이 필요하다. 또한, 손으로 가볍게 튕길 수 있을 정도로 팽팽해야 한다.
② 장기간 프린터를 사용하지 않을 때는 텐셔너를 살짝 풀어 느슨하게 해놓는 것이 벨트 수명을 늘리는 데 유리하다.
③ 각 축의 정렬 상태 점검이 필요하다. 각 축의 연마 봉 및 스크루에 평행을 이루고 있는지 확인하고, 구동 장치를 손으로 움직일 때 부드럽게 잘 움직이는지 확인해 보는 것이 좋다.
④ 쿨링팬과 제어 보드, 전원 장치에 묻은 먼지를 제거해야 한다. 에어 컴프레셔를 사용하는 것도 좋으나 쿨링팬 이외의 부분에는 절대로 물티슈처럼 물기 있는 도구를 사용하면 안 된다.

해설 ④항은 장비유지관리에 있어서 3개월 간격으로 유지보수 방법 중의 하나이다.

정답 ▶ 33. ② 34. ① 35. ④ 36. ④

37. 3D 프린팅 작업환경에 대한 설명으로 틀린 것은?
① 3D 프린팅 작업장 내에서는 식사, 음요 섭취가 없어야 한다.
② 모든 표면 작업은 산도가 높은 휘발성 물질로 습식청소를 해야 한다.
③ 사용되는 자재에 따라 다양한 종류의 화학증기가 발생할 수 있다.
④ 일반적으로 PLA 소재가 AGS 소재보다 위험성이 적다.

해설 사포를 이용하거나 알코올이 묻은 천으로 닦아준다.

38. 스테핑 모터의 공진 현상에 대한 대책방법으로 옳지 않은 것은?
① 진동 방지 댐퍼를 설치한다.
② 스텝 모터 드라이버를 교체한다.
③ 스텝 모터 드라이버의 전압을 조절한다.
④ 스텝 모터와 연결된 벨트 장력을 올려준다.

해설 진동 특성의 개선 방법
① 구동 전류의 조정
② 사용속도 대역 변경
③ 마이크로 스텝(Micro-step) 기능 사용
④ 감속 기구(기어드형) 사용
⑤ 댐퍼(Damper) 사용
⑥ 방진 고무 사용
⑦ 탄성 커플링 사용

39. 스테핑 모터의 발열 특성의 개선 방법으로 옳지 않은 것은?
① 운전전류 조정
② 운전 듀티비 조정: 운전시간 대비 정지시간을 짧게 조정
③ 방열판의 부착
④ 자동 Current Down, Hold Off 기능 사용

해설 운전 듀티비 조정 : 운전시간 대비 정지시간을 길게 조정

40. 스테핑 모터의 탈조에 대한 대책으로 옳지 않은 것은?
① 모터를 교체한다.
② 속도를 낮추거나, 가속시간을 길게 한다.
③ 토크 용량이 큰 모터나 기어 모터로 교체한다.
④ 입력전류를 낮게 설정한다.

해설 입력전류를 상승시킨다.

정답 ▶ 37. ② 38. ③ 39. ② 40. ④

Part 5

부록

제 1 회   **실전 모의고사**
제 2 회   **실전 모의고사**
2018년   **기출문제**
2019년   **기출문제**
3D프린터개발산업기사 실기시험 안내(공개문제)

3D프린터개발산업기사

제1회 실전 모의고사

제1과목 3D프린터 회로 및 기구

01. 비결정성 플라스틱의 주요 특성이 아닌 것은?
① 별도의 용융점이 존재하지 않고 대신 유리 전이 온도(Glass transition termperature; Tg)로 재료의 연화 여부를 결정한다.
② 급격한 부피 변화가 없어 성형 시 수축률이 적어 치수정밀도를 높일 수 있다.
③ 인장강도는 높고, 충격강도는 낮다.
④ 폴리스티렌(PS), 아크릴(PMMA), 폴리카보네이트(PC), ABS, PVC, MPPO 등이 있다.

해설 인장강도는 낮고, 충격강도는 높다.

02. 분말 융접은 평평하게 놓인 분말 위에 열에너지를 선택적으로 가해서 분말을 국부적으로 용융시켜 접합하는 것으로서 분말 재료를 Vat 안에 보관한 뒤 X-Y축의 CO_2 레이저의 이송과 소결을 통해 제품을 제작하는 방식은?
① Vat photopolymerization
② Material jetting
③ Material extrusion
④ Powder bed fusion

해설 분말 융접(Powder bed fusion)
분말 융접은 평평하게 놓인 분말 위에 열에너지를 선택적으로 가해서 분말을 국부적으로 용융시켜 접합하는 것으로 분말 재료를 Vat 안에 보관한 뒤 X-Y축의 CO_2 레이저의 이송과 소결을 통해 제품을 제작하는 방식이다. 주 소재로는 나일론, 금속을 사용하며 온도가 높은 것이 특징이다.

03. 설계조건 분석에서 3D프린터 방식의 상세 사양인 성능 인자의 검토 사항이 아닌 것은?
① 출력속도
② 빌드 크기
③ 출력물의 품질
④ 출력물의 정밀도

해설 성능 인자로는 출력물의 정밀도, 출력속도, 빌드 크기 등이 있다.

제1회 실전 모의고사

04. 다음은 3D프린터의 정밀도의 내용이다. 어느 방식인가?

> 압출 노즐을 통해서 토출되는 재료가 압착되면서 단면이 만들어지게 되며 만들어지는 출력물의 평면 해상도는 높지 않은 경우가 많다. 높이 방향의 경우에는 층 두께가 큰 영향을 준다.

① 재료 분사 방식 ② 재료 압출 방식
③ 접착제 분사 방식 ④ 방향성 에너지 침착

해설 3D프린터의 정밀도
① 재료 분사 방식 : 노즐의 크기와 단위 면적당 노즐의 개수가 정밀도와 해상도에 영향을 크게 준다.
② 재료 압출 방식 : 재료 압출 방식은 압출 노즐을 통해서 토출되는 재료가 압착되면서 단면이 만들어지게 되며 만들어지는 출력물의 평면 해상도는 높지 않은 경우가 많다. 높이 방향의 경우에는 층 두께가 큰 영향을 준다.
③ 접착제 분사 방식 : 접착제 분사 방식은 재료 분사 방식과 유사하다.
④ 방향성 에너지 침착 방식 : 출력된 제품의 표면 정밀도가 상대적으로 낮으며, 기계가공 등의 후처리를 통해서 정밀도를 높여 주는 경우가 많다.

05. 출력물의 품질의 성능 인자에서 출력속도에 대한 내용으로 틀린 것은?
① 출력물의 출력속도는 3D 프린팅 방식(수조 광경화, 재료 분사, 재료 압출 등)과 3D 프린터를 구성하는 이송 기구의 속도 등에 의해서 달라진다.
② 3D 프린팅 방식에 따라서 출력속도를 나타내는 척도가 달라질 수 있다.
③ 재료 압출 방식이나 수조 광경화 방식 중 SLA 방식 등과 같이 출력물의 단면을 만들 때 선을 중첩하여 단면을 만드는 3D 프린팅 방식의 경우에는 각 단면에서 선이 만들어지는 속도가 출력속도에 크게 영향을 준다.
④ 단면의 면적이 넓으면 하나의 단면을 만드는 데 시간이 상대적으로 많이 필요하지만 전체 형상을 출력하는 데 필요한 시간은 비교적 빠르다.

해설 단면의 면적이 넓으면 하나의 단면을 만드는 데 시간이 상대적으로 많이 필요하기 때문에 전체 형상을 출력하는 데 필요한 시간도 많아지게 된다.

06. SD 카드나 USB 메모리 등에 저장하여 마이크로컨트롤러에 전송하기도 하고, RS-232와 같은 직렬연결 포트나 USB 직접 연결 등을 통해서 전송하기도 하는 것은?
① 슬라이싱(slicing) ② G코드 변환기
③ G코드 전송기 ④ 마이크로컨트롤러

해설 G코드 전송기
SD 카드나 USB 메모리 등에 저장하여 마이크로컨트롤러에 전송하기도 하고, RS-232 와 같은 직렬연결 포트나 USB 직접 연결 등을 통해서 전송하기도 하는 것

07. 재료 압출 방식 중 3D프린터의 압출기로부터 압출되는 용융된 플라스틱 재료가 빨리 굳어지지 않고 플랫폼에 잘 부착되게 해 주기 위해서 사용되는 것은?
① 히팅 패드　　　　　　　　② RAMPS
③ 스테핑 모터　　　　　　　④ 엔드 스탑

해설　히팅 패드 : 재료 압출 방식 3D프린터의 압출기로부터 압출되는 용융된 플라스틱 재료가 빨리 굳어지지 않고 플랫폼에 잘 부착되게 해 주기 위해서 사용되는 것이다.

08. 다음 중 가는 실선으로 그리지 않는 것은?
① 치수면　　　　　　　　　② 해칭선
③ 치수 보조선　　　　　　　④ 외형선

해설　외형선은 굵은 실선

09. 다음은 어느 단면도에 대한 설명인가?

> 상하 또는 좌우 대칭인 물체는 1/4을 떼어 낸 것으로 보고, 기본 중심선을 경계로 하여 1/2은 외형, 1/2은 단면으로 동시에 나타낸다. 이 때, 대칭 중심선의 오른쪽 또는 위쪽을 단면으로 하는 것이 좋다.

① 한쪽 단면도　　　　　　　② 부분 단면도
③ 회전도시 단면도　　　　　④ 온단면도

10. 서보모터 시스템의 제어 방식은?
① 아날로그 제어(Analog control)　　② 시퀀스 제어(Sequence control)
③ 개루프 제어(Open-loop control)　　④ 폐루프 제어(Closed control)

해설　서보모터는 폐루프 제어(closed loop control) 방식으로 위치 피드백을 통하여 정밀한 위치, 속도, 가속도 제어가 가능하다.

11. 다음 설명에 해당하는 플라스틱 종류는?

> • 착색, 광택 처리, UV 코팅 등이 가능
> • 열 수축 현상 때문에 정밀한 조형 모델 구현 곤란
> • 표면 조도를 개선하려면 후처리가 필요하며, 가열 시 냄새가 남

① PC　　　　　　　　　　　② ABS
③ PVA　　　　　　　　　　④ HDPE

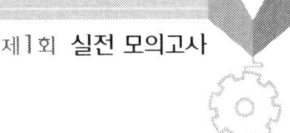

해설 ABS(Acrylonitrile Butadiene Styrene)
① 융점 : 210~260℃
② PLA에 비해 강도, 열에 대한 내구성, 가격 경쟁력이 우수
③ 열 수축 현상이 일어나 정밀한 제품 출력이 어려움(베드 가열 필요)
④ 제품 출력 후 증착, 착색, 광택 처리, UV코팅, 도금이 가능
⑤ 가열 작업 시 냄새가 심해 환기가 필요

12. 스테핑 모터 구동에서 유니폴라(unipolar)방식의 내용으로 틀린 것은?
① 전류를 흘리는 데 한쪽 방향이다.
② 일반적으로 가격이 저렴하다.
③ 권선에 센터 탭이 설치되어있다.
④ 각도의 정밀도가 좋다.

해설 전류를 흘리는데 한쪽방향으로 흘리는 방식으로 일반적으로 가격이 저렴하고, 간단한 프로젝트 구현에 사용하며 권선에 센터 탭이 설치되어있는 스테핑 모터에 사용된다.

13. 다음 그림에서 $V_1 = 24[V]$일 때 $V_0[V]$의 값은?
① 8
② 12
③ 16
④ 24

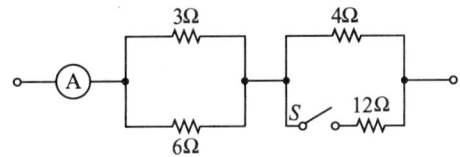

해설 ① 스위치 S을 열었을 때 전체 전압을 구하면

전체 저항 $R_T = \dfrac{3 \times 6}{3+6} + 4 = 6[\Omega]$

전체 전압 $V = IR = 10 \times 6 = 60\,[V]$

② 스위치 S을 닫으면

전체 저항 $R_T = \dfrac{3 \times 6}{3+6} + \dfrac{4 \times 12}{4+12} = 5[\Omega]$

전체 회로에 흐르는 전류 $I = \dfrac{E}{R} = \dfrac{60}{5} = 12\,[V]$

14. 회로 제작에서 부품 실장에 대한 설명으로 틀린 것은?
① PCB 기판에 부품을 접합하는 방법은 전통적으로 납땜을 통해 기판의 동판과 부품의 리드 선을 경화 고정을 시킨다.
② 은기판의 경우 인두기를 오래 대고 있으면 동 부분이 금방 떨어지고 납도 잘 붙지 않기 때문에 사용하기 힘들다.
③ 단면 기판은 한쪽엔 소자를 놓고 한쪽은 납땜을 하는 부분으로 구성되어 있으며 가장 많이 사용한다.
④ PCB 기판은 와이어나 연납을 이용해 이을 필요가 없고 소자부분만 납땜을 한다.

해설 동기판의 경우 인두기를 오래 대고 있으면 동 부분이 금방 떨어지고 납도 잘 붙지 않기 때문에 사용하기 힘들다. 은기판과 금기판은 납이 잘 붙고 동기판에 비해 잘 떨어지지 않는다. 또한 은, 금으로 갈수록 전기 전도율이 높아 손실률이 적어진다.

15. 검사용 지그 설계 요건으로 틀린 것은?
① 검사용 지그는 설계 요건에 따라 다르게 개발되고 제작되어야 한다.
② 지그의 설계는 PCB의 핀 수와 핀의 형상에 따라 설계 요건이 달라져야 한다.
③ 검사용 지그는 검사 방법에 따라 핸드프레스 지그, 에어프레스 지그로 나누어진다.
④ 핸드 프레스 지그는 비교적 간단한 회로나 500~800핀 이하의 회로 검사에서 사용된다.

해설 핸드 프레스 지그는 비교적 간단한 회로나 500핀 이하의 회로 검사에서 사용되고, 에어프레스 지그는 비교적 복잡한 회로나 500~800핀의 회로 검사에서 사용된다.

16. 폴리머, 세라믹, 금속 매트릭스 복합물 등 다양한 재료에 적용이 가능하고 현재 가장 많이 사용되는 재료는 금속 분말로 금속 분말을 이용해서 3차원 구조물을 성형하는 데 가장 많이 이용되는 방식은?
① 방향성 에너지 침착(Directed Energy Deposition) 방식
② 수조 광경화(Vat photopolymerization) 방식
③ 분말 융접(Powder Bed Fusion) 방식
④ 접착제 분사(Binder Jetting) 방식

해설 방향성 에너지 침착(Directed Energy Deposition) 방식
폴리머, 세라믹, 금속 매트릭스 복합물 등 다양한 재료에 적용이 가능하고 현재 가장 많이 사용되는 재료는 금속 분말로 금속 분말을 이용해서 3차원 구조물을 성형하는 데 가장 많이 이용되는 방식이다.

17. 자석의 극성을 이용하여 이송하는 방식은?
① 스텝 모터
② 서보모터
③ 리니어 모터
④ 수직 스캔 모터

해설 3D프린터의 이송 방식
벨트, 스크루, 자석 극성을 이용한 리니어 모터, 빛 이송을 위한 수직 스캔 모터(Galvano Mirror) 등이 있다.

18. 3D CAD 프로그램에서의 기준 평면은 정면, 윗면, 우측면 3개의 기준 평면을 제공하고 있다. 사용자가 정투상도법에 준하는 평면을 선택하여 2D 스케치를 처음 시작할 때 시작하는 평면 선택은?

① YZ 평면　　　　　　　　② XY 평면
③ XZ 평면　　　　　　　　④ ZY 평면

해설　XY 평면 : 2D 스케치를 처음 시작할 때 시작하는 평면 선택이다.

19. 재질의 충격 시험 및 비파괴 초음파 탐사 장비 등을 이용하여 제품의 강도나 내부 결함 등을 시험방식은?

① 반복 정밀도 시험　　　　② 재질의 재료에 대한 안정성 시험
③ 계측에 대한 안정성 시험　④ 사용 환경 안정성 시험

해설　재질의 재료에 대한 안정성 시험 : 재질의 충격 시험 및 비파괴 초음파 탐사 장비 등을 이용하여 제품의 강도나 내부 결함 등을 시험방식

20. 반복 정밀도, 위치 정밀도, 이송속도 등 3D프린터의 움직임에 대한 대부분의 검사를 수행할 수 있는 장비는?

① 레이저인터페로미터　　　② 가우스미터
③ 3차원 측정기　　　　　　④ 벨트텐션미터

제2과목　3D프린터 장치

21. 노즐 설계에서 제팅(jeting) 방식 장점이 아닌 것은?

① 높은 정밀도와 다중 재료의 사용에 있다.
② 종이 잉크젯 방식과 유사하게 재료를 섞어서 프린팅을 할 수 있다.
③ 유연한 재료와 단단한 재료가 있을 경우, 두 재료의 양을 조절하여 하나의 구조물 안에 따라서 다양한 강도를 가진 성형물을 가공할 수 있다.
④ 주로 점도가 높은 광경화성 재료가 사용이 되기 때문에 노즐이 막힐 우려가 상대적으로 낮다.

해설　주로 점도가 높은 광경화성 재료가 사용이 되기 때문에 노즐이 막힐 우려가 상대적으로 높다.

22. FDM 방식의 노즐 설계 방법에 대한 장점으로 틀린 것은?

① 열가소성 재료를 사용하기 때문에 다른 공정에 비해서 상용 노즐 팁과 이송 장치 등으로 비교적 간단한 장비를 구성할 수 있다.
② 열가소성 재료를 이용하여 프린팅 원재료를 개발하는 것도 상대적으로 용이하다.
③ 실제로 거의 대부분의 저가형 장비는 개발의 용이성으로 인해서 FDM 방식을 취하고 있다.
④ 열가소성 재료 이외의 다른 종류의 재료도 사용할 수 있다.

해설 열가소성 재료 이외의 다른 종류의 재료를 사용할 수 없다.

23. 생산성에 영향을 미치는 것으로 1초당 생성 가능한 최대 액적의 수에 대한 정보를 제공하며 보통 Hz 단위로 나타내는 재료 토출 속도 방식은?

① 제팅 토출 속도
② FDM 토출 속도
③ DP 토출 속도
④ SL 토출 속도

해설 ① FDM 토출 속도
FDM 방식의 경우에는 재료 공급 속도에 따라서 재료의 토출 속도가 정해지므로, 최대토출 속도에 대한 정보를 제공한다.
② DP 토출 속도
DP 방식에서는 공기압 혹은 스크루의 회전으로 재료가 토출이 되기 때문에 최대 공기압 및 최대 스크루 회전 속도에 대한 정보를 제공한다.

24. 주사 방식에서 선택적 소결 공정에 대한 설명으로 틀린 것은?

① 레이저는 자외선 영역의 고에너지를 발산할 수 있는 레이저다.
② 대표적인 것으로는 CO_2 레이저 등이 있다.
③ 적외선 에너지는 고온이며 재료를 소결 혹은 용융시킬 수 있다.
④ 광학계를 설계할 시 레이저의 사양을 고려해야 한다.

해설 레이저는 적외선 영역의 고에너지를 발산할 수 있는 레이저다.

25. 빔의 직진 방향에서 초점이 생성되는 구간의 초점심도(DOF)와 레이저의 파장(λ), 광학계로 입사하기 전의 레이저 빔 직경(D) 및 광학계의 초점거리(F) 간의 상관관계 식으로 옳은 것은?

① $DOF = (\dfrac{8\lambda}{\pi} \times \dfrac{F}{D})^3$
② $DOF = (\dfrac{8\lambda}{\pi} \times \dfrac{D}{F})^3$
③ $DOF = (\dfrac{\pi}{8\lambda} \times \dfrac{F}{D})^3$
④ $DOF = (\dfrac{F}{\pi} \times \dfrac{8\lambda}{D})^3$

해설 ① DOF(Depth Of Focus)는 초점 심도를 나타내며, 이는 빔의 직진 방향에서 초점이 생성되는 구간이다. 즉, 이 초점 구간을 벗어나게 되면 레이저 빔의 초점이 맺히지 않게 되어 결과적으로 원하는 크기의 빔 및 에너지를 얻을 수 없게 된다.
② DOF도 동시에 작아지며 정밀한 초점거리의 제어가 요구된다. 넓은 면적을 주사해야 할 경우에는 가공 영역의 가장자리에서도 초점이 맺힐 수 있게 특수한 광학계(동적 초점 조절기 등)를 사용하여 전 영역에서 초점이 잡히도록 설계해야 한다.

26. 광학계 빔의 초점 렌즈에 대한 설명으로 틀린 것은?
① 가공 전 영역에서 재료 표면이 초점면과 일치되게 하기 위해서 특수 렌즈를 사용한다.
② 주사 미러만을 사용할 경우에는 재료 표면에 초점면이 생긴다.
③ 초점 렌즈를 사용하여 렌즈의 입사각에 따라서 초점 위치를 보정하여 최종적으로 재료 표면에 초점이 맺히게 한다.
④ 초점 렌즈는 빌드 영역의 크기에 따라서 크기 및 초점거리가 선정이 되어야 한다.

해설 주사 미러만을 사용할 경우에는 재료 표면에 초점면이 생기는 것이 아니라 구면에 초점면이 생기게 되는데, 이는 동일한 초점거리를 주사 장치로부터 적용을 하면 원형이 생기기 때문이다.

27. 전사 방식 공정에서 광 패턴의 정밀도에 대한 설명으로 틀린 것은?
① 재료 표면에서 광의 패턴이 원하는 모양대로 결상이 되었는지 평가해야 한다.
② 광학계의 수차로 인해서 일부가 왜곡될 수 있으며 광학계의 보완으로 해결이 가능하다.
③ 다파장의 광을 사용할 경우 색수차를 보정하는 렌즈를 사용한다.
④ 재료 표면에서 레이저 빔의 직경은 광학계 평가 항목 중 제일 중요한 부분이다.

해설 전사 방식 공정에서 광 패턴의 정밀도
보기 ①, ②, ③ 외에 추가 설명은 다음과 같다.
• 패턴의 형상이 상하좌우로 왜곡이 될 경우에도 적절한 렌즈의 조합으로 이를 해결할 수 있다.
• 광 패턴의 정밀도를 허용 공차와 함께 평가해야 한다. 또한 최소 가공 가능한 패턴의 크기도 평가하여야 한다.
보기 ④는 주사 방식 공정에서 레이저 빔 초점의 크기에 관한 설명이다.

28. DLP 방식 3D프린터에서 광학계 평가 항목으로 가장 적절한 것은?
① 주사장치의 정밀도
② 광 패턴의 정밀도
③ 레이저 빔의 모양
④ 광원 초점의 크기

해설 DLP 방식 3D프린터에서 광학계 평가 항목은 광 패턴의 정밀도, 광 패턴 파워이다.

29. 하이브리드 기법의 베드타입의 특징으로 볼 수 없는 것은?
① 아주 미세한 구조에 유리하다.
② 챔버 내에 가스를 충전하고 적층한다.
③ 적층 속도가 매우 빠르다.
④ 적층 과정 중 중간에 멈추는 것이 불가하다.

> 해설 ① 적층 속도가 매우 느리다.
> ② 돌출부에 지지대 필요하다.
> ③ 기존 제품에 다른 구조물을 추가로 적층하는 것은 불가하다.
> ④ 베드 사이즈에 제한을 받는다.
> ⑤ 메탈 파우더의 2/3는 버리게 된다. (재사용 불가)
> ⑥ 메탈 파우더 구매처의 제한이 있다. (장비 공급자 독점)

30. DMLS와 CNC 공작기계를 이용한 하이브리드 3D프린터에 관한 설명으로 틀린 것은?
① DMLS는 분말에 접착제를 분사하는 공정이다.
② CNC 공작기계 가공은 매 층 혹은 수 층마다 가공될 수 있다.
③ 담금질이나 템퍼링 등 열처리도 함께 복합화 할 수 있다.
④ DMLS로 제조된 부품의 표면을 매끄럽게 가공하기 위하여 CNC 공작기계 가공이 필요하다.

> 해설 DMLS(Direct Metal Laser Sintering)는 SLS와 동일한 공정이며, 금속 파우더에 더 초점을 두고 있다.

31. 하이브리드형 빌드 장치 설계 규격서 성능에 포함될 항목으로 가장 거리가 먼 것은?
① 최종 성형품에 대해서 정밀도, 속도 등에 대한 정보
② 표면 거칠기에 대한 정보
③ 절삭 가공시간에 대한 정보
④ 사용하는 툴의 수명시간

> 해설 ① 사용하는 툴의 종류
> ② 위치 정밀도 및 반복 정밀도
> ③ 로봇의 회전 및 직선 이송축의 개수
> ④ 빌드 사이즈 정보

32. SLS 방식 3D프린터에서 소재의 재사용에 대한 설명으로 틀린 것은?
① 메인 가공 챔버에서는 재료의 용융점보다 조금 낮은 온도까지 방사열(Radiation heat)과 베드의 가열로 온도가 상승하고, 보온을 위해서 방열막이 사용된다.
② 방열막은 힌지로 연결이 되어 롤러(Roller)가 지나갈 수 있도록 회전이 가능하다.

③ 적외선 레이저가 재료 표면 위를 주사할 때 낮은 에너지로 빠른 가공이 가능하게끔 하기 위해서 미리 온도를 상승시키는 것이다.
④ 메인 가공 챔버 내의 재료는 다음 가공을 위해서 적절한 배합을 통한 재사용이 불필요하다.

해설 메인 가공 챔버 내의 재료는 다음 가공을 위해서 적절한 배합을 통한 재사용이 필요하다.

33. 3D프린터에서 이송 장치의 기본적인 구성으로 볼 수 없는 것은?
① 핫 엔드
② 동력 전달 장치
③ 직선 이송 가이드
④ 엔코더

해설 이송 장치의 구성 : 동력 발생 장치, 동력 전달 장치, 직선 이송 가이드, 엔코더 등으로 구성된다.

34. 플레밍의 왼손 법칙으로 알 수 있는 것은?
① 힘의 방향
② 자기장의 방향
③ 전류의 방향
④ 유도기전력의 방향

해설 플레밍의 오른손 법칙은 유도기전력의 방향을 알 수 있는 법칙이다.

35. 3D프린터의 검출장치 중에서 광원, 감광판, 유리판 등을 사용하고 있는 것은?
① 인덕토신(Inductosyn)
② 엔코더(Encoder)
③ 리졸버(Resolver)
④ 타코미터(Tachometer)

해설 엔코더(Encoder) : 3D프린터의 검출 장치 중에서 광원, 감광판, 유리판 등을 사용한다.

36. 센서(Sensor)에 대한 설명으로 틀린 것은?
① 절대 좌표를 읽을 수 없는 엔코더의 경우 이송 장치의 시작 위치를 세팅하기 위해서 홈센서(home sensor)를 사용한다.
② 가공이 시작되면 제일 먼저 이송 장치는 홈센서로 이동하여 모든 좌표를 초기화하고 난 다음에 입력 좌푯값대로 이동하게 되며 초기 좌표는 주로 좌푯값 "0"을 갖게 된다.
③ 이송 축의 역방향 이송, 즉 +방향으로 이송을 하여 홈센서에 의해서 이송 장치가 검출이 되고, 그 위치 혹은 정방향으로 일정 위치를 이동하여 홈 위치를 세팅하게 된다.
④ 많이 쓰이는 센서로는 정전류, 자계, 광학식 근접스위치 등이 있다.

해설 이송 축의 역방향 이송, 즉 −방향으로 이송을 하여 홈 센서에 의해서 이송 장치가 검출이 되고, 그 위치 혹은 정방향으로 일정 위치를 이동하여 홈 위치를 세팅하게 된다.

37. 반복 정밀도(Accuracy)에 대한 설명으로 틀린 것은?
① 반복 정밀도는 일정한 두 위치를 반복적으로 이동하였을 때 위치 간에 발생하는 오차의 최소치이다.
② 반복 정밀도가 높은 것은 비록 원하는 위치와는 오차가 있지만 연속적으로 비슷한 크기의 오차를 가진다.
③ 반복 정밀도가 높을수록 고품질의 제품을 프린팅할 수 있으나, 고가의 이송 장치가 필요하다.
④ 3D프린터는 XY축상에서 끊임없이 양방향으로 이송을 하므로 양방향 반복 정밀도를 고려해야 한다.

해설 반복 정밀도는 일정한 두 위치를 반복적으로 이동하였을 때 위치 간에 발생하는 오차의 최대치이다.

38. 3차원 프린팅의 수평 인식 장치에 사용되는 접촉식 변위 센서는?
① 인덕턴스 변위 센서
② 자기 저항식 변위 센서
③ 정전 용량형 변위 센서
④ LVDT(Linear Variable Differential Transformer)

해설 LVDT(Linear Variable Differential Transformer)
① 3개의 솔레노이드 코일과 원형의 막대 자석을 이용하여 튜브 내에서 자석이 이동하면서 발생시킨 전기 신호의 변화를 통해서 거리를 측정하는 방식이다.
② 피측정물에 측정프로브가 직접 닿으며, 프로브와 연결된 튜브 내부 자석이 프로브의 접촉으로 인해서 움직이게 된다.
③ 자석의 움직임은 솔레노이드 코일과 자석 사이에서 유도 전류를 발생시킨다.
④ 비교적 정밀도가 높으며 반복 정밀도 및 재현성이 매우 우수하다.

39. 다음에서 설명하는 3D프린터 방식은?

> ① 고분자 분말 재료를 중앙 빌드 챔버에서 제작을 하고 양쪽 챔버에서 보급된 재료를 롤러를 이용하여 중앙의 빌드 챔버로 공급하는 방식을 취하고 있다.
> ② 적외선 레이저로 재료를 소결 혹은 용융시키면서 적층을 하게 된다.
> ③ 별도의 지지대가 필요 없으며 가공되지 않은 분말이 지지대 역할을 수행한다.

① DLP
② SLA
③ MJM
④ SLS

40. 다음 측정 방식에서 사용되는 변위 센서는?

> - 접촉식의 LVDT와 동일한 원리이다.
> - 3D프린터에 사용하기 위해서는 조형 받침대가 금속이어야 하며 비교적 근접 거리에서의 측정이 요구된다.
> - 측정 정밀도는 비교적 높은 편이다.

① 광학식 변위 센서 ② 초음파 변위 센서
③ 인덕턴스 변위 센서 ④ 정전 용량형 변위 센서

제3과목 3D프린터 프로그램

41. 3D프린터의 하드웨어 제어에 대한 프로세서는 크게 3단계가 아닌 것은?
① 3D CAD 모델링 단계
② 물리적인 데이터로 변환하는 전처리 단계
③ 제어 프로그램 코드를 생성하는 단계
④ 프로그램 코드를 실행하는 제어 동작 단계

해설 3D프린터 제어 흐름도
① PC 쪽에서 프린팅하고자 하는 CAD 데이터를 실제 사물 공간 좌표에서 물리적인 데이터로 변환하는 전 처리 단계
② 전 처리에서 결정된 공간으로 프린터의 노즐이 이동할 수 있도록 프린터 제어 프로그램 코드를 생성하는 단계
③ 프린터에서 전송된 프로그램 코드를 실행하는 제어 동작 단계

42. 통상 3D프린터 프로그램에서 통용되는 확장자 STL 파일 형식으로 변환하는 3D프린터 제어 프로세서는?
① 3D CAD model ② 슬라이싱 파일 생성
③ 툴 패스 생성 ④ 제어 코드 생성

해설 3D CAD model
① 3차원 모델링으로 된 CAD 파일을 변환하기 위해 읽어 들이는 과정이다.
② 회전과 단위 변환 및 비율 등을 결정하여 실제 모델링에 적합한 형태로 최종 변환된다.
③ 아래층에 지지부가 없는 부위나 높이에 따른 지지력이 필요한 경우에는 서포터를 더하여 지지력을 보강하는 과정도 포함한다.
④ 통상 3D프린터 프로그램에서 많이 통용되는 확장자는 *.STL 파일 형식이다.

43. 하드웨어에 독립적인 상태에서도 LCD나 기타 데이터 표시 장치를 통해 노즐의 온도나 프로세서의 진행 상태 등 시스템 상태를 모니터링할 수 있는 3D프린터 제어 프로세서 과정은?

① 제어 코드 전송
② 제어 코드 저장 및 시스템 초기화
③ 제어 코드 명령어 수행
④ 시스템 상태 모니터링

해설 시스템 상태 모니터링 : 하드웨어에 독립적인 상태에서도 LCD나 기타 데이터 표시 장치를 통해 노즐의 온도나 프로세서의 진행 상태 등 시스템 상태를 모니터링할 수 있다.

44. 3D프린터는 툴 패스에 대한 명령어 코드가 생성되어 전달되면 이후로는 PC와 독립적으로 프린팅 프로세서를 진행하게 되는 하드웨어 부분은?

① 메인 컨트롤러
② 데이터 통신
③ 모션 하드웨어
④ 마이크로프로세서

해설 메인 컨트롤러
3D프린터는 툴 패스에 대한 명령어 코드가 생성되어 전달되면 이후로는 PC와 독립적으로 프린팅 프로세서를 진행하게 된다.

45. 프로그램 내부에서 메모리에 별도로 현재 입력값을 저장하여 0점 조정 이후 값의 변화를 비교하여 각도를 측정하는 엔코더는?

① 엡솔루트 엔코더
② 인크리멘탈 엔코더
③ 옵티컬엔코더
④ 리니어엔코더

해설 인크리멘탈 엔코더(Incremental encoder) : 프로그램 내부에서 메모리에 별도로 현재 입력값을 저장하여 0점 조정 이후 값의 변화를 비교하여 각도를 측정하며 특징은 다음과 같다.
① 속도와 이동량을 검출한다.
② 원점으로 부터의 이동량은 검출이 불가하다.
③ 정전 후의 원점복귀가 필요하다.
④ 구조가 비교적 간단하다.
⑤ 비교적 저가이다.

46. 마이크로프로세서 구조에 대한 설명으로 틀린 것은?

① 마이크로프로세서는 컴퓨터와 유사한 내부 구조를 가지고 있다.
② 마이크로프로세서는 메모리를 내장에 두고 처리하는 구조이다.
③ 내부에는 레지스터라는 메모리가 있으나 이는 프로세서의 상태 제어나 프로세서가 처리할 해당 코드 라인만 잠시 저장하는 임시 저장소일 뿐이다.
④ 산술적인 계산은 별도의 루프린 ALU를 통해 고속으로 병렬 처리하는 구조를 가지고 있다.

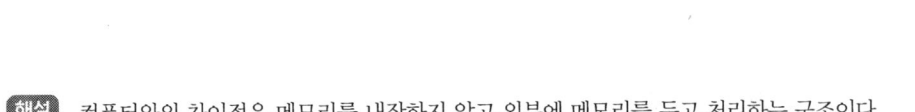

해설 컴퓨터와의 차이점은 메모리를 내장하지 않고 외부에 메모리를 두고 처리하는 구조이다.

47. 모든 목적 코드 파일을 다시 하나의 나열된 일괄 프로그램으로 묶어 주는 과정을 무엇이라 하는가?
① 링크 ② 빌드
③ 어셈블 ④ 컴파일

해설 컴파일된 모든 목적 코드 파일은 다시 하나의 나열된 일괄 프로그램으로 묶어 주는 링크(Link) 과정을 거친다. 실행 파일은 통상 hex 파일 형태로 만들어진다.

48. I2C의 데이터 통신에 대한 설명으로 틀린 것은?
① 주로 회로 내의 프로세서 간에 두 가닥의 와이어로만 통신하는 방식이다.
② 일명 TWI(Two Wire Interface)라고 불리는 통신 방식이다.
③ 두 개의 선 중 하나는 SCL(양방향 제어 신호선), 또 다른 한 선은 SDA(양방향 데이터 신호선)으로 구성되어 있다.
④ 데이터 속도가 빠른 장점이 있지만 연결 배선이 많아지는 단점이 있다.

해설 SPI(Serial Peripheral Interface) : 신호선이 I2C에 비해 2개가 더 늘어나면서 데이터속도가 빠른 장점이 있지만 연결 배선이 많아지는 단점이 있다.

49. I/O 포트의 구동 원리로 옳은 것은?
① 전자 회로에서 전기 신호의 기본적인 동작인 on/off 기능을 구현하는 포트이다.
② AVR MCU의 ADC는 기본 전압을 내부에서 사용되는 기준 전압으로 변환하여 작동되는 포트이다.
③ 펄스 폭 변조를 발생시켜 0과 1의 디지털 신호를 아날로그 신호인 것처럼 출력하는 포트이다.
④ 기준 전압에 의해 일정 범위의 디지털 값으로 변경한 수치를 입력 받는 포트이다.

해설 포드 구동 원리
① I/O 포트는 전자 회로에서 전기 신호의 기본적인 동작인 On/Off 기능을 구현하는 포트이다.
② 프로세서의 관점에서는 신호를 받을 수도 있고 출력을 할 수도 있기 때문에 이러한 역할에 따라 Input과 Output으로 나뉜다.
③ 전기적 특성은 전기적 신호의 단락은 스위칭을 기반으로 하고 있다.
④ MCU 내부에는 스위치 소자인 TR이 있고 이의 동작에 대한 설정은 레지스터가 출력으로 동작할지 입력으로 동작할지 결정한다.
⑤ 출력일 경우 TR 기능을 이용하여 Vcc의 인가 혹은 단락으로 on/off를 스위칭 한다.
⑥ 만약 입력의 경우는 비교 기능을 이용하여 High/Low를 판별하도록 동작한다.

50. I/O 포트 작동 설정에 대한 설명으로 틀린 것은?
① 입출력뿐만 아니라 ADC, Timer, Interrupt 등의 대부분의 기능을 겸한다.
② 출력을 마음대로 선택할 수 있고, 0과 1의 출력 신호를 임의로 만들어 줄 수 있는 구조를 가진다.
③ 입력으로 사용할 때는 외부 인터럽트를 처리할 수 있도록 하는 경우가 많다.
④ GPIO를 통해 외부에서 S/W 등으로 입력되는 신호를 출력할 수 있다.

> 해설   GPIO를 통해 외부에서 S/W 등으로 입력되는 신호를 입력받을 수 있고, 타이머나 UART 인터럽트 등을 통한 값을 GPIO를 통하여 LED 등의 소자로 출력할 수도 있다.

51. PWM 포트 동작 프로그래밍에 대한 설명으로 틀린 것은?
① 일반적으로 사용하는 PWM의 경우 프로세서에 입력되는 클럭 신호를 일정 분주비로 나눈다.
② 나눈 분주비로 타이머에서 카운터를 하고 Duty 값과 타이머의 값이 일치하면 포트에서 H를 출력한다.
③ 설정해 둔 주기값과 타이머 값이 일치하면 타이머 값은 0으로 초기화하고 포트에서 H를 출력한다.
④ 함수 analogWrite(pin, value)를 살펴 보면 각각의 인자값은 pin : 포트 번호, value : duty cycle의 값을 나타낸다. analogWrite 함수는 256개의 값을 사용한다.

> 해설   나눈 분주비로 타이머에서 카운터를 하고 Duty 값과 타이머의 값이 일치하면 포트에서 L을 출력한다.

52. G코드 명령어에 대한 설명으로 틀린 것은?
① G코드에서 지령의 한 줄을 블록(block)이라 한다.
② 사용자가 코드를 읽기 쉽도록 해석해 주는 문장으로 세미콜론 ' ; '과 괄호 '( )'가 사용된다.
③ 'G1', 'F1200', 'X126.170', 'Y56.750', 'E20.66554'로 5개의 워드이다.
④ 어드레스는 준비 기능 'G', 보조 기능 'F', 기타 기능으로 'M', 'S', 'T' 등이 있다.

> 해설   어드레스는 준비 기능 'G', 보조 기능 'M', 기타 기능으로 'F', 'S', 'T' 등이 있다.

53. EOB는 무엇을 뜻하는가?
① 블록의 종료
② 공구의 선택 기능
③ 보조적인 CNC 공작기계의 기능을 지정하여 동작
④ CNC 공작기계의 운동에서 각축의 변위량을 지정

> 해설 EOB : 블록의 종료

54. G코드 중에서 홈(원점)으로 이동하는 명령어는?
① G28
② G92
③ M106
④ M113

> 해설
> ① G28 : 원점 이송
> ② G92 : 좌표계 설정
> ③ M106 : 팬 전원 켜기
> ④ M113 : 압출 성형기 PWM

55. 시리얼 통신의 전송에서 동기식 전송에 대한 설명으로 틀린 것은?
① 미리 정해진 수만큼의 문자열을 한 묶음으로 만들어서 일시에 전송하는 방법이다.
② 송신 측과 수신 측이 하나의 기준 클록으로 동기 신호를 맞추어 동작한다.
③ 수신 측에서는 클록에 의해 비트를 구별하게 되므로 동기식 전송을 위해서는 데이터와 클록을 위한 2회선이 필요하다.
④ 송신 측의 송신 클록에 관계없이 수신 신호 클록으로 타임 슬롯의 간격을 식별하여 한 번에 한 문자씩 송수신한다.

> 해설 비동기식 전송
> 송신 측의 송신 클록에 관계없이 수신 신호 클록으로 타임 슬롯의 간격을 식별하여 한 번에 한 문자씩 송수신한다.

56. 디버깅(Debugging)에 대한 설명으로 틀린 것은?
① 아두이노는 특별한 디버깅 기능이 없지만 대부분의 아두이노를 이용하는 사람들은 시리얼 라이브러리(Serial Library)를 이용하여 디버깅을 한다.
② 시리얼 라이브러리에서 Serial[포트 번호].begin(보레이트), Serial[포트번호].end를 이용하여 시리얼 통신을 활성화한다.
③ ASCII 문자 'A'에 대해서 char 유형을 사용하지 않은 경우에는 Baud 형식으로 출력된다.
④ Serial 라이브러리는 아두이노 보드가 컴퓨터 혹은 다른 시리얼 장치로부터 데이터를 수신받기 위하여 Serial.available(), read(), peek() 함수를 지원하고 있다.

> 해설 ASCII 문자 'A'에 대해서 char 유형을 사용하지 않은 경우에는 DEC 형식으로 출력된다.

57. 기계어(Machine Language)에 대한 설명으로 틀린 것은?
① 컴퓨터가 이해하고 수행하는 단 하나의 언어로서 컴퓨터의 언어라고 불리며, 컴퓨터를 작동시키기 위해서 0과 1로 이루어진 컴퓨터 고유 명령이다.
② 프로그램이 작동하려면 기계어로 번역을 해야 프로그램이 작동하는 구조로 이루어져 있다.
③ 컴퓨터가 내용을 이해하고 작동하는 데 필요한 번역 프로그램에는 소스코드를 한 줄 한 줄 실시간으로 번역하여 CPU에게 명령을 전달하는 인터프리터(Interpreter)와 소스코드를 번역하여 실행 가능한 파일을 작성해 주는 컴파일러(compiler)가 있다.
④ 기계어는 0과 1로 이루어진 언어이므로 사람이 이해하기가 쉽다.

> **해설** 기계어는 사람의 언어가 아닌 0과 1로 이루어진 언어이므로 사람이 이해하기 어렵고, 컴퓨터에 대한 지식이 충분하지 못하면 프로그램을 작성할 수 없기에 범용성이 부족할 뿐만 아니라 시간이 많이 소요되었다.

58. 0.025~0.05mm의 우수한 정밀도와 적층 Layer 두께 0.016mm까지 가능하며, 후처리를 따로 할 필요가 없을 정도로 표면 조도가 우수한 것이 가장 큰 특징이자 장점인 3D프린터 플라스틱 소재는?
① ABS
② ABS Like
③ PLA
④ 아크릴

> **해설** ABS Like : 0.025~0.05mm의 우수한 정밀도와 적층 Layer 두께 0.016mm까지 가능하며, 후처리를 따로 할 필요가 없을 정도로 표면 조도가 우수한 것이 가장 큰 특징이자 장점이다.

59. 3D프린터에서 전원 투입 후 기계운전의 안전을 위하여 첫 번째로 해야 하는 조작은?
① 기계 원점 복귀
② 파라미터설정
③ 필라멘트 교환
④ 공작물 좌표계의 설정

> **해설** 기계 원점 복귀 : 3D프린터에서 전원 투입 후 기계운전의 안전을 위하여 첫 번째로 해야 하는 조작이다.

60. 다음 중 G코드의 설명으로 잘못된 것은?
① 사용할 수 없는 G코드를 지령하면 알람이 발생한다.
② 그룹이 서로 다르면 몇 개라도 동일블록에 지령할 수 있다.
③ 동일 그룹의 G코드를 같은 블록에 두개이상 지령하면 알람이 발생한다.
④ 모달 G코드는 동일그룹의 다른 G코드가 나올 때까지 유효하다.

> **해설** 동일 그룹의 G코드를 같은 블록에 두개이상 지령하면 알람이 발생되지 않는다.
> **예** G01 G90 X10. Y10. ;

제4과목 3D프린터 교정 및 유지보수

61. 보우덴 방식 익스트루더에 대한 설명으로 틀린 것은?
① 필라멘트 공급 장치와 헤드가 분리되어 있다.
② 필라멘트는 공급 장치와 헤드 사이에 연결된 튜브를 통해 공급하며 움직이는 부분이 무거워 진동 제어와 고속 출력에 불리하다.
③ 공급 장치와 헤드 사이의 거리가 수십cm 이상이기 때문에 필라멘트 공급을 제어하는 것이 어렵다.
④ 필라멘트가 공급 장치에서 압출되어 튜브를 지나는 동안 튜브의 영향으로 인해 필라멘트가 제대로 전달되지 못한다.

> **해설** 보우덴 방식 익스트루더
> ① 필라멘트는 공급 장치와 헤드 사이에 연결된 튜브를 통해 공급하며 움직이는 부분이 가벼운 핫엔드뿐이기 때문에 진동 제어와 고속 출력에 유리하다.
> ② 튜브의 길이가 길수록, 또는 필라멘트의 탄성이 떨어 질수록 영향을 크게 받는다.
> ③ 플렉시블 PLA(Flexible PLA)와 같은 특수한 필라멘트들은 공급 거리가 길 경우 공급 도중에 부러지거나 변형될 수 있어 보우덴 방식에서는 사용이 거의 불가능하다.
> ④ 보우덴 방식은 핫엔드만 움직이므로 출력속도가 빠르지만, 필라멘트 공급을 제어하기가 어렵다.

62. 재료 압출형(ME) 3D프린터의 베드에 대한 설명으로 틀린 것은?
① 3D 프린팅이 실시되는 작업 공간으로 Z축 구동부와 연결되어 한 층의 적층이 완료되면 적층 두께(Layer thickness)만큼 아래쪽으로 하강하여 다음 층의 적층이 수행되도록 하는 역할을 한다.
② 베드는 적층 시에는 노즐로부터 압출된 용융 필라멘트가 안정적으로 적층되도록 접착력이 약한 것이 좋다.
③ 접착력이 너무 강하면 프린팅 종료 후에 완성품이 베드에서 원활하게 분리되지 않는다.
④ 베드의 재료로는 유리판이나 금속판 등이 사용되며, 수축 등에 의한 프린팅 불량을 최소화하기 위해 베드에 열선을 심어 베드를 가열할 수 있는 경우도 있다.

> **해설** 베드는 적층 시에는 노즐로부터 압출된 용융 필라멘트가 안정적으로 적층되도록 접착력이 좋아야 한다.

Part 5 부록

63. 일종의 가혹 조건시험법으로 3D프린터로 출력 시 불량이 발생하기 쉬운 다양한 형상을 정의하여 출력을 시도하고, 그 출력물의 품질을 평가함으로써 3D프린터의 성능을 검사하는 방법은?

① Harshness test
② Measurement test
③ Precision test
④ Torture test

> **해설** 3D프린터의 주요 성능에 하나라도 문제가 있을 경우에는 3D 프린팅 출력물의 품질에 영향을 미치게 된다. 이러한 점을 종합적으로 판단하기 위해 3D프린터 사용자들 사이에 'Torture test'란 테스트 모델이 널리 사용되고 있다.

64. Material Extrusion 방식 3D프린터에서 필라멘트에 걸리는 장력이 약할 경우, 익스트루더 모터가 회전하더라도 기어가 헛돌거나 출력물이 중간에 끊기는 현상이 발생할 때 점검해야 할 부분은?

① 노즐 온도
② 베드 수평도
③ XYZ축 구동부
④ 필라멘트 공급 장치

> **해설** 익스투르더 모터는 회전하나 필라멘트가 공급되지 않는 경우
> ① 필라멘트에 걸리는 장력이 부족한 경우 발생한다.
> ② 주로 익스트루더 쿨엔드 부위의 조립이 헐겁게 되었을 때 발생한다(이 경우 기어가 헛돌며 간헐적인 기계음을 발생시키기도 한다).
> ③ 해당 부위의 체결을 강화(예. 아이들러 장력 볼트 조정 등)하여 장력을 증가시켜 준다.

65. 3D프린터의 출력 품질 및 성능을 높이기 위해 고려해야 할 사항으로 거리가 먼 것은?

① 출력물의 형상과 규모, 사용하는 소프트웨어, 용도에 따라 다양한 설정이 존재할 수 있다.
② 출력속도에 따라 압출 구멍이 막힐 수도 있기 때문에 재료와 관계없이 속도를 느리게 설정해 주어야 한다.
③ 노즐과 베드의 간격이 너무 가까우면 베드 면에 노즐이 막힐 수 있기 때문에 노즐과 베드 사이의 적정한 간격 유지가 필요하다.
④ 3D프린터에서 비용, 시간, 품질 등은 서로 Trade off 관계이며, 모든 요구를 만족시키는 세팅은 존재하지 않는다.

> **해설** 출력속도에 따라 압출 구멍이 막힐 수도 있기 때문에 재료의 종류에 따라 속도 조절을 설정해 주어야 한다.

66. 출력물의 불량 발생 시 3D프린터 베드부의 위치 정밀도 개선 방법으로 틀린 것은?
① 출력물의 품질 향상을 위해서는 베드부와 노즐 끝단 간의 간격 설정이 중요하다.
② 간격이 지나치게 큰 경우에는 노즐이 소재를 과도하게 압착하게 되어 출력 후 출력물의 분리가 어려워지는 문제가 발생한다.
③ 개인용 프린터의 경우 베드의 위치 정밀도(영점) 조정을 수동으로 설정해야 할 경우 적절한 교육 혹은 매뉴얼 제공을 통해 오류의 발생 가능성을 최소화해야 한다.
④ 프린터 종류에 따라서는 베드 간격의 자동 조절 기능을 탑재하거나 적정 간격을 조정할 수 있는 Leveling sheet를 제공하는 경우가 많다.

해설 베드 위치 정밀도 개선 방법
① 간격이 지나치게 큰 경우에는 초기 레이어가 베드부에 잘 안착되지 않아 정상적으로 출력되지 않는 문제가 발생한다.
② 간격이 지나치게 작은 경우에는 노즐이 소재를 과도하게 압착하게 되어 출력 후 출력물의 분리가 어려워지는 문제가 발생한다.

67. 시스템의 신뢰성 예측 방법에서 수리 불가능한 제품의 평균 고장 시간을 산출할 때 사용하는 용어는?
① MTTR : 고장 수리 후 다음 고장 수리까지의 시간
② MTBF : 고장에서 다음 고장까지의 시간으로 시스템의 평균 고장 시간 산출
③ MTTR : 제품에 고장이 발생한 경우 고장에서 수리되는 데까지 소요되는 시간
④ MTTF : 고장 평균시간으로 주어진 시간에서 고장 발생까지의 시간으로 수리 후 다음 고장까지의 시간

해설 시스템의 신뢰성 예측 방법
① MTBF : 고장에서 다음 고장까지의 시간으로 시스템의 평균 고장 시간 산출
– 고장에서 다음 고장까지의 시간을 의미한다.
– 수리가 가능한 제품/시스템의 평균 고장 시간을 산출하는데 사용한다.
② MTTR : 제품에 고장이 발생한 경우 고장에서 수리 되는데까지 소요되는 시간
③ MTTF : 고장 평균시간으로 주어진 시간에서 고장 발생까지의 시간으로 수리 후 다음 고장까지의 시간
– 주어진 시간에서 고장 발생까지의 시간으로 수리 후 다음 고장까지의 시간을 의미한다.
– 수리 불가능한 제품의 평균 고장 시간을 산출할 때 사용한다.

68. 신뢰성 시험 종류에서 통계적으로 추정에 해당하는 품목의 특성을 확인하기 위한 시험은?
① 적합시험
② 결정시험
③ 실험실 시험
④ 현장 시험

> **해설** ① 적합시험 : 품목의 특성(성질)이 규정된 요구 사항에 적합한지를 판정하기 위한 시험. 통계적으로 검정에 해당
> ② 결정시험 : 품목의 특성(성질)을 확인하기 위한 시험. 통계적으로 추정에 해당
> ③ 실험실 시험 : 제어되는 규정된 조건에서 수행되는 시험
> ④ 현장 시험 : 운용, 환경, 보전 및 측정 조건이 기록되는 현장에서 수행되는 시험

69. 하드웨어 설계 및 제조 결함에 기인한 고장, 또는 소프트웨어의 잘못에 기인한 고장형태는?
① 유관 고장
② 입증된 고장
③ 간헐 고장
④ BIT(Build-In Test) 중 발생한 고장

> **해설** 입증된 고장
> 하드웨어 설계 및 제조 결함에 기인한 고장, 또는 소프트웨어의 잘못에 기인한 고장이다. 단, 시험 중에 시정 및 확인이 가능하면 무관 고장으로 처리한다.

70. 다음 중 무관 고장(Non-relevant failure)에 해당하지 않는 것은?
① 조사 중이거나 중복되지 않는 고장이다.
② 시험 장비나 모니터 장비의 고장에 기인한 고장이다.
③ 장비를 시험하거나 조정할 때, 시험자의 잘못된 조작에 기인한 고장이다.
④ 규정된 교체 기간이 지난 후 사용 중에 발생한 고장이다.

> **해설** 입증되지 않은 고장 : 조사 중이거나 중복되지 않는 고장

71. 신뢰성 평가와 검증을 통한 개선에서 QFD(Quality Function Deployment)의 활용사항이 아닌 것은?
① 고객의 요구를 제품 개발 과정으로 통합시키기 위한 구조적 접근 방법이다.
② 최종적으로 생산을 위한 시방으로 변환하는 것이다.
③ 목적과 수단을 서로 관련시켜 나타내 주는 매트릭스를 이용하여 구조화하는 것이다.
④ 제품 및 프로세스의 가능한 문제점 및 원인들을 사전에 예측하고 위험도를 평가하여 사전 예방이 가능하도록 한 기법이다.

> **해설** FMEA(Failure Mode Effective Anaysis)
> 제품 및 프로세스의 가능한 문제점 및 원인들을 사전에 예측하고 위험도를 평가하여 사전 예방이 가능하도록 한 기법이다.

72. 다음 설명에 해당하는 제도는?

> 전기용품 중 A/V기기 등 저위험 품목(예: 3D프린터의 경우 직류 42V, 교류 30V 이하)에 우선 적용하는 제도

① 전기용품 안전인증제도
② 전기용품 안전확인제도
③ 전기용품 및 생활용품 안전관리법
④ 공급자 적합성 확인제도

해설 전기용품의 제조업자 또는 수입업자가 제품을 출고하거나 통관하기 전에 전자용품의 모델별로 제품시험을 실시하거나 제3자에게 시험을 의뢰하여 해당 전기용품이 안전 기준에 적합한 것임을 스스로 확인하는 제도

73. 다음 로고가 의미하는 것은?

① 유럽공동체 안전인증
② 미국 연방정부 전파인증
③ 중국 안전 및 품질인증
④ 일본 전기용품 안전인증기준

74. 시험 규격에 따른 시험 방법 절연 저항 시험으로 틀린 것은?

① 전기적으로 절연되어 있는 어느 두 지점 사이의 절연 저항을 측정하는 테스트로 전류의 흐름을 방해하기 위한 전기적 절연이 얼마나 효과적으로 되어 있는가를 판정한다.
② 제품이 생산된 직후뿐만 아니라 일정 기간 사용한 후 절연의 상태를 검사하는 데 유용하다.
③ 정기적으로 절연 저항 시험을 실시하면 절연 파괴가 일어나기 전에 절연 불량을 판별해 낼 수 있다.
④ 충전, 사용, 측정, 방전의 4단계를 거친다.

해설 충전(Charge), 유지(Dwell), 측정(Measure) 그리고 방전(Discharge)의 4단계를 거친다.

75. 전기용품 안전인증 구비서류가 아닌 것은?

① 사업자 등록증 사본
② 제품 설명서(사용 설명서 포함)
③ 안전 확인 시험 결과서
④ 안전인증 신청서

해설 전기용품 안전인증 구비서류
① 사업자 등록증 사본
② 제품 설명서(사용 설명서 포함)
③ 안전 확인 시험 결과서
④ 대리인임을 증명하는 서류(대리인이 신청하는 경우)

76. 전자파 장해(EMI) 시험 불합격 시 기판부의 EMI 대책으로 틀린 것은?
① Clock emission을 억제하기 위해 Clock line을 최소한 짧게 하고, 안정된 Ground 층으로 Shielding을 강화해 준다.
② 기판 기준 전위층(Signal Ground; SG)의 고주파 임피던스를 감소시키기 위해 나사 등을 사용하여 기판을 프레임(Frame Ground; FG)에 완전히 결합시켜 준다.
③ CPU 및 주변 Chip의 전원 공급 라인에서 Chip 바로 앞에 Coupling cap을 삽입한다.
④ 입력 Filter부를 Noise 발생원으로부터 멀리 떨어뜨린다.

> **해설** 기판부의 EMI 대책을 세운다.
> ① Clock emission을 억제하기 위해 Clock line을 최소한 짧게 하고 안정된 Ground 층으로 Shielding을 강화해 준다.
> ② 기판 기준 전위층(Signal Ground; SG)의 고주파 임피던스를 감소시키기 위해 나사 등을 사용하여 기판을 프레임(Frame Ground; FG)에 완전히 결합시켜 준다.
> ③ CPU 및 주변 Chip의 전원 공급 라인에서 Chip 바로 앞에 Coupling cap을 삽입한다.

77. 3D 프린팅 소재에 따른 안전에서 금속 재료에 대한 설명으로 틀린 것은?
① 3D 프린팅에 사용하는 금속 재료는 반응성이 있고, 불이 나거나 폭발성이 높은 분말 금속이 사용된다.
② 마그네슘, 티타늄, 알루미늄과 같이 미세하게 분쇄된 금속 분말은 폭발성이 있으므로 스스로 발화되어 화재(발화성)를 일으킬 수 있다.
③ 레이저, 전자빔 등 매우 높은 열을 사용하기 때문에 사용자가 열에 의한 부상을 입을 뿐만 아니라 중금속 분말 흡입 시에는 폐에 심각한 병을 유발할 수 있다.
④ 소화기는 일반 소화기가 아닌 Class C급 금속 소화기가 필요하다.

> **해설** 소화기는 일반 소화기가 아닌 Class D급 금속 소화기가 필요하다.

78. 무재해운동의 기본이념 3원칙 중 다음 설명으로 옳은 것은?

> 작업에 따르는 잠재적인 위험요인을 발견, 해결하기 위하여 전원이 일치 협력하여 각자의 처지에서 해보겠다는 의욕으로 문제해결 행동을 실천하는 것을 뜻한다.

① 무의 원칙　　　　　　　② 선취의 원칙
③ 참여의 원칙　　　　　　④ 확인의 원칙

> **해설** 참여의 원칙
> 무재해운동에 있어서 참여란 작업에 따르는 잠재적인 위험요인을 발견, 해결하기 위하여 전원이 일치 협력하여 각자의 처지에서 해보겠다는 의욕으로 문제해결 행동을 실천하는 것을 뜻한다.

79. 스테핑 모터의 발열 특성의 개선 방법으로 옳지 않은 것은?
① 운전전류 조정
② 운전 듀티비 조정: 운전시간 대비 정지시간을 짧게 조정
③ 방열판의 부착
④ 자동 Current Down, Hold Off 기능사용

해설 운전 듀티비 조정 : 운전시간 대비 정지시간을 길게 조정

80. 3D프린터 장비의 유지보수 관리를 위한 기술조사 방법에 관한 설명으로 틀린 것은?
① 횡단조사는 특정한 표본이 가지고 있는 특성에 따른 집단을 분류한 표본을 활용하여 정보를 수집하는 조사방법이다.
② 인과조사는 특정 현상의 원인과 결과를 구체적으로 이해하거나 예측하고자 하는 경우에 사용하는 조사기법이다.
③ 종단조사는 조사 대상의 변화를 측정하는 것으로 일정한 간격을 두고 측정하여 동일한 표본을 일정한 시간으로 설정한 후 반복적으로 조사하는 기법이다.
④ 현장조사는 변수들 간의 인과관계를 명확하게 규명하여 변수들 간의 관계를 파악하는 데 이용하는 조사기법이다.

해설 설명적 조사
사실의 인과관계(Causal relation)를 규명하거나 미래의 사실에 대해 미리 예측(Prediction)하는 조사로서 전자를 진단적 조사(Diagnostic study), 후자를 예측적 조사(Predictive study)라 한다. 특정 변수에 영향을 미치는 변수의 조사 등이 해당된다.

정답

01.③	02.④	03.③	04.②	05.④	06.③	07.①	08.④	09.①	10.④
11.②	12.④	13.②	14.②	15.④	16.①	17.③	18.④	19.②	20.①
21.④	22.④	23.②	24.①	25.①	26.②	27.④	28.②	29.③	30.①
31.④	32.④	33.①	34.④	35.②	36.③	37.①	38.④	39.④	40.③
41.①	42.①	43.④	44.①	45.②	46.②	47.①	48.④	49.①	50.④
51.②	52.④	53.①	54.④	55.④	56.③	57.④	58.②	59.①	60.③
61.②	62.②	63.④	64.④	65.②	66.②	67.④	68.②	69.②	70.①
71.④	72.④	73.①	74.④	75.④	76.④	77.④	78.④	79.②	80.④

3D프린터개발산업기사
제2회 실전 모의고사

제1과목 3D프린터 회로 및 가구

01. 재질의 충격 시험 및 비파괴 초음파 탐사 장비 등을 이용하여 제품의 강도나 내부 결함 등을 시험방식은?
① 반복 정밀도 시험
② 재질의 재료에 대한 안정성 시험
③ 계측에 대한 안정성 시험
④ 사용 환경 안정성 시험

> **해설** 재질의 재료에 대한 안정성 시험 : 재질의 충격 시험 및 비파괴 초음파 탐사 장비 등을 이용하여 제품의 강도나 내부 결함 등을 시험방식

02. 다음 검사용 장비 중 자석이나 기계장치 내부의 자력을 측정하는 장비는?
① 가우스미터　　　　　　② 암페어미터
③ 벨트텐션미터　　　　　④ 마이크로미터

> **해설** ① 가우스미터 : 자석이나 기계 장치 내부의 자력을 측정하는 장비이다.
> ② 암페어미터 : 전류계로 전류의 세기를 측정하는 계기
> ③ 벨트텐션미터 : 벨트 장력 측정, 자동차, 와이어, 케이블 등 산업에서 텐션 측정이 필요한 곳에 사용된다.
> ④ 마이크로미터 : 정확한 피치를 가진 나사를 이용한 길이 측정기로 외경 및 내경을 정밀하게 측정한다.

03. 설계조건 분석에서 3D프린터 방식의 상세 사양인 목표 규격의 검토 사항이 아닌 것은?
① 3D프린터 출력물의 크기　　② 3D프린터의 정밀도
③ 출력물의 품질　　　　　　　④ 출력속도

> **해설** 3D프린터 방식이 결정되면 상세 사양인 목표 규격과 성능 인자를 검토 후 결정한다. 출력속도는 성능 인자에 속한다.

04. 다음은 3D프린터의 정밀도의 내용이다. 어느 방식인가?

> 레이저 빛의 지름에 의해서 출력물의 정밀도나 해상도가 영향을 받는다.

① 수조 광경화 방식 ② 분말 융접 방식
③ 판재 적층 방식 ④ 방향성 에너지 침착 방식

해설 3D프린터의 정밀도
① 수조 광경화 방식 : 레이저를 광원 수조 광경화 방식에서는 x-y 평면은 평면해상도, 높이 방향이며 z-축 방향은 층 두께로 표현하는 경우가 있다.
② 분말 융접 방식 : 레이저 빛의 지름에 의해서 출력물의 정밀도나 해상도가 영향을 받는다.
③ 판재 적층 방식 : 판재를 자르는 칼날의 위치 정밀도 그리고 판재의 두께와 접착제의 두께가 정밀도와 해상도에 영향을 준다.

05. 블록도(Block Diagram)에 대한 설명으로 틀린 것은?
① 수치 혹은 물리적인 자료와 그 흐름을 보다 명료하게 이해하기 위해 매 과정을 체계적으로 구역을 나눈 후, 이를 자세하게 서술한 내용이다.
② 주로 데이터의 흐름 및 구조를 분석하고 개선하는 데 많이 쓰이는 방식이다.
③ 회로에서 예를 들자면 부하와 저항이 블록이 되겠고, 프로그램에서 예를 든다면 정보에 해당하는 부분으로 각각의 변수와 데이터의 변환 후 새로 생성된 정보 등이 모두 블록이라고 할 수 있다.
④ 정보의 연산 및 분석, 입출력 과정이 모두 블록을 잇는 선이 될 수 있다.

해설 블록도(Block Diagram)
수치 혹은 물리적인 자료와 그 흐름을 보다 명료하게 이해하기 위해 매 과정을 체계적으로 구역을 나눈 후, 이를 그림으로 나타낸 것을 뜻한다.

06. 모터 등 하드웨어의 동작에 필요한 전기적 신호들이 주로 만들어지는 것은?
① 슬라이싱(slicing) ② G코드 변환기
③ G코드 전송기 ④ 마이크로컨트롤러

해설 G코드 변환기
모터 등 하드웨어의 동작에 필요한 전기적 신호들이 주로 만들어지는 것이다.

07. 정투상법에서 물체의 모양, 기능, 특징 등이 가장 잘 나타나는 쪽을 어떤 면도로 잡는 것이 좋은가?
① 정면도 ② 평면도
③ 측면도 ④ 배면도

08. 다음 그림과 같은 암이나 리브를 기분 중심선으로 옮겨 도시한 투상도의 명칭은 무엇인가?

① 부분 투상도
② 회전 투상도
③ 부분 확대도
④ 국부 투상도

해설 회전 투상도
① 물체의 단면 모양을 표현하기 위하여 사용
② 물체를 90° 회전하여 도시
③ 도형 안에 도시할 때 가는 실선 사용
④ 도형 밖에 도시할 때 굵은 실선 사용

09. 다음 공차에 관한 용어 설명 중 옳은 것은?

① 치수허용차란 최대 허용 치수에서 기준 치수를 뺀 값이다.
② 위 치수허용차란 최대 허용 치수에서 기준 치수를 뺀 값이다.
③ 아래 치수허용차란 기준 치수에서 최소 허용 치수를 뺀 값이다.
④ 최대 허용 치수란 기준 치수에서 최소 허용 치수를 더한 값이다.

해설
- 치수허용차=허용 한계 치수−기준 치수
- 위치수허용차=최대 허용 치수−기준 치수
- 아래치수허용차=최소 허용 치수−기준 치수

10. 3D프린터의 검출장치 중에서 광원, 감광판, 유리판 등을 사용하고 있는 것은?

① 인덕토신(inductosyn)
② 엔코더(encoder)
③ 리졸버(resolver)
④ 타코미터(tachometer)

해설
① 엔코더(encoder) : 3D프린터의 검출장치 중에서 광원, 감광판, 유리판 등을 사용한다.
② 리졸버(resolver) : 3D프린터의 움직임을 전기적 신호로 표시하는 일종의 피드백(feed back) 장치이다.

11. 일반적으로 DC 모터의 특성이 아닌 것은?

① 넓은 속도 범위에서 안정한 속도제어가 이루어 져야 한다.
② 진동이 적고 대형이며 견고하여야 한다.
③ 연속 운전 이외에 빈번한 가감속을 할 수 있어야 한다.
④ 가감속 특성 및 응답성이 우수하여야 한다.

해설 DC 서보모터는 가격이 싸고 제어 회로가 간단하여 소형화가 용이하지만 고속 회전이 어렵고 유지보수가 필요(브러시 마모)한 단점이 있다.

12. 이송거리가 1,100mm일 때 반송물을 5상 스테핑 모터(0.72°/스텝)를 사용하여 1초 동안 반송하고자 할 때 필요 펄스 수는 얼마인가? (단, 모터의 1회전 당 이동거리가 50[mm]로 한다.)

① 7,000　　② 8,000
③ 10,000　　④ 11,000

해설 필요 펄스 수 $= \dfrac{1,100}{50} \times \dfrac{360°}{0.72°} = 11,000(\text{Pulse})$

13. 다음 그림에서 $V_1 = 24[\text{V}]$일 때 $V_0[\text{V}]$의 값은?

① 3
② 6
③ 12
④ 24

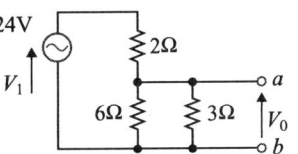

해설 병렬 부분의 저항

$R = \dfrac{6 \times 3}{6 + 3} = 2[\Omega]$

따라서 직렬회로의 전압은 저항에 비례하므로

$V_0 = 24 \times \dfrac{1}{2} = 12[\text{V}]$

14. 전자 회로 제작 과정에서 용어에 대한 설명으로 틀린 것은?
① 풋프린트(Footprint)란 회로도의 소자와 아트웍에서 다루는 PADS의 부품 라이브러리와 서로 매칭시켜 주는 과정
② DRC(Design Rule Check)란 회로 연결과 부품의 동작 시뮬레이션으로 연결성을 자동으로 체크하도록 한다.
③ Or cad이란 실제 PCB에 부품의 위치와 각 도선을 어떻게 연결하고 배치할 것인지를 설계하는 과정이다.
④ PADS 소프트웨어 툴을 사용하여 제작하고자 하는 회로의 크기를 정하고, 부품을 배치하며, 배선을 연결하는 과정으로 진행한다.

해설 Artwork이란
실제 PCB에 부품의 위치와 각 도선을 어떻게 연결하고 배치할 것인지를 설계하는 과정이다.

15. 소자의 연결에 대한 설명으로 옳은 것은?
① 두 개의 저항을 직렬연결하면 전체 저항은 감소한다.
② 두 개의 저항을 직렬연결하면 각 저항의 전압은 같다.
③ 두 개의 커패시터를 직렬연결하면 전체 용량은 감소한다.
④ 두 개의 인덕터를 직렬연결하면 전체 인덕턴스는 감소한다.

> **해설** • 두 개의 커패시터를 직렬연결하면 전체 용량은 감소한다.
> • 커패시터를 GND에 연결시켜주면 노이즈 성분인 AC가 GND를 통해 빠져나간다.

16. 검사용 지그에 대한 설명으로 틀린 것은?
① 전자, 전기 PCB 제품 및 부품 등의 조정 및 검사를 하기 위해 제작한다.
② PCB 회로의 검사를 사람의 손으로 작업이 이루어지므로 지그로 제작한다.
③ PCB의 전기 회로의 전기 전도 포인트 및 부품의 기능 여부를 확인해야 한다.
④ PCB 개발 및 제작이 정상적으로 수행되었는지 확인하는 작업에 지그가 필요하다.

> **해설** 검사용 지그는 PCB 회로의 검사를 사람의 손으로 하기에는 힘든 점이 있다.

17. 동일 측정자가 해당 측정 제품을 동일한 방법과 장치, 장소에서 동작을 하여 측정하였을 때 차이가 나는 정도를 시험하는 것은?
① 반복 정밀도 시험　　　　　　② 위치 정밀도 시험
③ 넘어짐 안정성 시험　　　　　④ 사용 환경 안정성 시험

> **해설** 반복 정밀도 시험 : 동일 측정자가 동일한 측정대상을 동일한 방법, 장치, 장소에서 측정하였을 때 차이 정도. 보통, 표준편차 또는 상대표준편차로 나타낸다.

18. 서로 만나는 2개의 평면 혹은 곡면에서 서로 만나는 모서리를 곡면으로 바꾸는 작업을 무엇이라고 하는가?
① Blending　　② Sweeping　　③ Remeshing　　④ Trimming

> **해설** Blending : 서로 만나는 2개의 평면 혹은 곡면에서 서로 만나는 모서리를 곡면으로 바꾸는 작업

19. 다음 설명에 해당하는 플라스틱 종류는?

> • 내열성과 내구성 우수(Engineering plastic)
> • 열 수축 현상이 심해 정밀한 제품 출력이 어려움
> • 개인용 프린터에서는 작업이 불가하여 산업용 프린터에서 사용 가능

① PC　　　　② ABS　　　　③ PVA　　　　④ HDPE

해설 PC(Polycarbonate)
① 융점 270~300℃, 유리 전이 온도 150℃
② 내열성과 내구성 우수(Engineering plastic)
③ 열 수축 현상이 심해 정밀한 제품 출력이 어려움(가열 챔버 필요)
④ 개인용 프린터에서는 작업이 불가하여 산업용 프린터에서 사용 가능

20. 충격 특성의 물성 관리를 위해 손쉽게 측정하는 방법은 무엇인가?
① 아이조드(Izod)
② 샤르피(Charpy)
③ 낙추(Falling weight or dart)
④ 인장(Tensile)

해설 물성 관리를 위해 손쉽게 측정하는 방법은 아이조드 충격강도 방법이 널리 이용된다.

제2과목 3D프린터 장치

21. 3D프린터 노즐에 대한 설명으로 틀린 것은?
① 노즐은 단면적 크기가 변화하면서 유체유속을 증가하게 하는 장치로 보통 파이프나 트뷰 형상이다.
② 노즐 팁의 길이가 길어지면 상대적으로 균일하지 않은 온도분포가 발생해서 온도제어가 쉽지 않다.
③ 노즐은 유체의 속도가 감소하며 압력이 증가하는 데 사용하는 장치로서 고속의 유체를 저속으로 바꾸면서 다양한 목적으로 사용된다.
④ 노즐 팁의 직경이 작을수록 정밀한 필라멘트를 토출할 수 있으나, 단위 면적을 가공하는 데 있어서는 상대적으로 성형시간이 길어진다.

해설 노즐은 유속뿐만 아니라 유체의 방향을 제어하거나 변경 혹은 유체의 압력을 제어할 때도 사용이 된다.

22. 액적(Droplet)을 생성하여 연속적인 부사에 의해 원하는 단면 형상을 제작하는 제팅 방식의 노즐 기술이 아닌 것은?
① 압전 제팅 방식
② 버블 제팅 방식
③ 열팽창 제팅 방식
④ 파우더 제팅 방식

해설 제팅 방식의 노즐 기술은 액적의 크기에 좌우되며 액적의 크기는 프린팅 장비의 해상도 및 치수 정밀도에 좌우된다.
종류 : ① 열팽창 제팅 방식, ② 압전 제팅 방식, ③ 버블 제팅 방식

23. 노즐의 치수 평가 방법에서 직접식 측정으로 맞는 것은?
① 간접식 측정은 직접 노즐을 측정하는 것이 아니라 액적 혹은 필라멘트를 측정하는 방식이다.
② 재료에 따라서 각기 다른 액적 및 필라멘트가 형성되기 때문에 재료를 동반할 경우에는 이 방식으로 노즐을 평가한다.
③ 이송속도 및 토출 속도에 따라서 다른 크기의 액적 및 필라멘트가 생성되기 때문에 많은 경우에 있어서 노즐을 평가한다.
④ FDM 및 DP 방식의 노즐팁의 외경 및 길이를 측정하는 방법은 버니어 캘리퍼스, 마이크로미터 등을 통해서 측정할 수 있다.

해설 직접식 측정
① FDM 및 DP 방식의 노즐팁의 외경 및 길이를 측정하는 방법은 버니어 캘리퍼스, 마이크로미터 등으로 직접 접촉을 통해서 측정할 수 있다.
② 노즐 팁의 외경의 경우에는 광학식으로 측정할 수 있으며 현미경, 주사현미경(Scanning electron microscopy) 등을 이용하여 수행할 수 있다.
③ 제팅 방식의 오리피스는 접촉을 통한 측정이 힘들기 때문에 광학식으로 측정할 수 있다.

24. 렌즈의 이론에서 피사체와 렌즈의 거리를 a, 렌즈와 상의 거리를 b, 렌즈의 초점거리를 f라 하면 렌즈의 법칙으로 맞는 것은?
① $\dfrac{1}{a} + \dfrac{1}{b} = \dfrac{1}{f}$
② $\dfrac{1}{a} - \dfrac{1}{b} = \dfrac{1}{f}$
③ $\dfrac{1}{a} \times \dfrac{1}{b} = \dfrac{1}{f}$
④ $\dfrac{1}{a} \div \dfrac{1}{b} = \dfrac{1}{f}$

25. 주사 방식에서 광조형 공정에 대한 설명으로 틀린 것은?
① 광조형 공정에서 사용하는 재료는 주로 자외선 영역에서 반응을 하는 광 개시제를 포함하고 있다.
② 광 개시제는 적합한 파장대의 광에 노출이 되면 매우 불안정한 상태인 라디칼(Radical)들이 생성되고 이 라디칼들은 단량체(Monomer)의 약한 부분(주로 탄소 이중 결합)을 결합을 끊어 스스로가 단량체와 결합을 하게 된다.
③ 결합된 단량체는 또다시 라디칼 상태가 되어서 주변의 단량체들의 이중 결합을 끊으면서 결합을 연속적 반응으로 최종적으로 폴리머가 생성된다.
④ 주로 광 개시제의 파장대는 넓은 영역이며 레이저는 그 특성상 장파장이며 레이저의 파장대가 광 개시제의 파장대 영역에 포함되어야 한다.

해설 　광조형 공정
① 주로 광 개시제의 파장대는 넓은 영역이며 레이저는 그 특성상 단파장이며 레이저의 파장대가 광 개시제의 파장대 영역에 포함되어야 한다.
② 레이저의 파워가 높을수록 고속 주사가 가능하다.
③ 자외선 레이저의 파장대는 가시광보다 짧으며, 적외선 레이저의 파장대는 가시광보다 길다.

26. 광학계 빌드 사이즈에 대한 설명으로 틀린 것은?
① 광학계 설계에 직접적인 영향을 미치며, 이는 위의 초점 렌즈의 사용 이유처럼 전 영역에서 레이저의 초점이 형성되게 하기 위함이다.
② 레이저 빔은 입사각에 따라서 원래의 타원형 단면에서 원형 단면으로 바뀌게 된다.
③ 레이저 빔의 모양은 재료 표면에 입사하는 각도에 따라서 변형된다.
④ 레이저 빔의 모양 또한 특수 광학계로 어느 정도 일정하게 유지할 수 있다.

해설 　레이저 빔은 입사각에 따라서 원래의 원형 단면에서 타원형 단면으로 바뀌게 된다.

27. 주사 방식 공정으로 볼 수 없는 것은?
① 레이저 빔 초점의 크기
② 레이저 빔의 모양
③ 레이저 빔의 파워
④ 광 패턴 파워

해설 　주사 방식 공정
① 레이저 빔 초점의 크기
② 레이저 빔의 모양
③ 레이저 빔의 파워
④ 주사 장치의 정밀도
⑤ 주사 장치의 속도

28. 광학계 평가 방법에서 전사 방식 공정으로 맞는 것은?
① 광 패턴의 정밀도
② 레이저 빔의 직경, 모양, 파워
③ 주사 장치의 정밀도
④ 주사 장치의 속도

해설 　주사 방식 공정
② 레이저 빔의 직경, 모양, 파워
③ 주사 장치의 정밀도
④ 주사 장치의 속도

29. 하이브리드형 노즐 타입의 작동 원리에 대한 설명으로 틀린 것은?
① 금속 분말이 가공면 표면에 크랙이 없이 용융되나 일부 기포가 발생한다.
② 금속 분말이 가공면 표면과 같이 용융되면서 응고하기 때문에 매우 강력하게 접합이 된다.
③ 금속 용융 주변으로 가스가 분사되어서 소재의 산화를 방지한다.
④ 용융, 적층된 금속이 냉각되면 밀링으로 표면 가공을 한다.

해설 금속 분말이 가공면 표면에 기포나 크랙이 없이 용융된다.

30. 하이브리드 기법의 노즐 타입의 특징으로 볼 수 없는 것은?
① 파우더 베드 기법 대비 2배로 증착 속도가 빠르다.
② 한 작업 공간에서 모든 공정이 완료된다.
③ 벽두께 0.1mm ~ 5mm 이내 가능하다.
④ 지지대 없이 3D 형상 증착이 가능하다.
⑤ 한 장비에서 밀링과 레이저 작업의 용이하게 전환이 가능하다.

해설 파우더 베드 기법 대비 10배 정도로 증착 속도가 빠르다.

31. 하이브리드 3D프린터의 빌드 장치 설계 시 설계 규격서에 포함될 항목으로 가장 거리가 먼 것은?
① 이송 거리   ② 최대 토크
③ 예상 수명시간   ④ 최대 가공 속도

해설 툴 체인지 속도

32. 아래 그림에서 정밀도와 반복 정밀도에 대한 설명으로 맞는 것은?

① 정밀도 높음, 반복 정밀도 높음
② 정밀도 낮음, 반복 정밀도 높음
③ 정밀도 높음, 반복 정밀도 낮음
④ 정밀도 낮음, 반복 정밀도 낮음

해설

정밀도 낮음
반복 정밀도 낮음

정밀도 낮음
반복 정밀도 높음

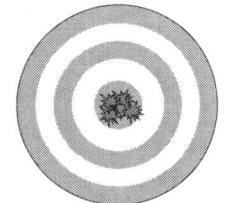
정밀도 높음
반복 정밀도 높음

33. 폐루프 제어(Closed loop control) 방식으로 위치 피드백이 가능한 모터는?
① 서보모터　　　　　　　　② BLDC 모터
③ 스테핑 모터　　　　　　　④ 리니어 펄스 모터

해설　서보모터는 폐루프 제어(Closed loop control) 방식으로 위치 피드백을 통하여 정밀한 위치, 속도, 가속도 제어가 가능하다.

34. 3D프린터에서 제어부가 서보부에 보내는 신호의 체계는?
① 저항　　　　　　　　　　② 전압
③ 주파수　　　　　　　　　④ 펄스

해설　CNC 서보기구에 지령은 정보처리 회로에서 전기펄스 신호를 발생시켜 지령한다. 이를 지령 펄스라 한다.

35. 엔코더(Encoder)의 위치 검출 방식에 따른 종류가 아닌 것은?
① 전기식　　　　　　　　　② 광학식
③ 자기식　　　　　　　　　④ 정전 용량식

해설　엔코더는 이송 장치의 위치를 인식하기 위하여 사용되며 위치 검출 방식에 따라서 기계식(Mechanical), 광학식(Optical), 자기식(Magnetic), 정전 용량식(Capacitive) 등이 있다.

36. 이송 분해능(Resolution)에 대한 설명으로 틀린 것은?
① 이송 분해능과 같이 중요한 성능이 이송 정밀도와 반복 정밀도이다.
② 이송 분해능은 이송 장비에 있어 매우 중요한 성능에 해당한다.
③ 분해능이 낮을수록 고가이며, 정밀 이송을 할 수 있다.
④ 이송 장치는 분해능만큼의 입력 신호를 줄 수 있다.

해설　분해능이 높을수록 고가이며, 정밀 이송을 할 수 있다.

37. FDM 방식 3D프린터에 사용한 소재를 재사용하기 위해 필요한 핵심 장치를 모두 고른 것은?

a. 필라멘트 압출기
b. 필라멘트 수집 장치
c. 진공 펌프 및 집진 장치
d. 교반장치 및 필터

① a, b　　　② a, d　　　③ b, c　　　④ c, d

해설 FDM 방식 핵심 장치는 필라멘트 압출기, 필라멘트 수집 장치이다.

38. SLA 방식 3D프린터에서 소재의 재사용에 대한 설명으로 틀린 것은?

① 일반적으로 가공 시 경화되지 않은 재료는 특별한 절차 없이 재사용이 가능하다.
② 이미 사용하여 경화된 재료도 액화시켜 다시 사용 가능하다.
③ 점도가 상승된 경우에는 새로운 수지를 혼합하여 활용이 가능하다.
④ 수지가 오랜 시간 외부 공기와 빛에 노출될 경우 서서히 경화되므로 보관상 주의하여 사용한다.

해설 재료 자체가 경화성이기 때문에 한 번 제작된 형상은 다시 액상으로 전환이 되지 않고, 사용한 재료는 재활용이 불가능하다.

39. 다음 측정방식에서 사용되는 변위 센서는?

- 송신부와 수신부의 위치는 동일하다.
- 다른 센서와는 달리 피측정물의 재질과 관계없이 사용할 수 있으며, 3D프린터에서도 측정 거리와 상관없이 사용이 가능하다.
- 측정 방식상 정밀한 측정이 불가능하여 고정밀을 요구하는 3D프린터에서는 사용이 부적합하다.

① 광학식 변위 센서　　　② 초음파 변위 센서
③ 인덕턴스 변위 센서　　④ 정전 용량형 변위 센서

40. 수평 인식 방법에 대한 설명으로 틀린 것은?

① SLA, FDM, 제팅 방식 등의 3D프린터에서 조형물은 조형 받침대에 부착이 되어 제작된다.
② 가공 시작 전에 이러한 조형 받침대의 수평을 맞춤으로써 가공 중에 발생할 수 있는 가공 오류를 미리 제거할 수 있다.
③ 수평을 맞추는 방법은 주로 조형 받침대 위의 여러 위치에서 미리 장착된 센서에서 읽힌 거리값을 이용하는 것으로 수평을 맞추고자 하는 평면에 존재하는 최소 세 위

치에서 거리를 측정하여 그 오차값으로 수평 여부를 판단한다.
④ 비접촉식은 측정 프로브(Probe)가 피측정물과의 접촉 시에 발생하는 변화를 감지하는 센서를 이용하거나 직접눈금을 읽는 방식이다.

해설 ① 접촉식은 측정 프로브(Probe)가 피측정물과의 접촉 시에 발생하는 변화를 감지하는 센서를 이용하거나 직접 눈금을 읽는 방식이다.
② 비접촉식은 물리적인 접촉 없이 센서와 피측정물 사이의 다양한 전자기 신호 혹은 음파 신호의 변화를 감지함으로써 거리를 측정할 수 있는 방식이다.

제3과목 3D프린터 프로그램

41. 외형 형상 컨투어(Contour)와 잠열의 배분 등 복합적인 최적화 알고리즘이 필요한 3D 프린터 제어 프로세서 과정은?
① 3D CAD model
② 슬라이싱 파일 생성
③ 툴패스 생성
④ 제어 코드 생성

해설 툴패스 생성
외형 형상 컨투어(Contour)와 잠열의 배분 등 복합적인 최적화 알고리즘이 필요한 과정이다.

42. 노즐 및 프린팅 베드의 가열 및 노즐 축의 원점 확인 등 여러 가지 초기화 동작들이 수행되게 되는 3D프린터 제어 프로세서 과정은?
① 제어 코드 전송
② 제어 코드 저장 및 시스템 초기화
③ 제어 코드 명령어 수행
④ 제어 코드 생성

해설 제어 코드 저장 및 시스템 초기화
시스템 초기화를 통해 구동부 및 모든 시스템 자원들의 상태를 점검하고, 프로그램을 수행할 수 있는 환경을 셋업한다. 이러한 과정에는 노즐 및 프린팅 베드의 가열 및 노즐 축의 원점 확인 등 여러 가지 초기화 동작들이 수행되게 된다.

43. 제어 컨트롤 보드는 명령어를 수행하여 프린팅을 주관하는 명령자의 역할을 수행하는 하드웨어 부분으로 명령에 따라 직접적인 프린팅을 수행하는 수행자의 역할을 하는 부분은?
① 메인 컨트롤러
② 데이터 통신
③ 모션 하드웨어
④ 마이크로프로세서

> **해설** 제어 컨트롤 보드는 명령어를 수행하여 프린팅을 주관하는 명령자의 역할을 수행하는 하드웨어 부분으로 명령에 따라 직접적인 프린팅을 수행하는 수행자의 역할을 하는 부분이 모션 하드웨어 부분이다.

44. 개루프 위치 제어에 대한 설명으로 틀린 것은?
① 센서를 통해 현재 위치값을 읽어 들이고 모터에 전기 신호를 입력하여 목표 지점까지 이동하도록 매번 체크하면서 제어하는 방식이다.
② 물리적인 의미로는 센서를 사용하지 않고 모터를 전기적 신호만 입력하여 위치를 제어한다는 뜻이다.
③ 시스템 제어의 입장에서는 가장 간단한 방법이지만 모터의 내부 관성이 있기 때문에 일반적인 모터로는 이러한 제어를 구현하기 힘들다.
④ 개루프 제어를 구현할 수 있는 모터는 스테핑 모터(Stepper motor)이며 현재 저가의 3D프린터에서 대부분 사용하고 있다.

> **해설** 폐루프 위치 제어는 센서를 통해 현재 위치값을 읽어 들이고 모터에 전기 신호를 입력하여 목표 지점까지 이동하도록 매번 체크하면서 제어하는 방식이다.

45. 항상 현재 위치값을 출력하며 각도의 증감을 발생하여 매번 새롭게 출력값을 저장하여 새롭게 0점 조정을 하는 엔코더는?
① 앱솔루트 엔코더
② 인크리멘탈 엔코더
③ 옵티컬엔코더
④ 리니어엔코더

> **해설** 앱솔루트 엔코더(Absolute encoder) : 항상 현재 위치값을 출력하며 각도의 증감을 발생하여 매번 새롭게 출력값을 저장하여 새롭게 0점 조정을 하며 특징은 다음과 같다.
> ① 속도와 이동량을 검출한다.
> ② 1회전 내의 각도 데이터를 검출한다.
> ③ 원점에서의 이동량은 검출한다.
> ④ 정전 후의 원점복귀가 불필요하다.
> ⑤ 구조가 비교적 복잡하다.
> ⑥ 비교적 고가이다.

46. 3D프린터의 제어 보드에 탑재되어 모든 것을 제어하는 소프트웨어는?
① Firmware
② Host software
③ Repetier-Host
④ Slic3r

> **해설** ① 펌웨어란 전자기기 등의 기본적인 제어 및 구동을 맡고 있는 프로그램을 총칭이며 특정 하드웨어 장치에 포함된 소프트웨어로, 코드를 읽어 실행하거나, 수정되는 것도 가능한 장치를 뜻한다.
> ② 펌웨어는 3D프린터의 제어 보드에 탑재되어 모든 것을 제어하는 소프트웨어이다.

47. 양 디바이스 간의 송수신이 동시에 가능한 통신 방식으로 접속된 두 장치 간에 데이터가 동시에 양방향으로 흐를 수 있도록 하는 데이터 통신 전송모드 방식은?
① 단방향
② 반이중
③ 전이중
④ 다방향

해설 ① 단방향 : 데이터 전송로에서 한방향으로만 데이터가 흐르도록 하는 통신 방식으로 원격 측정기(Telemeter)같은 것이 있다.
② 반이중 : 양 디바이스 간의 양방향 송수신이 가능하지만, 같은 시간에 두 디바이스 간 동시에 데이터 전송할 수 없고, 한 번에 하나의 전송만 이루어지는 통신 방식이다.
③ 전이중 : 양 디바이스 간의 송수신이 동시에 가능한 통신 방식으로 접속된 두 장치 간에 데이터가 동시에 양방향으로 흐를 수 있도록 하는 방식이다.

48. 시리얼 통신(RS-232C)에 대한 설명으로 틀린 것은?
① 직렬 통신은 하나 또는 두 개의 전송 라인을 사용하여 데이터를 송수신하는 통신 방법으로, 한 번에 한 비트씩 데이터를 지속적으로 주고받는다.
② 적은 신호선으로 연결이 가능하기 때문에 선재와 중계 장치의 비용이 억제되는 등의 장점이 있다.
③ RS232C 통신은 15m 이상 장거리에서 가장 많이 사용되는 통신 방식이다.
④ 신호선과 커넥터의 목적과 타이밍으로 정의한다(D-sub 25 핀 또는 D-sub 9 핀). 현재 표준은 신호선을 추가하여 개정되었으며, 정식으로 "ANSI / EIA-232-E"라고 하다가 지금은 "RS-232C"라고 한다.

해설 RS232C 통신은 15m 이내 단거리에서 가장 많이 사용되는 통신 방식이며, 3D프린터의 컨트롤 보드에서 많이 사용되는 Atmel 계열의 프로세서에서는 UART라는 파트에서 통신을 지원한다.

49. A/D 포트 동작 원리에 대한 설명으로 틀린 것은?
① 연속적인 신호인 아날로그 신호를 디지털 장치인 MCU에서 처리하기 위해서는 부호화된 디지털 신호로 변환시켜야 하며, 이를 A/D 변환(AD converter)이라고 한다.
② 온도, 압력, 음성, 영상 신호, 전압 등 연속적으로 측정되는 자연계에서의 수치를 전압의 세기로 변환시켜 기준 전압에 의해 일정 범위의 디지털 값으로 변경한 수치를 입력받는 포트가 A/D포트이다.
③ ADC와 반대로 마이크로프로세서 내부에서 처리된 값으로 액추에이터(Actuator)를 동작시킬 때 디지털 신호를 아날로그 신호로 변환시키는 것은 A/D 변환이라고 한다.
④ A/D 변환 과정은 아날로그 입력을 받아서 샘플링(Sampling)한 뒤, 양자화(Quantization)를 시킨 후 부호화의 과정을 거친다.

해설 ADC와 반대로 마이크로프로세서 내부에서 처리된 값으로 액추에이터(Actuator)를 동작시킬 때 디지털 신호를 아날로그 신호로 변환시키는 것은 D/A 변환이라고 한다.

50. 기계적 신호 처리가 용이한 디지털 코드 형태로 변환하는 과정을 무엇이라 하는가?

① Analog Signal　　② Sampling
③ Quantization　　④ Coding

> **해설**　① 샘플링(Sampling) : 시간축 방향에서 일정 간격으로 샘플 추출하여 이산신호로 변환시키는 과정
> ② 양자화(Quantization) : 샘플된 진폭치를 특정 대푯값으로 바꾸는 과정
> ③ 부호화(Coding) : 신호처리가 용이한 디지털 코드(Bimary Code) 형태로 변환하는 과정(비트 할당)

51. PWM 포트 동작 원리에 대한 설명으로 틀린 것은?

① PWM(Pulse Width Modulation)은 펄스 폭 변조를 발생시켜 디지털 출력으로 0과 1 출력을 아날로그인 것처럼 출력할 수 있다.
② A/D 포트의 반대의 역할인 D/A 컨버터를 대체하는 기능이다.
③ PWM 포트는 3D프린터의 경우 프린터에 있는 AC 모터를 속도 제어할 때 사용된다.
④ PWM은 디지털 신호 HIGH와 LOW 상태의 지속 시간을 변화시켜 전압을 변환한다.

> **해설**　PWM 포트는 3D프린터의 경우 프린터에 있는 DC 모터를 속도 제어할 때 사용되어 진다.

52. 온도 센서에 대한 설명으로 틀린 것은?

① FDM 방식 3D프린터의 경우 필라멘트를 열을 이용하여 녹이기 때문에 온도가 매우 중요하다.
② 베드의 온도도 필라멘트의 재료에 따라서 조절이 필요하므로 온도 센서는 없어서는 안 될 장치이다.
③ 접촉식은 온도 측정점의 열방사를 통해 센서가 온도를 인식하여 온도가 측정된다.
④ 온도 센서는 접촉식과 비접촉식으로 나뉜다.

> **해설**　① 접촉식은 온도 측정점의 열전도를 통해 센서가 온도를 인식하여 온도가 측정된다.
> ② 비접촉식은 온도 측정점의 열방사를 통해 센서가 온도를 인식하게 된다.

53. G코드는 한 문장은 얼마 Char 이내의 길이로 한정되어 있는가?

① 125　　② 156
③ 256　　④ 325

> **해설**　한 문장은 256Char 이내의 길이로 한정되어 있고, 끝에는 Enter와 같은 Carriage return등으로 각 문장을 구분하며, 한 문장이 하나의 단일 명령을 뜻하게 된다.

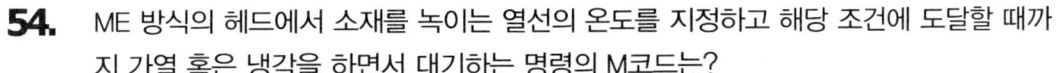

54. ME 방식의 헤드에서 소재를 녹이는 열선의 온도를 지정하고 해당 조건에 도달할 때까지 가열 혹은 냉각을 하면서 대기하는 명령의 M코드는?
① M109
② M73
③ M135
④ M190

해설 ② M73 : 장치의 제작 진행률 표시 창에 현재까지 제작이 진행된 정도를 백분율로 표시한다.
③ M135 : 헤드의 온도 조작을 위한 PID제어의 온도 측정 및 출력 값 설정 시간간격을 지정하는 명령으로 'S' 어드레로 밀리 초 단위의 시간 값을 줄 수 있다.
④ M190 : 조형을 하는 플랫폼을 가열하는 기능이다. 동일 블록에 'S' 어드레스를 이용하여 가열 최소 온도를 지정하거나, 'R' 어드레스를 이용하여 피드백 제어에 의하여 정확한 온도가 유지되도록 설정할 수 있다.

55. 다음 시리얼 통신방식에서 하프 듀플렉스(Half-Duplex) 방식의 특징으로 틀린 것은?
① 반이중 통신이라고도 불린다.
② 신호를 양방향으로 전송할 수 있으나 동시에 양방향으로 통신이 되지 않는다.
③ 무전기의 경우처럼 한쪽이 송신하는 동안에 다른 한쪽에선 송신과 수신이 가능하다.
④ 시리얼 통신에서는 하프 듀플렉스를 사용하여 통신을 한다.

해설 무전기의 경우처럼 한쪽이 송신하는 동안에 다른 한쪽에선 송신이 불가능하고 수신만 가능하다.

56. 고급 언어(High level language)에 대한 설명으로 틀린 것은?
① 기호를 사용하면서 효율성을 높고 작업하기 편리한 언어이다.
② 연산들은 컴퓨터의 명령어 집합보다는 수준이 높다.
③ 하나의 명령어가 복수의 기계어로 바뀐다.
④ 프로그램을 손쉽게 작성할 수 있다.

해설 기호를 사용하지 않고 효율성을 높이며 작업하기 편리한 언어가 필요했기에 개발한 것이 고급 언어이다.

57. C 언어의 특징으로 볼 수 없는 것은?
① 간결하다.
② 효율적이다
③ 이식성(Portability)이 우수하다.
④ 고수준의 프로그래밍 언어이다.

해설 저수준의 프로그래밍뿐만 아니라 고수준의 프로그래밍도 가능하다.

58. 델파이(Delphi)에 대한 설명으로 틀린 것은?

① 오브젝트 파스칼 언어의 기능을 향상시킨 언어로서 비주얼 베이직 통합 개발 환경과 비슷하지만 더 좋지 않다.
② 델파이는 VCL이라고 정의하며 객체 지향적 구조를 사용한다.
③ 흔히 그래픽에 의한 처리(GUI)라고도 말하며, 화면에서 움직이는 프로그램 요소가 그래픽으로 처리되므로 사용자가 쉽게 운영 체제를 익힐 수 있다.
④ 델파이는 GUI를 중점적으로 컴파일러 반영한 도구라고 할 수 있다.

해설 ① 오브젝트 파스칼 언어의 기능을 향상시킨 언어로서 비주얼 베이직 통합 개발 환경과 비슷하지만 더 좋은 환경을 제공한다.
② 처음 델파이를 설치한 후 개발 환경을 살펴보면 비주얼 툴처럼 보이지만 컴파일러다.
③ 델파이로 코딩하는 과정에서 프로그램이 작동하지 않더라도 델파이는 완성 후의 모습을 미리 보기가 가능하다.
④ 설계 시의 프로그램이 작동하는 것이 아니라 내부적으로 작동하고 있기에 프로그램의 수정 방법을 제공한다.

59. 다음 설명에 해당하는 코드는?

- 기계를 제어 및 조정해주는 코드
- 보조기능의 코드
- 프로그램을 제어하거나 기계의 보조 장치들을 ON/OFF해주는 역할

① G코드 ② M코드
③ C코드 ④ QR코드

해설
- M코드 : 보조 기능
- G코드 : 준비 기능

60. MJM에서 적합한 재료로서 0.025~0.05mm의 우수한 정밀도가 큰 장점이지만 강도가 약한 것이 단점인 3D프린터 플라스틱 소재는?

① ABS ② ABS Like
③ PLA ④ 아크릴

해설 아크릴 : MJM에서 적합한 재료로서, 0.025~0.05mm의 우수한 정밀도가 큰 장점이지만 강도가 약한 것이 단점이다.

제4과목 3D프린터 교정 및 유지보수

61. 재료 압출형(ME) 익스트루더에 대한 설명으로 틀린 것은?
① 익스트루더(Extruder)는 유압장치(Cool end) 쪽에서 유입된 필라멘트를 이송하여 핫엔드(Hot end)에서 용융시킨 후 압출(Extrusion)시켜 노즐을 통해 프린팅하는 장치이다.
② 통상적으로 개인용 3D프린터용으로 판매되는 필라멘트(PLA, ABS)는 직경 1.75mm의 제품이 널리 사용된다.
③ 익스투르더의 노즐 직경은 0.4mm의 제품이 널리 사용되며 출력에 영향을 미치는 요인은 여러 가지가 있으나, 그중 가장 핵심적인 역할을 한다.
④ 필라멘트 공급 장치인 핫엔드(Hot end)와 필라멘트 용융 사출 장치인 공급장치(Cold end) 방식이 있다.

> **해설** 필라멘트 공급 장치인 콜드엔드(Cold end)와 필라멘트 용융 사출 장치인 핫엔드(Hot end) 방식이 있다.

62. 직결식 익스트루더에 대한 설명으로 틀린 것은?
① 공급이 안정적이고 가벼운 콜드엔드를 같이 움직이므로 출력속도가 빠르다.
② 콜드엔드와 핫엔드 사이의 간격이 짧고, 필라멘트 교체가 매우 쉽고 다루기 편한 장점이 있다.
③ 콜드엔드가 핫엔드와 결합되어 있는 형태 때문에 이송 구조가 서로 튼튼하게 결합되어야 한다.
④ 헤드와 필라멘트 공급 장치가 결합된 채로 움직이는 방식이다.

> **해설 직결식 익스트루더**
> ① 전체적인 프린터 헤드의 구조가 비대해지면 플랫폼에 따라서 원활한 사용이 어려운 경우도 있고, 출력 크기에도 영향을 주고 헤드의 무게가 증가한다.
> ② 무거운 헤드를 고속으로 움직이게 되면 방향을 전환할 때마다 관성에 의해 반동(Backlash)이 크게 발생하는데, 이를 해결하기 위해서는 프린터 자체의 무게를 무겁게 하고 헤드의 이송속도와 가속도를 낮춰야 한다.
> ③ 공급이 안정적이어서 다루기 쉬운 대신, 무거운 콜드엔드를 같이 움직여야 하므로 출력속도가 느리다.

63. 익스투르더 모터는 회전하나 필라멘트가 공급되지 않는 경우가 아닌 것은?
① 필라멘트에 걸리는 장력이 부족한 경우 발생한다.
② 모터에 인가되는 전류를 증가시켜 토크를 증가시킨다.
③ 해당 부위의 체결을 강화하여 장력을 증가시켜 준다.
④ 주로 익스트루더 쿨엔드 부위의 조립이 헐겁게 되었을 때 발생한다.

> **해설** 모터에 인가되는 전류를 증가시켜 토크를 증가시키는 경우는 익스투르더 모터가 회전하지 않는 경우에 취하는 개선 방안이다.

64. 3D프린터에서 전기 및 소프트웨어적 문제점 및 개선 방안으로 틀린 것은?
① CPU 보드의 드라이버가 미설치되었거나 설치에 오류가 있는 경우에 드라이버를 재설치하여 해결할 수 있다.
② 보드에 아예 반응이 없는 경우는 보드 자체에 손상이 있을 가능성도 있으므로 보드를 교체해 주어야 한다.
③ 보드의 냉각 팬이 돌지 않는 경우는 Software의 설정을 확인하여 수정해 준다.
④ 충분한 시간이 지나도 프린팅이 시작되지 않는 경우 노즐 및 베드부의 가열부(히터)에 문제가 있거나 온도 센서에 문제가 있을 가능성이 높으므로 해당 부품을 점검하여 개선해야 한다.

> **해설** 보드의 냉각 팬이 돌지 않는 경우는 전원부에 문제가 있는지 점검해 본다.

65. 출력물 불량 발생 시 개선 방법에 대한 설명으로 틀린 것은?
① 출력물에 잔류 응력(Residual stress)이 발생되어 출력물이 휘게 된다. 이는 출력물의 형상 정밀도 저하를 초래하고 출력오류와 노즐 손상까지도 발생할 수 있어 개발 시 유의해야 한다.
② 수축에 의한 휨 불량은 재료의 출력 온도가 낮을수록 더욱 심해지는데, 일반적으로 기계적 강도가 낮은 재료일수록 출력 온도가 낮아야 하므로 유의해야 한다.
③ 출력물 수축은 소재의 경우 PLA 〈 ABS, 출력물의 경우 크기가 커질수록 많이 발생한다.
④ ABC보다 용융온도가 높은 PC, PA 재료를 출력하기 위해서 챔버를 사용하여 챔버 내부의 온도를 일정 온도 이상으로 제어해 주는 기능이 추가적으로 필요하다.

> **해설** 수축에 의한 휨 불량은 재료의 출력 온도가 높을수록 더욱 심해지는데, 일반적으로 기계적 강도가 높은 재료일수록 출력 온도가 높아야 하므로 유의해야 한다.

66. 출력물의 불량 발생 시 3D프린터 베드 수평도 개선 방법 방법으로 틀린 것은?
① 베드의 수평도는 출력물의 품질에 영향을 크게 작용한다.
② 베드의 수평도를 개선하는 방법으로 베드의 자동 유지기능 적용 시 다양한 위치에서의 노즐-베드 간 간격을 측정하여 보정(Calibration)해주는 작업이 필요하다.
③ 자동 조절 기능이 없는 프린터의 경우 적절한 교육 혹은 매뉴얼 제공을 통해 오류의 발생 가능성을 최소화해야 한다.
④ 영점 조정이 잘 되어있다면 수평도가 약간 맞지 않더라도 레이어 출력에 크게 영향에 미치지 않는다.

해설 영점 조정이 잘 되었더라도 수평도가 맞지 않으면 레이어 출력이 고르지 않아 출력물이 베드에서 이탈되는 경우가 발생하므로 유의해야 한다.

67. 3D프린터 성능 검사항목으로 볼 수 없는 것은?
① 출력물이 바닥에 잘 붙지 않는 경우
② 필라멘트 토출에 문제가 발생하는 경우
③ 익스트루더의 장력이 부족할 경우
④ 스텝 모터의 공진 현상이 발생할 경우

해설 ④ 구조물 사이에 잔여물이 발생할 경우

68. 3D프린터의 신뢰성 시험이 필요한 이유는?
① 제품의 기능이 날로 단순해진다.
② 인증서를 요구하는 기관이 많아지고 있다.
③ 예상되는 불량을 조기에 검출할 필요는 없다.
④ 새로운 소재가 출현하고 기술 개발 속도가 빨리짐에 따라 기존의 품질 관리 기법으로는 제품의 품질을 보장하는 데 한계가 있다.

해설 신뢰성 시험의 필요성
① 제품의 기능이 날로 다양해지고 복잡해져 사용 과정에서 고장이 발생할 가능성이 높아짐(초기 품질은 우수하나 내구성이 저하되는 경우가 많음)
② 예상되는 불량은 조기에 검출하여 초기 고장 기간부터 마모 고장 단계까지 시장 불량률의 감소를 꾀하기 위하여 신뢰성 시험이 요구됨
③ 새로운 소재가 출현하고 기술 개발 속도가 빨라짐에 따라 기존의 품질 관리 기법으로는 제품의 품질을 보장하는 데 한계가 있음

Part 5 부 록

69. 신뢰성 시험 종류에서 시험 기간을 단축하기 위하여 기준 조건보다 가혹한 스트레스를 인가하는 시험은?

① 가속 시험
② 정상 시험
③ 정형 시험
④ 비정형 시험

해설 ① 가속 시험 : 시험 기간을 단축하기 위하여 기준 조건보다 가혹한 스트레스를 인가하는 시험
② 정상 시험 : 실 사용 조건에서 인가되는 스트레스에서 수행되는 시험
③ 정형 시험 : IEC, ISO, KS 등에 규정된 표준화된 시험
④ 비정형 시험 : 신규성이 높고 고장 메커니즘이 불분명하며, 필드 정보가 충분하지 않은 시험

70. 다음 설명에 해당하는 고장 형태는?

> 시험 조건 및 운용상 발생될 수 없는 외부 조건에 기인한 것이라고 판단되는 고장으로서 시험 대상의 성능에 직접적으로 영향을 주지 않는 고장이다.

① 간헐 고장
② 무관 고장
③ 유관 고장
④ 중복 고장

해설 ① 간헐 고장 : 짧은 기간 동안 일부의 기능이 상실되었다가 즉시 정상 복구되는 고장
② 무관 고장 : 시험 조건 및 운용상 발생될 수 없는 외부 조건에 기인한 것이라고 판단되는 고장으로서 시험 대상의 성능에 직접적으로 영향을 주지 않는 고장
③ 유관 고장 : 결정된 시험 조건과 환경 조건상 발생할 수 있는 외부 조건에 기인한 시험 대상의 성능에 직접 영향을 주는 주 관심 고장
④ 중복 고장 : 2개 이상의 고장이 독립적으로 동시에 발생하는 것

71. 설계의 불완전이나 잠재적인 결함을 찾아내기 위해 구성 요소의 고장 모드와 그 상위 아이템에 미치는 영향을 해석하는 기법은?

① 체크리스트의 활용
② QFD의 활용
③ FMEA의 활용
④ Pareto Chart의 활용

해설 FMEA(Failure Mode Effective Anaysis)의 활용
설계의 불완전이나 잠재적이 결함을 찾아내기 위해 구성 요소의 고장 모드와 그 상위 아이템에 미치는 영향을 해석하는 기법이다.

72. 다음 설명으로 ( ) 들어갈 내용은?

> 최근 전기 · 전자 산업의 발달로 인한 신제품 보급 증가, 기업에 대한 규제 완화 필요성 등의 주변 환경 변화를 고려하여 위해 수준에 따라 안전 관리 절차를 차등 적용하기 위해 ( )를 도입하여 2009년 1월 1일부터 시행한다.

① 전기용품 안전인증제도
② 전기용품 안전확인제도
③ 전기용품 및 생활용품 안전관리법
④ 전기안전 및 품질인증제도

73. 다음 로고가 의미하는 것은?
① 유럽공동체 안전인증
② 미국 연방정부 안전기준
③ 중국 안전 및 품질인증
④ 일본 전기용품 안전인증기준

74. 3D프린터의 내전압 시험 수행 시 유의 사항으로 틀린 것은?
① 테스트가 완전히 끝나면 고전압 출력을 정지시킨다.
② 테스트를 시작하기 전에 장비와 결선 등의 설치 상태를 확인하고 케이블의 피복상태를 검사한다.
③ 테스트 중에는 피측정체나 연결 부위, 고전압 프로브의 금속 부분을 상시 확인하여야 하며, 프로브를 잡을 때에는 전원이 연결된 부분만 잡는다.
④ 고전압이 Off되었다는 것을 확인하기 전에는 피측정체에 어떠한 결선이라도 해서는 안 되며, 피측정체에 어떠한 결선이라도 해서는 안 되며, 피측정체에 테스트 케이블을 연결할 때에는 항상 접지(-) 클립을 먼저 연결한다.

> **해설** 내전압 시험순서 및 주의사항
> ① 내전압기에 전원을 인가하기 전에 전압 조절기를 최소위치에 놓는다.
> ② 타임 스위치를 60초에 맞추어 놓는다.
> ③ 차단전류 스위치를 10mA 위치에 놓는다.
> ④ 리드선을 측정 부위에 정확하게 연결한다.
> ⑤ 전원 스위치를 켠다.
> ⑥ 초기에 규정치 반 이하의 시험전압을 가하고, 이어서 10초에 걸쳐서 점차 규정치까지 상승시킨다.
> ⑦ 타임 스위치를 켜고 그 값을 1분 동안 유지한다.
> ⑧ 측정이 끝나면 전압조절기를 최소 위치에 놓는다.
> ⑨ 내전압기의 전원 스위치를 끈다.
> ⑩ 타임 스위치를 끈다.
> ⑪ 측정 리드선을 분리한다.

75. 공급자 적합성 확인 후 비치 서류가 아닌 것은?
① 제품 설명서
② 시험 결과서
③ 공급자 적합성 확인서
④ 부품 사양서

해설 공급자 적합성 확인 후 비치 서류
① 제품 설명서
② 시험 결과서
③ 공급자 적합성 확인서

76. 기기나 회로 간을 연결하는 신호선이나 제어선, 전원선 등이 본래 전송해야 할 신호들과 달리 이들 도선을 통해 잡음이 피해 측에 유도되는 잡음은?
① 방사 잡음
② 전도 잡음
③ 열잡음
④ 상호변조잡음

해설 ① 방사 잡음 : 전송케이블이나 무선 통신 단말 등의 통신용 전파에 의한 장애는 물론 전송선의 코로나 방전 등 공간으로 직접 피해 측에 전파된다.
② 전도 잡음 : 기기나 회로 간을 연결하는 신호선이나 제어선, 전원선 등이 본래 전송해야 할 신호들과 달리 이들 도선을 통해 잡음이 피해 측에 유도된다.

77. '함께 할 수 없을까?'에 해당하는 개선의 ECRS의 원칙은?
① 배제(Eliminate)
② 결합과 분리(Combine)
③ 교체와 대체(Rearrange)
④ 간소화(Simplify)

78. 3D 프린팅 작업 시 유해물질 관리방안으로 볼 수 없는 것은?
① 대체(substitution)
② 격리(isolation)
③ 환기(ventilation)
④ 안전(safety)

해설 일반적인 유해물질 관리방안은 대체(substitution), 격리(isolation), 환기(ventilation), 보호구 착용, 교육, 행정적 대책이 있다.

79. 안전장갑의 내전압용 절연장갑에서 절연성이 제일 높은 등급은?
① 00등급
② 1등급
③ 4등급
④ 6등급

해설 내전압용 절연장갑은 00등급에서 4등급까지이며 숫자가 클수록 두꺼워 절연성이 높다.

80. 스테핑 모터의 탈조에 대한 대책으로 옳지 않은 것은?

① 모터를 교체한다.
② 속도를 낮추거나, 가속시간을 길게 한다.
③ 토크 용량이 큰 모터나 기어 모터로 교체한다.
④ 입력전류를 낮게 설정한다.

해설 입력전류를 상승시킨다.

정답

01.②	02.①	03.④	04.②	05.①	06.②	07.①	08.②	09.②	10.②
11.②	12.④	13.③	14.③	15.③	16.②	17.①	18.①	19.①	20.①
21.③	22.④	23.④	24.①	25.④	26.②	27.①	28.①	29.①	30.①
31.③	32.②	33.①	34.④	35.①	36.③	37.①	38.②	39.②	40.④
41.③	42.②	43.③	44.①	45.①	46.①	47.③	48.③	49.③	50.④
51.③	52.③	53.③	54.①	55.③	56.①	57.③	58.①	59.②	60.④
61.④	62.①	63.②	64.③	65.②	66.④	67.④	68.④	69.①	70.②
71.③	72.②	73.②	74.③	75.④	76.②	77.②	78.④	79.③	80.④

3D프린터개발산업기사 [2018.09.15.]
2018년 기출문제

제1과목 3D프린터 회로 및 가구

01. 부품을 실장하기 위해 사용하는 납땜에 대한 설명으로 틀린 것은?
① 기판과 와이어 사이에 공간이 없게 납땜한다.
② 기판과 소자 사이의 공간이 최소화되게 납땜한다.
③ 동기판에 비해 은기판과 금기판이 전기전도율이 높다.
④ 무연납의 경우 녹는점이 낮아서 초보자가 사용하기 쉽다.

> **해설** 무연납의 경우 녹는점이 높아서 인두기를 사용해야 하며 납땜을 한 후에 깨끗하지 않아서 초보자가 사용하기에 적합하지 않다.

02. 직렬연결된 두 저항에 직류 전원이 가해진 다음 회로에서 전류가 $I=100mA$일 때 저항 R의 전력규격으로 적절한 것은?

① $\frac{1}{8}W$
② $\frac{1}{4}W$
③ $\frac{1}{2}W$
④ $1W$

> **해설** 직렬회로 전류가 $I=100mA=0.1A$이다.
> 20Ω 저항에 걸리는 전압=전류×저항이므로 $0.1\times20=2V$이다.
> 저항 R에는 $12V-2V=10V$이다.
> R의 전력은(W)=전류×전압=$0.1\times10=1W$

03. 스테핑 모터의 회전속도를 나타내는 단위는?
① pps
② lps
③ cpm
④ spm

638

해설 스테핑 모터 회전속도는 pps(pulse per second): 초당 펄스의 수로 나타낸다.

04. 신뢰성 평가에 사용하는 용어의 설명으로 틀린 것은?
① MTBR : 고장 수리 후 다음 고장 수리까지의 시간
② MTBF : 고장에서 다음 고장까지의 시간으로 시스템의 평균 고장 시간 산출
③ MTTR : 제품에 고장이 발생한 경우 고장에서 수리 되는 데까지 소요되는 시간
④ MTTF : 고장 평균시간으로 주어진 시간에서 고장 발생까지의 시간으로 수리 후 다음 고장까지의 시간

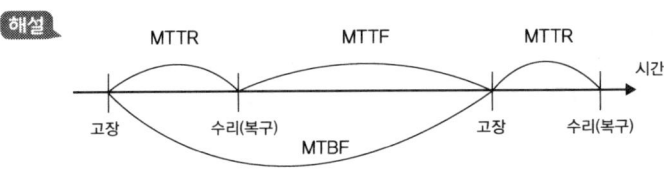

05. 온도가 증가하면 저항이 감소하는 음(−)의 온도계수를 갖고 있어 온도 감지 센서로 응용할 수 있는 부품은?
① 광전도 셀(CdS Cell) ② 서미스터(Thermistor)
③ 광 다이오드(Photodiode) ④ 버렉터(Varactor) 다이오드

해설 ① 광전도 셀(CdS Cell) : 광전도 소자라고도 한다. 빛의 변화를 전기의 변화로 변환(광전변환)하는 데 사용되며, 이 재료(광전도재료)로 만들어진 저항체에 정전압의 전원으로부터 전류를 흐르게 해 두고, 이 저항체에 빛을 비추면 저항이 감소되어 전류가 증가하며, 광량(光量)을 전기량으로 바꿀 수가 있다.
② 서미스터(Thermistor) : 서미스터(또는 열 가변 저항기)는 온도에 따라 저항이 민감하게 바뀌기 때문에, 온도 측정장치로 사용되거나 전기 회로에서 다른 소자들의 온도 변화를 상쇄하는 데 이용된다. 무선주파수의 강도를 측정하거나 적외선 · 가시광선 등 복사파의 강도를 측정할 때도 이용된다.
③ 광 다이오드(Photodiode) : 광전 효과를 이용한 것으로, 띠틈보다 큰 에너지를 갖는 광자가 광다이오드에 입사되면 접합면에서 양공과 전자쌍이 생성된다.
④ 버렉터(Varactor) 다이오드 : 가변용량 다이오드(Variable Capacitance Diode, Varactor) PN 접합 공핍영역 폭이 바이어스 조건에 따라 달라지는 특성을 이용한 다이오드이다.

06. 다음 기하 공차 기호의 종류는?
① 원통도 공차
② 직원도 공차
③ 진직도 공차
④ 평면도 공차

해설 기하 공차의 종류와 기호

구분	기호	공차의 종류
모양 공차	—	진직도 공차
	▱	평면도 공차
	○	진원도 공차
	⌭	원통도 공차
	⌒	선의 윤곽도 공차
	⌓	면의 윤곽도 공차
자세 공차	//	평행도 공차
	⊥	직각도 공차
	∠	경사도 공차
위치 공차	⊕	위치도 공차
	◎	동축도 또는 동심도 공차
	=	대칭도 공차
흔들림 공차	↗	원주 흔들림 공차
	↗↗	온 흔들림 공차

07. 트랜지스터의 설명으로 틀린 것은?
① 바이폴라 트랜지스터(BJT)는 NPN형만 존재한다.
② 트랜지스터를 증폭기로 사용할 때의 동작 영역은 활성 영역이다.
③ 전계효과 트랜지스터(FET)는 BJT보다 열 영향이 적고 잡음에 강하다.
④ 트랜지스터를 스위치로 사용할 때는 포화 영역과 차단 영역을 사용한다.

해설 트랜지스터의 종류에는 쌍극성 접합 트랜지스터(BJT)와 전계 효과 트랜지스터(FET)가 있다. BJT는 2개의 p-n 접합으로 이루어져 있는데 전자와 양공이 전도과정에 관여한다는 점에서 쌍극성이며 입력전류에 따라서 출력전압이 쉽게 변화된다. 이러한 유형의 트랜지스터는 증폭기로 널리 사용되며 발진기, 고속 집적회로, 스위칭 회로에서 핵심 부품이다.

08. 다음 달링턴(Darlington) 회로에서 전류 I_C의 값은?
① 10mA
② 20mA
③ 100mA
④ 200mA

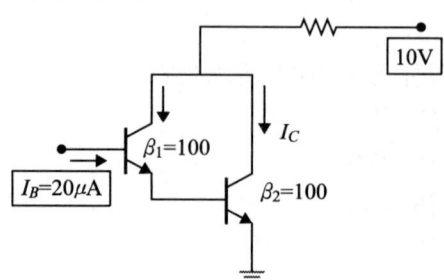

해설 증폭률은 $\dfrac{Ic}{Ib}=100$이므로 총 증폭율은 $100\times100=10,000$이다.
$Ib=20\mu A=0.00002A$ 이므로
$Ic=10,000\times 0.00002=0.2A=200mA$

09. 멀티미터의 사용법에 대한 설명으로 틀린 것은?
① 전압 측정을 위해서는 대상과 병렬로 프로브를 연결한다.
② 전류 측정을 위해서는 대상과 직렬로 프로브를 연결한다.
③ 전류 측정 시 프로브를 병렬로 연결하면 쇼트 현상이 발생할 수 있다.
④ 저항 측정을 위해서는 회로에 연결된 상태에서 측정한다.

해설 회로에 연결된 저항은 전원이 없어 동작하지 않더라도 다른 부품이 저항치(다른 저항과 병렬 동작)를 갖기 때문에 회로에 연결된 상태로 저항을 측정하면 정확하지 않다.

10. 키르히호프의 법칙에 대한 설명으로 틀린 것은?
① 하나의 폐회로를 따라 모든 전압을 대수적으로 합하면 0이다.
② 노드(Node)에 들어오는 전류는 나가는 전류의 2배가 된다.
③ 노드(Node)에 들어오고 나가는 모든 전류의 대수적인 합은 0이다.
④ 하나의 폐회로를 따라 모든 전압강하의 합은 전체 전원전압의 합과 같다.

해설 노드는 하나의 지점에 여러 갈래의 도선이 지나가는 지점을 뜻하며, 이들 노드에 들어오거나 나가는 전류의 값을 모두 더하면 0이 되는 것이다.

11. 플라스틱 소재의 변형 거동에 관한 설명이 틀린 것은?
① 탄성변형은 하중을 제거하면 원래 상태로 되돌아오는 변형이다.
② 소성변형은 하중을 제거해도 원래 상태로 되돌아오지 않고 영구변형된다.
③ 연성재료는 소성변형이 큰 재료로 항복응력 이후 특정부위가 얇아진다.
④ 취성재료는 탄성변형이 거의 없고 소성변형을 천천히 지속하다 파단이 발생한다.

해설 취성재료(Brittle deformation)
소성변형이 거의 없고 탄성변형을 지속하다 바로 파단이 발생한다.

12. 동일 측정자가 해당 측정 제품을 동일한 방법과 장치, 장소에서 동작을 하여 측정하였을 때 차이가 나는 정도를 시험하는 것은?
① 반복 정밀도 시험 ② 위치 정밀도 시험
③ 넘어짐 안정성 시험 ④ 사용 환경 안정성 시험

해설 반복 정밀도 시험 : 동일 측정자가 동일한 측정대상을 동일한 방법, 장치, 장소에서 측정하였을 때 차이 정도. 보통, 표준편차 또는 상대표준편차로 나타낸다.

13. 전기 기구/전자 제품 안정성 테스트(UL인증기준)에서 플라스틱 소재의 필수적인 평가 항목이 아닌 것은?
① 난연성
② 착화온도
③ 전기적 특성
④ 장기적 내열 특성

해설 제품 안정성 테스트(UL인증기준)에서 플라스틱 소재의 필수적인 평가항목은 난연성, 전기적 특성, 장기적 내열 특성 등 3가지이다.

14. 3D프린터 구성에서 토출부에 해당하는 부품이 아닌 것은?
① 핫 엔드
② 콜드 엔드
③ 제팅 헤드
④ 리밋 스위치

해설 리밋 스위치는 3D프린터가 축 이동을 할 때 한계점에 다다르면 스위치가 눌러져 한계점을 넘어가는 것을 방지하는 스위치이다.

15. 다음 그림과 같이 정교하게 가공된 직선형 레일을 접촉점이 한 점으로 된 볼이 구르면서 블록을 직선으로 이송시키는 장치는?
① 서포터
② 커플링
③ LM가이드
④ 타이밍 벨트

해설 LM가이드
① 기계부품의 하나로서 기계기구 등의 직선운동 부분을 지지하는 곳에 사용한다.
② 블록 내부의 볼이 효율적으로 무한 순환운동을 하도록 도와주는 직선운동 안내장치이다.

16. SLS 방식 3D프린터 가공 시 공기와 반응하여 폭발 가능성이 높아 단일 금속으로 사용하기 어려운 것은?
① 철
② 구리
③ 백금
④ 마그네슘

해설 마그네슘 : SLS 방식 3D프린터 가공 시 열을 가하면 공기와 반응하여 폭발 가능성이 높아 단일 금속으로 사용하기 어렵다.

17. 3D프린터로 출력하고자 하는 대상 제품에 따른 소재 선정 시 검토해야 할 항목으로 거리가 먼 것은?
① 출력물의 강도
② 출력물의 연성
③ 출력물의 체결성
④ 출력물의 해상도

해설 소재 선정 시 검토해야 할 항목은 출력물의 강도, 출력물의 연성, 출력물의 해상도, 고강도 필요 여부 등이다.

18. 3D프린터 방식 중 Material Jetting에 포함되는 적층기술이 아닌 것은?
① Polyjet
② SLS
③ Inkjet
④ Thermojet

해설 SLS 방식은 분말 융접(Powder Bed Fusion) 방식이다.

19. 열가소성 수지의 특징으로 틀린 것은?
① 열 안정성이 우수하여 강성이 필요한 곳에 많이 사용된다.
② 여러 번 재가열에 의해 성형이 가능한 수지이다.
③ 용융점이 존재하며 용융점에 이르면 급격한 부피변화가 나타난다.
④ 결정구조에 따라 결정성 수지와 비결정성 수지로 구분된다.

해설 재활용이 가능한 장점이 있어 전체 수지 사용량의 약 90%를 차지하나, 열 안정성이 떨어져 고온에서는 사용이 제한적이다.

20. 서보모터의 회전운동을 직선운동으로 바꾸어 주는 3D프린터 구동부 부품은?
① 레이저
② 익스트루더
③ 볼 스크루
④ 마이크로프로세서

해설 볼 스크루 : 서보모터의 회전운동을 직선운동으로 바꾸어 준다.
※ 공단 출제 문제가 오류이므로 문제를 수정하여 풀이하였음.

제2과목 3D프린터 장치

21. 다음 측정방식에서 사용되는 변위 센서는?

| • 삼각 측량법 • 공초점 측정법 • 모아레 측정법 |

① 광학식 변위 센서
② 초음파 변위 센서
③ 인덕턴스 변위 센서
④ 정전용량 변위 센서

해설 광학식 변위 센서
단파장 광과 CCD(Charge-Coupled Device) 혹은 CMOS(Complementary Metal-Oxide Semiconductor)수광부를 이용하는 삼각 측량법, 단파장 광의 간섭을 이용하는 광위상 간섭법, 다파장 광의 간섭을 이용하는 백색광 주사 간섭법, 초점의 세기를 측정하는 공초점 측정법, 격자 간섭을 이용하는 모아레 측정법 등이 있다.

22. 3D프린터 노즐에 대한 설명으로 틀린 것은?
① 노즐은 단면적 크기가 변화하면서 유체유속을 증가하게 하는 장치로 보통 파이프나 트뷰 형상이다.
② 노즐 팁의 길이가 길어지면 상대적으로 균일하지 않은 온도분포가 발생해서 온도제어가 쉽지 않다.
③ 노즐은 유체의 속도가 감소하며 압력이 증가하는 데 사용하는 장치로서 고속의 유체를 저속으로 바꾸면서 다양한 목적으로 사용된다.
④ 노즐 팁의 직경이 작을수록 정밀한 필라멘트를 토출할 수 있으나, 단위 면적을 가공하는 데 있어서는 상대적으로 성형시간이 길어진다.

해설 노즐은 유속뿐만 아니라 유체의 방향을 제어하거나 변경 혹은 유체의 압력을 제어할 때도 사용이 된다.

23. 액적(Droplet)을 생성하여 연속적인 부사에 의해 원하는 단면 형상을 제작하는 제팅 방식의 노즐 기술이 아닌 것은?
① 압전 제팅 방식
② 버블 제팅 방식
③ 열팽창 제팅 방식
④ 파우더 제팅 방식

해설 제팅 방식의 노즐 기술은 액적의 크기에 좌우되며 액적의 크기는 프린팅 장비의 해상도 및 치수 정밀도에 좌우된다.
종류 : ① 열팽창 제팅 방식, ② 압전 제팅 방식, ③ 버블 제팅 방식

24. SLA 방식 3D프린터 광학계 중 재료 표면에서 레이저 빔의 직경을 작게 하는 것들로 올바르게 묶인 것은?

| a. 마스크 | b. 초점렌즈 | c. 반사경 | d. 빔 익스팬더 |

① a, b　　② b, c　　③ b, d　　④ c, d

해설
① 빔 익스펜더 : 주사 방식의 3차원 프린터를 개발할 때, 가장 기본적으로 고려해야 할 부분은 재료 표면에서 레이저 빔의 직경을 작게 하는 것이다.
② 반사경 : 반사경은 좁은 영역에서 긴 광경로를 생성할 때 필요하다.
③ 초점 렌즈 : 가공 전체 영역에서 재료 표면이 초점면과 일치되게 하기 위해서 특수 렌즈를 사용한다.

25. SLA 방식 3D프린터에서 광 전달 순서가 올바르게 나열된 것은?

| ㄱ. 광원 | ㄴ. 주사 장치 |
| ㄷ. 수지표면 | ㄹ. 광학계/집광 장치 |

① ㄱ → ㄴ → ㄷ → ㄹ　　② ㄱ → ㄴ → ㄹ → ㄷ
③ ㄱ → ㄹ → ㄴ → ㄷ　　④ ㄱ → ㄹ → ㄷ → ㄴ

해설 광조형(SLA) 공정
광조형 공정은 컨테이너에 담겨진 수지(Resin)를 집광된 자외선(Ultraviolet) 혹은 가시 광선레이저로 광경화(Photocrosslinking) 반응을 일으켜 한 층씩 적층해 최종적으로 3차원 형상을 제작하는 과정이다. 광 전달 순서는 광원 → 광학계/집광장치 → 주사장치 → 수지표면 순서이다.

26. FDM과 DP(Direct Print)를 이용한 하이브리드 3D프린터에 관한 설명으로 틀린 것은?
① 복합화할 때 각 헤드를 1개 이상씩 다수 설치할 수 있다.
② 복합화된 FDM은 ABS 등 기존의 FDM 소재를 이용할 수 없다.
③ 복합화된 DP 공정에 바이오 잉크를 사용할 경우 조직공학 등 의료분야에 응용할 수 있다.
④ 복합화된 DP 공정에 전도성 잉크를 사용할 경우 PCB 등의 기판 대용품을 제조할 수 있다.

해설 FDM에서 사용 가능한 재료는 ABS와 같이 비교적 기계적 강도가 우수하며, DP 방식에 비해서 가공 성능이 우수하다.

Part 5 부록

27. 로봇기반 하이브리드 3D프린터의 특징으로 틀린 것은?
① 유연성이 낮아 특정한 제품의 제조에만 활용이 가능하다.
② 로봇이 절삭 공구 등을 활용할 경우 후처리 등도 가능하다.
③ 로봇은 부품의 이송, 중간 조립 등 다양한 용도로 활용할 수 있다.
④ 툴 매거진(Tool magazine) 등을 이용하여 CNC 공작기계와 같이 헤드를 교환할 수 있다.

해설 로봇기반 하이브리드 3D프린터는 유연성이 높아 다양한 제품의 제조에 활용이 가능하다.

28. 초점면에서 레이저 빔의 크기(W)와 레이저의 파장(a), 광학계로 입사하기 전의 레이저 빔 직경(D) 및 광학계의 초점거리(F) 간의 상관관계 식으로 옳은 것은?
① $W=(\frac{4\pi}{a} \times \frac{F}{D})^2$
② $W=(\frac{4\pi}{a} \times \frac{D}{F})^2$
③ $W=(\frac{4a}{\pi} \times \frac{F}{D}) \times \frac{1}{2}$
④ $W=(\frac{4a}{\pi} \times \frac{D}{F}) \times \frac{1}{2}$

해설 ① 레이저의 파장대가 짧고, 초점거리가 짧으며, 레이저광의 직경이 크면 클수록 집광된 광의 빔의 크기(W)는 작아진다.
② 레이저는 단파장이기 때문에 레이저의 종류가 결정이 되면 파장대는 변화할 수가 없다.
③ 레이저 헤드로부터 나오는 빔의 크기는 일정하지만 특정 광학계를 사용하면 그 직경을 크게 할 수 있다.
④ 초점거리는 장비의 크기 및 광학계의 위치에 따라서 어느 정도 조절이 가능하다.

29. DLP 방식 3D프린터에서 광학계 평가 항목으로 가장 적절한 것은?
① 주사장치의 정밀도
② 광 패턴의 정밀도
③ 레이저 빔의 모양
④ 광원 초점의 크기

해설 DLP 방식 3D프린터에서 광학계 평가 항목은 광 패턴의 정밀도, 광 패턴 파워이다.

30. SLA 방식 3D프린터에서 소재의 재사용에 대한 설명으로 틀린 것은?
① 일반적으로 가공 시 경화되지 않은 재료는 특별한 절차 없이 재사용이 가능하다.
② 이미 사용하여 경화된 재료도 액화시켜 다시 사용 가능하다.
③ 점도가 상승된 경우에는 새로운 수지를 혼합하여 활용이 가능하다.
④ 수지가 오랜 시간 외부 공기와 빛에 노출될 경우 서서히 경화되므로 보관상 주의하여 사용한다.

해설 재료 자체가 경화성이기 때문에 한 번 제작된 형상은 다시 액상으로 전환이 되지 않고, 사용한 재료는 재활용이 불가능하다.

31. 3D프린터 방식 중 구동 장치의 XY축 동시 이송 제어가 필요한 것은?
① DLP   ② FDM
③ SLA   ④ SLS

해설 토출(extrusion) 혹은 박판 가공(sheet lamination) 방식의 경우 XY 동시 2축 이송이 필요하다.

32. 광학모듈 설계 시 고려해야 할 사항으로 틀린 것은?
① 주사 방식에서는 전 영역에 고르게 초점이 생성될 수 있도록 초점 렌즈를 사용한다.
② 가공 전체 영역에서 초점면을 재료 표면과 일치시키기 위해서 특수 렌즈를 사용한다.
③ 액상소재 성형을 위한 광학모듈 설계에서 광원의 파장대는 액상 소재의 광 개시제의 피장보다 커야 한다.
④ 전사 방식의 광원은 램프광을 많이 사용하고, 광의 파장대가 넓으면 넓을수록 광의 오차가 많이 발생한다.

해설 광원은 사용 가능 광경화성 수지의 반응 파장대에 맞게끔 설계되어야 한다.

33. 폐루프 제어(Closed loop control) 방식으로 위치 피드백이 가능한 모터는?
① 서보모터   ② BLDC 모터
③ 스테핑 모터   ④ 리니어 펄스 모터

해설 서보모터는 폐루프 제어(Closed loop control) 방식으로 위치 피드백을 통하여 정밀한 위치, 속도, 가속도 제어가 가능하다.

34. 노즐을 통과하는 유체의 입구유속(V_{in})과 출구유속(V_{out}) 사이의 관계로 옳은 것은?
① $V_{in} = V_{out}$ ② $V_{in} \geq V_{out}$
③ $V_{in} > V_{out}$ ④ $V_{in} < V_{out}$

해설
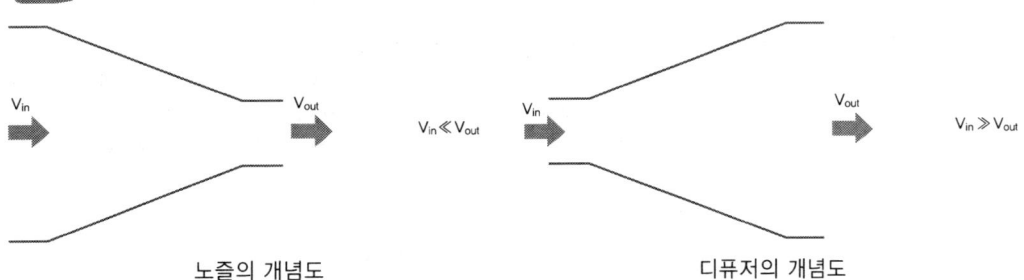

노즐의 개념도   디퓨저의 개념도

35. 다음 하이브리드 3D프린터에 관한 설명 중 ( ) 안에 들어갈 용어로 알맞은 것은?

(A)은(는) 금속 박판을 초음파 에너지를 이용하여 기판과 접합시키고 가공을 거쳐 3차원으로 성형하는 공정이다. 이 공정은 접합된 박판 아래층에 가공된 재료가 없을 경우 처짐 현상이 발생한다. 따라서 (B) 공정을 이용하여 빈 공간에 서포트 형상을 제작하여 상호 보완한 하이브리드 3D프린터가 있다.

① A : DMLS, B : CNC
② A : FDM, B : DP(Direct Print)
③ A : DP(Direct Print), B : 광경화
④ A : UC(Uitrasonic Consolidation), B : FDM

해설
- A : UC(Uitrasonic Consolidation)
- B : FDM

36. SLS 방식 3D프린터에 사용한 소재를 재사용하기 위해 필요한 핵심 장치를 모두 고른 것은?

a. 필라멘트 압출기	b. 필라멘트 수집 장치
c. 진공 펌프 및 집진 장치	d. 교반장치 및 필터

① a, c   ② a, d   ③ b, c   ④ c, d

해설 FDM 방식 핵심 장치는 필라멘트 압출기, 필라멘트 수집 장치이다.

37. 수평 인식 장치에 사용되는 접촉식 변위 센서는?

① 인덕턴스 변위 센서
② 자기 저항식 변위 센서
③ 정전 용량형 변위 센서
④ LVDT(Linear Variable Differential Transformer)

해설 LVDT(Linear Variable Differential Transformer)
① 3개의 솔레노이드 코일과 원형의 막대 자석을 이용하여 튜브 내에서 자석이 이동하면서 발생시킨 전기 신호의 변화를 통해서 거리를 측정하는 방식이다.
② 피측정물에 측정프로브가 직접 닿으며, 프로브와 연결된 튜브 내부 자석이 프로브의 접촉으로 인해서 움직이게 된다.
③ 자석의 움직임은 솔레노이드 코일과 자석 사이에서 유도 전류를 발생시킨다.
④ 비교적 정밀도가 높으며 반복 정밀도 및 재현성이 매우 우수하다.

38. 다음 도면에서 A의 치수는?

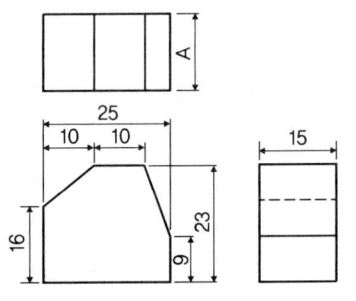

① 15 ② 18 ③ 21 ④ 25

해설 도면에서 A 치수는 우측면도 길이 치수 15이다.

39. PBF 및 DED의 출력물의 표면 거칠기 한계를 극복하기 위해 CNC 공작기계와 결합하여 만들어진 3D프린터는?
① FDM과 DP(Direct Print)를 이용한 하이브리드 3D프린터
② DP와 CNC 공작기계를 이용한 하이브리드 3D프린터
③ SLA와 CNC 공작기계를 이용한 하이브리드 3D프린터
④ DMLS와 CNC 공작기계를 이용한 하이브리드 3D프린터

해설 SLS 공정의 표면 거칠기의 한계와 이를 극복할 수 있는 CNC 장비의 결합에서 탄생한 공정이다.

40. 다음 그림과 같이 회전축에 있는 슬릿을 이용하여 측정하는 방식의 엔코더는?
① 광학식 엔코더
② 기계식 엔코더
③ 자기식 엔코더
④ 정전 용량식 엔코더

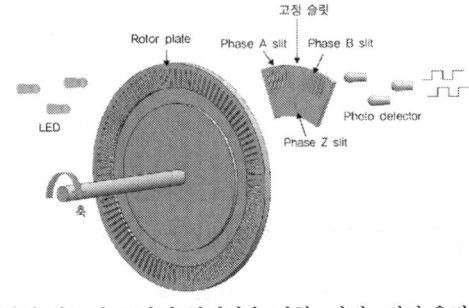

해설 광학식 로터리 엔코더(Rotary encoder)
① 로터리 엔코더는 모터의 회전축과 연결이 되어 있으며 모터의 회전량을 광학, 자장, 정전 용량 등의 방식으로 측정한다.
② 광학식 로터리 엔코더는 A, B, C의 슬릿으로부터 검출된 LED광의 신호를 인식하여 그 회전량을 측정할 수 있다.

제3과목 3D프린터 프로그램

41. 베드 온도(Bed Temperature)를 60℃로 설정하고 제어권을 즉시 호스트로 넘기는 명령은?

① M109 S60
② M140 S60
③ M141 S60
④ M109 S60 R100

해설 'M140'는 베드의 플레이트 온도를 지정하는 명령이며, 어드레스로 온도 'S'가 이용 가능하다.

42. 분말 기반 방식의 3D프린터가 아닌 것은?

① Binder Jetting
② Powder Bed Fussion
③ Photopolymerization
④ Direct Energy Deposition

해설
① Binder Jetting : 분말 융접 기술에서는 분말을 결합하여 단면을 만들기 위해서 레이저 등의 열에너지를 사용하여 분말을 소결시키거나 녹이는 반면에, 접착제 분사에서는 접착제를 분말에 선택적으로 분사하여 분말들을 결합시켜 단면을 성형하고 이를 반복하여 3차원 형상을 만든다.
② Powder Bed Fussion : 분말 재료를 사용하여 CO_2 Laser를 주사하여 제품을 제작하는 방식으로 Powder Bed Fusion 방식의 기구는 분말 재료를 Vat 안에 보관한 뒤 X-Y 축의 레이저의 이송과 소결을 통해 구조물을 제작하는 방식이다.
③ Photopolymerization : 광학적 개시반응으로 활성종을 형성하고, 그에 의해서 중합을 개시한다. 순수 광중합과 광증감(光增減) 중합으로 나누는데, 어느 것이나 자외선 또는 가시광선이 사용된다.
④ Direct Energy Deposition : 레이저, 일렉트론 빔 또는 플라즈마 아크 등의 열에너지를 국부적으로 가해서 재료를 녹여 침착시키는 것으로서 현재 가장 많이 사용되는 재료는 금속 분말 방식으로 금속 침착(Metal Deposition)으로도 불린다.

43. 출력물이 베드에 잘 안착하기 위해 조정이 필요한 설정값은?

① Wall Speed
② Infill Speed
③ Travel Speed
④ Initial Layer Speed

해설
① Wall Speed : 벽두께 속도에 필요한 설정값이다.
② Infill Speed : 속채움 속도에 필요한 설정값이다.
③ Travel Speed : 노즐이 다음 작업장소로 이동속도에 필요한 설정값이다.
④ Initial Layer Speed : 출력물이 베드에 잘 안착하기 위해 조정이 필요한 설정값이다.

44. FDM 방식 3D프린터 출력을 위한 슬라이서 소프트웨어의 설정에 대한 설명으로 틀린 것은?

① 출력물의 효율적인 출력을 위해 회전, 대칭 등을 설정하여 재배치할 수 있다.
② 출력 시간을 단축하기 위해 내부 채움(Infill) 속도를 별도로 지정해 줄 수 있다.
③ 출력 품질을 향상시키기 위해 Brim, Raft 등의 서포터에 대한 세부 설정을 할 수 있다.
④ 출력 중 오류가 생길 경우 이를 멈추기 위해 Pause 기능을 사용하고, 재시작 시 Retraction 기능을 사용할 수 있다.

해설
- Pause를 누르면 지정한 위치로 간다.
- Resume을 누르면 프린팅 하던 곳으로 가서 출력을 진행한다.

45. 아래의 프로그램(O0100)에서 보조 프로그램(O2500)이 몇 번 반복되는가?

```
O0100;
G90G80G40G49G00;
T10M06;
G57G90X-5.00Y-5.00S2500M03;
G43Z50.0H10;
Z5.0M08;
M98P2500L5;
M98P1111;
G80G00Z50.0;
G91G28Z0;
M30;

O2500;
M98P1111;
G91X110.0Y-10.0L0;
G90M99;
```

① 1회　　② 3회　　③ 5회　　④ 8회

해설 M98 P2500 L5;
- M98 : 주 프로그램에서 보조 프로그램의 호출
- P : 보조 프로그램 번호
- L : 반복 호출 횟수(2500을 5회 호출하라는 지령)

46. 프로그래밍 언어를 마이크로프로세서가 인식하도록 목적코드(Object 파일)로 변환하는 작업을 무엇이라 하는가?

① 링크　　② 빌드　　③ 어셈블　　④ 컴파일

해설 코드가 작성되면 컴파일러로 컴파일된다. 여기서 '컴파일'이란 사람이 작성한 고급 프로그래밍 언어를 마이크로프로세서가 인식하도록 목적 코드(일명 Object 파일)로 변환하는 작업을 의미한다.

47. 다음 G코드 명령어의 의미로 옳은 것은?

> G1 X100 Y100 Z100 E10

① X, Y, Z축에 100, 100, 100 위치로 직선 이동시키고 10초간 잠시 멈춤
② X, Y, Z축에 100, 100, 100 위치로 직선 이동시키고 노즐의 온도를 10℃로 조정
③ X, Y, Z축에 100, 100, 100 위치로 직선 이동시키고 오차 범위는 10% 이내
④ X, Y, Z축에 100, 100, 100 위치로 직선 이동시키고 재료를 10mm까지 직선 분사

해설
• G1 : 직선 이동
• Ennn : 재료분사 압출형의 길이(mm)

48. I/O 포트의 구동 원리로 옳은 것은?

① 전자 회로에서 전기 신호의 기본적인 동작인 on/off 기능을 구현하는 포트이다.
② AVR MCU의 ADC는 기본 전압을 내부에서 사용되는 기준 전압으로 변환하여 작동되는 포트이다.
③ 펄스 폭 변조를 발생시켜 0과 1의 디지털 신호를 아날로그 신호인 것처럼 출력하는 포트이다.
④ 기준 전압에 의해 일정 범위의 디지털 값으로 변경한 수치를 입력 받는 포트이다.

해설 포트 구동 원리
① I/O 포트는 전자 회로에서 전기 신호의 기본적인 동작인 On/Off 기능을 구현하는 포트이다.
② 프로세서의 관점에서는 신호를 받을 수도 있고 출력할 수도 있기 때문에 이러한 역할에 따라 Input과 Output으로 나뉜다.
③ 전기적 특성은 전기적 신호의 단락은 스위칭을 기반으로 하고 있다.
④ MCU 내부에는 스위치 소자인 TR이 있고 이의 동작에 대한 설정은 레지스터가 출력으로 동작할지 입력으로 동작할지 결정한다.
⑤ 출력일 경우 TR 기능을 이용하여 Vcc의 인가 혹은 단락으로 on/off를 스위칭 한다.
⑥ 만약 입력의 경우는 비교 기능을 이용하여 High/Low를 판별하도록 동작한다.

49. CAD와 CAM에 대한 설명으로 틀린 것은?

① CAD는 설계 단계, CAM은 제조 단계에서 주로 사용된다.
② CAD로 설계도면을 작성한 후 바로 CAM으로 연결되어 제조공정을 거치게 된다.
③ 공장에서 로봇을 작동하기 위한 소프트웨어나 데이터 등이 필요하며, 이러한 작업을 실행시켜 주는 것이 CAD이다.

④ CAD는 컴퓨터를 활용함으로써 오류 범위를 줄였으며, CAM은 컴퓨터를 이용하여 제조 공정을 운영하는 것으로 생산성 향상을 기대한다.

> **해설** ① CAD(Computer Aided Design) : 컴퓨터 지원 설계 컴퓨터 그래픽 2D/3D CAD 툴을 이용하여 제도(Sketch/Draw/Draft) 및 설계(Design)하는 기술
> ② CAM(Computer Aided Manufacturing) : 생산계획, 제품생산 등 생산에 관련된 일련의 작업을 컴퓨터를 통하여 직·간접으로 제어하는 것으로 컴퓨터를 이용하여 가공 및 생산에 필요한 자료를 얻어내는 기술

50. 스테핑 모터의 구동성능이 100pusle/1reverse이며, 구동 측 Z의 Pitch가 2mm일 경우 구동정밀도는?

① 0.01mm/pulse
② 0.02mm/pulse
③ 0.1mm/pulse
④ 0.2mm/pulse

> **해설** 1펄스에 대한 이동거리는 $\frac{2}{100}=0.02\text{mm}/\text{pulse}$ 이다.

51. 온도, 압력, 전압 등 연속적으로 측정되는 수치를 디지털 값으로 입력 받는 포트는?

① I/O 포트
② A/D 포트
③ TXD 포트
④ PWM 포트

> **해설** 온도, 압력, 음성, 영상 신호, 전압 등 연속적으로 측정되는 자연계에서의 수치를 전압의 세기로 변환시켜 기준 전압에 의해 일정 범위의 디지털 값으로 변경한 수치를 입력받는 포트가 A/D 포트이다.

52. PWM(Pulse Width Modulation) 제어는 디지털 신호(HIGH와 LOW) 상태의 지속 시간을 변화시켜 전압을 변환하며 전압 5V, 지원 포트(핀) DP 256개(0부터 255까지)의 범위 값을 출력할 수 있다. 다음 analogWrite 함수에서 출력 전압[V]은?

analogWrite(3, 255 * 0.15);

① 0.75
② 15
③ 38
④ 38.25

> **해설** analogWrite (3, 255 * 0.15); PWM이 15%로 설정
> aanalogWrite 함수 파라미터로 255값이 사용될 경우 5V에 대한 100%이므로 5V가 출력된다.
> 5V×0.15=0.75

53. 원시 프로그램을 다른 기계에 적합한 기계어로 번역하는 프로그래밍 언어는?
① 어셈블리어 ② 인터프리터
③ 프리프로세서 ④ 크로스 컴파일러

> 해설 컴파일러에서도 크로스 컴파일러(Cross-compiler)라는 것이 있는데, 원시 프로그램을 컴파일러가 기계어로 번역하는 것이 아니라 다른 기계에 적합한 기계어로 번역하는 컴파일러를 뜻한다.

54. 사용자 인터페이스 디자인에 대한 설명으로 틀린 것은?
① 사용자와 컴퓨터 간의 정보를 주고받기 위하여 프로그램이 상호작용하는 것이다.
② 프로그램을 이용하는데 불편함이 없도록 기존의 프로그램과 차이를 많이 두지 않는 것이 좋다.
③ 프로그램에서 우선적으로 File 메뉴를 위치 선정하는 이유는 사용자들이 가장 익숙해져 있기 때문이다.
④ 키보드 입력을 통해서 프로그램에 명령을 하달하는 것이 메뉴 방식 인터페이스라고 한다.

> 해설 기본적으로 키보드로 입력하여 프로그램에 명령을 하달하는 것을 커맨드라인 인터페이스라고 한다. 이외에 메뉴 방식 인터페이스, 그래픽 사용자 인터페이스가 있다. 우리가 사용할 인터페이스는 메뉴 방식의 인터페이스 메뉴 선택으로 명령을 하달하는 방식이다.

55. 다음 프로그램 개발과정에서 (가)에 들어갈 내용으로 적절한 것은?

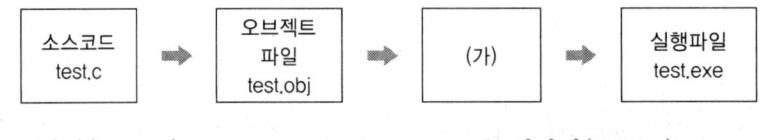

① 링커(Linker) ② 에디터(Editer)
③ 실행(Execution) ④ 컴파일러(Compiler)

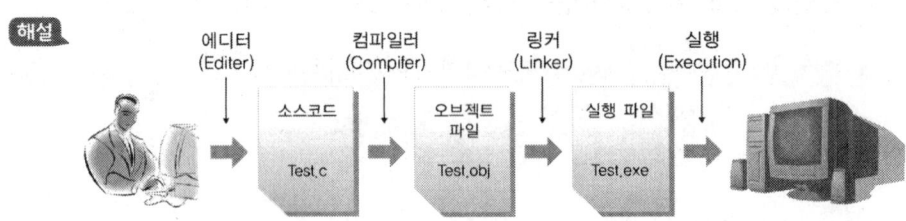

56. 자바와 자바스크립트의 차이에 대한 설명으로 옳은 것은?

① 자바스크립트는 상속성이나 클래스가 존재한다.
② 객체에 대한 참조가 자바스크립트는 실행 시에만 가능하지만, 자바는 컴파일 시에 객체에 대한 참조가 이루어진다.
③ 두 언어 모두 안전하지만 자바스크립트의 경우 HTML 코드에 직접 연결하여 사용하기에 보안성이 있다.
④ 자바언어로 작성된 프로그램은 특정머신(기종)에 의존적으로 실행된다.

> **해설** 자바와 자바스크립트의 차이
> ① 자바스크립트는 사용자 컴퓨터의 인터프리트되는 언어다. 하지만 자바는 먼저 서버 측으로 컴파일한 후 프로그램의 실행은 사용자가 하는 시스템으로 이루어진다.
> ② 두 언어 모두 객체 지향적 언어이지만, 자바스크립트는 상속성이나 클래스는 존재하지 않는다.
> ③ 객체에 대한 참조가 자바스크립트는 실행 시에만 가능하지만 자바는 컴파일 시에 객체에 대한 참조가 이루어진다.
> ④ 두 언어 모두 안전하지만 자바스크립트의 경우 HTML 코드에 직접 연결하여 사용하기에 보안성이 없다. 하지만 자바의 경우 소스코드를 컴파일하면 클래스 파일이 생성되기에 보안성이 우수하다.

57. 다음 중 필라멘트를 가장 많이 사용하게 될 품질 설정은?

```
Infill: 80;
Support Type: ㉠;
Build Plate Type: ㉡;
Shell: ㉢;
```

① ㉠ Grid, ㉡ Raft, ㉢ 0.8
② ㉠ line, ㉡ Brim, ㉢ 0.8
③ ㉠ Grid, ㉡ Skirt, ㉢ 0.7
④ ㉠ line, ㉡ Brim, ㉢ 0.7

> **해설** ㉠ Grid, ㉡ Raft, ㉢ 0.8

58. 3D프린터 하드웨어에 대한 설명으로 틀린 것은?

① 제어 프로그래머 관점에서 직접적으로 연관된 하드웨어는 메인 컨트롤러와 모션 하드웨어 부분이다.
② 제어 컨트롤 보드는 명령어를 수행하여 프린팅을 주관하는 명령자의 역할을 수행한다.
③ 모션하드웨어는 직접적인 프린팅을 수행하는 수행자의 역할을 한다.
④ 모터는 처리 속도, 프로그램 언어 및 환경 등의 전반적인 프로세스가 결정되는 핵심 하드웨어라고 할 수 있다.

> **해설** 모터는 노즐의 공간 이송을 하는 방식은 크게 리니어 모터나 회전 모터를 스크루나 랙과 피니언, 벨트 등에 연결하여 직선 구동을 유도하는 방식을 사용하고 있다.

59. 3D프린터의 제어 프로세스에 대한 설명으로 틀린 것은?
① 노즐의 온도나 프로세서의 진행 상태 등 시스템 상태를 독립적으로 모니터링할 수 없다.
② 제어 프로그램 수행 시 제어코드 저장 및 시스템 초기화 → 제어 코드 라인별 명령어 수행 → 시스템 상태 모니터링 및 업데이트 단계를 거친다.
③ 툴 패스를 따라 노즐이 이동할 수 있도록 3D프린터의 각 축 모터부가 추종할 명령어 생성 과정이 제어 코드 생성 과정이다.
④ 전송받은 제어 명령어 코드를 전달받으면 프린터는 노즐 및 프린팅 베드의 가열 등 여러 가지 초기화 동작을 수행하게 된다.

해설 시스템 상태 모니터링을 통해 노즐의 온도나 프로세서의 진행 상태 등 시스템 상태를 모니터링할 수 있다.

60. 다음 G코드 내용의 의미가 틀린 것은?

```
M98 ┌ P□□□□ ○○○○ F△△△△;
    └ P○○○○ L□□□□ ;
```

① P○○○○ : 보조 프로그램 번호
② M98 : 보조 프로그램 호출 코드
③ F△△△△ : 이송속도
④ P□□□□ ○○○○ : Fanuc 1 시리즈 호출 방식

해설 P□□□□ ○○○○ : Fanuc 640i 시리즈 호출 방식이다.

제4과목 3D프린터 교정 및 유지보수

61. 3D프린터 장비의 안전인증테스트에 대한 설명으로 틀린 것은?
① 절연 저항 테스트는 제품에 사용된 전기 절연특성을 측정하는 것이다.
② 내전압시험 테스트는 제품의 회로와 접지 사이에 고전압을 인가해서 제품이 견디는 능력을 측정하는 것이다.
③ 접지 도통 테스트는 절연된 제품 표면과 Powder 시스템 접지 사이의 경로를 점검하는 것이다.
④ 누설 전류 테스트는 AC 전원과 접지 사이에 흐르는 전류가 안전규격을 넘지 않는지를 점검하는 것이다.

해설 접지 도통 테스트는 접지 경로의 완벽함을 검사하는데, 이때는 25~30A의 높은 전류와 낮은 전압을 이용한다. 이 테스트는 실제로 제품에 문제가 발생했을 때 어떻게 될 것인가를 검사하는 것으로서 접지 연속성 테스트와 비슷하다.

62. 3D프린터 작업 중 감전사고 방지를 위한 기본적인 대책이 아닌 것은?
① 보전, 수리, 점검 등은 관련 전문가에게 맡긴다.
② 전류가 흐르는 부분 등으로부터 인체와의 접촉을 방지한다.
③ 전선 등을 배선해야 할 경우 손에 물기를 제거한 후 한다.
④ 사용전류에 상관없이 절연피복이 얇은 것을 사용한다.

해설 사용전류에 따라 가급적 절연피복이 두꺼운 것을 사용한다.

63. 외부로부터 전자파 간섭 또는 교란에 의해 전자 회로의 기능이 악화되거나 동작의 불량 여부를 평가하는 시험은?
① EMA 시험
② EMI 시험
③ EMR 시험
④ EMS 시험

해설 EMI 시험 : 전자파 간섭 또는 전자파 장애

64. ABS 소재의 필라멘트를 사용하여 장시간 작업할 경우 주의해야 할 사항으로 옳은 것은?
① 융점이 기타 재질에 비해 높으므로 냉방기를 가동하여 작업한다.
② 작업 시 냄새가 심하므로 작업장의 환기를 적절히 실시한다.
③ 옥수수 전분 기반 생분해성 재질이므로 특별히 주의해야 할 사항은 없다.
④ 물에 용해되는 재질이므로 수분이 닿지 않도록 주의해야 한다.

해설 ABS 소재 : 작업 시 냄새가 심하므로 작업장의 환기를 적절히 실시한다.

65. 3D프린터 출력 품질 및 성능을 높이기 위해 고려해야 할 사항으로 거리가 먼 것은?
① 출력물의 형상과 규모, 사용하는 소프트웨어, 용도에 따라 다양한 설정이 존재할 수 있다.
② 출력속도에 따라 압출 구멍이 막힐 수도 있기 때문에 재료와 관계없이 속도를 느리게 설정해 주어야 한다.
③ 노즐과 베드의 간격이 너무 가까우면 베드 면에 노즐이 막힐 수 있기 때문에 노즐과 베드 사이의 적정한 간격 유지가 필요하다.
④ 3D프린터에서 비용, 시간, 품질 등은 서로 Trade off 관계이며, 모든 요구를 만족시키는 세팅은 존재하지 않는다.

> **해설** 출력속도에 따라 압출 구멍이 막힐 수도 있기 때문에 재료의 종류에 따라 속도 조절을 설정해 주어야 한다.

66. 다음 설명에 해당하는 고장 형태는?

> 시험 조건 및 운용상 발생될 수 없는 외부 조건에 기인한 것이라고 판단되는 고장으로, 시험 대상의 성능에 직접적으로 영향을 주지 않는 고장이다.

① 간헐 고장   ② 무관 고장
③ 유관 고장   ④ 중복 고장

> **해설** ① 간헐 고장 : 짧은 기간 동안 일부의 기능이 상실되었다가 즉시 정상 복구되는 고장
> ② 무관 고장 : 시험 조건 및 운용상 발생될 수 없는 외부 조건에 기인한 것이라고 판단되는 고장으로서 시험 대상의 성능에 직접적으로 영향을 주지 않는 고장
> ③ 유관 고장 : 결정된 시험 조건과 환경 조건상 발생할 수 있는 외부 조건에 기인한 시험 대상의 성능에 직접 영향을 주는 주 관심 고장
> ④ 중복 고장 : 2개 이상의 고장이 독립적으로 동시에 발생하는 것

67. 일종의 가혹 조건 시험법으로 3D프린터 출력 시 불량이 발생하기 쉬운 다양한 형상을 정의하여 출력하고 그 품질을 평가하는 성능 검사 방법은?

① Bed test   ② Torture test
③ Support test   ④ Extrusion test

> **해설** 3D프린터의 주요 성능에 하나라도 문제가 있을 경우에는 3D 프린팅 출력물의 품질에 영향을 미치게 된다. 이러한 점을 종합적으로 판단하기 위해 3D프린터 사용자들 사이에 'Torture test'란 테스트 모델이 널리 사용되고 있다.

68. 전기제품을 안정적으로 사용하기 위해서는 접지를 하여야 한다. 접지에 관한 설명으로 틀린 것은?

① 접지저항이 크면 클수록 좋다.
② 접지공사의 접지선은 과전류 차단기를 시설하여서는 안 된다.
③ 접지극의 시설은 부식될 우려가 없는 장소를 선정하여 설치한다.
④ 직접접지 방식은 계통에 접속된 변압기의 중성점을 금속선으로 직접 접지하는 방식이다.

> **해설** 접지 경로는 사용자를 전기 쇼크로부터 보호하는 가장 기본적인 수단으로서 접지저항은 규정된 값으로 결정한다. 접지 저항은 작으면 좋다.

▶ 2018년 기출문제

69. 3D프린터 신뢰성 시험 검사 중 온도변화가 주기적으로 반복될 경우 제품 기능상의 내성을 평가하는 시험은?
① 고온 시험
② 저온 시험
③ 온습도 사이클 시험
④ 온도 사이클(열 충격) 시험

해설 ① 고온 시험 : 고온 상태에서 기능상의 내성을 평가하는 시험(절연 불량, 기계적 고장, 열 변형에 의한 구동 불량 등)
② 저온 시험 : 저온 상태에서 기능상의 내성을 평가하는 시험(취약화, 결빙, 기계적 고장, 열 변형에 의한 구동 불량 등)
③ 온습도 사이클 시험 : 높은 습도 하에서 온도 변화가 반복되었을 때 제품 표면에 수분이 응결되어 누전이 발생할 가능성 평가
④ 온도 사이클(열 충격) 시험 : 온도변화가 주기적으로 반복될 경우 제품 기능상의 내성을 평가하는 시험(기계적 고정, 누설 발생 등)

70. 전자파 적합성(EMC) 시험 항목 중 전자파 내성(EMS) 시험에 해당하지 않는 것은?
① 전압 강하
② 전자파 방사
③ 정전기 방전
④ 전도 잡음(CE)

해설 시험항목으로는 전자파 방사, 정전기 방전, 전기적 빠른 과도시험, 서지, 전압 강하, 순간정전 등의 시험이 있음.

71. 다음 로고가 의미하는 것은?
① 유럽공동체 안전인증
② 미국 연방정부 전파인증
③ 중국 안전 및 품질인증
④ 일본 전기용품 안전인증기준

해설

인증 내용	로고
한국 전기용품 안전인증(KC)	KC
미국 연방정부 안전기준(UL)	UL
미국 연방정부 전파인증(FCC)	FC
유럽공동체 안전인증(CE)	CE
일본 전기용품 안전인증기준(PSE)	PSE
중국 안전 및 품질인증(CCC)	CCC

72. 3D프린터의 내전압 시험 수행 시 유의 사항으로 틀린 것은?
① 테스트가 완전히 끝나면 고전압 출력을 정지시킨다.
② 테스트를 시작하기 전에 장비와 결선 등의 설치 상태를 확인하고 케이블의 피복상태를 검사한다.
③ 테스트 중에는 피측정체나 연결 부위, 고전압 프로브의 금속 부분을 상시 확인하여야 하며, 프로브를 잡을 때에는 전원이 연결된 부분만 잡는다.
④ 고전압이 Off되었다는 것을 확인하기 전에는 피측정체에 어떠한 결선이라도 해서는 안되며, 피측정체에 어떠한 결선이라도 해서는 안되며, 피측정체에 테스트 케이블을 연결할 때에는 항상 접지(-) 클립을 먼저 연결한다.

> **해설** 내전압 시험순서 및 주의사항
> ① 내전압기에 전원을 인가하기 전에 전압 조절기를 최소 위치에 놓는다.
> ② 타임 스위치를 60초에 맞추어 놓는다.
> ③ 차단전류 스위치를 10mA 위치에 놓는다.
> ④ 리이드선을 측정 부위에 정확하게 연결한다.
> ⑤ 전원 스위치를 켠다.
> ⑥ 초기에 규정치 반 이하의 시험전압을 가하고, 이어서 10초에 걸쳐서 점차 규정치까지 상승시킨다.
> ⑦ 타임 스위치를 켜고 그 값을 1분 동안 유지한다.
> ⑧ 측정이 끝나면 전압조절기를 최소 위치에 놓는다.
> ⑨ 내전압기의 전원 스위치를 끈다.
> ⑩ 타임 스위치를 끈다.
> ⑪ 측정 리이드선을 분리한다.

73. Material Extrusion 방식 3D프린터에서 필라멘트가 압출되지 않는 문제 발생 시 해결 방법으로 가장 거리가 먼 것은?
① 노즐 온도가 소재의 용융온도보다 높기 때문에 발생하므로 노즐 온도를 소재의 용융온도보다 낮게 설정한다.
② 노즐·베드 간 간격의 문제이므로 노즐·베드 간 간격이 조금 더 벌어지도록 조정한다.
③ 모터의 토크가 부족한 경우에 발생하므로 모터에 인가되는 전류를 증가시켜 토크를 증가시킨다.
④ 필라멘트에 걸리는 장력이 부족한 경우에 발생하므로 해당 부위의 체결을 강화하여 장력을 증가시켜 준다.

> **해설** 노즐 온도를 소재의 용융 온도 이상으로 가열한 후 필라멘트를 수동으로 밀어주면 막힌 부위를 제거할 수 있다.

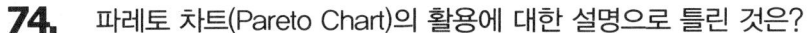

74. 파레토 차트(Pareto Chart)의 활용에 대한 설명으로 틀린 것은?
① 문제점의 원인을 파악하고, 개선 효과를 확인하기 위하여 사용된다.
② 조사 대상 결정, 점유율 계산, 그래프 작성 및 필요 사항 기재로 이루어진다.
③ 어느 항목이 가장 문제가 되는지 찾아낼 수 있고, 문제 항목의 크기, 순위를 한눈에 알 수 있다.
④ 제품 및 프로세스의 발생 가능한 문제점 및 원인들을 사전에 예측하고 위험도를 평가하여 사전 예방이 가능하도록 한다.

해설 Pareto Chart의 활용
① 시제품의 문제를 시제품을 구성하는 항목별로 분류하여 크기순으로 나열한 그림을 파레토도(Pareto Chart)라 한다.
② 개선 항목의 우선순위를 결정하고, 문제점의 원인을 파악하고, 개선 효과를 확인하기 위하여 사용된다.
③ 어느 항목이 가장 문제가 되는지 찾아낼 수 있고, 문제 항목의 크기, 순위를 한눈에 알 수 있다.
④ 문제 항목이 전체에서 차지하는 비중을 알 수 있고 수월하게 그림을 그릴 수 있다는 점이다.
⑤ 조사 대상을 결정, 데이터 수집, 데이터 분류, 항목 정렬, 점유율 계산, 그래프 작성, 누적 곡선 작성 및 필요 사항기재로 이루어진다.

75. 3D프린터 장비의 위해요소를 파악하기 위한 시험방법 중 절연 저항 시험에 관한 설명이 아닌 것은?
① 충전, 유지, 측정, 방전의 4단계를 거친다.
② 전기적으로 결합되어 있는 한 지점의 절연 저항을 측정하는 것이다.
③ 제품이 생산된 직후뿐만 아니라 일정 기간 사용한 후 절연의 상태를 검사하는데 유용하다.
④ 정기적으로 절연 저항 시험을 실시하면 절연 파괴가 일어나기 전에 절연 불량을 판별해 낼 수 있다.

해설 절연 저항 시험은 전기적으로 절연되어 있는 어느 두 지점 사이의 절연 저항을 측정하는 테스트로 전류의 흐름을 방해하기 위한 전기적 절연이 얼마나 효과적으로 되어 있는가를 판정한다.

76. 시험 기간을 단축하기 위하여 기준 조건보다 가혹한 스트레스를 인가하는 신뢰성 시험은?
① 가속 시험   ② 통계 시험
③ 정형 시험   ④ 현장 시험

해설 ① 가속 시험 : 시험 기간을 단축하기 위하여 기준 조건보다 가혹한 스트레스를 인가하는 시험
② 정상 시험 : 실사용 조건에서 인가되는 스트레스에서 수행되는 시험
③ 정형 시험 : IEC, ISO, KS 등에 규정된 표준화된 시험
④ 비정형 시험 : 신규성이 높고 고장 메커니즘이 불분명하며, 필드 정보가 충분하지 않은 시험

77. 3D프린터 성능 검사항목 체크리스트 작성 시 포함되어야 할 사항과 거리가 먼 것은?
① 실외 온도
② 적층 두께
③ 프린팅 속도
④ 사용 필라멘트

해설 실외 온도는 체크리스트 작성 시 포함되어야 할 사항이 아니다.

78. Material Extrusion 방식 3D프린터에서 필라멘트에 걸리는 장력이 약할 경우, 익스트루더 모터가 회전하더라도 기어가 헛돌거나 출력물이 중간에 끊기는 현상이 발생할 때 점검해야 할 부분은?
① 노즐 온도
② 베드 수평도
③ XYZ축 구동부
④ 필라멘트 공급 장치

해설 익스투르더 모터는 회전하나 필라멘트가 공급되지 않는 경우
① 필라멘트에 걸리는 장력이 부족한 경우 발생한다.
② 주로 익스트루더 쿨엔드 부위의 조립이 헐겁게 되었을 때 발생한다(이 경우 기어가 헛돌며 간헐적인 기계음을 발생시키기도 한다).
③ 해당 부위의 체결을 강화(예. 아이들러 장력 볼트 조정 등)하여 장력을 증가시켜 준다.

79. 스테핑 모터의 공진 현상에 대한 대책방법으로 옳지 않은 것은?
① 진동 방지 댐퍼를 설치한다.
② 스텝 모터 드라이버를 교체한다.
③ 스텝 모터 드라이버의 전압을 조절한다.
④ 스텝 모터와 연결된 벨트 장력을 올려준다.

해설 진동 특성의 개선 방법
① 구동 전류의 조정
② 사용속도 대역 변경
③ 마이크로 스텝(Micro-step) 기능 사용
④ 감속 기구(기어드형) 사용
⑤ 댐퍼(Damper) 사용
⑥ 방진 고무 사용
⑦ 탄성 커플링 사용

80. 3D프린터 사용 중 전기화재가 발생했을 때 원인으로 가장 거리가 먼 것은?
① 합선
② 누전
③ 과전류
④ 페라이트 코어

해설 페라이트란(Ferrite) : 쉽게 말해 자석이라고 말할 수 있으며, 조금 더 깊이 들어간다면 산화철계의 자성체 세라믹의 총칭이다.

정답

01. ④ 02. ④ 03. ① 04. ① 05. ② 06. ④ 07. ① 08. ④ 09. ④ 10. ②
11. ④ 12. ① 13. ② 14. ④ 15. ③ 16. ④ 17. ③ 18. ② 19. ① 20. ③
21. ① 22. ③ 23. ④ 24. ③ 25. ③ 26. ② 27. ① 28. ③ 29. ② 30. ②
31. ② 32. ④ 33. ① 34. ④ 35. ④ 36. ④ 37. ④ 38. ① 39. ④ 40. ①
41. ② 42. ③ 43. ④ 44. ④ 45. ③ 46. ④ 47. ④ 48. ④ 49. ③ 50. ②
51. ② 52. ① 53. ② 54. ④ 55. ① 56. ② 57. ① 58. ④ 59. ① 60. ④
61. ③ 62. ④ 63. ② 64. ② 65. ② 66. ② 67. ② 68. ① 69. ④ 70. ④
71. ② 72. ③ 73. ① 74. ④ 75. ② 76. ① 77. ① 78. ④ 79. ③ 80. ④

2019년 기출문제

3D프린터개발산업기사 [2019.09.21.]

제1과목 | 3D프린터 회로 및 가구

01. 서보모터 시스템의 제어 방식은?
① 아날로그 제어(Analog control) ② 시퀀스 제어(Sequence control)
③ 개루프 제어(Open-loop control) ④ 폐루프 제어(Closed control)

> **해설** 서보모터는 폐루프 제어(Closed loop control) 방식으로 위치 피드백을 통하여 정밀한 위치, 속도, 가속도 제어가 가능하다.

02. 회로 도면에서 수정 발진기(Crystal Oscillator)를 나타내는 부품 기호는?

> **해설** ① 커패시터 ② 수정 발진기 ③ 발광 다이오드 ④ 2극 스위치

03. 다음 회로에 대한 설명으로 틀린 것은?
① B-bridge 회로이다.
② DC 모터와 스테핑 모터 모두 사용할 수 있다.
③ 정회전, 역회전, 정지 기능을 수행할 수 있다.
④ 작은 전압으로 트랜지스터를 스위칭할 수 있다.

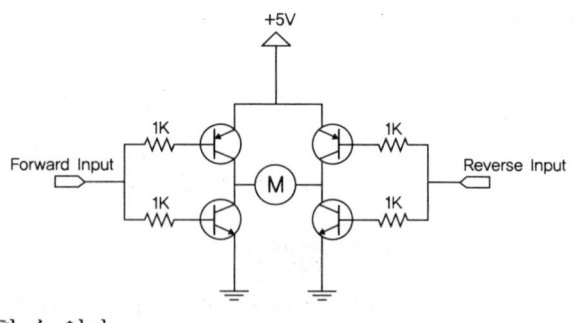

> **해설** H브릿지 회로 : 회로도상 4개의 스위칭 소자로 구성, 외형상 2개의 스위칭 소자가 붙어있는 모습이 알파벳 'H'와 유사하다. 작은 전압으로 큰 전압이나 전류로 증폭하거나, 전류방향을 전환이 가능하다. 이를 DC 모터나 Stepper 모터 등 모터의 드라이버로 활용한다.

04. 초음파 센서에서 초음파의 특징으로 적합하지 않은 것은?
① 초음파의 속도는 전파보다 빠르다.
② 초음파의 파장이 짧다.
③ 매질이 다양하다.
④ 사용이 용이하다.

> 해설 초음파의 특징은 초음파의 파장이 짧고, 매질이 다양하며 사용이 용이하며 주파수가 높고 강도가 보통 음파보다 현저히 크며, 파장이 짧아 방향성이 있는 음속을 얻을 수 있고, 펄스 기술을 이용해 음속이나 흡수의 정확한 측정이 가능하다.

05. 검사용 지그 제작 시 유의 사항으로 옳은 것은?
① 모터와 드라이버는 고전압, 고전류에 노출되므로 주의해야 한다.
② 센서는 외부 노이즈에 강하므로 극성만 주의하여 연결한다.
③ 결손의 오류는 전원을 인가하여 동작상태를 확인한 후 수정하면 된다.
④ 온도 센서는 모터의 과열을 측정하기 위해 사용하므로 모터에 부착하여 결선한다.

> 해설 모터와 드라이버는 고전압, 고전류에 노출되므로 주의해야 한다.

06. 그림과 같은 회로에서 a, b 양단의 전압 V_{ab}는 몇 V인가?
① 1
② 2
③ 3
④ 6

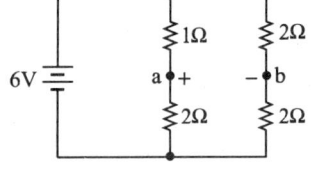

> 해설 병렬회로에 전압이 6V
> a쪽으로 흐르는 전류 $I = \dfrac{V}{R} = \dfrac{6}{1+2} = 2A$
> b쪽으로 흐르는 전류 $I = \dfrac{V}{R} = \dfrac{6}{2+2} = 1.5A$
> 따라서, $V_{ab} = V_{2\Omega} - V_{1\Omega} = 2 \times 1.5 - 1 \times 2 = 1$

07. 다음 중 도면에서 선이 겹칠 경우 표시하는 우선순위가 가장 높은 선은?
① 숨은선
② 중심선
③ 무게 중심선
④ 치수 보조선

> 해설 선의 중복 시 그리는 우선순위
> 도면에서 2종류 이상의 선이 중복될 경우 다음과 같은 순위에 따라 우선되는 종류의 선을 그린다.
> 외형선 > 숨은선 > 절단선 > 중심선 > 무게중심 > 치수 보조선 순서이다.

08. 회로에 사용되는 정현파의 주기가 10ms일 때 주파수는 얼마인가?
① 1Hz
② 10Hz
③ 100Hz
④ 1kHz

해설 $f = \dfrac{1}{T} = \dfrac{1}{10 \times 10^{-3}} = 0.1\text{kHz} = 100\text{Hz}$

09. 소자의 연결에 대한 설명으로 옳은 것은?
① 두 개의 저항을 직렬연결하면 전체 저항은 감소한다.
② 두 개의 저항을 직렬연결하면 각 저항의 전압은 같다.
③ 두 개의 커패시터를 직렬연결하면 전체 용량은 감소한다.
④ 두 개의 인덕터를 직렬연결하면 전체 인덕턴스는 감소한다.

해설
- 두 개의 커패시터를 직렬연결하면 전체 용량은 감소한다.
- 커패시터를 GND에 연결시켜주면 노이즈 성분인 AC가 GND를 통해 빠져나간다.

10. 측정자가 눈금을 잘못 읽었거나 기록자가 잘못 기록하여 일어나는 경우 등 측정자의 부주의에 의해 발생하는 오차는?
① 과실오차
② 이론오차
③ 기기오차
④ 우연오차

해설
① 과실오차 : 측정자의 경험 부족이나 조작 오류에 의한 오차
② 환경오차 : 측정조건에서 발생되는 오차로서 원인으로는 측정실 온도, 조명의 변화, 측정압, 소음, 진동 등을 들 수 있다.
③ 기기오차 : 측정기 자체에 의한 오차
④ 우연오차 : 측정 시의 우연이 일으키는 오차로 측정기에 부착된 먼지가 일으키는 오차 등이 있다.

11. 3D프린터용 플라스틱 소재 중 PLA(Polylactic acid)에 대한 설명으로 틀린 것은?
① 옥수수 전분을 기반으로 한 바이오 플라스틱(생분해성)으로 인체에 무해하다.
② 3D프린터 소재 중 융점이 가장 낮다.
③ 열 수축 현상이 적어 큰 사이즈 출력물에도 적합하다.
④ 인장 강도, 내마모성, 내열성이 우수하다.

해설 인장 강도, 내마모성, 내열성이 떨어진다.

12. 다음 검사용 장비 중 자석이나 기계장치 내부의 자력을 측정하는 장비는?
① 가우스미터 ② 암페어미터
③ 벨트텐션미터 ④ 마이크로미터

해설 ① 가우스미터 : 자석이나 기계 장치 내부의 자력을 측정하는 장비이다.
② 암페어미터 : 전류계로 전류의 세기를 측정하는 계기
③ 벨트텐션미터 : 벨트 장력 측정, 자동차, 와이어, 케이블 등 산업에서 텐션 측정이 필요한 곳에 사용된다.
④ 마이크로미터 : 정확한 피치를 가진 나사를 이용한 길이 측정기로 외경 및 내경을 정밀하게 측정한다.

13. 3D 프린팅 소재의 물성시험을 결정하기 위한 주요 표준에 해당하지 않는 것은?
① DIN(독일표준규격) ② ISO(국제표준화협회)
③ IEC(국제전기기술위원회) ④ ASTM(미국재료시험협회)

14. 3D프린터의 주요 부품 중 다음 그림에 해당하는 부품은?
① 감속장치
② 익스트루더
③ 스테핑 모터
④ 핫엔드 노즐

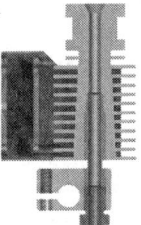

해설 핫엔드(Hotend)는 3D프린터에서 원료를 압출해주는 부분을 말하며, 노즐과 가열장치, 공급하는 배럴 등을 통틀어 일컫는다. 3D프린터에 있어 가장 중요한 부분이라 할 수 있다.

15. 다음 중 각각의 용어의 대한 설명으로 틀린 것은?
① 수지는 초기의 고분자 재료가 식물이나 나무에서 추출된 것에 기인한 용어이다.
② 포화 탄화수소는 탄소와 수소가 결합된 형태로 공유결합에 의해 결합되어 있다.
③ 불포화 탄화수소는 포화 탄화수소에서 인접한 수소원자 중 일부가 빠져나가고 대신 탄소 원자 간에 4중 또는 5중 결합을 갖는 경우에 해당된다.
④ 고분자는 일반적으로 분자량이 10000 이상인 큰 분자를 말하며, 분자량이 낮은 단량체가 분자결합으로 수없이 많이 연결되어 이루어진 높은 분자량의 분자를 의미한다.

해설 불포화 탄화수소는 포화 탄화수소에서 인접한 수소 원자 중 일부가 빠져나가고 대신 탄소 원자 간에 2중 또는 3중 결합을 갖는 경우에 해당된다.

16. 바인더 제팅(Binder Jetting) 공정과 유사한 별도의 서포트 재료가 없는 공정은 무엇인가?

① SLA 방식 공정　　　　　　② FDM 방식 공정
③ SLS 방식 공정　　　　　　④ 압전 제팅 방식 공정

> **해설** SLS 방식의 경우 재료 자체가 지지대 역할을 하므로 특별한 경우를 제외하고는 별도의 지지대가 필요하지 않다.

17. 다음 설명에 해당하는 플라스틱 종류는?

- 착색, 광택 처리, UV 코팅 등이 가능
- 열 수축 현상 때문에 정밀한 조형 모델 구현 곤란
- 표면 조도를 개선하려면 후처리가 필요하며 가열 시 냄새가 남

① PC　　　　② ABS　　　　③ PVA　　　　④ HDPE

> **해설** ABS(Acrylonitrile Butadiene Styrene)
> ① 융점 : 210~260℃
> ② PLA에 비해 강도, 열에 대한 내구성, 가격 경쟁력이 우수
> ③ 열 수축 현상이 일어나 정밀한 제품 출력이 어려움(베드 가열 필요)
> ④ 제품 출력 후 증착, 착색, 광택 처리, UV코팅, 도금이 가능
> ⑤ 가열 작업 시 냄새가 심해 환기가 필요

18. 제1각법과 제3각법의 설명으로 틀린 것은?

① 제1각법은 투상면의 앞쪽에 물체를 놓고 투상한다.
② 제3각법은 투상면의 뒤쪽에 물체를 놓고 투상한다.
③ 제3각법은 정면도를 기준으로 하여 평면도를 정면도의 위쪽에 배치한다.
④ 제1각법은 정면도를 기준으로 하여 우측면도를 정면도의 우측에 배치한다.

> **해설** 제1각법
> ① 물체를 투상면의 앞쪽에 놓고 투상(투사면을 물체의 뒤에 둠)
> ② 투상 순서는 눈 → 물체 → 투상면
> ③ 평면도는 정면도의 아래에 위치한다.
> ④ 좌측면도는 정면도의 우측에 위치한다.
> ⑤ 우측면도는 정면도의 좌측에 위치한다.
> ⑥ 저면도는 정면도의 위에 위치한다.
> ⑦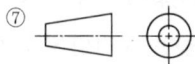

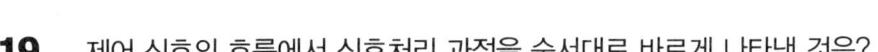

19. 제어 신호의 흐름에서 신호처리 과정을 순서대로 바르게 나타낸 것은?
① 입력부 → 제어 신호 변환기 → 제어부 → 출력부
② 입력부 → 제어부 → 제어 신호 변환기 → 출력부
③ 제어부 → 입력부 → 출력부 → 제어 신호 변환기
④ 제어부 → 입력부 → 제어 신호 변환기 → 출력부

> **해설** 제어 신호의 흐름에서 신호처리 과정
> 입력부 → 제어 신호 변환기 → 제어부 → 출력부

20. 3D프린터 하드웨어 구성에서 Electronics Part에 속하지 않는 것은?
① Controller ② End Stops
③ Firmware ④ Heated Sensor

> **해설** Firmware는 소프트웨어이다.

제2과목 3D프린터 장치

21. 다음에서 설명하는 3D프린터 방식은?

> ( )은(는) 디지털 광학 기술을 응용하여 광경화성 수지를 사용하며, 단면을 한 번에 경화시켜서 출력속도가 상대적으로 빠른 방식으로 정밀도가 높은 제품 제작이 가능하여 보석, 보청기, 의료기기 등에 적용되는 방식이다.

① DLP ② FDM ③ MJM ④ SLS

> **해설** DLP 방식은 디지털 광학 기술을 응용하여 광경화성 수지를 사용하며, 단면을 한 번에 경화시켜서 출력속도가 상대적으로 빠른 방식으로 정밀도가 높은 제품 제작이 가능하여 보석, 보청기, 의료기기 등에 적용되는 방식이다.

22. 이송 장치의 구성 요소 중 동력 전달 장치와 직접적인 관련이 없는 것은?
① 볼 스크루 ② 선형 엔코더
③ 기어벨트 조합 ④ 직선 이송 가이드

> **해설** 선형 엔코더(Linear encoder)
> ① 선형 엔코더는 이송 방향으로 이송 축의 커버 등의 외부 구조물에 주로 부착이 되어있는 매우 미세한 자(scale)를 광학, 자기, 정전 용량 등의 방식으로 읽어 낸다.
> ② 보통 모터와 같이 설치되는 로터리 엔코더와는 달리 이송 축에 설치가 되기 때문에 상대적으로 부피가 작아지는 장점이 있다.

23. 광학렌즈의 초점거리가 50mm이고, 렌즈로부터 물체까지의 거리가 1m 일 때, 렌즈로부터 이미지가 맺히는 거리는 약 얼마인가?

① 47.6mm
② 50mm
③ 52.6mm
④ 100mm

해설 $b = \dfrac{af}{(a-f)} = \dfrac{1000 \times 50}{1000 - 50} = 52.6\text{mm}$ 의 위치에 각각 상이 맺히게 된다.

실제 카메라를 조작해 보면, 가까운 물체에 초점을 맞추면 렌즈가 앞으로 나오고 멀리 두면 렌즈가 들어간다.

24. 서로 다른 공정들을 복합화한 하이브리드 3D프린터의 구성 목적으로 가장 거리가 먼 것은?

① 여러 색상의 재료를 동시에 사용
② 절삭, 연삭 등 저혀 다른 가공 기술과의 복합화
③ 한 공정의 단점을 보완하기 위한 다른 공정을 추가
④ 기존의 3D 프린팅 공정으로는 불가능한 부품을 제작

해설 여러 색상의 재료를 동시에 사용은 불가능하다.

25. 광학모듈 설계에서 가우스 분포를 가진 레이저 빔의 초점심도(depth of focus)에 대한 설명으로 틀린 것은?

① 레이저의 파장에 반비례한다.
② 광학계의 초점거리의 제곱에 비례한다.
③ 광학계에 입사하는 레이저 빔의 직경의 제곱에 반비례한다.
④ 초점심도는 빔의 직진 방향에서 초점이 생성되는 구간을 의미한다.

해설 레이저의 파장에 비례한다.

26. Photopolymerization 방식(a)과 Powder Bed Fusion 방식(b)의 3D프린터에 주로 사용되는 광원의 파장 영역은?

① a : 자외선, b : 자외선
② a : 자외선, b : 적외선
③ a : 적외선, b : 자외선
④ a : 적외선, b : 적외선

해설 Photopolymerization 자외선 방식과 Powder Bed Fusion 적외선 방식 3D프린터에 주로 사용된다.

27. FDM 방식 3D프린터에서 설계된 노즐을 평가하기 위한 항목이 아닌 것은?
① 노즐 온도　　　　　　　　② 노즐의 치수
③ 재료의 토출 속도　　　　　④ 노즐의 동작 주파수

해설　노즐의 동작 주파수는 제팅 방식의 평가항목이다.

28. 다음 3D프린터 방식 중 빌드 장치와 조형 받침대의 직접적인 수평 맞춤 공정이 필요 없는 것들로 묶인 것은?
① CJP, FDM　　　　　　　② CJP, SLA
③ FDM, SLA　　　　　　　④ SLA, SLS

해설　SLA, SLS : 빌드 장치와 조형 받침대의 직접적인 수평 맞춤 공정이 필요 없다.

29. FDM과 DP(Direct Print)를 결합한 하이브리드 3D프린터에 대한 설명이 아닌 것은?
① DP(Direct Print) 공정으로 PCB의 전극을 형성할 수 있다.
② 고강도 플라스틱 기판과 실버잉크로 전극을 제작할 수 있다.
③ FDM 공정으로 상하층에 성형을 하고 초음파를 이용하여 결합할 수 있다.
④ 열가소성 수지와 열경화성 수지를 동시에 성형할 수 있다.

해설　UC(Ultrasonic Consolidation) 공정으로 상하층에 성형을 하고 초음파를 이용하여 결합할 수 있다.

30. 다음 부품으로 구성되는 FDM 방식 3D프린터의 장치는?

• 호퍼	• 스크루	• 모터	• 온도 제어기

① 교반 장치　　　　　　　　② 집진 장치
③ 필라멘트 압출기　　　　　④ 필라멘트 수집 장치

31. 별도의 후처리 공정을 통하여 사용한 재료의 재사용이 가능한 방식으로 묶인 것은?
① SLA, FDM　　　　　　　② SLA, CJP
③ SLS, FDM　　　　　　　④ SLA, SLS

해설　SLS, FDM : 별도의 후처리 공정을 통하여 사용한 재료의 재사용이 가능한 방식이다.

32. 이송 장치에서 한 번의 단위 신호로 움직일 수 있는 최소 이송 거리를 무엇이라 하는가?
① 백래시 ② 반복 정밀도
③ 이송 분해능 ④ 이송 정밀도

해설 이송 분해능은 한 번의 단위 신호로 움직일 수 있는 최소 이송 거리를 의미하며, 해상도라고도 한다.

33. DMLS와 CNC 공작기계를 이용한 하이브리드 3D프린터에 관한 설명으로 틀린 것은?
① DMLS는 분말에 접착제를 분사하는 공정이다.
② CNC 공작기계 가공은 매 층 혹은 수 층마다 가공될 수 있다.
③ 담금질이나 템퍼링 등 열처리도 함께 복합화 할 수 있다.
④ DMLS로 제조된 부품의 표면을 매끄럽게 가공하기 위하여 CNC 공작기계 가공이 필요하다.

해설 DMLS(Direct Metal Laser Sintering)는 SLS와 동일한 공정이며, 금속 파우더에 더 초점을 두고 있다.

34. 다음 중 FDM 방식 3D프린터에 관련된 장치가 아닌 것은?
① 핫 엔드 ② 노즐 팁
③ 히팅 롤러 ④ 재료 공급 장치

해설 FDM 방식 장치 : 핫 엔드, 노즐 팁, 재료 공급 장치

35. FDM 방식 3D프린터 동작 중 수평맞춤이 안 되었을 때의 고장 증상으로 볼 수 없는 것은?
① 노즐이 베드와 거리가 멀어서 필라멘트가 토출이 되지 않는 증상
② 노즐 팁이 조형 받침대에 충돌하여 부러지거나 긁히는 증상
③ 필라멘트가 가공 진행 방향 대비 측면 방향으로 찌그러지는 증상
④ 일부 영역은 가공이 되지만 허용가능 가공높이를 초과하는 영역에서는 필라멘트가 조형받침대에 부착되지 않는 증상

해설 노즐이 베드와 거리가 멀어서 필라멘트가 토출이 되지 않는 증상은 고장으로 볼 수 없다.

36. 전사 방식 3D프린터의 광학계에서 미세한 마이크로 미러가 특정 방향으로 회전하면서 빛의 반사 경로를 제어하는 패턴 생성기를 무엇이라고 하는가?
① CCD ② DMD ③ LCD ④ LMD

해설 패턴 생성기는 크게 LCD와 DMD로 구분
① LCD는 액정들의 배치를 제어해서 특정 셀에서 빛을 투과시키거나 막을 수 있으며, 이를 이용해서 광 패턴을 형성할 수 있다.
② DMD에서는 매우 미세한 마이크로 미러(Micro-Mirror)가 특정 방향으로 회전하면서 빛의 반사 경로를 제어할 수 있다.
③ DMD는 광원의 파장대에 따라서 자외선, 적외선 및 가시광선용이 별도로 존재하며, 광원을 바탕으로 선정해야 한다.

37. 하이브리드 3D프린터의 빌드 장치 설계 시 설계 규격서에 포함될 항목으로 가장 거리가 먼 것은?
① 이송 거리
② 최대 토크
③ 예상 수명시간
④ 최대 가공 속도

해설 설계 규격서에 포함될 항목
① 이송 거리 ② 최대 토크 ③ 최대 가공 속도 ④ 툴 체인지 속도
⑤ 그 외의 사양 : 윤활유, 전압, 작업 환경, 유지 관리에 대한 정보

38. 다음 중 빠른 위치 제어를 위한 주사 장치의 성능을 결정하는 구성요소가 아닌 것은?
① 회전 속도
② 가감속 제어
③ 모터의 정밀도
④ 레이저 빔의 위치

해설 주사 장치의 성능을 결정하는 구성요소 : ① 회전 속도 ② 가감속 제어 ③ 모터의 정밀도

39. 3D프린터의 이송 장치 부품에 해당하지 않는 것은?
① 엔코더
② 기어, 벨트
③ 볼 스크루
④ 필라멘트 압출기

해설 이송 장치 부품 : ① 엔코더 ② 기어, 벨트 ③ 볼 스크루

40. FDM 방식 3D프린터의 부품 중 노즐에 관한 설명으로 옳은 것은?
① 액체 상태의 재료를 사용할 수 있다.
② 재료의 액적을 형성하여 분사시킨다.
③ 토출 후 UV 광선을 이용하여 경화시킨다.
④ 열가소성 수지를 용융시켜 밀어서 토출한다.

해설 FDM 방식은 열을 가하면 흐를 수 있는 열가소성 재료로서 이미 제작된 필라멘트를 가열된 노즐에서 녹여서 다시 가는 필라멘트 형태로 토출시켜 단면을 형성시키고, 최종적으로 3차원 형상을 제작하는 공정이다.

제3과목 3D프린터 프로그램

41. 다음 시리얼 통신 방식에서 풀 듀플렉스(Full-Duplex)의 특징으로 틀린 것은?
① 스마트 폰의 통신 방식이 풀 듀플렉스이다.
② 풀 듀플렉스 방식은 전이중 통신이라고 불린다.
③ 풀 듀플렉스 방식은 단방향으로 순서에 따라 송신만 가능하다.
④ 반환시간이 필요 없으므로 두 통신 기기 사이에 매우 빠른 속도로 통신이 가능하다.

해설 풀 듀플렉스(Full-Duplex) 방식 : 전이중 통신이라고 불리며, 양방향으로 동시에 송수신이 가능하다. 반환 시간이 필요 없으므로 두 통신 기기 사이에 매우 빠른 속도로 통신이 가능하다.

42. 슬라이스 프로그램에 대한 설명으로 틀린 것은?
① 3D 모델을 물리적으로 번역한 것이다.
② 슬라이스 프로그램의 성능에 따른 출력물의 품질 차이는 없다.
③ 무료로 배포되고 있는 Cura와 같은 소프트웨어가 많이 이용되고 있다.
④ 사용되는 원료의 쌓는 경로와 속도, 압출량 등을 계산해서 G코드를 만들어 낸다.

해설 슬라이스 프로그램의 성능에 따른 출력물의 품질 차이는 있다.

43. G코드와 M코드에 대한 설명으로 틀린 것은?
① G코드의 지령 숫자는 1에서 99까지이며, 지령 숫자에 따라서 의미가 다르다.
② G코드는 기능에 따라서 연속 유효 G코드와 1회 유효 G코드로 분류할 수 있다.
③ 공구의 이동이나 가공, 기계의 움직임 등의 제어를 위해 준비하는 중요한 기능을 G 기능이라고 한다.
④ 프로그램 제어 및 NC 기계의 보조 장치 On/Off 작동을 수행하는 보조 기능을 M 기능이라 한다.

해설 준비 기능(Preparation Function) (G 기능)
공구의 이동이나 가공, 공구 보정 번호, 주축의 회전, 기계 움직임 등을 제어하는 데 있어서 준비하는 중요한 기능으로, 간단하게 G 기능이라고도 불리며 지령 숫자는 0~99까지이다.

44. 4세대 언어의 특징이 아닌 것은?
① EDP 전문가가 사용할 시 유지가 편리하다.
② 컴파일러 언어와 같이 습득이 어렵지 않은 간이 언어이다.
③ 복잡한 EPDPS를 용이하게 개발할 수 있는 고급 언어이다.
④ 고급 언어는 호환성이 없고 전문적인 지식이 없으면 이해하기 힘들다.

해설 4세대 언어의 특징
① 컴파일러 언어와 같이 습득이 어렵지 않은 간이 언어이다.
② 처리 절차가 간단하다.(비절차형 언어)
③ 일반인이 사용하기 쉬운 언어이다.
④ 복잡한 EPDPS를 용이하게 개발할 수 있는 고급 언어이다.

45. 3D프린터 제어용 마이크로프로세서에 대한 설명으로 틀린 것은?
① 마이크로프로세서에서 처리하는 프로그램 명령어는 기계코드이다.
② 명령 사이클(Instruction cycle)은 페치 사이클(Fetch cycle)과 실행 사이클(Execution cycle)로 구성된다.
③ 페치 사이클은 명령 해독 결과에 따라 명령에서 정해진 타이밍 및 제어 신호를 순차적으로 발생하여 주어진 명령을 실행하는 단계이다.
④ 3D프린터 제어 프로그래밍은 프로그램이 개발되는 환경과 실행되는 환경이 다른 크로스 플랫폼 개발 환경(cross-platform development environment)이다.

해설 3D프린터 제어 프로그램이 실행되는 주 프로세서는 3D프린터 내부에서 프린터의 동작과 운영을 총괄하는 3D프린터 제어 컨트롤 보드에 내장된 마이크로프로세서이다.

46. 위치 P1에서 위치 P2로 이동하기 위한 G코드 이동 명령 프로그램으로 옳은 것은?
① G90 G00 X30.0 Y0.0
② G91 G00 X30.0 Y0.0
③ G90 G00 X30.0 Y45.0
④ G91 G00 X45.0 Y45.0

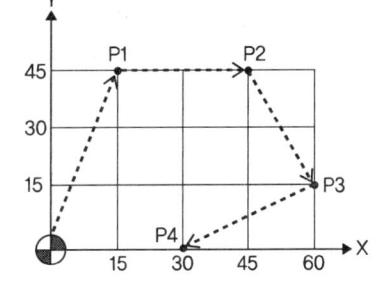

해설 ① 절대 지령
P1 → P2 G90 G00 X15.0, Y45.0 ;
P2 → P3 G90 G00 X40.0, Y45.0 ;
P3 → P4 G90 G00 X30.0, Y0 ;
② 증분 지령
P1 → P2 G91 G00 X30.0, Y0 ;
P2 → P3 G91 G00 X15.0, Y-30.0 ;
P3 → P4 G91 G00 X-30.0, Y0 ;

47. 3D프린터에 설치된 모터를 구동하여 노즐이 툴 패스를 따라 이동할 수 있도록 명령어를 생성하는 코드명은?
① C코드   ② N코드
③ G코드   ④ Z코드

해설 G0 및 G1 : 이송 명령어
예 G1 X100 Y100 Z100 E10
노즐을 x, y, z축에 100, 100, 100 위치로 직선 이동시키고, 재료를 10mm까지 직선 분사

48. 재료 분사(Material Jettiing, MJ) 방식에 대한 설명으로 옳은 것은?
① 프린터 제팅 헤드에 있는 미세 노즐에서 재료를 분사하면서 자외선으로 경화시켜 형상을 제작한다.
② 얇은 필름 형태의 재료나 얇은 두께의 종이, 롤 상태의 라미네이트 등과 같은 재료를 사용한다.
③ 특수 시트에 도포된 광경화성 수지에 프로젝터를 이용해 출력할 영상 데이터를 면(Plane) 단위로 조사하여 경화한다.
④ 베드에 분말을 얇고 편평하게 적층하는 방식과 잉크젯으로 접착제를 분사하는 방식이 상호 결합한 기술방식이다.

해설 재료 분사(Material Jettiing, MJ) 방식
프린터 제팅 헤드에 있는 미세 노즐에서 재료를 분사하면서 자외선으로 경화시켜 형상을 제작한다.

49. 컴퓨터로 문제를 해결할 경우 알고리즘 형식으로 프로그램을 작성하는데 이러한 알고리즘의 조건으로 틀린 것은?
① 입력: 외부로부터 제공되는 자료이다.
② 출력: 절대적으로 한 가지 이상의 결과가 발생한다.
③ 명백성: 수행하는 명령들은 명백하고 수행 가능한 것이어야 한다.
④ 유한성: 알고리즘 수행 후 한정된 단계를 거쳐 처리된 후에 알고리즘은 종료된다.

해설 명백성 : 명령들은 각각 명백해야 한다.

50. 인터프리터 언어의 특징이 아닌 것은?
① 프로그래밍을 대화식으로 할 수 있다.
② 고급 프로그램을 즉시 실행시킬 수 있다.
③ 프로그램의 개발단계에서 사용된다.
④ 고급 명령어들을 직접 기계어로 번역하지 않고 실행 시킬 수 있다.

해설 사람이 이해할 수 있는 고급언어로 작성된 프로그램은 기계가 알아들을 수 있는 언어로 해석되어야만 한다.

▶ 2019년 기출문제

51. 3D프린터를 이용하여 프린팅 작업을 하기 전에 가장 기초가 되는 항목은?
① 툴 패스　　　　　　　② 제어코드
③ 3D 캐드 모델　　　　 ④ 슬라이싱 파일

해설　3D 캐드 모델
3D프린터를 이용하여 프린팅 작업을 하기 전에 가장 기초가 되는 항목

52. 사용자와 컴퓨터 간의 정보를 주고받기 위하여 프로그램이 상호작용하는 것을 뜻하는 것은?
① 코딩　　　　　　　　② 컨버터
③ 인터페이스　　　　　④ 인터프리터

해설　인터페이스 디자인
사용자와 컴퓨터 간의 정보를 주고받기 위하여 프로그램이 상호작용하는 것을 뜻한다.

53. 3D프린터에서 원하는 값에 도달하기 위한 기초적인 자동피드백 제어 방법은?
① PID　　　　　　　　② PAM
③ PWM　　　　　　　 ④ SMPS

해설　PID : 3D프린터에서 원하는 값에 도달하기 위한 기초적인 자동피드백 제어 방법이다. 'M135'는 헤드의 온도 조작을 위한 PID 제어의 온도 측정 및 출력값 설정 시간 간격을 지정하는 명령이다.

54. 다음 중 3차원 모델의 형상 정보를 담고 있는 CAD 설계 데이터로 3D프린터 슬라이서 프로그램에서 주로 사용하는 파일 포맷은?
① DWG　　　　　　　② 3GS
③ STL　　　　　　　　④ OBJ

해설　STL 파일은 3D모델링한 것을 하나의 단면으로 만들어 3D로 프린트할 수 있게 만든 2D 파일이다. 즉, 종이에 프린트할 수 있게 한 것으로서 종이 대신 플라스틱으로 인쇄를 해서 겹겹이 층이 만들어져 출력을 한다.

55. 송신기에서 ASCⅡ 코드 1100101에 이븐(Even) 패리티를 사용하여 전송할 경우에 알맞은 데이터는?
① 11001010　　　　　　② 11001011
③ 11100100　　　　　　④ 11100101

해설

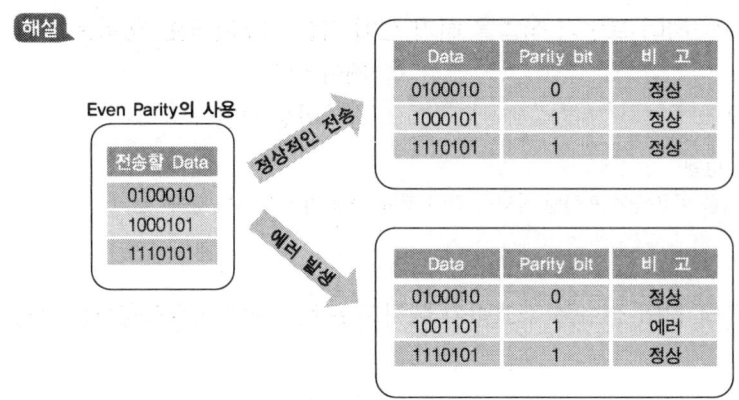

56. 다음 그림에서 레지스터의 동작을 입력이나 출력으로 결정하는 것은?

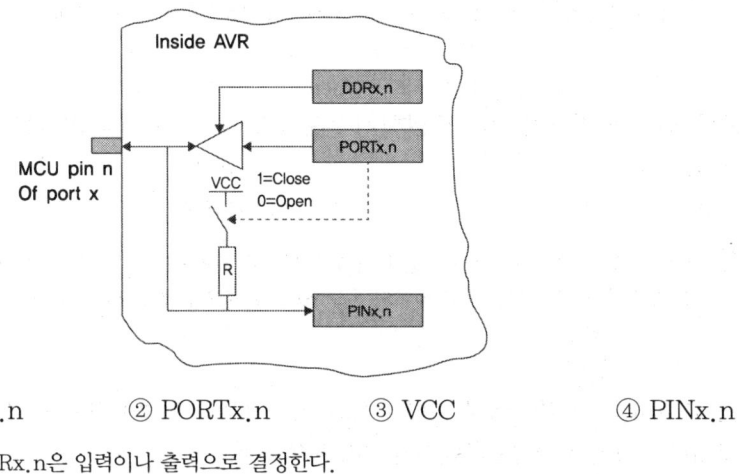

① DDRx.n   ② PORTx.n   ③ VCC   ④ PINx.n

해설 DDRx.n은 입력이나 출력으로 결정한다.

57. 다음 중 FDM 방식 3D프린터의 경우 익스트루더에 반드시 필요한 센서는?
① 습도 센서   ② 온도 센서
③ 이미지 센서   ④ 초음파 센서

해설 FDM 방식 3D프린터의 경우 필라멘트를 열을 이용하여 녹이기 때문에 온도센서가 매우 중요하다.

58. 다음 중 리눅스 커널(Kernel)에 대한 설명으로 옳은 것은?
① 여러 가지의 내장 명령어를 가지고 있다.
② 사용자와 터미널을 통한 인터페이스를 지원한다.
③ 하드웨어 제어를 위한 디바이스 드라이버를 포함한다.
④ 사용자 명령을 입력받아 시스템 기능을 수행하는 명령어 해석기이다.

해설 ① 커널은 중심부로 핵심이라는 뜻으로 실제 운영 체제를 구성하는 기본적인 토대로서 시스템의 가장 기본적인 메모리나 프로세스 등의 하드웨어를 관리한다.
② 커널은 하드웨어의 제어를 위한 디바이스 드라이버를 포함하며, 커널 위에 GNU에서 개발한 다양한 리눅스 유틸리티와 glibc 같은 다양한 라이브러리들이 위치한다.

59. 3D프린터의 노즐과 프린팅 베드의 위치가 정확히 제어되도록 처리하는 수치 제어용 프로그램 언어의 규격은?
① RS-232
② RS-274
③ RS-485
④ IEEE-1284

해설 3D프린터에 대한 G코드는 NC 공작 기계에 사용되던 G코드 Interprete(NIST RS274NGC interpreter 표준안)에서 원래 머시닝 툴 대신 재료 사출 노즐의 모터 제어, 온도 센서 제어 등 3차원 프린터에 필요한 기능이 더 첨부된 형태의 코드가 만들어졌고, 이들에 대한 해석부(Interpreter)도 펌웨어 형태로 공개되어 사용되고 있다.

60. 노즐의 온도를 190℃로 설정하는 G코드는?
① M104 S190
② M106 S190
③ M109 S190
④ M140 S190

해설 'M104'는 헤드의 온도를 지정하는 명령이며, 어드레스로 온도 'S'와 헤드번호 'T'가 이용 가능하다.

제4과목 3D프린터 교정 및 유지보수

61. 3D 프린팅 작업환경에 대한 설명으로 틀린 것은?
① 3D 프린팅 작업장 내에서는 식사, 음료 섭취가 없어야 한다.
② 모든 표면 작업은 산도가 높은 휘발성 물질로 습식청소를 해야 한다.
③ 사용되는 자재에 따라 다양한 종류의 화학증기가 발생할 수 있다.
④ 일반적으로 PLA 소재가 AGS 소재보다 위험성이 적다.

해설 사포를 이용하거나 알코올이 묻은 천으로 닦아준다.

62. 3D 프린팅 회사의 장비생산 공정에서 작업자의 불안전한 행동을 유발하는 상황이 자주 발생하고 있다. 이를 해결하기 위한 개선의 ECRS가 아닌 것은?
① Combine
② Standard
③ Eliminate
④ Rearrange

해설 ECRS의 원칙
① 배제(Eliminate)
② 결합과 분리(Combine)
③ 교체와 대체(Rearrange)
④ 간소화(Simplify)

63. 무재해운동의 기본이념 3원칙 중 다음 설명으로 옳은 것은?

> 직장 내에 모든 잠재위험요인을 적극적으로 사전에 발견, 파악, 해결함으로써 뿌리에서부터 산업재해를 제거하는 것

① 무의 원칙
② 선취의 원칙
③ 참가의 원칙
④ 확인의 원칙

해설 무(Zero)의 원칙
무재해란 단순히 사망 재해나 휴업 재해만 없으면 된다는 소극적인 사고(思考)가 아니고, 불휴 재해는 물론 직장 내에 숨어있는 모든 위험요인을 적극적으로 사전에 발견, 파악, 해결함으로써 뿌리에서부터 산업재해를 없앤다는 것이다.

64. 전기용품 안전관리 제도를 설명한 내용 중 옳은 것은?
① 전기용품 및 생활용품 안전관리법에 의거 시행되는 강제 인증 제도로서 대상 전기용품의 안전인증을 받아야 제조·판매가 가능하도록 하는 제도이다.
② 전기용품 안전확인제도는 안전관리 절차를 차등 적용하기 위해 도입하여 2015년 1월 1일부터 시행되었다.
③ 공급자 적합성 확인제도는 안전 확인대상 전기용품 중 A/V기기 등 고위험 품목을 우선적으로 적용하였다.
④ 공급자 적합성 확인제도는 제조업자가 공급자 적합성 시험결과서 및 공급자 적합확인서를 작성하여 최종 제조일로부터 2년간 비치해야한다.

해설 전기용품 및 생활용품 안전관리법에 따라 안전인증대상 전기용품을 제조하거나 외국에서 제조하여 대한민국으로 수출하고자 하는자가 안전인증기관으로부터 제품의 출고 전(국내제조), 통관 전(수입제품)에 안전인증대상 전기용품의 모델별로 안전인증을 받아야 하는 제도

65. 신뢰성 검사 계획 수립 시 유의 사항이 아닌 것은?
① 제품의 외부 반출 여부
② 자체 검사 및 외부 의뢰 여부
③ 신뢰성 고장의 정의 및 시험 실시 항목
④ 표본 개수(제품 개수)와 시험 시간 및 비용

[해설] **신뢰성 검사 계획 수립 시 유의 사항**
① 신뢰성 고장의 정의, 시험 실시 항목
② 환경 스트레스의 종류, 시험 수준 수
③ 표본 수(제품 개수), 시험 시간 및 비용
④ 검사 방법 및 검사 장비
⑤ 자체 검사 및 외부 의뢰 여부
⑥ 고장 분석 결과의 피드백 방법

66. 3D프린터의 신뢰성 시험이 필요한 이유는?
① 제품의 기능이 날로 단순해진다.
② 인증서를 요구하는 기관이 많아지고 있다.
③ 예상되는 불량을 조기에 검출할 필요는 없다.
④ 새로운 소재가 출현하고 기술 개발 속도가 빨리짐에 따라 기존의 품질 관리 기법으로는 제품의 품질을 보장하는데 한계가 있다.

[해설] **신뢰성 시험의 필요성**
① 제품의 기능이 날로 다양해지고 복잡해져 사용 과정에서 고장이 발생할 가능성이 높아짐(초기 품질은 우수하나 내구성이 저하되는 경우가 많음)
② 예상되는 불량은 조기에 검출하여 초기 고장 기간부터 마모 고장 단계까지 시장 불량률의 감소를 꾀하기 위하여 신뢰성 시험이 요구됨
③ 새로운 소재가 출현하고 기술 개발 속도가 빨라짐에 따라 기존의 품질 관리 기법으로는 제품의 품질을 보장하는 데 한계가 있음

67. 출력물 불량 발생 시 개선 방법에 대한 설명으로 틀린 것은?
① 출력물에 잔류 응력(Residual stress)이 발생되어 출력물이 휘게 된다. 이는 출력물의 형상 정밀도 저하를 초래하고 출력오류와 노즐 손상까지도 발생할 수 있어 개발 시 유의해야 한다.
② 수축에 의한 휨 불량은 재료의 출력 온도가 낮을수록 더욱 심해지는데, 일반적으로 기계적 강도가 낮은 재료일수록 출력 온도가 낮아야 하므로 유의해야 한다.
③ 출력물 수축은 소재의 경우 PLA 〈 ABS, 출력물의 경우 크기가 커질수록 많이 발생한다.
④ PC, PA 재료를 출력하기 위해서 챔버를 사용하여 챔버 내부의 온도를 일정 온도 이상으로 제어해 주는 기능이 추가적으로 필요하다.

[해설] 수축에 의한 휨 불량은 재료의 출력 온도가 높을수록 더욱 심해지는데, 일반적으로 기계적 강도가 높은 재료일수록 출력 온도가 높아야 하므로 유의해야 한다.

68. 전자파 장애(EMI) 시험 불합격 시 전원부의 EMI 대책으로 틀린 것은?
① 입력단에 설치하는 L과 C의 값을 적게 한다.
② 입력단자로부터 필터까지의 거리를 가능하면 짧게 유지한다.
③ 출력용 다이오드는 노이즈가 작은 것으로 교체한다.
④ 출력단 근처에 적절한 콘덴서를 추가하여 전원성 노이즈를 최소화한다.

해설 입력단에 설치하는 L과 C의 값을 크게 하고, Filter의 단수도 증가시킨다.

69. 성능개선 보고서 작성 요소 중 가장 거리가 먼 것은?
① 성능 시험 문제점 현상 기술
② 성능 시험 문제점 원인 분석
③ 성능 시험 문제점 개선 방안 도출 및 검증
④ 성능 시험 문제점 개선결과 적용 보고서 작성

해설 ④ 개선 결과를 적용 계획 수립: 부품의 교체가 필요한 경우는 부품 교체로 인한 추가 설계 변경 계획을 수립, 개발 단가 변경에 대해 분석해야 한다. 부품의 교체 없이 단순한 성능 조정만으로 개선이 가능한 경우는 개선 사항이 매뉴얼에 반영될 수 있도록 한다.

70. 3D프린터 안전점검 항목으로 거리가 먼 것은?
① 화학물질들의 보관방법
② 신속한 작업을 위한 편안한 복장
③ 사용하는 물질 및 화학물질 안전 정보
④ 안전수칙에 의한 개인용 보호구 사용여부

71. 전기용품 안전인증 신청 시 필수적으로 제출하여야 하는 서류인 것은?
① 기업 재무제표 ② 부품 사양서
③ 등기부등본 ④ 인감증명서

해설 전기용품 안전인증 구비서류
① 안전인증 신청서
② 사업자 등록증 사본
③ 제품 설명서(사용 설명서 포함)
④ 전기적인 안전에 직접적인 영향을 주는 부품의 명칭(제조 업체명, 모델, 정격 및 파생 모델명 포함)
⑤ 전기적 특성 등을 기재한 서류
⑥ 절연 재질(온도 특성, 난연성 특성)의 명세서
⑦ 전기 회로 도면
⑧ 대리인임을 증명하는 서류(대리인이 신청하는 경우)

72. 3D프린터 장비의 유지보수 관리를 위한 기술조사 방법에 관한 설명으로 틀린 것은?
① 횡단조사는 특정한 표본이 가지고 있는 특성에 따른 집단을 분류한 표본을 활용하여 정보를 수집하는 조사방법이다.
② 인과조사는 특정 현상의 원인과 결과를 구체적으로 이해하거나 예측하고자 하는 경우에 사용하는 조사기법이다.
③ 종단조사는 조사 대상의 변화를 측정하는 것으로 일정한 간격을 두고 축정하여 동일한 표본을 일정한 시간으로 설정한 후 반복적으로 조사하는 기법이다.
④ 현장조사는 변수들 간의 인과관계를 명확하게 규명하여 변수들 간의 관계를 파악하는데 이용하는 조사기법이다.

> **해설** 설명적 조사
> 사실의 인과관계(Causal relation)를 규명하거나 미래의 사실에 대해 미리 예측(Prediction)하는 조사로서 전자를 진단적 조사(Diagnostic study), 후자를 예측적 조사(Predictive study)라 한다. 특정 변수에 영향을 미치는 변수의 조사 등이 해당된다.

73. 3D프린터 체크리스트 항목이 아닌 것은?
① 노즐 온도를 설정
② 치수 · 크기를 선정
③ 베드 · 챔버의 가열 여부
④ 인터넷 연결 상태를 확인

74. 3D프린터 관련 신뢰성 시험 항목이 아닌 것은?
① 시험시간을 단축하기 위해 사용조건보다 가혹한 조건에서 수행하는 가속수명 시험
② 운송 또는 사용 중 빈도가 적고 반복이 없는 충격에 적정한 내성을 갖는지 평가하기 위한 시험
③ 온도변화가 주기적으로 반복될 경우 제품의 기능상의 내성을 평가하는 시험
④ 고온 · 고습 상태에서 사용될 때 기능상의 내성을 평가하는 시험

> **해설** 신뢰성 시험의 종류
> • 가속 시험 : 시험 기간을 단축하기 위하여 기준 조건보다 가혹한 스트레스를 인가하는 시험

75. 3D프린터의 본체를 구성하는 주요 부품이 아닌 것은?
① 베드
② 구동모듈
③ 필라멘트
④ 익스트루더

> **해설** 필라멘트는 소재이다.

76. 3D프린터의 위해요소에 대한 설명으로 적절하지 않은 것은?

① 고열 장비: 노즐, 베드 등 프린터 장비 내 다수의 고발열 장비 주의
② 고전력 장비: UV 장비, 전기제어 장비 등 다수의 고전력 장비 주의
③ UV 복사: UV 장비 작동 중 안구에 직접 노출되어도 상관이 없으나 주기적인 노출 주의
④ 구동 장비: 3D프린터는 모터와 기어로 구성되어 있는 기계 장비로 장비 내 모터와 기어 사이 혹은 기어와 기어 사이에 주의

> **해설** UV 복사 : UV 장비 작동 중 안구에 직접 노출이 되지 않도록 한다.

77. 점진적 스트레스에 관한 설명으로 옳은 것은?

① 계단식 스트레스처럼 단계적으로 스트레스 강도를 높이는 것이 아닌, 연속적으로 스트레스 강도를 증가시키는 방식
② 스트레스 강도를 시간에 따라 그래프로 나타낼 때 사인(Sine) 곡선 모양으로 나타나게 되며, 금속 피로 시험에 적용하는 방식
③ 일정 시간 내에 일정 스트레스를 부과하고, 일정 시간 내에도 고장이 발생하지 않는 표본에는 좀 더 강도가 높은 스트레스를 부과하여 시험을 반복 진행하는 방식
④ 정해 놓은 일정 수준의 스트레스를 지속적으로 부과하는 방식으로, 가장 대표적으로 사용되기 때문에 신뢰성 추정을 위한 자료 분석법으로 사용되는 방식

> **해설** 점진적 스트레스
> ① 계단식 스트레스처럼 단계적으로 스트레스 강도를 높이는 것이 아닌, 연속적으로 스트레스 강도를 증가시키는 방법이다.
> ② 시험에 따라 스트레스 강도를 높이는 비율을 다르게 하여 가파르게 스트레스 강도가 높아지거나 서서히 스트레스 강도가 높아지게 적용할 수 있다.
> ③ 계단식 스트레스와 마찬가지로 신뢰도 추정이 어렵다는 단점이 있다.

78. 안전성 검사 수행과 신뢰성 확보를 위한 시험에 관한 설명으로 틀린 것은?

① 스크리닝 시험은 재료의 열화로 인한 제품고장이 그 대상이다.
② 고장률 시험은 제품의 안전기에 있는 고장률 또는 평균 수명을 구하는 시험이다.
③ 초기 고장을 제거하기 위해 실시하는 시험을 스크리닝 시험이라고도 한다.
④ 고장률 시험은 사용 환경 스트레스와 파국고장을 일으키기 쉬운 요인에 의해 고장 발생을 시험한다.

> **해설** 스크리닝 시험 : 전기적, 기계적 스트레스의 최대 정격에서 실시하여 초기 고장 제거 목적으로 불만족한 아이템 혹은 초기 고장을 나타낼 염려가 있는 것을 제거할 목적으로 행해지는 시험 또는 시험의 조합이다.

79. 출력 시 냄새가 거의 나지 않는 것이 특징이고, Heating bed가 아니더라도 bed에 접착이 잘 되어 수축에 강한 소재는?

① PLA   ② ABS
③ 유리   ④ 나무 소재

해설 PLA : 출력 시 냄새가 거의 나지 않는 것이 특징이고, Heating bed가 아니더라도 Bed에 접착이 잘 되어 수축에 강한 소재이다.

80. 자체 진단 기능으로 고장을 관측할 수 있음을 의미하는 고장형태는?

① 중복 고장
② 무관 고장
③ 간헐 고장
④ BIT(Build-In Test) 중 발생한 고장

해설 BIT(Built-In Test) 중 발생한 고장
장비나 측정 장비가 구성되어 제품의 자체 진단 기능으로 고장을 관측할 수 있음을 의미한다.

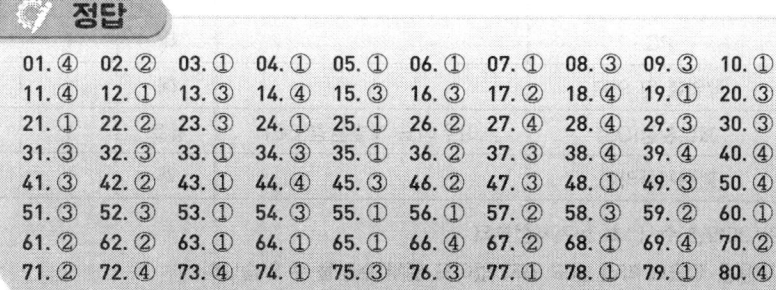

정답

01.④	02.②	03.①	04.①	05.①	06.①	07.①	08.③	09.③	10.①
11.④	12.①	13.③	14.④	15.①	16.③	17.②	18.④	19.①	20.③
21.①	22.②	23.③	24.①	25.①	26.②	27.④	28.④	29.③	30.③
31.③	32.③	33.①	34.③	35.①	36.②	37.③	38.④	39.①	40.④
41.③	42.②	43.①	44.④	45.③	46.②	47.③	48.①	49.③	50.④
51.③	52.③	53.①	54.③	55.①	56.①	57.③	58.③	59.②	60.①
61.②	62.②	63.①	64.①	65.①	66.④	67.③	68.③	69.④	70.②
71.②	72.④	73.④	74.①	75.③	76.③	77.①	78.①	79.①	80.④

3D프린터개발산업기사
실기시험 안내(공개문제)

1 지참공구 및 시설목록

☐ 수험자 지참공구 목록

일련번호	재료명	규격	단위	수량	비고
1	아두이노(보드)	Mega2560 (드라이버 자동설치 제품)	개	1	필수지참
2	USB CABLE (USB A, USB B)	Mega2560 전원케이블	개	1	필수지참
3	브레드보드	830홀 이상	개	1	필수지참
4	드라이버	십자, 일자	개	1	
5	니퍼	소형	개	1	
6	멀티테스터기	아날로그, 디지털	대	1	

※ 개인 PC 사용 금지 및 개인 소프트웨어 사용 금지
※ 검정장에서는 인터넷 등 네트워크 사용이 불가능하오니 라이브러리 및 프로그래밍 관련 내용 불법 지참 및 사용 시 불이익은 수험자에게 책임이 있음

☐ 시험장 시설 목록

일련번호	재료명	규격	단위	수량	비고
1	PC		대	1	1인당
2	작업대 및 의자		대	1	1인당
3	개발환경(OS)	아두이노 개발환경(IDE)	세트	1	1인당
4	파워서플라이		개	1	1인당

※ 적용시기: 2019년 수시 1회 실기시험부터
※ 공개된 내용은 필요에 따라 별도 공지 없이도 일부 수정될 수 있습니다.

국가기술자격 실기시험문제(참고예시)

| 자격종목 | 3D프린터개발산업기사 | 과 제 명 | 3D프린터 제어기 개발 |

※ 시험시간 : 4시간

1. 요구사항

※ 주어진 시간 내에 지급된 재료 및 소프트웨어를 사용하여 요구사항에 따른 과제를 완성하시오.

가. 회로제작

1) 아두이노 보드(Mega2560)와 지급 재료를 활용하여 회로를 제작하시오.(제공되는 데이터시트를 참조하시오.)
2) 부품배치에서 부품의 위치는 수험자 판단에 따라 임의 배치하도록 하되, 각 부품 간에 간섭이 일어나지 않도록 배치하시오.

나. 프로그래밍

1) 초기화면 구성

가) 다음 그림과 같이 초기화면(1)이 표시되게 하고 5초 후에 초기화면(2)로 변경되도록 하시오.
나) 우측 상단은 다음 그림과 같이 <u>자신의 비번호(예 : A001)</u>로 나타내시오.

| 3 | D | | P | R | I | N | T | E | R | | | A | 0 | 0 | 1 |
| R | E | A | D | Y | | T | O | | D | R | I | V | E | | |

초기화면(1)

| X | : | | | | Y | : | | | | | | A | 0 | 0 | 1 |
| 3 | D | | P | R | I | N | T | E | R | | R | E | A | D | Y |

초기화면(2)

2) 메뉴 트리 구성 및 기능
  가) 다음 그림과 같이 메뉴 트리를 구성하시오.(단, 초기화면(2)에서 로터리 엔코더 스위치를 누르면 메인 메뉴가 표시되도록 하시오.)

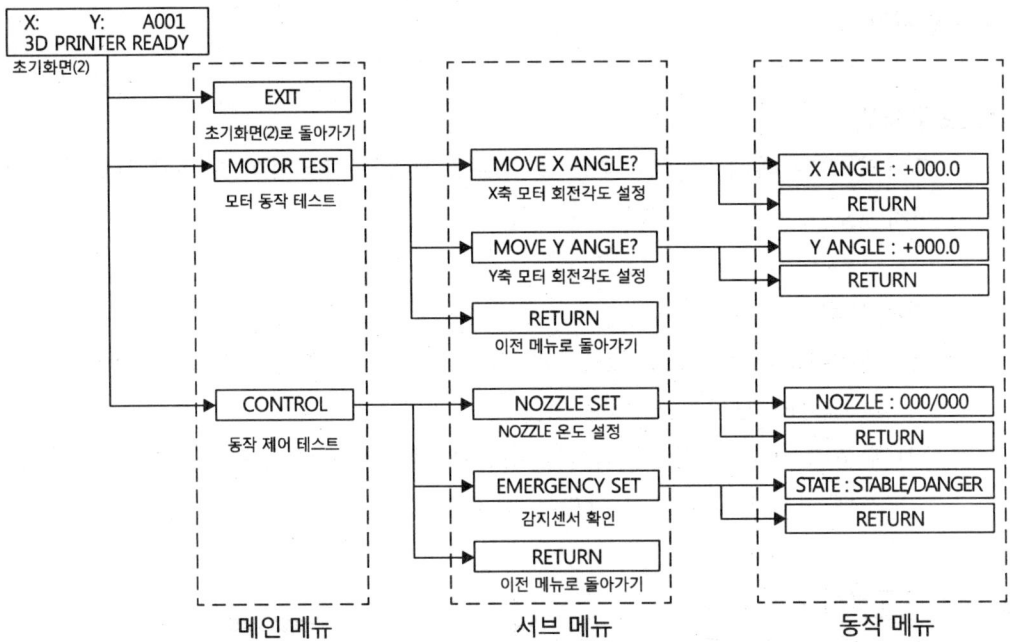

  나) 로터리 엔코더 스위치를 회전시키면 선택 화살표(>)가 위·아래로 움직이며 메뉴 선택이 되도록 하시오.(단, 로터리 엔코더 스위치 회전 감도는 동작상 어려움이 없도록 하시오.)
  다) 모든 메뉴 화면의 마지막 메뉴에서 로터리 엔코더 스위치를 시계방향으로 돌리면 메뉴가 로테이션 되도록 하시오.
  (예 : 메인 메뉴 화면의 CONTROL 메뉴에서 로터리 엔코더 스위치를 시계방향으로 돌릴 경우 다시 EXIT로 가도록 하시오.)

로터리 엔코더 스위치 기능	메뉴 동작	메뉴 설정
누르기(Push)	메뉴 선택	동작 시작 및 종료
시계방향으로 회전	메뉴 아래로 이동	설정값 변경
반시계방향으로 회전	메뉴 위로 이동	설정값 변경

▶ 실기시험 안내(공개문제)

3) MOTOR TEST 메뉴
   가) MOTOR TEST 메뉴를 선택하면 다음과 같이 동작시킬 모터의 메뉴를 나타내시오.
   나) RETURN 메뉴에서 시계방향으로 로터리엔코더 스위치를 돌렸을 때, 다시 'MOVE X ANGLE?' 메뉴로 가도록 하시오.

>	M	O	V	E		X		A	N	G	L	E	?		
	M	O	V	E		Y		A	N	G	L	E	?		
	R	E	T	U	R	N									

   다) 'MOVE X ANGLE?'를 선택하면 다음과 같이 나타내시오.

>	X		A	N	G	L	E	:		+	0	0	0	.	0
	R	E	T	U	R	N									

4) NOZZLE 설정
   가) NOZZLE SET을 선택하면 다음과 같이 표시되도록 하시오.

>	N	O	Z	Z	L	E	:	0	0	0	/	0	3	0	
	R	E	T	U	R	N									

5) EMERGENCY 설정
   가) EMERGENCY SET을 선택하면 다음과 같이 나타내며, 동시에 X축과 Y축의 모터가 시계방향으로 계속 회전하도록 하시오.

>	S	T	A	T	E	:	S	T	A	B	L	E			
	R	E	T	U	R	N									

〈초기상태〉

>	S	T	A	T	E	:	D	A	N	G	E	R			
	R	E	T	U	R	N									

〈근접센서 접촉 시〉

※ 공개문제는 수험준비를 위한 참고사항이며, 실제 출제 시에는 과제별 상세 요구사항 등이 변경될 수 있음을 알려드립니다.
※ 위의 요구사항 외 채점 시 유의사항 및 채점기준 등은 비공개 사항임을 참고하시기 바랍니다.

국가기술자격 실기시험(공개문제 ①)

자격종목	3D프린터개발산업기사	과 제 명	3D프린터 제어기 개발

※ 문제지는 시험종료 후 반드시 반납하시기 바랍니다.

비번호		시험일시		시험장명	

※ 시험시간 : 4시간

1. 요구사항

※ 지급된 재료 및 소프트웨어를 사용하여 요구사항에 따른 과제를 주어진 시간내에 안전에 유의하여 완성합니다.

가. 회로제작

1) 아두이노 보드(Mega2560)와 지급 재료를 활용하여 회로를 제작합니다.(3. 도면의 데이터시트를 참조합니다.)
2) 부품배치에서 부품의 위치는 수험자 판단에 따라 임의 배치하도록 하되, 각 부품 간에 간섭이 일어나지 않도록 배치합니다.(근접센서는 주변 소자들로부터 간섭 받아 오동작이 없도록 배치합니다.)
3) 회로제작은 수험자의 회로 검증 및 구현 능력과 이해도를 평가하기 위한 시험이므로, 주어진 데이터시트를 이용하여 회로를 구성하고 정상적인 동작이 되지 않을 경우 수험자가 정상 동작하도록 수정하여 진행하시기 바랍니다.

나. 프로그래밍

1) 초기화면 구성
   가) 다음 그림과 같이 초기화면(1)이 표시되게 하고 5초 후에 초기화면(2)로 변경되도록 합니다.
   나) 우측 상단은 다음 그림과 같이 자신의 비번호(예 : A001)로 나타냅니다.

3	D		P	R	I	N	T	E	R		A	0	0	1
R	E	A	D	Y		T	O		D	R	I	V	E	

초기화면(1)

초기화면(2)

2) 메뉴 트리 구성 및 기능
   가) 다음 그림과 같이 메뉴 트리를 구성합니다.(단, 초기화면(2)에서 로터리 엔코더 스위치를 누르면 메인 메뉴가 표시되도록 합니다.)
   나) 각 메뉴에 대한 LCD 화면은 다음의 〈로터리 엔코더 스위치 회전 시 메인 메뉴 구성〉를 보고 참고합니다.

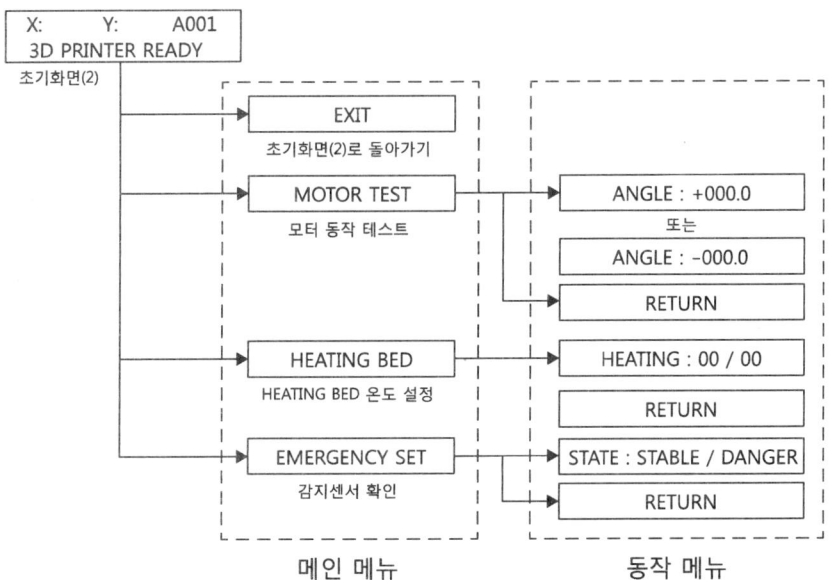

   다) 로터리 엔코더 스위치를 회전 시키면 선택 화살표(〉)가 위/아래로 움직이며 메뉴선택이 되도록 합니다.(단, 로터리 엔코더 스위치 회전 감도는 동작상 어려움이 없도록 하며, 프로그래밍 방법에 따라서 노이즈가 발생할 수 있으니 유의하여 프로그래밍 합니다.)

로터리 엔코더 스위치 기능	메뉴 동작	메뉴 설정
누르기(Push)	메뉴 선택	동작 시작 및 종료
시계방향으로 회전	메뉴 아래로 이동	설정값 변경
반시계방향으로 회전	메뉴 위로 이동	설정값 변경

3) 메인 메뉴

가) 요구사항 [나. 프로그래밍 2)]의 초기화면에서 로터리 엔코더 스위치를 누르면 다음과 같이 나타냅니다.

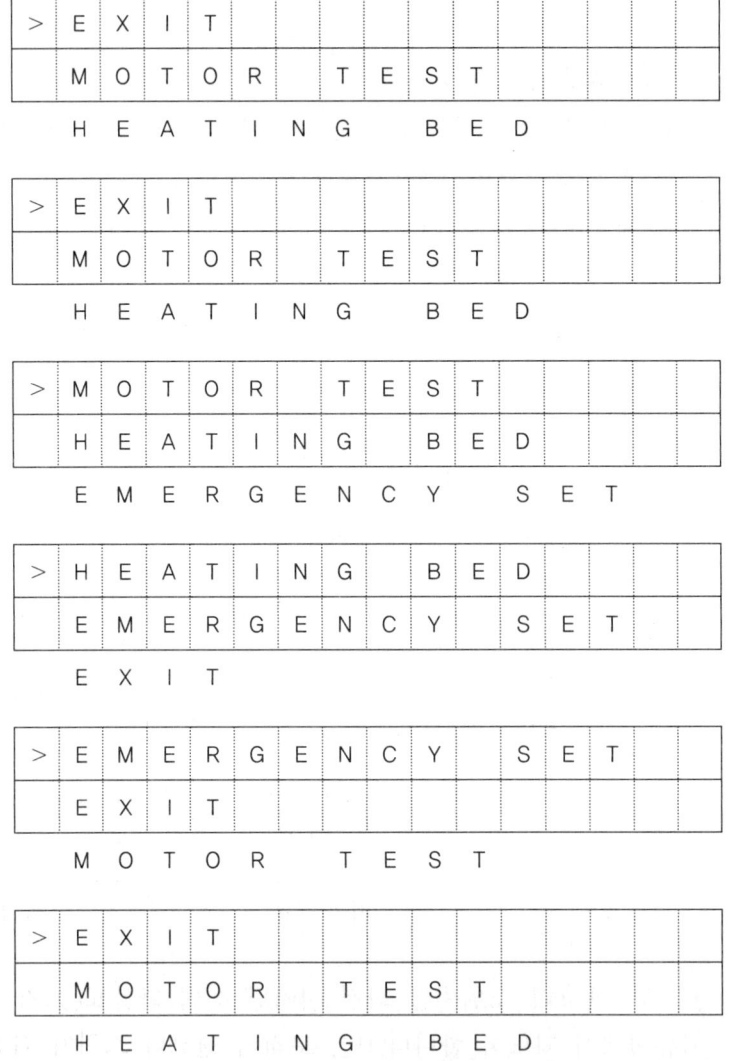

〈로터리 엔코더 스위치 회전 시 메인 메뉴 구성〉

4) MOTOR TEST 메뉴

가) MOTOR TEST 메뉴를 선택하면 다음과 같이 나타냅니다.

나) 로터리 엔코더 스위치를 누르면 모터 각도를 변경할 수 있도록 하며, 스위치를 시계/반시계 방향으로 회전하여 움직일 각도를 설정할 수 있도록 합니다.

다) 모터의 방향은 (+)는 시계방향, (-)는 반시계방향으로 회전하도록 하며, 스테 핑모터의 각도 범위는 (-) 360 ~ (+) 360도, 각도는 1.8도씩 변경되도록 합니다.(단, 모터 회전 속도는 수험자 및 감독위원이 확인 가능하도록 합니다.)

라) 각도 설정 후 로터리 엔코더 스위치를 누르면 설정된 각도로 회전하도록 합니다.

>	A	N	G	L	E	:	+	0	0	0	.	0
	R	E	T	U	R	N						

>	A	N	G	L	E	:	-	0	0	0	.	0
	R	E	T	U	R	N						

마) RETURN 메뉴에서 로터리 엔코더 스위치는 누르면 스테핑 모터 제어 화면을 빠져나가면 동작하는 모터는 정지되도록 합니다.

※ 모터 동작 확인 시 지급 된 플래그 테이프를 모터의 샤프트(회전축) 0°에 부착하여 동작 확인을 수험자가 직접 하며, 채점 시 감독위원이 지시하는 값을 설정하여 작동여부를 확인 합니다.

5) HEATING BED 설정

가) HEATING BED를 선택하면 다음과 같이 표시되도록 합니다.

나) 로터리 엔코더 스위치를 시계/반시계 방향으로 회전하면 원하는 설정 온도로 변경할 수 있도록 합니다. [HEATING BED : 현재온도(00)/설정온도(30)]

>	H	E	A	T	I	N	G	:	0	0	/	3	0
	R	E	T	U	R	N							

다) 설정온도는 30℃로 설정한 후 로터리엔코더 스위치를 누르면 온도가 500ms 간격으로 1℃씩 증가시킵니다.(단, HEATING BED 설정온도는 최대 30℃로 설정하며, 로터리 엔코더 스위치를 돌려도 30℃ 이상 올라가지 않도록 합니다.)

라) 설정온도인 30℃에 도달하면 LED는 R → G → B 순으로 500ms 간격으로 점등 되도록 하며, 모터는 시계방향으로 계속적으로 동작 되도록 합니다.

마) HEATING BED 설정 메뉴를 빠져나가면 회전하는 모터는 정지, LED는 소등, HEATING BED 설정값은 초기화 되도록 합니다.

6) EMERGENCY 설정

　가) EMERGENCY SET을 선택하면 다음과 같이 나타내며, 모터가 반시계방향으로 계속 회전하도록 합니다.(단, 모터 회전 속도는 수험자 및 감독위원이 확인 가능하도록 합니다.)

　나) 초기상태의 경우 STATE는 "STABLE"로 나타내며, 근접센서에 물체 또는 손을 이용하여 접촉할 경우 STATE는 "DANGER"로 변경되면 회전 중인 모터가 정지되고, 부저를 1초 간격으로 5회 울린 후 초기상태(STABLE)로 변경 합니다.

>	S	T	A	T	E	:	S	T	A	B	L	E	
	R	E	T	U	R	N							

〈초기상태〉

>	S	T	A	T	E	:	D	A	N	G	E	R	
	R	E	T	U	R	N							

〈근접센서 접촉 시〉

2. 수험자 유의사항

1) 요구사항에 따른 회로 조립과 프로그래밍 작업을 모두 수행하여야 하며, 지참재료, 지참공구, 지급재료만 사용하여야 합니다.
2) 개인이 지참한 PC(데스크톱, 노트북, 태블릿 등)는 절대 사용이 불가합니다.
3) 미리 작성된 라이브러리 및 프로그래밍 코드는 일체 사용을 금합니다.
4) 검정 시스템을 임의로 조작을 금합니다.
5) 시험 종료 후 컴퓨터에서 작업 내용을 반드시 삭제하여야 합니다.
6) 프로그래밍 작업의 파일명(ino)은 비번호를 사용합니다.
　예) 비번호가 1번인 경우 : "A001.ino"
7) 만일의 정전 또는 장비고장으로 인한 자료손실을 방지하기 위하여 수시로 저장(Save)합니다.
8) 브레드보드에 조립할 부품은 보드 전체에 골고루 안배하여 회로를 제작합니다.
9) 지급된 부품(IC)은 동작 시 접촉 불량 및 오동작이 일어나지 않도록 배치하여야 하며, 회로 구성 시 수험자로 인해 부품 파손 및 고장이 발생할 경우 교환이 되지 않으니 유의하여 구성하도록 합니다.

10) 지급된 재료는 부품 점검시간 내에 검사하여 불량품 및 부족 숫자는 지급 받도록 합니다.
11) 부품 점검시간 이후의 부품교환은 절대 되지 않으니 특히 유의하도록 합니다.
12) 동작이 부동작 또는 불완전 동작 시는 재료 불량인지 수험자의 잘못인지 규명하고, 재료의 불량으로 인한 부동작 또는 불완전 동작 시는 불량부품을 정상 부품으로 교체하여 정상 동작이 된다면 정상동작으로 간주합니다.
13) 아두이노 개발환경에 기설치(추가설치 포함)되어 있는 라이브러리는 자유롭게 활용 가능합니다.
14) 프로그램 구동을 위한 소스코드는 수험자 스스로 작성하여야 하며, 아두이노의 주요 함수, 문법 등의 Reference는 개발환경에 있는 "도움말", "참조" 메뉴를 사용하여 참조하여도 무방합니다.(단, 수험자가 개별 지참한 자료는 일체 참고할 수 없습니다.)
15) 아두이노 개발환경에 부속된 예제 소스 코드(Source) 등은 참고하여 작업할 수 있습니다.
16) 니퍼, 칼 등 위험성이 있는 공구 사용 시 안전에 유의하여 사용하시길 바랍니다.
17) 다음 사항에 대해서는 채점대상에서 제외하니 특히 유의하시기 바랍니다.
    가) 기권
        (1) 수험자 본인이 수험 도중 시험에 대한 포기 의사를 표현하는 경우
    나) 실격
        (1) 수험자가 기계조작 미숙 등으로 계속 작업 진행시 본인 또는 타인의 인명이나 재산에 큰 피해를 가져올 수 있다고 감독위원이 판단할 경우
        (2) 부정행위의 작품일 경우
        (3) 외부 인터넷 접속, 내부 네트워크(LAN), USB메모리 등과 같은 수단을 통해 수험자간 파일 교환 등을 주고받는 행위나 시험관련 대화를 할 경우
        (4) 메뉴 구성이 미완성으로 동작확인이 불가능할 경우, 스테핑 모터 동작을 시키지 못하거나 회로 구현 시 Short, 부품 파손으로 인해 다음 작업이 불가능할 경우

3. 도면

가. Datasheet

1) 제시된 Datasheet 참고하여 각 소자(IC)들을 구동하기 위한 회로를 구성합니다.
2) 각 모듈 및 소자(IC)들을 연결하기 위한 아두이노의 아날로그 또는 디지털 핀번호는 수험자가 직접 선택합니다.

Part 5 부록

가) 아두이노 Mega 2560

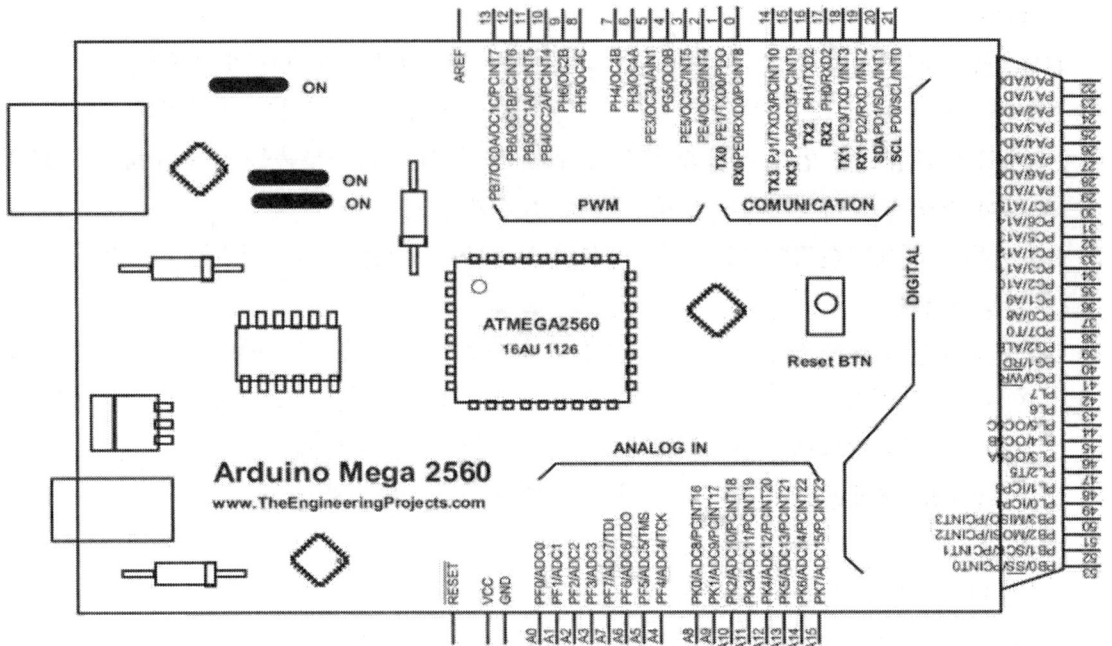

나) 16×2 LCD(I2C)

다) 근접센서(QRD1114)

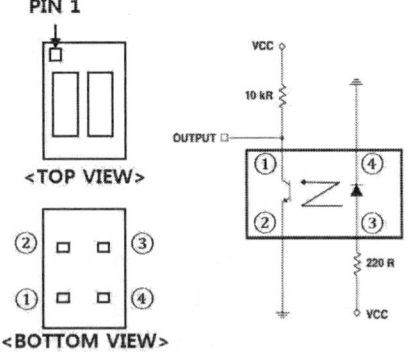

▶ 실기시험 안내(공개문제)

라) 모터드라이버(A4988)

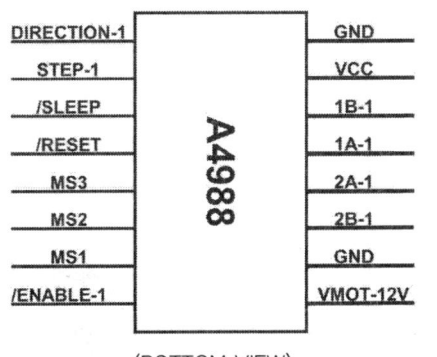

⟨BOTTOM VIEW⟩

MS1	MS2	MS3	Microstep Resolution
Low	Low	Low	Full Step
High	Low	Low	Half Step
Low	High	Low	Quarter Step
High	High	Low	Eighth Step
High	High	High	Sixteenth Step

마) 스텝모터(Nema17)

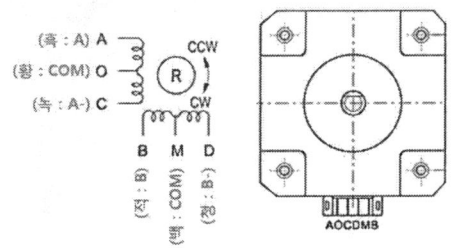

바) LED(DM52)

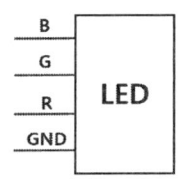

사) 부저(DM656)

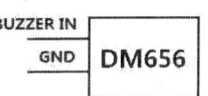

아) 로터리 엔코더 스위치(AS0016)

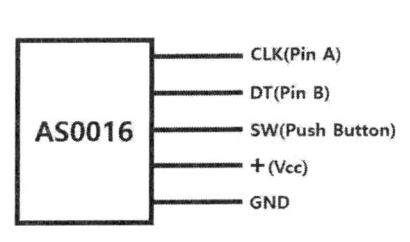

자) 로터리 엔코더 스위치 동작 펄스

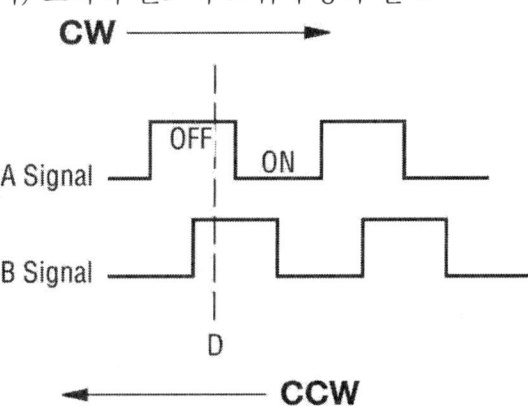

※ 지급재료와 데이터시트의 핀번호는 지급된 재료와 상이 할 수 있으니, <u>수험자는 필히 확인 후 회로제작을 진행하시길 바랍니다.</u>

697

4. 지급재료 목록

일련번호	재 료 명	규 격	단 위	수 량	비 고
1	스테핑모터	Nema 17	개	1	케이블분리형
2	스테핑모터 케이블	6-4Pin Cable	개	1	
3	점퍼케이블	브레드보드용(수-수)	개	30	
4	점퍼케이블	브레드보드용(암-수)	개	20	
5	모터드라이버	A4988	개	1	방열판포함
6	캐릭터LCD	16X2(I2C)	개	1	I2C 인터페이스
7	RGB LED(DM52)	5V(5mm)	개	1	
8	근접센서(QRD1114)	5V, 0~30mm 측정	개	1	
9	부저(DM656)	DM656	개	1	
10	로터리 엔코더 스위치	AS0016	개	1	
11	저항	10kR	개	1	
12	저항	220R	개	1	
13	포스트잇 플래그	44mm×12mm	개	2	모터 방향 확인용
14	원터치 터미널 블록	브레드보드용(4Pin)	개	1	모터 케이블 연결

※ 국가기술자격 실기시험 지급재료는 시험종료 후(기권, 결시자 포함) 수험자에게 지급하지 않습니다.

국가기술자격 실기시험(공개문제 ②)

자격종목	3D프린터개발산업기사	과 제 명	3D프린터 제어기 개발

※ 문제지는 시험종료 후 반드시 반납하시기 바랍니다.

비번호		시험일시		시험장명	

※ 시험시간 : 4시간

1. 요구사항

※ 지급된 재료 및 소프트웨어를 사용하여 요구사항에 따른 과제를 주어진 시간내에 안전에 유의하여 완성합니다.

가. 회로제작

1) 아두이노 보드(Mega2560)와 지급 재료를 활용하여 회로를 제작합니다.(3. 도면의 데이터시트를 참조합니다.)
2) 부품배치에서 부품의 위치는 수험자 판단에 따라 임의 배치하도록 하되, 각 부품 간에 간섭이 일어나지 않도록 배치합니다.(근접센서는 주변 소자들로부터 간섭 받아 오동작이 없도록 배치합니다.)
3) 회로제작은 수험자의 회로 검증 및 구현 능력과 이해도를 평가하기 위한 시험이 므로, 주어진 데이터시트를 이용하여 회로를 구성하고 정상적인 동작이 되지 않을 경우 수험자가 정상 동작하도록 수정하여 진행하시기 바랍니다.

나. 프로그래밍

1) 초기화면 구성
   가) 다음 그림과 같이 초기화면(1)이 표시되게 하고 5초 후에 초기화면(2)로 변경되도록 합니다.
   나) 우측 상단은 다음 그림과 같이 자신의 비번호(예 : A001)로 나타냅니다.

3	D		P	R	I	N	T	E	R		A	0	0	1
H	E	L	L	O		3	D		P	R	I	N	T	E	R

초기화면(1)

```
| X | : |   |   | Y | : |   |   |   |   | A | 0 | 0 | 1 |
| 3 | D |   | P | R | I | N | T | E | R |   | R | E | A | D | Y |
```
초기화면(2)

2) 메뉴 트리 구성 및 기능

　가) 다음 그림과 같이 메뉴 트리를 구성합니다.(단, 초기화면(2)에서 로터리 엔코더 스위치를 누르면 메인메뉴가 표시되도록 합니다.)

　나) 각 메뉴에 대한 LCD 화면은 3) 메인 메뉴쪽부터 참고합니다.

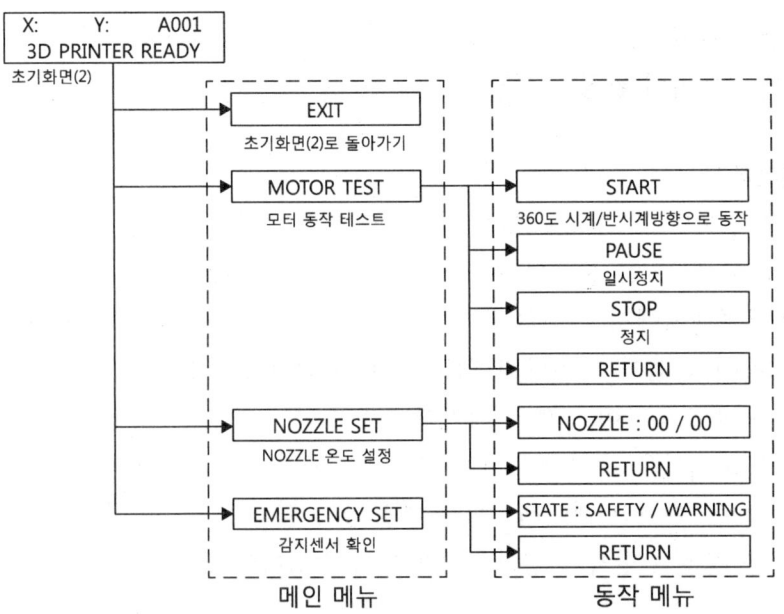

　다) 로터리 엔코더 스위치를 회전 시키면 선택 화살표(>)가 위/아래로 움직이며 메뉴선택이 되도록 합니다.(단, 로터리 엔코더 스위치 회전 감도는 동작상 어려움이 없도록 하며, 프로그래밍 방법에 따라서 노이즈가 발생할 수 있으니 유의하여 프로그래밍 합니다.)

로터리 엔코더 스위치 기능	메뉴 동작	메뉴 설정
누르기(Push)	메뉴 선택	동작 시작 및 종료
시계방향으로 회전	메뉴 아래로 이동	설정값 변경
반시계방향으로 회전	메뉴 위로 이동	설정값 변경

▶ 실기시험 안내(공개문제)

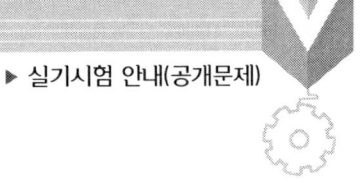

3) 메인 메뉴

가) 요구사항 [나.프로그래밍 2)]의 초기화면에서 로터리 엔코더 스위치를 누르면 다음과 같이 나타냅니다.

>	E	X	I	T											
	M	O	T	O	R		T	E	S	T					
	N	O	Z	Z	L	E		S	E	T					

>	E	X	I	T											
	M	O	T	O	R		T	E	S	T					
	N	O	Z	Z	L	E		S	E	T					

>	M	O	T	O	R		T	E	S	T					
	N	O	Z	Z	L	E		S	E	T					
	E	M	E	R	G	E	N	C	Y		S	E	T		

>	N	O	Z	Z	L	E		S	E	T					
	E	M	E	R	G	E	N	C	Y		S	E	T		
	E	X	I	T											

>	E	M	E	R	G	E	N	C	Y		S	E	T		
	E	X	I	T											
	M	O	T	O	R		T	E	S	T					

>	E	X	I	T											
	M	O	T	O	R		T	E	S	T					
	N	O	Z	Z	L	E		S	E	T					

〈로터리 엔코더 스위치 회전 시 메인 메뉴 구성〉

4) MOTOR TEST 메뉴

　가) MOTOR TEST 메뉴를 선택하면 다음과 같이 표시되도록 합니다.

>	S	T	A	R	T						
	P	A	U	S	E						
	S	T	O	P							
	R	E	T	U	R	N					

　나) 각 항목별 테스트는 다음과 같습니다.
　　(1) START : 모터가 360°씩(1회전) 시계/반시계방향으로 5회 동작하도록 합니다.
　　　(기준점에서 시계방향 1회전 후 반시계방향으로 1회전이 총 1회)
　　(2) PAUSE : 일시정지(로터리 엔코더 스위치를 다시 누르면 남은 횟수 동작)
　　(3) STOP : 정지(로터리 엔코더 스위치를 누르면 동작 정지 및 횟수 초기화)
　　(4) RETURN : 이전 메뉴

　다) START 메뉴를 누르면 모터가 360°씩 시계/반시계 방향으로 5회 동작하도록 합니다.

　라) PAUSE 메뉴를 누르면 작동하는 모터는 일시 정지되며 다시 누르면 남은 횟수를 동작 되도록 합니다.

　마) STOP 메뉴를 누르면 START 상태에서는 모터가 정지 및 초기화 되고, PAUSE의 상태에서도 횟수는 초기화 되도록 합니다.

　바) MOTOR TEST 동작 메뉴를 빠져나가면 동작중인 모터의 동작이 정지 되도록 합니다.

　※ <u>모터 동작 확인 시 지급 된 플래그 테이프를 모터의 샤프트(회전축) 0°에 부착하여 동작 확인을 수험자가 직접 하며, 채점 시 감독위원이 지시하는 값을 설정하여 작동여부를 확인 합니다.</u>

5) NOZZEL 설정

　가) NOZZLE SET을 선택하면 다음과 같이 표시되도록 합니다.

　나) 로터리 엔코더 스위치를 시계/반시계 방향으로 회전하면 원하는 설정 온도로 변경할 수 있도록 합니다. [NOZZLE : 현재온도(000)/설정온도(030)]

>	N	O	Z	Z	L	E	:	0	0	0	/	0	3	0
	R	E	T	U	R	N								

다) 설정온도는 30℃로 설정한 후 로터리엔코더 스위치를 누르면 온도가 500ms 단위로 1℃씩 증가시킵니다.(단, NOZZLE 설정온도는 최대 30℃로 설정하며, 로터리 엔코더 스위치를 돌려도 30℃ 이상 올라가지 않도록 합니다.)

라) 설정온도인 30℃에 도달하면 LED는 R → B → G 순으로 500ms 간격으로 점등 되도록 하며, 모터는 시계방향으로 계속적으로 동작 되도록 합니다.

마) NOZZLE 설정 메뉴를 빠져나가면 회전하는 모터는 정지, LED는 소등, NOZZLE 설정값은 초기화 되도록 합니다.

6) EMERGENCY 설정

가) EMERGENCY SET을 선택하면 다음과 같이 나타내며, 메뉴 선택과 동시에 모터가 시계방향으로 계속 회전하도록 합니다.(단, 모터 회전 속도는 수험자 및 감독위원이 확인 가능한 속도로 합니다.)

나) 초기상태의 경우 STATE는 SAFETY로 나타내며, 근접센서에 물체 또는 손을 이용하여 접촉할 경우 STATE는 WARNING으로 변경되고 회전 중인 모터는 정지한 후 부저를 1초 간격으로 3회 울린 후 초기상태(SAFETY)로 변경합니다.

>	S	T	A	T	E	:	S	A	F	E	T	Y		
	R	E	T	U	R	N								

〈초기상태〉

>	S	T	A	T	E	:	W	A	R	N	I	N	G	
	R	E	T	U	R	N								

〈근접센서 접촉 시〉

2. 수험자 유의사항

1) 요구사항에 따른 회로 조립과 프로그래밍 작업을 모두 수행하여야 하며, 지참재료, 지참공구, 지급재료만 사용하여야 합니다.
2) 개인이 지참한 PC(데스크톱, 노트북, 태블릿 등)는 절대 사용이 불가합니다.
3) 미리 작성된 라이브러리 및 프로그래밍 코드는 일체 사용을 금합니다.
4) 검정 시스템을 임의로 조작을 금합니다.
5) 시험 종료 후 컴퓨터에서 작업 내용을 반드시 삭제하여야 합니다.
6) 프로그래밍 작업의 파일명(ino)은 비번호를 사용합니다.
   예) 비번호가 1번인 경우 : "A001.ino"

7) 만일의 정전 또는 장비고장으로 인한 자료손실을 방지하기 위하여 수시로 저장(Save)합니다.
8) 브레드보드에 조립할 부품은 보드 전체에 골고루 안배하여 회로를 제작합니다.
9) 지급된 부품(IC)은 동작 시 접촉 불량 및 오동작이 일어나지 않도록 배치하여야 하며, 회로 구성 시 수험자로 인해 부품 파손 및 고장이 발생할 경우 교환이 되지 않으니 유의하여 구성하도록 합니다.
10) 지급된 재료는 부품 점검시간 내에 검사하여 불량품 및 부족 숫자는 지급 받도록 합니다.
11) 부품 점검시간 이후의 부품교환은 절대 되지 않으니 특히 유의하도록 합니다.
12) 동작이 부동작 또는 불완전 동작 시는 재료 불량인지 수험자의 잘못인지 규명하고, 재료의 불량으로 인한 부동작 또는 불완전 동작 시는 불량부품을 정상 부품으로 교체하여 정상 동작이 된다면 정상동작으로 간주합니다.
13) 아두이노 개발환경에 기설치(추가설치 포함)되어 있는 라이브러리는 자유롭게 활용 가능합니다.
14) 프로그램 구동을 위한 소스코드는 수험자 스스로 작성하여야 하며, 아두이노의 주요 함수, 문법 등의 Reference는 개발환경에 있는 "도움말", "참조" 메뉴를 사용하여 참조하여도 무방합니다.(단, 수험자가 개별 지참한 자료는 일체 참고할 수 없습니다.)
15) 아두이노 개발환경에 부속된 예제 소스 코드(Source) 등은 참고하여 작업할 수 있습니다.
16) 니퍼, 칼 등 위험성이 있는 공구 사용 시 안전에 유의하여 사용하시길 바랍니다.
17) 다음 사항에 대해서는 채점대상에서 제외하니 특히 유의하시기 바랍니다.
   가) 기권
      (1) 수험자 본인이 수험 도중 시험에 대한 포기 의사를 표현하는 경우
   나) 실격
      (1) 수험자가 기계조작 미숙 등으로 계속 작업 진행시 본인 또는 타인의 인명이나 재산에 큰 피해를 가져올 수 있다고 감독위원이 판단할 경우
      (2) 부정행위의 작품일 경우
      (3) 외부 인터넷 접속, 내부 네트워크(LAN), USB메모리 등과 같은 수단을 통해 수험자간 파일 교환 등을 주고받는 행위나 시험관련 대화를 할 경우
      (4) 메뉴 구성이 미완성으로 동작확인이 불가능할 경우, 스테핑 모터 동작을 시키지 못하거나 회로 구현 시 Short, 부품 파손으로 인해 다음 작업이 불가능할 경우

3. 도면

가. Datasheet

1) 제시된 Datasheet 참고하여 각 소자(IC)들을 구동하기 위한 회로를 구성합니다.
2) 각 모듈 및 소자(IC)들을 연결하기 위한 아두이노의 아날로그 또는 디지털 핀번호는 수험자가 직접 선택합니다.

가) 아두이노 Mega 2560

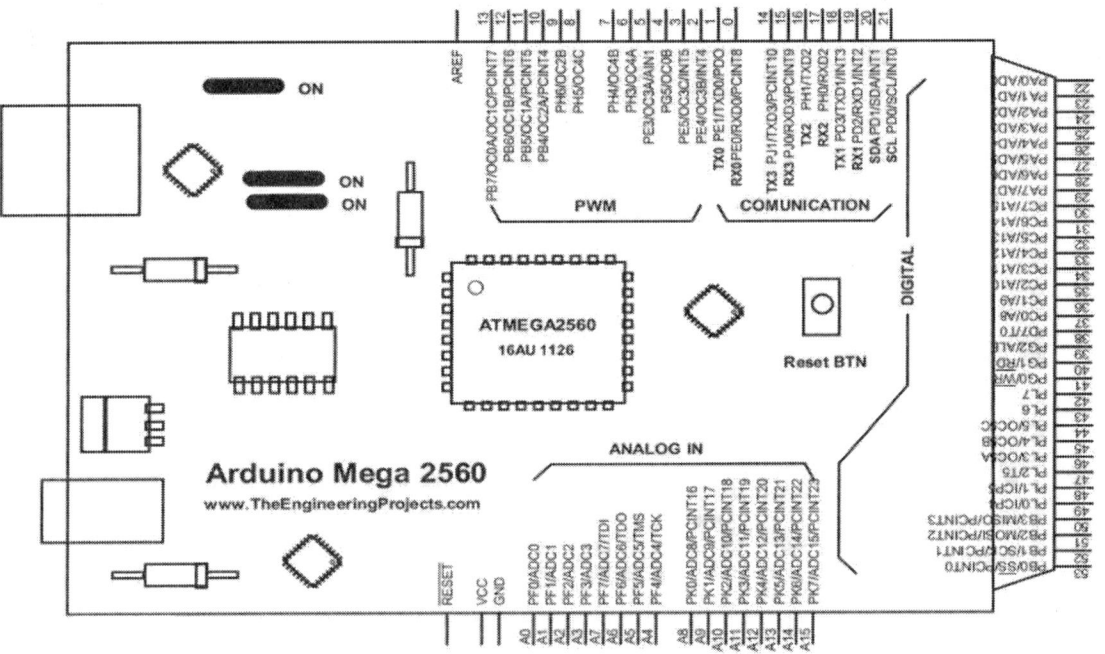

나) 16×2 LCD(I2C)

다) 근접센서(QRD1114)

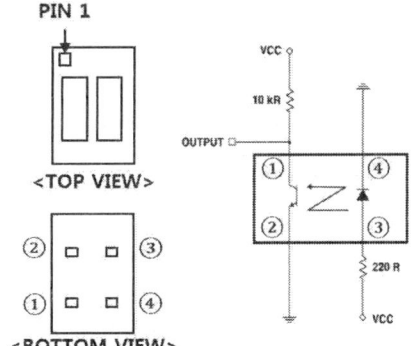

라) 모터드라이버(A4988)

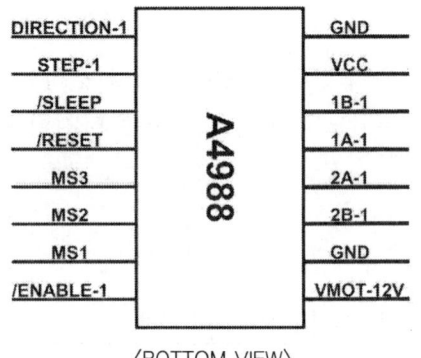

⟨BOTTOM VIEW⟩

MS1	MS2	MS3	Microstep Resolution
Low	Low	Low	Full Step
High	Low	Low	Half Step
Low	High	Low	Quarter Step
High	High	Low	Eighth Step
High	High	High	Sixteenth Step

마) 스텝모터(Nema17)

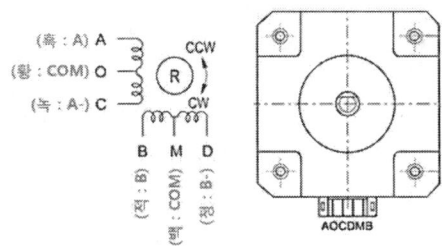

바) LED

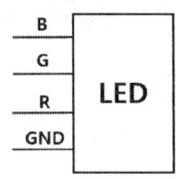

사) 부저(DM656)

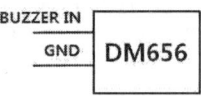

아) 로터리 엔코더 스위치

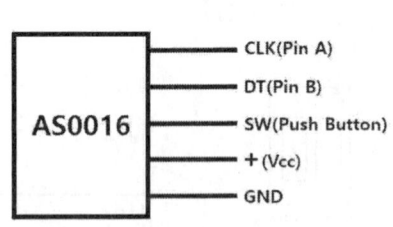

자) 로터리 엔코더 스위치 동작 펄스

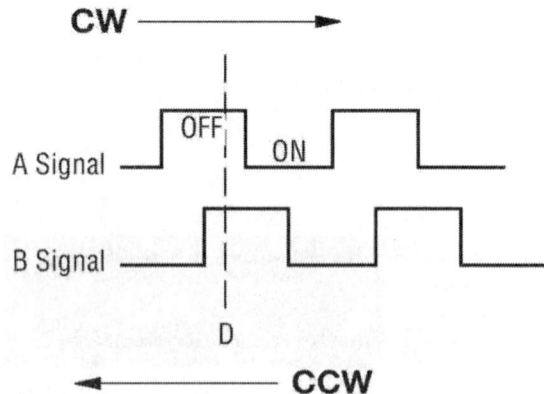

※ 지급재료와 데이터시트의 핀번호는 지급된 재료와 상이 할 수 있으니, <u>수험자는 필히 확인 후 회로제작을 진행하시길 바랍니다.</u>

▶ 실기시험 안내(공개문제)

4. 지급재료 목록

일련번호	재 료 명	규 격	단 위	수 량	비 고
1	스테핑모터	Nema 17	개	1	케이블분리형
2	스테핑모터 케이블	6-4Pin Cable	개	1	
3	점퍼케이블	브레드보드용(수-수)	개	30	
4	점퍼케이블	브레드보드용(암-수)	개	20	
5	모터드라이버	A4988	개	1	방열판포함
6	캐릭터LCD	16X2(I2C)	개	1	I2C 인터페이스
7	RGB LED(DM52)	5V(5mm)	개	1	
8	근접센서(QRD1114)	5V, 0~30mm 측정	개	1	
9	부저(DM656)	DM656	개	1	
10	로터리 엔코더 스위치	AS0016	개	1	
11	저항	10kR	개	1	
12	저항	220R	개	1	
13	포스트잇 플래그	44mm×12mm	개	2	모터 방향 확인용
14	원터치 터미널 블록	브레드보드용(4Pin)	개	1	모터 케이블 연결

※ 국가기술자격 실기시험 지급재료는 시험종료 후(기권, 결시자 포함) 수험자에게 지급하지 않습니다.

[참고문헌]

- 김호찬 외, 국가직무능력표준 3D프린터개발 NCS 학습모듈
- 구글 https://www.google.co.kr/ 검색
- 한국건설생활환경시험연구원 3D 프린팅(AM) 장비·소재·출력물 품질평가 가이드라인

3D프린터개발산업기사 필기

정가 ▌28,000원

지은이 ▌정　연　택
펴낸이 ▌차　승　녀
펴낸곳 ▌도서출판 건기원

2021년 2월 24일 제1판 제1인쇄
2021년 2월 26일 제1판 제1발행

주소 ▌경기도 파주시 연다산길 244(연다산동 186-16)
전화 ▌(02)2662-1874~5
팩스 ▌(02)2665-8281
등록 ▌제11-162호, 1998. 11. 24

- 건기원은 여러분을 책의 주인공으로 만들어 드리며 출판 윤리 강령을 준수합니다.
- 본 수험서를 복제·변형하여 판매·배포·전송하는 일체의 행위를 금하며, 이를 위반할 경우 저작권법 등에 따라 처벌받을 수 있습니다.

ISBN 979-11-5767-573-9　13560